1682 J.B.METZLER

Jürgen Grimm

Französische Klassik

Lehrbuch Romanistik

Verlag J. B. Metzler
Stuttgart · Weimar

Der Autor
Jürgen Grimm ist Professor em. am Romanischen Seminar der Universität Münster. Bei J.B. Metzler ist erschienen: *Einführung in die französische Literaturwissenschaft* (Mitautor), Sammlung Metzler, 148, 4. Auflage 1997; *Französische Literaturgeschichte* (Hg.), 4. Auflage 1999; *Molière*. Sammlung Metzler, 212, 2. Auflage 2002.

Bibliografische Information Der Deutschen Bibliothek
Die Deutsche Bibliothek verzeichnet diese Publikation in der Deutschen Nationalbibliografie; detaillierte bibliografische Daten sind im Internet über <http://dnb.ddb.de> abrufbar.

ISBN-13: 978-3-476-01652-2
ISBN 978-3-476-05030-4 (eBook)
DOI 10.1007/978-3-476-05030-4

Ursprünglich erschienen bei J. B. Metzlersche Verlagsbuchhandlung
und Carl Ernst Poeschel Verlag GmbH in Stuttgart 2005
www.metzlerverlag.de
info@metzlerverlag.de

Grand roi ? Grand règne ? Grand siècle ?

Pierre Goubert

Mais mon Dieu ! quand j'y pense, a quoy me suis je laissé emporter, de mettre en lumiere cet ouvrage ? Y a t'il au monde des esprits assez sains pour en juger comme il faut ?

Charles Sorel,
Histoire comique de Francion

Für Brigitte

Vorwort

Der vorliegende Band setzt die von Frank-Rutger Hausmann begründete Reihe der Lehrbücher zur französischen Literatur fort und ergänzt die bereits vorliegenden Bände *Französisches Mittelalter* und *Französische Renaissance* in chronologischer Perspektive durch die *Französische Klassik*. Er ist aus Vorlesungen und Seminaren hervorgegangen, die ich an der Westfälischen Wilhelms-Universität Münster gehalten habe. Wie diese Lehrveranstaltungen versteht sich auch das vorliegende Buch nicht primär als ein literaturgeschichtlicher Beitrag zum französischen 17. Jahrhundert. Es werden vielmehr die historischen, sozialen, institutionellen und ästhetischen Rahmenbedingungen aufgezeigt, innerhalb derer diese Literatur entstanden ist und rezipiert wurde. Zugleich werden wissenschaftsgeschichtliche und methodologische Zuordnungen vorgenommen, um die Perspektive der Darstellung zu verdeutlichen. Die *Französische Klassik* versteht sich daher als propädeutischer Begleiter literarischer Studien im engeren Sinn und nicht als deren Ersatz. Für diese literarischen Studien sei bezüglich des 17. Jahrhunderts verwiesen auf das entsprechende Kapitel ›Das *klassische* Jahrhundert‹ in der von mir im Metzler-Verlag herausgegebenen *Französischen Literaturgeschichte* (Stuttgart ^{4}1999). Das hier vorgelegte Buch richtet sich nicht an Forscher, sondern an Studierende der französischen Literatur und darüber hinaus an alle, die sich für das 17. Jahrhundert in Frankreich interessieren. Die Lesbarkeit der Darstellung war daher ein wichtiges Kriterium. Bibliographische Nachweise und weiterführende Literatur finden sich, um die Lektüre nicht ständig zu unterbrechen, in den Anmerkungen, die vorzugsweise an Abschnittenden platziert sind.

Was den Titel des Bandes betrifft, so hätte ich einem Titel wie ›Literatur im Zeitalter der absoluten Monarchie‹ den Vorzug gegeben. Doch Begriffe wie ›Klassik‹, ›Barock‹, ›große Autoren‹ oder auch ›Minores der Literaturgeschichte‹ sind wie Mittelalter, Renaissance und Aufklärung Bestandteil der wissenschaftlichen und gesellschaftlichen Konvention. Dies gilt in gleicher Weise für die ›großen‹ Autoren Molière, Racine, La Fontaine, Mme de La Fayette und andere mehr. Sie hatten das Glück – wenn es denn eines war –, in jener kurzen Phase literarisch tätig zu sein, die von 1660 bis etwa 1678 reicht und gern als ›Hochklassik‹ qualifiziert wird und mit dem machtpolitischen Höhepunkt der Monarchie Ludwigs XIV. zusammenfällt. Sind es deshalb ›größere‹ Autoren als andere, die diesen historischen ›kairòs‹ nicht nutzen konnten? Sind die anderen nur ›Minores‹ der Literaturgeschichte? Angesichts der Tatsache, dass unser gesamtes Begriffsinstrumentarium und Wertungssystem das Ergebnis eines jahrhundertelangen Rezeptionsprozesses ist, wurde weitgehend darauf verzichtet, die genannten Begriffe und andere, deren Gebrauch sich nicht vermeiden lässt, mit Häkchen zu versehen. Es sind Übereinkunftsbezeichnungen mit Ordnungsfunktion, die eine Darstellung wie die vorliegende überhaupt erst ermöglichen.

Zur Organisation des Buches ist zu sagen, dass auf Querverweise innerhalb des Textes verzichtet wurde. Das detaillierte Inhaltsverzeichnis sowie die Personen- und Sachregister ermöglichen jederzeit eine leichte Orientierung. Im Register erscheinen die Autoren mit Lebensdaten und unter ihrer vollständigen Namensform; letzteres gilt auch für die Rubrik ›Autoren / Texte‹ der Bibliographie. Das Erscheinungsdatum literarischer, philosophischer etc. Texte findet sich dagegen jeweils dort im Text, wo ein Werk ausführlicher besprochen wird. Eine umfangreiche, systematisierte Auswahlbibliographie ermöglicht dem interessierten Leser die selbständige Weiterarbeit. Wichtige weiterführende Angaben zur Sekundärliteratur finden sich – so weit wie möglich in chronologischer Anordnung – ebenfalls in den Anmerkungen.

Ein Buch wie das vorliegende ist nicht ohne die sehr konkrete materielle wie ideelle Unterstützung zahlreicher Mitarbeiter und Freunde denkbar. Danken möchte ich Andrea Grewe und Wolfgang Asholt für eine kritische Lektüre der Manuskriptfassung, Helga Löns für hilfreiche bibliographische Hinweise, Christine Brückner und Ina Siemen für die wertvolle Mitarbeit bei der Schlussredaktion des Textes. Ina Siemen hat darüber hinaus die Endfassung einer sorgfältigen Lektüre unterzogen, die Hervorhebungen im Fließtext überprüft und an der Erstellung der Register mitgewirkt. Der kritisch-anregenden Zusammenarbeit mit ihr gilt mein besonderer Dank!

Weiter muss dankend erwähnt werden, dass die Westfälische Wilhelms-Universität Münster das Projekt für die Dauer von zwei Jahren durch die Bereitstellung einer Studentischen Hilfskraftstelle gefördert hat. Und Dank gebührt schließlich Ute Hechtfischer vom Metzler-Verlag, die dieses Buch von Anbeginn an konzeptionell begleitet hat und wesentlich für seine gefällige äußere Form verantwortlich ist.

Münster, im Juni 2005 Jürgen Grimm

Inhaltsverzeichnis

I. Begriff und Wirklichkeit der Klassik

1. Geschichtlichkeit der Klassik

Literarhistorische Begriffe haben wie alle Begriffe, derer wir uns bedienen, eine mehr oder minder lange und komplizierte Geschichte. Das gilt mit Besonderheit für den Begriff ›Klassik‹ und das von ihm abgeleitete Adjektiv ›klassisch‹. Die Vorstellung, die sich heute spontan und intuitiv bei der Verwendung dieser Begriffe einstellt, ist die von etwas qualitativ Herausragendem, Vorbildhaftem, Zeitenthobenem, Normsetzendem. Man denke nur an Ausdrücke wie ›klassische Musik‹, ›klassische Avantgarde‹ oder ähnlich inflationär verwendete Formulierungen. Nicht anders verhält es sich mit der Bezeichnung ›Französische Klassik‹ bzw. ›Jahrhundert der Klassik‹ oder, wenn wir uns der französischen Termini bedienen, ›époque‹ bzw. ›siècle classique‹. Die klassische Literatur Frankreichs mit ihren großen Autoren – Molière, Racine, Corneille, La Fontaine, um nur sie zu nennen – gilt heute im allgemeinen Bildungsbewusstsein als der **Höhepunkt der französischen Literatur** schlechthin. Ihre Kanonisierung zu einer ›littérature classique‹ bzw. der gesamten Epoche zu einem ›siècle classique‹ ist ein langwieriger Prozess, der zwar bereits gegen Ende des 17. Jahrhunderts einsetzt, jedoch erst im 19. Jahrhundert zu einem Höhepunkt und Abschluss führt.

Epochenbezeichnungen entstehen in den meisten Fällen *a posteriori*. Eine Epoche als ›klassisch‹ zu deklarieren und erst recht, sie zu kanonisieren, ist daher auch im Fall des französischen 17. Jahrhunderts in erster Linie ein **Rezeptionsphänomen.** Kein Autor des 17. Jahrhunderts, nicht einmal Boileau, hätte es gewagt, die eigene Epoche als ›klassisch‹ zu bezeichnen. Die Begriffe ›siècle classique‹ oder ›le classicisme‹ zur Charakterisierung der Literatur bzw. allgemeiner der Kunst des 17. Jahrhunderts sind eine ›**Erfindung‹ der Literaturwissenschaft des ausgehenden 19. Jahrhunderts.**

Als nämlich im Gefolge der Romantik und in Reaktion auf die napoleonischen Eroberungsfeldzüge die europäischen Staaten sich ihrer je eigenen Geschichte bewusst werden und die Einigung zu unabhängigen und voneinander abgegrenzten Nationalstaaten betreiben, ist dies zugleich auch die Entdeckung einer als autonom verstandenen nationalen Literaturgeschichte.[1]

Die ersten bedeutenden **Gesamtdarstellungen der französischen Literatur** entstehen denn auch in der ersten Phase der III. Republik (1871–1940) und räumen wie selbstverständlich dem 17. Jahrhundert einen herausragenden Platz ein. Sie seien hier zumindest mit ihren Titeln aufgeführt, denn ihre Autoren gehören aufgrund der wichtigen Positionen, die sie lange Zeit im Unterrichtswesen eingenommen haben, zu den einflussreichsten literaturwissenschaftlichen Multiplikatoren der Epoche: Zunächst die sechsbändigen *Études critiques sur l'histoire de la littérature française* (1880–1892) und die *Histoire de la littérature française classique* (1904) des Ferdinand Brunetière, der auf die Geschichte der Literatur die darwinsche Evolutionstheorie anwendet und einen engen Klassikbegriff vertritt, der nur die großen Autoren umfasst. Dann die bis in die jüngste Zeit immer wieder überarbeitete und neu aufgelegte *Histoire de la littérature française* (1894) von Gustave Lanson, dem

Ahnherrn der französischen Literaturwissenschaft. Das von Brunetière und Lanson vermittelte Bild der Klassik – sprachliche Vollkommenheit, Ausgeglichenheit des Disparaten, Universalitätsanspruch der Aussage, nationale Unabhängigkeit – hat über Jahrzehnte hinweg die Wahrnehmung des 17. Jahrhunderts bestimmt.[2]

Die erste Phase der III. Republik, also etwa die Zeit zwischen der Niederlage Frankreichs im Deutsch-Französischen Krieg von 1870/71 bis zum Ausbruch des Ersten Weltkrieges, gilt allgemein als das Goldene Zeitalter des Bürgertums, das jetzt endlich die Früchte der Revolution von 1789 ernten kann. Es ist zugleich eine Zeit der Verklärung der nationalen Geschichte, als deren Höhepunkt die Monarchie Ludwigs XIV. angesehen wird, und das wiederum führt zu einer Stilisierung der sie repräsentierenden großen Autoren Corneille, Racine, Molière, La Fontaine und Boileau zu vorbildhaften ›auteurs classiques‹, denen in weitem Abstand eine große Schar kleinerer Autoren folgt.

Zwei Werke des 20. Jahrhunderts haben **Begriff und Vorstellung der französischen Klassik** entscheidend geprägt. Zunächst *La formation de la doctrine classique* (1927) von René Bray.[3] Der Autor beschreibt die Klassik als ein normatives System von Regeln, das auf verschiedenen Pfeilern beruht: zunächst dem Rationalismus, das heißt der (kartesianischen) ›raison‹; sodann der ›imitation des anciens‹, das heißt der Vorbildhaftigkeit der griechisch-römischen Antike und der Nachahmung ihrer mustergültigen Meisterwerke, woraus sich ›les règles‹ ableiten, also die Verbindlichkeit der ›klassischen‹ Regeln der drei Einheiten von Handlung, Raum und Zeit; und schließlich der ›bienséance‹ und ›vraisemblance‹, das heißt der Darstellung von Wirklichkeit unter Wahrung der Schicklichkeit und der Wahrscheinlichkeit. Bray beschreibt die Entstehung dieser ›doctrine classique‹ als einen langsamen Prozess, der sich vom Beginn des 17. Jahrhunderts, vor allem ab den 1630er Jahren, bis etwa 1660 entwickelt hat, um dann in der Epoche der Hochklassik zur vollen Entfaltung und zu einem Abschluss zu kommen.

An Bray anknüpfend definiert Henri Peyre in seinem Buch *Qu'est-ce que le classicisme?* (1935) »les traits fondamentaux du classicisme français«;[4] zu ihnen zählt er den Rationalismus, die Anerkennung der Regeln, die Unpersönlichkeit und den Universalitätsanspruch der literarischen Werke mittels der Darstellung einer zeitlosen menschlichen Natur. Diese Grundzüge sind für Peyre zugleich Merkmale der Klassik schlechthin, also nicht allein der französischen, sondern ebenso der deutschen Klassik und anderer klassischer bzw. klassizistischer Epochen. Wenn Peyre auch in der Definition der Kriterien des Klassischen nicht über Bray hinausgeht, liegt die Besonderheit seiner Monographie darin, auch anderen Nationen und Literaturen – Italien, Spanien, Deutschland, England, Amerika – eine Klassik zuzugestehen, denen aber die französische letztendlich überlegen sei.

2. Begriffsgeschichte des Wortes ›classique‹

›Classique‹ leitet sich von dem **lateinischen Wort ›classicus‹** ab, ein soziologischer Begriff, der im antiken Rom einen Bürger der ersten Steuerklasse (›classis prima‹) bezeichnet. Dieser ›civis classicus‹ ist von Abgaben befreit und hat gegenüber den steuerpflichtigen Bürgern der vier darunter befindlichen Klassen eine Sonderstellung inne. Diese soziale Stufenleiter wird bereits in der Spätantike in den literarischen Bereich übertragen. So bezeichnet der spätrömische Schriftsteller und Kompilator Aulus Gellius in den *Noctes atticae* (um 170) einen Schriftsteller von mustergültigem Rang als ›**scriptor classicus**‹.[5]

Ohne die Verwendung des Begriffs hier in allen Varianten und Belegen verfolgen zu können, sei doch erwähnt, dass das Adjektiv ›classique‹ im Bereich der französischen Literaturkritik bereits bei **Thomas Sébillet** in dem bei Aulus Gellius verwendeten Sinn nachweisbar ist. Sébillet ist Verfasser eines *Art poétique français* (1548), der letztendlich wichtiger und informationshaltiger ist als Du Bellays *Défense et illustration de la langue française* (1549). Doch Sébillet gehört nicht der Pléiade an und kann daher auch nicht von dem Bekanntheitsbonus ihrer Mitglieder profitieren. Er empfiehlt den Autoren seiner Zeit zur Bereicherung ihrer Erfindungskraft und zur Sensibilisierung ihres Urteilsvermögens »la lecture des bons et classiques poètes français comme sont entre les vieux Alain Chartier, et Jean de Meun«.[6] Dieses frühe Beispiel zeigt bereits die Relativität literaturwissenschaftlicher Begriffsbildungen. Denn in ihrer Abneigung gegen das Mittelalter werden die Schriftsteller und Literaturtheoretiker des 17. Jahrhunderts die von Sébillet als vorbildhaft bezeichneten spätmittelalterlichen »classiques poètes français« gerade als ›barbarisch‹ abqualifizieren.

Wie revolutionär diese frühe Anwendung des ›classique‹-Begriffs auf Autoren der zeitgenössischen Nationalliteratur ist, zeigen die von nun an völlig der Tradition der Antike verpflichteten Definitionen, welche die beiden wichtigsten Wörterbücher des ausgehenden 17. Jahrhunderts geben. So schreibt Antoine Furetière in seinem *Dictionnaire universel de la langue française*: »Il ne se dit guère que des **auteurs qu'on lit dans les classes** [...] ou qui ont une **grande autorité**« und führt als Beispiel klassischer Autoren Aristoteles, Cicero, Vergil sowie Thomas von Aquin an und verweist auf andere, die in einer Zeit gelebt hätten, »où régnait une bonne latinité«. Fast gleichlautend heißt es im *Dictionnaire de l'Académie française* (1694):

> N'est en usage qu'en cette phrase: *auteur classique*, c'est-à-dire, un auteur ancien fort approuvé, et qui fait autorité dans la matière qu'il traite. Aristote, Platon, Tite-Live, etc. sont auteurs classiques.

Interessant an diesen Definitionen ist zweierlei: Die Vergabe des Prädikats ›klassisch‹ setzt **herausragende schriftstellerische Fertigkeiten** in fast beliebigen unterschiedlichen Disziplinen voraus, und derjenige Autor, der als ›autorité dans la matière qu'il traite‹ anerkannt wird, erhält damit zugleich ein pädagogisches Gütesiegel: ›auteur qu'on lit dans les classes‹. Unter den in den Zitaten Genannten findet sich nur ein Schriftsteller, Vergil, der hier vermutlich als Ahnherr der höchsten literarischen Gattung, des Epos, erscheint. Aristoteles und Platon werden als unbestrittene philosophische Autoritäten genannt, Cicero wahrscheinlich als Vorbild in Sachen Rhetorik und Stil, Thomas von Aquin als Vater der Scholastik, die das theologische Denken der Zeit bestimmt. Livius schließlich hat die Geschichte Roms *ab urbe condita*, also von der Gründung Roms bis in das Zeitalter des Augustus geschrieben und gilt damit als Vorbild einer nationalen französischen Geschichtsschreibung.

3. Der Kanonisierungsprozess der Klassik

3.1 Boileau – der selbsternannte ›législateur du Parnasse‹

Der für die Rezeption der klassischen Literatur entscheidende Kanonisierungsprozess beginnt mit **Boileaus** ***Art poétique*** (1674). Indem Boileau bei der Charakterisierung der literarischen Gattungen auch zeitgenössische Autoren lobend oder tadelnd nennt, macht er sie zu großen und weniger großen oder auch schlechten Autoren und vollzieht damit erste literaturgeschichtliche Wertungen. Das Mittelalter erfährt bei ihm eine folgenschwere Abwertung, ebenso das 16. Jahrhundert, hier vor allem Ronsard. Doch auch bezüglich des 17. Jahrhunderts scheut er sich nicht vor einer in vielen Fällen geradezu schulmeisterlichen ›Notenverteilung‹. Anerkannt werden von ihm fast ausschließlich jene Autoren, die sich am Gattungsgefüge der klassischen römischen Literatur orientieren.

Boileaus immenser Einfluss auf die Kanonbildung der französischen Klassik beruht auch auf seiner langen Lebenszeit – 1636 bis 1711. Alle großen klassischen Autoren sterben z.T. lange vor ihm, so dass er die **Legendenbildung** ungehindert betreiben kann: Molière 1673, Corneille 1684, La Fontaine 1695, Racine 1699. 1701 gibt Boileau seine Werke in der letzten zu seinen Lebzeiten erschienenen Gesamtausgabe heraus. In der »Préface« bekräftigt er, im Rückblick auf das zu Ende gegangene Jahrhundert, seine seit langem betriebene Selbststilisierung zu einem ›législateur du Parnasse‹, der seinen befreundeten Dichterkollegen erst einmal beigebracht habe, wie man richtig schreibt. In diesem Zusammenhang steht auch die **›légende des quatre amis‹**, die sich zeitgleich herausbildet: Boileau, Molière, La Fontaine und Racine hätten sich regelmäßig getroffen, um literarische Fragen zu erörtern, wobei Boileau die Rolle eines *spiritus rector* gespielt habe. Die viel gepriesene Einheit der französischen Klassik, die viele Kritiker gewertet haben als Ergebnis des gemeinsamen Kampfes »d'un petit nombre d'authentiques génies, pénétrés d'une doctrine commune, s'encourageant l'un l'autre, partageant les mêmes inimitiés, commes les mêmes enthousiasmes«, diese homogene ›école de 1660‹ ist also in Wirklichkeit nichts anderes als »un mythe où entrent seulement de faibles parcelles de vérité«. Erst in den 1930er Jahren sind diese ›Legenden‹ als eine von Boileau geschickt und zielstrebig inszenierte Mystifikation entlarvt worden.[7]

3.2 Perrault und der *Who ist who* der französischen Klassik

Die zweite wichtige Kanonisierungsphase leitet Charles Perrault ein, eine der zentralen Persönlichkeiten der 1687 ausbrechenden ›querelle des anciens et des modernes‹. In seinem ***Poème sur le siècle de Louis le Grand*** vertritt er die These, die Gegenwart sei der Vergangenheit in allen Belangen überlegen; Wissenschaften und Künste hätten eine nie zuvor erreichte Qualität erlangt. Perraults *Poème* enthält implizit eine Geschichtskonzeption, die auf der Vorstellung des Fortschritts beruht, der die Folge »du règne heureux d'un excellent monarque« sei, und beinhaltet die naive Vorstellung, ein zeitliches ›Später‹ bedeute immer auch ein qualitatives ›Besser‹. Im Bereich der Naturwissenschaften fällt ihm die Beweisführung leicht; ein wichtiges Argument spielt in diesem Zusammenhang die Philosophie Descartes' und ihre Konsequenzen für die Mathematik, die Physik und die Optik. Doch auch für die Künste und die Humanwissenschaften findet Perrault Beweisgründe: So habe Griechenland z.B. in der Musik die Polyphonie nicht gekannt; Homer und Vergil hätten ihre Epen in Unkenntnis der Gesetze des Epos verfasst, die erst später formuliert worden seien. Insofern ist Perraults *Poème* ein **Lobpreis der eigenen Zeit**, die der Antike nicht nur ebenbürtig, sondern sogar überlegen sei.[8]

Die ***Parallèles des anciens et des modernes*** (1688–97), Perraults zweite wichtige Schrift, sind Dialoge in Anlehnung an die Parallelviten des griechischen Biographen und Moralisten Plutarch. Dieser möchte in patriotischer Absicht den Nachweis erbringen, dass die Griechen, obwohl den Römern damals politisch unterlegen, ihnen in kultureller Hinsicht durchaus ebenbürtig sind. Anfang des 16. Jahrhunderts als *Vies parallèles* von Amyot ins Französische übersetzt, beeinflussen sie die Literatur des 16. und 17. Jahrhunderts in hohem Maße. Perraults *Parallèles* sind nun **der erste großangelegte kulturhistorische Vergleich** der neueren europäischen Geschichte. Der Autor setzt jeweils jüngere und ältere Künstler, römische und griechische sowie französische und römische in Parallele; im Bereich der Literatur vergleicht er also Vergil mit Homer, Horaz mit Pindar oder auch Boileau mit Horaz und La Bruyère mit Theophrast. Sein Ziel ist der Nachweis, dass die Jüngeren den Älteren in nichts nachstehen; vor allem die ›modernes‹ des ›siècle de Louis XIV‹ seien den ›anciens‹ der griechischen und römischen Antike zumindest ebenbürtig, meist sogar überlegen. Perraults *Parallèles* zeigen geradezu prototypisch, wie in einer ersten Phase der kritischen Konfrontation zweier Kulturen das Selbstwertgefühl der ›Modernen‹ sich in Form von Vergleichen äußert.[9]

Einen weiterführenden Schritt unternimmt Perrault in ***Les hommes illustres du siècle*** (1696–1700). Mit seinen über hundert sorgfältig recherchierten Kurzporträts berühmter Persönlichkeiten aus Politik, Wissenschaft und Kultur stellt das Buch eine Art kulturpolitischer *Who is who* des ›siècle classique‹ dar. Voller Stolz auf die Errungenschaften des zu Ende gehenden Jahrhunderts porträtiert Perrault, häufig in hyperbolischen Formulierungen, ›illustre‹ Persönlichkeiten aus den unterschiedlichsten Tätigkeitsbereichen, die allesamt Herausragendes geleistet hätten. In literaturgeschichtlicher Perspektive präsentiert er damit bereits jenen **Kanon großer Autoren**, der für die kommenden Jahrhunderte verbindlich sein wird.[10]

3.3 Voltaire – der einflussreiche ›Macher‹ der Klassik

Einen weiteren wichtigen Beitrag zur Kanonisierung des 17. Jahrhunderts leistet Voltaire.[11] Zunächst in ***Le temple du goût*** (1733), einer zu seinen Lebzeiten mehrfach überarbeiteten Gelegenheitsschrift, die er selbst als »bagatelle« und »innocente plaisanterie« bezeichnet.[12] Im Bild einer fiktiven Promenade ordnet Voltaire hier im Plauderton die kleineren Autoren seiner Zeit in einen zeitlosen ›Tempel des Geschmacks‹ ein; doch könne man sie in keinem Fall mit den großen Autoren des 17. Jahrhunderts vergleichen: mit »ce grand, ce sublime Corneille«, mit La Fontaine, »auteur charmant«, mit Racine, dessen Protagonisten allesamt »tendres, galants, doux et discrets« und also naturgetreue Abbilder der »courtisans« am Hofe Ludwigs XIV. seien. Zu den großen Autoren zählt Voltaire auch den Theologen Fénelon, »aimable auteur du *Télémaque*«, also ausgerechnet jenes Erziehungsromans, in dem die Auswüchse der Monarchie Ludwigs XIV. mit äußerster Heftigkeit kritisiert werden, aber auch dessen Gegenspieler, den eloquenten Prediger und Geschichtsphilosophen Bossuet, »génie vaste, impétueux, et facile«. Unter den weiblichen Autoren erwähnt er Mme de La Fayette als Autorin der *Princesse de Clèves* und Mme de Sévigné, »aimée de tous ceux qui habitent le temple«. Eine besondere Heraushebung erfährt Boileau; er habe »les rigoureuses lois« der Dichtkunst festgelegt, denen die großen Autoren sich hätten beugen müssen: »leur maître en l'art d'écrire«. Vor allem die letzte Formel macht deutlich, in welchem Maß Voltaire sich Boileaus Selbststilisierung zu einem ›législateur du Parnasse‹ zu eigen gemacht hat. Heftige Kritik muss dagegen Molière einstecken: Er schreibe unter chronischem Zeitmangel, weswegen auch die ›dénouements‹ zahlreicher Stücke nicht geglückt seien; außerdem schiele er zu sehr auf den Geschmack des Volkes und verschwende sein Genie »au bas comique«, das heißt an die niedere Farcenkomik – ein Vorwurf, der sich fast wörtlich bereits in Boileaus *Art poétique* findet.[13] Bedenkt man, wie lange die Molièrephilologie gebraucht hat, um diese Vorwürfe, insbesondere den ›Farcenvorwurf‹, zu entkräften[14], lässt sich hier bereits der immense kanonisierende Einfluss Voltaires ermessen: Mittels der ›innocente plaisanterie‹ seines *Temple du goût* erweist er sich – nach Boileau – als einer der einflussreichsten ›Macher‹ der Klassik, wobei er allerdings den Begriff ›classique‹ noch nicht verwendet.

Besonderes Gewicht erhält der unprätentiöse *Temple du goût* durch die breite Darstellung des geschichtsphilosophischen **Topos der *translatio studii et imperii*.** Wegen ihres exemplarischen Charakters sei die Passage hier angeführt:

> Ce ne fut qu'au travers de bien des aventures que nous arrivâmes enfin au Temple du goût:
>
> Jadis en Grèce on en posa / Le fondement ferme et durable,
> Puis jusqu'au ciel on exhaussa / Le faîte de ce Temple aimable.
> L'univers entier l'encensa. / Le Romain, longtemps intraitable,
> Dans ce séjour s'apprivoisa; / Le musulman, plus implacable,
> Conquit le Temple et le rasa. / En Italie on ramassa
> Tous les débris que l'infidèle / Avec fureur en dispersa.
> Bientôt François Premier osa / En bâtir un sur ce modèle;
> Sa postérité méprisa / Cette architecture si belle.
> Richelieu vint, qui répara / Le Temple abandonné par elle.
> Louis Le Grand le décora: / Colbert, son ministre fidèle,
> Dans ce sanctuaire attira / Des beaux arts la troupe immortelle.
> L'Europe jalouse admira / Ce Temple en sa beauté nouvelle;
> Mais je ne sais s'il durera.[15]

Der Text illustriert exemplarisch den genannten Topos, dem zufolge die kulturelle Vorherrschaft von Athen unter Perikles nach Rom übergegangen ist. Die Zerstörung des Tempels signalisiert sodann die Eroberung Konstantinopels durch die Türken, von der das Florenz des Lorenzo di Medici profitiert, indem es die ›Trümmer aufsammelt‹. Mit den Italienfeldzügen unternimmt Franz I. zwar einen ersten Versuch, das kultur- und machtpolitische Zentrum von Italien nach Frankreich zu verlegen, doch sind seine Nachkommen für die Übernahme der kulturellen Hegemonie offensichtlich noch nicht reif. Erst mit Richelieu tritt eine grundsätzliche Änderung ein; denn von jetzt an steuert alles auf den Höhepunkt zu: Ludwig schmückt den Tempel aus, während der treu ergebene Colbert sich als Mäzen der Künste verdient macht. Den europäischen Staaten bleibt nichts anderes als neidvolle Bewunderung. Der letzte Vers illustriert die **doppelte Geschichtskonzeption** Voltaires: eine zyklische, in der sich Geschichte kreisförmig wiederholt und dabei ihre machtpolitischen und kulturellen Gewichte verlagert, und eine lineare, in die Zukunft gerichtete, die zur Folge haben wird – bzw. genauer gesagt bereits gehabt hat –, dass auch dem letzten ›temple en sa beauté nouvelle‹ nur eine begrenzte Dauer beschieden sein wird.

Voltaires zweite hier zu nennende Schrift, ***Le siècle de Louis XIV***, hat eine komplizierte Textgeschichte. 1732 beginnt Voltaire mit der Arbeit und schließt 1739 eine erste Fassung ab; 1750 überarbeitet er den Text, der 1751 in der endgültigen Fassung in Berlin erscheint.[16] Zur Erinnerung: Voltaire, 1694 geboren, hat die letzten zwanzig Regierungsjahre Ludwigs XIV. als Zeitzeuge miterlebt; darüber hinaus hat er wichtige Persönlichkeiten befragt und zahlreiche Archive konsultiert; er stützt sich also auf eine reichhaltige Dokumentation und geht mit historischem Sachverstand zu Werke. Das Buch ist somit eine erste **kritische Gesamtschau der Regierungszeit Ludwigs XIV.**[17]

Voltaire schildert nacheinander die wichtigsten politischen und militärischen Ereignisse der Epoche und geht auch auf die Kriegsmüdigkeit Frankreichs am Ende von Ludwigs Herrschaft ein; schon 1713 hatte er eine *Ode sur les misères du temps* veröffentlicht. In mehreren Kapiteln trägt er Augenzeugenberichte über das Hofleben zusammen, die in der Mehrzahl durchaus glaubwürdig erscheinen. Ausführlich würdigt er die Persönlichkeit Ludwigs XIV., den er »un bon père et un bon maître« nennt. Doch der eigentliche Architekt der Monarchie ist für ihn Colbert, »son ministre fidèle« (s.o. *Temple du goût*), durch dessen Initiativen die Verwaltung modernisiert, die Finanzen geordnet und der Handel belebt worden seien. In seiner Einschätzung Colberts steht Voltaire ganz im Banne dessen, was die Geschichtswissenschaft des 20. Jahrhunderts als ›le mythe Colbert‹ entlarven wird. Breiten Raum widmet Voltaire schließlich dem Fortschritt der Wissenschaften, vor allem der Experimentalwissenschaften, sowie der Entwicklung der Kunst und Literatur und schließlich den Wandlungen der Sprache und des Stils.

Vor allem aufgrund eines großzügig praktizierten Mäzenatentums sieht er in der Regierungszeit Ludwigs XIV. einen in der Geschichte Frankreichs bisher nicht erreichten Höhepunkt. In diesem Zusammenhang kommt er auf den bereits in *Le temple du goût* entwickelten Topos der *translatio studii et imperii* zurück, um die unter Ludwig XIV. erreichte Blütezeit bis in seine Gegenwart zu verlängern: »Aucune nation n'a eu plus d'éclat en tout genre, depuis environ un siècle, que la nation formée, en quelque sorte, par Louis XIV.« Hier zeigt sich nochmals die Dialektik der voltaireschen Geschichtsphilosophie: Während der Vers »Mais je ne sais s'il durera« des *Temple du goût* den Zweifel hinsichtlich der Dauer einer solchen Hochkultur artikuliert, enthüllt die Feststellung, der ›éclat‹ der Epoche Ludwigs XIV. gereiche Frankreich ›depuis environ un siècle‹ zur Ehre, indirekt die Intentionen dieser Schrift: *Le siècle de Louis XIV* ist nicht primär und ausschließlich panegyrisch rückwärts gewandt; durch eine Verherrlichung der Regierungszeit Ludwigs XIV. möchte Voltaire zugleich im positiven Sinn Kritik an seiner eigenen Zeit üben: In den Händen Ludwigs XV. liege es, den Glanz der Epoche Ludwigs XIV. bis in seine eigene Regierungszeit – und darüber hinaus – zu verlängern. An Voltaire selbst soll es bei diesem Unterfangen nicht scheitern: Nicht zufällig ist er davon überzeugt, dass seine Tragödien denen Racines in nichts nachstehen.

Aus diesen Erläuterungen zu Voltaires *Siècle de Louis XIV* lässt sich eine doppelte Folgerung ziehen. Die erste betrifft den **Begriff des ›siècle‹**. Es macht keinen Sinn und ist in vielen Zusammenhängen sogar falsch, das französische ›siècle‹ unterschiedslos mit ›Jahrhundert‹ und also Voltaires Titel mit *Das Jahrhundert Ludwigs XIV.* zu übersetzen. Voltaire hat niemals eine Geschichte des gesamten 17. Jahrhunderts schreiben wollen, sondern lediglich die der Regierungszeit Ludwigs XIV., also 1660/61 bis 1715. Das gleiche gilt für Perraults *Poème sur le siècle de Louis le Grand.* Die angemessenste Übersetzung des französischen Begriffs ist daher ›Zeitalter‹ oder ›Epoche‹. Der Begriff ›siècle‹ besitzt im 17. und auch noch im 18. Jahrhundert ein breiteres Bedeutungsspektrum: Das semantische Feld des Wortes reicht von der Bedeutung ›kalendarisches Jahrhundert‹ über diejenige von ›Epoche‹ und ›Regierungszeit‹ bis hin zu der Bedeutung von ›Generation‹.[18]

Die zweite Folgerung betrifft den **Kanonisierungsprozess des ›siècle de Louis XIV‹**. Mit diesem Werk und vor allem mit dem in seinem Anhang beigefügten »Catalogue de la plupart des écrivains français qui ont paru dans le siècle de Louis XIV, pour servir à l'histoire littéraire de ce temps«[19] beginnt die Kanonisierung der Kultur und Literatur des 17. Jahrhunderts zu einer klassischen, das heißt inhaltlich und formal vorbildhaften Literatur, die für die Zukunft als normbildend angesehen wird. Eine mächtige bürgerliche Bildungstradition hat seitdem mehr als zwei Jahrhunderte lang dieses von Voltaire entworfene Bild der Epoche Ludwigs XIV. eher unkritisch übernommen und in allen seinen Manifestationen, den militärischen, politischen, wirtschaftlichen, vor allem aber den kulturellen, geradezu zu einem Mythos stilisiert. Deshalb ist es selbst heute mitunter noch schwierig, zu dieser Epoche eine kritische Distanz zu gewinnen.

Den wichtigsten Beitrag zur literarischen Kanonisierung leistet Voltaire in seinen ***Commentaires sur Corneille*** (1764).[20] Anlass dieser monumentalen, mehr als tausend Seiten umfassenden Arbeit ist das Vorhaben der Académie française, die großen Autoren des 17. Jahrhunderts in mustergültigen, kommentierten Ausgaben erscheinen zu lassen. In einem Brief vom 10. April 1761 an den Sekretär der Académie lobt Voltaire das Unterfangen mit folgenden Worten:

> Je vous assure, Monsieur, que vous me faites grand plaisir en m'apprenant que l'Académie va rendre à la France et à l'Europe le service de publier un recueil de nos auteurs classiques, avec des notes qui fixeront la langue et le goût, deux choses assez inconstantes dans ma volage patrie.[21]

Laut Emile Littrés *Dictionnaire de la langue française* (1863–1873) findet sich in dieser Passage der **Erstbeleg für die Anwendung des Begriffs ›classique‹ auf mustergültige Autoren des 17. Jahrhunderts**; zugleich wird schon hier der in dem Begriff enthaltene Anspruch deutlich: Kommentierende Anmerkungen sollen einer sprachlichen und ästhetischen Normierung dienen, und zwar nicht nur in Frankreich, sondern ebenso im gebildeten, weitgehend französischsprachigen Europa. Man darf in der Briefpassage Voltaires die Geburtsstunde der kommentierten Schulausgaben sehen. Doch ist das obige Zitat nicht der Erstbeleg des Wortes ›classique‹ im hier gemeinten Sinn; der Begriff findet sich bereits in einer zeitlich vermutlich früheren Schrift mit dem Titel *Connaissances des beautés et des défauts de la poésie et de l'éloquence dans la langue française*, die einem Schüler Voltaires zugeschrieben wird. Die didaktische Zielsetzung des Bandes besteht darin, jugendlichen Lesern anhand ›guter‹ und ›schlechter‹ Zitate von Autoren des 17. Jahrhunderts Anleitungen zur Herausbildung ihres eigenen Geschmacks zu geben. Der Herausgeber will seine Beispiele jenen Autoren entnehmen, die man ›klassisch‹ nennt:

> Je tirerai la plupart des mes exemples des auteurs que j'appelle classiques; je veux dire des auteurs qu'on peut mettre au rang des anciens qu'on lit dans les classes, et qui servent à former la jeunesse. Je cherche à l'instruire dans la langue vivante autant qu'on l'instruit dans les langues mortes.[22]

›Klassisch‹ im Sinne des Zitats sind also zum einen die längst kanonisierten Schulautoren der griechisch-römischen Antike, doch ebenso jene französischen Autoren des 17. Jahrhunderts, deren Werke den Qualitätsstandard der Alten erreichen und die daher für den Schulunterricht als ebenso wertvoll gelten können; die Literatur der ›langue vivante‹ des 17. Jahrhunderts wird jetzt endgültig den Literaturen der ›langues mortes‹ als ebenbürtig an die Seite gestellt.

Unabhängig von der Prioritätsfrage der Zitate steht fest, dass Voltaires *Commentaires* aufgrund ihres buchhändlerischen Erfolges – viele Subskriptionen, mehr als fünfzehn Auflagen bis 1870 – nachhaltiger gewirkt haben als die Publikation seines Schülers, von dem man nichts Genaueres weiß. Der Einfluss Voltaires beruht insbesondere auf den kategorischen Wertungen seiner *Commentaires*: Seine Vorliebe gilt dem ›großen‹ Corneille der Jahre 1635–43, das heißt dem Autor des *Cid*, der Römertragödien *Horace* und *Cinna* sowie der Märtyrertragödie *Polyeucte*; der ›spätere‹ Corneille, vor allem derjenige nach 1660, ›langweile‹ ihn, während Racine ihn ›verzücke‹: »Racine m'enchante, et Corneille m'ennuie.« Ebenso zeigt er keinerlei Interesse für Corneille als den Verfasser bürgerlicher Komödien, die einen Blick auf das Paris der frühen 1630er Jahre eröffnen. Voltaires *Commentaires* haben die Corneilleforschung bis weit ins 20. Jahrhundert hinein bestimmt. Erst 1949 rehabilitiert Georges Couton in *La vieillesse de Corneille* den ›späten‹ Corneille nach 1660 als einen Racine gleichwertigen Dramatiker; dem ›frühen‹ Komödienautor Corneille wird endgültig erst 1971 durch Peter Bürger, *Die frühen Komödien Corneilles und das französische Theater um 1630,* Anerkennung zuteil.

3.4 Das 19. Jahrhundert – die Vereinnahmung der Klassik als nationales Kulturerbe

Der hier in Umrissen nachgezeichnete Prozess der Kanonisierung der großen Autoren des ›siècle de Louis le Grand‹ erreicht im 19. Jahrhundert eine geradezu **dogmatische Erstarrung**; die immer gleichen vier oder fünf Autoren gelten als Höhepunkte der französischen Literatur: Boileau, Molière, La Fontaine, Racine und mit einigem Abstand, trotz Voltaires *Commentaires*, Corneille – eine nicht so sehr ästhetische als vielmehr moralische Rangfolge, welche die Autoren gemäß ihrem gesellschaftlichen Nutzen einstuft. In dem Maße nämlich, wie nach anfänglichen Schwierigkeiten die III. Republik sich als bürgerlich-republikanisch-laizistisch konsolidiert und die Schulreform von Jules Ferry die ›école républicaine et laïque‹ als obligatorisch einführt, werden die klassischen Autoren ideologisch vereinnahmt, zu vorbildhaften Schulautoren stilisiert und, wie Karl der Große und die Jungfrau von Orléans, zum nationalen Kulturerbe ernannt – und mumifiziert.[23] In ihren Werken sieht man die Werte der neuen Republik

– ›raison‹, ›bon sens‹, Arbeit, Fleiß, Familie, Vaterland – geradezu idealtypisch präfiguriert. In diesem nationalen Vereinnahmungsprozess der Klassik feiert schließlich auch der selbsternannte ›législateur du Parnasse‹ Boileau einen letzten postumen, wenngleich grotesken Triumph: Sein *Art poétique* nämlich avanciert bis zum Beginn des 20. Jahrhunderts zum meist gelesenen Buch des ›siècle classique‹.[24] Aus diesem Kanonisierungsprozess gehen letztendlich auch die nationalen Literaturgeschichten von Brunetière und Lanson mit ihrer verklärenden Darstellung des ›siècle classique‹ hervor, doch ebenso die mustergültigen Klassikerausgaben der ›Grands Écrivains de la France‹. Der Erste Weltkrieg und in dessen Folge das Infragestellen aller bürgerlichen Werte werden ab etwa dem Ende der 1920er Jahre zu einer differenzierteren Sicht der Epoche der Klassik führen.

3.5 Das 20. Jahrhundert – die Klassik im Blickwinkel der internationalen Forschung

Von den in diesem Zusammenhang wichtigen Arbeiten Brays und Peyres wurde bereits oben gesprochen; ebenso von dem Nachweis der Nicht-Existenz einer ›école de 1660‹. Zugleich wird im Verlauf des 20. Jahrhunderts die These einer allein auf Logik, Vernunft und Regeln beruhenden ›doctrine classique‹ aus verschiedenen Perspektiven hinterfragt: zunächst durch eine heftig geführte Auseinandersetzung um das Problem eines ›âge baroque en France‹ zu Beginn des 17. Jahrhunderts, dann aber auch durch die Aufdeckung einer **irrationalen Kehrseite der Klassik.** Denn deren Werke verdanken sich nicht allein der kartesianischen Logik und den Regeln, sondern ebenso irrationalen Elementen wie dem viel diskutierten ›un certain je ne sais quoi‹, dem subjektiven ›goût‹ und nicht zuletzt dem von Boileau eingeführten ›sublime‹, Kategorien, die sich einer rationalen Definition entziehen.[25] Hinzu kommt die Ausweitung des herkömmlichen Literaturbegriffs, wie der Lanson-Schüler Daniel Mornet sie in seiner *Histoire de la littérature française classique, 1660–1700, ses caractères véritables, ses aspects inconnus* (1940) geradezu programmatisch vornimmt. Mornet lenkt die Aufmerksamkeit auf die bisher ausgesparten kleineren Autoren, die für ihn gerade die Verschiedenheit und den Reichtum der klassischen Epoche von 1660 bis 1700 ausmachen.[26]

Entscheidenden Anteil an einer Neuorientierung der Studien zum 17. Jahrhundert hat Antoine Adam mit seiner fünfbändigen *Histoire de la littérature française au XVIIe siècle* (1949–1956). Auf der Basis eines weiten Literaturbegriffs stellt Adam die literarische Entwicklung im Spiegel der Gattungen und unter ständiger Bezugnahme auf die politischen, gesellschaftlichen, institutionellen und kulturellen Rahmenbedingungen dar, und zwar von der Regierungszeit Heinrichs IV. bis zum Tod Ludwigs XIV. Natürlich widmet auch er den großen Autoren die entsprechende Aufmerksamkeit und gelangt dabei zu überraschenden Neubewertungen; doch wichtiger noch als die vielfach neue Sicht der Klassiker ist die systematische **Einbeziehung kleinerer und mittlerer Autoren** sowie der unterschiedlichen sozialen Milieus, in denen sie verkehrten.[27]

Ab den 1950er Jahren lässt sich ein fortwährender **Differenzierungsprozess** hinsichtlich der Forschungen zum 17. Jahrhundert beobachten, der hier nur in groben Zügen skizziert werden kann. Diese Initiativen verfolgen das Ziel, die literarhistorische

Hinterlassenschaft der III. Republik zu überwinden und vor allem den erstarrten Autoren- und Werkekanon auf der Basis einer historisch-positivistisch orientierten Philologie und eines weiten Literaturbegriffs aufzubrechen. Es kommt zur **Gründung ›Gelehrter Gesellschaften‹** wie der ›Société d'Études du XVIIe siècle‹ (Paris 1949), die noch im Jahr ihrer Gründung den ersten Band der Zeitschrift *Le XVIIe siècle* herausgibt. Wie keine andere Fachzeitschrift zeigt *Le XVIIe siècle* die Entwicklung der Geschichte der Studien zum 17. Jahrhundert, also deren Geschichtlichkeit selbst. Zu den ›Gelehrten Gesellschaften‹ gehören auch die 1968 gegründete ›North Americain Society für Seventeenth-Century French Literature‹ (NASSCFL) sowie die ›British Society for Seventeenth-Century French Literature‹ (BSSCFL; 1978). Der Gründung der NASSCFL folgt 1973 die Gründung der *Papers on French Seventeenth Century Literature (PFSCL)* durch Wolfgang Leiner. Die *Papers* haben sich zur wichtigsten zwischen Europa und den Vereinigten Staaten vermittelnden Literaturzeitschrift zum 17. Jahrhundert entwickelt. Als Begleitprogramm zu den *Papers* gründet Leiner 1981 die Reihe *Biblio 17*, in der bisher 150 Monographien zu Autoren, Gattungen und Strömungen, aber auch Textausgaben und Festschriften erschienen sind. Zu einem wichtigen Publikationsorgan hat sich auch die ab 1989 halbjährig erscheinende Zeitschrift *Littératures classiques* entwickelt, die großenteils interdisziplinäre Themenschwerpunkte monographisch behandelt.

Eine besondere Position innerhalb der ›Gelehrten Gesellschaften‹ nimmt das 1971 von Roger Duchêne in Marseille gegründete ›Centre Méridional de Rencontres sur le XVIIe siècle‹ ein. Das ›CMR 17‹ organisierte jährlich Kongresse zunächst in Marseille, dann in anderen Universitäten Südfrankreichs, die sich durch ihre interdisziplinäre Annäherung an zentrale Probleme des 17. Jahrhunderts auszeichnen. 1991 geht das ›CMR 17‹ in das ebenfalls von Duchêne gegründete ›Centre International de Rencontres sur le XVIIe siècle‹ (›CIR 17‹) über, dessen Kongresse nicht mehr nur in Frankreich stattfinden; die Kongressakten werden in den *Papers* oder in den Supplementbänden von *Biblio 17* publiziert.

Im Rahmen des nach Jahrhunderten geordneten *Dictionnaire des lettres françaises*, dessen Publikation der Kardinal Georges Grente betreute, erscheint 1951, von Albert Pauphilet, Louis Pichard und Robert Barroux herausgegeben, der Band *Le XVIIe siècle*, ein erfreulich undogmatisch und unkanonisch gehaltenes Lexikon, das verlässliche Informationen auch zu kleineren Autoren, Ereignissen, Institutionen etc. enthält. Der Band wurde 1996 unter der Leitung von Patrick Dandrey überarbeitet und neu herausgegeben.

Die wenigen Hinweise lassen bereits erahnen, wie differenziert und komplex das ›siecle classique‹ sich im Spiegel dieser internationalen und interdisziplinären Forschung darbietet. Die neueren synthetisch angelegten Darstellungen sind indes bemüht, es trotz der Unterschiedlichkeit seiner Epochen und der Heterogenität seiner kulturellen Manifestationen als eine relativ kohärente Einheit zu erfassen. Das gilt besonders für die umfassendste neuere literarhistorische Darstellung, die Jean Mesnard unter dem Titel *Précis de littérature française du XVIIe siècle* (1990) herausgegeben hat, und ebenso für zwei enzyklopädisch angelegte Großunternehmen: das von François Bluche herausgegebene *Dictionnaire du Grand Siècle* (1990) und das reich illustrierte *le XVIIe siècle. Diversité et cohérence* (1992). Der Untertitel formuliert programmatisch die von dem Herausgeber Jacques Truchet intendierte Sicht des ›großen‹ Jahrhunderts, das er im Haupttitel absichtlich mit einer Minuskel beginnen lässt.[28]

II. Elemente der politischen und sozialen Geschichte

Wie alle historischen oder literarhistorischen Epochen hält auch das französische 17. Jahrhundert sich nicht an kalendarische Vorgaben. Für seinen Beginn werden 1589, 1594 und 1598 in Betracht gezogen; über die einzelnen Daten wird noch zu sprechen sein. In Bezug auf das Ende des Jahrhunderts herrscht relative Einigkeit: 1715, das Todesjahr Ludwigs XIV. Verglichen mit anderen ist das 17. also ein sehr langes Jahrhundert. ›Le long XVIIe siècle‹ wird noch dazu durch ›le long règne‹ Ludwigs XIV. entscheidend geprägt.[1]

1. Geographische, demographische und institutionelle Rahmenbedingungen

1.1 »La France le plus beau royaume après le Ciel«

Die geographische Lage Frankreichs mit seinem gemäßigten Klima, seinen fruchtbaren Ebenen, seinem weitverzweigten Flussnetz, dem Fehlen unwegsamer Gebirge, die im Landesinneren den Zusammenhalt beeinträchtigen könnten, hat schon früh das Sprichwort aufkommen lassen: »La France le plus beau royaume après le Ciel.« Zwar garantieren **die natürlichen Grenzen** in gewissem Maß die Sicherheit des Landes: Im Westen und Nordwesten der Atlantik und der Ärmelkanal, im Süden das Mittelmeer und die Pyrenäen, wobei hier der genaue Grenzverlauf erst im Pyrenäenfrieden von 1659 festgelegt wird. Die Grenzen im Norden und Osten sind jedoch problematisch: Ein Großteil der Niederlande, die Franche-Comté (Freigrafschaft Burgund) sowie das Herzogtum Mailand sind im Besitz des spanischen Königs, dessen Einfluss auch in Lothringen, Savoyen und der Republik Genua stark ist. Nimmt man die Pyrenäengrenze hinzu, ist Frankreich machtpolitisch-militärisch zu Lande praktisch von Spanien eingekreist und fühlt sich durch diese **›étreinte espagnole‹** konkret bedroht. Dies umso mehr, als sich jenseits der spanischen Ostgrenze das mächtige Reich der mit Spanien verbündeten österreichischen Habsburger anschließt, das zu dieser Zeit Schlesien, Böhmen, Mähren sowie große Teile Ungarns umfasst und sich im Westen bis nach Tirol erstreckt. Deren umfangreiche Besitzungen erlauben es dem spanischen König, von Marseille und Genua aus Nachschubkorridore für die Truppen in den spanischen Niederlanden einzurichten, die der französische König nicht unterbinden kann. In den meisten kriegerischen Auseinandersetzungen Frankreichs mit Spanien und dem deutschen Kaiser wird es im 17. Jahrhundert darum gehen, die ›étreinte espagnole‹ zu durchbrechen, die Spanier zu vertreiben, die französischen Grenzen möglichst weit nach Norden und Osten vorzuschieben und zu befestigen und schließlich Frankreich als eine seinen europäischen Nachbarn zumindest ebenbürtige, wenn nicht überlegene Großmacht zu etablieren. Dies wird, zumindest was die Grenzziehungen betrifft, auch gelingen: Umfasst Frankreich zu Beginn des Jahrhunderts 471.000 km^2, werden es am Ende 514.000 km^2 sein. Die Zahlen sprechen für sich.[2]

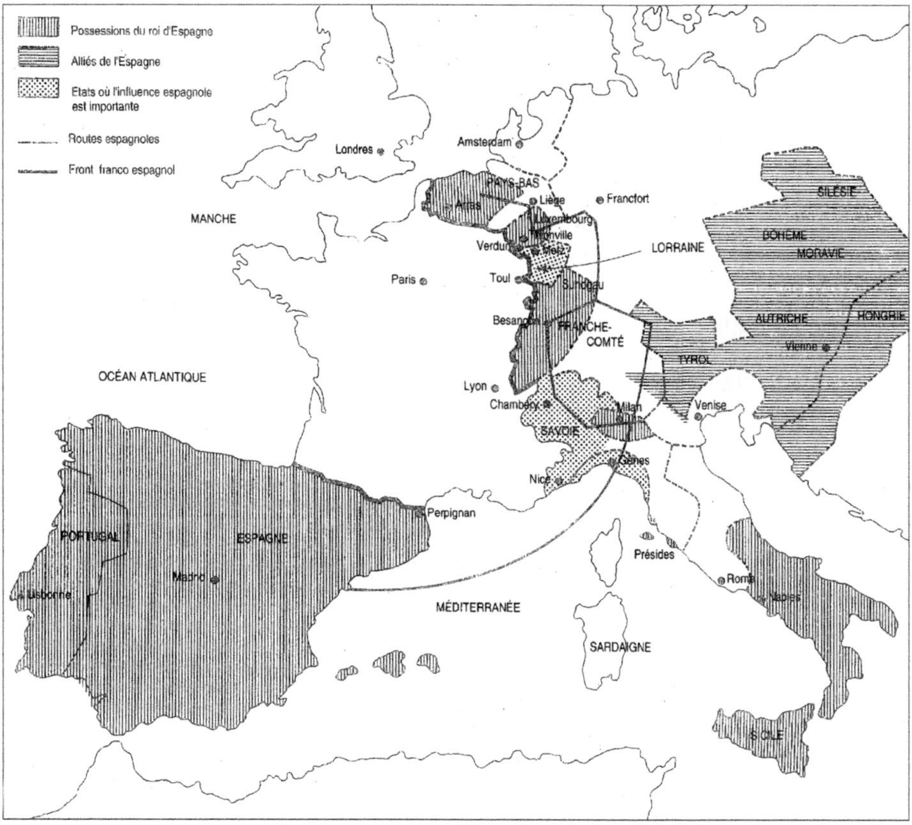

Nachdem Heinrich IV. Marseille 1596 von den Spaniern zurückerobert hatte, läuft der Nachschub für die Spanischen Niederlande ausschließlich über Genua. Als 1679 im Friedensschluss von Nijmwegen die Franche-Comté zu Frankreich kommt, bricht ein Großteil der ›étreinte espagnole‹ weg. Das Bombardement Genuas 1684 durch die französische Marine zerstört weite Teile der Stadt und läutet das Ende der ›étreinte‹ ein (aus: Truchet, Le XVIIe siècle, *1992, S. 50).*

In seinem Standardwerk *Louis XIV et vingt millions de Français* (^{3}1982) verweist Pierre Goubert bereits im Titel auf ein weiteres wichtiges Element zum Verständnis der Epoche: Mit zwanzig Millionen Einwohnern ist Frankreich im Vergleich zu seinen Nachbarn ein ›**demographischer Riese**‹. Es hat zehnmal so viele Einwohner wie Holland, dreimal so viele wie England und Spanien; ähnlich sind die Relationen im Vergleich zu den italienischen und deutschen (Stadt-)Staaten; darüber hinaus ist Frankreich mit einer Bevölkerungsdichte von vierzig Einwohnern pro Quadratkilometer das am dichtesten besiedelte und überdies wohlhabendste Land Europas. Entsprechend den Statistiken variiert die Einwohnerzahl zwischen dem Beginn des Jahrhunderts und seinem Ende zwischen 19 und 21 Millionen mit nur circa 17 Millionen um 1660. Grund für die Schwankungen sind Naturkatastrophen, dadurch bedingte Missernten und in deren Gefolge Hungersnöte, die die Bevölkerungszahl beeinflussen. Zu bedenken ist auch, dass sehr viele Mütter bereits bei der Geburt ihres ersten Kindes sterben; und als beim Regierungsantritt Ludwigs XIV. eine Hungersnot Frankreich heimsucht, vollendet nur etwa die Hälfte aller neugeborenen Kinder das erste Lebensjahr. Ähnliche Auswirkungen auf die demographische Entwicklung haben die fortwährenden Kriege, Epidemien wie die Pest sowie Klimakatastrophen, die Frankreich während des ganzen Jahrhunderts regelmäßig heimsuchen und vor allem die unteren, weniger gut ernährten Bevölkerungsschichten treffen.

Wenn Frankreich trotzdem während des ganzen Jahrhunderts seine Bevölkerungszahl annähernd halten kann, so deshalb, weil die Geburtenrate, besonders nach Krisenzeiten, hoch ist. Das **Heiratsalter** der Männer liegt zwischen 25 und 26 Jahren, das der Frauen zwischen 20 und 22. Heirat ist nicht in erster Linie eine Liebesangelegenheit, sondern eine soziale Handlung: Eine Familie konstituiert sich, um die berufliche Nachfolge der Eltern anzutreten. Im Durchschnitt hat eine Familie fünf Kinder, von denen aber nur die Hälfte das heiratsfähige Alter erreicht. Die **hohe Kindersterblichkeit** erklärt sich besonders auf dem Lande durch die mangelhafte ärztliche Versorgung. Doch selbst in der königlichen Familie sterben trotz der Fürsorge der Ärzte – Molière würde sagen: gerade derentwegen – Kinder in großer Zahl. So kann Ludwig XV. nur deshalb König werden, weil Sohn und Enkel Ludwigs XIV. und seine zwei älteren Brüder in frühem Kindesalter sterben. Bezeichnend für die Bevölkerungsstruktur sind vor allem die **Lebenserwartungen**: Sie liegen im Durchschnitt zwischen 30 und 40 Jahren, beim Adel allerdings bei 56 Jahren. Der heiratswütige Arnolphe in Molières *École des femmes,* der sein junges Mündel Agnès ehelichen will, ist auch deswegen lächerlich, weil er mit seinen 60 Jahren für die Epoche ein Greis ist. Und wenn Ludwig XIV. erst mit 78 Jahren das Zeitliche segnet, so ist er geradezu ein Methusalem.[3]

1.2 Die Parlamente – Instanzen des Widerspruchs

Wie angefochten Ludwigs Autorität gerade in den letzten Lebensjahren ist, zeigen exemplarisch die Reaktionen des Pariser Parlaments, das dem König 1713/14 in einer zum Prestigefall stilisierten Auseinandersetzung um die päpstliche Bulle *Unigenitus* den Gehorsam verweigert und bereits einen Tag nach seinem Tod wichtige Verfügungen seines Testamentes kassiert. Zwar sagt ein französisches Sprichwort »Toute justice émane du roi«, doch ist die **Rechtsprechung** tatsächlich an Gerichte – ›Cours de parlements‹ – delegiert, die in sich und untereinander stark hierarchisch gestuft sind. An der Spitze der jeweiligen Parlamente stehen die ›Cours souveraines‹, den heutigen Appellationsgerichten vergleichbar, die in Streitfällen souveräne, nicht weiter anfechtbare Entscheidungen treffen. Jede der großen Provinzen Frankreichs verfügt über ein solches ›Parlement‹, von denen das zu Zeiten von Saint Louis gegründete **›Parlement de Paris‹** naturgemäß das wichtigste ist. Alle Parlamentsentscheidungen betreffen allein die jeweilige Provinz, in deren Hauptstadt die Entscheidung getroffen wird. Die wichtigsten Parlamente in der Reihenfolge ihrer Gründung sind Toulouse (Languedoc), Grenoble (Dauphiné), Bordeaux (Guyenne), Dijon (Burgund), Aix (Provence), Rouen (Normandie) und Rennes (Bretagne). Metz unterliegt seit 1522 französischer Gesetzgebung und ist seit 1633 Sitz eines Parlaments. Die jeweiligen Ämter sind käuflich und genießen hohes Ansehen, insbesondere das des Parlamentspräsidenten.

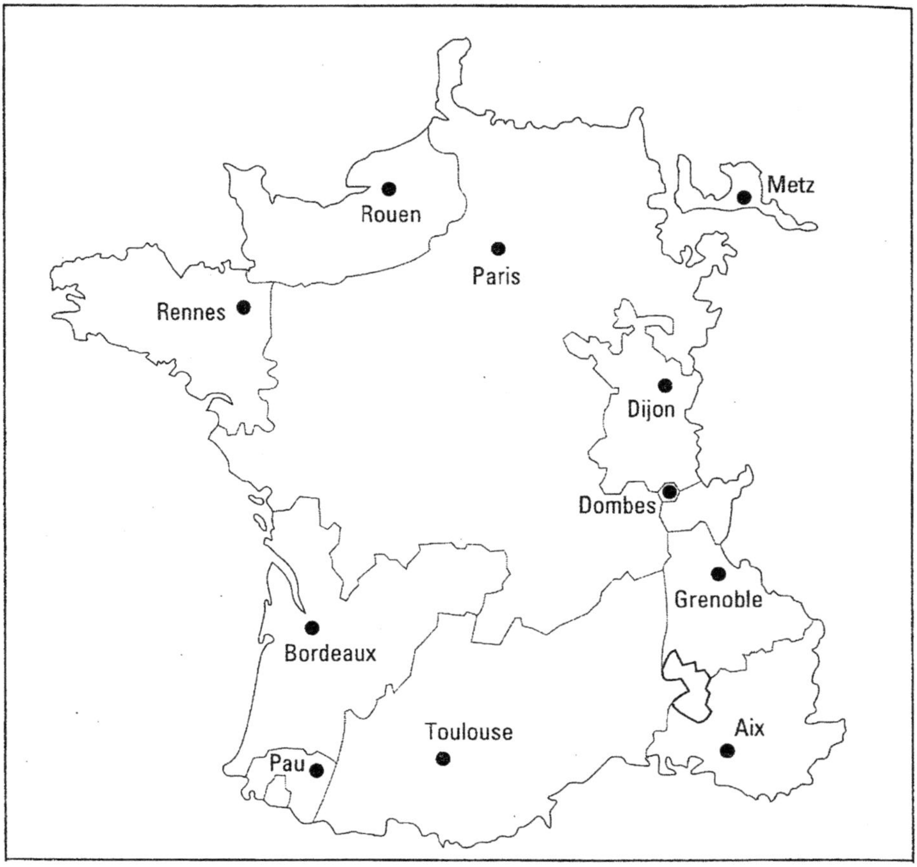

Das Pariser Parlament ist nicht nur das älteste und politisch einflussreichste, sondern verfügt auch geographisch über den größten Wirkungsbereich (aus: R. Descimon/Chr. Jouhaud, La France du premier XVIIe siècle 1594–1661, *1996, S. 186).*

Die **Funktionen** dieser Parlamente sind natürlich nicht mit den heutigen vergleichbar, die auf dem im 17. Jahrhundert noch unbekannten Prinzip der Gewaltenteilung beruhen. Sie besitzen keinerlei legislative Kompetenz, sondern sind als Gerichtshöfe allein für Fragen der Rechtsprechung zuständig. Ihre vornehmste Aufgabe ist die **Registrierung der königlichen Gesetze und Erlasse**, die ohne diese Zustimmung nicht rechtskräftig sind. Dabei sind die Provinzparlamente in zivil- und strafrechtlichen Fragen autonom, in allen die Verwaltung und Gesetzgebung des Landes insgesamt betreffenden Fragen jedoch von den Entscheidungen des Pariser Parlaments abhängig. Ist das Pariser Parlament mit einem Gesetzesvorschlag des Königs nicht einverstanden, kann es Einspruch erheben; und in der Tat macht es von diesem ›droit de remontrance‹ mehrfach Gebrauch. Allerdings kann der König den Einspruch durch sein persönliches Erscheinen vor dem Parlament wieder aufheben; ein solcher Staatsakt heißt ›lit de justice‹, weil der König dabei auf einem festlichen bettförmigen Thron sitzt. Schon Heinrich IV. wird das Einspruchsrecht des Parlaments im Zusammenhang des Edikts von Nantes schmerzhaft erfahren. Und als Mazarin die Gesetzgebungskompetenz der Monarchie auf den Bereich der Steuern ausdehnen will, kommt es – im Vorfeld der Fronde – zu heftigen Auseinandersetzungen. Schließlich wird Ludwig XIV. 1673 das Einspruchsrecht der Parlamente in eine Registrierungspflicht umwandeln und damit die Parlamente als Instanz des Widerspruchs gegen seine Politik entmachten.

Dabei hat das Pariser Parlament – dessen Entscheidungen in hohem Maße normgebend für die Provinzparlamente sind – sich zu keiner Zeit gegen das monarchische Prinzip ausgesprochen, nicht einmal während der Fronde. Die Parlamente sind grundsätzlich **monarchiefreundlich**, jedoch **im Sinne einer gemäßigten Monarchie**, und vertreten in kirchenpolitischer Hinsicht gallikanische Positionen, das heißt sie befürworten eine von Rom unabhängige nationale Kirche, in welcher der König gegebenenfalls als Gegenspieler des Papstes fungiert, insofern dieser sich weltliche Rechte anmaßt.[4]

1.3 Ständehierarchie und soziale Mobilität

Bis in die 1970er Jahre wurde die Gesellschaft des 17. Jahrhunderts als eine ›société d'ordres‹ dargestellt, das heißt als eine hierarchisch gestufte Ordnungsgesellschaft, deren **drei** in sich wiederum **hierarchisch gegliederte Stände** – ›états‹ – sich deutlich voneinander abgrenzen, mit präzis definierten Pflichten und Vorrechten ausgestattet sind, insgesamt jedoch eine homogene, funktionale Einheit bilden. Das ist grundsätzlich richtig, auch wenn aus heutiger Perspektive Differenzierungen nötig sind. Die Dreigliederung selbst geht bereits bis in die Antike zurück und wird im Mittelalter fortgesetzt: Den Ersten Stand bilden die Ritter (›bellatores‹), den Zweiten Stand die Kleriker (›oratores‹) und den Dritten Stand die Bauern (›laboratores‹). Diesen Ständen werden jeweils spezifische Aufgaben zugeordnet: Die Ritter kämpfen, die Kleriker beten und die Bauern arbeiten.[5] Die seit dem 14. Jahrhundert sich herausbildende Sonderstellung der französischen Kirche zwischen Papsttum und Monarchie hat jedoch zur Folge, dass der Klerus den Adel in der Ständehierarchie auf den zweiten Platz verweist. Unter Ludwig XIV. entwickelt sich zwischen der Monarchie und der Kirche eine Art Symbiose, was auch dadurch bedingt ist, dass Richelieu und Mazarin, zwei

Kardinäle also, die Stabilisierung der Monarchie entscheidend fördern. So versteht der König sich als ›Le Roi Très Chrétien des Français‹ sowie als ›fils aîné de l'Eglise‹ und die katholische Kirche Frankreichs sich als ›fille aînée‹ der Monarchie.[6]

Der **Klerus** ist für das Seelenheil des Königs und dessen Untertanen verantwortlich, hat also religiöse Pflichten. In Protokollfragen genießt er daher das Recht der ›préseánces‹[7], des Vortritts bzw. Vorrangs gegenüber dem Zweiten Stand, dem **Adel**, dessen primäre Aufgabe darin besteht, das Königreich militärisch zu schützen. Die vielen Kriege, die Ludwig XIV. führen wird, können in gewisser Weise durchaus auch als ›Beschäftigungstherapie‹ des Adels verstanden werden. Der **Dritte Stand** umfasst die große Masse der nicht dem Klerus und dem Adel angehörenden Bevölkerungsschichten Frankreichs, insbesondere die Landbevölkerung und die Einwohner der ständig wachsenden Städte; sein Beitrag für den Erhalt der Monarchie besteht in der Steuerpflicht: Während Klerus und Adel Steuerfreiheit genießen, ist der Dritte Stand der Hauptsteuerzahler Frankreichs.

Ein **Versammlungsrecht** wird einzig dem Klerus zugestanden; er kann also regelmäßige Kirchensynoden abhalten. Diese ›assemblées du clergé‹ finden ab 1625 in einem fünfjährigen Rhythmus statt und bestärken die **Autonomie der gallikanischen Kirche** sowohl gegenüber dem Papst wie auch gegenüber dem König, eine Autonomie, die durch die Gewährung einer freiwilligen Steuerzahlung, des ›don gratuit‹, noch unterstrichen wird.[8] Dem Zweiten und Dritten Stand bleibt die Möglichkeit einer regelmäßigen Repräsentation vorenthalten. Allerdings kann der König die drei Stände zu außergewöhnlichen **Generalständen** einberufen, um wichtige, die Monarchie und alle Stände betreffende Fragen zu erörtern. Doch ist die Einberufung solcher ›États généraux‹ immer auch das Eingeständnis der Monarchie, nicht in der Lage zu sein, die anstehenden Probleme aus eigener Kraft zu lösen. Die letzten Generalstände des ›grand siècle‹ finden daher 1614 auf Initiative des Adels statt und sollen nach der Ermordung Heinrichs IV. die Position der Regentin Maria von Medici schwächen – ein allerdings erfolgloses Unterfangen. Weder Richelieu noch Mazarin, erst recht nicht Ludwig XIV. haben es ihrem Selbstverständnis entsprechend je für nötig gehalten, Generalstände einzuberufen. Ähnlich ausgehöhlt wie die Generalstände wird die Institution der Provinzialstände – ›États provinciaux‹ –, die seit dem Mittelalter auf der Ebene der Provinzen die Vertretung der ständischen Interessen gegenüber der Monarchie ermöglicht hatten.

Der Jurist und Staatsrechtler **Charles Loyseau** hat mit seinen Schriften *Du droit des offices* (1609) und *Traité des ordres et simples dignités* (1610) maßgeblich zur Vorstellung einer Ordnungshierarchie des ›grand siècle‹, wie sie hier skizziert wurde, beigetragen. Sein Modell, das innerhalb der einzelnen Stände eine starke, weiterführende Binnendifferenzierung vorsieht, sich ansonsten aber als statisch versteht, hat die Wahrnehmung der sozialen Wirklichkeit der Epoche bis in die jüngste Vergangenheit entscheidend geprägt. Die **neuere historische Forschung** ist jedoch von dem Modell einer ›société d'ordres‹ abgerückt und wirft Loyseau vor, sich in simplifizierenden Klassifizierungen zu verlieren, statt die Realität seiner Zeit zu beschreiben. Sie betont statt dessen die **Heterogenität der in sich hierarchisch gegliederten Stände**, die keineswegs fest definierte soziale Klassen in einem neuzeitlichen Sinn des Wortes darstellen.[9]

Von der kirchlichen Hierarchie, also der des Ersten Standes, wird im folgenden Kapitel zu sprechen sein. Was den **Zweiten Stand**, den Adel, betrifft, so erweist sich die geläufige Unterscheidung in einen Feudal- oder Schwertadel und einen Amtsadel

– ›noblesse d'épée‹ gegenüber ›noblesse de robe‹ – als unzureichend, ja sogar als falsch zur Erfassung der sozialen Realität. Bluche bezeichnet daher den Begriff ›noblesse d'épée‹ als »terme à éviter, car entraînant à confondre l'état militaire«, in dem nämlich auch Bürger Karriere machen können.[10] Innerhalb der Ständehierarchie umfasst der Zweite Stand zunächst den **Hochadel**, ›haute noblesse‹ oder auch ›noblesse d'ancienne extraction‹ genannt, der auf eine Jahrhunderte lange Familientradition zurückblikken kann. Die Repräsentanten dieser ›haute noblesse‹ tragen die Titel eines Fürsten (›prince‹), Herzogs (›duc‹) oder Pair und verfügen über erhebliche Kapital- und Immobilienvermögen. Bis zur Niederschlagung der Fronde üben sie wichtige politische Funktionen aus, werden aber unter Ludwig XIV. zu einem weitgehend domestizierten, funktionslosen Hofadel herabgestuft. Deutlich unter ihm angesiedelt ist der **Landadel**, der sich aus Grafen (›comte‹), Landgrafen (›marquis‹), Baronen und Landjunkern (›hobereau‹, ›écuyer‹) oder einfachen Schlossherren (›châtelain‹) zusammensetzt und finanziell häufig am Rande des Existenzminimums lebt: eine ›petite gentilhommerie‹ und ›noblesse seconde‹.[11] Das gemeinsame Merkmal dieser Adelsschichten ist die Nichtausübung jeglicher auf Erwerb ausgerichteter Arbeit; denn anderenfalls droht der entsprechenden Person der Verlust der Adelsprivilegien, ›la dérogeance‹, was im übertragenen Sinn etwa ›Gesichtsverlust‹ bedeutet; im juristischen Sinn und in der gesellschaftlichen Praxis meint ›dérogeance‹ »perdre la qualité de gentilhomme pour avoir exercé une profession incompatible avec la noblesse«.[12]

Konkurrenz erhalten Hoch- und Landadel ab Mitte des 16. Jahrhunderts durch den **Amtsadel** (›noblesse de robe‹), der sich aufgrund der Käuflichkeit der Staatsämter aus dem Bürgertum rekrutiert und ›sich in den Staat einkauft‹. Als unter Heinrich IV. die **Ämterkäuflichkeit** praktisch in eine Erbpacht umgewandelt wird, ergibt sich daraus für den alten Adel eine prekäre Situation. Denn die neue ehrgeizige bürgerliche Elite, »souvent mieux éduquée, plus brillante intellectuellement, aux revenus diversifiés et à l'appétit féroce«[13], genießt wie der alte Adel die Privilegien der Steuerfreiheit und übt in zahlreichen staatlichen Funktionen konkrete Macht aus. Die vom alten Adel initiierten Generalstände von 1614 dienen daher u.a. dem Ziel, dessen deutlich sich abzeichnendem Prestige- und Machtverlust durch eine Abschaffung der Ämterkäuflichkeit ein Ende zu setzen. Kein Wunder, dass es während der Generalstände zu Handgreiflichkeiten zwischen altem und neuem Adel kommt.[14]

Der **Dritte Stand** umfasst vorwiegend jene städtischen Schichten der französischen Bevölkerung, die weder dem Klerus noch dem Adel angehören und ihren Lebensunterhalt durch Arbeit verdienen. Dabei genießt körperliche Arbeit nur geringes Ansehen. Insofern bleibt der Großteil der Landbevölkerung von Vornherein aus dem Dritten Stand ausgeschlossen, mit Ausnahme jener Großbauern, die im Norden Frankreichs ›laboureurs‹ und im Süden ›ménagers‹ genannt werden bzw. als ›métayers‹ das zu bebauende Land gepachtet haben. Ansonsten stuft sich die soziale Hierarchie entsprechend der Art der verrichteten Arbeit von den Handwerkern über die Kleinhändler zu den Gerichtsschreibern, den Advokaten und Ärzten, den Kaufleuten (›marchands‹), den Großhändlern (›négociants‹) und weiter zu den Manufakturunternehmern, Reedern und Bankiers sowie schließlich den Steuereinnehmern. Ihnen übergeordnet sind die **›rentiers‹**, das heißt jene zunehmend parasitärer werdenden Vertreter eines ehemals erwerbstätigen Bürgertums, die ihr aus der Arbeit erwirtschaftetes Vermögen in Rentenpapieren anlegen und daher vielfach ausschließlich von Kapitelzinsen leben oder zusätzlich einer ›Teilzeitarbeit‹ nachgehen, immer auf dem

Sprung, den ›Tiers État‹ hinter sich zu lassen.[15] Die auf das Bürgertum übergreifende adelige ›Arbeitsmentalität‹ wird in den 1670er Jahren ein wesentlicher Grund für das Scheitern der colbertschen Wirtschaftsreformen sein.

Die Heterogenität der Stände beruht letztendlich auch auf der **sozialen Mobilität**, die mit der Ämterkäuflichkeit einhergeht.[16] »Grâce à la vénalité et au trafic des offices, des familles de robe, des juristes, des financiers, firent en quelques générations voire en quelques années une ascension sociale fulgurante.«[17] Mousnier hat den archetypischen Verlauf einer solchen ›ascension sociale‹ in seinen möglichen Etappen detailliert beschrieben;[18] in der sozialen Wirklichkeit illustrieren die Lebensläufe Fouquets und Colberts exemplarisch, wie sich ein solcher Aufstieg aus einem kleinbürgerlichen Händlermilieu in höchste Ministerämter – hier allerdings durch mehrere Generationen – gestaltet. Unter dem Aspekt der sozialen Mobilität sind schließlich insbesondere die ›rentiers‹ zu sehen, welche die Arbeit als das wichtigste soziale Merkmal des ›Tiers État‹ hinter sich gelassen haben, um sich dem Adel zu assimilieren. Entsprechend einer zeitgenössischen Charakterisierung gelten sie als ›des bourgeois vivant noblement‹. Welchem Stand sie zuzurechnen sind, ob noch dem Bürgertum oder schon dem Adel, ist umstritten. »La frontière ne fut jamais nette entre les nobles véritables et les habiles *vivant noblement*.«[19]

Die hier skizzierte Ständehierarchie umfasst etwa zehn Prozent der französischen Bevölkerung, das heißt 200.000 jener zwanzig Millionen Franzosen, die Pierre Goubert in seiner Studie *Louis XIV et vingt millions de Français* zum eigentlichen Protagonisten des ›grand siècle‹ erhebt. Der Rest, die Mehrheit der Landbevölkerung, die Tagelöhner, Dienstboten, Lehrlinge und Soldaten, kurz ›le menu peuple‹, ist unterhalb dieser Ständehierarchie angesiedelt und also auch nicht in den staatlich-gesellschaftlichen Strukturen repräsentiert.

1.4 Stadt und Land

Das oben zitierte Sprichwort »La France le plus beau royaume après le Ciel« wird schon früh durch einen anderen Ausspruch ergänzt: »Le paradis de la terre, ce grand Paris qui ne peut être comparé qu'à soi-même.«[20] Die Zitate erwecken den Eindruck, als verschmölzen die Stadt Paris und Frankreich zu einer einzigartigen paradiesischen Einheit. Das genaue Gegenteil trifft zu: Stadt und Land zeichnen sich in vielerlei Hinsicht durch **starke Kontraste** aus.

Das betrifft zunächst die **Bevölkerungsstruktur**: Um 1600 wohnen etwa 14 Prozent der Bevölkerung in Städten. Diese wachsen während der ersten Jahrhunderthälfte schnell, so dass der Anteil der Stadtbewohner bis 1700 auf 17 Prozent ansteigt – also auf etwa vier der insgesamt geschätzten 21 Millionen. Die Einwohnerzahl von Paris wird zu Beginn des ›grand siècle‹ auf 200.000–220.000 geschätzt, auf 450.000–500.000 um 1650 und auf über eine halbe Million um 1700. Marseille und Lyon erreichen etwa 100.000 Einwohner, und sechs weitere Städte überschreiten die Zahl von 40.000: Rennes, Nantes, Bordeaux, Toulouse, Orléans und Rouen. Insgesamt gibt es etwa 45 Städte mit mehr als 10.000 Einwohnern. Die Stadt definiert sich in erster Linie durch die Stadtmauer, die ihren Einwohnern Schutz gewährleistet. Das Anwachsen der Städte erklärt sich durch die zahlreichen Krisen, Hungersnöte und Kriege, in deren Gefolge die Menschen in den Städten Schutz suchen: »population souvent déracinée, qui espère trouver, derrière les murs, plus de travail, plus de pain, plus de sécurité. Aux heures difficiles, la ville ferme ses portes à ce monde dangereux, porteur de désordres et d'épidémies.«[21]

Die Städte sind durch ein im Laufe des Jahrhunderts ständig erweitertes Straßen- und Postwesen nicht so sehr untereinander, sondern vielmehr mit Paris als dem immer stärker hervortretenden Zentrum verbunden. Ihre jeweilige Individualität hängt in hohem Maße von den **Funktionen** ab, die sie im Laufe ihrer Geschichte übernommen hat, dann aber auch von ihrer geographischen Lage. So entwickeln etwa jene Städte, die Parlamente beherbergen (Toulouse, Grenoble, Bordeaux, Dijon, Aix, Rouen und Rennes), aufgrund der dadurch mitbedingten Bevölkerungsstruktur schon früh eine unverwechselbare, auch kulturelle Physiognomie. An Flüssen gelegene Städte wie Rouen, Orléans oder Lyon entwickeln sich im Laufe ihrer Geschichte zu blühenden Handelszentren, verlieren aber an Einfluss, als auf Colberts Initiative die französische Handels- (und Kriegs-)flotte, ›La Royale‹, gezielt ausgebaut wird. Davon wiederum profitieren Hafenstädte wie Nantes, Bordeaux und Marseille.

Doch für **Aufstieg und Fall** von Städten sind naturgemäß auch konkrete politische Faktoren und Ereignisse verantwortlich. So stagniert etwa die Entwicklung von Lyon, das noch im 16. Jahrhundert nach Paris als »second œil de France« und als »Schnittpunkt der Kulturen« gefeiert wurde; die Stadt wird nun Opfer einer langsam, aber unwiderruflich sich vollziehenden Verlagerung des politischen und kulturellen Interessenschwerpunktes von Süden nach Norden, von Italien zu den Niederlanden und nach England. Und Rouen, »la bonne et grosse ville«, »la seconde de France et la plus populeuse«, leidet nach der Aufhebung des Edikts von Nantes unter dem Exodus der Hugenotten ebenso wie unter den ›années de misère‹ 1702–94 und den in den nördlichen Provinzen besonders spürbaren Folgen der von Ludwig geführten Kriege, vor allem des willkürlich angezettelten Pfälzischen Erbfolgekrieges.[22]

Insgesamt gilt, dass die französischen Städte aufgrund ihrer geographischen Lage sowie ihrer politischen, administrativen, wirtschaftlichen, religiösen und kulturellen Traditionen unter dem Druck der politischen Ereignisse je eigene Profile entwickeln, die sich auch literar- und kulturgeschichtlich niederschlagen. So ist etwa die Karriere Corneilles kaum vorstellbar ohne den Hintergrund seiner Heimatstadt Rouen, in der er bei den Jesuiten eine umfassende humanistische Ausbildung erhält und wo das – wiederum von den Jesuiten propagierte – Theater eine lebendige Tradition besitzt. Pascal lebt von 1640–1648 ebenfalls in Rouen und legt dort den Grundstein seines mathematisch-naturwissenschaftlichen Werks.[23] Und bevor Molière nach dreizehn Wanderjahren nach Paris zurückkehrt, lässt er sich zunächst in Rouen nieder, um von dort aus das Pariser Terrain zu erkunden. Zuvor hatte er wie kein anderer Autor seines Jahrhunderts in allen größeren und kleineren Städten des Westens, Südwestens und Südens Frankreichs – Rennes, Nantes, Poitiers, Bordeaux, Toulouse, Carcassonne, Agen, Narbonne, Grenoble, Lyon – mit seiner Truppe gastiert, ein sozial und bildungsmäßig breit gefächertes Publikum mit seinem Theater angesprochen und Erfahrungen für seine spätere Karriere gesammelt.

Man darf sich dieses **städtische Publikum** entsprechend der Ständehierarchie durchaus hierarchisch gegliedert vorstellen, mit einer breiten Mittelschicht, die in den ›collèges‹ der Jesuiten und Oratorianer eine gediegene Ausbildung erhält, die gleichen ethischen und ästhetischen Werte teilt und durch gleiche Interessen verbunden ist. Der hohe Bildungsstand und der daraus resultierende sichere Umgang »avec les choses de l'esprit [...] font des villes l'élément dynamique de cette société d'Ancien Régime«.[24] Abraham Bosse, der »savant graveur-illustrateur du Paris de Louis XIII«, hat in seinem umfangreichen Werk den privaten, beruflichen und öffentlichen Alltag seiner Zeit anschaulich dokumentiert.[25]

Der Dynamik der Städte steht eine eher persistente Struktur der etwa 30.000 **Dörfer** gegenüber, deren Grundmuster sich gleicht: »un petit univers semi-clos où la plupart des habitants passent la totalité de leur existence, de la naissance à la mort« und in dem während des langen ›grand siècle‹ keinerlei Wandel zu verzeichnen ist. Wie die Städte unterscheiden auch die Dörfer sich aufgrund ihrer geographischen Lage, besitzen aber meist eine einheitliche Hierarchie, die vom ›seigneur du village‹ über den ›curé‹ und einige ›notables‹ zur Masse der Arbeiter und Tagelöhner reicht. Die Mehrheit der Landbevölkerung lebt zwar nicht in Armut, aber doch »petitement et difficilement, à la merci de la mauvaise récolte«.[26] Diese materielle Kargheit paart sich mit einem erheblichen **kulturellen Rückstand.** Denn das Schulwesen der Orden ist auf die Städte konzentriert; in den Dörfern herrschen daher vielfach Ignoranz, Aberglauben und Gewalt; in Kriegszeiten sind ihre Einwohner den marodierenden Soldaten ausgeliefert, die sie beherbergen und ernähren müssen. Und doch entwickelt sich eine primär mündlich überlieferte volkstümliche Kultur, die in der **›Bibliothèque bleue de Troyes‹** überdauert hat und diese einfachen Lebensbedingungen dokumentiert.

Die Zeitgenossen haben Stadt und Land als zwei verschiedene, sich gegenseitig fremde Welten erlebt. So schreibt etwa La Bruyère: »On s'élève à la ville dans une indifférence grossière des choses rurales et champêtres; on distingue à peine la plante qui porte le chanvre d'avec celle qui produit le lin, et le blé froment d'avec les seigles, et l'un et l'autre d'avec le méteil: On se contente de se nourrir et de s'habiller.«[27] Und doch gibt es ein fest geknüpftes Netz zwischen Stadt und Land, welches das Überleben Frankreichs sicherstellt – allerdings auf Kosten der Landbevölkerung:

> Les termes de l'échange ne sont pas équilibrés. La ville prend plus qu'elle ne donne et le système fonctionne à son profit [...] Malgré les efforts de Colbert et de ses successeurs pour rétablir [...] une certaine justice, les campagnards continuent de porter l'essentiel de la charge et les plus riches demeurent favorisés.[28]

2. Die Monarchie der Bourbonen

2.1 Heinrich IV. und die Stärkung der Monarchie

Mit der Ermordung Heinrichs III. durch einen fanatischen Mönch am 1. August 1589 endet die Herrschaft der Valois, die Frankreich seit 1328 regiert hatten. Heinrich IV., ein entfernter Vetter des letzten Valois, kann seinen Stammbaum auf Ludwig IX., den Heiligen, zurückführen und ist damit entsprechend dem salischen Gesetz, das seit dem 14. Jahrhundert Frauen von der Thronfolge ausschließt, legitimer Thronfolger. Er ist der erste **›roi de France‹** aus dem Haus der **Bourbonen**, das von jetzt an bis zur Revolution von 1789 in Frankreich herrschen wird: Unter dem Gesichtspunkt der Herrschaftsgenealogie ist 1589 also eine wichtige Zäsur.

LES BOURBONS

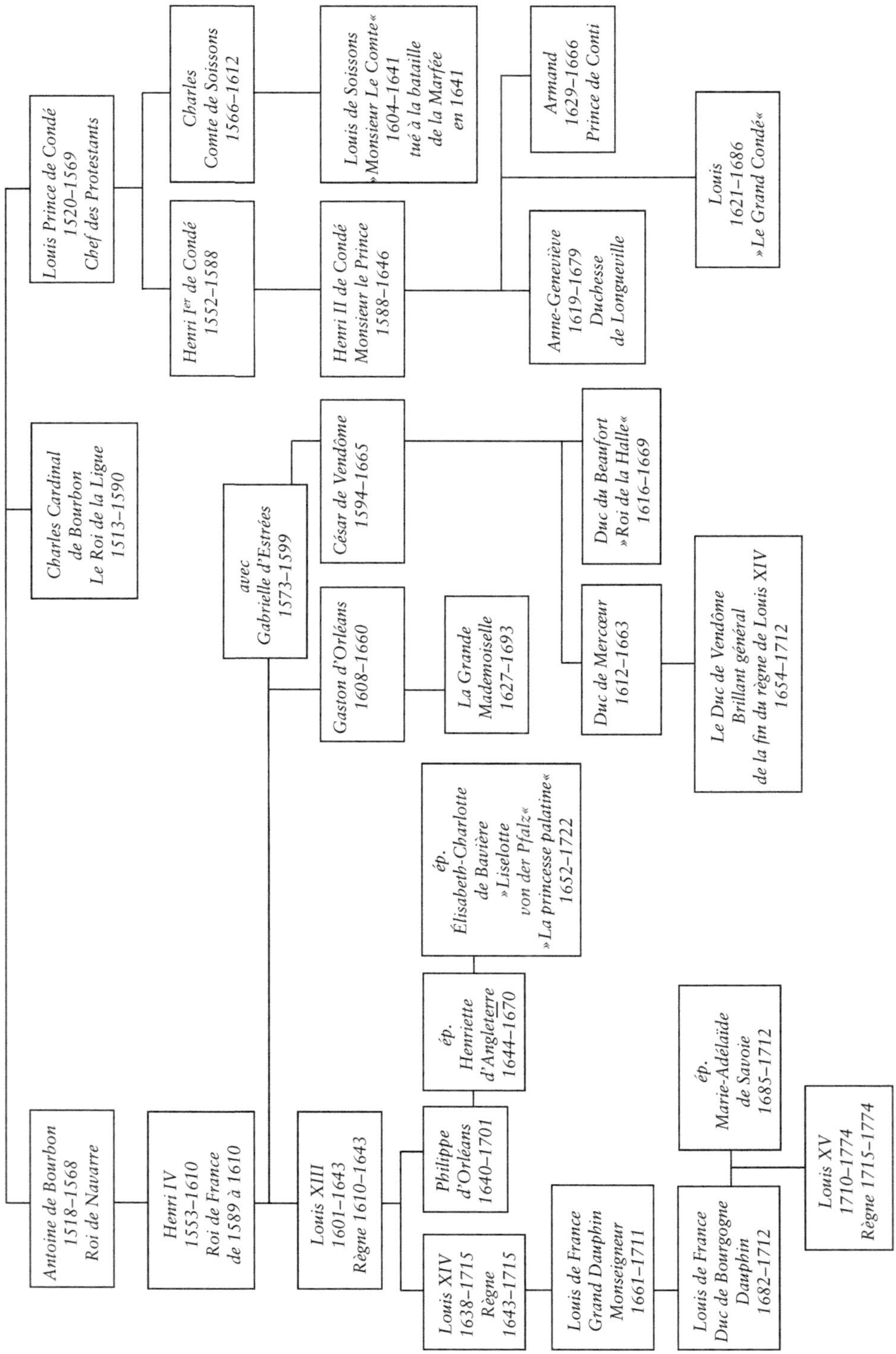

Als Sohn des Antoine de Bourbon, Herzog von Vendôme, und der schon früh zum Protestantismus konvertierten Jeanne d'Albret wird Heinrich abwechselnd in der katholischen und der reformierten Religion erzogen; insgesamt wird er sechsmal in seinem Leben unter jeweils dramatischen Umständen die Konfession wechseln. Als er **1589 die Thronfolge** antritt, ist Frankreich ein durch die Religionskriege erschöpftes Land – erschöpft in wirtschaftlicher, finanzieller und demographischer Hinsicht: Das Land zählt nur noch etwa 18 Millionen Einwohner.[29] Schlimmer aber ist, dass das Prinzip der Monarchie selbst durch die Schwäche der letzten Valois in Misskredit geraten ist. Zur Erinnerung sei gesagt, dass die drei Söhne aus der Ehe Heinrichs II. und Katharinas von Medici – Franz II., Karl IX. und Heinrich III. – nach dem frühen Tod ihres Vaters nur eine Art Marionettenherrschaft von ihrer Mutter Gnaden ausübten.

Mit Heinrich IV. tritt erstmals wieder ein **machtbewusster, zielstrebiger Herrscher** auf den Plan. Das knappe Jahrzehnt vom Beginn seiner Herrschaft bis zur Proklamation des Edikts von Nantes 1598 dient der inneren und äußeren Befriedung des Landes. Heinrich muss zunächst seine Position zwischen den widerstreitenden Parteien klären: den minoritären, aber selbstbewussten Hugenotten, der einflussreichen katholischen Liga und dem aus gemäßigten Protestanten und Katholiken sich zusammensetzenden ›parti des politiques‹, der in der Monarchie ein Instrument der nationalen Einheit sieht. In diesem Prozess der eigenen Positionierung kommen Heinrichs endgültigem Übertritt zum Katholizismus im Juli 1593, der Königsweihe im Februar und seinem triumphalen Einzug in Paris im März 1594 größte Bedeutung zu. Seine **Konversion** ist das Ergebnis langer Diskussionen mit den ›politiques‹, die mit aller Entschiedenheit die politischen Konzeptionen der Ligisten bekämpfen. Die Liga nämlich vertritt extreme ›republikanische‹ Ideen: Sie möchte den Generalständen wichtige Funktionen wie die Wahl des Königs, die Kontrolle seiner Minister sowie die Festlegung der Steuern übertragen, die Macht der Monarchie zugunsten des Adels dezentralisieren und schließlich die Käuflichkeit der Ämter abschaffen – Vorstellungen, die denen Heinrichs und der ›politiques‹ diametral entgegenstehen.[30] Letztere können Heinrich davon überzeugen, dass für die große Mehrheit der Franzosen auf dem Thron des Heiligen Ludwig **nur ein katholischer König tolerierbar** ist. Heinrich, der schon sehr bald beste Beziehungen zum Vatikan unterhält, wird nach der Inbesitznahme von Paris innenpolitisch immer auf Ausgleich zwischen der katholischen Mehrheit der Bevölkerung und ›seinen‹ Hugenotten bedacht sein.

Der Krieg, den er 1595 Spanien erklärt, dient der außenpolitischen Konsolidierung Frankreichs. Denn im Osten und Norden Frankreichs besitzt Spanien zahlreiche Provinzen und mischt sich noch dazu durch die Unterstützung der Liga offen in innerfranzösische Angelegenheiten ein. Die **Kriegserklärung an Spanien** bietet Heinrich daher die Möglichkeit, einen drohenden Bürgerkrieg gegen die Liga

---

Der Stammbaum zeigt nicht nur die direkte von Heinrich IV. zu Ludwig XIV. führende Herrschertradition, sondern ebenso die enge genealogische Verflechtung wichtiger um die Macht konkurrierender Protagonisten des ›grand siècle‹: Ludwig XIII., Ludwig XIV., Gaston d'Orléans, die Grande Mademoiselle, die Herzogin von Longueville, den Prinzen von Conti und nicht zuletzt den Großen Condé.

in einen nationalen Krieg gegen Spanien umzuwandeln und auf diese Weise die Franzosen hinter seiner Person zu versammeln. Schon bald kann er auch Burgund von den Spaniern zurückerobern und diese nach sechsmonatiger Belagerung aus Amiens vertreiben. Der Friedensschluss von Vervins (2. Mai 1598) ist die Folge einer beiderseitigen totalen Erschöpfung aller finanziellen, wirtschaftlichen, militärischen und menschlichen Ressourcen. Doch gehen Frankreich und die Monarchie letztendlich gestärkt aus diesem Krieg hervor: Heinrich hat einer vierzigjährigen Einmischung Spaniens ein jähes Ende bereitet. Im April 1598 hatte die Verkündung des Edikts von Nantes einen mühsamen und zielstrebig verfolgten inneren Konsolidierungsprozess zu einem glücklichen Abschluss gebracht, der außenpolitisch im Mai desselben Jahres durch den Friedensschluss von Vervins bekräftigt wird. Heinrichs nationales und internationales Ansehen ist groß.

2.2 Maria von Medici – Sicherung der Thronfolge und Schuldenabbau

Doch die Frage der Thronnachfolge ist ungeklärt, als im April 1599 Gabrielle d'Estrées stirbt, die legendäre königliche Mätresse und leidenschaftliche Verfechterin der Religionsfreiheit. Sie hatte Heinrich drei Kinder geboren und er ihr die Ehe versprochen. Gabrielles Tod eröffnet jedoch die Aussicht einer Heirat Heinrichs mit Maria von Medici, die schon 1592 ins Auge gefasst worden war. Im Oktober 1599 erlangt Heinrich vom Vatikan die Auflösung seiner kinderlos gebliebenen Ehe mit Margarete von Valois, der Tochter Heinrichs II. Damit ist der Weg frei für eine Ehe mit Maria von Medici, die im Oktober 1600 in Florenz offiziell gefeiert wird – in Abwesenheit Heinrichs, der durch politische Verpflichtungen und amouröse Abenteuer verhindert ist. Die Ehegatten werden sich erstmals im Dezember in Avignon begegnen und, wie die Zukunft zeigen wird, eine ›stürmische‹ Ehe eingehen, die die in sie gesetzten Hoffnungen rasch erfüllt: Schon im September 1601 wird der lang erwartete **Thronfolger**, der spätere **Ludwig XIII.**, geboren. Fünf Kinder werden noch folgen, darunter Elisabeth, die 1621 Philipp IV. von Spanien heiraten wird, Gaston d'Orléans, der spätere ›Monsieur, frère du roi‹, und Henriette von Frankreich, die künftige Frau Karls I. von England – allesamt Persönlichkeiten, die in unterschiedlicher Weise die Geschichte prägen werden.

Die Ehe Heinrichs mit Maria von Medici ist auch in anderer Hinsicht von Bedeutung: Durch ihre Mitgift nämlich ermöglicht Maria, Tochter des Großherzogs von Florenz und der Toskana, die Tilgung eines Großteils der Auslandsschulden Frankreichs. Dieser Schuldenabbau ist ein wichtiger Schritt auf dem Weg zur wirtschaftlichen Konsolidierung des Landes. Im Jahrzehnt bis zur Ermordung Heinrichs erlebt Frankreich einen spektakulären **wirtschaftlichen und finanziellen Aufschwung**, der sich kompetenten Ministern verdankt, die Heinrich in einem von ihm geleiteten Staatsrat (›conseil‹) um sich versammelt. Unter ihnen der herausragende Maximilien de Béthune, **Herzog von Sully**, ein altbewährter hugenottischer Kampfgefährte und eine der großen Ministergestalten des 17. Jahrhunderts, in seiner Kompetenz und Wirkung durchaus Richelieu, Mazarin und Colbert vergleichbar.[31] Sully vor allem ist die finanzielle Sanierung des Landes zu verdanken. Er ist auch der Initiator der gegen heftige Widerstände durchgesetzten **Paulette**, einer nach dem Bankier Charles Paulet benannten jährlich zu zahlenden Amtssteuer. Die bereits im 16. Jahrhundert gängige

Praxis der Ämterkäuflichkeit hatte sich unter Heinrich IV. zu einer gesetzlich nicht geregelten Erblichkeit ausgewachsen. Die im Dezember 1604 eingeführte Paulette sichert nun der Familie des Amtsinhabers auch über dessen Tod hinaus die Stelle (›la survivance‹), vorausgesetzt, dass die Erben die fällige Steuer pünktlich bezahlen.

Die Ämterkäuflichkeit und insbesondere die Paulette resultieren aus der finanziellen Notlage des Staates, der mit diesen Maßnahmen seine heruntergekommenen Finanzen zu sanieren gedenkt. Doch sind die Folgen sehr viel weitreichender: Es entsteht auf diese Weise geradezu ein **Berufsbeamtentum**, dessen Repräsentanten – ›officiers‹ – Eigentümer des ›office‹ oder der ›charge‹ sind, die der Staat an sie abgetreten hat. Diese Privatisierung *avant la lettre* von Staatsämtern ermöglicht es dem Bürgertum, sich zu einem staatstragenden Stand emporzuarbeiten und sich dem Feudaladel standesmäßig anzugleichen. Es etabliert sich damit eine in den Befugnissen des Bürgertums liegende Staatsverwaltung, eine Art bürgerlicher Nebenregierung, die langfristig die Autorität des Königs schwächt und der Gewaltenteilung Vorschub leistet. Ludwig XIV. wird zu Beginn seiner Regierungszeit die Ämterkäuflichkeit aus fiskalischen Gründen fördern, sie ab 1704 aber wieder rückgängig machen.[32]

2.3 Heinrich IV. – ›arbiter orbis‹

Wie sehr es Heinrich angelegen ist, die zentrale Monarchie zu stärken, zeigen auch seine ehrgeizigen **Baumaßnahmen**, vor allem in Paris. Dort will er den Louvre durch Galerien mit den Tuilerien verbinden und die ›Cour carrée‹ des Vieux Louvre um das Vierfache vergrößern; er lässt den Pont-Neuf fertigstellen und die Place Dauphine sowie die Place Royale, die heutige Place des Vosges, entwerfen. Ferner betreibt er den Ausbau des Schlosses von Fontainebleau, seiner Lieblingsresidenz, und desjenigen von Saint-Germain-en-Laye, wo seine legitimen und illegitimen Kinder gemeinsam erzogen werden – Baudenkmäler, die noch heute vom Optimismus und Selbstverständnis der jungen, wieder erstarkten Monarchie Zeugnis ablegen.

Nach der Befriedung Frankreichs wendet Heinrich sich im zweiten Jahrzehnt seiner Herrschaft **außenpolitischen Fragen** zu. Er führt Krieg gegen das mit Spanien verbündete Savoyen und kann im Friedensschluss von Lyon (1601) wichtige territoriale Gewinne verbuchen. 1602 lässt er den Herzog von Biron wegen Verschwörung gegen die Monarchie hinrichten und vereitelt zwischen 1602 und 1606 zwei weitere Adelsverschwörungen. Darüber hinaus unterhält er beste Beziehungen zum Vatikan, doch ebenso zu den protestantischen Herrschern Europas. Eine 1608 geprägte Münze zeigt ihn als Schiedsrichter Europas auf der Höhe der Macht: *Tandem arbiter orbis* lautet ihre Devise. Als im Gefolge der Jülisch-Clevischen Erbnachfolge die Gefahr besteht, dass Spanien durch die Inthronisierung eines katholischen Kandidaten das europäische Gleichgewicht an der Nordostflanke Frankreichs gefährdet, beschließt Heinrich, den protestantischen Reichsfürsten mit einem großen Heer zu Hilfe zu eilen. Die Vorbereitungen sind bald abgeschlossen: Maria von Medici ist am 13. Mai 1610 zur Königin geweiht worden, um während der Abwesenheit des Königs dessen Funktionen ausüben zu können. Als Heinrich sich am 14. Mai mit der Kutsche ins Arsenal begibt, um mit Sully die letzten Formalitäten zu regeln, wird er bei einem Verkehrsstau von François Ravaillac, einem irregeleiteten religiösen Fanatiker, durch zwei Messerstiche ermordet. Über die Motive und Hintergründe von Ravaillacs Tat ist viel spekuliert worden:

> On a accusé les jésuites d'avoir armé le bras de Ravaillac, on a parlé d'un complot dont Marie de Médicis aurait pu être complice [...] mais Ravaillac a toujours affirmé, même sous la torture, qu'il avait agi seul.

Der Mörder hat seine Tat mit der wohl grausamsten Hinrichtung bezahlen müssen, die Frankreich bis dahin erlebt hatte.[33]

2.4 ›Le bon roi Henri‹ – Legendenbildung und Machtpolitik

Heinrichs Ermordung führt schon bald zu einer ins Mythische reichenden **Stilisierung seiner Person**. Wie der viel zitierte Ausruf »Paris vaut bien une messe« gehört auch der sozialpathetische Wunsch »Je veux que le dimanche chaque paysan de mon royaume ait sa poule au pot!« zu den Legenden, die sich bald nach seiner Ermordung um ›le bon roi Henri‹ ranken.[34] Eine symbolträchtige öffentliche Huldigung ist 1614 die Aufstellung der in Florenz angefertigten Reiterstatue auf dem Pont-Neuf, deren Kopie dort noch heute zu bewundern ist. Zur Zeit der Fronde lassen Flugschriften das Bronzepferd der Statue im Namen und zum Wohle des Volkes sprechen. Im Umfeld der Aufhebung des Edikts von Nantes 1685 wird Heinrich der utopische Bezugspunkt eines frühaufklärerischen Geschichtsdenkens, welches das Edikt von Nantes zu einem **Toleranzedikt** stilisiert. Voltaire wird die Legendenbildung in seinem **Epos *La Henriade*** entscheidend fördern, indem er auf Heinrich seine eigenen frühaufklärerischen Vorstellungen projiziert: Frieden, Toleranz, Menschlichkeit, das Ideal eines dem Wohle des Volkes verpflichteten Monarchen. Das Epos darf 1723 nicht erscheinen und trägt zu Voltaires Exilierung nach England bei, wo er es 1728 publiziert. Außerdem sei auf Heinrich Manns im französischen Exil erschienenen Romanzyklus *Die Jugend und die Vollendung des Königs Henri Quatre* hingewiesen, in dem Heinrich Projektionsfigur eines alternativen politischen Denkens ist: Auf dem Hintergrund des nationalsozialistisch beherrschten Deutschland wird er zur Präfiguration des idealen Führers eines republikanischen Frankreich stilisiert.[35] Im Sinne Pierre Noras ist Heinrich längst zu einem **›lieu de mémoire‹** geworden, einem Ort der nationalen Gedächtniskultur, nicht zuletzt auch aufgrund seiner Qualitäten als unwiderstehlicher ›vert galant‹, die ihn zum Vater von elf Bastarden machen – worin nur noch Ludwig XIV. ihn überbietet, der es auf fünfzehn bringen wird.[36]

Wenn die **moderne Forschung** auch solche unhistorischen Projektionen korrigiert, sieht doch auch sie in Heinrich einen Machtpolitiker, der die Religionskriege beendet, Frieden stiftet, die Einheit des Landes wiederherstellt, wobei sein vorrangiges Ziel immer die Festigung der französischen Monarchie ist. Die Bilanz seiner fast zwanzigjährigen Herrschaft ist angesichts der kaum überwindbar erscheinenden Widerstände und Schwierigkeiten hervorragend, denn Frankreich ist am Ende der ersten Dekade des 17. Jahrhunderts ein prosperierendes Land. Zweifellos sind diese Erfolge in entscheidendem Maß in Heinrichs immer auf Ausgleich bedachten Person begründet. Nach seiner Ermordung werden die oppositionellen Kräfte sich zwar wieder lebhaft zu Wort melden, ohne jedoch die Monarchie ernsthaft gefährden zu können. Vielmehr trägt Heinrichs Ermordung im öffentlichen Bewusstsein wesentlich zum Wunsch nach einer gefestigten Monarchie bei.[37]

3. Maria von Medici, Ludwig XIII. und Richelieu – Régence und Duumvirat

Beim Tode seines Vaters ist Ludwig XIII. erst neun Jahre alt, so dass **Maria von Medici** zunächst die Herrschaft übernimmt; dies ist die erste von einer Frau ausgeübte ›**Régence**‹ des 17. Jahrhunderts, auf die unmittelbar nach Ludwigs Tod diejenige der Anna von Österreich, seiner Frau und Mutter Ludwigs XIV., folgen wird.[38] Zwar wird Ludwig XIII. im Oktober 1614 für volljährig erklärt und in Reims zum König geweiht, doch herrscht Maria von Medici weiterhin autoritär mit Hilfe ihres Günstlings, dem machtbesessenen Italiener Concini. Die wachsende Rivalität zwischen Mutter und Sohn hat zur Folge, dass Concini 1617 mit Wissen Ludwigs ermordet und Maria nach Blois ins Exil geschickt wird. Nach ihrer Flucht aus Blois kommt es 1619 und 1620 zu kriegerischen Auseinandersetzungen zwischen ihr und ihrem Sohn – ›la première et la deuxième guerre de la mère et du fils‹ – , die durch Richelieus Vermittlung beendet werden.

Die weitere **Regierungszeit Ludwigs XIII.** wird von ähnlich spektakulären Ereignissen geprägt, denen im Wesentlichen zwei Motive zugrunde liegen: Zum einen der Streit um die ›richtige‹ Außenpolitik, zum anderen der Kampf der Monarchie gegen die Partikularinteressen des Feudaladels. Außenpolitisch befürwortet Maria eine Annäherung Frankreichs an Spanien, was u.a. zur Folge hat, dass 1615 Ludwig die spanische Infantin Anna von Österreich, die Tochter Philipps III., und 1621 seine Schwester Elisabeth den drei Jahre jüngeren Philipp IV. von Spanien heiratet. Ludwig hingegen folgt den prononciert anti-habsburgischen Vorstellungen Richelieus, der Frankreich zu einer autonomen europäischen Großmacht entwickeln möchte.

Die Ernennung von Armand-Jean du Plessis, **Kardinal von Richelieu**, im April 1624 zum ›principal‹ bzw. ›premier ministre‹ ist das Schlüsseldatum für die weitere Entwicklung Frankreichs im 17. Jahrhundert. Richelieu entstammt einem alten Adelsgeschlecht und wird schon 1607 zum Bischof ernannt. Nach der Ermordung Heinrichs IV. nähert er sich zunächst Maria von Medici an, fällt nach der Ermordung Concinis in Ungnade und wird nach Avignon ins Exil geschickt, bis Ludwig ihn zum Vermittler zwischen sich und seiner Mutter macht. Der glückliche Ausgang dieser Mission ist nicht ohne Einfluss auf Richelieus weitere Karriere, die über die Ernennung zum Kardinal (1622) unmittelbar zu seiner Berufung zum ›premier ministre‹ führt. Von nun an wird Richelieu, entschiedener als Ludwig XIII. es selbst könnte, innen- und außenpolitisch die Interessen einer zentralistischen und absoluten Monarchie skrupellos vertreten und, obwohl er selbst dem Adel entstammt, dessen Privilegien bekämpfen: So wie er selbst sich – formell – dem König unterordnet, soll auch der Adel als Stand sich in den Dienst der Monarchie stellen. Aus diesem Grund lässt er die Duelle verbieten, in denen zur Zeit Heinrichs IV. etwa vierhundert Personen jährlich den Tod fanden. Auch lässt er befestigte Adelssitze im Innern Frankreichs schleifen oder untersagt deren Restaurierung. Entsprechend häufig ist er Intrigen, Komplotten und Attentatsversuchen ausgesetzt, die er jedoch überlebt und deren Drahtzieher er unbarmherzig verfolgen lässt; zum Beispiel durch die Enthauptung des Grafen von Chalais, der 1626 in Absprache mit Gaston d'Orléans, Anna von Österreich und dem spanischen Hof seine Ermordung geplant hatte.

3.1 ›La journée des dupes‹ und die Folgen

Als folgenreiches Ereignis ist ›la journée des dupes‹ (11. Nov. 1630) in die Geschichte eingegangen. Die ›Düpierten‹ dieses Tages sind Maria von Medici, Gaston d'Orléans und Anna von Österreich, die **Richelieu seiner Ämter entheben** wollen, was Ludwig ihnen auch definitiv zusichert. Doch nach einer dramatischen ›letzten‹ Unterredung mit Richelieu besinnt Ludwig sich eines Besseren und versichert dem Kardinal sein Vertrauen: ein wahrer **politischer Muttermord**, durch den Ludwig sich endgültig von Maria von Medici befreit. Die Königinmutter wird auf das Schloss von Compiègne verdammt, von wo sie 1632 flieht, um 1642 verarmt in Köln im Exil zu sterben. Im Gefolge der ›journée des dupes‹ kommt es zu **zahlreichen Verhaftungen und Hinrichtungen**, etwa des Marschalls von Montmorency (1632), der einer der ältesten und angesehensten Adelsfamilien angehört und sich mit Gaston d'Orléans gegen den König verschworen hatte. Auch die spektakuläre Doppelhinrichtung des Marquis de Cinq-Mars und seines Komplizen, des Staatsrates François-Auguste de Thou, ist 1642 noch ein letzter Reflex der ›journée des dupes‹: Cinq-Mars, ein Günstling Ludwigs XIII., hatte ebenfalls gegen Richelieu konspiriert und Gaston d'Orléans zu einer militärischen Allianz mit den Spaniern überredet; im Prozess als Mitwisser belastet, wird de Thou zusammen mit Cinq-Mars enthauptet. Alfred de Vignys historischer Roman *Cinq-Mars* (1826) gibt ein romantisch gefärbtes Bild des von Richelieu erniedrigten und entrechteten Adels.

3.2 Reformpolitik und Machiavellismus

Unbeschadet von diesen Anfeindungen gelingt es Richelieu, zukunftsweisende Reformen in die Wege zu leiten und entsprechende **politische Weichenstellungen** vorzunehmen, die sämtlich dem Prinzip der **Staatsräson** gehorchen. So schafft er die militärischen Ehrenämter des ›Connétable‹ und des ›Grand Amiral‹ ab, weil ihre adeligen Inhaber zu mächtig geworden sind. Da auch das Beamtentum durch die Ämterkäuflichkeit zu viel Einfluss zu gewinnen droht, setzt Richelieu in zahlreichen Provinzen sogenannte Intendanten ein, deren Ämter nicht käuflich sind; sie sollen verhindern, dass die bisherigen Amtsinhaber, die ›officiers‹, zu mächtig werden und sich mit dem lokalen Adel gegen die Monarchie verbünden. Dem Intendanten wird vor allem im Bereich des Steuereinzugs eine immer wichtigere Funktion zukommen, denn er wird für den König das Geld eintreiben, das es ihm ermöglicht, die vielen Kriege zu führen.

Auch **religionspolitisch** ist Richelieu aktiv. Obwohl im Prinzip dem Edikt von Nantes verpflichtet, tut er sich 1628 als Heerführer bei der Eroberung von La Rochelle hervor, weil er befürchtet, dass sich hier konfessionelle und altadelige Eiferer zu einer politischen Koalition gegen die Monarchie verbünden. Rein machtpolitisch begründet ist schließlich Richelieus **Eingreifen in den Dreißigjährigen Krieg**: Als ab 1635 die Erfolge der Kaiserlichen und der Spanier das prekäre europäische Gleichgewicht zu Ungunsten Frankreichs gefährden, verbündet er sich mit den protestantischen Mächten, erklärt Spanien den Krieg und betreibt gegen den erbitterten Widerstand des ›parti dévot‹ eine machiavellistische Machtpolitik, aus der Frankreich 1648 im Westfälischen Frieden erheblichen Vorteil ziehen wird.

Wie kein anderer Politiker hat Richelieu Frankreich im 17. Jahrhundert über seinen Tod hinaus geprägt. Entsprechend den Hoffnungen, welche die Regierungszeit Heinrichs IV. geweckt haben, ist das oberste Ziel seines Handelns immer die **Herstellung einer starken zentralistischen Monarchie**; auf dem Weg dahin bedeutet sein ›ministériat‹ eine wichtige Phase der Konsolidierung.[39] Welche Rolle Ludwig XIII. in diesem entscheidenden Moment der Geschichte gespielt hat, war lange umstritten. Aus heutiger Sicht war er entgegen einer weit verbreiteten Meinung offensichtlich keineswegs nur die Marionette in der Hand seines ›principal ministre‹, sondern hat dessen Politik nach sorgfältiger Prüfung überzeugt mitgetragen und ihren Zielen im Geiste eines echten ›duumvirat‹ zur Durchsetzung verholfen. Diese Ziele waren:

> Indépendance et grandeur du royaume, abaissement de l'Espagne, avec la parfaite connaissance des sacrifices humains et financiers imposés à ses sujets. Cornélien jusqu'à la mort, Louis XIII a tout subordonné, mère, épouse, frère et favoris personnels, à l'accomplissement de son devoir envers l'État et à la grandeur du royaume.

In vielen Bereichen, insbesondere den amourösen, der absolute Gegenpol seines Vaters, hat Ludwig XIII. durch sein Pflichtbewusstsein, seine Bescheidenheit und seine Frömmigkeit die Herzen seiner Untertanen erobert.[40]

4. Mazarin und die Fronde

Als Richelieu (4. Dezember 1642) und kurz darauf Ludwig XIII. (14. Mai 1643) sterben, beginnt eine letzte prekäre Etappe auf dem Weg zur endgültigen Inthronisierung der Monarchie. Nach 22-jähriger kinderloser Ehe Ludwigs XIII. wird Ludwig XIV. endlich am 5. September 1638 geboren – ein Ereignis, das wie ein Wunder gefeiert wird und Ludwig den Beinamen ›Dieudonné‹ einbringt. Beim Tod seines Vaters ist er noch nicht einmal fünf Jahre alt. In seinem politischen Testament hatte Ludwig XIII. seine Frau als mögliche Regentin übergangen, weil ihr politisches Verhältnis seit der ›journée des dupes‹ von gegenseitigem Misstrauen geprägt war. Anna von Österreich lässt daraufhin das Testament ihres Mannes anfechten; diese Maßnahme wertet den Einfluss des Parlaments auf, das über die Anfechtung zu entscheiden hat, und schwächt die Monarchie. Radikale Parlamentarier werden während der Fronde versuchen, von dieser Schwäche der Monarchie zu profitieren. Gleichzeitig nutzt der Hochadel, der bei den Verschwörungen gegen Richelieu meist die Hand im Spiel hatte, die Situation, um alte Forderungen der Beteiligung an der Macht in Erinnerung zu rufen. Die knapp zwei Jahrzehnte bis zum Regierungsantritt Ludwigs XIV. werden sich als **Zerreißprobe der Monarchie** erweisen.

Führender Minister wird **Jules Mazarin**, ein gebürtiger Italiener, der über den Vatikan zu einflussreichen Ämtern gelangt und eine ungewöhnliche Karriere durchläuft: Ohne je Priester gewesen zu sein, wird er 1641 zum Kardinal ernannt; auf seinem Totenbett empfiehlt Richelieu ihn Ludwig XIII. als seinen Nachfolger; der König selbst bestellt ihn zum Paten des Thronfolgers; und kaum hat Anna von Österreich das Testament ihres Mannes erfolgreich angefochten, ernennt sie Mazarin noch am gleichen Tag, dem 18. Mai 1643, zum ›principal ministre et président du conseil de régence‹.[41] Dieses Amt wird Giulio Mazarini, so sein italienischer Name, achtzehn Jahre lang zum Nutzen der Monarchie – und zu seinem eigenen – ausüben. Zu Hilfe kommen ihm dabei seine überdurchschnittliche Intelligenz, seine immense Arbeitskraft, sein hohes Verhandlungsgeschick und vor allem die Tatsache, dass er der engste Ratgeber der Regentin und vielleicht sogar ihr geheimer Gemahl ist.[42] Möglicherweise liegt in dieser Personenkonstellation der Schlüssel für die Überwindung der Krisen, die in der Fronde brutal aufbrechen und die zweite Régence an den Rand des Abgrunds führen werden.

›**La fronde**‹ bedeutet wörtlich ›Steinschleuder‹; meist ist sie die Waffe des Unterlegenen gegen einen mächtigeren Feind: David kämpft mit einer Schleuder gegen Goliath. Der Name der Waffe wird zur Bezeichnung des Aufstandes zunächst der Parlamentarier – ›Fronde parlementaire‹ (1648–1649) – und dann des Schwertadels – ›Fronde des princes‹ (1650–1653) – gegen die immer mächtiger werdende Monarchie. Es gibt also zwei Fronden, die je nach Einschätzung als ›Unruhen‹, ›Aufstände‹, ›Rebellion‹, ›Revolte‹ oder auch als ›Bürgerkrieg‹ bezeichnet werden. Aus heutiger Sicht sind die Jahre 1648 bis 1653 die schrecklichsten und grausamsten, die Frankreich in diesem Jahrhundert durchlebt.

Mehrere Faktoren tragen zum **Ausbruch der Fronde** bei: 1635 greift Frankreich in den Dreißigjährigen Krieg ein und erklärt Spanien den Krieg; es kämpft also an zwei Fronten gleichzeitig. Die Kosten der Kriegsführung machen in den kommenden Jahren höhere Steuereintreibungen notwendig und bringen konkrete Belastungen für die Bevölkerung mit sich. Außerdem sieht das Pariser Parlament sich durch einen noch von Richelieu 1641 verfügten Erlass in zunehmendem Maße seiner Kompetenzen und Privilegien beraubt. Weiter ist in Rechnung zu stellen, dass Frankreich letztlich von zwei ›Ausländern‹ regiert wird, der Spanierin Anna von Österreich und dem verhassten Giulio Mazarini, und das französische Volk sich dreißig Jahre nach der Ermordung Heinrichs IV. danach sehnt, endlich wieder einen starken König auf dem Thron zu sehen. Der ›Emporkömmling‹ Mazarin wird insbesondere vom französischen Adel abgelehnt. Eine explosive Lage also, die durch Missernten, Epidemien, Seuchen und Kriegsverwüstungen noch verschärft wird.

4.1 Verlauf und Folgen

Ausgangspunkt der **Parlamentsfronde** ist im Juli 1648 die ›Déclaration des vingt-sept articles‹, in der Mazarin aufgefordert wird, Richelieus Erlass von 1641 zurückzunehmen; diese ›Reformagenda‹ verlangt u.a. die Abschaffung der Institution der Intendanten, das heißt die Wiedereinsetzung der ›officiers‹ in ihre Ämter, und den Verzicht auf neue Steuererhöhungen. Als Mazarin zwei besonders aufmüpfige Parlamentarier verhaften lässt, kommt es zu bürgerkriegsähnlichen Zuständen: Die Frondeure verteilen Waffen an die Pariser Bevölkerung, es werden Barrikaden errichtet und Mazarin wird zum Landesfeind erklärt. Dies ist die Geburtsstunde einer Flut heftiger, satirisch-polemischer Pamphlete gegen den Kardinal, die als ***Mazarinades*** in die Literaturgeschichte eingegangen sind.[43] Nur *en passant* sei an dieser Stelle erwähnt, dass Mazarin parallel zu diesen Ereignissen im Oktober 1648 den Westfälischen Friedensvertrag unterzeichnet, der Frankreich erhebliche Gebietsgewinne und den Status einer europäischen Großmacht verschafft. Derweil spitzt sich in Paris die Lage derart zu, dass die königliche Familie im Januar 1649 nach Saint-Germain-en-Laye fliehen muss, ein Erlebnis, das den jungen Ludwig XIV. traumatisch prägt. Allerdings spüren die Frondeure schon bald eine Entfremdung zwischen sich und der aufgewiegelten Bevölkerung; es kommt daher zu einer Aussöhnung mit dem Hof: Im August 1649 zieht Ludwig XIV. mit einem Triumphzug in Paris ein, die ›Fronde parlementaire‹ bricht zusammen, ohne auch nur eines ihrer politischen Ziele erreicht zu haben.

Um ihren eigenen Interessen größeren Nachdruck zu verschaffen, hatten sich **prominente Repräsentanten des Hochadels** mit den parlamentarischen Frondeuren verbündet: so die wichtigsten Heerführer der Zeit, der Marschall Turenne und der Große Condé, dessen Geschwister, der Prinz von Conti und die Herzogin von Longueville, sowie ihr derzeitiger Geliebter, der Herzog von La Rochefoucauld; außerdem der in alle Machtintrigen verwickelte Gaston d'Orléans und seine ehrgeizige und einflussreiche Tochter, die Grande Mademoiselle. Sie alle wollen nur das eine: das **Machtvakuum der Régence** zu ihren eigenen Zwecken nutzen; doch einigt sie mehr der Hass auf Mazarin als ein konkretes politisches Programm. Zwar gelingt es ihnen, die ›**Fronde des princes**‹ auf einige Provinzen auszuweiten. Doch 1651 lässt Louis-Dieudonné sich für volljährig erklären, womit Frankreich einen legitimen Herrscher besitzt. Turenne zieht die Konsequenzen aus der neuen Situation: Er wechselt die Seiten und kehrt ins königliche Lager zurück. Da aber ein Teil der Pariser Bevölkerung weiterhin mit dem Adel verbündet bleibt, brechen die Unruhen wieder aus, so dass Mazarin 1652 vorübergehend nach Köln fliehen muss. Als in dieser prekären Situation der Große Condé Paris einnehmen will, kommt es zu der in die Geschichte – und die Legende – eingegangenen ›bataille du faubourg Saint-Antoine‹ (2. Juli 1652): Von der Bastille aus lässt die Grande Mademoiselle mit Kanonen auf die Truppen Ludwigs XIV. schießen und rettet damit den blutüberströmten Condé vor den Königlichen, die von Turenne zum Sieg geführt werden. Damit ist für die Monarchie die größte Gefahr gebannt.[44]

4.2 Zwei ›Ausländer‹ retten die Monarchie

Die episodenhafte, oft ins Legendäre stilisierte Darstellung des Volks- und Adelsaufstandes der Fronde darf nicht darüber hinwegtäuschen, dass der Ausgang dieses blutigen, mit Grausamkeit geführten Bürgerkrieges **lange Zeit unentschieden** war. Letztlich hat sich zwar die Geschichte im Sinne Heinrichs IV. und Richelieus weiterentwickelt; doch stellte die Fronde durchaus eine ernst zu nehmende Bedrohung für die herrschenden Machtverhältnisse dar. Die 1649 von fanatischen Protestanten initiierte Hinrichtung Karls I. von England, des Schwagers der Regentin und Onkels Ludwigs XIV., ist allen an der Fronde beteiligten Protagonisten gegenwärtig. Auch am Ende der Fronde hätte, wie im England Cromwells, eine stärker parlamentarisch ausgerichtete Regierungsform entstehen können; doch wollte das Pariser Parlament die Monarchie letztlich weder abschaffen noch grundsätzlich verändern, sondern allenfalls mäßigen. Auch das nirgends präzis artikulierte Verlangen der adeligen Frondeure, ihren Interessen im Rahmen einer gemäßigten, ›konstitutionellen‹ Monarchie mehr Einfluss zu verschaffen, schlägt aufgrund der Uneinigkeit ihrer Führer fehl. Nicht zuletzt scheitern beide Fronden an dem Verlangen nach Frieden, das sich vor allem in den unteren Bevölkerungsschichten artikuliert. So gelingt es zwei ›Ausländern‹, Anna von Österreich und Mazarin, das Werk Heinrichs IV. und Richelieus allen Gefahren zum Trotz zu bewahren und weiter zu entwickeln:

> Cet épisode burlesque, souvent odieux et parfois tragique [la Fronde], marque en quelque sorte la fin d'un monde: jamais plus, du moins pour un siècle et demi, la noblesse ni les Parlements ni Paris ne se soulèveront, sauf épisodes insignifiants.[45]

5. Ludwig XIV. – ›Enfin Louis vint‹

Eine großzügige Amnestie (1653), die Königsweihe in Reims (Juni 1654) und ein ›Machtwort‹ Ludwigs XIV. vor dem ein letztes Mal aufmüpfigen Parlament (April 1655) – aus diesem ›Machtwort‹ wurde das berühmte, jedoch in dieser Form nie ausgesprochene ›L'État, c'est moi‹ abgeleitet – haben zur Folge, dass von nun an alle Widerstände definitiv gebrochen sind. Ludwigs Auftritt vor dem Parlament macht zudem deutlich, dass er bereits selbstbewusst in die Politik eingreift, sich gleichzeitig aber doch seinem Mentor Mazarin geradezu bedingungslos und im Interesse der Monarchie unterordnet. Dies zeigt sich besonders eindringlich **1659** anlässlich des **Pyrenäenfriedens**, der letzten diplomatischen Großtat Mazarins nach dem Westfälischen Frieden; wichtige Details dieses Vertrags werden auf der im Bidassoa, einem Grenzfluss zwischen Spanien und Frankreich gelegenen Fasaneninsel verhandelt. Dieser Friedensvertrag beendet einen 24-jährigen Krieg zwischen den Ländern und fixiert deren Grenzverlauf in den Pyrenäen; zudem bringt er Frankreich wichtige Gebietsgewinne im Norden und Süden und regelt die Heirat zwischen Ludwig XIV. und der spanischen Infantin Maria-Theresia: eine diplomatische Heirat, die Ludwig zum Verzicht auf seine Jugendliebe Marie Mancini, eine Nichte Mazarins, zwingt. Über die territorialen Zugewinne hinaus wird als Gegenleistung für Frankreichs Verzicht auf eine eventuelle Nachfolge auf dem spanischen Thron eine Mitgift von 500.000 Goldtalern vereinbart, die zu zahlen Spanien jedoch nicht in der Lage ist – ein Tatbestand, der nach 1700 im Spanischen Erbfolgekrieg große Bedeutung erlangen wird.

Frankreichs politische Vorrangstellung in Europa ist das Ergebnis dieser in einem Abstand von gerade einmal zehn Jahren abgeschlossenen Friedensverträge, beides diplomatische Meisterwerke Mazarins, eines mit großem Geschick agierenden Politikers, der das Werk seines Vorgängers nahtlos fortsetzt und seinem Nachfolger, dem jungen und in der politischen Praxis unerfahrenen Ludwig XIV., ein innen- und außenpolitisch weitgehend stabilisiertes Land übergibt.

5.1 ›Coups de maître‹ und ›préludes de magnificence‹

Ludwig eröffnet seine persönliche Herrschaft mit mehreren spektakulären innen- wie außenpolitischen Maßnahmen, sogenannte ›coups de maître‹ und ›préludes de magnificence‹. Am **10. März 1661**, einen Tag nach Mazarins Tod, verkündet er den eilig zusammengerufenen Ministern des Staatsrates, dass er von nun an ›sans principal ministre‹ regieren werde, und untersagt ihnen jedwede selbständige Regierungsaktivität:

> La face du théâtre change; j'aurai d'autres principes dans le gouvernement de mon État [...] que n'avait feu M. le Cardinal. Vous savez mes volontés; c'est à vous maintenant, Messieurs, à les exécuter.[46]

Zum ersten Mal seit Heinrich IV. wird also wieder ein legitimer Herrscher den Staatsrat leiten, der jetzt programmatisch als ›Conseil d'en haut‹ bezeichnet wird. Durch den Verzicht auf die Ernennung eines ›premier ministre‹ hofft Ludwig, dass der Glanz seines jetzt beginnenden ›règne personnel‹ allein auf ihn falle. Dieser erste ›coup de maître‹ – der Ausdruck stammt von Ludwig XIV. selbst – signalisiert den **Beginn einer fast 55-jährigen Alleinherrschaft**, in der die seit Heinrich IV. sichtbaren Tendenzen einer Machtkonzentration in der alleinigen Figur des Königs zu einem Höhepunkt und Abschluss kommen und Frankreich sich endgültig zu einer europäischen Hegemonialmacht entwickelt.

Dem ersten ›coup de maître‹ folgt im gleichen Jahr 1661 ein zweiter, ebenso spektakulärer: Die **Verhaftung des Finanzministers Nicolas Fouquet**. Fouquet, dessen Familie sich über mehrere Generationen von Tuchhändlern bis in hohe Staatsämter emporgearbeitet hatte, bekleidet seit 1653 das Amt des ›surintendant des finances‹ und ist als rechte Hand Mazarins in alle politischen Geheimnisse eingeweiht. Fouquet wird zum einen Opfer der Intrigen des ebenso ehrgeizigen wie skrupellosen Colbert, der sein Nachfolger werden möchte und es auch wird; zum anderen fürchtet Ludwig XIV. die Macht und den Einfluss Fouquets, der an seinem Hof in Vaux-le-Vicomte die künstlerische und intellektuelle Elite Frankreichs versammelt. Fouquets Verhaftung bedeutet die Liquidierung eines virtuosen Finanzpolitikers vom Range Mazarins. Ludwig lässt gegen Fouquet einen Schauprozess führen, an dessen Ende ein Todesurteil stehen soll. Doch die eigens für diesen Prozess ernannten Richter beugen sich dem königlichen Willen nicht und plädieren auf Verbannung außerhalb Frankreichs, ein Urteil, das Ludwig in die lebenslange Haft des Angeklagten umwandelt. Für Ludwig ist die Verurteilung Fouquets ein Befreiungsschlag, eine Art Vatermord *en miniature*; denn mit der Verbannung Fouquets befreit er sich zugleich von seinem ›Übervater‹ Mazarin. Colbert wird das Amt des Finanzministers und zahlreiche andere Ministerposten übernehmen.[47]

Diese innenpolitisch einschneidenden Maßnahmen werden außenpolitisch durch mehrere **›préludes de magnificence‹** ergänzt, durch die Ludwig den europäischen Mächten illustrieren möchte

> qu'il n'y a aujourd'hui dans le monde, sans exception, ni meilleure maison que la leur [des rois héréditaires de France], ni monarchie plus ancienne, ni puissance plus grande, ni autorité plus absolue

als die seiner Person und Herrschaft.[48] So spielt er gegenüber dem spanischen König, seinem Schwiegervater, eine **Etikettenfrage** hoch: Bei einem Empfang des englischen

Königs verweist der spanische Botschafter den französischen Gesandten hinter sich, weshalb es zu erheblichen diplomatischen Verwicklungen kommt, in deren Folge Ludwig den spanischen König zu einer offiziellen, bewusst erniedrigenden Entschuldigung zwingt. Ähnlich aufgebauscht wird ein Zwischenfall in Rom, bei dem es zwischen einigen angetrunkenen Franzosen und der päpstlichen Garde zu einem Handgemenge kommt, in dessen Gefolge ein französischer Page getötet wird; **Ludwig droht dem Papst mit Krieg**, stellt eine Armee auf, fordert und erlangt vom Papst eine offizielle Entschuldigung und sorgt dafür, dass diese Ereignisse ein breites Echo finden.

5.2 ›L'avènement du Roi-Soleil‹ – Glanz und Elend

Der Regierungsantritt Ludwigs XIV. wird von der Mehrheit der Franzosen mit Erleichterung aufgenommen: Mehr als fünfzig Jahre nach der Ermordung Heinrichs IV. wird Frankreich endlich wieder von einem **charismatischen König** regiert, der nach den Wirren der Fronde die Einheit des Landes verkörpert. Der Hof hat noch keinen festen Sitz, sondern pendelt zwischen Fontainebleau, Saint-Germain-en-Laye und dem Louvre hin und her. Sein Erscheinungsbild wird durch Ludwigs Jugend geprägt: Um ihn kreist, lebenslustig, galant, libertin, **›la jeune cour‹**, der die Vorhaltungen der ›dévôts‹ in die Luft schlägt. Die prachtvollste Veranstaltung dieses Regierungsbeginns ist im Juni 1662 ›Le grand Carrousel‹, ein zweitägiges Turnier anlässlich der Geburt des Dauphin, das vor 15.000 Besuchern auf der Place des Tuileries, der heutigen Place du Carrousel, stattfindet. Im Zusammenhang mit dieser Veranstaltung entscheidet sich Ludwig für **die Sonne als** das seiner Person und künftigen Herrschaft angemessene **Symbol** und versieht es mit der stolzen Devise ›Nec pluribus impar‹, was so viel heißt wie ›Nicht einmal mehreren unterlegen‹ bzw., bei Auflösung der Litotes, ›Allen überlegen‹. Doch der Glanz ist trügerisch. Denn **1661 und 1662 sind Katastrophenjahre**, geprägt von Missernten und eine dadurch bedingte ›famine de l'avènement‹ sowie den brutal niedergeschlagenen Aufstand der ›Lustucru‹. Glanz und Elend liegen beim Regierungsantritt Ludwigs XIV. also nah beieinander, und so wird es bis zum Ende seiner Herrschaft bleiben, mit einer deutlichen Akzentverschiebung ins Negative. Schon im März 1662 geißelt Bossuet in einer Predigt vor dem König diese Widersprüche folgendermaßen:

> Le ciel a envoyé contre nous [...] la maladie, la mortalité, la disette extrême, une intempérie étonnante, je ne sais quoi de déréglé dans la nature [...] Dans les provinces éloignées, et même dans cette ville, au milieu de tant de plaisirs et de tant d'excès, une infinité de familles meurent de faim et de désespoir: vérité constante, publique, assurée.

Goubert hat die Stimmung dieses ›avènement du Roi-Soleil‹, Ludwigs Prachtentfaltung, zugleich aber auch seine Anmaßung und Maßlosigkeit detailliert dokumentiert und kommentiert; er sieht in der Machtergreifung Ludwigs XIV. einen **Epochenwechsel**, mit dem eine freiere, reichere, aber auch von Anarchie und Chaos bedrohte Welt untergeht, an deren Stelle ein Gebilde tritt, das die Konturen eines modernen Staatswesens erahnen lässt:

> De la France de sa jeunesse, pleine de trop de révoltes, de désordre, de guerres et d'ombres, Louis XIV voudra effacer jusqu'au souvenir. De cette saveur dans l'anarchie et de l'anarchie dans la saveur, Louis tentera de ne rien garder, sauf la guerre, qu'il voudra

> mener comme de grandioses manœuvres [...] En 1661, un monde savoureux, foisonnant, riche et libre s'apprête à s'effacer. C'est **un État qui essaie de s'installer**, avec ses interdictions, ses règlements, ses administrateurs aux ordres, ses censeurs et encenseurs appointés, ses solennités imposées, ses persécuteurs tonsurés ou bottés; quelque chose d'étouffant, de prétentieux, d'organisé, de glorieux et de triste [...] La censure, la gravité officielle et la tristesse, décidément ce sera pour le règne suivant.[49]

Kein Protagonist und keine Epoche der französischen Geschichte, die Revolution von 1789 und Napoleon ausgenommen, sind so ausführlich und widersprüchlich beschrieben worden wie Ludwig XIV. und sein ›règne‹. Dabei sind die Einschätzungen naturgemäß von der Epoche und ideologischen Perspektive, aber schließlich auch der Nationalität des jeweiligen Betrachters abhängig. War Ludwig XIV. nun der große oder gar größte französische König und sein ›siècle‹ das einzige ›grand siècle‹ Frankreichs?

> Grand roi? Grand règne? Grand siècle? Prononcer la sentence n'appartient pas à l'historien. Il doit seulement signaler que ni le monarque ni le royaume n'étaient les mêmes en 1661, 1688, 1715; que les opinions sur Louis XIV ont beaucoup varié d'un siècle à l'autre, d'une famille d'esprit à une autre, d'un pays à l'autre. [...] Tel qu'il fut ou qu'on le voit, il appartient au patrimoine national, comme Saint Louis, Louis XI, Henri III, – Robespierre ou Napoléon.[50]

Der Pyrenäenfrieden, die Hochzeit Ludwigs mit Maria-Theresia, der feierliche Einzug des Paares in Paris sowie der entschlossene Regierungsantritt haben das traditionelle Bild Ludwigs XIV. und seiner Epoche für lange Zeit maßgeblich geprägt; ein Bild, das sich nicht etwa in einem langsamen kulturellen Prozess entwickelt hat und gewachsen ist, sondern das oktroyiert wurde und dessen **Künstlichkeit und Brüchigkeit** heute immer deutlicher zutage treten. In der Tat hat Ludwig wie kein Herrscher vor ihm Literatur, bildende Kunst, Architektur und Musik auf die verklärende, mythisch überhöhte Darstellung seiner Person und Herrschaft verpflichtet, wobei ihm die höchsten Symbole gerade recht waren: Alexander, Cäsar, Augustus, die Sonne.

Peter Burke hat diesen **Prozess der ›Inszenierung des Sonnenkönigs‹**, so der Untertitel seines Buches, detailliert beschrieben, wobei der Originaltitel *The Fabrication of Louis XIV* (1992) deren Produktionscharakter klarer zum Ausdruck bringt.[51] In der Tat wird Ludwigs öffentliches Bild von einer **gewaltigen Propagandamaschine** unter der Leitung Colberts systematisch in Szene gesetzt, ja geradezu ›gemacht‹, und es werden nicht nur tatsächliche Erfolge, sondern auch Misserfolge verklärend dargestellt. Zu diesem Zweck werden Münzen geprägt, Medaillen hergestellt, Statuen und Siegestore – Porte Saint-Denis, Porte Saint-Martin – errichtet, alte Schlösser – Chambord, Fontainebleau, Saint-Germain-en-Laye, der Louvre – restauriert bzw. erweitert und schon 1661 der Ausbau von Versailles zu einer repräsentativen Residenz beschlossen. Ludwig ist zutiefst von der **Vorrangigkeit des Symbols gegenüber der Wirklichkeit** – oder sollte man nicht eher sagen: des Scheins gegenüber dem Sein – überzeugt; das »renommée«, schreibt er schon 1662, sei »seule plus capable que tous les autres [biens] de servir au succès de nos desseins. La réputation fait souvent elle seule plus que les armées les plus puissantes. Tous les conquérants ont plus avancé par leur nom que par leur épée.«[52] Systematisch instrumentiert er daher die **Kunst als Mittel des Machterhalts** und der Machterweiterung und definiert als ihr vorrangiges Thema die Verherrlichung eines im Zentrum des Kosmos thronenden

Sonnengottes, der seine Leben spendenden Strahlen gleichmäßig über die zu seinen Füßen liegende Welt verteilt:

> On choisit pour corps le soleil, qui [...] est le plus noble de tous, et qui, par la qualité d'unique, par l'éclat qui l'environne, par la lumière qu'il communique aux autres astres qui lui composent une espèce de cour, par le partage égal et juste qu'il fait de cette même lumière à tous les divers climats du monde, par le bien qu'il fait en tous lieux, produisant sans cesse de tous côtés la vie, la joie et l'action, par son mouvement sans relâche, où il paraît néanmoins toujours tranquille, par cette course constante et invariable, dont il ne s'écarte et ne se détourne jamais, est assurément la plus vive et la plus belle image d'un grand monarque.[53]

Programmatisch wird Ludwig die **Sonnensymbolik** in den Mittelpunkt der wichtigsten und großartigsten Feste seiner frühen Regierungsjahre stellen: nach dem Ende der Fronde im *Ballet de la nuit*, in dem er erstmals als Sonnengott auftritt (1653); 1660 anlässlich der feierlichen *Entrée du Roi et de la Reine à Paris*;[54] im *Grand Carrousel* (1662) und schließlich in den prachtvollen, von Molière gestalteten *Plaisirs de l'île enchantée* (1664).

Ludwig XIV., der im Gegensatz zu seinem Vater ein ausgezeichneter Tänzer ist, tritt bereits 1653 im Finale des Ballet de la nuit *als Sonnengott Apoll im Kostüm der aufgehenden Sonne auf.*

6. Colbert – Ein Bürokrat als Minister und der ›mythe de Colbert‹

Von Beginn an ist Ludwigs Herrschaft eng mit dem Namen seines wichtigsten Ministers, Jean-Baptiste Colbert, verbunden; wie Ludwig XIII. und Richelieu, wie Anna von Österreich und Mazarin, so bilden auch Ludwig XIV. und Colbert ein gut aufeinander abgestimmtes und je länger desto besser eingespieltes Team, mit dem Unterschied allerdings, dass der junge König an seinem Führungsanspruch keinen Zweifel aufkommen lässt. Der neunzehn Jahre ältere Colbert, ein unermüdlicher, detailversessener Aktenarbeiter, **der erste Bürokrat** auf dem Ministersessel einer Monarchie, kann zunächst von dieser Symbiose mit dem Sonnenkönig profitieren; doch schon bald wird er wegen seiner Unnahbarkeit und Kälte gehasst; Mme de Sévigné gibt ihm den Beinamen ›Le Nord‹, und bei seinem Tod gelten seine wichtigsten politischen Ziele als gescheitert.

6.1 Kometenhafter Aufstieg zum ›Superminister‹

Colbert gehört dem Amtsadel an; seine Familie hatte sich wie diejenige Fouquets über mehrere Generationen aus dem Kaufmannsstand in hohe staatliche Positionen emporgearbeitet. 1651 wird Mazarin auf Colbert aufmerksam, vertraut ihm während seines Exils die Verwaltung seines Vermögens an und führt ihn in den folgenden Jahren in die Politik, insbesondere die Finanzpolitik ein. Colbert arbeitet zunächst mit Fouquet vertrauensvoll zusammen; doch 1657 brechen die Rivalitäten aus, und Colbert wird nicht ruhen, bis er seinen Konkurrenten vernichtet hat. Dessen Verhaftung ist zum Zeitpunkt jenes legendären Festes, mit dem er am 17. August 1661 in Gegenwart des Königs sein Schloss von Vaux-le-Vicomte einweiht, bis ins kleinste Detail vorbereitet; mit ihr beginnt Colberts kometenhafter Aufstieg zu einem ›Superminister‹, der binnen weniger Jahre alle Ressorts, mit Ausnahme des Außen- und Kriegsministeriums, kumulieren wird. Ludwig XIV. wird mit Colbert bis zu dessen Tod monatlich etwa 40 Stunden zusammenarbeiten, ein Beweis für das Vertrauen, das er seinem Minister entgegenbringt.

6.2 Die Verhaftung Fouquets – ein Staatstreich und Befreiungsschlag?

Fouquets Verhaftung kommt aus heutiger Sicht einem ›coup d'État‹, einem Staatsstreich gleich. Hinter der Rivalität zwischen Fouquet und Colbert verbergen sich nämlich letztendlich unterschiedliche Konzeptionen darüber, wie die Monarchie ihren Finanzbedarf befriedigen soll; denn die direkten Einnahmen decken nur einen geringen Teil ihrer Bedürfnisse. Schon bald nach seinem Eintritt in die Dienste Mazarins erkennt Colbert die gefährliche **Abhängigkeit des Königs von den ›financiers‹** und dem System, das sie repräsentieren; diese nämlich stellen ihm gegen Zinsen das Geld zur Verfügung, das sie selbst gegen hohe Zinsen von denen ausleihen, die über Kapital verfügen. Und dies wiederum sind die höchsten Repräsentanten der Gesellschaft.

> Qui donc étaient ces prêteurs fortunés? Tous ceux qui en France bénéficiaient de revenus substantiels, la haute aristocratie d'épée, les princes, les ducs et pairs, l'élite de la

> noblesse de robe, les grands dignitaires ecclésiastiques, les abbés commendataires [...] La famille royale elle-même participait au jeu: le duc d'Orléans, sa fille la Grande Mademoiselle, le prince et la princesse de Condé [...] La surprise n'est pas moins grande de voir les ministres eux-mêmes, les cardinaux-ministres, Richelieu puis Mazarin, investir massivement dans ce capitalisme fiscal.[55]

In diesem vielfach über Strohmänner abgewickelten Handel kommt dem ›surintendant des finances‹ die Schlüsselrolle eines Vermittlers zwischen den ›financiers‹ und der Krone zu. **Dem König gegen Zinsen Geld** zu **leihen**, ist gängige Praxis. Problematisch wird ein solches Verfahren allerdings, wenn hohe Minister wie Richelieu und vor allem Mazarin darin verwickelt sind und sich der Monarchie bedienen, um sich persönlich zu bereichern. Mazarins unermesslicher Reichtum – er ist der reichste Mann Europas und reicher als dessen mächtigste Bank, die Bank von Amsterdam – ist großenteils auf diesem Weg zustande gekommen.[56] Fouquet seinerseits brüstet sich Mazarin gegenüber, er habe während der Fronde – als dieser nach Köln fliehen musste – durch einen hohen, dem König vorgeschossenen Kredit »seul fait subsister l'État«. Dieser hybride Ausspruch zeigt schlaglichtartig, in welchem Maß die Monarchie sich tatsächlich in die Abhängigkeit ehrgeiziger finanzkräftiger Individuen begeben hat, hier des Finanzministers in Person und seiner Hintermänner, seiner ›lobby‹, seines ›clan financier‹, seiner ›gang‹, wie Meyer und Dessert in bewusst anachronistischer Terminologie die Vorgänge der Zeit bezeichnen.[57]

> Ainsi [...] le crédit de l'État se trouvait-il à la merci de ces riches particuliers. On en conviendra, toutes les considérations banales des manuels scolaires sur l'absolutisme royal [...] s'effondrent devant ces perspectives. Voilà donc cette monarchie française, si majestueuse, si sûre d'elle-même, si autoritaire, réduite à n'être que l'otage des puissants, des grandes familles et des multiples groupes qu'elle prétendait dominer et domestiquer.[58]

Zwar ist Colbert mit Mazarins dubiosen, aus heutiger Perspektive geradezu **mafiosen Finanzmanipulationen** bestens vertraut; er durchschaut auch die daraus für die Monarchie resultierenden verhängnisvollen Folgen; und doch sieht er zu Lebzeiten des Kardinals keine Möglichkeit, dieses System zu ändern. Nach Mazarins Tod aber wird er seine ganze Energie auf den Sturz Fouquets als Repräsentanten dieses Systems konzentrieren, um es durch eines zu ersetzen, das ihm für das Wohlergehen des Staates geeigneter erscheint. Der politischen Bedeutung seines Unterfangens ist Colbert sich offensichtlich voll bewusst:

> Colbert a conscience de mettre en place un nouveau régime politique [...] L'on proclamera la suppression de la charge de la surintendance et la direction de l'administration des finances par le roi lui-même: cela signifie que l'on ne prêtera plus l'argent des contribuables au roi considéré comme un particulier, mais que l'on remettra le produit des impôts au roi considéré comme chef d'État. C'est une formidable atteinte à beaucoup d'intérêts particuliers. C'est aussi un pas gigantesque dans l'évolution d'une monarchie féodale à une monarchie étatique.[59]

Das Zitat illustriert bestens den staatsstreichähnlichen Charakter der Verhaftung Fouquets, deren unmittelbare Folge in der Tat die Abschaffung des Amtes des ›surintendant des finances‹ ist; statt dessen beruft der König einen ›Conseil royal des finances‹, dem er selbst vorsteht, obwohl er von Finanzfragen nichts versteht und sich im Grunde für sie auch nicht interessiert. Die Verhaftung Fouquets konnte – und sollte – letztendlich der Überwindung eines als veraltet und für die Monarchie als verhängnisvoll erkannten Systems dienen. Doch mit der Ernennung Colberts zum ›contrôleur général des finances‹ (November 1664) geht praktisch, wie von ihm insgeheim intendiert, die Verfügungsgewalt über den gesamten Finanzbereich der Monarchie an ihn selbst über, und es hat sich gegenüber dem ›System Fouquet‹ nichts geändert. »Ainsi Colbert, bien loin de rompre avec le passé, ne fait que poursuivre, en l'amplifiant, la pratique ancienne, qu'il feignait, pour des raisons personnelles, de combattre.«[60]

6.3 ›Grand dessein‹ und ›grands travaux‹

Die Ordnung des Finanzwesens ist nur ein Aspekt eines umfassenden ›grand dessein‹, mit dessen Hilfe Colbert die Monarchie stabilisieren und Frankreich modernisieren möchte. ›La gloire du roi et le bien de l'État‹ lautet das scheinbar selbstlose Motto Colberts, der in seiner unbändigen Arbeitswut alles neu organisieren und regeln möchte und sich dabei nicht scheut, schamloser noch als Mazarin in seine eigene Tasche zu wirtschaften. Von einer wahren ›obsession hollandaise‹ besessen,[61] ergreift Colbert eine Reihe von Initiativen, deren oberstes Ziel die Entwicklung Frankreichs zu einer Großmacht ist, die in Handel und Wirtschaft den verhassten Niederländern zu Lande und auf dem Meer überlegen ist. Die diesbezüglichen Maßnahmen – ›grands travaux‹ – betreffen zunächst die **Infrastruktur des Landes**, wie etwa den Ausbau des Straßen- und Kanalwesens mit dem Prestigeprojekt des ›Canal des deux mers‹, des heutigen ›Canal du midi‹, der das Mittelmeer mit dem Atlantik verbinden soll;[62] hierher gehört auch der Abbau innerer Zollgrenzen und der Ausbau des Postwesens. In der **Rechtsprechung** werden durch eine ›Ordonnance civile‹ (1667) und eine ›Ordonnance criminelle‹ (1670) das Zivil- und das Strafrecht neu geordnet. Die Ernennung eines Polizeipräfekten dient der Herstellung von Sicherheit und Ordnung auf den vor allem abends und nachts gefährlichen Straßen von Paris. Dies besorgt wirkungsvoll Nicolas de Reynie, »un homme d'une grande vertu et d'une grande capacité qui [...] devait s'attirer la haine publique et s'acquit pourtant l'estime universelle« (Saint-Simon).[63]

Weitere Initiativen betreffen die **Verwaltung**; so insbesondere die Ernennung von circa dreißig Intendanten, die dem König direkt unterstehen und in den Provinzen mit umfassenden Kompetenzen ausgestattet sind. Der Stärkung der königlichen Macht dient auch die Herabstufung der Parlamente zu Organen, welche die königlichen Erlasse nicht mehr verändern oder gar ablehnen, sondern nur noch registrieren können; ein Erlass von 1673 schließlich verbietet ausdrücklich das seit dem 14. Jahrhundert praktizierte Einspruchsrecht (›droit de remontrance‹), womit eine Teilnahme des Parlaments am legislativen Prozess endgültig ausgeschlossen wird.

6.4 ›Colbertisme‹ – Dirigismus und Expansion

Die wichtigsten Maßnahmen Colberts betreffen die Wirtschaft. Sein oberstes Ziel ist die **Autarkie Frankreichs**. So wie das Land sich auf dem Agrarsektor selbst versorgt, soll es auch industriell unabhängig werden. Colbert fördert daher die inländische Produktion, erschwert die Einfuhr ausländischer Waren durch Schutzzölle und gründet staatliche Manufakturen zur Herstellung von Luxusgütern, die auch für den Export gedacht sind. Ziel all dieser Initiativen ist eine positive Handelsbilanz. Diese oft als ›Colbertismus‹ bezeichneten **dirigistischen Maßnahmen** sind im Grunde nichts anderes als eine Form des Merkantilismus, wie er schon seit Beginn des Jahrhunderts in Frankreich praktiziert wird.[64]

Colberts besondere Aufmerksamkeit gilt der französischen **Handels- und Kriegsflotte**, die so ausgebaut werden sollen, dass sie denen der Seemächte Holland, England und Spanien ebenbürtig sind. Dazu müssen Häfen (Dunkerque, Le Havre, Brest, Nantes, Rochefort, Toulon, Marseille) und Schiffe (aus-)gebaut werden; zu Beginn des Zweiten Hollandkrieges 1672 zählt die Königliche Flotte, ›La Royale‹, stolze 120 Schiffe. Doch die erhofften Erfolge bleiben aus: Frankreich erleidet in den Seeschlachten von La Hougue (1702) und Vigo (1702) empfindliche Niederlagen gegen die vereinigten englisch-holländischen Flotten, was Ludwig XIV. dazu veranlasst, fortan auf seine maritimen Ambitionen zu verzichten.[65] Ähnlich verhält es sich mit dem von Colbert geförderten kolonialen Ehrgeiz. Um wiederum mit Holland, England, aber auch Spanien und Portugal konkurrieren zu können und an dem lukrativen Handel mit exotischen Luxusgütern zu partizipieren, fördert er die Gründung bzw. den Ausbau von **Handelskompanien**, darunter vor allem das ehrgeizige Projekt einer ›Compagnie des Indes orientales‹ (1664); diese leidet jedoch bald an Kapitalmangel und kann sich gegenüber der Konkurrenz der großen europäischen Seemächte nicht behaupten.[66]

6.5 Bilanz – ›Le petit âge Colbert‹

Die Bilanz von Colberts zwanzigjähriger ministerieller Tätigkeit fällt eher gemischt aus: Das offensichtliche Scheitern seiner finanz- und wirtschaftspolitischen Ambitionen kann nur teilweise durch den Erfolg der administrativen und juristischen Reformen aufgewogen werden. Zu bedenken ist auch, dass Colbert keineswegs der allmächtige Minister war, als der er oft dargestellt wird; vielmehr muss er seinen Einfluss auf Ludwig XIV. mit dem Kriegsminister Le Tellier teilen, der den kriegerischen Ehrgeiz des Königs lebhaft unterstützt. Colbert und Le Tellier bilden trotz verwandtschaftlicher Beziehungen zueinander verfeindete ›Clans‹, die um die Gunst des Königs rivalisieren und damit die Initiativen des jeweils anderen neutralisieren.[67] Für das **Scheitern** insbesondere der wirtschaftlichen Projekte Colberts führen Historiker **mehrere Gründe** an: ›la dérogeance nobiliaire‹, das heißt eine ›adelige‹ Mentalität, der zufolge Arbeit nicht standesgemäß ist und den Verlust von Prärogativen nach sich zieht; die trotz Kriegen ungebrochene wirtschaftliche und finanzielle Übermacht Hollands; die lahmende Konjunktur der 1670er Jahre; und vor allem den Primat, den Ludwig XIV. unter dem Einfluss Le Telliers und Louvois' seinen ›ruhmreichen‹, doch finanziell ruinösen Kriegen einräumt. Dies alles hat zur Folge, dass »la fin du *petit âge Colbert*« schon zu Lebzeiten des Ministers längst eingeläutet ist.[68]

Unter den politischen Protagonisten des ›siècle classique‹ ist Colbert zweifellos die problematischste Persönlichkeit. Schon auf dem Höhepunkt seiner Karriere umstritten, wird die wirtschaftliche und soziale Katastrophe, in der das Jahrhundert endet, seinen Ruf zunächst völlig ruinieren. Voltaire steht sodann in *Le temple du goût*, doch entschiedener in *Le siècle de Louis XIV* am Beginn seiner Rehabilitierung.[69] Der

Geschichtsschreibung der III. Republik verdankt sich schließlich ›**le mythe Colbert**‹, die Mythifizierung des bürgerlichen Ministers: Sie sieht in ihm einen ihrer Ahnherren, eben jenen aus dem Bürgertum aufgestiegenen Minister, den neben – oder besser zusammen mit – Ludwig XIV. wichtigsten Architekten des ›grand siècle‹: ›Le grand Colbert‹, der seinem König das ›Angebot‹ unterbreitet habe, gestützt auf das Bürgertum Frankreich durch die Entwicklung von Handel und Industrie zu modernisieren und zu Wohlstand zu führen – ein grandioses Projekt, das Ludwig durch seine Kriegspolitik jedoch vereitelt habe. Die neueste Geschichtsschreibung verhält sich diesem ›grand Colbert‹ gegenüber eher ikonoklastisch. Goubert entlastet ihn durch ›die Umstände‹ und gelangt zu folgender eher zwiespältigen Gesamteinschätzung:

> Un ministre, si grand soit-il, peut-il quelque chose contre un climat de difficultés et de marasme? Français indifférents, étrangers trop puissants, conjoncture souveraine, et, par surcroît, primat de la guerre... L'admirable est bien qu'une partie de l'œuvre de Colbert n'ait pas été tout à fait ruinée![70]

Das Resümee zeitgenössischer Colbertspezialisten fällt ungleich kritischer aus; seine jüngste Biographie bezeichnet ihn im Untertitel als ›serpent venimeux‹, als einen geschickten, skrupellosen ›manipulateur‹, der vor allem eigene Interessen verfolgt:

> (qui) utilise les circonstances et les apparences pour bâtir sa réussite sociale et matérielle [...], qui sait détourner à ses fins les travers de ses patrons successifs, les utilisant beaucoup plus qu'il ne les sert. [...] En un sens, **Colbert** devient **le fossoyeur de la monarchie absolue**.[71]

7. Die Kriege, der Staatsbankrott und die Grenzen des Hexagons

Bis zu seinem Tod ist es Ludwig XIV. gelungen, Frankreich endgültig von dem Trauma der ›étreinte espagnole‹ zu befreien und die Grenzen des Landes zu sichern – das wohl wichtigste Ergebnis seiner langen Regierungszeit. Von 45 Jahren seiner Herrschaft führt er in 33 Jahren Krieg: Krieg zunächst als ›acte de magnificence‹ um seiner eigenen ›gloire‹ willen und um sich seinem Volk sowie Frankreichs Nachbarn gegenüber als neuer Alexander oder Cäsar zu profilieren; zugleich dient der Krieg als ›Beschäftigungstherapie‹ für den Hochadel, um ihn von möglichen politischen Ambitionen abzulenken; und schließlich möchte Ludwig **Frankreich als dominierende europäische Großmacht etablieren**.

Diese Kriege bringen Frankreich in den jeweiligen Friedensschlüssen – wie schon der Westfälische und der Pyrenäenfrieden – zunächst substantielle Landgewinne. So sichert der willkürlich vom Zaun gebrochene **Devolutionskrieg** (1667–1668) gegen Spanien Frankreich im Friedensschluss von Aachen wichtige Teile Flanderns. In dem von Colbert befürworteten, wirtschaftlichen Interessen dienenden **Krieg gegen die Vereinigten Niederlande** (1672–1679) gewinnt Frankreich im Friedensschluss von Nijmwegen die Franche-Comté hinzu. Der Krieg beginnt mit einer Aufsehen erregenden Überquerung des Rheins durch die französischen Truppen, dem berühmten, von vielen Künstlern überschwänglich gefeierten ›passage du Rhin‹; doch dann zieht der Krieg sich hin, verursacht hohe Kosten und Verluste. Der Friedenschluss zeigt

Ludwig XIV. scheinbar auf dem Gipfel seiner Macht in der Rolle eines Schiedsrichters Europas. Doch der Sieg über das kleine Holland ist in Wirklichkeit »une victoire en trompe-l'œil«; denn nach anfänglichen Erfolgen zieht er sich über Gebühr hin, zerrüttet die Finanzen, und nicht einmal die Niederländer werden definitiv in die Knie gezwungen: »Le souverain du plus puissant royaume de l'Europe n'était pas venu à bout d'une petite république de négociants.«

Seine Verblendung veranlasst Ludwig in den folgenden Jahren zu einer sogenannten **Reunions- bzw. Annexionspolitik im Elsass**, die 1681 in der Annektierung von Straßburg gipfelt. 1684 führt seine Großmannssucht zur Bombardierung Genuas und zu anderen willkürlichen Gräueltaten: vermeintliche ›actes de magnificence‹, die aber im Zusammenhang mit der Aufhebung des Edikts von Nantes die europäischen Nationen auf den Plan rufen. 1686 schließen sich Österreich, Holland, England, Spanien und einige Reichsfürsten in der Augsburger Liga gegen Frankreich zusammen. Im **Pfälzischen Erbfolgekrieg** (1688–1697) erhebt Ludwig fadenscheinige Ansprüche auf die Pfalz: Als Karl, Kurfürst von der Pfalz, Liselottes – also seiner Schwägerin – Bruder, 1685 kinderlos stirbt, fällt er in die Pfalz ein und zerstört Mainz, Worms, Speyer und Heidelberg. Der Krieg endet mit dem Sieg der Augsburger Liga im Friedensschluss von Rijswijk und führt zur Rückgabe zahlreicher annektierter Städte mit Ausnahme Straßburgs.

Ludwigs letzter großer Krieg ist der **Spanische Erbfolgekrieg** (1701–1713). Nach dem Tod des letzten spanischen Habsburgers, Karl II. (1665–1700), entbrennt zwischen Frankreich und Österreich ein Streit um sein Erbe, der sich zu einem gesamteuropäischen Krieg ausweitet, in dem Frankreich wiederum einer europäischen Koalition aus England, Holland, Österreich und einigen Reichsfürsten gegenüber steht. Aus dem Frieden von Utrecht (1713) und Rastatt (1714) geht **England** als der eigentliche Sieger und als **neue europäische Ordnungsmacht** hervor, Frankreich dagegen verliert seine seit Beginn des 17. Jahrhunderts erworbenen Kolonien in Nordamerika.[72] Entsprechend den in den verschiedenen Friedensverträgen ausgehandelten territorialen Zugewinnen lässt Ludwig alle neu gewonnenen Grenzposten unmittelbar von seinem genialen Festungsbaumeister **Vauban** durch Wehranlagen sichern, so dass Frankreich, von einer ›ceinture de fer‹ umgeben, bei Ludwigs Tod nahezu in den gesicherten Grenzen jenes Hexagons lebt, das heute zu einem ›lieu de mémoire‹ der Nation geworden ist.[73] Die extremen finanziellen Belastungen, die materiellen Verluste, die Verwüstungen und menschlichen Opfer der fortgesetzten Kriege haben die Herausbildung einer heftigen, wenngleich wirkungslosen Opposition zur Folge; gleichzeitig sind durch die ruinösen Kriege die Staatsfinanzen derart zerrüttet, dass Ludwig sich schon ab 1690 gezwungen sieht, das silberne Tafelgeschirr von Versailles zu verkaufen und durch ein Porzellanservice zu ersetzen. 1715 muss bei seinem Tod der **Staatsbankrott** erklärt werden, denn die Haushalte der Jahre 1716–1718 sind bereits ausgegeben.

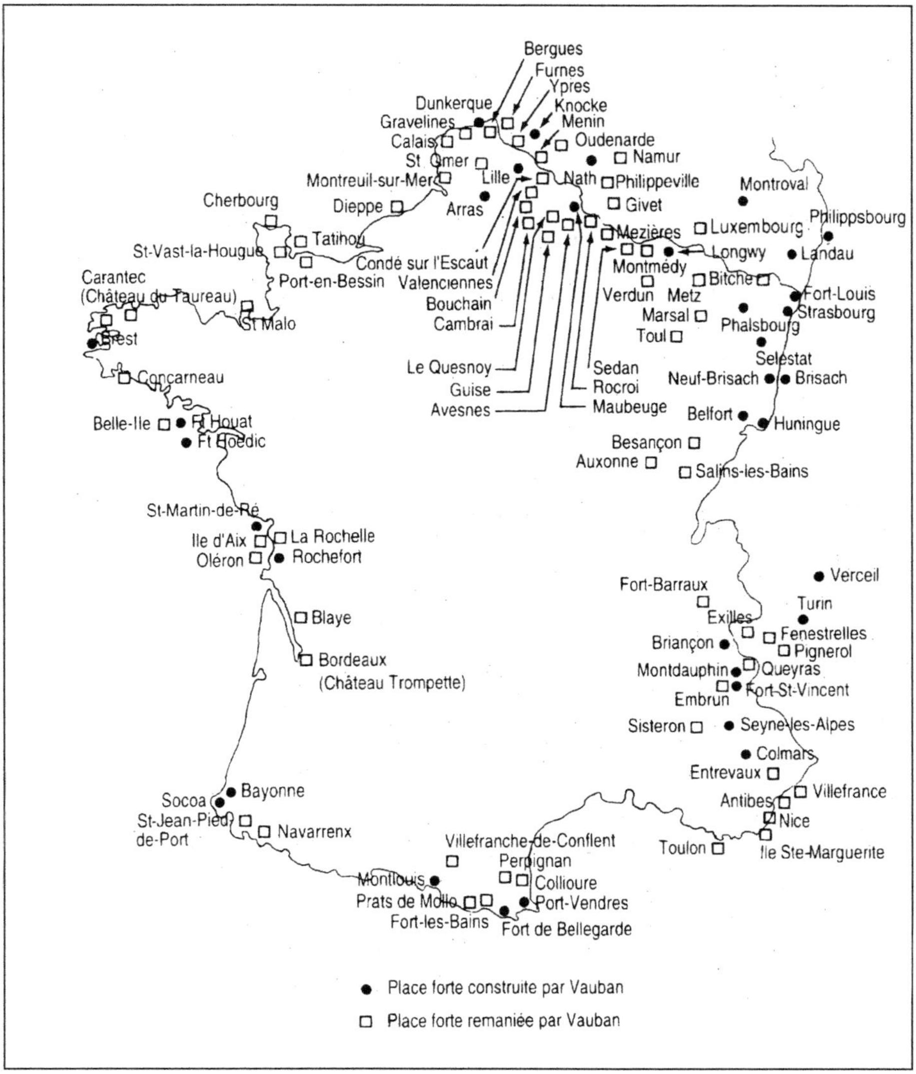

Mit seinen teils erneuerten, teils neu errichteten Befestigungsanlagen, die vielfach heute noch bestehen, sichert Vauban die Grenzen Frankreichs gleichsam durch eine ›ceinture de fer‹ (nach M. Parent und J. Verroust).

8. Das Steuersystem – Misswirtschaft, Korruption und Reformvorschläge

Bei seinem Regierungsantritt 1661 verfügt Ludwig über ein Heer von 45.000 Mann; 1703, etwa zu Beginn des Spanischen Erbfolgekrieges, ist es 400.000 Mann stark, was bei einer Bevölkerung von geschätzten zwanzig Millionen zwei Prozent ergibt: ein horrender Anteil. Dieses Heer wird durch ein extrem **ungerechtes Steuersystem** finanziert. Der Erste und Zweite Stand, also Kirche und Adel, sind grundsätzlich von den Steuern befreit. Auch die Einwohner der meisten Städte genießen eine Reihe steuerlicher Privilegien. Grundsätzlich steuerpflichtig sind nur die untere Schicht des Bürgertums und die Landbevölkerung, die achtzig Prozent der Gesamtbevölkerung ausmacht: Im ›grand siècle‹ ist **der Bauer der Hauptsteuerzahler** Frankreichs. Zwar sind die meisten Bauern keine Leibeigenen mehr, sondern frei; trotzdem sind sie gegenüber dem Adeligen, dessen Felder sie bestellen, zu zusätzlichen Dienstleistungen verpflichtet, so insbesondere zu ›la corvée‹, der Fron, unter der La Fontaines ›pauvre bûcheron‹ in der Fabel *La mort et le bûcheron* (I 16) leidet. Außerdem müssen sie die adeligen Privilegien der Jagdrechte erdulden; in der Fabel *Le jardinier et son seigneur* (IV 4) hat La Fontaine die daraus entstehenden Schäden, Konflikte und Probleme witzig dargestellt.

Über diese Dienste hinaus muss der Bauer verschiedene Steuern an die Krone zahlen, insbesondere die ›**taille**‹, eine Kopfsteuer, die für jedermann gleich hoch ist, sowie die ›**gabelle**‹, eine für alle Lebensmittel fällige und besonders verhasste Salzsteuer. Zusätzlich belasten den Bauern die Abgaben für die Kirche, ›**la dîme**‹, der auf die Ernten und den Viehertrag erhobene ›Zehnte‹. Gegenüber diesem Steueraufkommen der Landbevölkerung stellen die von den unteren Schichten des Bürgertums gezahlten Steuern eine *quantité négligeable* dar. Es ist leicht verständlich, dass jeder steuerpflichtige Bürger ein großes Interesse daran hat, bald in den Stand der ›noblesse de robe‹ aufzusteigen, um auf diese Weise die begehrte Steuerfreiheit zu erlangen. Insofern floriert auch der Handel mit Adelstiteln, was von Seiten der Regierung zu einer wahren ›chasse aux faux nobles‹ führt. Die ständig steigenden Kriegskosten veranlassen Ludwig 1695 zur Einführung der ›**capitation**‹ und 1710 des ›**dixième**‹; diese Kopfsteuer und der Zehnte betreffen – und dies ist ein Novum – nun auch den **Adel** und alle bisherigen Steuerprivilegierten mit Ausnahme des Klerus und sind nach Einkommen bzw. Vermögen gestaffelt.

Die Steuern werden in den Städten und Provinzen durch ›**officiers**‹ eingetrieben und der Krone zugeführt: ein langsames und umständliches Verfahren, weswegen Richelieu die häufig in lokale Abhängigkeiten verwickelten ›officiers‹ durch von ihm ernannte ›**intendants**‹ ersetzt. Um der immer drängender werdenden Finanznöte Herr zu werden, reaktiviert Colbert 1680 die Institution des ›fermier général‹, des allgemeinen **Steuerpächters**: Frankreich wird in vierzig Pachtzonen, ›fermes‹, aufgeteilt, deren jeweilige Pächter das Amt auf Zeit erwerben und dem König die zu erwartenden Steuereinnahmen zum Teil gegen Wucherzinsen vorschießen. Der ›fermier‹ oder ›traitant‹ – so genannt, weil er für einen Pachtvertrag, ›traité concernant une ferme‹, bürgt – ist der gesellschaftliche Aufsteiger der Spätzeit des Regimes und in der Literatur der Zeit die bevorzugte Zielscheibe der Satire. Da die Pachten kumuliert werden können, liegt die Finanzhoheit der Monarchie, und das heißt letztendlich ihr eigenes Wohlergehen, in den Händen eines kleinen Personenkreises, der vielfach nur Eigeninteressen verfolgt und sich skrupellos bereichert. Selbstverständlich profitieren von dem Pachtsystem auch diejenigen, die für die Vergabe der Pachten verantwortlich sind: die Minister. Die immensen Reichtümer, die Richelieu und vor allem Mazarin, doch auch Colbert anhäufen, erklären sich großenteils aus einem Steuer- und Pachtsystem, das Petitfils wie folgt charakterisiert:

> Le système fiscal de l'ancien régime cumulait tous les défauts: il était à la fois complexe, hérissé d'exemptions et de particularités, **archaïque, irrationnel, improductif, d'une injustice criante**, laissant de surcroît la monarchie dans de chroniques embarras d'argent et l'obligeant, dans un mouvement perpétuel d'improvisation et de fuite en avant, à multiplier les expédients douteux, les artifices dangereux, les subterfuges désespérés, et finalement à manger son blé en herbe. Le gâchis permanent![74]

Trotz zahlreicher **Reformvorschläge** überdauert dieses **Misswirtschaft** und **Korruption** begünstigende Steuersystem die Herrschaft Ludwigs XIV. In seiner 1707 anonym vorgelegten Reformschrift *Projet d'une dîme royale* plädiert Vauban für ein einheitliches, einkommenbezogenes Steuersystem, das die Steuerlasten auf alle sozialen Schichten gerecht verteilt; seine kühne, revolutionäre Schrift wird von der Zensur verboten; Vauban stirbt kurze Zeit darauf.[75]

9. ›Un long règne‹ und sein schwieriges Ende

Diese längste Regierungszeit eines Königs in Frankreich ist zunächst physisch bedingt durch Ludwigs starke körperliche Konstitution und seine– trotz permanenter (imaginärer) Krankheiten – gute Gesundheit,[76] die ihn fast alle Familienangehörigen und zahlreiche politische Persönlichkeiten überleben lässt: seine Frau Maria-Theresia (1638–1683), seinen Sohn Ludwig, den Grand Dauphin (1661–1711), seinen Enkel Ludwig, den Herzog von Burgund (1682–1712), aus dessen Ehe mit Marie-Adélaïde von Savoyen (1685–1712) der spätere Ludwig XV. (1710–1774) hervorgehen wird; überlebt hat er auch seine wichtigsten Maitressen, Louise de La Vallière (1644–1710), »celle qui aima le roi et non la royauté« (Sainte-Beuve)[77] sowie die ehrgeizige und stolze Herzogin von Montespan (1641–1707), Mäzenin zahlreicher Künstler;[78] überlebt hat er schließlich auch alle von Mazarin übernommenen Minister: den mächtigen Kriegsminister Michel Le Tellier (1603–1685) und dessen fast gleichaltrigen ehrgeizigen und hochfahrenden Sohn, den Marquis de Louvois (1641–1691), der nach dem Tode seines Vaters sechs Jahre dessen Amt weiterführen wird;[79] den Außenminister Hugues de Lionne (1611–1671) und insbesondere seinen ›Superminister‹ Jean-Baptiste Colbert (1619–1683) sowie dessen genialen Sohn, den Marquis de Seignelay (1651–1690), der nach dem Tode seines Vaters das Marineministerium leiten wird.

Die Historiker haben diese lange Regierungszeit unterschiedlich in zwei, drei oder gar vier Perioden unterteilt und sich dabei an markanten historischen Ereignissen orientiert, wie etwa den Friedenschlüssen von Aachen 1668, Nijmwegen 1679 etc., der Aufhebung des Edikts von Nantes 1685 oder auch dem Tod wichtiger historischer Protagonisten wie demjenigen Colberts 1683. In zwei informativen Epochenüberblikken bedient Goubert sich der Metaphorik der Jahreszeiten, ohne damit suggerieren zu wollen, dass dieses ›long règne‹ sich nach organischen Gesetzen entwickelt habe.[80] Vergleicht man die unterschiedlichen **Periodisierungsvorschläge**, wird deutlich, dass sie mehrheitlich die entscheidende Zäsur in den 1680er Jahren ansetzen. In der Tat häufen sich in diesen Jahren einschneidende Ereignisse: Tod Colberts, Maria-Theresias und Le Telliers, Aufhebung des Edikts von Nantes, Beginn des Pfälzischen Erbfolgekrieges gegen die Augsburger Liga 1689. Die neueste Biographie Ludwigs XIV., diejenige von Jean-Christian Petitfils, schlägt das Jahr 1691 vor, das Todesjahr des Marquis de Louvois, des letzten Vertreters der trotz aller Einwände letztlich doch brillanten Ministerriege, die Ludwig von Mazarin übernommen hatte: »La vraie prise de pouvoir de Louis XIV date de cette époque et non de 1661, comme le disent trop souvent les historiens.« Ludwig wird sich von nun an mit weniger kompetenten Ministern umgeben und die wichtigsten Entscheidungen allein treffen, »afin de mettre en relief ses capacités personnelles: orgueilleuse maladresse qui explique en partie les difficultés de la fin du règne.«[81]

10. ›L'envers du grand siècle‹ – Die Schattenseiten des Glanzes

Die von Petitfils erwähnten Schwierigkeiten sind in der Tat außergewöhnlich, jedoch nicht allein für Ludwigs letzte Regierungsdekaden charakteristisch. Macht und Glanz sind nur die **Schauseite des ›grand siècle‹**, das oft auch als ›tragique XVIIe siècle‹ oder als ›le temps des troubles‹ qualifiziert wird. Die glänzende machtpolitische und kulturelle Fassade verbirgt nur notdürftig das Elend, die Vertreibung, den Tod Tausender, ja Hunderttausender von Menschen, mit denen sie erkauft, die Zwänge, die Brutalität und Willkür, die polizeistaatlichen Methoden, mit denen sie bezahlt wurde.

Das Verdienst, als erster gezielt auf diese Tatsache – wenn auch noch sehr diskret – aufmerksam gemacht zu haben, kommt Félix Gaiffe zu. In seinem Buch ***L'envers du grand siècle*** (1924) untersucht er essayartig einige dunkle Aspekte des ›siècle classique‹: Das Steuerwesen, die Situation der Landbevölkerung, die Kriegsopfer, dann aber auch Aberglauben, Hexenverfolgungen, Gewissens- bzw. Glaubenszwang, die allgemeine Intoleranz, den Schmutz und die Unsicherheit der Straßen von Paris.[82]

10.1 ›L'affaire des poisons‹

Ein besonderes Augenmerk richtet schon Gaiffe auf die ›affaire des poisons‹, **den größten Skandal des Jahrhunderts**. Zwischen 1670 und 1680 wird eine **Serie von Vergiftungsfällen** mit tödlichem Ausgang aufgedeckt, in die neben volkstümlichen auch hohe und höchste Kreise der Gesellschaft verwickelt sind, darunter Mme de Montespan, die dem König sieben Kinder geboren, der aber inzwischen eine andere Mätresse den Rang abgelaufen hat; sie wird des Versuchs verdächtigt, Ludwig und ihre Rivalin zu vergiften. Der König beruft eine Untersuchungskommission und setzt einen außerordentlichen Gerichtshof unter der Führung La Reynies ein. Der Prozess fördert ein Arsenal von Wahrsagern, Alchimisten, Quacksalbern, Giftmischern, ›tueurs à gages‹ und Engelmachern zutage, die in Form rivalisierender Banden organisiert sind, sich **Schwarzen Messen, Gelagen, Prügeleien** hingeben sowie **Abtreibungen** organisieren. Über 300 Personen werden festgenommen, 190 landen im Gefängnis, 36 werden zum Tode verurteilt und hingerichtet. Um einen Skandal zu vermeiden, veranlasst Ludwig XIV. die Einstellung des Verfahrens.

Die ›affaire des poisons‹ gehört nicht in den anekdotischen Bereich der ›petite histoire‹, sondern beleuchtet schlaglichtartig den **Untergrund der gesitteten Höfischen Gesellschaft**; sie zeigt das Aufeinanderprallen unterschiedlicher Mentalitäten, einer noch mittelalterlich-mythischen, die den Hexensabbat zelebriert und an Satan glaubt, und einer bereits neuzeitlich-rationalen, frühaufklärerischen, die versucht, Licht in dieses Dunkel zu bringen. Ihre Darstellung in der Sekundärliteratur liest sich spannender als mancher Kriminalroman. Bedeutsam an dem Prozess ist zunächst seine Lösung in Form eines – fast – ordentlichen Gerichtsverfahrens: Die Beschuldigten werden als Individuen angesehen, die für ihr Handeln verantwortlich sind, und nicht so, als seien sie noch vom Satan besessen; das Verfahren entspricht also frühaufklärerischen Ansprüchen. In diesem Sinn greifen Thomas Corneille und Donneau de Visé das Thema in der Komödie *La devineresse ou Les faux enchantements* auf, die fünf Monate erfolgreich gespielt wird. La Fontaine behandelt es in ebensolch frühaufklärerischer Manier in den Fabeln *Les devineresses* (VII 14) und *L'horoscope* (VIII 16).[83]

Die andere Lehre, die aus dem Prozess zu ziehen ist, betrifft das **Problem des Tyrannen- bzw. Königsmordes.** In Erinnerung an die Ermordung Heinrichs III. und Heinrichs IV., seines Großvaters, fühlt Ludwig XIV. sich traumatisch von der Vorstellung eines gleichen Schicksals verfolgt; die geringste in diese Richtung weisende Äußerung oder Geste wird daher mit lebenslangem Gefängnis, Exil, Galeerenhaft oder gar Hinrichtung geahndet. Über die sehr konkreten Verstrickungen der Mme de Montespan in die ›affaire des poisons‹ wird der Schleier der Diskretion gebreitet; dass sie tatsächlich den König und ihre Rivalin habe ermorden wollen, halten die Zeitgenossen offensichtlich ebenso für ausgeschlossen wie die neuere historische Forschung.[84]

10.2 Aufstände und Naturkatastrophen – ›Zuckerbrot und Peitsche‹

Zur Kehrseite des ›grand siècle‹ gehören auch die **Volks- und Bauernaufstände**, die während des ganzen Jahrhunderts in allen Regionen Frankreichs in großer Zahl wüten. Sie haben in den meisten Fällen keinen politischen Hintergrund; es handelt sich vielmehr um soziale Revolten der Bauern und städtischen Unterschichten, die aus ihrer materiellen Notlage heraus entstehen und deren Zielscheibe nicht der König oder gar die Monarchie als Regierungsform ist, sondern die regionalen Autoritäten. Auslöser dieser Aufstände sind in erster Linie die Kriege und unvorstellbaren Verwüstungen, unter denen die betroffenen Regionen zu leiden haben. Die von Jacques Callot gestochenen Gravurenzyklen *Les misères de la guerre* (1633) und *Les supplices* (1634) geben ein durchaus realistisches Bild der Gräuel des Dreißigjährigen Krieges und des Elends der betroffenen Regionen. Ein anderer Anlass sind die Steuern, die besonders in Kriegszeiten erhöht werden. Berüchtigt ist die ›tour de vis fiscal‹, die ›Steuerschraube‹, das heißt die von Richelieu 1635 verordnete **massive Steuererhöhung**, als er auf Seiten des Kaisers gegen Spanien in den Dreißigjährigen Krieg eingreift. Doch nicht allein aus diesem Grund reiht sich von 1635 bis zum Ende der Fronde ein Aufstand an den anderen. Vergrößert wird das Elend noch durch Epidemien wie die keineswegs ausgemerzte Pest, die 1626–1632, dann wieder 1649–1652, also während der Fronde, und ein letztes Mal 1663–1670 wütet. Dieses »mal qui répand la terreur«, das La Fontaine in der Fabel *Les animaux malades de la peste* (VII 1) evoziert, richtet demographisch eine Hekatombe in der französischen Bevölkerung an.[85]

Folgenschwerer sind zudem die **klimatischen Besonderheiten** des 17. Jahrhunderts. Langfristige Klimabeobachtungen haben ergeben, dass Europa im 17. Jahrhundert eine Phase der Abkühlung erlebt, in der die Durchschnittstemperaturen während der kalten Jahreszeiten um einige Zehntel Grad absinken. Die Forschung hat das Phänomen als ›petit âge glaciaire‹ qualifiziert.[86] Diese ›**kleine Eiszeit**‹ herrscht insbesondere in den Jahren 1590–1600, 1640–1650, 1690–1710 und äußert sich in regenreichen Herbsten, außergewöhnlich kalten Wintern und Frühlingen und dementsprechenden Missernten im Sommer. Ihren Höhepunkt erreichen die klimabedingten Krisen in den ›**années de misère**‹ **1692–1694** und dem ›**grand hiver**‹ **von 1709**. Marcel Lachiver hat diese »face cachée du grand Siècle« in seiner monumentalen Studie mit großer Materialfülle eindringlich dargestellt.[87]

Die Regierung Ludwigs XIV. ist von dem Elend dieser Krisenjahre, das durch die gleichzeitigen Kriege noch dramatisch gesteigert wird, völlig überfordert und reagiert mit ›Zuckerbrot und Peitsche‹: Durch den Import von Lebensmitteln, durch niedrige Brotpreise und die kostenlose Ausgabe von Mahlzeiten versucht sie zumindest in Paris, die verzweifelte und aufgeheizte Stimmung der Bevölkerung im Zaum zu halten; Aufruhr wird nicht geduldet und gegebenenfalls mit Gewalt unterdrückt. In den Provinzen sind die Reaktionen insgesamt gewalttätiger, und dementsprechend brutal werden sie bekämpft. Diese Haltung gilt nicht nur für die von Lavicher beschriebenen Krisenjahre, sondern betrifft den Umgang mit Aufruhr und Revolten insgesamt. So müssen die ›Lustucru‹ ihren Aufstand, der den Glanz der ersten Regierungsjahre zu trüben droht, mit mehreren hundert Toten und Verletzten, vierhundert Galeerensklaven und einem Dutzend Erhängter bezahlen.[88] Auch die Aufstände in der Bretagne 1675, die sich an neuen Steuern entzünden und sowohl die Städte wie auch das Land ergreifen, sind berüchtigt wegen der Grausamkeit, mit der sie niedergeschlagen werden. Um des Aufruhrs Herr zu werden, beordert Ludwig aus den Niederlanden, wo gerade der Zweite Hollandkrieg wütet, 6.000 Soldaten in die Bretagne; die Bäume der Landstraßen drohen unter der Last derer, die man an ihnen aufknöpft, zu brechen.

In ihren Briefen des Jahres 1675 schildert Mme de Sévigné diese Ereignisse mit einer Mischung aus Anteilnahme und aristokratischer Ironie. Aus der Perspektive Ludwigs XIV. handelt es sich dabei in erster Linie um ein **Autoritäts- und Ordnungsproblem**:

> Le XVIIe siècle est une période rude, cruelle, inexorable aux infortunés. Faible par certains côtés, le pouvoir atteint, par sa puissance militaire, une telle force qu'il est désormais capable de réprimer toute tentative de désordre populaire. Ce n'était pas encore le cas du temps de Richelieu.[89]

Les misères de la guerre: *In zahlreichen Kupferstichen hat Callot mit unvergleichlichem Realismus die Grausamkeit des Krieges und das daraus für die unteren Bevölkerungsschichten resultierende Elend dargestellt.*

10.3 Reformprojekte und ›aufgeklärte‹ Absolutismuskritik

In der Stärkung der Monarchie liegt aus ihrer eigenen Sicht der Fortschritt der Geschichte; eine andere Perspektive auf die soziale Wirklichkeit als die ihre ist unzeitgemäß und nicht erwünscht. Und doch mehren sich vor allem gegen Ende von Ludwigs Herrschaft reformatorische und oppositionelle Stimmen in Form von Anklageschriften, Reformentwürfen und sozialen Utopien, die allerdings von der Zensur unterdrückt werden und deren Autoren in den meisten Fällen in Ungnade fallen. Die Kritiken betreffen das Wirtschafts- und Steuersystem, aber auch konkrete Auswüchse der Monarchie.

Von Vaubans kühnem *Projet d'une dîme royale* wurde bereits im Zusammenhang des Steuersystems gesprochen. Für eine **Überwindung des merkantilistischen Systems** plädiert der ›économiste‹ und Historiker Boisguillebert in *Le détail de la France* (1695), in dem er an Stelle der colbertschen Planwirtschaft freien Handel und Konkurrenz fordert. Boisguilleberts zweite wichtige Schrift, das *Factum de la France* (1707), erscheint im gleichen Jahr wie Vaubans *Projet d'une dîme royale*. Das ›Factum‹ steht als literarische Gattung dem Pamphlet nahe; Boisguillebert entwickelt darin die Vision einer physiokratischen, das heißt auf den natürlichen Ressourcen eines Landes aufbauenden freien Wirtschaft. Doch die Zeit ist für diese Pläne nicht reif. »Il heurta de front, par ses projets de réforme, trop d'intérêts et d'habitudes pour réussir à imposer sa vision novatrice d'une économie libéralisée.« Boisguillebert ereilt das Exil; er wird zeitweilig in die Auvergne verbannt.[90]

Die **Kritik der Theologen** begleitet Ludwigs Herrschaft von ihrem prunkvollen Beginn bis in ihr wenig glanzvolles Ende. Sie zielt vor allem auf **soziale Missstände**. Schon angesichts der Festlichkeiten beim Regierungsantritt hatte Bossuet Ludwig XIV. mahnend auf die sozialen Diskrepanzen hingewiesen. In sehr viel stärkerem Maße tut dies in der Spätzeit des Regimes der Prinzenerzieher und spätere Bischof von Cambrai Fénelon in seiner anonymen *Lettre à Louis XIV* sowie in seinem Erziehungsroman *Les aventures de Télémaque*, der 1699 gegen seinen Willen anonym erscheint.

10.4 ›Le menu peuple‹, Hochkultur und Volkskultur

Der wahre Protagonist des ›envers du grand siècle‹ aber ist ›le menu peuple‹, der rund 90 Prozent der damaligen Bevölkerung ausmacht. Er lebt in seiner großen Mehrheit im dörflichen Umfeld; Pierre Goubert hat seine Lebensumstände in *La vie quotidienne des paysans français au XVIIe siècle* (1982), einem Standardwerk der Sozialgeschichte des 17. Jahrhunderts, detailliert beschrieben.[91] In der Literatur und Kunst aber ist er kaum zu finden. Eine Ausnahme bildet **La Fontaines Fabel *La mort et le bûcheron*** (I 16), dessen Holzfäller das ›vollkommene Abbild menschlichen Elends‹ ist:

> En est-il un plus pauvre en la machine ronde?
> Point de pain quelquefois, et jamais de repos.
> Sa femme, ses enfants, les soldats, les impôts
> Le créancier, et la corvée
> Lui font d'un malheureux la peinture achevée.

Die Reihung seiner Leiden, in der Frau und Kinder auf der gleichen Stufe stehen wie die der Einquartierung der Soldaten, wie Steuern, Zinsen und Fron, verleiht den bekannten Versen einen geradezu sozialkritischen Charakter; es spricht vieles dafür, dass die Fabel zum Zeitpunkt der ›famine de l'avènement‹ entstanden ist.[92]

Das Fragment 128 des Kapitels »De l'homme« aus **La Bruyères *Caractères*** ist kaum weniger berühmt; es stellt menschliche Wesen aus einer von fern blickenden Perspektive dar, in der sie sich erst allmählich als das entpuppen, was sie tatsächlich sind – Menschen zwar, doch ausgebeutet und unterhalb des Existenzminimums dahinvegetierend:

> L'on voit certains animaux farouches, des mâles et des femelles, répandus dans la campagne, noirs, livides et tout brûlés de soleil, attachés à la terre qu'ils fouillent et qu'ils remuent avec une opiniâtreté invincible; ils ont comme une voix articulée, et, quand ils se lèvent sur leurs pieds, ils montrent une face humaine, et en effet ils sont des hommes; ils se retirent la nuit dans des tanières où ils vivent de pain noir, d'eau et de racines; ils épargnent aux autres la peine de semer, de labourer et de recueillir pour vivre, et méritent ainsi de ne pas manquer de ce pain qu'ils ont semé.

In seiner Realistik steht dieses Fragment aus der 4. Auflage der *Caractères* (1689) Callots *Misères de la guerre* kaum nach. Stilistisch kunstvoll gestaltet, mutet es wie eine Momentaufnahme aus dem gleichzeitig tobenden Pfälzischen Erbfolgekrieg an. In der **Malerei** widmen die Gebrüder Le Nain sich mit Gemälden wie *Famille de paysans*, *Le retour de la fenaison* oder *Le retour du baptême* Themen des Alltags.[93] Doch im Gegensatz zu Callot, La Fontaine und La Bruyère zeigen die Gebrüder Le Nain ein fast schon wohlhabendes, bürgerliches Ambiente. Ein wichtiges Ergebnis der Studie Gouberts ist denn auch die Erkenntnis, dass die Landbevölkerung – und dazu zählen auch die Weinbauern – in normalen Zeiten keineswegs in Armut lebt, sondern durchaus ihr Auskommen hat. Doch all dies ist literarisch bzw. künstlerisch irrelevant, denn Literatur, bildende Kunst und Architektur stehen nahezu ausschließlich im Dienst einer elitären Publikumsschicht. Sie orientieren sich also an den ästhetischen Bedürfnissen des Hofes und des Hochadels und sind Ausdruck ihrer Interessen.

In dem Maße, wie im weiteren Verlauf des Jahrhunderts Adel und Bürgertum sich durchdringen, fließen auch bürgerliche Wertvorstellungen in die Literatur ein. Was heute als Hochkultur des ›grand siècle‹ erhalten ist, überlagert schon in seiner Zeit immer stärker die Traditionen der Volkskultur. Denn es hat durchaus eine **populäre Literatur** der Zeit gegeben: eine in billigen Heften herausgebrachte Kolportage- oder Unterhaltungsliteratur mit Bildkalendern, Sinnsprüchen, Bauernregeln und Apothekenrezepten, mit Schwank- und Rittergeschichten, mit Almanachen, die Sternbilder, Horoskope und Wettervorhersagen zeigen. Sie ist in blaues Umschlagpapier geheftet, wird vor allem in Troyes gedruckt und trägt daher die Sammelbezeichnung ›**Bibliothèque bleue de Troyes**‹. Die Broschüren werden zu Hunderttausenden gedruckt, sind preiswert und finden eine entsprechend breite Leserschaft. Doch ihre Kultur ist im Verlauf einer durch die Interessen des Bürgertums geprägten Kulturgeschichte weitgehend in Vergessenheit geraten und erfreut sich erst in jüngster Zeit wieder einer größeren Aufmerksamkeit.[94]

10.5 Versailles – das zeitenthobene Abbild des Absolutismus

Zeigen die vorangehenden Kapitel unterschiedliche Kehrseiten des ›grand siècle‹, so geht es im Folgenden um das Schloss von Versailles, das mit seinen prächtigen Gärten, Alleen, Brunnen und Statuen dessen viel bewunderte Schauseite illustriert; gleichzeitig ist der Glanz von Versailles jedoch auch mit negativen Aspekten verbunden. Begonnen wird mit dem Bau bereits unter Ludwig XIII., der sich auf einem Windmühlenhügel ein kleines Jagdschloss errichten lässt, das in die spätere Anlage integriert wird und dessen Prachtstück die heutige ›Cour de marbre‹ ist. Schon bei seinem Regierungsantritt beschließt Ludwig XIV. den **Ausbau zu einer repräsentativen Schlossanlage**; 1682 erfolgt dann der Umzug in das noch nicht fertige Schloss; bis zum Tode Ludwigs XIV. werden Erweiterungs- und Umbauarbeiten vorgenommen und von 1699 bis 1710 die hochbarocke Schlosskapelle errichtet. 1685 arbeiten auf der Baustelle 36.000 Menschen. Die Errichtung des Schlosses an diesem Ort stellt eine große Herausforderung dar, denn das Gelände ist sumpfig und muss erst einmal trocken gelegt werden. Entgegen früheren Berechnungen weiß man heute, dass die Kosten sich insgesamt in Grenzen hielten; sie machten in den meisten Jahren drei bis vier Prozent des Jahresbudgets aus. Versailles wird von Lissabon über Potsdam, Stockholm und Sankt Petersburg allen europäischen Potentaten als Vorbild dienen.

Die **größten Künstler der Zeit** arbeiten in Versailles zusammen: der Architekt Louis Le Vau, der schon Vaux-Le-Vicomte erbaut hat und, von den Anforderungen der Baustelle überfordert, bald stirbt; der Gartenarchitekt André Le Nôtre, auch er schon in Vaux-Le-Vicomte tätig; mit den Parkanlagen des Schlosses wird er zum Schöpfer des ›jardin à la française‹. Alle Arbeiten stehen unter der Oberaufsicht von **Charles Le Brun**, Maler, ›Innenarchitekt‹ und Kunsttheoretiker in einer Person, der schon für Mazarin und Fouquets Vaux-Le-Vicomte gearbeitet hat. 1662 wird er zum ›premier peintre du Roi‹ ernannt. Alle Künstler, die am Schloss und an den Gärten von Versailles mit den aufwändigsten Wasserspielen der Epoche mitarbeiten – Architekten, Gartenbauer, Maler, Bildhauer – stehen jahrelang unter seiner strengen Aufsicht und müssen Aufträge ausführen, in die Ludwig XIV. immer wieder eingreift, um sie seinen Vorstellungen gemäß abzuändern.

Alles in Versailles dient im Medium des Apollmythos und großer Persönlichkeiten der griechisch-römischen Mythologie und Geschichte dem ›désir de gloire‹ des Königs, der **Verherrlichung eines gottgleichen Sonnenkönigs**: die Gärten, das ›Grand

Perspektivische Sicht des Schlosses und der Gärten von Versailles im Jahr 1668: Ankunft des Königs vor dem Schloss, das noch nicht die späteren Dimensionen besitzt. Im Zentrum die ›cour de marbre‹.

Appartement‹, die heute nicht erhaltene Botschaftertreppe (›L'escalier des ambassadeurs‹), der Spiegelsaal, Hunderte von Statuen. In den von ihm selbst entworfenen und ausgeführten Gewölbegemälden des Spiegelsaals schließlich stellt Le Brun die konkrete Figur des Königs mit den Attributen Alexanders und Cäsars als siegreichen Kriegsgott dar. Versailles ist in der majestätischen Pracht seiner Gartenfassade, in der Geometrie und der Verschlungenheit seiner Gärten, in der mythisch überhöhten Ikonographie seiner Gemälde und Statuen das sich zeitenthoben begreifende Bild des Absolutismus Ludwigs XIV. Und der König ist derart stolz auf dieses Werk, dass er in einer um 1687 persönlich verfassten Schrift mit dem Titel *La manière de montrer les jardins de Versailles* mittels eines imaginären Spaziergangs durch den Park von Versailles Anleitungen gibt, wie sein Lebenswerk zu lesen ist.[95]

Der Glanz der Monumentalkulisse von Versailles darf indes nicht über die **Schattenseiten dieses Prestigeobjektes** hinwegtäuschen. So erfordert die Baustelle Versailles eine derartige Konzentration von Künstlern, Handwerkern und Arbeitskraft, dass während der ersten dreißig Jahre der Regierungszeit Ludwigs XIV. das künstlerische Leben im restlichen Frankreich und auch in Paris selbst verarmt. Der überzeugendste Beweis ist der Verzicht auf die von Bernini entworfene hochbarocke Ostfassade des Louvre, deren Ausführung aus unterschiedlichen Gründen nicht zustande kommt. Einer der wenigen Künstler, die es ablehnen, sich der künstlerischen

Diktatur Le Bruns zu unterwerfen, ist sein kaum weniger universal begabter Kollege **Pierre Mignard.** Im Auftrag der Königinmutter stattet er 1663 die Kuppel der Val-de-Grâce-Kirche mit Fresken aus; sie ist die einzige heute erhaltene ausgemalte Kuppel des 17. Jahrhunderts in Frankreich. Mignard sieht sich heftigen Angriffen von Seiten Le Bruns ausgesetzt; in einer poetologisch wichtigen Schrift ergreift Molière für seinen Malerfreund Partei; später wird Mignard für Colbert arbeiten und nach dem Tode Le Bruns auch in Versailles tätig sein. Colbert hatte sich schon früh aus finanziellen Gründen gegen den Ausbau von Versailles ausgesprochen; er will statt dessen den Louvre zum »plus superbe palais qu'il y eût au monde« ausbauen.[96] Doch haben seine Einwände keine Wirkung; die Übersiedlung des Hofes nach Versailles 1682 kann er noch miterleben, bevor er ein Jahr später stirbt.

10.6 Die Höfische Gesellschaft, ›Le système de cour‹ und das Ende einer ›société de plaisirs‹

Das entscheidende Datum für die innere Entwicklung der Monarchie ist 1684, das Jahr, in dem Ludwig sich entschließt, eine möglichst große Zahl von Mitgliedern seines Hofes direkt im Schloss von Versailles und in den anliegenden Gebäuden zu logieren. Von diesem Zeitpunkt an sind also alle Minister und Höflinge an einem leicht überschaubaren und kontrollierbaren Ort versammelt. Die Zahl der Personen, die in der Folgezeit unter großenteils miserablen hygienischen Bedingungen auf engem Raum zusammenleben, wird auf dreitausend geschätzt. Sie bilden jene Personenkonstellation, die Norbert Elias mit dem Begriff der ›Höfischen Gesellschaft‹ beschrieben hat und die neuere Historiker auch als ›le système de cour‹ bezeichnen.[97] Auch wenn 1684 als das Geburtsjahr der ›société de cour‹ im engeren Sinn des Wortes gelten muss, kommt damit letzten Endes doch nur ein Prozess zu einem Abschluss, der bereits 1661 begonnen hat. Dessen Endziel ist die Herausbildung einer klar gestuften Hierarchie aller Mitglieder dieser Höfischen Gesellschaft durch ein ausgeklügeltes Etikett, das jeder Person entsprechend ihrer Herkunft, ihrer sozialen Stellung und Wertschätzung durch den König einen für alle Zeiten unverrückbaren Platz und damit verbundene Handlungsbefugnisse zuweist.

Das **Paradox dieses Systems** besteht jedoch darin, dass der an der Spitze der Hierarchie thronende König seinerseits fest darin eingebunden ist und sich damit selbst aller Handlungsfreiheit beraubt. Damit ist aus dem ›roi-machiniste‹, der bisher seine ›Mitspieler‹ und sich selbst ›in Szene gesetzt‹ hat, ein **›roi-machine‹** geworden, Bestandteil eines ursprünglich ›unter seiner Regie‹ einstudierten ›Theaterstückes‹ oder eines unabhängig von ihm wie eine Maschine funktionierenden Systems. Schauspiel- und Maschinenmetaphern – ›spectacle‹, ›roi-machine‹, ›roi-manipulateur‹, ›roi-automate‹, ›État-spectacle‹ – dienen denn auch bevorzugt zur Charakterisierung dieser in und um sich kreisenden und sich selbst genügenden Gesellschaft. Zugleich bezeichnet der Begriff Maschine im zeitgenössischen Sprachgebrauch ein Gebilde, in dem jedes Teil nur in Bezug auf das Ganze funktioniert; in diesem Sinn ist ›la machine ronde‹ eine geläufige Metapher für das ›Erdenrund‹, wie La Fontaines Ausruf über den Holzfäller »En est-il un plus pauvre en la machine ronde?« (*Fables* I 16, V. 8) zeigt. In einem weiteren Sinn aber ist die Maschine Spiegel bzw. Metapher eines mythischen Sonnensystems, Abbild einer höheren, mechanisch wie ein Uhrwerk funktionierenden kosmischen Ordnung, in der die Gestirne in immer gleichen Abständen zueinander auf immer denselben Bahnen eine göttliche Sonne umkreisen und dabei den stets gleichen Gravitationsgesetzen unterworfen sind.[98] Andererseits schließt die Starrheit des Systems Eifersüchteleien und Rivalitäten nicht aus, so dass sich unter der erstarrten Oberfläche in Wahrheit ein *bellum omnium contra omnes* um die Gunst des Königs abspielt, was diesem wiederum die Möglichkeit bietet, die einzelnen Protagonisten gegeneinander auszuspielen. Diese letzte ihm verbliebene Freiheit macht aus dem scheinbar nur noch funktionierenden ›roi-machine‹ einen **›roi-manipulateur‹**, der alle Fäden in der Hand hält, der Gunst und Tadel, den Aufstieg im System oder den Verweis aus diesem durch Verbannung vom Hof nach eigenem Gutdünken und zur Demonstration seiner absoluten Macht verteilen kann.

La Fontaine in seinen Hoffabeln (1678), La Bruyère in den Kapiteln »De la cour«, »Des grands« und »Du souverain ou de la république« (ab 1688) seiner *Caractères* und Saint-Simon in seinen *Mémoires* haben die Realität dieser derart strukturierten Höfischen Gesellschaft anschaulich dargestellt, wobei vor allem unter der unerbittlichen Beobachtung des Hocharistokraten Saint-Simon Ludwig XIV. sich eher als Marionette denn als Marionettenspieler erweist.[99] Um dieser ›Maschinerie‹ zu entkommen, zieht er sich schon ab 1686 aus dem erstarrten Versailles in das diskretere, etwa zehn Kilometer nördlich gelegene **Marly**, das heutige Marly-Le-Roi, zurück, zu dem nur ausgewählte Personen auf persönliche Einladung Zugang erhalten. Verglichen mit dem ›System Versailles‹ ist das ›System Marly‹ zweifellos die subtilere Form des Gunsterweises – und der Machtdemonstration. Gleichzeitig fördern beide ›Hofsysteme‹ eine verhängnisvolle Entfremdung der Monarchie von der sozialen Wirklichkeit der eigenen Zeit.[100]

Zwischen der Geburtsstunde des ›système de cour‹ im engeren Sinn , das heißt ab 1684, und dem Tod Ludwigs XIV. liegen mehr als dreißig Jahre. Getragen von der allgemeinen Euphorie seines Regierungsantrittes hatte Ludwig in seinen *Mémoires* die sich konstituierende Höfische Gesellschaft der frühen 1660er Jahre als eine **›société de plaisirs‹** bezeichnet, die er mit dem Schauspiel – ›spectacle‹ – seiner Machtausübung ›rühren und bezaubern‹ – ›toucher et charmer‹ – möchte, um sie für seine Politik zu gewinnen.[101] Doch die Zeiten einer ›Spaßgesellschaft‹ sind längst verstrichen, und es ist ein natürlicher Vorgang, dass in dem Maße, wie des Königs Autorität alters- und krankheitsbedingt abnimmt, sowohl Versailles als auch Marly zunehmend an Attraktion verlieren, die ›Höfische Spaßgesellschaft‹ in der ›Abenddämmerung‹ der letzten Jahre zerfällt und sich das Zentrum des gesellschaftlichen Lebens noch zu Lebzeiten des Königs wieder nach Paris verlagert.[102]

Als Ludwig am **1. September 1715** stirbt, erfasst eine Welle der Erleichterung das Land; auf Flugblättern wird er als ›banqueroutier‹ und ›voleur du peuple‹ beschimpft. Die Überführung seines Leichnams nach Paris und später nach Saint-Denis findet unter großer Gleichgültigkeit der Bevölkerung statt. In seinem **Testament** vom 2. August 1714 hatte Ludwig – nach dem frühzeitigen Tod seines eigenen Sohnes, des Grand Dauphin, und seines Enkels, des Herzogs von Burgund – seinen Neffen, Philipp von Orléans, als Regenten während der Minderjährigkeit seines Urenkels, des jungen Ludwig XV., übergangen, da er ihm als zu libertin erschien; statt dessen hatte er den Herzog von Maine, seinen Lieblingsbastard aus der Beziehung mit Mme de Montespan, als Prinzenerzieher eingesetzt. Wenig später stellt er in einem Erlass den Herzog von Maine und dessen Bruder, den Grafen von Toulouse, ebenfalls ein

Bastard aus der Beziehung mit Mme de Montespan, den Prinzen von Geblüt gleich. Beide Maßnahmen verletzen in gravierender Weise Jahrhunderte alte Gesetze der französischen Monarchie; doch da dem Parlament das Einspruchsrecht genommen ist, muss es die Erlässe registrieren. Nach dem Tod seines Onkels ergreift der Herzog von Orléans schnell die Initiative; er neutralisiert den Herzog von Maine und erreicht, dass das Parlament das Testament kassiert, muss diesem aber im Gegenzug das Einspruchsrecht wieder zugestehen. Der Schaden, der der Institution Monarchie durch die letzten Entscheidungen Ludwigs XIV., doch ebenso durch deren Aufhebung zugefügt wird, trägt zweifellos zu ihrem Ansehensverlust – und zu ihrem Sturz kaum siebzig Jahre später – bei.

Zunächst aber bricht **ein neues Zeitalter** an, **die Régence**, der es überraschend schnell gelingt, die ihr hinterlassene Erbschaft zu liquidieren und die erstarrte Versailler Hofgesellschaft durch eine freiere, lebensfrohe Pariser Stadtgesellschaft abzulösen.[103] Statt einer immer problematischen und letztlich unmöglichen Bilanz, die versucht, die Schau- und Kehrseiten des ›grand siècle‹ gegeneinander abzuwägen, möge ein zeitgenössisches Stimmungsbild, ein Auszug aus dem Gemeinderegister des Dorfes Saint-Sulpice in der Nähe von Blois, diesen Teil beschließen:

> Remarques sur l'année 1715: Louis XIV, roi de France et de Navarre, est mort le 1er septembre du dit an, peu regretté de tout son royaume, à cause des sommes exorbitantes et des impôts considérables qu'il a levés sur tous ses sujets [...] Il n'est pas permis d'exprimer tous les vers, toutes les chansons et tous les discours désobligeants qu'on a dits et faits contre sa mémoire. Il a été, pendant sa vie, si absolu, qu'il a passé par-dessus toutes les lois pour faire sa volonté. Les princes et la noblesse ont été opprimés. Les parlements n'avaient plus de pouvoir: ils étaient obligés de recevoir et d'enregistrer tous les édits, quels qu'ils fussent, tant le roi était puissant et absolu. Le clergé était honteusement asservi à faire la volonté du roi: à peine demandait-il quelques secours, qu'on lui en accordait plus qu'il en demandait. Le clergé s'est endetté horriblement. Tous les corps ne l'étaient pas moins. Il n'y avait que les partisans et les financiers qui fussent en paix et qui vécussent en joie, ayant en leur possession tout l'argent du royaume.[104]

III. Religiöses Schrifttum und die Einheit von Staat und Kirche

1. ›Le siècle des saints‹ – Gesamtwürdigung und wissenschaftsgeschichtliche Einführung

Der Reichtum der weltlichen Literatur des 17. Jahrhunderts lässt allzu oft vergessen, dass die theologisch inspirierte Literatur des ›siècle classique‹ ästhetisch der weltlichen in nichts nachsteht und sie, legt man einen weiten Literaturbegriff zugrunde, quantitativ sogar überbietet. Einen ersten Eindruck von dieser Literatur vermittelt die elfbändige *Histoire littéraire du sentiment religieux en France* des Abbé Henri Bremond. Sie entsteht zwischen 1916 und 1936 und bietet dank ihrer umfassenden Dokumentation ein lebendiges Bild aller wichtigen Persönlichkeiten und Strömungen der literarisch relevanten Religionsgeschichte ab dem Ende des 16. Jahrhunderts. Dabei gilt Bremonds Sympathie eindeutig mystisch inspirierten Autoren wie François de Sales, Bérulle und Fénelon; dem offiziellen Hofprediger und Geschichtsphilosophen Bossuet steht er dagegen ebenso kritisch gegenüber wie den Jansenisten. Bereits 1910 hatte Bremond den Konflikt zwischen Bossuet und Fénelon in der *Apologie pour Fénelon* dargestellt. Seine *Histoire littéraire du sentiment religieux en France* ist ein beeindruckendes wissenschaftliches Zeugnis jenes ›renouveau catholique‹, der aus der Niederlage Frankreichs im Krieg von 1870/71 hervorgeht und sich eine moralische Erneuerung des Landes zum Ziel setzt. Von dessen Geist geprägt, wendet Bremond sich mit dem ausgehenden 16. und beginnenden 17. Jahrhundert einer gleichsam seelenverwandten Epoche zu, die ihre Krisen durch eine bewusste Hinwendung zu christlichen Wertvorstellungen zu überwinden versucht. Diese von ihm als vorbildlich angesehene Erneuerungsbewegung des 16. und 17. Jahrhunderts wird heute allgemein als **›réforme catholique‹**, gelegentlich auch als **›renouveau chrétien‹** bezeichnet.[1] Wie zwingend diese ideologischen Zusammenhänge sind, zeigt ein anderes literarhistorisches Großunternehmen, die zehnbändige von Jean Calvet herausgegebene *Histoire de la littérature française*, die zwischen 1931 und 1938 erscheint. Calvet selbst ist der Autor des fünften Bandes seiner ›Literaturgeschichte‹ mit dem Titel *La littérature religieuse de François de Sales à Fénelon* (1938), eines noch heute unverzichtbaren Standardwerks.[2]

Die Lektüre von Bremonds *Histoire littéraire du sentiment religieux en France* und von Calvets *De François de Sales à Fénelon* lässt die religiöse Begeisterung verspüren, die das klassische Jahrhundert bewegt hat, und macht verständlich, warum diese Epoche schon früh die **Ehrenbezeichnung eines ›siècle des saints‹** erhalten hat. Der Oratorianerpater Charles de Condren hat diesen Begriff nicht so sehr in Hinsicht auf die bereits in den ersten Jahrzehnten des Jahrhunderts kanonisierten Heiligen geprägt als vielmehr angesichts der Erfolge der Christianisierung unter der Herrschaft des ›frommen‹ Ludwigs XIII. Andererseits beläuft sich inzwischen die Zahl der Persönlichkeiten des ›grand siècle‹, die bis zum Ende des 20. Jahrhunderts heilig gesprochen wurden, auf 22 und ist damit höher als die eines jeden anderen Jahrhunderts der französischen Geschichte.[3] Diese Heiligen sind zugleich Ursache und Folge einer ›réforme catholique‹, die das 17. Jahrhundert in allen Lebensbereichen prägt, und zwar auch dort, wo es sich vehement gegen eine christliche Vereinnahmung zur Wehr setzt.

2. Der historische Hintergrund

Die Genese der ›réforme catholique‹ ist eine Reaktion auf folgenschwere Ereignisse des vorausgehenden 16. Jahrhunderts, das durch fortwährende Kriege – die Italienkriege (1494–1559) und die Religionskriege (1562–1598) – geprägt ist. Drei Faktoren gilt es dabei besonders zu berücksichtigen: zunächst das **Konzil von Trient** (1545–1563) und die daraus gestärkt hervorgehende Gegenreformation; sodann den zu einer nationalen Weltanschauung sich entwickelnden **Gallikanismus**; und schließlich die Konversion Heinrichs IV. zum Katholizismus sowie die damit eng verbundene **Verkündung des Ediktes von Nantes**. Dieses ermöglicht, zumindest vordergründig, die friedliche Koexistenz zweier rivalisierender Konfessionen, die in einem mehr als dreißigjährigen Religionskrieg Frankreich an den Rand des Zusammenbruchs geführt hatten.

2.1 Das Konzil von Trient – der Kampf gegen die protestantische ›Häresie‹

Das Bedürfnis, ein Kirchenkonzil einzuberufen, auf dem die brennenden Fragen einer in rasantem Wandel sich befindenden Welt und die Probleme einer in Misskredit geratenen Kirche diskutiert werden konnten, hatte dramatisch an Aktualität gewonnen, seit **Luther** am 31. Oktober 1517 seine 95 Thesen an die Schlosskirche von Wittenberg angeschlagen hatte. Mehrfach verschoben, wurde das Tridentinum im Dezember 1545 eröffnet und nach drei Sitzungsperioden – 1545–1549, 1551–1552, 1562–1563 – im Dezember 1563 offiziell für beendet erklärt. Obwohl das Konzil im Prinzip ökumenisch ausgerichtet ist, stammt doch die Mehrheit seiner Mitglieder aus den katholisch geprägten mediterranen Ländern: Italien, Spanien und die griechischen Inseln stellen die Mehrheit der Abgesandten; dann erst kommen Frankreich, Deutschland und England. Kein Wunder also, dass die Mitglieder ihre wichtigste Aufgabe darin sehen, die durch die ›nordische‹ bzw. ›germanische‹ Reformation erschütterten Werte neu zu definieren und damit zugleich theologische Positionen zu präzisieren, von denen aus die römische Kirche den Kampf gegen die protestantische ›Häresie‹ wirkungsvoll führen könne.

Über diese **ideologische Positionsbestimmung** hinaus ist das Konzil aber auch um eine **organisatorische Erneuerung der Kirche** bemüht. Wie fanatisch und verhärtet die gegensätzlichen Positionen im politischen Bereich tatsächlich sind, zeigt die Tatsache, dass die Religionskriege zwischen den Hugenotten und der katholischen Liga noch vor Abschluss des Konzils – nach dem Massaker an sechzig Hugenotten durch die Truppen des Herzogs von Guise am 1. März 1562 – ausbrechen und erst mit der Ausrufung des Ediktes von Nantes am 13. April 1598 ein Ende finden.

Fünf Punkte sind es, in denen das Tridentinum Positionen einnimmt, welche die **Unterschiede zwischen der römischen Kirche und der Reformkirche lutherischer Prägung** besonders deutlich markieren:

1. Gegenüber dem lutherischen Grundsatz, dass allein die Bibel – ›sola scriptura‹ – **Grundlage der christlichen Lehre** sein könne, erkennt das Konzil zwei Quellen an: die Heilige Schrift *und* die Tradition, wobei letztere vor allem die Lehre der Kirchenväter sowie die Beschlüsse und Verlautbarungen der Päpste und der Konzile einschließt.

2. Das Konzil bekräftigt die These, dass der Mensch trotz des Sündenfalls über einen **freien Willen – ›liberum arbitrium‹** – verfüge; dieser werde durch die Erbsünde nicht zerstört, sondern höchstens gemindert und gebe dem Menschen die Möglichkeit, sich selbst zu überwinden. Luther dagegen sieht den Menschen durch die **Erbsünde** seines freien Willens beraubt und ohne einen besonderen Gnadenakt Gottes der ewigen Verdammnis ausgeliefert.

3. Daraus resultiert eine unterschiedliche **Gnadenlehre**. Das Konzil vertritt die Auffassung, dass der mit dem freien Willen ausgestattete Mensch sich durch seine persönliche Mitarbeit die göttliche Gnade verdienen könne, dass es dazu aber einer ständigen Anstrengung bedürfe. Luther dagegen behauptet, der Mensch sei zum Heil oder zu ewiger Verdammnis prädestiniert und nur der allmächtige Gott könne ihm in einem unverdienten Gnadenakt die Rettung zuteil werden lassen.

4. Unterschiedlich fällt daher auch die **Bewertung der guten Werke** aus: Für Luther besitzen sie keine zentrale Bedeutung; das Konzil hingegen sieht in ihnen einen sichtbaren Ausdruck des mit dem freien Willen ausgestatteten Individuums auf seinem Weg zum Heil. Zu den guten Werken gehört auch die gewissenhafte Befolgung der **Sakramente**. Luther erkennt deren nur zwei an (Taufe und Abendmahl), das Konzil hingegen sieben (Taufe, Abendmahl, Firmung, Buße, Letzte Ölung, Ehe, Priesterweihe). Während für Luther die Sakramente jedoch nur dazu dienen, den Glauben zu erwecken und zu stärken, stellt ihre Ausübung für das Konzil ein sichtbares Zeichen auf dem Weg zum Heil dar. Besonders umstritten ist schließlich das **Sakrament des Abendmahls**. Das Konzil vertritt die These der Wirklichkeit der Transsubstantiation, das heißt die nach der Weihe sich vollziehende konkrete Umwandlung der Substanz von Brot und Wein in den Leib und das Blut Christi. Für Luther dagegen ist die Transsubstantiation lediglich ein symbolischer Akt. In diesem Punkt ist der Gegensatz zwischen den Positionen des Konzils und denen Luthers absolut unversöhnlich und, wie die gegenwärtigen Diskussionen um ein ökumenisches Abendmahl zeigen, bis heute unversöhnlich geblieben.

5. Bleibt schließlich das Problem der **Vergebung der Sünden**. Für Luther ist sie ein Akt des Vertrauens in die göttliche Gnade; im Sinne des Konzils hingegen verlangt sie die aktive Mitarbeit des um Erlass bittenden Sünders in dreifacher Form: Reue, Ohrenbeichte und Buße.

Kein Konzil zuvor hatte ein derart vollständiges, zu einem kohärenten Lehrgebäude sich zusammenfügendes Regelwerk erarbeitet. Und wenn auch nicht alle Beschlüsse des Konzils inhaltlich neu sind, sondern häufig bereits früher formulierte Reformideen wieder aufnehmen, die sich nicht hatten durchsetzen können, so ist doch der gemeinsame Nenner aller Dekrete nunmehr der Aufruf zum **Kampf gegen die protestantische ›Häresie‹**. Während die Mehrheit der katholischen Staaten die Konzilsbeschlüsse positiv aufnimmt, verweigert das Pariser Parlament ihnen die Zustimmung; ihm zufolge verstoßen sie gegen Gewohnheitsrechte der französischen Monarchie und könnten daher die Autorität des Königs dauerhaft schädigen. Aus diesem Grund werden die Konzilstexte in Frankreich auch nicht veröffentlicht. Allerdings nimmt die Synode der französischen Kirche sie 1615 an, wodurch sie eine Art geistliche Gesetzeskraft erlangen, der sich die Gläubigen zu unterwerfen haben.

Die Wirkung des Konzils in Frankreich ist daher nachhaltig; sie initiiert und fördert eine Reformbewegung, die häufig als Gegenreformation bezeichnet wird. Französische Kirchenhistoriker ziehen jedoch dem Begriff der ›Contre-Réforme‹ den der **›réforme catholique‹** vor, da diese an genuin französische Reformbestrebungen anknüpfe, die bereits ab dem Beginn des 14. Jahrhunderts nachweisbar und also von der protestantischen ›Bedrohung‹ unabhängig seien.[4] Nach der Verkündung des Ediktes von Nantes wird diese ›réforme catholique‹ mit neuem Elan alle Bereiche des täglichen Lebens erfassen; insbesondere begünstigt sie die **Herausbildung eines optimistischen Menschenbildes**, das sich auf die Freiheit des Individuums gründet und diesem Autonomie und Selbstverantwortung zubilligt. Ein solches gern auch als humanistisch bezeichnetes Menschenbild wird große Teile der Literatur der ersten Hälfte des klassischen Jahrhunderts nachhaltig prägen. Sein Gegenpol, das eher pessimistische, antihumanistische Menschenbild Luthers, wird in der **Anthropologie des Jansenismus** seinen literarischen Niederschlag finden.[5]

2.2 Gallikanismus – die Staatskirche oder die Einheit von Thron und Altar

Die Ablehnung der Konzilsbeschlüsse durch das Parlament und ihre Annahme durch die französische Geistlichkeit sind in doppelter Hinsicht bedeutsame Ereignisse. Zwar enthalten diese Beschlüsse keinerlei explizite politische Forderung, doch verstieße ihre Umsetzung gegen ein jahrhundertealtes Selbstverständnis der französischen Monarchie, den Gallikanismus. Der Begriff meint dreierlei:

1. Zunächst das Bestreben der Monarchie, die französische Kirche so weit wie möglich dem Einfluss des Vatikans zu entziehen. Wenn das Konzil dem Papst in allen Kirchenfragen die absolute Autorität zuspricht, impliziert dies weitreichende Folgen für die französische Monarchie. Einer ihrer ungeschriebenen Grundsätze lautet nämlich, dass der französische König keinen Menschen über sich anerkennt, auch nicht den Papst. Ein anderes Axiom besagt, dass die Konzile dem Papst übergeordnet sind.

2. In dieser Forderung kommt ein zweiter Grundsatz des Gallikanismus zum Ausdruck, dass nämlich die Vergabe kirchlicher Pfründe und insbesondere die Ernennung der (Erz-)Bischöfe, aber auch die Kontrolle der Finanzen des Klerus durch den König zu erfolgen habe. Da des Weiteren die (Erz-)Bischöfe vom König ernannt werden und dieser somit über ihnen steht, kann er sich einen entsprechenden Einfluss auf ihre Beschlüsse sichern.

3. Ein drittes Prinzip des Gallikanismus besteht schließlich darin, die Gründung von Klöstern und Glaubenskongregationen, deren Mutterhäuser nicht in Frankreich liegen, so weit wie möglich einzuschränken. Entsprechende Maßnahmen können jedoch nicht verhindern, dass sowohl reformatorische als auch gegenreformatorische Strömungen aus Spanien und den Niederlanden schließlich auch nach Frankreich eindringen und sich dort aufs heftigste bekämpfen.

Gallikanismus meint also eine von Rom so weit wie möglich unabhängige, allein dem Einfluss des Königs ausgesetzte, ja unterworfene ›Staatskirche‹. In diesem Sinn einer weitgehenden **Einheit von Kirche und Staat**, von Thron und Altar, verfolgen

Richelieu und Ludwig XIV. einen konsequenten Gallikanismus, der im sogenannten **Regalienstreit** gipfelt und fast zum Bruch zwischen dem französischen Hof und dem Papst führt. Der Begriff ›droit de régale‹ bezeichnet das Recht des französischen Königs, über die Finanzeinkünfte vakanter (Erz-)Bistümer und Diözesen zu verfügen und die Pfründe zu vergeben. Dieses aufgrund einer Jahrhunderte alten Absprache zwischen Thron und Altar praktizierte Recht war 1516 in einem Konkordat zwischen Franz I. und der Kurie bestätigt worden.[6] Als Papst Innozenz XI. sich 1680 weigert, von Ludwig XIV. vorgenommene Ernennungen zu Bischofsämtern zu bestätigen, bemüht letzterer sich, den Konflikt durch ein Kirchenkonzil aus dem Weg zu räumen. Unter Führung Bossuets verabschiedet die Kirchensynode am 19. März 1682 eine *Déclaration des quatre articles*, eine kompromisslose Kampfschrift und ›vraie Charte gallicane‹ in einem.[7] Sie postuliert in allen weltlichen Angelegenheiten die **Unabhängigkeit der französischen Könige vom Papsttum** sowie die Unterordnung des Papstes unter die Beschlüsse eines ökumenischen Konzils und bestreitet den Unfehlbarkeitsanspruch des Papstes, sofern seine Lehrmeinung nicht von der gesamten Kirche gebilligt werde. Erwartungsgemäß verurteilt Innozenz XI. die *Vier Artikel*, und der Konflikt spitzt sich dramatisch zu. Erst der 1689 ausbrechende Pfälzische Erbfolgekrieg sowie der Einfluss zunehmend devoter werdender Ratgeber zwingen Ludwig zum Einlenken, so dass es im Lauf der 1690er Jahre wieder zu einem tragfähigen Verhältnis zwischen dem Vatikan und dem französischen Hof bzw. der Kirche kommt.[8]

Der Regalienstreit und andere aus dem Prinzip des Gallikanismus resultierende Konflikte mit dem Vatikan sind in erster Linie Machtspiele, bei denen es jeder Partei um **weltliche Einflussnahme** geht. Darüber hinaus stellen sie wichtige Etappen auf dem Weg der Trennung zwischen weltlicher und geistlicher Macht dar, die sehr viel später – nämlich 1905 – zur Trennung von Kirche und Staat in Frankreich führen werden.

2.3 Heinrich IV. – der Friedensfürst

Eine wichtige politische Voraussetzung für die fruchtbare Umsetzung der ›réforme catholique‹ ist die **innere Befriedung Frankreichs** durch das Ende der wirtschaftlich und finanziell ruinösen Religionskriege. Diese ist besonders dem diplomatischen Geschick Heinrichs IV. zu verdanken. Als er 1589 Herrscher von Frankreich wird, ist er zunächst ein ›König ohne Königreich‹ (Hinrichs), denn ein hugenottischer – und damit zugleich exkommunizierter – König ist für die überwältigende katholische Mehrheit der Franzosen nicht annehmbar. Die Verkündung des Ediktes von Nantes 1598 wird der krönende Abschluss eines fast zehnjährigen Prozesses sein, in dem Heinrich zielstrebig auf die innere und äußere Befriedung seines Landes hinarbeitet: 1590/91 scheitert zunächst sein Versuch einer militärischen Eroberung von Paris, denn die Stadt ist fest in den Händen der mit dem katholischen Spanien verbündeten erzkatholischen Liga. Mit seiner **Konversion zum Katholizismus** am 25. Juli 1593 schlägt Heinrich seinen Feinden ein wichtiges Argument aus der Hand. Die Krönungszeremonie (27. Februar 1594) muss jedoch nach Chartres verlegt werden, da Reims, die Stadt der traditionellen Königsweihe, immer noch von der Liga besetzt ist. Erst einen Monat später kann Heinrich in Paris einziehen. Als Papst Klemens VIII. ihm im September 1595 für seine hugenottischen ›Verwirrungen‹ die Absolution erteilt, weigert sich das Parlament, die päpstliche Bulle zu registrieren, und zwar mit dem ganz und gar gallikanischen Argument, dass eine derartige Absolution ›de fait‹, das heißt machtpolitisch, irrelevant sei, weil der Papst sich dadurch über den König zu erheben suche. Im Übrigen hatte die französische Kirchensynode Heinrich zuvor bereits die Absolution erteilt. Der **außenpolitischen Konsolidierung Frankreichs** dient sodann der Krieg, den Heinrich von 1595 an gegen Spanien führt; kaum einen Monat vor dem im Friedensschluss von Vervins besiegelten Kriegsende hatte Heinrich durch das Edikt von Nantes auch die theologischen Konflikte entschärft und damit eine knapp zehnjährige Epoche einer indes immer nur relativen Ruhe, eines zu jeder Zeit prekären Friedens eingeleitet.[9]

2.4 Von der Verkündung des Ediktes von Nantes zu dessen Aufhebung

Inhaltlich geht das Edikt von Nantes vielfach nicht über Positionen hinaus, die in früheren Verträgen bereits vereinbart worden waren. Doch sollte das Vertragswerk jetzt, wie es in der Präambel heißt, ›perpétuel et irrévocable‹ sein. Es gewährt den Hugenotten nunmehr **Kult- und Gewissensfreiheit**: Gottesdienste dürfen fortan überall dort abgehalten werden, wo sie zwischen 1596 und 1597 bereits abgehalten worden waren, nicht dagegen in Paris und im Umkreis von etwa zwanzig Kilometern um die Stadt. Es garantiert den Zugang zu allen öffentlichen Ämtern, uneingeschränkte Rechtsfähigkeit und die Einrichtung von gemischten Kammern in einigen Parlamenten. Insbesondere billigt es den Hugenotten hundert Sicherheitsplätze zu, das heißt Orte, an denen sie auf Staatskosten eigene Garnisonen unterhalten dürfen. Mehr konnten sie kaum erwarten. Die Katholiken reagieren mit Misstrauen und Feindschaft; die Geistlichkeit und die Universitäten verurteilen das Edikt; der Papst qualifiziert es sogar als »le plus mauvais édit qui se puisse imaginer«. Auch die Parlamente verweigern ihm lange Zeit die Zustimmung.[10]

Grundsätzlich falsch wäre es – wie früher oft geschehen –, das Edikt von Nantes als Toleranzedikt zu bezeichnen; es ist vielmehr das Ergebnis einer langfristig kalkulierenden, pragmatisch orientierten Machtpolitik, die den Ausgleich sucht, welcher dem Land die Aussicht auf Frieden eröffnet:

> L'idée de tolérance n'avait encore obtenu en Europe que l'adhésion de quelques intellectuels isolés [...] Son triomphe partiel en France est l'œuvre des circonstances et d'un grand politique, bien plus que la reconnaissance de la liberté de conscience. Même pour les politiques, **la coexistence** des deux religions **n'est qu'un mal temporaire** et **l'idéal** demeure: ›**Un sceptre, une foi**‹. Jusqu'en 1685 les assemblés du clergé de France ne cesseront de rappeler au ›Très Chrétien‹ le serment du sacre et le presseront d'extirper l'hérésie. C'est la grandeur d'Henri IV d'avoir plaidé avec tant d'éloquence la cause de la paix civile et religieuse et d'avoir profité du répit pour mener à bien son œuvre de restauration monarchique et nationale.[11]

Das Jahrzehnt nach der Verkündung des Edikts bis zur Ermordung Heinrichs IV. (1610) ist die glücklichste Phase des französischen Protestantismus, denn der König wacht aufmerksam über die Einhaltung des Edikts. Doch schon bald nach Heinrichs Ermordung kommt es zu erneuten kriegerischen Auseinandersetzungen, darunter die fünfzehnmonatige **Belagerung und Eroberung von La Rochelle** (1628) mit 15.000

Toten.[12] Grundsätzlich stellen Richelieu und Ludwig XIII. das Edikt zwar nicht in Frage, doch drängen sie unter dem Vorwand, einen Staat im Staat verhindern zu wollen, auf eine militärische und politische Neutralisierung der Hugenotten. Bereits im Januar 1629 untersagt das Edikt von Alès ihnen daher politische Versammlungen, verordnet ihre Entwaffnung, hebt die Sicherheitsplätze auf und veranlasst die Schleifung ihrer Stadtmauern. Die weitere Geschichte des Protestantismus vollzieht sich in einer fortschreitenden Aushöhlung seiner Lebensbedingungen, einem ›étouffement à petites goulées‹.[13]

In den folgenden Jahren wenden sich zahlreiche Adelige und prominente Persönlichkeiten in spektakulären ›Bekehrungen‹ wieder dem Katholizismus zu. So Turenne (1668) und später der Große Condé (1685), die zwei bedeutendsten Heerführer der Epoche[14], sowie Paul Pellisson (1670). Der einstige Vertraute Fouquets wird nach dessen Sturz in der Bastille inhaftiert, dann von Ludwig XIV. begnadigt und zum Direktor der ›Caisse des conversions‹ ernannt, aus der Neukonvertierte finanziell unterstützt werden. Unter dem Einfluss Colberts, der die wirtschaftliche Potenz der Hugenotten richtig einschätzt, schlägt Ludwig XIV. ihnen gegenüber zunächst einen gemäßigten Kurs ein. Doch nach dem Friedensschluss von Nijmwegen (1679) ist er entschlossen, die R.P.R., die ›Religion Prétendue Réformée‹, endgültig zu liquidieren. Zu diesem Zweck kommt es ab 1680 zu **Zwangsbekehrungen**, sogenannte **Dragonaden**. Dabei werden Kavalleristen des Königs, ›dragons‹, in Hugenottenfamilien einquartiert, um dort durch Einschüchterungen, Repressalien und direkten Zwang die Bereitschaft zur Konversion zu fördern. Vor allem der Süden Frankreichs ist von diesen Maßnahmen betroffen. Ganze Städte und Dörfer widerrufen ihren Glauben bereits nach bloßer Ankündigung der Ankunft der Dragoner. Anfang Oktober 1685 kursieren in Versailles Listen mit den Namen von 400.000 Konvertiten. Bedenkt man, dass um 1600 die Zahl der Hugenotten sich auf etwa eine Million belief und um 1660 auf nur noch 800.000 und dass diese Zahl bis zur **Aufhebung des Ediktes von Nantes 1685** proportional weiter gefallen sein dürfte, konnte sich Ludwig XIV. angesichts der hohen Zahl an Konvertiten seinem Ziel nahe glauben. In einer Mischung aus Wunschdenken und Zynismus schreibt er daher in der Präambel des am 18. Oktober 1685 in Fontainebleau verkündeten Aufhebungsediktes:

> Nous voyons présentement [...] que la meilleure et la plus grande partie de nos sujets de ladite Religion Prétendue Réformée ont embrassé la Catholique: et d'autant qu'au moyen de ce, l'exécution de l'Edit de Nantes [...] demeure inutile [...] Aussi nous avons jugé que nous ne pouvions rien faire de mieux [...] que de révoquer entièrement le dit édit de Nantes, et les articles particuliers qui ont été accordés en suite d'icelui, et tout ce qui a été fait depuis en faveur de la dite religion.[15]

Die Maßnahme findet nicht nur in kirchlichen Kreisen, die sie immer wieder gefordert hatten, sondern auch bei zahlreichen Schriftstellern – Racine, La Fontaine, La Bruyère, Mlle de Scudéry, Mme de Sévigné u.a. – ungeteilte Zustimmung. Schon längst war das Edikt von Nantes als ein Ausnahmeereignis relativiert worden, das allein durch die wirtschaftliche, militärische und demographische Lage Frankreichs zum Zeitpunkt seiner Verkündung als gerechtfertigt erschien. Angesichts der innen- und außenpolitisch gefestigten Situation ist es nur folgerichtig, dass Ludwig XIV. nun auch die in Europa mehrheitlich praktizierte **Devise des ›Cuius regio, eius religio‹** für Frankreich beansprucht. Wichtiger aber ist, dass er durch die Aufhebung des Ediktes von Nantes einer der Grundmaximen der französischen Monarchie, ›**Une foi, une loi, un roi**‹, einen entscheidenden Schritt näher kommt.[16] Und schließlich kann er sich außenpolitisch in spektakulärer Weise als Verteidiger der katholischen Kirche profilieren: gegenüber Kaiser Leopold, der 1683 die Türken vor Wien besiegt hatte, und zugleich gegenüber dem Papst auf dem Höhepunkt des Regalienstreites.

Die unmittelbaren **Folgen des Edikts von Fontainebleau** sind die Verbannung der protestantischen Pastoren aus Frankreich, die Schließung der Schulen und die Zerstörung der Kirchen der Hugenotten; den N.C. – das sind die ›nouveaux convertis‹, die meist zwangsweise Neukonvertierten – wird unter Androhung der Konfiszierung ihrer Güter die Flucht ins Ausland verboten. Doch trotz ausdrücklichen Verbots der Emigration und strenger Kontrolle der Häfen und Grenzen fliehen etwa 200.000 bis 250.000 Menschen in die Niederlande und in die Schweiz, nach England und Deutschland, dort insbesondere nach Brandenburg. Dabei erweist sich Frankfurt am Main als wahre Drehscheibe der Fluchtbewegung, des ›refuge‹.

Die sozialpolitischen Folgen für Frankreich sind einschneidend: Viele der Flüchtlinge gehören der handwerklichen, kaufmännischen, technischen und militärischen Elite an; ihre Flucht schwächt das Land und trägt so zur Krise des ausgehenden 17. Jahrhunderts bei. In ihren Gastländern, und insbesondere in Brandenburg, fördern die Flüchtlinge aufgrund ihrer Fähigkeiten und Kenntnisse den wirtschaftlichen und wissenschaftlichen Aufschwung.[17] Zugleich leidet das Ansehen Frankreichs im Ausland großen Schaden. In den Niederlanden entsteht eine oppositionelle ›littérature du refuge‹, die frühaufklärerisches Gedankengut entwickelt, das seinerseits auf Frankreich zurückwirkt und dort Literatur und Philosophie stark beeinflusst. So paradox es klingen mag: Die Intoleranz, die sich in der Aufhebung des Ediktes von Nantes offenbart, entpuppt sich als wichtiger Stimulus für die Entwicklung des Toleranzdenkens und der Idee der Gewissensfreiheit. Insofern erweist sich **1685** als **ein Scharnierjahr**, das die Tür zu einer neuen Epoche, der Frühaufklärung, weit aufstößt.

Als 1702 in den Cevennen, einer Hochburg der Hugenotten, die bewaffnete Rebellion der Camisarden ausbricht – die Aufständischen tragen als Erkennungszeichen weiße Hemden (provenz. ›camisa‹) –, werden diese brutal unterdrückt und wird der offene hugenottische Widerstand gebrochen.[18] Fortan leben und organisieren sich die Hugenotten im Untergrund, wofür sie selbst die traditionsbeladene Metapher der Wüste, ›désert‹, wählen.[19] Die geheimen, schon ab 1686 oft auf den Ruinen der zerstörten Kirchen abgehaltenen ›Assemblées au Désert‹ bzw. ›Réunions du Désert‹ bekunden den hugenottischen Willen zum Widerstand und führen schließlich am 21. August 1715 zu einer ersten geheimen Kirchensynode, ›le premier synode du Désert‹; Ludwig XIV. wird kaum zwei Wochen später sterben: »Par un hasard richement symbolique et à l'insu de l'opinion du temps, dès avant qu'expirât le Roi Soleil, **le fiasco de la Révocation** était acquis.«[20]

Die Aufhebung des Ediktes von Nantes bestätigt ein nicht selten zu beobachtendes Phänomen: den Fehlschlag bei dem Versuch, vermeintliche Häresien auszurotten. Laut einer Umfrage aus dem Jahre 1995 erklärten sich 1.700.000 Franzosen, das sind immerhin drei Prozent der Bevölkerung, als ›proches du protestantisme‹; 1997 vermeldeten die fünfzehn Kirchen der ›Fédération protestante de France‹ 900.000 Mitglieder. Hugenotten bekleiden auch heute in einem überdurchschnittlich hohen Prozentsatz einflussreiche Positionen in Politik, Wirtschaft und Kultur.

3. Die ›réforme catholique‹

Die ›réforme catholique‹, die für Frankreich charakteristische Ausprägung der gesamteuropäischen Gegenreformation, erhält durch das Ende der Religionskriege und das Edikt von Nantes entscheidenden Auftrieb. Das gesetzlich geregelte Zusammenleben zweier Konfessionen in einem Staat hat notwendig eine Dämpfung der religionsbedingten Konflikte zur Folge. Die neue Konkurrenzsituation zwischen Protestanten und Katholiken wirkt stimulierend. Hinzu kommt, dass Heinrich IV. nicht nur wachsam das Wohl ›seiner‹ Hugenotten verfolgt, sondern auch die Reform der katholischen Kirche fördert. Nach seiner Ermordung werden seine Frau, Maria von Medici, und ihr Sohn, Ludwig XIII., ebenso wie dessen Frau, Anna von Österreich, die Reformbestrebungen wirkungsvoll unterstützen. Diese zielen in zwei Richtungen, die das Konzil von Trient vorgezeichnet hatte: auf der einen Seite eine innere Reform der Kirche und ihrer Institutionen, und auf der anderen Seite eine Erneuerung und Vertiefung der Glaubensinhalte und deren wirkungsvolle Vermittlung, eine **Reform** also ›**an Haupt und Gliedern**‹. Das heißt zuallererst: Die Ernennung der Bischöfe sollte nicht mehr unter politischen Gesichtspunkten erfolgen – indem nämlich der König ihm genehme Persönlichkeiten, meist aus dem Adel, mit entsprechenden Ämtern versorgt –, sondern ausschließlich aus religiös-moralischen Gründen; zugleich wird die Residenzpflicht in ihrer Diözese obligatorisch und ein makelloser Lebenswandel unerlässliche Voraussetzung.

Vorbild eines solchen Bischofs für die posttridentinische Christenheit ist der Italiener **Carlo Borromeo**, von 1564 bis 1584 Erzbischof von Mailand und 1610 heilig gesprochen. Energisch setzt er in seinem Bistum die Beschlüsse des Konzils um, gründet Priesterseminare, besucht regelmäßig die Gemeinden und stellt die Predigt ins Zentrum seiner missionarischen Tätigkeit; während der großen Pest von Mailand (1576–1577) praktiziert er Nächstenliebe zugunsten der Armen und Kranken. Viele seiner Schriften werden ins Französische übersetzt und mehrfach aufgelegt, vor allem die *Instructions aux confesseurs*, in denen Borromeo die Bedingungen der Absolution und die Wahl der Bußen definiert. Aufgrund der rigorosen Introspektion, die es dem Gläubigen abverlangt, wird das Werk einen tiefgreifenden Einfluss auf die Jansenisten und in deren Gefolge auf die im Salon der Marquise de Sablé sich entfaltende Moralistik, hier vor allem auf La Rochefoucauld, ausüben.[21]

3.1 François de Sales, Camus und der ›humanisme dévot‹

Dem Vorbild Borromeos entspricht in Frankreich **François de Sales**. Auf dem Schloss von Sales in der Nähe von Annecy geboren, erhält er seine Schulausbildung in Paris bei den Jesuiten. Nachdem er zunächst eine juristische Laufbahn eingeschlagen hatte, entschließt er sich nach mehreren inneren Krisen für den geistlichen Stand und wird 1593 zum Priester geweiht. Mit großem Eifer widmet er sich der Bekehrung der Hugenotten und bedient sich dabei einer Mischung aus leidenschaftlicher Überredung und autoritärer Repression. Bald schon steht er mit vielen weltlichen und theologischen Potentaten der Zeit in Beziehung und wird 1602 zum Erzbischof von Genf ernannt, ein Amt, das er bis zu seinem Tod ausübt. Er residiert in Annecy und ist ein **unermüdlicher Reformator** seines an das kalvinistische Genf angrenzenden Bistums. Zugleich ist er ein begnadeter Prediger, Ordensgründer und Autor eines der einflussreichsten Bücher der Epoche, der *Introduction à la vie dévote*. Sein außergewöhnliches Ansehen kommt auch darin zum Ausdruck, dass er schon 1666 heilig gesprochen wird.[22] Sein wichtigster Schüler ist **Jean-Pierre Camus**, Bischof von Belley und Arras und eifriger Novellen- und Romanautor. In seinem Wirken und seinen zahlreichen theologischen (Streit-)Schriften zeigt sich der Einfluss seines Lehrers, dem er in der Biographie *L'esprit de saint François de Sales* (1639) ein Denkmal gesetzt hat.[23]

François de Sales und Camus sind **Anhänger des tridentinischen Menschenbildes** und vertreten den Standpunkt, man dürfe dem Menschen keine zu strenge Moral zumuten, sondern müsse darauf bedacht sein, die Anforderungen eines sanften, milden Christentums mit den innerweltlichen Bedürfnissen eines ›mondänen‹, gesellschaftlichen Lebens in Einklang zu bringen. Insbesondere von François de Sales leitet sich – auch über und durch Camus – eine machtvolle Tradition religiösen Schrifttums ab, in dessen Zentrum ein optimistisches Menschenbild steht, das Bremond mit dem Begriff des ›**humanisme dévot**‹ umschreibt: »une école de sainteté personnelle; une doctrine, une théologie sans doute, mais affective et toute dirigée vers la pratique« – eine nicht unproblematische Bezeichnung.[24] Denn Humanismus meint die Ausrichtung des Menschen- und Weltbildes an Vorstellungen der griechisch-römischen Antike, eine Bedeutung, die dem Begriff erst in den 1830er bis 1840er Jahren zugewiesen wurde. Ein ›devoter‹ Humanismus müsste also darum bemüht sein, ein durch die Antike geprägtes Menschen- und Weltbild mit einem christlichen in Einklang zu bringen. Gerade davon ist aber bei François de Sales nirgends die Rede. Vielmehr bemüht er sich, ohne auf antike Vorbilder zurückzugreifen, ein den gesellschaftlichen Gegebenheiten seiner Zeit entsprechendes Menschenbild mit den Vorstellungen des Christentums zu harmonisieren. Der Begriff des ›humanisme dévot‹ impliziert gegenüber einem an der Antike sich orientierenden Humanismus ein hohes Maß an menschlicher Bescheidenheit und christlicher Demut:

> On peut conserver le terme d'humanisme dévot pour désigner la tendance de nombreux auteurs à reconnaître la gloire de Dieu dans tout le donné humain, en admirant à la fois Dieu créateur et l'homme, image et chef-d'œuvre de Dieu. Il y a là un équilibre difficile à réaliser.[25]

3.2 Bérulle – Wortführer einer antihumanistischen Anthropologie

Grundsätzlich anderer menschlicher und theologischer Statur ist der Kardinal **Pierre Bérulle**, ein weiterer wichtiger Vertreter der ›réforme catholique‹ und einer der **Vordenker der Spiritualität des 17. Jahrhunderts**, der theologische Ambitionen mit politischen verbindet. Seine Ausbildung erhält er bei den Jesuiten und erwägt ernsthaft, dem Orden beizutreten. 1604 eröffnet ihm ein längerer Aufenthalt in Spanien die mystische Welt der Theresa von Avila. Im Umfeld der Religionskriege ist er ein glühender Anhänger der Liga und zugleich ein aktiver Verfechter einer politischen Union der katholischen Monarchien Europas (Spanien, Frankreich, England). In diesem Sinn vermittelt er 1624 die Vermählung der Henriette von Frankreich, der Tochter Heinrichs IV., mit dem englischen König Karl I., aus deren Ehe Henriette von England hervorgehen wird, die spätere Schwägerin Ludwigs XIV. Für seine politischen Vorstellungen findet Bérulle Rückhalt bei der Königinmutter Maria von Medici; zugleich ist er ein erbitterter Feind der Realpolitik Richelieus, da diese nur dann religiöse Maximen respektiert, wenn sie mit den Interessen des Staates in Einklang stehen.

Seine theologischen Vorstellungen entwickelt Bérulle in dem programmatischen *Discours de l'état et des grandeurs de Jésus* (1623). Es ist eine ›christozentrische‹ Theologie (Bremond), der zufolge das Heil des Menschen allein in der mystischen Versenkung in das Leben Christi und in der vollkommenen Nachahmung seiner ›états‹ bzw. der Identifikation mit ihnen liegt. Hinter diesem **Christozentrismus** steht ein pessimistisches Menschen- und Weltbild, das stark von Augustin beeinflusst ist. In dessen Schriften hatte Bérulle das düstere Gemälde einer Menschheit gefunden, die durch Erbsünde verdorben ist und, ihren Leidenschaften ausgeliefert, in einer dunklen Welt umherirrt, in welcher Gott sich als ein *deus absconditus* bzw. ›dieu caché‹ verborgen hält. Ganz im Sinne Augustins stellt Bérulle zwei verschiedene Welten bzw. Reiche einander gegenüber: den Gottesstaat, Augustins *civitas Dei*, ›la cité de Dieu‹, der einer kleinen Zahl Auserwählter vorbehalten sei, und auf der anderen Seite den Staat der Menschen, *civitas diaboli* oder *civitas mundi*, ›la cité de l'homme‹, in dem Verblendung, Korruption und Egoismus herrschen. Bérulles Menschenbild unterscheidet sich grundlegend von dem François de Sales' und Camus' und bereitet mit seiner Insistenz auf der **Erlösungsbedürftigkeit des Menschen**, der ›misère de l'homme‹, dem **Jansenismus** den Weg. Einige Forscher sehen daher in ihm aufgrund seiner dogmatischen Nähe zu Augustin eher den Vertreter eines antihumanistischen Menschenbildes, den ersten, einflussreichen Wortführer einer pessimistischen Anthropologie, die große Teile der Literatur der Hochklassik kennzeichnen wird.[26]

3.3 Vincent de Paul, La Rochefoucauld, Solminihac

Eine weitere faszinierende Erscheinung unter den großen Kirchenmännern der Epoche ist **Vincent de Paul**, 1729 selig und 1737 heilig gesprochen. Nach einer ärmlichen und abenteuerlichen Jugend – er wird unter anderem von Piraten nach Tunis verschleppt, von wo er nach zwei Jahren Frondienst in einem kleinen Boot nach Frankreich flüchtet – wird er Priester, freundet sich mit François de Sales, Jeanne de Chantal und Bérulle an und folgt ihrem Vorbild, jedoch nicht etwa theologisch spekulativ, sondern immer praktisch orientiert als unermüdlicher Evangelist, Ordensgründer, Missionar und **erster Armenpriester Frankreichs**: »un des grands artisans de la civilisation occidentale dans la première moitié du XVIIe siècle«, »un des types représentatifs de la pensée et de la conscience françaises, une de ses gloires les moins discutées.«[27]

Neben den hier genannten Ausnahmeerscheinungen dürfen andere nicht vergessen werden, die, jeder auf seine Weise und an seinem Platz, an der Rechristianisierung der französischen Gesellschaft des 17. Jahrhunderts mitgewirkt haben. So zum Beispiel der Kardinal **François de La Rochefoucauld**, Großonkel des gleichnamigen Moralisten und Maximenautors, von 1585–1612 Bischof von Clermont und danach von Senlis. 1622 wird er zum Vorsitzenden des Staatsrates ernannt, ein Amt, in dem Richelieu ihm 1624 nachfolgt. Als päpstlicher Kommissar ist La Rochefoucauld fortan mit der Reform der französischen Klöster betraut.[28] Oder schließlich **Alain de Solminihac**, von 1636–1654 Bischof von Cahors. Ihm ist es zu verdanken, dass Cahors als erste Stadt in Frankreich ein Priesterseminar eröffnet. Als 1652–53 die Pest wütet, engagiert er sich persönlich und organisiert wirksame Maßnahmen gegen die Seuche, was ihm noch zu Lebzeiten den Beinamen eines ›Charles Borromée de la France‹ einträgt. 1981 wird Solminihac von Papst Johannes-Paul II. selig gesprochen.[29]

3.4 Bilanz

Aufgrund ihrer moralischen Integrität und der damit einhergehenden Autorität prägen diese und andere Geistliche das **Bild der neuen Kirche** an der Spitze ihrer Hierarchie. Doch das Konzil von Trient hatte auch konkrete **Vorgaben für den Priesterstand** gemacht: Der ideale Priester soll ernst und bescheiden auftreten, sich durch sein Verhalten und seinen Glauben auszeichnen; die Soutane ist als Kleidung ebenso obligatorisch wie die vom Bischof kontrollierte Residenzpflicht. Ihre theologische und intellektuelle Ausbildung erhalten die Priester in Seminaren, zu deren Gründung – je eines pro Bistum – das Konzil jeden Bischof ausdrücklich verpflichtet hatte. Die vornehmste Aufgabe der im Verlauf der Zeit immer sorgfältiger ausgebildeten Priester besteht in der umfangreichen christlichen Betreuung der ihnen anvertrauten Gemeinde durch die Predigt und die Erteilung der Sakramente; hinzu kommt – wie eine königliche Ordonnanz von 1667 es fordert – die gewissenhafte Erfassung aller lebenswichtigen Vorgänge von der Taufe über die Eheschließung bis zum Tod und zur Beerdigung in Kirchenbüchern, die heute in bevölkerungshistorischer Perspektive großen Wert haben.

Insgesamt ist der von der ›réforme catholique‹ ausgehende Sog derart, dass, je weiter das Jahrhundert fortschreitet, der als **Staatsreligion** sich ausbreitende **Katholizismus** um so totalitärer alle Lebensbereiche der Franzosen bestimmt:

> Le calendrier liturgique scandait la vie quotidienne des Français. Des actes les plus solennels de la vie publique aux gestes les plus ordinaires, la religion était présente et fournissait la règle des comportements. [...] Le catholicisme chercha à instaurer un ordre social conforme aux nouvelles conceptions de la vie chrétienne qui s'affirment dans le sillage du concile de Trente. Ses diverses structures et institutions lui fournirent le moyen d'une emprise renforcée sur l'État et la société.[30]

Es ist statistisch erwiesen, dass die große Mehrheit der Gläubigen in fortschreitendem Maß ihren religiösen Pflichten gewissenhaft nachkommt; insbesondere heißt dies, dass sie zu Ostern die Kommunion empfängt (›faire ses Pâques‹) und Fronleichnam an der Prozession (›procession de la Fête-Dieu‹) teilnimmt. Kirchenpolitiker weisen immer wieder auf die Langsamkeit des hier sich vollziehenden Reformprozesses hin: Erst im letzten Drittel des Jahrhunderts könnten die erstrebten Reformen als erreicht angesehen werden.[31] Die gewaltsame Zurückdrängung des Protestantismus und die progressive Umsetzung der ›réforme catholique‹ sind zwei komplementäre Prozesse einer Gesamtentwicklung.

4. Ordensgründungen – ›in die Welt hinein wirken‹

Die Gesamtheit der im Bereich der katholischen Kirche Frankreichs tätigen Priester und Bischöfe wird im 17. Jahrhundert mit dem Begriff des ›**clergé séculier**‹ bezeichnet. Dieser in der Gesellschaft lebenden und wirkenden ›weltlichen Geistlichkeit‹ steht der ›**clergé régulier**‹ gegenüber, also die unterschiedlichen ›Regeln‹ verpflichteten Ordenskongregationen. Einige von ihnen leben in völliger Weltabgeschiedenheit, andere sind der Gesellschaft gegenüber offen und wirken in vielfältiger Weise auf diese ein. Auch der ›clergé régulier‹ wird vom Reformgeist der Zeit erfasst. Dies äußert sich zunächst darin, dass sich alte Orden den neuen Ideen öffnen und sich reformieren. Besonders erwähnt seien auf Seiten der männlichen Orden die Benediktiner, die sich 1618 zu der einflussreichen Kongregation von Saint-Maur zusammenschließen und historisch-wissenschaftliches Textstudium mit Frömmigkeit – ›sciences et piété‹ – verbinden. Ihr Kloster von Saint-Germain-des-Prés ist ein Zentrum intensiver historischer Studien, deren Wirkung sich auf ganz Europa erstreckt. Auf der Seite der Frauen ist das Kloster der Zisterzienserinnen von Port-Royal zu nennen, das sich dank der Reformen der Äbtissin Angélique Arnauld zu einem Mittelpunkt des Jansenismus entwickelt.

Das eigentlich Bemerkenswerte aber sind die zahlreichen **Ordensneugründungen**; sie bezeugen die Intensität, mit der die Reformideen vor allem von der Bevölkerung der Städte angenommen werden. Mehrheitlich handelt es sich um ›offene‹ Orden, die ihren Mitgliedern aktive erzieherische und karitative Tätigkeiten in der Gesellschaft ermöglichen. Hier wird der Unterschied zu den mittelalterlichen Orden besonders deutlich; denn während diese sich vielfach in ›Klausur‹ von der Welt absonderten und dem Gebet, der Meditation, wissenschaftlichen oder handwerklichen Tätigkeiten nachgingen, sind die neuen Orden sehr viel pragmatischer der Gesellschaft zugewandt, um sie im Geist der ›réforme catholique‹ zu prägen.[32]

4.1 Oratorianer, Visitandinnen und ›Filles de la Charité‹

Bérulle begründet 1611 den einflussreichen Orden der Oratorianer, der sich vor allem der Ausbildung der Priester widmet. Ende der 1620er Jahre verfügt das **Oratoire** über etwa vierzig Lehrstätten (›collèges‹), deren Lehrprogramm den Naturwissenschaften gegenüber den alten Sprachen einen größeren Stellenwert beimisst. Viele Schriftsteller und Gelehrte genießen im Oratoire bis zu seiner Schließung in der Revolution von 1789 eine **weltoffene Ausbildung**. La Fontaine gehört ihm kurzzeitig an. Der Theologe und Philosoph Nicolas **Malebranche** ist einer seiner herausragenden Schüler; in seinem Hauptwerk, *De la recherche de la vérité* (1674/75), bemüht er sich um eine wahre Quadratur des Kreises: Er versucht, den bérulleschen Augustinismus mit dem Kartesianismus in Einklang zu bringen, also Prädestinationslehre und Vernunftgläubigkeit miteinander zu versöhnen.[33]

Eine Hochblüte erleben die weiblichen Orden. Schon 1604 führt **Bérulle** aus Spanien den Orden der **Karmeliterinnen** ein, der bis 1638 zweiundfünfzig Klöster gründen und die mystische Frömmigkeit der Heiligen Theresa von Avila in Frankreich verbreiten wird. Zusammen mit Jeanne de Chantal gründet François de Sales 1611 den **Orden der Visitation**; wie derjenige der Karmeliterinnen wird er eine große Verbreitung finden, was dem Ansehen seiner beiden Gründer zu verdanken ist.[34]

Die Visitandinnen, die sich anfangs der Pflege der Kranken und Armen widmeten, werden später ebenso wie die Karmeliterinnen ein geschlossener Orden sein. Anders der Orden der **›Filles de la Charité‹**, den Vincent de Paul 1633 gründet und dessen Name Programm ist: Seine Mitglieder entstammen allen sozialen Schichten und üben praktische Nächstenliebe gegen jedermann. Das gemeinsame Ziel all dieser Orden ist die **Propagierung einer erneuerten, in die Gesellschaft wirkenden Spiritualität.**[35]

4.2 Der ›parti dévot‹ und die ›Compagnie du Saint-Sacrement‹

In der Gesellschaft dieser Zeit sind auch andere, nicht ordensmäßig organisierte religiöse Kräfte aktiv, die sich ihrerseits in einem veränderten ideologischen und machtpolitischen Umfeld neu zu orientieren suchen. Ihre Vertreter – ›les dévots‹ – sind jedoch nicht so sehr als Individuen fassbar, sondern bilden eine mehr oder minder anonyme Gruppe, den **›parti dévot‹**. Dieser ist durch zwei Merkmale gekennzeichnet: durch bestimmte **politische Präferenzen** und einen hohen **missionarischen Ehrgeiz.** Politisch orientiert sich der ›parti dévot‹ an der **Liga**, das heißt an der Vorstellung einer aus dem Zusammenschluss Frankreichs, Spaniens und Englands hervorgehenden katholischen Großmacht, die den protestantischen Mächten des habsburgischen Kaiserreiches Paroli bietet. Unerträglich ist ihm daher die ›Realpolitik‹ Heinrichs IV. hinsichtlich der klevisch-jülischen Erbnachfolge und diejenige Richelieus im Dreißigjährigen Krieg, die zum Bündnis mit den protestantischen Mächten gegen das spanische Habsburg führt. Die Ermordung Heinrichs IV. und die zahlreichen Attentatsversuche gegen Richelieu finden vor diesem Hintergrund ihre Erklärung. Die Königinmutter Maria von Medici und Bérulle sind die einflussreichen Wortführer der ›dévots‹. Nach der ›journée des dupes‹ lässt Richelieu einen ihrer mächtigsten militärischen Vertreter, den Marschall Louis de Marillac, nach einem Schauprozess hinrichten, womit der ›parti dévot‹ jedoch keineswegs liquidiert ist.[36] In unterschiedlichen personalen Konstellationen ist er noch im ersten Jahrzehnt der Regierung Ludwigs XIV. in die Auseinandersetzungen zwischen der ›jeune‹ und der ›vieille cour‹ verwickelt. Inzwischen hatte der ›parti dévot‹ sich zu einer politisch virulenten ›cabale des dévots‹ entwickelt, die an der libertinen Lebensführung des jungen Königs Anstoß nimmt.

Der missionarische Ehrgeiz des ›parti dévot‹ lässt sich am ehesten an den Zielsetzungen der 1629 gegründeten **›Compagnie du Saint-Sacrement‹** ablesen. Ihre Mitglieder versammeln sich jeden Donnerstag, dem Tag des Heiligen Abendmahls; denn die Verbreitung einer auf der Feier des Abendmahls beruhenden Frömmigkeit ist das oberste Ziel der Gesellschaft, die sich ansonsten der Ausübung frommer Taten verschrieben hat. Sie versteht sich als **laizistische Reformbewegung**, in der Geistliche keine Ämter ausüben dürfen. Ihr bevorzugtes Tätigkeitsfeld ist die bürgerliche Familie, Ziel ihres Handels eine **innerweltliche ›sainteté‹**, auf die sie mittels der ›Gewissenslenkung‹ – ›direction de conscience‹ – mit Zielstrebigkeit – ›efficacité‹ – , zugleich aber ›verschwiegen‹ – ›en secret‹ – hinarbeitet. ›Le secret‹ ist ein Schlüsselwort zum Verständnis des Vorgehens der ›Compagnie‹, denn Verschwiegenheit garantiert Diskretion und verhindert die Zurschaustellung Gott wohlgefälliger Taten. Derartiges Handeln im Geheimen kann jedoch leicht zu einer **Tätigkeit im Untergrund** werden und Verdacht schüren. Obwohl Ludwig XIII. und Richelieu ihrer Gründung zustimmen, erweckt die Gesellschaft mehrfach das Missfallen des Kardinals und bald auch Mazarins, weil sie sich juristische und politische Kompetenzen anmaßt, wie ein Geheimbund agiert und Druck auf missliebige Personen ausübt. Unterstützung findet sie am Hof bei Anna von Österreich, der Mutter Ludwigs XIV.; als wichtige Persönlichkeiten gehören ihr u.a. Solminihac, Vincent de Paul und Bossuet, der Parlamentspräsident Lamoignon, der Prinz von Conti sowie Doktoren der Sorbonne an, aber auch Vertreter des Bürgertums und des einfachen Volkes; denn soziale Barrieren sind der ›Compagnie‹ fremd.

Doch die doktrinäre Intransigenz, mit der sie vielfach agiert, erzeugt ein Klima der ›**fausse dévotion**‹ und der Hypokrisie, wie Molière sie, zweifellos mit Wissen Ludwigs XIV., in seinen großen politischen Komödien bloßstellt. Die ›querelle du *Tartuffe*‹ und das Verbot des *Dom Juan* erklären sich großenteils aus den Intrigen des ›parti dévot‹ gegen diese Stücke und ihren Autor.[37] Als die ›Compagnie du Saint-Sacrement‹ Ende 1660 verboten wird, hat sie sich in den Augen ihrer Gegner längst diskreditiert, doch setzt sie ihre Tätigkeit im Geheimen fort. Mit dem Tod der Königinmutter im Januar 1666 verliert sie allerdings ihren letzten Rückhalt am Hof, was zugleich auch ihr Ende bedeutet. Symptomatisch für das Schicksal des ›parti dévot‹ und der ›Compagnie du Saint-Sacrement‹ ist, dass beide Bewegungen, obwohl sie sich auf einflussreiche Persönlichkeiten des Hofes und der Kirche stützen können, letztlich an den politischen Implikationen ihrer theologischen Reformvorstellungen scheitern.[38]

5. Jesuiten und Jansenisten – theologische und politische Antipoden

Sind die bisher vorgestellten Reformbewegungen französischen Ursprungs, so kommen die beiden wichtigsten Strömungen, die jesuitische und die jansenistische Doktrin, vom Ausland her nach Frankreich. Die zweite Jahrhunderthälfte wird zutiefst von den heftigen Auseinandersetzungen zwischen ihnen geprägt. Es handelt sich bei diesem Konflikt letztlich um eine Fortsetzung der Religionskriege des 16. Jahrhunderts, nun allerdings auf einer veränderten theologischen und politischen Grundlage – ein verdeckter Krieg, dessen konkreten Ausbruch die inzwischen erstarkte Monarchie verhindert. Auf dem Spiel stehen dabei jenseits der theologischen Implikationen handfeste kirchenpolitische sowie allgemein politische Interessen. Vereinfacht gesprochen geht es um die Frage, wer die Kirche beherrscht und, angesichts der engen Verknüpfung von Kirche und Monarchie, politischen Einfluss ausüben und durchsetzen kann.

5.1 Ignatius von Loyola, Luis de Molina und die ›Erfindung‹ der Kasuistik

Die **Gründung des Jesuitenordens** und die von ihm entwickelte und propagierte Doktrin sind mit zwei Persönlichkeiten verbunden: zunächst mit dem Spanier Ignatius von Loyola, der 1534 in Paris eine Reformbewegung ins Leben ruft, die Papst Paul III. 1540 in Rom unter dem Namen *Societas Jesu* als Orden anerkennt; sodann mit dem spanischen Jesuitenpater Luis de Molina, der als Theologieprofessor im portugiesischen Evora mit seinen Schriften die Orientierung des Ordens nachhaltig beeinflusst.[39]

Loyola verschafft der jesuitischen Bewegung mit seinen schon um 1522 verfassten *Exercitia spiritualia* (Erstauflage 1548) ein immer wieder aufgelegtes und in viele Sprachen übersetztes Grundlagenwerk. Eine französische Fassung mit dem Titel *Exercices spirituels* erscheint erstmals 1614. Grundlage der ›Geistlichen Exerzitien‹ sind für Loyola eine totale Unterwerfung unter den Willen Gottes, die Versenkung in das Leben Jesu und eine durch das Gebet zu erwerbende vollkommene Beherrschung seiner selbst. Die *Exercices spirituels* prägen nicht nur das geistliche Programm des Ordens, sondern indirekt auch dessen äußere Erscheinungsform: Die ›Compagnie...‹ bzw. ›Société de Jésus‹, wie sie mit ihrem französischen Titel heißt, ist straff und hierarchisch strukturiert; ihre Mitglieder gelangen durch ihre Intelligenz, Disziplin und Diskretion schnell zu Ansehen und Einfluss.

Molina beeinflusst die jesuitische Doktrin in einem wichtigen Punkt: In seiner heftige Kontroversen auslösenden Schrift *Concordia liberi arbitrii cum gratiae donis / L'accord du libre arbitre avec le don de la grâce* führt er 1588 den Begriff der ›**grâce suffisante**‹ ein, die allen Menschen zuteil werde und durch einen Entschluss des freien Willens zu einer ›**grâce efficace**‹ werde. Da der Mensch mit einem *liberum arbitrium* ausgestattet sei, liege sein Heil oder seine Verdammnis in seiner eigenen Verantwortung. Entschiedener noch als das Konzil von Trient versöhnt Molina durch seine kühne These Humanismus und jesuitische Theologie. Aus dieser Konzeption resultiert ein grundlegend **positives Menschenbild**. Für die Jesuiten ist der Mensch wesensmäßig gut und kann aus eigenem Antrieb das Heil erlangen. Sündig, und das heißt des Heils nicht teilhaftig, wird er nur in dem Maße, wie er bei sich ein Bewusstsein von Sünde zulässt. Dies aber verhindert die **Kasuistik**, die in moralisch strittigen Fragen nicht nach einem abstrakten Prinzip entscheidet, sondern entsprechend dem jeweiligen Fall, dem *casus*, wobei die ›direction d'intention‹, die ›Gewissensausrichtung‹ bzw. ›Absichtslenkung‹, eine zentrale Rolle spielt. Ihr zufolge ist das Kriterium der Sünde nämlich nicht die moralische Qualität einer Handlung, sondern die mit ihr verfolgte Absicht. So rechtfertigt beispielsweise bei einem Duell der Wille, die eigene Ehre wieder herzustellen, selbst den Tod des Feindes. Molina hat bei der Ausarbeitung einer derartigen Kasuistik entscheidend mitgewirkt. Die Gnadenfrage sowie die von den Gegnern der Jesuiten als ›morale laxiste‹ bzw. ›morale accommodante‹ gebrandmarkte Moral und das daraus resultierende Menschenbild werden später im Zentrum der Auseinandersetzungen zwischen Jesuiten und Jansenisten stehen.

5.2 Einfluss der Jesuiten durch weltoffene Erziehung

Die Verbreitung des christlichen Glaubens durch die Predigt, aber auch durch die **Mission** – ›missions intérieures‹ in den europäischen Mutterländern, ›missions lointaines‹ in Afrika, Südamerika, China, Indien, Kanada[40] – ist das oberste Ziel des Jesuitenordens. Daher spielt auch die Erziehung eine wichtige Rolle. Begünstigt durch den Geist des Konzils von Trient findet der Orden eine schnelle Ausbreitung in ganz Europa. In Frankreich legt schon 1549 der Erzbischof von Clermont den Grundstein für seine Niederlassung in Paris. Aus ihr geht das spätere Collège de Clermont hervor, eine der berühmtesten

Lehranstalten des 17. Jahrhunderts, in dem zahlreiche große Autoren ihre Schulausbildung erhalten; 1682 wird es in Collège Louis-Le-Grand umbenannt und ist noch heute eine der Eliteschulen des Landes. In den Folgejahren überziehen die Jesuiten Frankreich mit einem dichten Netz von ›**collèges**‹. 1590 sind es zwanzig, 1640 schon 95.

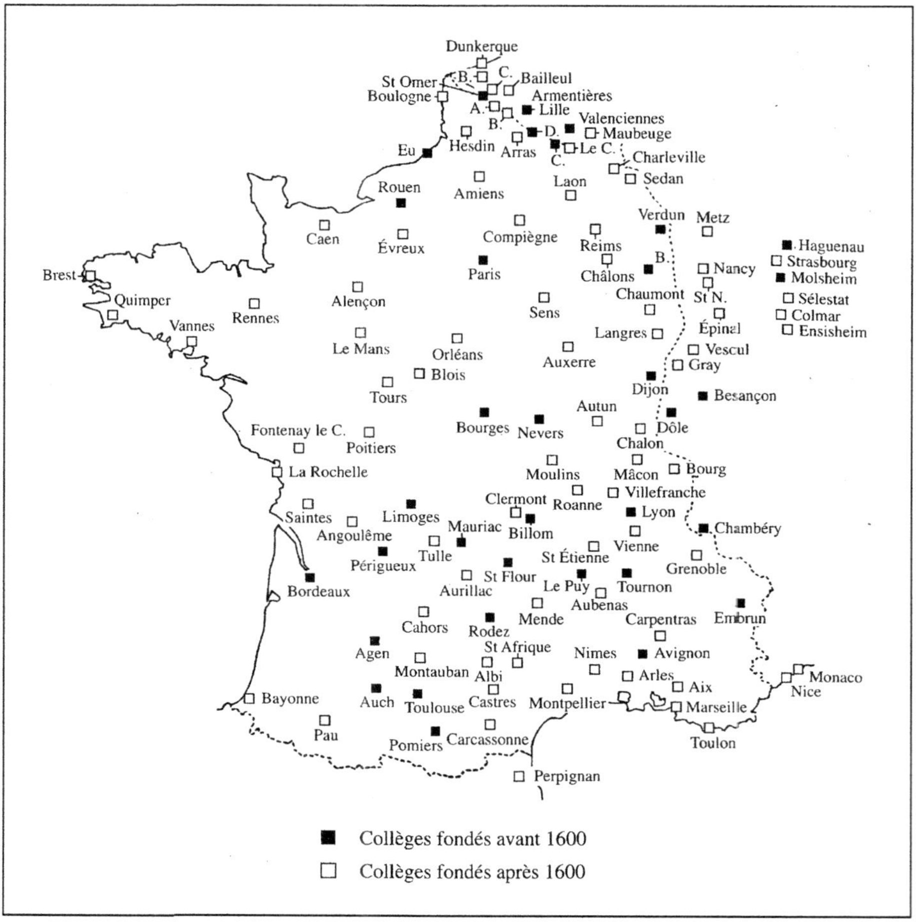

Die Karte darf als prototypisch gelten für den missionarischen und pädagogischen Elan der ›réforme catholique‹. Die entsprechenden Karten der mit den Jesuiten konkurrierenden Oratorianer, aber auch die der Karmeliterinnen und Visitandinnen sind in gleicher Weise eng besiedelt (aus: Cornette, Chronique de la France moderne. *Bd. 2:* De la Ligue à la Fronde, *1995).*

Die formale Basis ihres Unterrichts ist die antike Rhetorik, die ein Bezugssystem bereitstellt, in dem, zunächst auf sprachlicher Ebene, jedes Element funktional eingebunden ist und also rational bestimmt werden kann. Damit ist zugleich ein Modell gegeben, das auf andere Bereiche des Alltagslebens übertragen werden kann und diese rational einsichtig vermittelbar macht. Im jesuitischen Unterricht stehen daher die christliche Unterweisung, das Studium der klassischen antiken Autoren und die Vermittlung der neuzeitlichen mathematisch-naturwissenschaftlichen Erkenntnisse gleichwertig nebeneinander, und auch Theater, Musik und Tanz gehören wie selbstverständlich zum Lehrkanon. Durch ihren modernen, weltoffenen Unterricht sichern die Jesuiten sich einen nachhaltigen **Einfluss im städtischen Bürgertum** und finden zugleich **Zugang zu Kreisen des Hochadels.**[41] Mit dem weiter gesteckten Ziel, sich auch moralisch nützlich und unverzichtbar zu machen, versuchen sie, beratend und ›akkomodierend‹ die Lebensbedürfnisse ihrer geistlichen Klientel mit den Geboten des Christentums in Einklang zu bringen. Aus dieser ›direction spirituelle‹ ist das Amt des ›directeur de conscience‹ hervorgegangen, der die ihm anvertraute Person in allen Lebensfragen berät. Die Figur des Tartuffe in Molières gleichnamiger Komödie ist die satirische Verzerrung eines solchen ›directeur de conscience‹.

5.3 Politische Implikationen

Die Kehrseite des jesuitischen Erfolges ist die theologisch fundierte Feindschaft der Sorbonne und die politisch motivierte der Parlamente. Denn das Gelöbnis eines absoluten Gehorsams gegenüber dem Papst bringt die Jesuiten in den Verdacht, die Interessen der Kirche denen der französischen Monarchie überzuordnen und damit gegen einen Grundpfeiler des Gallikanismus zu verstoßen. Außerdem sind die Jesuiten mehrheitlich Sympathisanten der Liga. Als Jean Chastel, ein ehemaliger Jesuitenschüler, 1594 ein Attentat auf Heinrich IV. verübt, werden die Jesuiten aus vielen Teilen Frankreichs verbannt, doch gestattet Heinrich IV. ihnen 1603 aus politischem Kalkül die Rückkehr. »La compagnie de Jésus est si puissante qu'il vaut mieux l'avoir pour allié que pour adversaire.« Heinrich selbst vertraut sich 1608 dem Jesuitenpater Pierre Coton als Beichtvater an und begründet damit eine hundertjährige Tradition. 1709 stirbt Père François d'Aix de la Chaize, Neffe zweiten Grades des Pierre Coton. 35 Jahre lang dient er Ludwig XIV. als Beichtvater; als Dank lässt dieser ihm auf dem Landgut der Jesuiten, dem späteren ›Cimetière de l'est‹ und heutigen ›Cimetière du Père-Lachaise‹, ein Landhaus errichten. Haben die Jesuiten also die Politik der französischen Könige beeinflusst? Wie stark war möglicherweise ihr Einfluss, und wo ist er konkret zu fassen? Die moderne Geschichtsschreibung stuft ihn als eher gering ein:

> En fin de compte, trois générations de confesseurs se succédèrent au service du roi de France entre 1583 et 1715. Ceux de Henri III et de Henri IV eurent à concilier leur fidélité monarchique avec les exigences d'un catholicisme de combat. Ceux de Louis XIII tentèrent plutôt, mais en vain, de faire prévaloir une conception catholique de la politique en désaccord avec les idées de Richelieu. Ceux de Louis XIV finirent par jouer le rôle de conseiller du Roi pour les affaires ecclésiastiques. Aucun ne réussit à influencer vraiment les orientations politiques de la monarchie.[42]

5.4 Jansenius, der *Augustinus* und Port-Royal

Die Geschichte des Jansenismus ist eng mit Molinas oben genannter Schrift verbunden. Um deren Thesen zu widerlegen, hatte Cornelius Jansen, genannt Jansenius, Professor der Theologie an der Universität von Louvain und Bischof des westflandrischen Ypres, eine Schrift mit dem Titel *Augustinus* in Angriff genommen, in der er die Vorstellung einer ›**grâce suffisante**‹ für **häretisch** und unvereinbar mit den Vorstellungen des Heiligen Augustin erklärte, des aus seiner Sicht größten Kirchenvaters aller Zeiten, ›docteur de la grâce‹. Zentrum und Ausgangspunkt der nach Jansenius benannten Bewegung in Frankreich wird das südlich von Paris gelegene **Zisterzienserinnenkloster von Port-Royal** sein, das sich ab 1608 im Geist der ›réforme catholique‹ erneuert hatte. Diese Erneuerung ist das Werk der jungen Äbtissin Angélique Arnauld. Sie gehört der wegen ihrer Intelligenz, ihrer kategorischen Lebensführung und ihres herrischen Charakters hoch angesehenen Pariser Bürgerfamilie der Arnaulds an. Die geistliche Leitung des Klosters liegt nach der Reform in den Händen führender Theologen, darunter zeitweilig auch denen von François de Sales. Doch der bérullesche Einfluss, das heißt eine an Augustins Gnadenlehre sich orientierende pessimistische Auffassung vom Menschen, ist in Port-Royal immer vorherrschend, besonders ab 1633, als Duvergier de Hauranne, Abt von Saint-Cyran, Beichtvater der Nonnen wird.[43]

Saint-Cyran, wie er abkürzend genannt wird, eine der Schlüsselfiguren des Jansenismus, ist mit Bérulle und Jansenius befreundet und stark von ihnen beeinflusst. Über ihre augustinisch geprägten theologischen Überzeugungen hinaus verbinden politische Konzeptionen die drei Männer, insbesondere der Hass auf Richelieu und dessen machiavellistische Politik. Als Richelieu sich 1635 offen mit den holländischen und deutschen Protestanten gegen Spanien verbündet, verfasst Jansenius ein Pamphlet mit dem Titel *Mars gallicus*, das die ›Realpolitik‹ des Kardinals anprangert. 1637 zieht sich unter Saint-Cyrans Einfluss der angesehene Pariser Anwalt **Antoine Le Maître**, ein Neffe der Angélique Arnauld, aus dem öffentlichen Leben zurück, um in den an das Kloster von Port-Royal angrenzenden Gebäuden, den ›granges‹, ein weltabgewandtes, Gott wohlgefälliges Leben zu führen. Freunde sowie zwei seiner Brüder folgen ihm. Beeinflusst von Saint-Cyran, der Borromeos *Instructions aux confesseurs* den gesteigerten jansenistischen Anforderungen anpassen möchte – wie dies 1643 in Antoine Arnaulds *De la fréquente communion* geschehen wird –, widmen sie sich dem Gebet und der Meditation, aber auch praktischen Tätigkeiten wie der Feldarbeit und insbesondere der Erziehung. Wie ein Strohfeuer verbreitet sich in der Pariser Gesellschaft die Nachricht, dass sich neben dem Frauenkloster Port-Royal eine Gruppe von ›**solitaires**‹ etabliert hat, die sich aus dem gehobenen Bürgertum rekrutiert und deren Mitglieder aufgrund ihrer Intelligenz, ihrer Lebensführung und ihrer Frömmigkeit allseits bekannt und geschätzt sind. Das Misstrauen Richelieus gegen religiös ausgerichtete Gruppierungen am Rande oder jenseits des offiziellen Katholizismus bewirkt auch hier ein Eingreifen, das letztlich politisch und nicht etwa theologisch begründet ist. Er lässt Saint-Cyran kurzerhand verhaften und löst die Vereinigung der ›solitaires› von Port-Royal auf. Erst nach dem Tode des Kardinals kommt Saint-Cyran wieder auf freien Fuß und stirbt kurz darauf. Die ›solitaires‹ konstituieren sich neu; 1646 ist ihre Zahl auf zwölf angewachsen.[44]

5.5 Ein Formular, fünf häretische Lehrsätze und der Große Arnauld

Zwischenzeitlich war der *Augustinus* des Jansenius 1640 postum erschienen. Das Werk trägt den Namen, weil die in ihm dargestellte Lehre unverfälscht den Schriften des heiligen Augustin entnommen, also eine Art Paraphrase seiner wichtigsten Gedanken sein soll. Angeregt durch die Initiative kirchlich orthodoxer und jesuitischer Kreise verurteilt 1653 der Vatikan fünf Lehrsätze, ›propositions‹, aus dem *Augustinus*, die häretisch seien. Die Kirchensynode schließt sich 1657 dieser Auffassung an und verlangt von allen Geistlichen die **Unterzeichnung eines ›formulaire‹**, um sich auf diese Weise deutlich von der **Häresie der ›cinq propositions‹** zu distanzieren. Nach dem Regierungsantritt verstärkt Ludwig XIV. den Druck, indem er allen Priestern, die das Formular nicht unterzeichnen, mit dem Entzug der Pfründe droht. Um ein Schisma zu vermeiden, kommt es schließlich auf Initiative Antoine Arnaulds, des jüngsten Bruders der Äbtissin Angélique, zu einem Kompromiss: Unter Zuhilfenahme der juristischen Unterscheidung zwischen ›de droit‹ und ›de fait‹ stellt er fest, dass die vom Vatikan inkriminierten ›propositions‹ juristisch, also ›de droit‹, in der Tat häretisch seien, dass sie aber als solche, also ›de fait‹, gar nicht im *Augustinus* enthalten seien. Mit diesem geschickten Schachzug entkräftet Arnauld nicht nur den Häresievorwurf, den der Vatikan gegenüber dem Werk erhoben hatte, sondern es gelingt ihm schließlich auch, die Nonnen von Port-Royal nach langen Widerständen – am 14. Februar 1669 – zur Unterzeichnung des Formulars zu bewegen.[45]

Nach dem Tod Saint-Cyrans wird Antoine Arnauld zum Wortführer der Jansenisten. Zur Unterscheidung von seinem gleichnamigen Vater, einem berühmten Anwalt am Pariser Parlament und unversöhnlichen Feind der Jesuiten, wird er **›le grand Arnauld‹** genannt. Er stammt aus einer kinderreichen Familie; seine Brüder werden wichtige Ämter in der Kirche oder der Armee einnehmen, seine Schwestern werden Nonnen in Port-Royal. »La famille Arnauld exerça au XVIIe siècle un rôle éminent dans la société française et même dans la chrétienté tout entière.«[46] Unter dem Einfluss von François de Sales und Saint-Cyran entscheidet Antoine sich für ein Studium der Theologie und erwirbt 1641 den Doktorgrad der Sorbonne. In einer *Apologie pour M. de Saint-Cyran* (1644) verteidigt er die Reformideen seines gerade verstorbenen Lehrers. Einflussreich ist insbesondere seine unmittelbar gegen die jesuitische Beichtpraxis gerichtete Abhandlung ***De la fréquente communion*** (1643), die Saint-Cyran noch als Druckfahnen gelesen hatte. Entschiedener noch als Borromeo in seinen *Instructions aux confesseurs* stellt Arnauld der häufigen, routinemäßigen Beichte der Jesuiten, einer ›dévotion aisée‹, die jansenistische Praxis entgegen; diese setzt der Teilnahme an der Feier des Abendmahls und der damit verbundenen Absolution eine vorherige Gewissenserforschung und die Bekundung des Willens zur Umkehr voraus. *De la fréquente communion* ist geradezu ein Handbuch der jansenistischen Moraltheologie. Kaum ein jansenistisches Werk hat eine derartige Breitenwirkung bei den zeitgenössischen Lesern erzielt. Die psychologisch verfeinerte Seelenanalyse, welche die Werke der großen Autoren der Klassik – Molière, Racine, Mme de La Fayette, die Moralisten – auszeichnen wird, ist ohne die Tradition moraltheologischer Traktate, in der auch *De la fréquente communion* steht, nicht vorstellbar.[47]

Als 1655 ein Priester von Saint-Sulpice dem Herzog von Liancourt die Absolution verweigert, falls dieser nicht zuvor mit Port-Royal breche und seine Tochter aus dem Klosterinternat nehme, antwortet Arnauld mit einer *Lettre à une personne de condition* und wenig später einer *Seconde lettre à un duc et pair*. Sie sollen den Fall einer größeren Öffentlichkeit bekannt machen und haben, da Arnauld aus seiner projansenistischen Haltung keinen Hehl macht, seinen Ausschluss aus der Theologischen Fakultät der Sorbonne zur Folge.[48] Die beiden Briefe sind die unmittelbaren

Vorläufer jener berühmten ***Lettres provinciales***, mit deren Hilfe Pascal sich zwischen Januar 1656 und März 1657 in die Auseinandersetzungen zwischen Jesuiten und Jansenisten einmischt und die noch im selben Jahr anonym in Buchform erscheinen. Sie sind ein Gemeinschaftswerk, an dem Arnauld, der inzwischen im Untergrund lebt, als theologischer Berater mitarbeitet. Als 1667 mit Klemens IX. ein auf Kompromiss ausgerichteter Papst an die Macht kommt und Ludwig XIV. angesichts der Vorbereitungen auf den Ersten Hollandkrieg innere Konflikte einzugrenzen trachtet, begünstigt dies im September 1668 das Zustandekommen der **›paix de l'Église‹**, auch **›paix clémentine‹** genannt. Am 24. Oktober empfängt Ludwig XIV. den Großen Arnauld zu einem Versöhnungsgespräch, und einer der einflussreichsten Jansenisten, der Bibelübersetzer Le Maître de Sacy, kann wenig später die Bastille verlassen, in der er seit 1666 eingesessen hatte. Wie groß jedoch von Seiten Port-Royals die Vorbehalte immer noch sind, zeigt sich u.a. daran, dass die Nonnen erst im Februar 1669 das inkriminierte ›formulaire‹ unterschreiben, ein Akt, der die Aussöhnung der verfeindeten Parteien endgültig besiegelt.

Die ›paix clémentine‹ beschert dem Jansenismus eine etwa zehnjährige Friedensperiode, in der Port-Royal sich zu einem **Zentrum des intellektuellen und religiösen Lebens** entwickelt. Mitglieder des Hochadels und des gehobenen Bürgertums sowie zahlreiche ehemalige Frondeure verleihen ihm gesellschaftliches Ansehen, darunter auch die Herzogin von Longueville, Schwester des Großen Condé und Kusine des Königs; vor allem sie hält ihre schützende Hand über Port-Royal.[49] Doch nach dem Friedensschluss von Nijmwegen beginnt für Hugenotten wie Jansenisten gleichermaßen eine **Zeit der Unterdrückung und Verfolgung**. Schon längst wittert Ludwig XIV. hinter Port-Royal eine ›cabale‹, ja schlimmer noch, eine ›république‹. Der Tod der Herzogin von Longueville 1679 läutet das Ende des Klosters ein. Schon 1680 flüchtet Arnauld nach Brüssel ins Exil, wo er 1694 stirbt. Andere führende Jansenisten werden 1703 in Paris und sogar in Brüssel festgenommen, die Nonnen 1709 gewaltsam aus Port-Royal vertrieben und 1711 die Gebäude geschleift. Eine besonders aktive Rolle kommt bei diesen Aktionen dem Jesuitenpater Michel Le Tellier zu, dem letzten Beichtvater Ludwigs XIV., ›personnage tyrannique‹, skrupelloser Intrigant und antijansenistischer ›Hardliner‹ besonderer Art.[50] Die **päpstliche Bulle *Unigenitus***, die auf ausdrückliche Intervention Ludwigs XIV. zustande gekommen war und die das Pariser Parlament nur nach massiven Drohungen von Seiten des Königs widerwillig registrierte, verurteilt 1713 hundert der jansenistischen Lehrsätze und besiegelt damit das offizielle **Ende des Jansenismus**.

5.6 Der prägende Einfluss Port-Royals

Das 17. Jahrhundert hätte ohne Port-Royal und den Jansenismus sicherlich eine gänzlich andere Physiognomie, wenn auch ihr Einfluss im Einzelnen schwer abzuschätzen ist. Von etwa 1640 an, also dem Zeitpunkt, da die ›solitaires‹ sich im Umfeld des Klosters etablieren, vermengt sich dessen Geschichte mit der der französischen Sprache, Literatur und Philosophie.[51] Schon 1637 werden in Port-Royal auf Betreiben Saint-Cyrans die **›Petites Écoles‹** gegründet, als Antwort auf die ›collèges‹, mit denen die Jesuiten Frankreich überziehen. Sie dienen primär der Ausbildung der Priester, doch können auch Kinder von Freunden und Sympathisanten hier eine religiöse und literarische Ausbildung erhalten. Bekanntlich hat Racine die ›Petites Écoles‹ besucht und ist nachhaltig von ihnen geprägt worden. 1656 werden sie im Zusammenhang mit den Auseinandersetzungen um die *Lettres provinciales* auf jesuitischen Druck hin geschlossen.[52]

Aus der Eröffnung dieser Schulen ergibt sich die Notwendigkeit, über Lerninhalte und deren Vermittlung nachzudenken. Daraus geht 1660 die *Grammaire générale et raisonnée*, auch ***Grammaire de Port-Royal*** genannt, hervor. Sie ist in Zusammenarbeit zwischen Arnauld und dem Mitbegründer der ›Petites Écoles‹, Claude Lancelot, entstanden und stark kartesianisch geprägt, das heißt, dass sie die Gesamtheit sprachlicher Äußerungen einem von der ›raison‹ bestimmten System unterordnet. Aus den Lehrbedürfnissen der ›Petites Écoles‹ entsteht auch die ***Logique ou L'art de bien penser*** (1662), ein Gemeinschaftswerk von Antoine Arnauld und Pierre Nicole, einem weiteren herausragenden Theologen Port-Royals. Nicole hatte bereits intensiv an der Abfassung der *Lettres provinciales* mitgewirkt und wird sich später mit Racine in eine heftige Kontroverse über das Theater einlassen. Die *Logique ou L'art de bien penser*, eines der einflussreichsten Bücher der Zeit, erreicht bis 1683 vier erweiterte Auflagen und hat auch später ganzen Generationen junger Franzosen die Kunst des ›richtigen Denkens‹ – ›l'art de penser‹ – vermittelt.[53]

Die unmittelbaren literarischen Früchte Port-Royals sind eher gering, denn für die ›solitaires‹ ist Literatur vor allem in heilsgeschichtlicher Perspektive wichtig. Alles andere, insbesondere Theater, Musik und Tanz, ist für sie ›divertissement‹, also Zerstreuung, die vom Wesentlichen ablenkt. Eine große Bedeutung messen sie der **Übersetzung** bei, denn durch sie kann ansonsten unzugängliches Wissen verfügbar gemacht werden. So verfasst der erste ›solitaire‹, Antoine Le Maître, einflussreiche *Règles pour la traduction* (1657), und dessen Bruder Le Maître de Sacy fertigt für die ›Petites Écoles‹ eine Übersetzung der Fabeln des Phädrus an, von der La Fontaine sich inspirieren lässt. La Fontaine und Racine geben 1669 einen *Recueil de poésies chrétiennes et diverses* heraus, eine Art Lyrikanthologie des Jansenismus, in der das erbauliche Moment dominiert.[54] Nach der ›paix de l'Église‹ herrscht in Port-Royal ein **reges literarisches Leben**, das weit über das Kloster hinaus ausstrahlt und vielfältige Wirkungen zeitigt. Sainte-Beuves Metapher eines ›**salon religieux**‹ charakterisiert das Jahrzehnt zwischen 1669 und 1679 sehr treffend. Racines Tragödien, Mme de La Fayettes Romane, die Moralistik La Rochefoucaulds und der Marquise de Sablé, selbst ein Teil der Fabeln La Fontaines sind ohne den prägenden Einfluss Port-Royals nicht denkbar.[55]

Hingewiesen werden muss in diesem Zusammenhang schließlich auch auf die unzähligen theologischen und philosophischen Traktate Arnaulds, die aus seinen lebenslangen Auseinandersetzungen mit Feinden des Jansenismus entstanden sind. »L'influence et le prestige d'Arnauld furent immenses: il fut au XVIIe siècle la ›tête pensante‹ de l'Europe catholique.«[56] Arnaulds Ansehen – und auch das Port-Royals – beruht allerdings nicht so sehr auf der Quantität seiner Werke als vielmehr auf der sie bestimmenden Denkform, die in ihrer Klarheit und Methodik den Denkformen eines Großteils des zeitgenössischen französischen Bürgertums entspricht. Denn Arnaulds Schriften erfassen den gesamten innerweltlichen Bereich einschließlich der Moral, der Sprache und des Denkens und ordnen ihn entsprechend den Regeln des kartesianischen Systems, das heißt eines rationalen, nachvollziehbaren Denkens. Diesem Bereich übergeordnet ist derjenige der Transzendenz, der mit den Mitteln des menschlichen Verstandes nicht zugänglich ist, der Bereich eines verborgenen Gottes, der jenseits aller menschlichen Vernunft angesiedelt ist. In Arnaulds und allgemein in den Port-Royal zuzuordnenden Schriften wird also eine **Trennung zwischen verschiedenen Ordnungen** vollzogen, einer irdischen und einer göttlichen, die auch in Pascals Schriften, insbesondere den *Pensées*, eine entscheidende Rolle spielen wird. Pascal unterscheidet dort den kartesianischen ›esprit de géométrie‹ von einem ›esprit de finesse‹; dessen Sitz ist das Herz als Organ aller wesentlichen intuitiven Erkenntnisse und insbesondere der Erfahrung Gottes: »Dieu sensible au cœur, non à la raison.«

5.7 Bilanz

Wie die Hugenotten überleben auch die Jansenisten die materielle und ideelle Zerstörung ihrer Institutionen. Allerdings treten nach dem Tod Ludwigs XIV. theologisch-dogmatische Fragen in den Hintergrund. Die Bewegung öffnet sich den wichtigen Problemen der Aufklärungsepoche, sucht Antworten auf die Fragen nach dem Verhältnis von Vernunft und Glauben, von Kirche und Staat und erlebt mit Genugtuung das 1761–1764 nach einem langen Verfahren ausgesprochene Verbot der Jesuiten in Frankreich. Spätestens mit der Revolution von 1789 wird jedoch der Jansenismus theologisch und gesellschaftlich bedeutungslos, während der Jesuitenorden 1814 wieder zugelassen wird und sich schlagkräftiger organisiert als je zuvor. »Le jansénisme est sorti de la vie pour entrer dans l'histoire.«[57] Zwischen 1840 und 1859 wird der Literaturkritiker **Sainte-Beuve** als erster eine umfassende **Geschichte des Klosters von Port-Royal** schreiben, die zu einem mit großer Sympathie gezeichneten Bild des literarischen und religiösen Lebens des 17. Jahrhunderts gerät. Obwohl in Einzelheiten korrekturbedürftig, ist Sainte-Beuves *Port-Royal* noch heute eine wertvolle Informationsquelle.[58]

6. Fénelon und die ›querelle du quiétisme‹

Eine der vielseitig begabtesten und einflussreichsten Persönlichkeiten der Spätzeit des 17. Jahrhunderts ist François de Salignac de La Mothe-Fénelon, kurz Fénelon genannt: Theologe, Pädagoge und Schriftsteller mit großem politischen Ehrgeiz. Einem alten Adelsgeschlecht des Périgord entstammend, entscheidet er sich schon früh für eine geistliche Karriere und erlangt bald Ruhm als Kanzelredner. In seinen sprachhistorisch wichtigen *Dialogues sur l'éloquence* (1684) empfiehlt er, die in Rhetorik erstarrende öffentliche Rede, insbesondere die Kanzelrede, poetisch und emotional anzureichern, und spricht sich unter Berufung auf den *Traité du sublime* des Pseudo-Longinus für die Verwendung des ›merveilleux chrétien‹ aus. Nach der Aufhebung des Ediktes von Nantes macht er sich durch die Bekehrung der Protestanten im Périgord einen Namen. In seiner Abhandlung *De l'éducation des filles* (1687) befürwortet er ein spielerisches Lernen, plädiert für ein Gleichgewicht zwischen theoretischer und praktischer Erziehung und für eine harmonische Entwicklung der geistigen und seelischen Anlagen junger Mädchen. Diese Schrift steht am Anfang seiner Karriere als **politisch**

ehrgeiziger Pädagoge und Reformer: Auf Anregung Bossuets erfolgt 1689 seine Ernennung zum Erzieher des Herzogs von Burgund, des Enkels Ludwigs XIV.; um die gleiche Zeit wird er Beichtvater der Mme de Maintenon. Doch hat seine **Sympathie für den Quietismus** um 1695 einen Karrierebruch zur Folge: Er wird in die Provinz nach Cambrai abgeschoben, dessen Erzbistum er übernimmt.[59]

Der **Quietismus** ist die letzte bedeutende theologische Strömung des ausgehenden 17. Jahrhunderts. Entsprechend der Definition des *Petit Robert* ist er eine »doctrine mystique qui faisait consister la perfection chrétienne dans un état continuel de quiétude et d'union avec Dieu, où l'âme devient indifférente aux œuvres et même à son propre salut«.[60] Daher ist die durch den Quietismus heraufbeschworene Krise zunächst theologischer Art; denn zur Erlangung des Seelenheils – ›perfection chrétienne‹ – bedarf es keinerlei Vermittlung mehr durch eine übergeordnete kirchliche Instanz. Im Akt eines ›anéantissement mystique‹ (Le Brun) liefert der Gläubige sich Gottes Willen aus und versucht, unter Ausschaltung aller intellektuellen Aktivitäten und in einem Zustand vollkommener Selbstaufgabe ein gefügiges Instrument in dessen Händen zu sein. Der Quietismus definiert sich als **antirationalistische Spiritualität**; seine Gebete sind solche des Herzens und nicht des Verstandes. Schon 1687 hatte Fénelon in der *Réfutation du Père Malebranche* die kartesianische Philosophie mitsamt ihren rational begründeten theologischen Implikationen heftig angegriffen; im Quietismus sieht er einen Weg, Gott ohne Dogmen und kirchliche Institutionen unmittelbar erfahrbar zu machen.

Neben Fénelon ist Madame de Guyon die wichtigste Vertreterin des Quietismus. Dem Vorbild der Jeanne de Chantal und der Karmeliterinnen folgend, entfaltet sie in den 1680er Jahren eine lebhafte missionarische Aktivität, findet Zugang zu den devoten Kreisen des Hofes und übt einen starken Einfluss auf Mme de Maintenon und das Mädchenpensionat von Saint-Cyr aus. Ab 1688 unterhalten Mme de Guyon und Fénelon eine regelmäßige Korrespondenz; die beiden verbindet eine ›amitié spirituelle‹. Doch der missionarische Erfolg der Mme de Guyon ist zugleich Ursache ihres Unglücks; ihre Schriften werden Bossuet zur Prüfung vorgelegt, der einen Großteil ihrer Thesen ablehnt. Das wiederum ruft Fénelon auf den Plan, der seine Position in der Schrift ***L'explication des maximes des saints*** (1697) darlegt, einer durchaus gemäßigten **Charta des Quietismus**. Auf Bossuets Initiative wird sie Papst Innozenz XII. vorgelegt, der sie im März 1699 unter dem starken Druck Ludwigs XIV. gegen seinen eigenen Willen verurteilt. Zwischenzeitlich wird Mme de Guyon zunächst in Vincennes und von 1698 bis 1703 ohne nähere Begründung in der Bastille inhaftiert. Einen Monat nach der Verurteilung der *Explication des maximes des saints* erkennt Fénelon in einem Hirtenbrief das päpstliche Urteil an und bereitet damit der ›querelle du quiétisme‹ zumindest offiziell ein Ende.[61]

Die Auseinandersetzungen zwischen Fénelon und Bossuet werden von den Interpreten als ›conflit‹, ›lutte‹, ›combat‹ oder ›guerre‹ bezeichnet; denn die mit der ›querelle du quiétisme‹ für Kirche und Staat verbundenen Gefahren sind offensichtlich und erklären die heftigen Reaktionen Bossuets und Ludwigs XIV. Theologisch wie politisch bedeutet der Quietismus nämlich eine **Emanzipation des Individuums**, das sich aus festgefügten Hierarchien befreit und zu seinem Seelenheil und irdischen Glück der Vermittlung übergeordneter Instanzen nicht mehr bedarf. Und nicht zuletzt gefährdet er die durch die Aufhebung des Ediktes von Nantes gerade erst erreichte – prekäre – religiöse Einheit Frankreichs. Bossuet handelt daher in voller Übereinstimmung mit Ludwig XIV., der übrigens persönlich Fénelon den Befehl erteilt, sich nach Cambrai zurückzuziehen und nicht mehr am Hof zu erscheinen. Kirchenpolitisch entspricht die ›querelle du quiétisme‹ einem der Grundprinzipien des **Gallikanismus**. Aus dieser Perspektive bedeutet die Verurteilung von Fénelons *Maximes des saints* durch Innozenz XII. im März 1699 die Liquidierung einer theologisch missliebigen Konkurrenz; zugleich aber macht die anonyme Publikation des ersten Teil der *Aventures de Télémaque* nur wenige Tage später die politischen Implikationen der *Maximes des saints* sinnfällig.[62] Die ›querelle du quiétisme‹ spiegelt ebenso wie die Zerschlagung des Jansenismus mit Hilfe der umstrittenen päpstlichen Bulle *Unigenitus* das **Ringen der Monarchie um die religiöse Einheit des Landes**, ein Kampf, in dem der Zweck die Mittel zu heiligen scheint. Im Unterschied zum Jansenismus hat der Quietismus allerdings – zumindest in Frankreich – kaum literarisch bedeutsame Spuren hinterlassen; doch haben die Schriften der Mme de Guyon die Entwicklung des religiösen Empfindens im 18. Jahrhundert europaweit nachhaltig beeinflusst.[63]

7. Bollwerk Bossuet – ›un combat perdu‹

Die kirchenpolitisch einflussreichste Persönlichkeit der Regierungszeit Ludwigs XIV. ist zweifellos der bereits mehrfach erwähnte Jacques-Bénigne Bossuet, der eine Bilderbuchkarriere als Geistlicher aufweisen kann. Auf dem Jesuitenkolleg seiner Heimatstadt Dijon erhält er eine solide Ausbildung, schließt 1652 sein Theologiestudium ab und übt gleichzeitig bereits unterschiedliche geistliche Ämter aus. Sein väterlicher Freund Vincent de Paul vermittelt ihn 1659 nach Paris, wo er sich durch seine Predigten – ›sermons‹ – und Totenreden – ›oraisons funèbres‹ – schnell großes Ansehen erwirbt. Während der ›sermon‹ in der Höfischen Gesellschaft das einzige rhetorische Medium ist, das direkte Ermahnung, ja Kritik gestattet, ist die ›oraison funèbre‹ meist Anlass zu einem idealisierten Porträt. Bossuet beherrscht beides. Heftige Kritik am Lebensstil des Hofes und die Darstellung der Not des Volkes finden sich insbesondere in seinen frühen Pariser ›**sermons**‹, wie etwa in »Sur l'éminente dignité des pauvres« (1659) oder im »Sermon du mauvais riche« (1662) sowie in den jährlichen Fastenpredigten, die unter dem Obertitel *Le carême du Louvre* zusammengefasst werden; ein ›barockes‹ Bild der Vergänglichkeit allen Lebens zeichnet Bossuet in »Sermon sur la mort« (1662). Größeren Ruhm erlangt er mit seinen ›**oraisons funèbres**‹, von denen diejenigen »Sur la mort d'Henriette d'Angleterre« (1670), die Schwägerin Ludwigs XIV., und »Sur la mort de Louis de Bourbon« (1687), den Großen Condé, die berühmtesten sind. Mit seinen geschliffenen, an der antiken Rhetorik geschulten bilderreichen Reden gilt Bossuet als einer der größten Prosaschriftsteller nicht nur des Jahrhunderts, sondern Frankreichs überhaupt.

Von 1670 bis 1680 ist Bossuet Prinzenerzieher, 1681 wird er zum Bischof von Meaux ernannt. Als gefürchteter Polemist steht er unter dem Beinamen ›aigle de Meaux‹ im **Mittelpunkt der meisten literarischen, theologischen und philosophischen Auseinandersetzungen seiner Zeit**: So verurteilt er in dem heftigen Pamphlet *Maximes et réflexions sur la comédie* (1694) das Theater, insbesondere dasjenige Molières; er bekämpft Protestanten und Jansenisten ebenso wie seinen Bischofskollegen Fénelon und den einflussreichen Descartesschüler Malebranche, der der ›raison‹ als Mittel religiöser Erkenntnis eine zu große Bedeutung beimesse. Schließlich nimmt er Kontakt zu Leibniz auf, um Katholizismus und Protestantismus miteinander zu versöhnen. Er ist einer der eifrigsten Verfechter des Gallikanismus, kämpft gegen Freigeister und steht allen Neuerungen oder nonkonformistischen Ideen skeptisch, ja feindlich gegenüber: ein scheinbar unerschütterliches **Bollwerk christlicher Orthodoxie**. Sein geschichtsphilosophisches Hauptwerk, der *Discours sur l'histoire universelle* (1681), ist der letzte, jedoch bereits unzeitgemäße Versuch einer christlich begründeten Geschichtsschreibung. In der 1709 postum erscheinenden staatstheoretischen Schrift *Politique tirée des propres paroles de l'Écriture sainte* stellt er die absolute Monarchie als die vollkommenste, durch die Heilige Schrift legitimierte Regierungsform dar. Doch schon kurz nach Ausbruch der ›querelle des anciens et des modernes‹ bemerkt er selbst:

> Je vois un grand combat se préparer contre l'Église sous le nom de la philosophie cartésienne [...] Sous prétexte qu'il ne faut admettre que ce qu'on entend clairement, [on développe] une liberté de jugement qui fait que, sans égard à la tradition, on avance téméraireiment tout ce qu'on pense.[64]

Zwar stilisiert La Bruyère ihn noch zu Lebzeiten zu einem ›père de l'Église‹; doch so heftig Bossuet auch gegen alle ›Auflösungserscheinungen‹ seiner Zeit ankämpft, er kann den heraufziehenden Geist der Aufklärung nicht aufhalten. Auch sein Kampf ist, wie derjenige des späten Boileau, ein ›combat perdu‹. Die Kirche geht am Ende des ›siècle des Saints‹ als Verlierer aus den Anfeindungen und Kämpfen hervor, denen sie im Verlauf ihrer turbulenten Geschichte ausgesetzt war.[65]

Bossuet bei einer seiner wirkungsvollen Predigten in Notre-Dame von Paris. Seine herausgehobene Stellung symbolisiert Macht und Einfluss des Kanzelredners in der Höfischen Gesellschaft: Ein Bild aus besseren Zeiten!

IV. Philosophie und Naturwissenschaften unter den Zwängen von Kirche und Staat

1. Der ›libertinage‹ – Etappen und Orientierungen der Forschung

Wie es eine Kehrseite des ›grand siècle‹ gibt, so gibt es auch ein ›envers du siècle des Saints‹: den ›libertinage‹. Der gemeinsame Nenner dessen, was dieser schillernde Begriff abdeckt, ist ein **nonkonformistisches, unorthodoxes Verhalten bzw. Denken** im sittlichen, religiösen oder wissenschaftlichen Bereich, das sich durch keinerlei meist theologisch oder politisch begründete Tabuisierungen bzw. Verbote einschränken lässt. Literarisch manifestiert der ›libertinage‹ sich in einer Fülle von Textsorten, die in den meisten Fällen nicht der hohen, kanonisierten Literatur angehören: Brief, Dialog, philosophischer Traktat, Reisebericht, ›roman comique‹, ›satyrische‹, das heißt derb-lüsterne, aber auch philosophische Dichtung, gelegentlich auch das Drama (z.B. Molière, *Dom Juan;* Cyrano de Bergerac, *La mort d'Agrippine*). Das libertinistische Schrifttum ist vielgestaltig und schwer zu fassen, was seine systematische Aufarbeitung und Darstellung erheblich erschwert. Hier tut sich noch ein weites Forschungsfeld auf, das im letzten Jahrzehnt eine Fülle von Textausgaben und Monographien hervorgebracht hat. Wie die Auseinandersetzung mit dem theologischen Schrifttum, so ist – und war von Anbeginn an – auch diejenige mit dem ›libertinage‹ stark ideologisch befrachtet.

So ediert und kommentiert Frédéric Lachèvre etwa zeitgleich zur Publikation der *Histoire littéraire du sentiment religieux en France* des Abbé Bremond zwischen 1909 und 1929 unter dem Obertitel *Le libertinage au XVIIe siècle* freigeistige, ›libertine‹ Literatur des ›Grand siècle‹, die bis dahin großenteils im ›Giftschrank‹ – ›enfer‹ – der Bibliothèque Nationale verschlossen war. Die riesige Textmasse, die er herausgibt, interessiert ihn jedoch weder in literarhistorischer, noch in geistesgeschichtlicher oder künstlerischer Perspektive.[1] Mit seinen Publikationen verfolgt Lachèvre das Ziel, eine **subversive Literatur** bekannt zu machen, die Frankreich ins Unglück gestürzt habe. Die Schriften des Feindes, den es zu bekämpfen gilt, muss man bekanntlich zuvor sorgfältig studieren. Wissenschaftsgeschichtlich ist Lachèvres Werk eine Reaktion auf die antiklerikale Politik der III. Republik, die den Schulunterricht laizisiert, die Macht der kirchlichen Schulen beschneidet und schließlich 1905 die Trennung von Kirche und Staat durchsetzt, was Frankreich nach der Dreyfus-Affäre in kurzer Zeit ein zweites Mal politisch polarisiert. Lachèvres Verdienst ist primär editorischer und bibliographischer Art: Er macht einem breiteren Publikum ein bis dato weithin unbekanntes Schrifttum zugänglich, um im Geiste einer national und religiös konservativen Ideologie – und unter deutlichem Rückbezug auf Bremonds *Histoire du sentiment religieux en France* – vor allem dessen atheistischen und erotisch-hedonistischen, das heißt subversiven Aspekt zu geißeln. Eine **Schlüsselfunktion** misst er in diesem Kampf dem **Prozess gegen Theóphile de Viau** bei. Dieser Prozess sei

> une date dans l'histoire du sentiment religieux en France, il marque non seulement l'arrêt, mais le recul et presque l'anéantissement du libertinage sous les règnes de Louis XIII et de Louis XIV, de ce libertinage qui menaçait l'unité morale de la France [... et qui a] permis le triomphe du libertinage au XVIIIe siècle et amené ce bouleversement social appelé

> Révolution française [...] La Royauté et l'Église avaient une base commune: l'autorité et la tradition; la Royauté dans le domaine temporel, l'Église dans le domaine spirituel. Le libertinage sapait cette base, il créait un péril menaçant pour l'une et l'autre.[2]

Der ›**libertinage**‹ des frühen 17. Jahrhunderts und die **Aufklärung** werden von Lachèvre also in einen **Kausalzusammenhang** gestellt: ohne ›libertinage‹ keine Aufklärung; wären König und Kirche rechtzeitig gegen den ›libertinage‹ vorgegangen, wäre Frankreich die Aufklärung erspart geblieben! Diese These ist auf gezielte Provokation angelegt. Entsprechend heftig sind die Reaktionen.[3]

Ohne bereits hier auf die schwierige Definition des Begriffsfeldes ›libertin / libertinage‹ einzugehen, sei gesagt, dass diese freigeistige Literatur ungleich differenzierter ist, als Lachèvre sie darstellt. In einer der größten Umbruchphasen der europäischen Geschichte, in der nach dem Konzil von Trient die ›réforme catholique‹ Frankreich im Geiste des Christentums kämpferisch zu erneuern trachtet, sucht sie, ebenso entschieden, eine **neue philosophisch-naturwissenschaftlich fundierte Orientierung**. Dies als erster systematisch aufgearbeitet zu haben, ist das große Verdienst von **René Pintard**. Sein inzwischen längst zum Klassiker avanciertes Standardwerk *Le libertinage érudit dans la première moitié du XVIIe siècle* ist zwischen 1932 und 1938 entstanden, kann jedoch kriegsbedingt erst 1943 erscheinen.[4] Das Hauptinteresse der Forschung und Lehre Pintards gilt einer im weitesten Sinn aufklärerischen Literatur. Dementsprechend zwiespältig ist sein Verhältnis zu Lachèvre.[5]

Gegenstand seiner Monographie ist, in nahezu direkter Auseinandersetzung mit Bremond, eine ›**histoire du sentiment irréligieux**‹ der ersten Hälfte des klassischen Jahrhunderts, das heißt der philosophischen und (natur-)wissenschaftlichen Forschungen einer über ganz Europa zerstreuten Gelehrtenrepublik. Diese habe keine im Sinne eines Systems geschlossene oppositionelle, ›libertinistische‹ oder gar atheistische Philosophie entwickelt, sondern ein unsystematisches, heterogenes Wissens- und Ideengebäude, das das christliche Weltbild in Frage stelle. Auf der Basis einer immensen Dokumentation aus Bibliotheken und Archiven beschreibt Pintard ein faszinierendes Kapitel französischer, ja europäischer Geistesgeschichte der ersten Hälfte des 17. Jahrhunderts; doch scheitere die Bewegung etwa zeitgleich mit dem Ausbruch der Fronde an ihren inneren und äußeren Widersprüchen, um erst in den 1680er Jahren durch Autoren wie Fontenelle und Bayle wiederbelebt und in die Frühaufklärung übergeführt zu werden.[6] Wenn auch die von Pintard vorgeschlagene Periodisierung des ›libertinage‹ heute in Frage gestellt wird, bleibt seine von einem starken laizistischen, das heißt aufklärerischen Impuls getragene Studie – allein schon wegen der lebensnahen Porträts der Protagonisten der Bewegung – ein unverzichtbares Arbeitsinstrument für jegliche Beschäftigung mit dem Thema.[7]

Von einem starken **laizistischen Impetus** sind auch die Arbeiten **Antoine Adams** inspiriert, eines ›abbé défroqué‹, der nach dem Verzicht auf das Priesteramt eine brillante universitäre Karriere in Lille und an der Sorbonne durchläuft und durch seine Arbeiten zum 17. Jahrhundert, insbesondere seine fünfbändige *Histoire de la littérature française au XVIIe siècle*, die Sicht des klassischen Jahrhunderts entscheidend beeinflusst.[8] Schon 1936 publiziert er die Monographie *Théophile de Viau et la libre pensée française en 1620*. Théophile de Viau, eine der Gallionsfiguren des ›libertinage‹, war 1623 inhaftiert und zum Tod auf dem Scheiterhaufen verurteilt worden; gesundheitlich geschwächt stirbt er kurz nach seiner Freilassung aus einer 25-monatigen Haft. Schon Lachèvre hatte Théophile zwei Bände seines *Libertinage* *au XVIIe siècle* gewidmet;[9] Adam knüpft an Lachèvre an, setzt aber neue Akzente im Sinn einer mentalitätsgeschichtlichen Perspektive.[10] 1964 veröffentlicht er *Les libertins au XVIIe siècle*, eine Anthologie, die, über Pintard hinausgehend, freigeistige Autoren des gesamten 17. Jahrhunderts in Form kommentierter Textauszüge vorstellt. Dass Adam die Literatur- bzw. Geistesgeschichte des ›siècle classique‹ insgesamt als eine Auseinandersetzung zwischen einem bürgerlich-individuellen Streben nach Freiheit und autoritär-repressiven Tendenzen von Seiten der Kirche und der Monarchie verstanden hat, zeigt das folgende Zitat aus dem dritten Band seiner *Histoire littéraire*, der die Darstellung der großen Autoren eröffnet:

> Les chefs-d'œuvre de nos grands écrivains n'ont pas été écrits dans une atmosphère de sérénité, mais parmi les périls. Ils furent des affirmations de liberté au cœur d'une société qui se ruait dans la servitude.[11]

Pintard und Adam eröffnen mit ihren Arbeiten gänzlich neue Perspektiven auf die Kehrseite des ›siècle classique‹, hinter dessen blendender Fassade nun die meist mit brutaler Gewalt geführten machtpolitischen und ideologischen Auseinandersetzungen sichtbar werden. In ihrem Gefolge sind die Studien zum ›libertinage‹ inzwischen aufgrund ihrer Zahl, ihrer unterschiedlichen Orientierungen und der Komplexität des Gegenstandes kaum noch zu überschauen.[12] Drei Publikationen jüngeren Datums ermöglichen zumindest einen Einblick in den neuesten Forschungsstand.

Zunächst die Monographie von **Françoise Charles-Daubert**, deren programmatischer Titel *Les libertins érudits en France au XVIIe siècle* (1998) bereits sowohl die Nähe als auch die Distanz zu Pintards Studie signalisiert. Für Charles-Daubert ist der ›libertinage érudit‹ ein Phänomen, welches das 17. Jahrhundert insgesamt prägt und nicht nur dessen ›première moitié‹. Gestützt auf ausschließlich philosophische Texte arbeitet die Autorin die dominierenden philosophischen, wissenschaftlichen und politischen Themen heraus und weist einen gewissen **Systemcharakter des ›libertinage érudit‹** nach.[13]

An zweiter Stelle sind die von **Jacques Prévot** herausgegebenen Bände *Libertins du XVIIe siècle* in der Bibliothèque de la Pléiade zu nennen. Sie enthalten nicht nur wichtige theoretische und philosophische Texte von Naudé, La Mothe Le Vayer und Gassendi, sondern dokumentieren ebenso den Prozess gegen Théophile de Viau und stellen darüber hinaus libertine Schriftsteller (Tristan L'Hermite, Cyrano de Bergerac, Charles d'Assoucy) mit charakteristischen Texten vor; den Abschluss des ersten Bandes bildet der anonyme Initiationsroman *L'école des filles,* der hier erstmals an repräsentativer Stelle veröffentlicht wird. Der zweite Band dokumentiert die Präsenz des ›libertinage‹ während des gesamten ›siècle classique‹; er erweitert das Spektrum der libertinistischen Schriftsteller um Bussy-Rabutin, Saint-Évremond, Bayle und Fontenelle und enthält abschließend eine »Anthologie de poésie libertine« ansonsten nur schwer zugänglicher Texte. Das weite Spektrum, das der Begriff ›libertin‹ bei Prévot abdeckt, wird durch diese wenigen Hinweise unmittelbar einsichtig. Das umfangreiche Vorwort zu Band 1 sowie die angefügte »Chronologie«[14] haben programmatischen Charakter, insofern sie das traditionelle Bild des ›siècle classique‹ grundsätzlich konterkarieren. »Le XVIIe siècle a été en France un siècle tourmenté«, heißt es provokativ zu Beginn der »Introduction«. Für Prévot sind ›libertin‹ und ›libertinage‹ ideologisch belastete Begriffe, eigens geschaffen zum Zweck der **Aussonderung alles Missliebigen**, was im übrigen Lachèvre bereits dokumentiert hatte:

> La notion de ›libertinage‹ [...] n'aurait-elle pas servi à rejeter dans la marge de l'histoire des écrivains et des écrits, et à maintenir chimiquement pur le siècle le plus grossièrement idéalisé de notre histoire? Liste hétéroclite de personnes, corpus incohérent de textes, le libertin du XVIIe siècle existe-t-il? Ou n'est-il qu'un fantasme? (S. XVII)

Prévots Anthologiebände ermöglichen in der Tat eine längst überfällige und notwendige Horizonterweiterung. Angesichts des immensen Einflusses der Pléiadeausgaben auf die Kanonbildung ist absehbar, dass wichtige Kapitel der Literatur- und Geistesgeschichte insbesondere der ersten Hälfte des 17. Jahrhunderts neu geschrieben werden müssen. Denn ohne Zweifel sind ›le libertin‹ und ›le libertinage‹ keine Phantasmen; sie erwachen im Gegenteil in den neu edierten Texten zu neuem Leben und werden das Bild des ›siècle classique‹ entscheidend verändern. So übertragen in jüngster Zeit einige Forscher bereits den bisher dem Ende des Jahrhunderts vorbehaltenen Begriff einer ›crise de la conscience européenne‹ auf die hier zur Diskussion stehende Periode von etwa 1580 bis 1640.[15]

In diesem Sinn aktiv ist schließlich eine der Ecole des Hautes Etudes en Sciences Sociales (EHESS) angeschlossene ›Groupe de Recherches Interdisciplinaires sur l'Histoire du Littéraire‹ (G.R.I.H.L.), die sich unter der Leitung von **Jean-Pierre Cavaillé** dem Thema *Libertinage, irréligion, incroyance, athéisme dans l'Europe de la première modernité (XVIe–XVIIe siècles)* widmet. Der Untertitel »Une approche critique des tendances actuelles de la recherche (1998–2002)« präzisiert das Aufgabenfeld dieses Sonderforschungsbereichs. Die regelmäßig im Internet veröffentlichten Forschungsergebnisse können hier nicht im einzelnen dargestellt oder gar bewertet werden, doch finden sie im Folgenden eine angemessene Berücksichtigung.[16]

2. ›Le libertin‹ – eine Erfindung der christlichen Apologetik

Die zeitgenössische Opposition gegen den ›libertinage‹ artikuliert sich erstmals 1624 in der weitschweifigen, mehr als tausend Seiten umfassenden Schrift *La doctrine curieuse des beaux esprits de ce temps, ou prétendus tels* des eifernden Jesuitenpaters **François Garasse**. Sie ist vorrangig gegen Théophile de Viau gerichtet, von dem Garasse ein »monstrueux portrait« entwirft und den er zu einem »persécuteur de la foi et de la sainteté« und zu einem »homme de la fausse liberté« stilisiert – einem Mann der sexuellen Ausschweifung (»liberté de la chair«) und der Gottlosigkeit (»liberté de l'esprit«).[17] Zugleich ist *La doctrine curieuse* eine heftige Attacke gegen all jene, die christlich orthodoxen Dogmen zuwiderhandeln – namentlich genannt werden neben Théophile vor allem Vanini und Charron – und daher als »libertins«, »athéistes«, als »beaux esprits prétendus« bzw. pauschal als »bande athéiste« verurteilt werden.[18] Godard de Donville hat durch eine differenzierte Analyse den rhetorischen Charakter der *Doctrine curieuse* nachgewiesen; ihr zufolge ist das »monstrueux portrait« Théophiles nicht so sehr Abbild der Wirklichkeit als vielmehr das Produkt einer christlichen Apologetik, das von den Strategen der ›réforme catholique‹ bewusst negativ stilisiert und polemisch instrumentalisiert wird, um missliebige Personen und Gruppen pauschal und undifferenziert zu diskreditieren.[19]

Die historische Wirklichkeit ist indes komplexer, und eine Geschichtsschreibung des ›libertinage au XVIIe siècle‹ befindet sich erst in den Anfängen. Aus dem Dschungel der Definitionen und Periodisierungen ergibt sich mit einiger Umsicht und Vereinfachung folgendes Bild: Nach dem Selbstverständnis der Vertreter der Bewegung meint ›libertinage‹ eine intellektuell reflektierte, materialistisch-atheistische Weltanschauung, die ihre geistigen **Grundlagen aus der Philosophie Epikurs und Lukrez**‹ herleitet. Erkenntnistheoretisch stehen die ›libertins‹ in der **Tradition des antiken Skeptizismus**, der keinerlei durch den Verstand oder die Sinne vermittelte Erkenntnis als gesichert anerkennt. In der Terminologie der Zeit werden sie daher ironisch auch als ›**esprits forts**‹ bezeichnet. Für Furetière ist ein ›esprit fort‹ ein standhaftes Individuum, das – im Geist der antiken Stoa – »ne se laisse point abattre par les revers de la fortune – Mais on le dit quelquefois en mauvaise part d'un libertin«. Die derart definierten ›esprits forts‹ sind meist bürgerliche ›libertins‹, die sich der Orthodoxie, die im Gefolge der ›réforme catholique‹ um sich greift, widersetzen. Dabei entwickeln sich **drei Spielarten des ›libertinage‹**:

1. ein ›**libertinage érudit**‹ bzw. ›**critique**‹, der im Wesentlichen vom Bürgertum getragen wird und jede moralische, theologisch-philosophische und (natur-)wissenschaftliche Orthodoxie in Zweifel zieht; einige Repräsentanten dieses ›libertinage érudit‹ werden im Folgenden vorgestellt.

2. ein in Fragen des Glaubens und der Lebensführung bewusst provozierender ›**libertinage scandaleux**‹, ›**blasphématoire**‹ bzw. ›**ostentatoire**‹, dessen Vertreter vorwiegend dem Adel zuzuordnen sind und dessen Höhepunkt mit der Fronde zusammenfällt, der aber auch am Hofe Ludwigs XIV. noch eine große Zahl von Anhängern besitzt, wie Molières Komödie *Dom Juan* zeigt. Ihre Dichtung ist vielfach, unter ausdrücklichem Rückbezug auf den griechischen Satyr – eine Waldgottheit mit menschlichem Körper, Hörnern und Bocksfüßen –, eine ›poésie satyrique‹, die sich von der herkömmlichen Verssatire – ›sat*i*re en vers‹ – durch die bewusst freizügige Darstellung erotischer Sujets unterscheidet. Zu den bekanntesten Vertretern dieser Form des ›libertinage‹ gehören Jacques Vallée, Sieur Des Barreaux, Claude de Chouvigny, Baron de Blot, Claude-Emmanuel Luillier, genannt Chapelle, der wegen seines freizügigen *Bordel des muses* öffentlich verbrannte Claude Le Petit; und auch einer der bedeutendsten Lyriker des ›grand siècle‹, Marc Antoine de Girard, Sieur de Saint-Amant, ist mit wichtigen Teilen seines Werks dieser Bewegung zuzuordnen, die in den anonym veröffentlichten »Quatrains du déiste« ihren genuinen blasphemischen Ausdruck findet;[20] auch Cyrano de Bergerac ist mit seinem vielgestaltigen Werk – Roman, Theater, Brief, Mazarinaden – letztlich einem ›libertinage ostentatoire‹ zuzuordnen.

3. schließlich ein eher agnostizistischer ›libertinage‹, der, intellektuellen Spekulationen abhold, im Gefolge Montaignes und Charrons einer natürlich-kreatürlichen irdischen Weisheit, einem ›suivre nature‹, vertraut: ein stark epikureisch geprägter »**libertinage subtil et secret** qui, sans éclat, accomplissait, à travers le siècle, une véritable révolution des valeurs morales«.[21]

Diese letzte Form des ›libertinage‹, der sich einer Apologie der sinnlichen Freuden des Lebens verschrieben hat, findet in der Philosophie Gassendis ihre geglückteste theoretische Ausprägung; Molière und La Fontaine werden ihn literarisch umsetzen und zu seiner Anerkennung beitragen. Die neu aufkommende französische Oper schöpft vornehmlich aus seinem Themenarsenal. Zugleich ist Molières Komödie *Dom Juan* in der Gestalt ihres gleichnamigen Protagonisten eine Verurteilung jener provozierenden, gotteslästernden ›libertins‹, die der Autor am Hofe Ludwigs XIV. beobachten kann und die jenen stillen, subversiven, zukunftsweisenden ›libertinage‹, dem er selbst anhängt, in Misskredit bringen.[22]

3. Die Gelehrtenrepublik

Die Entwicklung des ›libertinage érudit‹ als der – neben der ›réforme catholique‹ – einflussreichsten intellektuellen Strömung der ersten Jahrhunderthälfte ist nicht das Werk Einzelner, sondern das Ergebnis eines regen intellektuellen Gedankenaustausches. In gelehrten Zirkeln und zunächst privat organisierten Akademien diskutieren Naturwissenschaftler, Philosophen, Schriftsteller und interessierte Laien vorurteilslos neue Entdeckungen und Erkenntnisse. Die Mitglieder dieser Gelehrtenrepublik reisen durch ganz Europa und sind durch eine umfangreiche Korrespondenz miteinander verbunden, ihre Verkehrssprache ist vielfach noch das Latein. Über unterschiedliche Interessen und Fragestellungen hinaus verbindet sie der Wille, nur das anzuerkennen, was sich durch Erfahrung oder vor der Vernunft legitimieren kann. Das schließt Kompromisse oder auch Anpassung im Sinne einer **Trennung zwischen öffentlichem und privatem Leben** nicht aus. »Bene vixit, qui bene latuit« – »Wer verborgen gelebt hat, hat gut gelebt« oder auch »Intus ut libet, foris ut mos est« – »Nach innen, wie es beliebt, nach außen, wie es Sitte ist«, so lauten ihre **Lebensmaximen.**[23]

Sie verstehen sich selbst als Erben des Humanismus und knüpfen bewusst an die von Montaigne wiederbelebte Tradition des antiken Skeptizismus an; zugleich aber sind sie eingeschworene Gegner des herrschenden Lehrbetriebs der Universitäten und der dort praktizierten Methoden, des Aristotelismus und des Thomismus, die in formalistischem Denken erstarrt sind. Ihre Schriften erscheinen häufig anonym oder mit falschen Orts- und Jahresangaben. Repräsentativ für dieses Vorgehen sind zunächst einige Minores, deren individuelle Beiträge in den meisten Fällen nicht primär literarhistorisch relevant sind. Entsprechend dem Sprachgebrauch der Epoche verstehen sie sich bereits als ›**philosophes**‹, die jedoch darauf bedacht sind, unabhängig und frei von tradierten Systemen zu denken; sie sind von der Leidenschaft nach Wahrheit getrieben, der sie indes oft nur verschlüsselt Ausdruck verleihen können. Sie eröffnen mit ihren Schriften **neue philosophische bzw. naturwissenschaftliche Horizonte** und bereiten den Weg für eine **Befreiung des Denkens aus kirchlicher Bevormundung.** Die großen Philosophen, Descartes und Gassendi, leisten, jeder auf seine Weise, eine Synthese dieses Gedankenguts. Zugleich bezeugen die Widerstände, auf die ihr Werk stößt, auf eindringliche Weise dessen revolutionären Charakter. Insgesamt initiieren die im Folgenden vorgestellten ›philosophes‹ einen **Säkularisierungsprozess**, den die Kirche – und in ihrem Gefolge häufig auch die Monarchie – mit Verfolgung, Indizierung und dem Scheiterhaufen bekämpft, den sie aber letzten Endes nicht verhindern kann.

3.1 Die Brüder Dupuy, Peiresc und Mersenne

An erster Stelle zu nennen sind die **Brüder Pierre** und **Jacques Dupuy**. Ab 1617 bis zum Tode Pierres versammeln sie in ihrem ›**Cabinet**‹ jeden Nachmittag die wissenschaftliche und literarische Elite von Paris. Sie betreuen die Bibliothek des Parlamentspräsidenten du Thou, eine der reichsten und prunkvollsten der Zeit[24], sind selbst Sammler wertvoller Handschriften und Buchdrucke und ermöglichen in der Académie putéane, wie ihre Nachmittage bald genannt werden, (natur-)wissenschaftliche, philosophische und literarische Debatten, in denen divergierende Meinungen frei geäußert und diskutiert werden.[25]

Ab 1628 ist auch Gassendi regelmäßiger Gast der Académie putéane. Er war den Gebrüdern Dupuy von dem in Aix wirkenden **Nicolas-Claude Fabri de Peiresc** empfohlen worden, einem Ausnahmegelehrten, den Pintard wie folgt charakterisiert: »Le plus recherché, le plus consulté, le mieux informé des hommes [...] Une exception, un prodige dans son siècle et dans l'histoire de l'érudition.« Sein ›étude‹ in Aix dient ihm im Untergeschoss dazu, Pflanzen und Tiere zu sezieren, auf dem Dach betreibt er astronomische Forschungen. Er hat in Padua bei Galilei studiert, begeistert sich für Astronomie, entdeckt 1610 die Milchstraße des Orion, erstellt die erste Mondkarte und unterhält mit allen gelehrten und innovatorischen Geistern Europas eine umfangreiche Korrespondenz, in der er den Ideen Galileis, Gassendis und Harveys europäische Resonanz verschafft. Um seinen Tod zu beklagen, verfasst Gassendi eine *Vita Peireskii.*[26]

Einflussreicher noch als Peiresc ist der Theologe, Philosoph und Naturwissenschaftler **Marin Mersenne**. Er erhält auf dem 1604 unter Heinrich IV. gegründeten Jesuitenkolleg von La Flèche nahe Poitiers eine solide humanistische und vor allem mathematisch-naturwissenschaftliche Ausbildung. Vermutlich ab 1607 bis 1609 ist Descartes Mitschüler an der gleichen Schule. Ob Mersenne sich allerdings schon dort mit dem acht Jahre jüngeren Descartes angefreundet hat, ist umstritten. Ab 1609 studiert er in Paris alte Sprachen und Theologie und tritt dem Bettelorden der Minimen bei. Nach längerer Lehrtätigkeit entdeckt er um 1619 sein Interesse für die Naturwissenschaften und vereint von da an eine mathematisch-naturwissenschaftliche Forschung, auch wenn sie Dogmen der Kirche verletzt, mit striktester theologischer Observanz. Bald steht er mit allen wichtigen Persönlichkeiten seiner Zeit in Kontakt, insbesondere mit Descartes, Pascal, Huygens und Gassendi, empfängt von ihnen Impulse und vermittelt sie weiter: ein wahrer »Sekretär des gelehrten Europa«. Über eigene bahnbrechende Arbeiten im Bereich der Akustik, der Optik und der Astronomie hinaus übersetzt und publiziert er mehrere Schriften Galileis und gründet 1635 die **Academia parisiensis**, »eines der aktivsten Forschungszentren der ersten Hälfte des 17. Jahrhunderts« und Vorläuferin der späteren Académie des sciences.[27]

Die Aktivitäten der genannten und anderer wissenschaftlicher Zirkel haben zur Folge, dass vor allem die naturwissenschaftliche Forschung zunehmend das Privileg undoktrinär denkender Persönlichkeiten wird, die sich über die erstarrten Denksysteme der Universitäten und die Tabus der Kirche hinwegsetzen.[28]

3.2 François de La Mothe Le Vayer – ein Doppelleben?

Im Umfeld der Académie putéane sind zwei kleinere ›philosophes‹ anzusiedeln: François de La Mothe Le Vayer und Gabriel Naudé. La Mothe Le Vayer, Sohn eines hohen Parlamentsbeamten, beginnt ein Jurastudium, empfindet für die Rechtskarriere aber keine Neigung und wendet sich schon bald der Philosophie zu. Im Mittelpunkt seines Interesses stehen **erkenntniskritische Fragen**. Die menschliche Vernunft ist für ihn nicht mehr das Abbild einer höheren göttlichen Vernunft, vielmehr sind ihre Erkenntnismöglichkeiten begrenzt und ihre durch Syllogismen gewonnenen Schlüsse meist illusorisch. Seine kritischen Vorstellungen fasst La Mothe Le Vayer unter dem Pseudonym Orasius Tubero erstmals 1630 in *Quatre dialogues faits à l'imitation des anciens* zusammen, die laut Titelseite 1606 in Frankfurt am Main publiziert werden. Drei Jahre später erscheinen unter dem gleichen Pseudonym *Cinq autres dialogues du même auteur*, ebenfalls fiktiv 1606 in Frankfurt publiziert und in ihrem Skeptizismus sehr viel radikaler. In ihrer Gesamtheit stellen diese Dialoge ein thematisches Kaleidoskop des Skeptizismus dar, in dem von Religion über Philosophie und Politik bis zu Fragen der privaten Lebensführung – Freundschaft, Reisen, Geld, Ehe, das Alter – alle wichtigen existentiellen Fragen diskutiert werden.[29]

Seine große Gelehrsamkeit gestattet La Mothe Le Vayer den Rückgriff auf die **Tradition des Skeptizismus**, die bis zu dem griechischen Philosophen Pyrrhos zurückreicht und am Ausgang des 16. Jahrhunderts in Montaignes *Essais* eine einflussreiche Synthese erfahren hatte. Er kennt die Schriften Montaignes durch die Vermittlung der Mlle de Gournay, der ›fille d'alliance‹ des Philosophen, mit der er befreundet war.[30] Vertraut ist La Mothe Le Vayer auch mit dem Werk des Theologen **Pierre Charron**, der seit 1576 als Kanonikus in Bordeaux lebt und stark von Montaigne beeinflusst ist. In seinem Hauptwerk *De la sagesse* (1601–1604) verfolgt Charron zwar apologetische Ziele; indem er aber die Vernunft zur Grundlage der Frömmigkeit erhebt, stellt er bereits alle Religionen als gleichwertig und damit auch als relativ dar. Die Kirche kritisiert das Buch heftig. Aufgrund der zahlreichen Zitate antiker Skeptiker, die Charron zu bekämpfen versucht, wird es in der Tat gegenläufig zu seinen wahren Intentionen rezipiert und schon bald nach seinem Tod zu einem einflussreichen Handbuch des Skeptizismus.[31]

Diesem Skeptizismus bzw. Pyrrhonismus zufolge ist es dem Menschen unmöglich, eine verbindliche Wahrheit zu erkennen. Denn die Vernunft ist unvollkommen, und die Sinne täuschen den Menschen; meist sind auch die Urteile über das gleiche Ereignis oder den gleichen Gegenstand widersprüchlich; und überhaupt erscheint dem Skeptiker der verbindliche Beweis der Richtigkeit einer Aussage unmöglich, weil zuvor die Wahrheit der Prämisse, auf der sie beruht, bewiesen werden müsse. Für den Menschen bedeutet dies, dass er in der Situation eines geradezu ontologischen Agnostizismus, einer ›folie générale‹, alles, was ihm zustößt, als ›gleichgültig‹ ansehen und auf diese Weise die Seelenruhe, Ataraxie, erlangen kann.[32] Wie sehr La Mothe Le Vayer in dieser Tradition steht, zeigen programmatische Äußerungen wie die folgende:

> Toute notre vie n'est, à le bien prendre, qu'une fable, notre connaissance qu'une ânerie, nos certitudes que des contes: bref, tout ce monde qu'une farce et perpétuelle comédie.[33]

Die **flexible Dialogform** kommt den Intentionen La Mothe Le Vayers besonders entgegen, denn sie gestattet ihm nicht nur die Darstellung widersprüchlicher, häufig in ein logisches Paradox führender Thesen, auch die Position des Autors ist hinter den Aussagen der fiktiven Gesprächspartner der Dialoge nicht eindeutig identifizierbar. So wird alles einer skeptisch-kritischen Prüfung unterzogen: Legenden, Fabeln, ungesicherte Überlieferungen, Vorurteile, Glaubensinhalte, mythische Gestalten, die Existenz der Götter und die einer Vorsehung.

Unter Berufung auf den Philosophen und Märtyrer Justinus (ca. 100–ca.165) vertritt La Mothe Le Vayer sogar die kühne These, dass die großen Geister der Antike im Grunde bereits Christen waren und folglich einen Anspruch auf christliche Glückseligkeit haben. Ohne den christlichen Glauben explizit in Frage zu stellen, kritisiert er die Bedeutung, welche die Kirche der Tradition und den Gottesbeweisen beimisst. Zugleich versichert er in einer Art dialektischem Handstreich, eine Kritik der Irrtümer der Vernunft könne dem Glauben an Gott den Weg bereiten:

> Faisons donc hardiment profession de l'honorable ignorance de notre bien aimée sceptique, puis que c'est elle seule qui nous peut préparer les voies aux connaissances révélées de la divinité.

Seinen Skeptizismus bezeichnet er daher auch als ›**sceptique chrétienne**‹ bzw. ›**divine sceptique**‹.[34] Dient die formale Zuspitzung der Begriffe in Form eines Oxymorons dazu, den fundamentalen Atheismus des Skeptikers La Mothe Le Vayer zu kaschieren, sich gleichsam ein Alibi zu verschaffen? Oder führen die Widersprüche, vor welche die Vernunft den Menschen in allen erkenntniskritisch wesentlichen Fragen stellt, zu einer ›heureuse suspension d'esprit‹ und in deren Folge zu einer Hinwendung zu den ›connaissances révélées de la divinité‹? Ein solches ›Glaubenbsbekenntnis‹ wäre indes mit Sicherheit kein »acte de foi«, der sich christlich interpretieren ließe, »mais celui d'un philosophe qui en quelque sorte, parvenu au fond d'une impasse, sauterait le mur pour poursuivre son chemin«.[35] Die Frage ist umstritten. Denn einer solchen Deutung steht die Tatsache entgegen, dass La Mothe Le Vayer sich ausdrücklich zu jener bereits zitierten libertinistischen Grundmaxime und den daraus resultierenden Konsequenzen einer strikten Trennung des privaten vom öffentlichen Leben bekannt hat: »On ne saurait mieux faire en ce monde que de **tenir son jeu caché**, *bene vixit, qui bene latuit*«. Es erscheint daher angemessener, von einem strategischen Verhalten zu sprechen, das für die Mehrheit der ›libertins érudits‹ der Epoche charakteristisch ist; auch für sie gilt das ›Unter einer Maske schreite ich einher‹, das Descartes zu seinem Wahlspruch erhebt.[36]

Das **Doppelleben**, das für La Mothe Le Vayer zu einer zweiten Natur geworden ist, äußert sich darin, dass er 1633 **in den Dienst Richelieus** tritt und in dessen Auftrag einen konformistischen *Petit discours chrétien sur l'immortalité de l'âme* (1637) verfasst, in dem er die Unsterblichkeit der Seele mit Hilfe von 33 syllogistischen Argumenten beweist. In der wenig später gegen die Jansenisten gerichteten Abhandlung *De la vertu des païens* (1641) erörtert er in Richelieus Auftrag die Möglichkeiten einer säkularisierten, von kirchlichen Institutionen unabhängigen Moral, wie die Heiden sie bereits entwickelt hatten. 1639 wird La Mothe Le Vayer in die Académie française aufgenommen. 1647 ernennt die Königinmutter, Anna von Österreich, ihn zum Prinzenerzieher; er unterrichtet zunächst den Herzog von Anjou, den jüngeren Bruder des Königs und späteren Herzog von Orléans, und ab

1652 den vierzehnjährigen Ludwig XIV. selbst. Um dieses Amt zu erlangen, hatte er noch zu Lebzeiten Richelieus einen Traktat mit dem Titel *De l'instruction de Mgr le Dauphin* verfasst.[37]

Durch diese öffentlichen Ehrungen und Ämter diskreditiert La Mothe Le Vayer sich in den Augen mancher seiner Mitstreiter aus der Académie putéane. Seine Biographie ist charakteristisch für das Schicksal eines ›philosophe‹ der Zeit, der einerseits den Zwängen staatlicher Autorität und kirchlicher Orthodoxie unterliegt, andererseits aber auch dem Anspruch nach intellektueller Rechtschaffenheit genügen möchte. Die Fülle der Publikationen zur Person La Mothe Le Vayers zeigt, wie groß der Forschungsbedarf zum Thema noch ist.[38]

3.3 Gabriel Naudé – Gründer der Bibliothekswissenschaft und radikaler Aufklärer

Der Philosoph, Historiker, Arzt und Bibliothekar Gabriel Naudé, ebenfalls Mitglied der Académie putéane, stammt aus bescheidenen Verhältnissen; sein Vater ist in der Finanzbehörde tätig; seine Mutter kann weder lesen noch schreiben. Doch Gabriel erhält eine solide Ausbildung, in deren Verlauf seine Lehrer ihn bereits mit freigeistigen Thesen vertraut machen. Mit zwanzig Jahren beginnt er ein Medizinstudium und unterhält freundschaftliche Beziehungen zu seinem späteren Arztkollegen Guy Patin, einem Freigeist wie er selbst.[39] 1626 geht er nach Italien, um in Padua die Vorlesungen des atheistischen Philosophen Cesare Cremonini zu besuchen. Nach seiner Rückkehr findet er Zugang zur Académie putéane, wo er die Freundschaft Gassendis gewinnt. Naudé, Gassendi, La Mothe Le Vayer und Elie Diodati werden fortan jene ›Tetrade‹ bilden, in der Pintard die Keimzelle des ›libertinage érudit‹ sieht.[40]

1631 geht Naudé im Dienste des Kardinals Bagni für zehn Jahre nach Rom, unterhält dessen Bibliothek sowie die größere und berühmtere von Papst Urban VIII. im Palazzo Barberini und gewinnt gleichzeitig Einblicke in den römischen Katholizismus. Während dieser Zeit hält er die Académie putéane über alle wichtigen Ereignisse in Rom auf dem Laufenden, kehrt aber nach zehn Jahren, von den Mechanismen kirchlicher Machtausübung ernüchtert, nach Paris zurück.[41]

Im Dienste Richelieus und später Mazarins ist er als Bibliothekar tätig und durchreist ganz Europa auf der Suche nach Büchern für die Bibliothèque Mazarine, die erste öffentliche Bibliothek Frankreichs, deren Bestände während der Fronde allerdings erheblich leiden. 1652 folgt er dem Ruf der Königin Christina von Schweden, um deren Bibliothek zu organisieren. Angewidert von den Hofintrigen verlässt er Kopenhagen jedoch schon 1653 und stirbt auf dem Rückweg nach Frankreich eines unerwarteten Todes.

Mit dem mehrfach aufgelegten *Advis pour dresser une bibliothèque* (1627) wird Naudé zum **Begründer der Bibliothekswissenschaft**;[42] über technische Hinweise hinaus gibt seine Abhandlung Einblick in die Vorlieben eines Intellektuellen der Zeit, der sich vor allem für Fragen der Moral und der Politik interessiert. Die fast schon professionelle Beschäftigung mit Büchern ist ein Kennzeichen des zeitgenössischen Intellektuellen; so wird auch La Mothe Le Vayer eine Abhandlung *Du moyen de dresser une bibliothèque d'une centaine de livres seulement* (1648) schreiben.[43] Vorbild solcher Bibliotheksentwürfe ist die legendäre Bibliothek Montaignes, die Mlle de Gournay zu rekonstruieren versucht und über die sie die Mitglieder der ›Tetrade‹ in Kenntnis setzt.[44] Eine Bibliothek erlaube es ihrem Besitzer, schreibt Naudé, »[de] s'instruire et [de] connaître les particularités plus précises de *Tout ce qui est, qui fut et qui peut être / En terre, en mer, au plus caché des cieux*«.[45] Die geradezu **kosmopolitische Ausweitung des Wissens**, welche eine Bibliothek ermöglicht, schärft zugleich das historische und methodische Bewusstsein und fördert die Emanzipation von Vorurteilen und von den von außen auferlegten Begrenzungen und Zwängen. Zugleich konkretisiert sich in einer Bibliothek für den Skeptiker die Relativität aller in den Büchern scheinbar für alle Zeiten fixierten Wahrheiten. Nicht zufällig wird der Père Garasse in seiner *Doctrine curieuse* gegen die ›Bibliothèque des libertins‹ polemisieren; Bibliotheken sind Teufelswerk, »la quadrature du cercle des Athéistes«.[46]

Wie sein Freund La Mothe Le Vayer ist Naudé Skeptiker und daher von der Nichtigkeit – ›folie‹ – und den Widersprüchen menschlicher Erkenntnisse überzeugt. Er hat in Rom erfahren, wie Wissen, dessen Verlässlichkeit er bezweifelt, zur Ausübung und zum Erhalt von Macht eingesetzt wird. Dabei interessiert ihn jedoch nicht so sehr die Analyse von Einzelfällen, sondern die jeweils zugrunde liegende Argumentationsstruktur. 1639 veröffentlicht er in Rom anonym und in einer Auflagenhöhe von nur zwölf Exemplaren die dem Kardinal Bagni gewidmeten *Considérations politiques sur les coups d'État*. Auf den mehr als 200 Seiten seiner Abhandlung untersucht Naudé anhand einer Fülle historischer Beispiele die Mechanismen, die die Gründung und Erhaltung von Staaten – »l'érection et la conservation des États« – bestimmen. In allen Fällen geschehe ihre Gründung nach den Regeln eines Staatsstreiches, wobei die Religion eine entscheidende Rolle spiele. Denn die Staatengründer machten sich deren ›inventions et supercheries‹ zunutze, »en faisant marcher la Religion et les miracles en tête d'une longue suite de barbaries et de cruautés«. So hätten es Semiramis, Cyrus und Alexander, aber auch Romulus und der Religionsstifter Mohammed praktiziert. Ein solcher ›Betrug‹ könne aber nur wirken, weil das Volk nicht durchschaue, dass die Lehre von einem Leben nach dem Tod und das Gebot der Gottesfurcht bei Androhung exemplarischer Strafen pure **Strategien des Machterhaltes** sind. Naudé zeigt an zahlreichen Beispielen, vorzugsweise an dem des Religionsstifters Mohammed, dass immer dieselben Verfahren dazu dienen, das Volk zu täuschen: »feindre des miracles, controuver des songes, inventer des visions, et produire des monstres et des prodiges«. Naudé argumentiert zwar, ohne je das Christentum ins Spiel zu bringen, doch gelingt es ihm, dem Leser die Frage aufzudrängen, wie es sich mit den Wundern verhält, auf die das Christentum sich gründet.[47] Kein Zweifel, Naudé ist Atheist bzw., in der Terminologie der Epoche, ›libertin‹ oder ›esprit fort‹. Er steht mit seinen Überlegungen in der Tradition des anonymen, radikal antireligiösen Traktats *De tribus impostoribus – Traité des trois imposteurs*, dem zufolge die Religionsstifter Moses, Christus und Mohammed Betrüger seien, denen ihre Lehre lediglich als Mittel des einfachen Machterhaltes diene.[48]

Ähnlich entschieden aufklärerisch ist Naudés *Apologie pour tous les grands personnages qui ont été soupçonnés faussement de magie* (1625), ein Plädoyer zugunsten großer Persönlichkeiten der Antike, deren wahre Biographie durch eine Fülle falscher Anschuldigungen und Verdächtigungen entstellt werde. Die *Apologie* ist eine groß angelegte »décharge des calomnies que l'erreur populaire attache à la réputation de ces hommes illustres«, darunter Pythagoras, Demokrit, Aristoteles, Sokrates und Vergil. Zweifellos geht es Naudé ernsthaft um die Rehabilitierung dieser und zahlreicher anderer historischer Persönlichkeiten. Ihre wahre Aktualität und Brisanz aber gewinnt die *Apologie* aufgrund ihrer unmittelbaren Nähe zum Prozess gegen Théophile de Viau, durch den der Dichter nach Naudé ebenfalls zu einem ›grand personnage soupçonné faussement de magie‹ stilisiert worden ist.[49] Eine solch ›aufgeklärte‹ Stellungnahme hindert Naudé indes nicht, bei Ausbruch der Fronde im *Jugement de tout ce qui a été imprimé contre le cardinal Mazarin* für den Kardinal Partei zu ergreifen. Angesichts der abergläubischen und wankelmütigen Menge, dem ›profanum vulgus‹, sieht er, wie viele aufgeklärte Geister, eine starke Monarchie als die historisch notwendige Regierungsform an. Naudé gilt in der neueren Forschung als eine der markantesten Persönlichkeiten der Epoche. Welch subversive Sprengkraft seine *Considérations* besitzen, erhellt die Tatsache, dass sie erst 1667 postum ohne Ortsangabe und 1673 in Straßburg im Buchhandel erscheinen.[50]

4. Gassendi – die Aussöhnung von Theologie und materialistischer Glücksphilosophie

Das Werk des Pierre Gassend, gen. Gassendi, kann als Summe des Schaffens kleinerer libertinistischer Autoren, wie etwa La Mothe Le Vayer, Naudé oder auch Guy Patin, angesehen werden. In der Nähe von Digne in der Provence geboren, besucht er das dortige Jesuitenkolleg und studiert anschließend Theologie, Philosophie und wahrscheinlich auch Jura in Aix. Er promoviert zum Doktor der Theologie, erhält die Priesterweihe und wird 1626 zum Propst der Kathedrale von Digne ernannt. Sein weiteres Leben spielt sich geographisch zwischen Paris und der Provence ab; beruflich schwankt Gassendi zwischen dem Priesteramt und der Tätigkeit eines akademischen Lehrers und Forschers. Über die Philosophie hinaus gilt sein Interesse der Mathematik und den Naturwissenschaften. Er korrespondiert mit vielen wissenschaftlich relevanten Persönlichkeiten der Epoche, ist mit Mersenne befreundet, verkehrt im ›Cabinet‹ der Brüder Dupuy, steht mit Pascal in wissenschaftlichem Austausch, verfasst eine kritische Stellungnahme zu Descartes‹ *Meditationes*, verteidigt die kopernikanischen Thesen Galileis und bildet mit Diodati, Naudé und La Mothe le Vayer jene bereits erwähnte ›Tetrade‹. 1645 wird er wegen seines Ansehens als Astronom zum Professor für Mathematik am Collège Royal ernannt. Sein Hauptinteresse aber gilt seit 1626 der antiken Atomlehre Epikurs und Demokrits. Von 1626–1629 arbeitet Gassendi an einer nicht abgeschlossenen *Apologie d'Epicure* und legt 1647 in *De vita et doctrina Epicuri* eine umfassende **Darstellung der materialistischen Philosophie Epikurs** vor, an der er von 1629–1645 mit Unterbrechungen gearbeitet hatte. Differenzierter ist die Darstellung sodann in *Philosophiae Epicuri syntagma* (1649), ein Werk, das die Philosophie Epikurs unter den Aspekten der Logik, der Physik und der Ethik systematisch darstellt.[51]

Von der **antiken Atomlehre**, wie die griechischen Philosophen **Demokrit** und **Epikur** sie entwickelt haben, sind nur wenige Fragmente überliefert. Der römische Dichter **Lukrez** hat sie allerdings in seinem Lehrgedicht *De rerum natura* als System dargestellt. Die Wiederentdeckung des Lukrez in der italienischen Renaissance markiert zugleich den Beginn der Rezeptionsgeschichte Epikurs; dessen Lehre, der

Epikureismus, wird von Beginn an als der radikale **Gegenpol jedweder idealistischen Philosophie** verstanden und dementsprechend bekämpft.[52] Schon Platon soll ein heftiger Feind Demokrits gewesen sein. Epikurs Lehre, wie Lukrez sie vermittelt, stellt eine ›Welt aus Atomen‹ dar,[53] in der alles Existierende aus der zufälligen Verbindung kleinster, seelenloser Elemente, eben der Atome, besteht und sich mit dem Tod wieder auflöst. Es gibt in ihr keine vernünftige Ordnung, keine unsterbliche Seele und keinen Gott, allenfalls den antiken Göttern vergleichbare indifferente transzendente Wesen, die das Leben der Menschen nicht beeinflussen, sondern sich in einem fernen Jenseits langweilen. Die daraus resultierende Ethik ist rein innerweltlich hedonistisch ausgerichtet: Da der Mensch nicht auf ein Leben nach dem Tod hoffen kann, muss er sein Glück auf Erden suchen und verwirklichen. Dieses Glück besteht in der Erfüllung eines allem Leben inhärenten Lustprinzips, ›voluptas‹, dem der Mensch folgen soll, ohne sich daran zu verlieren. *De rerum natura* beginnt mit einem Hymnus auf die »alma Venus, hominum divumque Voluptas« – die »holde Venus, aller Menschen und Götter Wonne«. Es war im 16. Jahrhundert die berühmteste und am häufigsten – unter anderem auch von Du Bellay – ins Französische übersetzte Passage des Lukrez. Dem römischen Dichter zufolge besteht das höchste Glück des Menschen in einer von Leidenschaften freien Glückseligkeit, ›felicitas‹, die ihn auch von der Angst vor Schmerzen, Krankheit und Tod befreit. Der Epikureismus ist eine **elitäre Ethik**, denn er setzt einen Menschen voraus, der sich von Vorurteilen, und das heißt auch von dem Glauben an die Existenz eines allmächtigen Schöpfergottes, frei gemacht hat und sein Leben autonom und selbstverantwortlich gestaltet. Schon der lateinische Dichter Horaz, der, Lukrez folgend, die epikureische Ethik geradezu vorbildhaft in seiner Lyrik umgesetzt hat, formulierte programmatisch: »Odi profanum vulgus et arceo« – »Ich hasse das gemeine Volk und halte es fern von mir«.

Das philosophiegeschichtliche Verdienst Gassendis besteht darin, die Philosophie Epikurs für das 17. Jahrhundert wiederentdeckt und verfügbar gemacht zu haben.[54] Sein erstes philosophisches Werk, die *Exercitationes paradoxicae adversus Aristoteleos* (1624), erscheint kaum ein Jahr nach dem Gerichtsentscheid des Pariser Parlaments, das die Professoren der Sorbonne dazu verpflichtet hatte, ausschließlich die Physik des Aristoteles zu lehren. Gassendi kritisiert in seiner Schrift aber gerade das zum leeren Dogma erstarrte aristotelisch-thomistische Lehrsystem der Schulen und Universitäten und lehnt darauf aufbauende metaphysische Konstruktionen und daraus sich herleitende ethische Implikationen mit Entschiedenheit ab. Die *Exercitationes* sind eine heftige Invektive gegen die Lehre, ›doctrina‹, und die Lehrmethode, ›dialectica‹, des Aristoteles, so wie sie von seinen (humanistischen) Kommentatoren und Adepten dargestellt wird, und mündet in die provokative These »Qu'il n'y a pas de science, mais surtout pas de science aristotélicienne«.[55] Bereits hier, entschiedener aber noch in den späteren Schriften gesteht Gassendi der Vernunft nur ein **eingeschränktes Erkenntnisvermögen** zu; erkennbar ist lediglich das, was die **Erfahrung** dem Menschen **durch die Sinne** vermittelt; und diese Erkenntnis hat noch dazu allenfalls den Wert einer Wahrscheinlichkeit, keineswegs aber den einer Gewissheit oder gar absoluten Wahrheit. In der Ethik vertritt Gassendi die These, dass das individuelle Glück, ›felicitas‹ (›le bonheur‹), das höchste Ziel des Lebens und aller Philosophie ist und mittels der ›voluptas‹ (›le plaisir‹) erlangt werden kann.

Da entsprechend den Prämissen der atomistischen Philosophie das Leben mit dem Tod endet, muss der Mensch auf Erden seine Erfüllung im Auskosten der Lust finden, die allerdings von der Vernunft in Schranken gehalten wird. Gassendis Epikureismus ist eine **diesseitige, atheistische Glücksphilosophie**, die ihr Autor, um ihrer Akzeptanz willen, mit einer Reihe von **Zugeständnissen an die christliche Religion** ausstattet. Daher ›korrigiert‹ er die epikureische Philosophie mit »réponses et adoucissements convenables aux points qui touchent notre foi«.[56] So geht er beispielsweise davon aus, dass die Seele, obwohl sie sich aus Atomen zusammensetzt, unsterblich ist, und stellt den epikureischen Hedonismus mit der christlichen Morallehre als vereinbar dar. Einen ähnlichen Kompromiss findet er auch hinsichtlich der Kosmologie: Während er sich in seinen Briefen vorbehaltlos zugunsten des heliozentrischen Weltbildes äußert und seine Sympathie für die Thesen Keplers und Galileis betont, bekennt er sich in seinen öffentlichen Schriften nicht zu diesen Positionen. Man wird derartige Widersprüche bei Gassendi wie schon bei La Mothe Le Vayer und Naudé als eine Anpassung an den orthodoxen Zeitgeist werten müssen.[57]

Der direkte **Einfluss der Philosophie Gassendis auf das ›siècle classique‹** ist eher gering. In philosophischer Hinsicht hat er nicht schulbildend gewirkt; seine Schriften werden kaum zitiert oder kommentiert. Eine Ausnahme bildet der achtbändige *Abrégé de la philosophie de Gassendi*, den der Arzt und Reisebuchautor François Bernier zwischen 1674 und 1678 herausgibt. Bernier hatte Gassendi 1640 kennen gelernt und ist mit seiner Philosophie bestens vertraut. Er verkehrt in libertinen Kreisen, ist mit Boileau und La Fontaine befreundet; Saint-Evremond und Bayle bewundern ihn, Voltaire wird ihn später als ›le joli philosophe‹ bezeichnen. Er verkehrt in den Salons der Mme de La Sablière und der Ninon de Lenclos. Hier findet sein *Abrégé* den geeigneten Nährboden und erzielt einen solchen Erfolg, dass er 1684 in zweiter Auflage erscheinen kann. La Fontaines zweite Fabelsammlung ist entscheidend von Berniers *Abrégé* beeinflusst.[58]

Das Beispiel La Fontaines zeigt zugleich aber auch, dass nicht so sehr das Werk Gassendis die Instanz ist, welche der Epoche die Kenntnis der epikureischen Philosophie vermittelt, als vielmehr Lukrez selbst. Dessen *De rerum natura* wird zwischen 1600 und 1700 neun Mal publiziert und darüber hinaus in der zweiten Jahrhunderthälfte drei Mal ins Französische übersetzt. Die Übersetzung des Abbé Marolles in Prosa (1650) unterscheidet sich insofern von den anderen, als sie Anmerkungen enthält, die unkonformistische Aussagen des Originals im Sinne christlicher Orthodoxie korrigieren. Auch Molière soll sich an einer Übersetzung des Lukrez versucht haben, die entweder nicht abgeschlossen – und also auch nicht gedruckt – wurde oder aber verloren gegangen ist. Umstritten ist auch, ob er in seiner Jugend ein direkter Schüler Gassendis war. Immerhin bezeugen derartige Hypothesen das Ansehen, dessen Lukrez und die epikureische Philosophie sich erfreuen. Die bis in die Anfänge des 16. Jahrhunderts zurückreichende Lukrezrezeption erklärt auch, dass epikureisches, das heißt libertines Gedankengut unabhängig von Gassendi und bereits vor seiner Zeit, beispielsweise bei Théophile de Viau oder in Charles Sorels *Histoire comique de Francion* (1623) nachweisbar ist. Die zweite Jahrhunderthälfte wird den **›libertinage érudit‹ gesellschaftsfähig** machen, indem sie ihn zu einem ›gassendisme‹ bzw. ›épicurisme mondain‹ weiterentwickelt, und auf diese Weise geradezu eine Hochblüte epikureischen, libertinen Gedankengutes in der Literatur bewirken.[59]

5. Descartes – der Zweifel als Grundlage der Philosophie und der Wissenschaften

5.1 Hinweise zur Biographie eines ›philosophe au masque‹

Der idealistische Gegenentwurf zur materialistischen Philosophie Gassendis stammt von René Descartes. In La Haye, dem heutigen La Haye-Descartes in der Touraine, geboren, erhält Descartes auf dem Jesuitenkolleg von La Flèche, wo schon Mersenne Schüler war, eine solide humanistische und vor allem mathematisch-naturwissenschaftliche Ausbildung.[60] Anschließend studiert er in Poitiers Jura und erwirbt 1616 das Lizenziat der Rechte. Er entstammt dem Amtsadel; sein Vater ist Jurist am Gerichtshof der Bretagne; Descartes ist also materiell abgesichert und entscheidet sich entgegen der Familientradition für eine militärische Laufbahn. Die Begegnung mit dem jungen holländischen Mathematiker und Physiker Isaac Beeckmann führt ihn jedoch um 1618 zu den ›choses sérieuses‹ zurück, der Beschäftigung mit der Mathematik und Physik.[61] Ausdruck der geistigen Krise, die er durchlebt, sind in der Nacht zum 10. November 1619 drei Träume, die ihm als Offenbarung Gottes erscheinen: In einer Art Halluzination erfährt er **das Universum als *eine* große Einheit** und gewinnt die Erkenntnis, dass es zur Entschlüsselung von dessen Geheimnissen auch einer auf *einer* Methode beruhenden Wissenschaft bedarf. Fortan sieht er es als seine Lebensaufgabe an, die **Methode einer** solchen **Universalwissenschaft** zu entwickeln, die aber mit dem christlichen Dogma in Einklang stehen soll und die Existenz Gottes nicht in Zweifel ziehen darf.[62]

Wann genau Descartes den Philosophen und Naturwissenschaftler Marin Mersenne kennengelernt hat, ist unsicher. Jedenfalls hat kein zeitgenössischer Gelehrter ihn derart entscheidend beeinflusst wie Mersenne, der über eigene bahnbrechende naturwissenschaftliche Arbeiten hinaus auch mehrere Schriften Galileis in Frankreich publiziert hat. Rastlos und von Erkenntnisdrang getrieben durchreist Descartes ab 1618 ein Jahrzehnt lang Europa, pflegt Kontakte zu zahlreichen Gelehrten und betreibt Studien in Astronomie, Anatomie, Optik und Akustik. 1628 lässt er sich für **zwei Jahrzehnte in Holland** nieder, vermutlich weil das republikanisch regierte Land ihm toleranter erscheint als Frankreich, wo er bereits mit der Sorbonne in Konflikt geraten war. Da es aber in den 1640er Jahren auch mit den holländischen Protestanten zu Auseinandersetzungen kommt, folgt er 1649 nach einigem Zögern der Einladung der Christina von Schweden, einer der außergewöhnlichsten Frauen des Jahrhunderts.

Christina ist bis 1654 **Königin von Schweden**, konvertiert dann jedoch zum Katholizismus und verzichtet auf den Thron. Von nun an unternimmt sie viele Reisen und führt ein unstetes Leben. Bereits während ihrer Regierungszeit steht Christina mit Pascal, Gassendi, Scarron, Mlle de Scudéry und anderen Geistesgrößen in Korrespondenz, lockt Philosophen, Wissenschaftler, Künstler, Bibliothekare – darunter Naudé – nach Stockholm und will die Stadt zu einem geistigen und kulturellen Zentrum ausbauen, zu einem ›Athen des Nordens‹, das mit Paris konkurrieren kann: Ihre Bibliothek soll europäische Bedeutung erlangen, und sie möchte eine Akademie gründen, deren Leitung sie Descartes anträgt. Dieser soll sie auch in Philosophie unterrichten. Ständig muss er zu ihrer Verfügung stehen, muss sich morgens um fünf Uhr erheben, wenn es der Königin in den Sinn kommt, sich philosophisch unterweisen zu lassen. Doch verträgt er das raue Klima des Landes nicht, leidet an der Kälte seines unzureichend geheizten Zimmers, zieht sich eine Lungenentzündung zu und stirbt am 11. Februar 1650.[63]

Als unabhängiger Intellektueller ist Descartes sich stets der Gefährlichkeit seines Denkens bewusst; doch gelingt es ihm, sein Leben in Einklang damit zu gestalten; als Mensch ist Descartes allein in seiner umfangreichen **Korrespondenz** gegenwärtig, die ihn mit den gelehrten Zirkeln seiner Zeit verbindet. Hier äußert er sich freimütig zu Fragen der persönlichen Lebensführung. Besondere Bedeutung besitzt sein Briefwechsel mit zwei hoch gebildeten Frauen, Elisabeth von Böhmen und Christina von Schweden. In den Briefen an Elisabeth entwickelt er seine Vorstellungen über das Verhältnis von Körper und Seele, in denen an Christina entsteht das Projekt eines Studiums der Leidenschaften.[64]

Zwei Ereignisse beeinflussen Descartes wissenschaftlich und menschlich stark: 1610 entdeckt Galilei mittels eines neu entwickelten Fernrohrs die Jupitersatelliten und bestätigt damit indirekt die 1543 von Kopernikus aufgestellte These, dass die Erde nicht im Mittelpunkt des Universums stehe, sondern ein Satellit der Sonne sei. Mit dieser Entdeckung wird das geozentrische Weltbild, das der griechische Astronom Ptolemaios (90–168) aufgestellt hatte, endgültig durch das heliozentrische abgelöst. Descartes hat vermutlich schon auf dem Jesuitenkolleg von La Flèche Kenntnis von dieser Entdeckung erhalten und deren Gültigkeit erkannt. Als Galilei 1632 in seinem auf Italienisch verfassten Hauptwerk *Dialogo sopra i due massimi sistemi del mondo tolemaico et copernico* offen für das **heliozentrische Weltbild** eintritt und die Inquisition ihn 1633 zum Widerruf verurteilt, unterbricht Descartes die Arbeit an einer naturphilosophischen Synthese mit dem Titel *Le monde de M. Descartes ou Le traité de la lumière et des autres principaux objets des sens*; die Arbeit wird erst 1664 postum erscheinen. Am Ende seines Prozesses soll Galilei trotzig das berühmte »Eppur‹, si muove!« – »Und sie bewegt sich doch!« – ausgerufen haben. Descartes‹ Wahlspruch hingegen lautet: ›Larvatus prodeo‹ – ›Unter einer Maske schreite ich einher‹; in einem Brief an Mersenne vom April 1634 nimmt er angesichts der Maßnahmen der Inquisition für sich die Devise des ›libertinage érudit‹ in Anspruch: ›Bene vixit, qui bene latuit‹.

Einer seiner wichtigen Biographen charakterisiert ihn denn auch als **›philosophe au masque‹**.[65] Wie groß seine Angst vor Nachstellungen war, zeigt sich auch daran, dass er in Holland fünfzehn verschiedene Wohnsitze gehabt hat. In welch hohem Maß sein Werk in Opposition zu den von der Kirche und der Sorbonne vertretenen Lehrmeinungen steht, geht aus verschiedenen Ereignissen hervor: 1663 gelingt es den Jesuiten, seine **Schriften auf den Index** zu setzen; als sein Leichnam vier Jahre später nach Frankreich zurückgeführt wird, untersagt Ludwig XIV. die Bestattungsfeierlichkeiten; 1685 schließlich verbietet die Zensur eine französische Neuauflage des *Discours de la méthode*, seines in damaliger Perspektive wichtigsten Werkes.

5.2 Die Suche nach einer ›universalen Mathematik‹

Descartes' erstes wichtiges, aber unabgeschlossenes Werk sind die *Regulae ad directionem ingenii*, die erst 1701 in Buchform erscheinen, offensichtlich aber während des ganzen 17. Jahrhunderts in Manuskriptform zirkulieren und nachhaltig wirken; Arnauld und Nicole haben sie nachweislich für die Erarbeitung der *Logique de Port-*

Royal zu Rate gezogen. In den *Regulae* entwickelt Descartes erstmals das Konzept einer ›mathématique universelle‹, die allen Einzelwissenschaften übergeordnet ist, deren Gesetze aber auch für diese Gültigkeit besitzen und zu »gewisser und unzweifelhafter Erkenntnis« (2. Regel) führen. In den Niederlanden entstehen in den folgenden Jahren alle anderen wichtigen Schriften Descartes'. 1637 erscheint anonym der programmatische ***Discours de la méthode*** *pour bien conduire sa raison et chercher la vérité dans les sciences*. Er ist eine Art geistige Autobiographie, sein zentrales Thema die Möglichkeit einer methodisch abgesicherten Erkenntnis in allen den Menschen betreffenden Bereichen, also den Wissenschaften, der Theologie und der Moral. Der Weg zu einer solchen Erkenntnis, die Methode also, ist der systematische Zweifel, vor dem allein das Bestand hat, was ›evident‹, also klar, rational einleuchtend und daher unumstößlich ist. Und als solche ›Evidenz der Vernunft‹ erweist sich in letzter Instanz allein das Ich, das sich im Denken seiner selbst der eigenen Existenz versichert. Descartes resümiert diese Erfahrung in der berühmten Formel »Je pense, donc je suis«, in der sich für ihn die letzte, gesicherte Wahrheit konzentriert.

Descartes ist sich des revolutionären Charakters seiner Schrift voll bewusst, doch versucht er, den Eindruck zu erwecken, als handele es sich bei diesem Werk nur um den Erfahrungsbericht eines Einzelnen. Diese persönliche Dimension des *Discours* ist sicherlich das Element, das entscheidend zu seinem Erfolg beigetragen hat. Das in allen Reflexionen des *Discours* immer präsente Ich ist das eines ›honnête homme‹, der scheinbar unprätentiös mit sich selbst grundlegende Fragen der Erkenntnisphilosophie gefällig und rational einsichtig erörtert und sie zugleich einem imaginären Gesprächspartner mitteilt. Dieser wird nicht, wie bisher üblich, auf Lateinisch angesprochen, sondern in seiner vertrauten Muttersprache.

Eine Gesamtdarstellung seiner Philosophie enthalten dann 1641 die ***Meditationes de prima philosophia*** *in qua Dei existentia et animae immortalis demonstratur*. Der Text wird bald ins Französische übersetzt und erscheint mit einigen Verbesserungen 1647 unter dem Titel *Les méditations métaphysiques touchant la première philosophie*. Dem Titel entsprechend entwickelt Descartes hier, auf der Erkenntnisbasis des *Discours* aufbauend, seine Lehre von der Existenz Gottes und der Unsterblichkeit der Seele. 1644 folgen die *Principia philosophiae*, eine Synthese seiner bisherigen Forschungen im Bereich der Metaphysik, Kosmologie und Physik. Auch dieser Text wird 1647 ins Französische übersetzt. In einem Brief an den Übersetzer betont Descartes mit Hilfe einer berühmt gewordenen Metapher programmatisch den enzyklopädischen Anspruch seiner Philosophie:

> **Toute la philosophie est comme un arbre**, dont les racines sont la métaphysique, le tronc est la physique, et les branches qui sortent de ce tronc sont toutes les autres sciences, qui se réduisent à trois principales, à savoir la médecine, la mécanique et la morale; j'entends la plus haute et la plus parfaite morale, qui, présupposant une entière connaissance des autres sciences, est le dernier degré de la sagesse. Or, comme ce n'est pas des racines ni du tronc des arbres, qu'on cueille des fruits, mais seulement des extrémités de leurs branches, ainsi la principale utilité de la philosophie dépend de celles de ses parties qu'on ne peut apprendre que les dernières.[66]

5.3 Die Ablösung der spekulativen Philosophie durch eine praktische

Descartes hat sein in etwa drei Jahrzehnten entstandenes naturwissenschaftliches und philosophisches Werk, wie die Baummetapher in den *Principia philosophiae* zeigt, als **ein homogenes Ganzes** verstanden. In seinen zahlreichen naturwissenschaftlichen Schriften – *Traité de mécanique, La géométrie, Les météores, La dioptrique* etc. – beteiligt er sich an der aktuellen Diskussion der entsprechenden Probleme. Im Zentrum seines philosophischen Werks stehen **erkenntniskritische Fragen**. Doch das Problem einer gesicherten, widerspruchsfreien Erkenntnis betrifft nicht allein die Naturwissenschaften, sondern ebenso die Metaphysik und die Ethik, darüber hinaus aber insbesondere den Prozess der Erkenntnis selbst.

An den Beginn des Weges zu einer solchen Erkenntnis stellt Descartes den **systematischen Zweifel**, der letztlich zur totalen Zerstörung der herrschenden philosophischen und theologischen Systeme führt. Konkret betroffen sind jene mittelalterlich geprägten Denkformen, die mit den Begriffen Scholastik, Thomismus und Aristotelismus bezeichnet werden. Diese sind auf der dogmatischen Verbindung von Glauben und Vernunft begründet und gewinnen ihre Erkenntnisse in rein formalen, nicht auf den Gegenstand bezogenen, oft spekulativen Argumentationsformen, darunter insbesondere dem Syllogismus. Die Negation und der Zweifel, die Descartes ihnen entgegensetzt, bewirken in einem ersten Schritt eine *Tabula rasa* aller praktizierten Verfahren, die jedoch in dialektischer Umkehr eine neue Basis schafft: die **Selbstversicherung des Ich im Vollzug des Denkens**. Im Denken erfährt das kartesianische Bewusstsein sich als den einzig sicheren Punkt im Erkenntnisprozess. Darin besteht die epochale Erneuerung des doppelt formulierten »**Je pense, donc je suis**« (*Discours*) bzw. »Cogito, ergo sum« (*Principia philosophiae*).

Mit diesem radikalen Schritt erreicht Descartes zweierlei: Er stellt überkommenes Wissen und darauf sich stützende Autoritäten grundsätzlich in Frage und macht sich damit die Universitäten, insbesondere die Sorbonne, zum Feind. Weiter erklärt er **das vernunftbegabte Individuum zur selbstverantwortlichen Instanz** der Wahrheitsfindung und der Moral und gerät damit in Opposition zur Kirche. Zu Beginn des *Discours* formuliert er programmatisch: »Le bon sens est la chose du monde la mieux partagée [...] Ce qu'on nomme le bon sens ou la raison, est naturellement égale en tous les hommes«; und in den *Méditations* bezeichnet er die ›raison‹ als »un principe universellement répandu«, dessen alle Menschen unabhängig von Epochen, Klimazonen und Nationalitäten bei ihrer Geburt teilhaftig werden und das alle Lebensbereiche und Wissenschaften einschließlich der Moral durchdringe. Daher impliziert auch das »Je pense, donc je suis« die Möglichkeit, ja den Auftrag an das jetzt autonome Individuum zu einer Neugestaltung von Welt und Gesellschaft auf der Basis einer neuen, gesicherten Erkenntnis. In einer geradezu pathetisch gehaltenen Passage des *Discours* beschreibt Descartes die Folgen seiner epochalen Einsichten und den inneren Konflikt, in den sie ihn führen:

> Mais sitôt que j'ai eu acquis quelques notions générales touchant la physique et que j'ai [...] remarqué jusques où elles peuvent conduire, et combien elles diffèrent des principes dont on s'est servi jusqu'à présent, j'ai cru que je ne pouvais les tenir cachées, sans pécher grandement contre la loi qui nous oblige à procurer, autant qu'il est en nous, le bien général de tous les hommes. Car elles m'ont fait voir qu'il est possible de parvenir à des

> connaissances qui soient fort utiles à la vie, et qu'au lieu de cette philosophie spéculative, qu'on enseigne dans les écoles, on peut **en trouver une pratique** [...] et ainsi **nous rendre comme maîtres et possesseurs de la nature.**[67]

Zuallererst hat das kartesianische Individuum indes die Erkenntnis seiner selbst zum Ziel und beweist seine Autonomie vorrangig in der **Beherrschung seiner Affekte**. Diesen ethischen bzw. moralischen Aspekt untersucht Descartes in der 1649 auf Französisch erschienenen Abhandlung *Les passions de l'âme*.[68] Er unterscheidet darin **sechs Hauptleidenschaften**: *admiration, amour, haine, désir, joie, tristesse*. Die übrigen sind sekundärer Natur und leiten sich von diesen Hauptleidenschaften ab. Die menschlichen Gefühle, in denen sie sich manifestieren, sind für Descartes Störungen der Seele, psychische Reflexe oder Reaktionen auf körperliche Eindrücke, sind also im Grunde animalische Instinkte, die dem Urteil und der Herrschaft der ›raison‹ unterworfen werden müssen. So ist beispielsweise die Liebe nur dann gut, wenn die ›raison‹ ihr Ziel billigt, ihren Gegenstand als erstrebenswert anerkennt und auf diese Weise zur Vervollkommnung des liebenden Individuums beiträgt. Die Vorstellung einer derartigen ›heroischen‹ Überwindung der Affekte durch die Vernunft fand Descartes in der antiken Stoa vorgebildet.

Eine solche Theorie der Leidenschaften steht auf den ersten Blick dem Theater Corneilles nicht fern. In der Tat hat schon Lanson in zwei Aufsehen erregenden Artikeln die These aufgestellt, dass Descartes' Affektenlehre im Grunde nichts anderes sei als eine **Psychologie des ›héros cornélien‹**.[69] In Corneilles Theater kann die Liebe nur dann triumphieren, wenn es ihr gelingt, sich rational zu legitimieren. Gegen Lansons These ist einzuwenden, dass, wenn Corneilles Held mitsamt seiner ihn zerreißenden Leidenschaften sich der ›läuternden‹ Vernunft unterwirft, dies meist der Unterordnung eines – politischen – Rebellen unter die Staatsräson Richelieus gleichkommt. Bei Descartes hingegen dient der Sieg der Vernunft über die Leidenschaften der Exaltation eines autonomen Individuums, das sich seiner Herrschaft über sich selbst vergewissert; mit den Worten der »Préface« zu den *Principia philosophiae* bedeutet ein solcher Sieg die Erlangung des »dernier degré de la sagesse«.

5.4 Traditionelle Elemente

In dieser Konstituierung eines von allen Autoritäten unabhängigen Individuums liegt die eigentliche Revolution der kartesianischen Philosophie, die ansonsten auch durchaus traditionelle Elemente enthält. Hierzu gehört zunächst die Weiterentwicklung des vom Platonismus und dem Christentum bekannten **Dualismus zwischen Geist bzw. Seele und Materie**, zwischen erkennendem Subjekt und zu erkennendem Objekt. Dem allein im Denken sich selbst erfahrenden und erkennenden Subjekt, der ›res cogitans‹, stellt Descartes die ›res extensa‹ entgegen, die ›seelenlose‹ Materie, die nach rein mechanischen Gesetzen funktionierende Welt der Gegenstände. Die Unterscheidung dieser beiden Seinskategorien ergibt sich als Denknotwendigkeit; denn allein auf diese Weise lässt sich die Unsterblichkeit der Seele begründen, die nicht, wie alles Materielle, der Vergänglichkeit unterworfen ist. Zur ›res extensa‹ gehören für Descartes übrigens auch die Tiere, die er als ›Automaten‹ betrachtet, eine These, die im Umfeld des ›libertinage érudit‹ kontrovers diskutiert wird. Traditionelle Elemente finden sich nicht zuletzt im Bereich der **Metaphysik**. Denn der praktizierende Katholik Descartes stellt nirgends die Existenz Gottes in Frage. Vielmehr diskutiert er im vierten Teil des *Discours* und in der dritten und fünften *Méditation* traditionelle **Gottesbeweise**, unter denen er sich für den ontologischen entscheidet. Dieser besagt, dass die Tatsache der Vorstellung eines höchsten vollkommenen Wesens die Notwendigkeit der Existenz eines solchen Wesens impliziert; denn dieses vollkommene Wesen hat dem Menschen erst die Idee der Vollkommenheit vermittelt.

5.5 Zeitgenössische Rezeption

Solch traditionelle Elemente können den **revolutionären Charakter** der kartesianischen Philosophie jedoch nicht überdecken. Und so ist es bis ins 18. Jahrhundert hinein in Frankreich gefährlich, sich öffentlich auf Descartes zu berufen. Auch darf Descartes' Werk nur gedruckt werden, wenn sein Name nicht auf der Titelseite erscheint. Das tut seiner Wirkung indes keinen Abbruch. Besonders in den **weiblichen Zirkeln** wird Descartes' Philosophie mit **Sympathie** aufgenommen. Die Frauen danken ihm, dass er ihnen die Fähigkeit zugesteht, selbständig und vernünftig denken zu können. Molières *Femmes savantes* (1672) illustrieren das neue Selbstbewusstsein der Frauen. La Fontaine, der Descartes' Auffassung der Tiere als ›Automaten‹ entschieden ablehnt, verehrt ihn nichts desto weniger als »Ce mortel dont on eût fait un dieu / Chez les païens, et qui tient le milieu / Entre l'homme et l'esprit«.[70] Ein solches Lob ist umso überraschender, als weder Molière noch La Fontaine Anhänger der Philosophie Descartes' sind, sondern eher seinem philosophischen Gegenspieler Gassendi zuneigen.

Aus diesen Kreisen kommt naturgemäß auch die heftigste **Kritik**; die Mehrzahl der oben genannten Vertreter des ›**libertinage érudit**‹, aber auch andere angesehene Persönlichkeiten des geistigen und kulturellen Lebens sind entschiedene Antikartesianer, insbesondere Chapelain, Huet, der Große Arnauld, der englische Philosoph Thomas Hobbes. Und Gassendi verfasst, auf Bitten Descartes' selbst, einen kritischen Kommentar zu den *Méditations*, in dem er aus empirischer Perspektive gegen die Theorie der ›eingeborenen Ideen‹ – ›ideae innatae‹ – polemisiert, gleichsam als könne Erfahrung anders als durch die Sinne erworben werden.[71] Symptomatisch für die Ausstrahlung von Descartes' Philosophie ist nicht zuletzt die Tatsache, dass bereits 1669 der Religionsbegriff in Molières *Tartuffe* einer rein innerweltlich verstandenen Vernünftigkeit – ›bon sens‹, ›raison‹ – entspricht. Explizit heißt es in einem vermutlich von La Mothe Le Vayer verfassten und von Molière mit verantworteten Kommentar zu diesem Stück: »Il est certain que la religion n'est que la perfection de la raison«.[72]

Die Wirkungsgeschichte Descartes' füllt ganze Bände und auch der nicht unberechtigte Vorwurf, dass seine Philosophie im Grunde idealistisch sei, das heißt auf empirische Forschung weitgehend verzichte, hat ihrem Einfluss nicht geschadet. Ihr positives, **auf individueller Autarkie gegründetes Menschenbild** geht über die von der ›réforme catholique‹ propagierte optimistische Vorstellung des Menschen weit hinaus und ist der Gegenpol jener antihumanistischen Anthropologie, wie sie sich im Umfeld von Port-Royal herausbildet. Aufgrund dieses Glaubens an die Vernunft und den Menschen wird Descartes zu einer Schlüsselfigur der ›querelle des anciens et des modernes‹ und zu einem wichtigen **Wegbereiter der französischen Aufklärung**.[73]

6. Aufbruch der Wissenschaften

Gassendi und Descartes sind die beiden herausragenden Philosophen der ersten Hälfte des 17. Jahrhunderts, die ihre unterschiedlichen philosophischen Konzepte nicht nur in Form eines Systems entwickelt, sondern darüber hinaus auch den Naturwissenschaften **wichtige Impulse** gegeben haben. Wissenschaftsgeschichtlich ist das 17. Jahrhundert in Frankreich die Epoche des Aufbruchs und der **Begründung des modernen wissenschaftlichen Denkens**. Ueberweg stellt die Entwicklung unter dem Titel »Der Aufbruch der Wissenschaft in Frankreich« dar und Blay / Truchet sprechen von »L'émergence d'une nouvelle science«.[74] Diese ›nouvelle science‹ ist aber keineswegs allein das Verdienst einzelner herausragender Individuen, sondern das Ergebnis des intellektuellen Austausches zwischen Gelehrten und interessierten Laien, die sich in privaten Zirkeln in Paris, aber auch in der Provinz zusammenfinden und von denen die wichtigsten bereits vorgestellt wurden. Oft tauschen sie ihre Fragen und Ergebnisse auch über staatliche Grenzen hinweg per Briefwechsel aus und weben so ein dichtes Netz internationaler Beziehungen. Die Sprache dieser **Gelehrtenrepublik** ist anfangs vorwiegend noch das Latein. Für die Verbreitung der ›neuen Wissenschaft‹ aber ist entscheidend, dass schon früh Schlüsselwerke in der jeweiligen Nationalsprache des Forschers publiziert werden. So bereits 1632 Galileis *Dialogo sopra i due massimi sistemi del mondo tolemaico et copernico* und 1637 Descartes' *Discours de la méthode*. Ab Mitte des Jahrhunderts wird eine zunehmende sprachliche Differenzierung es erlauben, auch die komplexesten naturwissenschaftlichen Entdeckungen auf Französisch darzustellen.

6.1 Vom geozentrischen zum heliozentrischen Weltbild

Wie eng diese Gelehrtenrepublik vernetzt ist, zeigt exemplarisch die Ablösung des geozentrischen durch das heliozentrische Weltbild, ein Prozess, den Alexandre Koyré in seinem Standardwerk *Von der geschlossenen Welt zum unendlichen Universum* (1962) anschaulich dargestellt hat. Entscheidend ist, dass das neue Weltbild durch physikalische und mathematische Gesetze wissenschaftlich abgesichert ist. Deren Formulierung ist zunächst **das Verdienst Galileis**. In seinen *Discorsi* gelingt ihm erstmals der Nachweis, dass alle Körper im Raum den gleichen Fallgesetzen unterworfen und Unterschiede allein durch ihre Größe und Beschaffenheit sowie den Luftwiderstand bedingt sind. Auf diesen Erkenntnissen baut der englische Physiker und Mathematiker **Isaac Newton** in seinem Hauptwerk *Philosophiae naturalis principia mathematica – Mathematische Grundlagen der Naturphilosophie* (1687) auf. Newton formuliert darin das Gesetz der universellen Gravitation, dem gleichermaßen sowohl Vorgänge im Weltall, das heißt die Bewegung der Planeten, als auch solche auf der Erde, das heißt der Fall der Körper, unterliegen. Er erklärt damit die Planetenbewegung, aber auch das Phänomen von Ebbe und Flut sowie schließlich die Tatsache, dass die Erde an den Polen flach ist. Dieser **Nachweis der universellen Gültigkeit physikalischer Gesetze für den Kosmos** versetzt letztendlich dem geozentrischen Weltbild den Todesstoß. Andere Entdeckungen tragen in unterschiedlicher Weise zu dieser wissenschaftlichen Revolution bei: in der Physik Pascals Experimente zur Erforschung des Luftdrucks sowie diejenigen des Holländers Christian Huygens zur Wellentheorie des Lichts; in der Mathematik die Entwicklung der analytischen Geometrie durch Descartes, die der Wahrscheinlichkeitsrechnung durch Pascal und Huygens und schließlich die der Infinitesimalrechnung durch Newton.[75]

Diese Entwicklungen haben die **Revolutionierung des bisher gültigen Welt- und Menschenbildes** zur Folge: Von nun an steht der Mensch, ebenso wenig wie die Erde, nicht mehr im Zentrum des Kosmos; die herkömmlichen Hierarchien haben ihre Gültigkeit verloren; Autorität und Recht auf Anerkennung kann in Zukunft nur das beanspruchen, was mathematischen und physikalischen Gesetzen gehorcht oder sich durch die Evidenz des Experiments rechtfertigen lässt. An die Stelle des ptolemäischen und christlichen Weltbildes, dessen unveränderbare Hierarchie dem Menschen Grenzen setzte und zugleich Geborgenheit gab, tritt ein unendliches Universum, in dem für Himmel und Erde und den Menschen die gleichen Gesetze gelten. Am Ende dieses **Entmythisierungsprozesses** steht die Vorstellung einer mechanisch wie ein Uhrwerk funktionierenden Welt. Kepler, Descartes und Huygens bedienen sich explizit dieser Metapher.[76] Diese Veränderungen verlangen dem Menschen einen Bewusstseinswandel ab, der jedoch nur langsam vonstatten geht. Die jeweils unterschiedlichen Reaktionen auf den halleyschen Kometen illustrieren diesen Mentalitätswandel zwischen 1670 und 1720, ein Sachverhalt, der noch im Zusammenhang mit den Periodisierungsproblemen eine Rolle spielen wird. Ein religiös-mythisch begründetes und auf naivem Glauben beruhendes Weltbild ist durch ein wissenschaftliches abgelöst worden und hat endgültig seine Legitimation verloren.[77]

6.2 Fortschritte in der Medizin

Eine Skizze des ›Aufbruchs der Wissenschaften in Frankreich‹ ist unvollständig ohne den Hinweis auf eine der folgenreichsten medizinischen Entdeckungen der Epoche, die **Entdeckung des Blutkreislaufs**. 1628 veröffentlicht der englische Arzt **William Harvey** die Abhandlung *Exercitatio anatomica de motu cordis et sanguinis in animalibus – Anatomische Studien über die Bewegung des Herzens und des Blutes in den Lebewesen*, »un livre révolutionnaire de soixante-douze pages«, das in Frankfurt am Main erscheint und eine ›querelle de la circulation‹ auslöst, die das wissenschaftliche Europa spaltet. Denn indem Harvey von ›animalibus‹ spricht, also von ›Lebewesen‹, stellt er letztendlich Mensch und Tier auf eine Stufe. Gassendi und auch Descartes, obwohl Tiere für ihn ›Automaten‹ sind, sprechen sich spontan für Harveys Thesen aus. Doch die Widerstände sind groß. 1636 unternimmt Harvey eine Reise auf den Kontinent, die ihn über Holland und das Rheinland nach Wien, Prag, Venedig und Florenz schließlich nach Rom führt und den Durchbruch seiner These bedeutet.

Allein die Sorbonne beharrt weiterhin auf der hippokratisch-galenischen **Temperamentenlehre**, der zufolge die vier Körpersäfte das Wesen des Menschen ausmachen. Statt Harveys experimentell gewonnene Erkenntnis zu erproben, hält sie kategorisch – neben dem Klistier – am Aderlass als geradezu universellem Heilmittel fest, um den Kranken von verdorbenen Säften zu befreien. Diese aus medizinischer Sicht fragwürdige Methode führt jedoch oft zum Tod des Patienten. Ausgerechnet der unkonventionelle Arzt und Libertin Guy Patin, ab 1650 Dekan der Medizinischen Fakultät der Sorbonne und seit 1656 Inhaber des Lehrstuhls für Anatomie am Collège Royal, profiliert sich als Anhänger der traditionellen Medizin. Doch der **Durchbruch**

der experimentellen Medizin ist nicht aufzuhalten. So greift Molière in seinen zahlreichen Ärztesatiren, insbesondere in *Le malade imaginaire* (1673), die Praktiken der zeitgenössischen Medizin heftig an. Seine auch persönlich gegen die Ärzte Ludwigs XIV. gerichtete Kritik zielt auf den blinden Aristotelismus der Sorbonne und macht eine Wissenschaftsauffassung lächerlich, die sich allein auf die Autorität der Alten gründet und neue, experimentell gewonnene Erkenntnisse wie diejenigen Harveys verurteilt. Der Streitigkeiten überdrüssig, spricht Ludwig XIV. 1672 ein Machtwort und verordnet, dass die Blutkreislauflehre Harveys zur offiziellen Doktrin erhoben wird.[78]

6.3 Die Institutionalisierung der Wissenschaft

Die Herausbildung der ›nouvelle science‹ ist einerseits das Werk herausragender Individuen wie Galilei, Gassendi und Descartes; andererseits basiert sie, vor allem in den Anfängen, vielfach auf privater Initiative. Neben dem Kreis um Peiresc, dem ›Cabinet‹ der Brüder Dupuy und der Academia parisiensis Mersennes hatten sich in Paris und der Provinz zahlreiche andere Akademien etabliert. Doch schon bald nach dem Regierungsantritt Ludwigs XIV. propagiert Colbert den Gedanken einer Bündelung, und das heißt zugleich auch einer Einbindung und Kontrolle, aller diesbezüglichen Anstrengungen in Form einer zentralen Akademie. Im Ausland waren naturwissenschaftlich orientierte Akademien gegründet worden, die sich in kurzer Zeit großes Ansehen erworben hatten: 1657 die Accademia del Cimento in Florenz, 1660 die Royal Society in London, der der Astronom Edmond Halley mit der Entdeckung des nach ihm benannten Kometen internationales Renommee verschaffen wird.[79] 1666 ernennt Colbert die ersten Mitglieder der zukünftigen **Académie royale des sciences**, darunter den angesehenen holländischen Physiker, Mathematiker und Astronomen **Christian Huygens** als wichtigstes Gründungsmitglied. Ab 1665 lebt Huygens in Paris und prägt das Erscheinungsbild der Akademie entscheidend. 1681 kehrt er aus gesundheitlichen Gründen und besorgt über die Situation der Hugenotten in Frankreich nach Den Haag zurück. Die Aufhebung des Ediktes von Nantes 1685 hindert ihn an der Rückkehr nach Frankreich und zwingt mehrere seiner Mitarbeiter zur Emigration. Huygens beschließt, in Holland zu bleiben; sein *Traité de la lumière* erscheint 1690 in Leyden.[80]

Vorrangige Aufgaben der Akademie sind die Konzentration der wissenschaftlichen Aktivitäten, die Erarbeitung von Forschungsprogrammen und die Bekanntgabe von Forschungsergebnissen in Form jährlich erscheinender Publikationen. Bereits 1667 wird das **Observatoire royal** gegründet, womit die Monarchie zumindest indirekt die bisher gewonnenen astronomischen Entdeckungen anerkennt. Colbert sorgt dafür, dass in den kommenden Jahren für beide Institutionen genügend Gelder und Sachmittel zur Verfügung stehen. Wenn auch vor allem in den ersten Jahren die Versuchung groß ist, für die prestigehaltigen ›grands travaux‹ – wie etwa den Bau des ›Canal des deux mers‹ – praktischen Nutzen aus der Arbeit der Akademie zu ziehen, zeigen Colbert und der König große Zurückhaltung und beeinträchtigen die **Entwicklung einer freien Forschung** nicht. Im Gegensatz zur Kirche handelt die Monarchie im eigenen Interesse unideologisch, wie die Stellungnahme Ludwigs XIV. im Zusammenhang der ›querelle de la circulation‹ gezeigt hat.

Zur Verbreitung der Forschungsergebnisse der Akademie und damit zu ihrem Ansehen trägt entscheidend **Bernard de Fontenelle** bei, der von 1697 bis 1740 das Amt ihres ›Secrétaire perpétuel‹ ausübt; ab 1699 würdigt er in den jährlich erscheinenden Bänden der *Histoire de l'Académie des sciences* deren Arbeiten und verfasst Nachrufe auf die verstorbenen Mitglieder. Damit leistet er einen wichtigen Beitrag zur Geschichte der Naturwissenschaften in Frankreich.

Im Dienste der Verbreitung von Forschungsergebnissen steht auch das ***Journal des savants***, dessen Gründung ebenfalls auf Colberts Initiative zurückgeht. Es soll wöchentlich jeweils montags erscheinen, über neue Entdeckungen oder Theorien informieren, neue wissenschaftliche Arbeiten vorstellen, Nachrufe auf verstorbene Wissenschaftler veröffentlichen und bibliographische Informationen über französische und europäische Publikationen geben. Sein Zielpublikum ist eine breite, an (natur-) wissenschaftlichen Fragen interessierte Öffentlichkeit. Die erste Nummer erscheint am 5. Januar 1665. Doch gerät der Herausgeber, Denis de Sallo, schon bald unter Druck: Der kritische Ton seiner Artikel missfällt ebenso wie seine Sympathiebekundungen zugunsten gallikanischer und jansenistischer Kreise. Auf Intervention des Vatikans stellt das *Journal* bereits im März 1665 sein Erscheinen ein und de Sallo tritt zurück. Das *Journal des savants* hat in den kommenden Jahrzehnten eine bewegte Geschichte, an der sich prototypisch das Spannungsverhältnis von Macht und Wissenschaft sowie ihrer gegenseitigen Abhängigkeiten und Empfindlichkeiten ablesen lässt. Erst gegen Ende des Jahrhunderts kann es die ihm ursprünglich zugedachte Aufgabe angemessen erfüllen und sich Ansehen und Autorität verschaffen.[81]

7. Zensur und Indizierung

Zahlreiche Hinweise haben gezeigt, wie die Kirche und die Monarchie mit äußerster Härte auf alles reagieren, was in Fragen des Glaubens und der Wissenschaften nicht striktester Orthodoxie gehorcht – es sei denn, es steht unter ihrer Kontrolle. Die entsprechenden Mittel sind die kirchliche Indizierung und die staatliche Buchzensur. Die Indizierung als häretisch angesehener Bücher impliziert im äußersten Fall auch die physische Vernichtung, meist Verbrennung, ihrer Autoren. In den unter Richelieu verschärften Zensurbestimmungen wird präzisiert, dass kein Buch erscheinen darf, in dem Äußerungen **gegen Gott oder den König** enthalten sind bzw. deren Autorität in Frage gestellt wird. Die Indizierung wie die Zensur gesteht den kirchlich bzw. staatlich akkreditierten Zensoren eine Machtfülle zu, die zur Folge hat, dass alles, was dem starr hierarchisch geordneten Welt- und Gesellschaftsbild von Kirche und Staat nicht entspricht, unter Bann gestellt werden kann und wird.[82]

7.1 Spektakuläre Opfer – Galilei, Bruno, Vanini

Galileo Galilei ist in allen die Naturwissenschaften und die Astronomie betreffenden Fragen *die* Bezugsperson der ›libertins érudits‹. 1616 wird sein erstes Hauptwerk, *Sidereus nuntius* (1610), auf den Index gesetzt. Galilei hatte darin die Gesetze über die Planetenbewegungen, die Johannes Kepler kurz zuvor in seiner *Astronomia nova* (1609) formuliert hatte, mittels eines verbesserten Fernrohres bestätigt. Keplers *Astronomia nova* wird übrigens im gleichen Jahr auf den Index gesetzt wie Galileis *Sidereus nuntius*. Zudem muss Galilei, wie schon erwähnt, den Thesen seines Hauptwerkes, des *Dialogo sopra i due massimi sistemi del mondo tolemaico et copernico* (1632), bereits ein Jahr nach Erscheinen abschwören. Den Rest seines Lebens verbringt er unter Hausarrest.

Damit ergeht es ihm besser als dem Philosophen **Giordano Bruno**, ebenfalls ein Anhänger des Kopernikus. Bruno kritisiert nicht nur die Philosophie des Aristoteles, sondern vertritt darüber hinaus die These von der Pluralität der Welten und der Unendlichkeit des Kosmos. Von der Inquisition verhaftet, wird er nach einem jahrelangen Prozess verurteilt und lebendigen Leibes in Rom verbrannt. Das gleiche Schicksal widerfährt dem italienischen Priester **Giulio Cesare Vanini**, der wie Galilei in Padua studiert hatte, aufgrund seiner für häretisch erachteten Predigten aber bald in Ungnade fällt; nach einer Flucht über London und Paris wird er schließlich in Toulouse verhaftet, wegen Gottlosigkeit verurteilt und, nachdem man ihm die Zunge herausgerissen hatte, öffentlich verbrannt.[83]

Wie unversöhnlich und dogmatisch die katholische Kirche allen Neuerungen gegenübersteht, zeigt sich auch daran, dass sie im Krisenjahr 1623 – »à toutes personnes à peine de la vie«– das strenge Verbot ausspricht,

> de tenir ni enseigner aucunes maximes contre les anciens auteurs [...], ni faire aucunes disputes que celles qui seraient approuvées par les docteurs de la Faculté de théologie.[84]

Noch 1671 untersagt sie den Professoren der Sorbonne bei Androhung des Ausschlusses aus dem Lehrkörper jegliche Verbreitung »d'autre doctrine que celle qui est portée par les règlements et statuts de l'Université«, das heißt des Aristoteles. Dies inspiriert Boileau zu seinem satirischen »Arrêt burlesque«, einer schonungslosen **Abrechnung mit dem Aristotelismus**. Der »Arrêt« erscheint zwar, wenngleich anonym, noch 1671; doch erst 1701 veröffentlicht Boileau ihn unter seinem Namen.[85] Erinnert sei schließlich auch daran, dass die katholische Kirche zwar 1757 unter Papst Benedikt XIV. die Indizierung der Schriften Keplers und Galileis zurücknimmt und damit das heliozentrische Weltbild anerkennt, jedoch erst im März 2000 unter dem Pontifikat von Johannes Paul II. in einem Gottesdienst das Todesurteil gegen Giordano Bruno bereut und sich damit endlich öffentlich von Positionen verabschiedet, die seit mehr als dreihundert Jahren wissenschaftlich überholt sind.[86]

7.2 Der Prozess gegen Théophile de Viau

Im engeren Bereich der Literatur sind die Folgen kirchlicher und staatlicher Zensur kaum weniger gravierend. Der spektakulärste Fall ist zweifellos der Prozess gegen den Dichter Théophile de Viau. Théophile, einem der erfolgreichsten Lyriker und Dramatiker der Zeit, wird **ein obszönes Sonett** mit dem Eröffnungsvers »Philis, tout est foutu! Je meurs de la vérole« zum Verhängnis. Es erscheint 1623 in der Lyriksammlung *Parnasse des poètes satyriques* unter seinem Namen, doch streitet Théophile die Verfasserschaft ab. Er wird der Gotteslästerung angeklagt, und das Pariser Parlament strengt gegen ihn einen Prozess an. Die Jesuiten sehen in dem Vorgehen gegen Théophile einen Schauprozess, durch den sie hoffen, ihren Einfluss ausweiten zu können. Théophiles Schriften werden einer sorgfältigen Prüfung in Hinsicht auf häretische Inhalte unterzogen und der Dichter im August 1623 in Abwesenheit zum Tode verurteilt; Théophile hatte in Chantilly beim Herzog von Montmorency Zuflucht gefunden. Auf seiner Flucht in die Niederlande wird er verhaftet, der Prozess wieder aufgenommen und Théophile zu lebenslanger Verbannung verurteilt. Während der 25-monatigen Prozessdauer ist er in La Tour Montgommery untergebracht, dem Gefängnis, in dem auch Ravaillac, der Mörder Heinrichs IV. auf seine Hinrichtung gewartet hatte. Nach seiner Verurteilung (1. Sept. 1625) findet er abermals Unterschlupf beim Herzog von Montmorency. Ein Jahr nach seiner Freilassung, am 25. Sept. 1626, stirbt Théophile an den Folgen seines Gefängnisaufenthaltes im Alter von 36 Jahren, »un écrivain dont le talent original aurait pu marquer le siècle tout entier«.[87] Dass er nicht auf dem Scheiterhaufen geendet ist, verdankt er dem mächtigen Schutz des Herzogs von Montmorency, der einem alten Adelsgeschlecht entstammt, mit den ›libertins‹ sympathisiert, mit dem freigeistigen Gaston d'Orléans befreundet ist und zur Zeit des Prozesses noch über einflussreiche Beziehungen verfügt. Später wird er sich mit Ludwig XIII. und Richelieu überwerfen und 1632 in Toulouse enthauptet werden.

Der Prozess gegen Théophile de Viau ist zusammen mit dem Prozess gegen Fouquet und der ›affaire des poisons‹ **einer der großen Schauprozesse des ›siècle classique‹**, der hier von der Kirche, präziser den Jesuiten, inszeniert wird, während in den beiden anderen Prozessen die Monarchie der Ankläger ist. Der Staatsanwalt Mathieu Molé folgt in seiner Anklage den von Garasse in der *Doctrine curieuse* formulierten Vorwürfen; der Prozess ist in allen seinen Peripetien dokumentiert und kommentiert herausgegeben worden.[88] Lachèvre sieht in Théophile de Viau den repräsentativen Vertreter des ›libertinage‹, der die »unité morale de la France« bedroht habe; man müsse daher

> rendre justice aux deux adversaires du Poète qui ont mené contre lui une vigoureuse campagne pour le seul bien de l'Église et de l'État: le Père Garassus, jésuite, et Mathieu Molé, procureur général. Le premier a été guidé par le mobile le plus élevé: son horreur de l'athéisme et la conviction profonde de la mission divine de l'Église catholique; le second a eu, de son côté, la vision nette des intérêts dont il avait la garde. [...] Soyons donc indulgents au Jésuite et au Procureur général, serviteurs du Pape et du Roi, reconnaissons le résultat heureux de leur initiative, elle a retardé de cent cinquante ans l'avènement du libertinage.

Wie in dem eingangs dieses Kapitels bereits angeführten Zitat ist auch hier mit ›libertinage‹ die Aufklärung gemeint: Hätte es im 18. Jahrhundert Männer wie Garasse oder Molé gegeben, hätte Frankreich sich »les Voltaire, les d'Alembert, les Diderots, etc.«, kurz **die Aufklärung ›erspart‹!**[89]

Dass sich in der konkreten Situation des Jahres 1625 die Gegner der Jesuiten noch als stärker erweisen und ihnen eine juristische Niederlage zufügen, ist allein der Gunst der Stunde zuzuschreiben. Ludwig XIII. und Richelieu stehen erst am Beginn ihrer repressiven Ordnungs- bzw. Machtpolitik. Ein anderer Dichter, **Claude Le Petit**, dessen künstlerische Qualitäten indes keineswegs denen Théophiles vergleichbar sind, wird später wegen göttlicher und menschlicher Majestätsbeleidigung – »lèse-majesté divine et humaine« – dazu verurteilt, »à avoir le poing droit coupé et à être brûle vif en Place de Grève«. Das Gericht gewährt ihm eine besondere ›Vergünstigung‹: erwürgt zu werden, bevor er ein Opfer der Flammen wird.[90] Angesichts solcher Repressionsmaßnahmen ist es sicherlich der schützenden Hand Ludwigs XIV. zu verdanken, dass Molière sich nach der *École des femmes*, nach dem ersten *Tartuffe* und dem *Dom Juan* den Verfolgungen von Seiten der Kirche entziehen kann und mit dem Leben davon kommt.[91]

8. ›Le libertinage vaincu‹?

Der Prozess gegen Théophile de Viau hat Signalwirkung, selbst wenn er nicht zugunsten der Jesuiten verläuft, die ihn inszeniert haben. Dies zeigt stellvertretend für andere Beispiele die Textgeschichte des Romans *La vraye histoire comique de Francion* (1623) des libertinistischen Autors Charles Sorel. Die *Histoire comique* ist ein umfassendes satirisches Sittengemälde der 1620er Jahre, das seinen Protagonisten Francion in alle gesellschaftlichen Schichten führt: vom Hof über die Kreise der Schriftsteller bis zu den Freudenmädchen und den Libertins. Im Schloss seines Freundes Raymond nimmt Francion an einer ›fête libertine‹ teil, deren Motto in goldenen Buchstaben über der Eingangstür die dort herrschende Moral folgendermaßen resümiert:

> Que personne ne prenne la hardiesse d'entrer ici
> S'il n'a l'âme véritablement généreuse,
> S'il ne renonce aux opinions du vulgaire,
> Et s'il n'aime les plaisirs d'Amour.

Entsprechend freizügig geht es auf dem Fest und bei vielen anderen Schilderungen des Romans zu. Die erste Auflage ist schnell vergriffen; 1626 gibt Sorel eine zweite Fassung heraus, aus der alle Passagen, die Anstoß erregen könnten, gestrichen sind. Adam stellt lakonisch fest: »Le libertinage, en 1625, est vaincu.«[92] Die Formulierung ist zu kategorisch. Vielmehr geht der ›libertinage‹ von nun an in den Untergrund und entwickelt, geschickter als bisher, **Strategien für ein Leben im Verborgenen**: »Bene vixit, qui bene latuit«. Er entwickelt sich zu jenem ›**libertinage**‹ bzw. ›**épicurisme mondain**‹, der ab der Mitte der 1650er Jahre weite Teile der großen klassischen Literatur und ab 1670 der Oper bestimmen wird.[93]

V. Die Künste im Dienst der Monarchie

So wie das 17. Jahrhundert sich politisch und institutionell unter dem starken Willen seiner Machthaber zur Monarchie Ludwigs XIV. und diese selbst sich bis zur Sklerose ihrer Erscheinungsformen fortentwickelt, unterliegen parallel dazu auch die Sprache und die Künste einer **Konzentration und Normierung**, die in entsprechenden Regelwerken ihren Ausdruck finden. Selbstverständlich verlaufen derartige Konzentrationsprozesse nicht widerspruchsfrei, sondern ziehen erst aus der Opposition gegen sie ihre normative Kraft. Das Wechselspiel dieser Kräfte und die gegensätzlichen Positionen, die es animieren, sollen im Folgenden dargestellt werden. Dabei sind für den literarhistorisch Interessierten Sprache und Literatur die wichtigsten ›Schlachtfelder‹. Besondere Aufmerksamkeit gilt daher der **Herausbildung der Literatursprache** und des Regelwerks der klassischen Literatur, der **›doctrine classique‹**. In diesem Zusammenhang ist auch von dem **Phänomen des Barock** zu sprechen, dessen Existenz die französische Literatur- und Kunstkritik lange Zeit geleugnet hat. Eine zentrale Rolle in allen hier zur Diskussion stehenden Auseinandersetzungen spielen sodann die **Akademien**, die von den Machthabern eigens zur Steuerung der kulturellen Prozesse gegründet werden. Und schließlich fördern die Normierungstendenzen die Entwicklung eines den Bedingungen der Höfischen Gesellschaft angepassten Menschenbildes, des **›honnête homme‹**.

1. Der Kampf um die Sprache und die Entwicklung des ›bon usage‹

1.1 Von der Pléiade zu Malherbe – »Enfin Malherbe vint«?

Bis weit ins 20. Jahrhundert hinein herrschte die Auffassung vor, die Entwicklung der französischen Sprache zur geläuterten Hochsprache der Klassik habe mit Malherbe eingesetzt.[1] Im Zentrum dieses Missverständnisses steht wieder einmal Boileau; denn legitimiert wurde diese Sicht scheinbar durch den bekannten Halbvers seines *Art poétique*: »Enfin Malherbe vint«. Im Kontext gelesen suggeriert er, erst Malherbe habe der französischen (Literatur-)Sprache Regeln und Gesetze gegeben und ihr damit zugleich ästhetische Würde verliehen:

> Par ce sage écrivain la langue réparée [!]
> N'offrit plus rien de rude à l'oreille épurée. (I 131 ff.)

Doch schon das **16. Jahrhundert** hatte die französische Sprache auf ein Niveau gehoben, das es ihr ermöglichte, im wissenschaftlichen Diskurs ebenso wie in der literarischen Praxis auch komplizierte Sachverhalte auszudrücken. In diesem Bestreben kommt der *Défense et illustration de la langue française* (1549) Joachim Du Bellays, des neben Pierre Ronsard angesehensten Vertreters der Pléiade, hohe Bedeutung zu. Andere Theoretiker – Jacques Peletier du Mans, Thomas Sébillet, Jean Vauquelin de la Fresnaye – reihen sich mit ihren Poetiken in diese Bemühungen ein, die letzten Endes ein und dasselbe Ziel verfolgen: Die **Verteidigung der französischen Sprache** sowohl gegen die Vorherrschaft des von den Humanisten bevorzugten Lateins als auch gegen den Einfluss des Italienischen, der Sprache des kulturell mächtigen Nachbarn, mit dem Frankreich seit Ende des 15. Jahrhunderts im Krieg liegt.

Schon hier werden die politischen Implikationen des Sprachverhaltens deutlich; denn ein zentrales Anliegen der genannten Autoren ist es, die französische Sprache der italienischen, doch ebenso der spanischen als ebenbürtig zu etablieren und ihr auf diese Weise internationales Ansehen – ›lustre‹ – zu verleihen. Da Du Bellay zum Zeitpunkt der Abfassung seiner Schrift das Französische als eine ›arme‹, noch nicht hinreichend entwickelte Sprache erscheint, führt sein Weg zur ›Verherrlichung‹ des Französischen – ›illustration‹ – über dessen **systematische ›Bereicherung‹**: Durch die Entlehnung regionaler und anderssprachiger sowie die Schöpfung neuer Wörter, aber auch durch die morphologische und semantische ›Verjüngung‹ bereits vorhandener soll das ›enrichissement‹ der französischen Sprache erreicht werden. Dieses Sprachprogramm trägt schon bald reiche Früchte; der Zuwachs an literarisch verwertbarem und verwertetem Vokabular ist derart, dass sich die französische Sprache ab etwa dem zweiten Drittel des Jahrhunderts durchaus als ›défendue et illustrée‹ betrachten kann. Die ›Bereicherung‹ geht sogar so weit, dass Ronsard schon ab 1560, insbesondere aber ab 1584 in der letzten Gesamtausgabe seiner Werke zahlreiche Neuschöpfungen und dialektale Ausdrücke streichen wird, für deren Bildung und Aufnahme in den Sprachgebrauch er sich zuvor eingesetzt hatte. Hier wird bereits eine Tendenz erkennbar, die sich gegen Ende des 16. Jahrhunderts deutlich artikuliert: das **Bemühen um Läuterung der Sprache**, die vor allem durch das Eindringen dialektaler Ausdrücke ihren Wert als nationales Kommunikationsmittel einzubüßen droht. Zu nennen ist hier insbesondere der einflussreiche Traktat *De l'éloquence française* (1594) des mit Malherbe befreundeten Rechtsgelehrten Guillaume Du Vair, Wortführer der ›politiques‹, Verfechter einer starken Monarchie und Anhänger Heinrichs IV.[2] Malherbe steht daher mit seiner Sprachreform bereits in einer entsprechenden Tradition und tritt keineswegs meteorenhaft am Himmel der französischen Sprachgeschichte als der große, unvorhersehbare Neuerer auf, als den der eingangs zitierte Boileauvers ihn hinstellt.

1.2 Malherbes Reformen – ›La doctrine de Malherbe‹

Ob François de Malherbe als ein großer Dichter zu gelten hat oder nicht, daran scheiden sich seit jeher die Geister. Tatsache ist, dass er als **Hofpoet Heinrichs IV.** in der doppelten Funktion eines Dichters und Dichtungstheoretikers die Entwicklung sowohl der Sprache als auch der Lyrik des 17. Jahrhunderts nachhaltig beeinflusst hat; und dies, ohne je ein sprach- oder dichtungstheoretisches Werk verfasst zu haben. Das, was seit Brunot als ›la doctrine de Malherbe‹ bezeichnet wird, lässt sich zum einen aus der Entwicklung seines Werkes und dessen chronologischer Lektüre ableiten; darüber hinaus hatte Malherbes Schwiegervater Philippe Desportes, Hofdichter Heinrichs III., mehrere Bände weltlicher und geistlicher Gedichte – im Wesentlichen Liebesgedichte und Psalmenübersetzungen – hinterlassen. Malherbe hat das lyrische Werk Desportes' mit durchlaufenden kritischen Anmerkungen versehen, die heute unter dem Titel *Commentaire sur Desportes* vorliegen, jedoch nicht systematisch oder nach poetologischen Gesichtspunkten geordnet sind; ihre Zusammenfügung zu einer ›doctrine‹ ist das Verdienst Brunots.[3]

Die sprach- und dichtungstheoretischen Konzeptionen des *Commentaire* betreffen die **Reform der Sprache und der dichterischen Praxis.** Erstere verfolgt das Ziel, die Sprache vom ›Wildwuchs‹ der Pléiade zu reinigen. Malherbe verbannt zunächst die von der Pléiade geforderten Provinzialismen: Am Hof Heinrichs IV., der aus der Gascogne stammt, wurde ein Französisch gesprochen, das stark vom gascognischen Dialekt durchsetzt war. Eine solche Sprache erscheint Malherbe als literarische Hochsprache Frankreichs ungeeignet. Daher seine Forderung eines ›dégasconner la cour‹, was in letzter Konsequenz auf die **Reinigung des Französischen von *allen* Provinzialismen** zielt.[4] Weiter führt Malherbe einen heftigen Kampf gegen nahezu alle Neuerungen der Pléiade, das heißt gegen Archaismen, Fachausdrücke, zusammengesetzte und abgeleitete Wörter und vor allem gegen sogenannte ›mots bas et sales‹. Während er die ›mots bas‹ in den niedrigen literarischen Gattungen wie Komödie und Satire noch duldet, verurteilt er jene Wörter, die den Körper und seine Funktionen betreffen, als ›mots sales‹ bzw. ›malpropres‹. So löst er zum Beispiel eine heftige Diskussion über den Gebrauch des Wortes ›poitrine‹ aus, das die Académie française erst nach langen Erörterungen zulässt. Vor allem aber soll das Französische allen Franzosen, welcher sozialen Provenienz auch immer, verständlich sein. In einer berühmt gewordenen Anekdote berichtet Malherbes Schüler Racan:

> Quand on lui demandait son avis de quelque mot français, il renvoyait ordinairement aux crocheteurs du port au Foin, et disait que c'étaient ses maîtres pour le langage.[5]

Der Ausspruch besagt nicht, dass der Dichter sich der Umgangssprache der Lastenträger des Pariser Getreidehafens bedienen und sprechen solle wie sie, sondern vielmehr so, dass auch sie das Gesagte verstehen. Damit wird die Sprachkompetenz der ›crocheteurs du port au Foin‹ zum Kriterium der Literatursprache erhoben. Der Dichter soll sich also Malherbe zufolge einem **›usage courant‹** anpassen, der sich durch stilistische und syntaktische Einfachheit – ›pureté‹ – auszeichnet, allgemeine Verständlichkeit garantiert und nicht nur die Sprache *einer* gesellschaftlichen Schicht ist; **logisch rationale Kriterien – ›clarté‹** – haben für ihn Vorrang gegenüber soziologischen. Das deckt sich bereits mit Descartes' These von der allgemeinen Verbindlichkeit der ›raison‹, die allen Menschen bei ihrer Geburt gleichermaßen zuteil werde: Was für die Vernunft gilt, gilt auch für die Sprache und umgekehrt; sie gehorchen gleichen Gesetzen. So gehen schon bei Malherbe ›usage‹ und ›raison‹ eine enge Verbindung ein. Einer Legende zufolge soll Molière Malherbes Forderung wie selbstverständlich praktiziert haben; er habe nämlich seine Komödien seiner Hausmagd vorgelesen und deren Verständnis als Kriterium für die Klarheit und Qualität seiner Stücke angesehen. So ständeübergreifend Malherbes Sprachüberlegungen einerseits sind, führen sie andererseits jedoch durch die kategorische Verurteilung der ›mots bas et sales‹ eine deutliche Hierarchie in die Sprache ein. Das hat zur Folge, dass sich im weiteren Verlauf der Sprachentwicklung die von ihm vertretene Norm des ›usage courant‹ zu der später von Vaugelas empfohlenen Norm des **›bon usage‹** entwickeln wird, die soziologisch im Umfeld des Hofes anzusiedeln ist.

Der zweite wichtige Sektor der malherbeschen Reform betrifft die **Metrik.** Der *Commentaire sur Desportes* ist durchsetzt mit Hinweisen auf falsche Reime, die aus Simplex und Kompositum oder ungleichen – langen bzw. kurzen – Vokalen bestehen; ebenso moniert Malherbe Verse, die eine zu große Zahl einsilbiger Wörter oder Füllwörter aufweisen. Des Weiteren fordert er die Vermeidung des Hiats und des Enjambements: Möglichst jeder Vers, vor allem aber jede Strophe solle eine Sinneinheit darstellen; auch solle der Alexandriner nach der sechsten Silbe eine Zäsur aufweisen. Schließlich schreibt Malherbe das Verhältnis von Strophenform und Versmaß vor: Der ›sixain‹, eine Strophe aus sechs Versen, solle im Alexandriner geschrieben sein, also einem Zwölfsilber, der sich aus je zwei Halbversen zu sechs Silben – ›hémistiches‹ – zusammensetzt, und der ›dixain‹, eine Strophe aus zehn Versen, solle sich aus achtsilbigen Versen zusammensetzen.

Malherbes ›doctrine‹ betrifft in erster Linie die **Sprache der Lyrik**; erst in seinen späten Lebensjahren hat er, gleichsam als Sprach- und Stilübungen, Texte von Livius und Seneca modellhaft in französische Prosa übersetzt.[6] Vor allem aufgrund seiner Autorität als Hofdichter gelingt es ihm, seine unsystematischen sprach- und dichtungstheoretischen Äußerungen zu allgemein verbindlichen Regeln zu erheben. Drohte die französische Dichtungssprache im Gefolge des ›enrichissement‹ der Pléiade ins Anarchische auszuufern, unterzieht Malherbe sie einer radikalen Stutzung: Statt Ausweitung jetzt Konzentration, statt prachtvollen barocken Überschwangs nunmehr eine klassisch anmutende Einfachheit, ja Kargheit sprachlicher und stilistischer Mittel. An die Stelle des vom *furor poeticus* inspirierten Renaissancedichters tritt mit Malherbe der Handwerker, der sich in geduldiger Arbeit einer vernunftgeleiteten **Poetik der Klarheit, des Maßes und der Genauigkeit** verpflichtet weiß. Einige der größten französischen Dichter sind Malherbe auf diesem Weg gefolgt und haben sich diese auf Arbeitsethos beruhende Poetik zu eigen gemacht:

> Malherbe prône ordre et patience. Au-delà du classicisme historique, il incarne une tentation permanente de la poésie française: la séduction de la perfection formelle; d'où l'hommage de Chénier, de Baudelaire, de Valéry, de Ponge enfin [...] Ce fou de la raison a sa grandeur.[7]

1.3 Das Hôtel de Rambouillet – Vergeistigung des Materiellen

In Malherbes Gefolge werden Sprachreflexionen die Entwicklung des Französischen kontinuierlich begleiten und die Sprache entsprechend den Geboten der Klarheit, Logik und Schicklichkeit verfeinern, so dass sie sich im 18. Jahrhundert im gebildeten Europa als Sprache der Eliten durchsetzen wird. Die wichtigsten Etappen seien hier skizziert.

An erster Stelle zu nennen ist das Hôtel de Rambouillet, ohne dessen prägenden Einfluss die gesamte Kultur des ›grand siècle‹ mit Sicherheit eine andere Physiognomie erhalten hätte. In den Augen der Marquise de Rambouillet dient die **Pflege der Sprache** zugleich einer **Verfeinerung der Lebensgewohnheiten**. Allen Zeugnissen nach zu urteilen war der Umgangston am Hofe Heinrichs IV. ungehobelt und rau; es war die Sprache der Soldaten, die in langen Religionskriegen gekämpft hatten. Sie zu verfeinern, alle groben, zweideutigen, vulgären und obszönen Wörter und Redensarten auszumerzen, ist das Ziel der im Salon der Marquise versammelten Gesellschaft. In der Terminologie der Zeit heißt dies ›châtier son style‹. Über die Sprache bricht eine **›débauche de chasteté‹**, eine wahre ›Orgie der Keuschheit‹ herein, der all das zum

Opfer fällt, was in irgendeiner Weise das Empfinden der Damen verletzen könnte. Aufs Höchste verpönt ist die Nennung von Körperteilen oder körperlichen Funktionen, und mit einem Bannstrahl wird all das belegt, was in den Bereich des Erotischen und Sexuellen verweist.

Da die entsprechenden Gegenstandsbereiche jedoch nicht aus der Realität eliminiert werden können, müssen Mittel gefunden werden, sie zu bezeichnen, ohne sie zu benennen. Dieses Ziel erfüllt insbesondere die **Periphrase**, die einen Gegenstand oder Sachverhalt mittels anderer Wörter so umschreibt, dass das Bezeichnete in die gewünschte Distanz rückt und es dadurch zugleich immateriell und ›geistreicher‹ wird. In allen diesbezüglichen Überlegungen spielt das Moment der intellektuellen Spielerei und der Überraschung eine wichtige Rolle. Zur Periphrase kommt die Manie der **Adverbien auf ›-ment‹** hinzu: ›longuement‹, ›mallement‹, ›nonchalament‹, ›présentement‹ usw. und vor allem ›furieusement‹, das Modewort der preziösen Sprache. Denn die Endung ›-ment‹ leitet sich bekanntlich vom Lateinischen ›mente‹ ab, das die geistige Erscheinungsweise eines Gegenstandes oder einer Handlung zum Ausdruck bringt. Das sprachgeschichtliche Verdienst des Hôtel de Rambouillet besteht in der **Entmaterialisierung der Sprache**, die das Konkrete zurückdrängt zugunsten einer **Vergeistigung des Materiellen.**

Die Mitglieder des Hôtel de Rambouillet haben dieses ›Sprachprogramm‹ vor allem im Medium der geselligen **Konversation** verwirklicht; gleichzeitig geht es in die aufblühende **Briefliteratur** ein. In seinen Dichtungen und seiner Korrespondenz ist **Vincent Voiture**, der bürgerliche ›Spaßvogel‹ im Salon der Marquise, der unangefochtene Meister eines solchen geistreichen Periphrasenstils, der es ihm erlaubt, alles zu bezeichnen, ohne es konkret beim Namen zu nennen.Eine pointiert provozierende Ausnahme von dieser Regel bilden die »Stances sur une dame dont la jupe fut retroussée«; als nämlich die Kutsche mitsamt der Dame bei einer Landpartie umstürzt, offenbart sich den Gästen »le plus beau Cu qui fut jamais« (V. 60). Die unmittelbare Nennung kontrastiert jedoch mit ebenso kunstvollen Periphrasen desselben ›Objekts‹ und zeigt, wie der Periphrasenstil schon früh der Parodie anheim fällt.[8] Entsprechende Beispiele finden sich später etwa in Molières *Les précieuses ridicules*, wenn die ›lächerlichen Preziösen‹ einen Spiegel als ›conseiller des grâces‹ oder einen Sessel als ›les commodités de la conversation‹ umschreiben. Und in der Fabel *Les animaux malades de la peste* (VII 1) vermeidet La Fontaine es zunächst, die Pest explizit zu nennen, sondern umschreibt ›das Übel‹ mehrfach, um es erst im vierten Vers konkret einzuführen; zugleich parodiert er diesen Periphrasenstil, indem er der konkreten Bezeichnung der Pest erneut eine Periphrase folgen lässt:

> Un mal qui répand la terreur,
> Mal que le ciel en sa fureur
> Inventa pour punir les crimes de la terre,
> La peste – puisqu'il faut l'appeler par son nom –
> Capable d'enrichir en un jour l'Achéron
> Faisait aux animaux la guerre.

1.4 Guez de Balzac und die Briefprosa

Welche Bedeutung dem Brief für die Entwicklung der Prosa zukommt, zeigt Guez de Balzac, der sich selbst als ›grand épistolier de France‹ bezeichnet. Er etabliert den **Brief als literarische Gattung** und gibt damit der französischen Prosa entscheidende Impulse. Seine erste Briefsammlung erscheint 1624; sie wird mit Begeisterung aufgenommen und mehrfach nachgedruckt; weitere Sammlungen folgen 1636–37 und 1647.[9] Weil Balzac durch ein Pamphlet zugunsten seines Gönners, des Herzogs von Épernon, in Ungnade gefallen war, verbringt er die Jahre 1620–22 im Exil in Rom, wo er die römische Literatur, insbesondere die Prosa Ciceros, Senecas und Quintilians für sich entdeckt. Deren **stilistische Qualitäten** will er in die französische Sprache einführen; als bevorzugtes Medium dient ihm nun – durch Erfahrung klug – nicht die politische Rede, sondern die ›private‹ Briefgattung.

Nach Frankreich zurückgekehrt, bemüht er sich, die Aufmerksamkeit Richelieus auf sich zu ziehen; doch es kommt zu Unstimmigkeiten, so dass er sich 1631 enttäuscht auf seinen Privatbesitz in der Charente zurückzieht und von dort aus nur noch per Korrespondenz am kulturellen Geschehen teilnimmt.[10] Aufgrund des Erfolges seiner Briefe, aber wohl auch, um ihn zu neutralisieren, ernennt Richelieu ihn zum Mitglied der Académie française; hier wird Balzac im Zusammenhang mit der ›querelle du *Cid*‹ eine wichtige Rolle spielen. Ob er während seiner Pariser Zeit im Hôtel de Rambouillet verkehrt, ist umstritten; jedenfalls genießen seine Briefe dort hohes Ansehen. In ihnen erörtert Balzac auf dem Hintergrund einer epikureisch geprägten Lebenshaltung unpedantisch, gefällig, geistreich und kontrovers aktuelle Fragen der Politik, Religion, Moral, Literatur und Lebensführung; ihr Adressatenkreis umfasst ein breites Spektrum herausragender Persönlichkeiten der europäischen Gelehrtenrepublik. Die spätere Publikation in den Briefsammlungen erfolgt meist unzensiert: ein mutiges, ungewohntes Verfahren, durch das Balzac sich viele Feinde macht.

Bereits die Publikation der ersten Briefsammlung entfacht 1624 eine heftige Polemik; für Balzacs Anhänger ist sie ein **Musterbeispiel des Modernismus**; seine Gegner dagegen tadeln Balzac als einen Revolutionär, der den antiken, für die Entwicklung der französischen Prosa als vorbildhaft geltenden Autoren nicht hinreichend folge. Aus den Auseinandersetzungen resultiert schon hier eine Art ›querelle des anciens et des modernes‹. Balzac steht in engem Kontakt zu Malherbe, als dessen Schüler er sich sieht, mit dem Unterschied jedoch, dass Malherbes Neuerungen in erster Linie die Dichtung betreffen, Balzac hingegen **die französische Prosa reformieren** will, und zwar – wie Malherbe – nicht auf der Basis eines theoretischen Regelwerkes, sondern durch die epistolare Praxis. Wie Malherbe ist auch Balzac ein Feind der Provinzialismen und beschränkt das Vokabular auf einen hauptstädtischen ›usage‹: »En français tout m'était suspect de gasconisme. Sur chaque mot d'un écrivain de province, je consultais l'oreille d'un habitant de Paris.«[11] Beide Autoren verbindet darüber hinaus der gleiche **Wille zur sprachlichen und formalen Klarheit** sowie das **Misstrauen gegen die Inspiration und das Genie**, die durch die Arbeit des Dichters kontrolliert werden müssen. »Ceux qui ne se donnent point de peine à faire leurs livres en donnent souvent à ceux qui les lisent [...] C'est trop peu estimer le public [...] Cette négligence n'est pas supportable.«[12] Der Leser hat also einen Anspruch auf Klarheit und Verständlichkeit, deren Instanz bei beiden Autoren die universale kartesianische ›raison‹ ist. Descartes und Balzac pflegen über lange Jahre eine von gegenseitiger Achtung geprägte Freundschaft.[13]

Aus dem Glauben an die Universalität der Vernunft leitet Balzac auch die Berechtigung des Zweifels an der Verbindlichkeit der Traditionen ab und entwickelt auf dieser Basis einen Prosastil, dessen oberste Regel nicht die Nachahmung antiker Vorbilder ist, sondern das **Prinzip des ›plaire‹**. Damit erhebt er ein subjektives Element zum Kriterium der Literaturkritik und erklärt den Autor zu einer autonom entscheidenden Instanz. Balzac versucht – zögerlich noch – das zu institutionalisieren, was Molière später in seiner Auseinandersetzung mit den Regelverfechtern als ›la plus grande règle de toutes les règles‹ bezeichnen wird, nämlich die Regel des ›plaire‹. Es ist daher nur konsequent, wenn Balzac sich in der größten Literaturfehde der ersten Jahrhunderthälfte, der ›querelle du *Cid*‹, auf die Seite Corneilles schlägt und die Überschreitung der klassischen Regeln zugunsten des ›plaire‹ gegen eine starre Regelgläubigkeit verteidigt.

1.5 Richelieu und die Académie française – Sprachpflege mutiert zu Sprachpolitik

Verfolgen die Sprachreformen Balzacs und des Hôtel de Rambouillet primär kulturelle Ziele, so sind die mit der Gründung der Académie française verbundenen Erwartungen eindeutig kultur*politischer* Art; sie knüpfen an entsprechende Überlegungen Malherbes und Du Vairs an, artikulieren diese jedoch präziser und entschiedener. In den Augen Richelieus bedarf Frankreich einer klar strukturierten, kodifizierten Sprache, die durch ihre Allgemeinverständlichkeit zur Verkehrssprache des ganzen Landes werden und somit entscheidend zur politischen und sozialen Einheit beitragen soll.

Als Richelieu erfährt, dass sich im Hause Valentin Conrarts, des späteren ›secrétaire perpétuel‹ der Académie française, einmal wöchentlich eine Gruppe von Männern versammelt, um literarische und sprachliche Fragen zu diskutieren, lässt er anfragen, »si ces personnes ne voudraient point faire un corps et s'assembler régulièrement, et sous une autorité publique.«[14] Richelieu intendiert also die **Institutionalisierung** der Gruppe mit dem ausdrücklichen Ziel, der französischen Sprache **Vorschriften und Regeln** zu geben. Die Begeisterung der Herrenrunde, darunter Jean Chapelain, hält sich in Grenzen. Als Balzac von Richelieus Initiative hört, schreibt er an Chapelain, »que c'est une tyrannie qui se va établir sur les esprits, et à laquelle il faut que nous autres, faiseurs de livres, rendions une obéissance aveugle. Si cela est, je suis rebelle.« Doch der Widerstand gegen die Vorschläge Richelieus erweist sich als zwecklos, und auch Balzac zeigt sich bald von dem **kulturpolitischen Nutzen einer Akademie** für Frankreich überzeugt: »Cette nouvelle société fera honneur à la France, donnera de la jalousie à l'Italie, et [...] sera bientôt l'oracle de toute l'Europe civilisée.«[15]

Der nach langen Diskussionen gewählte Name der ›nouvelle société‹ bringt deren kulturpolitischen Anspruch auf den Punkt: Académie *française*. Weder Italien, noch Spanien, noch England besitzen eine vergleichbare Institution. Die Ernennung der vierzig Mitglieder ist Chefsache: Alle Kandidaturen werden von Richelieu persönlich geprüft; von den künftigen Mitgliedern erwartet der Kardinal, dass sie – über die aktive Mitarbeit in der Akademie hinaus – ihm auch persönlich zu Diensten sind. Zu Beginn des Jahres 1635 liegen die Statuten der künftigen Akademie vor. Ihre wichtigste

Aufgabe ist es, »de travailler avec tout le soin et toute la diligence possibles à donner des règles certaines à la langue et à la rendre pure, élégante et capable de traiter les arts et les sciences.«[16] Der gleichsam von einer *translatio linguae*-Argumentation gestützte **machtpolitische Anspruch** wird erkennbar, wenn es weiter heißt, das Ziel bestehe darin

> de tirer du nombre des langues barbares cette langue que nous parlons, et que tous nos voisins parleraient bientôt si nos conquêtes continuaient encore comme elles avaient commencé [...] Notre langue plus parfaite déjà que pas une des autres langues vivantes, pourrait bien enfin succéder à la latine, comme la latine à la grecque.

Wie heftig jedoch der **Widerstand gegen die neue Institution** ist, zeigt sich u.a. daran, dass die erforderliche Zustimmung durch das Pariser Parlament erst im Juli 1637 erfolgt.

Das ambitiöse Reformziel soll in zwei Etappen erreicht werden. Zunächst handelt es sich darum, »de *régler* les termes et les phrases [de la langue française] par un ample **Dictionnaire** et une **Grammaire** fort exacte.« In einem zweiten Schritt sollen dann erarbeitet werden »une **Rhétorique** et une **Poétique** que l'on composerait pour servir de règle à ceux qui voudraient écrire en vers ou en prose.« Der Gesamtbereich der sprachlichen Äußerungen, der mündlichen wie der schriftlichen, soll also geregelt, genauer gesagt, hierarchisiert werden. Die vorrangige Zielsetzung der Arbeit der Akademie lautet folgendermaßen:

> nettoyer la langue des ordures qu'elle avait contractées ou dans la bouche du peuple ou dans la foule du Palais et dans les impuretés de la chicane, ou par les mauvais usages des courtisans ignorants, ou par l'abus de ceux qui la corrompent en l'écrivant.[17]

Mit markigen Worten – ›ordures‹, ›impuretés‹, ›mauvais usages‹, ›abus‹, ›corrompre‹ – beschreibt das Zitat nicht allein den **verheerenden Zustand der Sprache**, sondern nennt auch in deutlicher Gradation die Quellen der sprachlichen ›Verunreinigung‹: zunächst ›le peuple‹, das unwissende, ungebildete Volk; dann ›la foule du Palais‹, Türsteher, Schreiber und subalterne Angestellte, die im Umfeld des ›Palais de justice‹ tätig sind; weiter die Juristen selbst: ›la chicane‹ ist die zeitgemäße Bezeichnung für den Stand der Richter und Advokaten; gravierender aber noch sind die ›mauvais usages‹, derer man sich am Hofe bedient und die hier schon den Gegenpol jenes ›bon usage‹ bilden, den Vaugelas zur alleinigen Sprachnorm erheben wird; und schließlich zielt das Zitat auf eine Reihe von Schriftstellern, die den Reformbestrebungen skeptisch gegenüber stehen oder sie gar boykottieren, die Sprache missbrauchen und sie infolgedessen ›korrumpieren‹.

Zu dem Reformprogramm, das das Zitat formuliert, steht der Alltag der neu gegründeten Akademie in merkwürdigem Gegensatz; denn die ersten Mitglieder sind **ohne großen Enthusiasmus** bei der Sache. Doch die Präsenz Richelieus ist allgegenwärtig. Die 1637 ausbrechende ›querelle du *Cid*‹ ist für ihn eine willkommene Gelegenheit, die literarische Schiedsrichterrolle der Akademie zu erproben. Die von Chapelain angefertigte Stellungnahme der Akademie, *Les sentiments de l'Académie française sur la Tragi-Comédie du Cid*, zeichnet sich durch eine erstaunliche Mäßigung aus. Darin zeigt sich die Spannung zwischen dem sprachreformerischen Auftrag, mit dem die Akademie gegründet wurde, und der sprachreformerischen Wirklichkeit; offensichtlich lässt sich die Akademie in ihren Anfängen nicht in dem Maße kultur- und sprachpolitisch vereinnahmen, wie Richelieu dies für wünschenswert hält. 1640 ist der Eifer der ›académiciens‹ derart gering, dass sie nur durch ein Ultimatum des Kardinals zu regelmäßiger Arbeit gezwungen werden können. In seinen letzten Lebensjahren wird Richelieu große Summen ausgeben, um eine Großzahl von Mitgliedern mittels jährlicher Gratifikationen ›bei der Stange zu halten‹.

Kein Wunder also, wenn der *Dictionnaire de l'Académie* erst 1694 erscheint und die gleichzeitig in Auftrag gegebene *Grammaire* gar erst 1936 zum dreihundertsten Geburtstag der Institution; die Rhetorik und die Poetik lassen noch heute auf sich warten. Wie nach den programmatischen Äußerungen kaum anders zu erwarten, zeichnet sich das **Akademiewörterbuch** durch seinen stark **normativen Charakter** aus. Aufgezeichnet wird in ihm die Sprache nicht, wie sie gesprochen *wird*, sondern gesprochen werden *soll*. Daher werden viele Wörter gar nicht erst aufgenommen; als Akzeptanzkriterium nämlich gilt, »qu'on les rapportât à un des trois genres d'écrire«.[18] Hier wird die sozialpolitische Dimension des Wörterbuches deutlich: Die im *Dictionnaire* praktizierte **Hierarchisierung der französischen Sprache** in ›mots sublimes‹, ›mots médiocres‹ und ›mots bas‹ entspricht der Hierarchie der literarischen Gattungen, in der sich – zumindest in den Augen der Akademie – wiederum die der gesellschaftlichen Hierarchie des ›siècle classique‹ spiegelt.

1.6 Vaugelas oder die Diktatur des ›bon usage‹

Den wichtigsten Beitrag zur Sprachgeschichte des ›siècle classique‹ leistet Claude Favre de Vaugelas. In Bresse als Sohn eines hohen Beamten geboren, kommt er schon früh nach Paris, verkehrt dort in den besten Kreisen und ist ein ›habitué‹ des Salons der Marquise de Rambouillet. Unter dem Einfluss Malherbes beginnt er eine umfangreiche Dokumentation über den **Sprachgebrauch der gehobenen Pariser Gesellschaft**, die er 1647 unter dem Titel *Remarques sur la langue française, utiles à ceux qui veulent bien parler et bien écrire* publiziert. Er ist eines der Gründungsmitglieder der Académie française und genießt dort den Ruf eines ›oracle de la langue française‹. Als deren Arbeiten am *Dictionnaire* 1639 stagnieren, betraut Richelieu ihn mit der Aufsicht über das Werk und gewährt ihm eine Pension.[19]

Wie der Titel seines Hauptwerkes ankündigt, liefert Vaugelas keine systematische Darstellung des Sprachgebrauchs und erst recht keine Regeln oder Gesetze, sondern Anmerkungen und Beobachtungen. Im Vorwort seiner *Remarques* betont er, er sei nur »un simple témoin qui dépose ce qu'il a vu et ouï« und wolle nur den Sprachgebrauch – ›usage‹ – aufzeigen. Dabei unterscheidet er einen ›mauvais‹ und einen ›bon usage‹. Der ›mauvais usage‹ ist der Sprachgebrauch der breiten Masse, »qui presque en toutes choses n'est pas le meilleur«; der ›bon usage‹ dagegen bilde sich »non pas de la pluralité, mais de l'élite des voix«. Auf dieser Basis definiert er den ›**bon usage**‹ als

> la façon de parler de la plus saine partie de la Cour, conformément à la façon d'écrire de la plus saine partie des auteurs du temps.[20]

Bemerkenswert an dieser viel diskutierten Definition ist, dass Vaugelas der ›raison‹ offensichtlich keine große Bedeutung für die Festlegung von Sprachnormen beimisst; im Gegenteil: »L'usage fait beaucoup de choses par raison, beaucoup sans raison, et beaucoup contre raison.« An die Stelle einer an Descartes orientierten Sprachvernunft setzt Vaugelas den Sprachgebrauch des Hofes, der in Zweifelsfällen durch denjenigen der guten zeitgenössischen Autoren ergänzt oder korrigiert werden soll. Die **Erhebung des Hofes zur Sprachnorm** bezeugt, dass die zuvor dargestellten Sprachreformen bereits Früchte getragen haben und der raue Umgangston, der zu Zeiten Heinrichs IV. dort herrschte, sich inzwischen verfeinert hat; sie schließt gleichzeitig andere Norminstanzen aus, grundsätzlich auch ›la ville‹, das heißt das gebildete Großbürgertum von Paris, insbesondere aber das einfache Volk, ›le peuple‹:

> Le bon usage [...] se trouve essentiellement à la Cour, et, de façon moindre, à la Ville (c'est-à-dire à Paris). La norme est donc le parler de la noblesse parisienne: le peuple et les provinciaux sont exclus et condamnés à s'aligner sur le modèle ainsi défini. Si la Ville et la Cour ne sont pas en accord sur un point de vocabulaire ou de prononciation, la préférence va à la Cour. Restent des cas où les difficultés ne peuvent être résolues par la référence à un milieu somme toute peu savant. Un nouvel ordre de références intervient alors: les bons auteurs.[21]

In der lockeren, unsystematischen Form seiner *Remarques* redet Vaugelas einem **Sprachabsolutismus** das Wort, der mit dem gleichzeitig sich festigenden Staatsabsolutismus Hand in Hand geht. Indem er in allen sprachlichen Fragen – den lautlichen, lexikalischen, morphologischen und semantischen – den Hof als absolute Instanz etabliert, trägt er wesentlich zur sprachlichen Uniformierung Frankreichs bei. Die Reformbemühungen Malherbes und Vaugelas' zielen grundsätzlich in die gleiche Richtung; doch während Malherbe das Französische der ganzen Volks- oder Sprachgemeinschaft verständlich zu machen sucht, erhebt Vaugelas die Sprache einer kleinen herrschenden Minderheit zur Norm, der die Mehrheit der Sprachgemeinschaft sich unterzuordnen hat. Damit dient er zugleich den politischen Interessen der Monarchie; denn die Anpassung an eine verbindliche Sprachnorm hat immer auch **politische Implikationen**. Als Sprachnorm steht der ›bon usage‹ in enger Wechselbeziehung zum gesellschaftlichen Leitbild der Epoche, dem ›honnête homme‹. Zu diesem ständeübergreifenden Idealbild haben auch Mitglieder des Bürgertums durch entsprechende Anpassung Zugang; die Zugehörigkeit zur gesellschaftlichen Elite geht jedoch nur über den Weg der Verinnerlichung des ›bon usage‹.

Äußerlich sind die *Remarques* eine **beliebig angeordnete Abfolge von Artikeln** unterschiedlicher Länge, die nicht im Mindesten die Absicht verfolgen, systemhaft alle Aspekte der Sprache oder der Grammatik zu erfassen. Sie richten sich vielmehr an den ›dilettantischen‹ Wissenstrieb des ›honnête homme‹ und vermeiden jede allzu technische Analyse. Übergangslos springt Vaugelas von einer ›Anmerkung‹ zum Gebrauch einzelner Wörter zu einer anderen über die Syntax, die Grammatik oder auch die Aussprache, erteilt dabei Ratschläge oder trifft in vielen strittigen Fällen Entscheidungen zugunsten der einen oder anderen Variante – immer in der Perspektive des ›bon usage‹. Der Vorteil dieses unsystematischen Vorgehens ist eindeutig: Sprache wird nie als etwas endgültig Abgeschlossenes angesehen; Erweiterungen, Korrekturen, Anpassungen, aber auch Ausschlüsse sind möglich, ganz so wie auch ›la plus saine partie de la Cour‹ kein abgeschlossenes System darstellt, sondern immer neue Mitglieder der Gesellschaft sich integrieren können, unter der Voraussetzung allerdings, dass sie sich dessen Normen, auch den sprachlichen, unterwerfen.

Der **Einfluss der *Remarques*** ist beträchtlich, wie eine Fülle von Neuauflagen noch im 17. Jahrhundert zeigt. Denn selbst wenn Vaugelas, wie er in der »Préface«

zur ersten Auflage versichert, den scheinbar normfreien ›bon usage‹ nur beobachten und beschreiben will, erhebt er doch in Wirklichkeit eine soziologisch determinierte Minderheitensprache zur ›tyrannischen‹ Norm und reißt damit einen Graben auf zwischen dem ›bon usage‹ einer privilegierten Oberschicht und dem ›mauvais usage‹ des Volkes. Sein vordergründig nur deskriptives Verfahren wirkt in Wahrheit normierend und hat erheblichen Einfluss auf die Arbeiten am *Dictionnaire de l'Académie française* und auf die nachfolgende Grammatikergeneration.

Besondere Erwähnung unter diesen Grammatikern verdient der in allen mondänen Zirkeln verkehrende Jesuitenpater **Dominique Bouhours.** Seine viel gelesenen *Entretiens d'Ariste et d'Eugène* (1671) beschließt er mit einem feierlichen Lobeshymnus auf die rhetorischen Qualitäten Ludwigs XIV.: Der König habe den Vorzug »d'être né éloquent [...] Il n'y a personne dans le royaume qui sache le français comme il le sait.« Der Hof als normgebende Sprachinstanz ist daher längst hinter dem König zurückgetreten, der nunmehr auch den besiegten Nationen als Herrscher über die Sprache präsentiert wird: »Les Rois doivent apprendre de lui à régner; mais les peuples doivent apprendre de lui à parler.«[22] Mit seinen *Remarques nouvelles sur la langue française* (1675), denen 1693 eine *Suite des remarques nouvelles* folgen, reiht Bouhours sich bereits durch den Titel in die Nachfolge Vaugelas' ein; er bewahrt den Begriff des ›bon usage‹, überhöht ihn jedoch zugleich ästhetisch zu einem ›bel usage‹.[23]

Mit Bouhours gelangen die Bestrebungen der Sprachtheoretiker zu einem gewissen Abschluss. Die französische Sprache ist inzwischen derart ›gereinigt‹ und kodifiziert, dass sie höchsten literarischen Ansprüchen Genüge leistet, wie die gleichzeitig entstehenden Werke der großen Autoren der Hochklassik zeigen. Zugleich ist diese Sprache in den Salons das Medium der geselligen Konversation; Bouhours' *Entretiens* liefern dafür den schlagenden Beweis. Ebenso prägt sie die Brief- und Memoirenliteratur, etwa der Mme de Sévigné, Bussy-Rabutins, La Rochefoucaulds und des Kardinal de Retz.

Auch wenn insbesondere Vaugelas und Bouhours sich scheinbar mit der Beschreibung des ›bon usage‹ begnügen, so wissen sie, dass dieser letztlich doch immer wieder der **Korrektur durch die ›raison‹** bedarf. In diesem Sinn beschließt Bouhours den »Appendice« seiner *Entretiens* folgendermaßen:

> On sait bien que dans les langues il faut que la raison cède à l'usage, mais cela n'empêche pas qu'on ne puisse aussi essayer peu à peu d'y accommoder l'usage à la raison, puisque sans cela les langues ne peuvent jamais être parfaites.[24]

Diese korrigierende rationalistische Variante kommt besonders in den Arbeiten des **Gilles Ménage** zum Ausdruck, eines zu Unrecht unterschätzten Dichters und Sprachtheoretikers, der mit *Origines de la langue française* (1650) die **Basis für ein etymologisches Wörterbuch** der französischen Sprache schafft; die im Laufe der Zeit stark erweiterten *Origines* werden 1694 postum unter dem Titel *Dictionnaire etymologique ou Origines de la langue française* neu herausgegeben. In seinen *Observations sur la langue française* (1672) verbindet Ménage Beobachtungen über den gegenwärtigen ›usage‹ mit Überlegungen zur Grammatik;[25] sie bleiben jedoch hinter dem Einfluss der *Grammaire de Port-Royal* zurück.

1.7 Der Sprachabsolutismus und seine Folgen

Alle bisher skizzierten Bemühungen um die Reinigung und Straffung der französischen Sprache münden in einen Sprachabsolutismus, der zu einer Absonderung der sogenannten Hochsprache und dem **Nebeneinander unterschiedlicher Sprachregister** führt, die so deutlich voneinander geschieden sind wie die gesellschaftlichen Schichten mit ihren jeweiligen Interessen. Diese sprachliche Vielfalt findet sich auch in der Literatur: So begegnen wir in Furetières *Roman comique* (1666) einer stark mit bürgerlichem Vokabular durchsetzten Sprache, die von der Sprachnorm des ›bon usage‹ stark abweicht. Ähnliches gilt für La Fontaines *Fables* (1668, 1678). Und in Molières *Dom Juan* (1665) finden wir eine Bauernsprache, wie sie in der Nähe von Paris gesprochen wurde, ein von der geglätteten Hochsprache des ›bon usage‹ weit entfernter ›jargon paysan‹. Denn die hier skizzierte Entwicklung der Hochsprache darf nicht vergessen lassen, dass es eine wie auch immer definierte Einheit des ›siècle classique‹ höchstens als idealistisches Konstrukt gibt. Daher gilt auch für die Sprache:

> Le *topos* de ›l'unité de la langue classique‹ est une ›fausse fenêtre‹. La formation de la langue est faite d'une succession d'engouements éphémères, arbitraires, contradictoires. Surimposer XVIIe siècle et classicisme reviendrait à nier baroque, ›grotesque‹, préciosité, à donner *à posteriori* au siècle une unité qu'il n'a pas.[26]

Das durchgängige Nebeneinander verschiedener Sprachniveaus während des ganzen Jahrhunderts offenbart sich bei der Veröffentlichung der **ersten modernen Wörterbücher der französischen Sprache. César Pierre Richelet** (1631–1698) erfasst in seinem *Dictionnaire français* (1680) über die ›mots nobles‹ hinaus auch das Vokabular »du stile simple, le comique, le burlesque, le satirique« und insbesondere »les termes les plus connus des arts et des sciences«. Er stützt sich auf Zitate bekannter Autoren, nimmt aber auch volkstümliche Redewendungen und Sprichwörter auf und schreckt in seinem Verlangen, die Gesamtheit der Sprache darzustellen, nicht einmal »devant l'inventaire de l'obscène« zurück. Sein *Dictionnaire* erscheint 1680 in Genf, weil die Akademie in Frankreich das Wörterbuchmonopol besitzt. Zahlreiche Neuauflagen des 17. und 18. Jahrhunderts liegen nur in ›gereinigter‹ Form vor.[27]

Der *Dictionnaire universel contenant généralement tous les mots français tant vieux que modernes et les termes de toutes les sciences et des arts* (1690) von **Antoine Furetière** artikuliert bereits im Titel seinen Anspruch. Als ›académicien‹ (1662) erlangt Furetière 1684 die Druckerlaubnis für ein Wörterbuch, wird aber ein Jahr später wegen Illoyalität aus der Akademie ausgeschlossen. Sein dreibändiger *Dictionnaire* muss daher in Holland erscheinen. Furetière geht beschreibend vor und ist, entschiedener noch als Richelet, um eine vollständige Erfassung des Wortschatzes bemüht. Auf der Titelseite listet er mehr als fünfzig Wissenschaften, Künste, handwerkliche Tätigkeiten – ›sciences et arts‹ – auf, die er für sein *Dictionnaire* ausgewertet hat.[28]

Als letztes erscheint 1694 der *Dictionnaire de l'Académie française, dédié au Roi*; er ist normativ und besitzt heute nur noch den Wert eines sprachhistorischen Denkmals:

> Fondé sur des considérations esthétiques, culturelles, propres à la Cour, il retranche vieux mots et vocables techniques trop rares: le critère de sélection étant celui de l'usage, d'un ›bel usage‹ anachronique. Aussi l'accueil de la Cour et de la Ville est-il réservé.[29]

Gleichsam als Ergänzung des *Dictionnaire de l'Académie* erscheint ebenfalls 1694 der *Dictionnaire des termes d'arts et de sciences* von **Thomas Corneille**, dem Bruder des Dramatikers. Von der Akademie angeregt, sollte sein *Dictionnaire* demjenigen Furetières Konkurrenz machen, ist aber vergleichsweise eine unkritische Kompilation, die das deskriptive und analytische Niveau seiner Vorlage nicht erreicht.[30] Der Ausschluss Furetières aus der Akademie und die Tatsache, dass sein *Dictionnaire* ebenso wie derjenige Richelets in Frankreich nicht gedruckt werden kann, sind nicht nur Indizien einer kommerziellen Konkurrenz, sie beleuchten zudem den ideologischen Aspekt eines jetzt offen ausbrechenden Sprachenstreits: Der nur eine schmale gesellschaftliche Elite repräsentierende ›bon usage‹ stößt bei Furetière und Richelet auf ein integrales Sprachkonzept, dessen Ziel es ist, »généralement tous les mots français tant vieux que modernes et les termes de toutes les sciences et des arts« aufzuführen, also die **Gesamtheit** der sprachlichen, und das heißt zugleich auch **der sozialen Wirklichkeit** zu erfassen. Die Tatsache, dass Furetières *Dictionnaire* bis heute unersetzbar ist, zeigt die Fortschrittlichkeit des ihm zugrunde liegenden Konzepts, das wir heute mit der Vorstellung eines weiten Literaturbegriffs verbinden, dem im Übrigen ein ebensolcher Gesellschaftsbegriff entspricht.

1.8 Oppositionelle Tendenzen

Wie umkämpft jene mit der Durchsetzung des ›bon usage‹ obsiegende Sprachpolitik war, zeigt ein abschließender Blick auf gegenläufige Tendenzen. Zu nennen ist an erster Stelle **Marie de Gournay**, Adoptivtochter Montaignes, dessen *Essais* sie herausgibt. Die Académie française tagt in ihren Anfängen mehrfach in ihrem Haus, eines der intellektuellen Zentren von Paris. Wie ihr ›Ziehvater‹ schreibt sie Essais, in denen sie sich mit Fragen der Literatur, Sprache und Moral befasst, die 1641 in dritter Auflage unter dem Titel *Les advis ou Les Présens* erscheinen. In den Kapiteln »Du langage français« und »Défense de la poésie et du langage des poètes« verteidigt sie die Neuerungen der Pléiade und kritisiert vehement die um sich greifenden puristischen Tendenzen.[31]

Mathurin Régnier bekennt sich in seiner neunten Verssatire zur Tradition des **›souverain style‹** Ronsards, das heißt einer Sprach- und Dichtungsauffassung, die dem *furor poeticus* im Schaffensprozess die zentrale Rolle zuspricht, während er bei seinen Gegnern, insbesondere Malherbe, nur uninspirierte handwerkliche Tüftelei am Werke sieht.[32] Mlle de Gournay und Régnier verstehen sich als Humanisten und fühlen sich daher den freiheitlichen Traditionen der antiken Republik verpflichtet. Die heftigsten Satiren gegen den Hof und das Dasein als Höfling finden sich bei Régnier, das kunstvolle Herrscherlob dagegen bei Malherbe.

Im Kampf um die Sprache ist schließlich auch der Philosoph und Libertin **François de La Mothe Le Vayer** zu nennen. In seinen *Considérations sur l'éloquence française de ce temps* (1637) setzt er sich kritisch mit Vaugelas und den von der Akademie verfolgten puristischen Tendenzen auseinander. Kriterium des ›bon usage‹ ist für ihn nicht ›la Cour‹ und die mondäne Gesellschaft, sondern der Gelehrte, der auch die etymologische Herkunft eines Wortes berücksichtigen kann. Die Akademiemitglieder nehmen ihm diesen Ausfall nicht sonderlich übel und wählen ihn 1639 zum Mitglied. Nach Erscheinen von Vaugelas' *Remarques* veröffentlicht La Mothe vier *Lettres touchant les nouvelles remarques sur la langue française*, in denen er Vaugelas in zahlreichen Detailfragen kritisiert und ihm vorwirft, den ›usage‹ schlecht beobachtet zu haben; die *Lettres* sind keine systematische Kritik, aber doch **Ausdruck eines zeittypischen Unbehagens an einer ›Reinigung‹ der Sprache**, die in den Augen ihrer Kritiker einer Verarmung gleichkommt. Wie Marie de Gournay ist auch La Mothe Le Vayer ein Verfechter des von Régnier befürworteten ›souverain style‹.[33] Wie schwach indes die Position von dessen Befürwortern einerseits und wie unwiderstehlich andererseits der Sog ist, der von der immer mächtiger werden Monarchie ausgeht, veranschaulicht ein symptomatisches Detail aus dem Leben La Mothe Le Vayers: Während der Skeptiker Montaigne es ablehnte, sich am Hofe Heinrichs IV. als Höfling niederzulassen, übernimmt La Mothe 1649 das Amt des Prinzenerziehers, das er bis 1660 ausübt. Damit ist er ›sprachpolitisch‹ neutralisiert.

2. Autonome Salons und zentralistische Kulturpolitik

Wichtige Aspekte der Literatur und Kultur des ›grand siècle‹ sind ohne die zahlreichen Salons und Höfe, die sie gefördert und geprägt haben, nicht vorstellbar. Dies gilt besonders für die Zeit bis zum Regierungsantritt Ludwigs XIV. Die erste Jahrhunderthälfte zeichnet sich durch eine Vielzahl zum Teil miteinander konkurrierender Salons und Höfe aus. Ab 1661 beginnt eine Konzentration der künstlerischen und wissenschaftlichen Aktivitäten auf wenige überschaubare Institutionen. Erst vor diesem Hintergrund erlangen die Intentionen und Dimensionen der offiziellen Kulturpolitik ihre wahre Bedeutung.

2.1 Salons und Höfe

Terminologisch sei vorausgeschickt, dass das 17. Jahrhundert den Begriff ›Salon‹ zur Kennzeichnung einer wesentlich von Frauen geprägten Geselligkeit nicht kennt.

> Le terme de *salon* [...] ne semble pas même remonter au milieu du XVIIe siècle. Jusque-là, on disait ordinairement la *salle* (ou la *chambre*) pour désigner aussi bien la pièce où l'on recevait la compagnie que celle où l'on prenait les repas.

Zur Kennzeichnung des Ortes, an dem sich die künstlerischen und intellektuellen Aktivitäten einer sozialen Gruppe bündeln, hat der Begriff sich erst im 18. Jahrhundert eingebürgert.[34] ›La cour‹ dient laut Furetière zur Bezeichnung des Ortes, »où habite un Roy ou un Prince Souverain«; doch wird der Begriff ebenso verwendet »à l'égard des Grands Seigneurs ou Supérieurs, à qui on rend des visites fréquentes, des respects, des assiduités.« In diesem Sinn seien im Folgenden einige der wichtigsten Salons und Höfe der Zeit vorgestellt.

Da ist zunächst das bereits mehrfach genannte **›Hôtel‹ der Catherine de Rambouillet**, das von 1620 bis 1648, also bis zum Tod Voitures und dem Ausbruch der Fronde, das gesellige und literarische Leben bestimmt. Was im Paris der Zeit in Politik, Literatur und Kunst Rang und Namen hat, trifft sich täglich in der ›Chambre bleue‹, dem mit blauer Seide ausgestatteten Salon der Marquise, »de cette femme belle, intelligente et bonne, cultivée sans pédanterie, spirituelle sans prétention, vertueuse sans pruderie, et suprêmement distinguée.« Durch die Pflege der Konversation, des Spiels und geselliger Umgangsformen auf der Basis der Gleichheit aller seiner Mitglieder hat der Salon der ›incomparable Arthénice‹ – so das von Malherbe erfundene Anagramm ihres Vornamens – für die Entwicklung der Sprache und die Herausbildung des ›honnêteté‹-Ideals Entscheidendes geleistet. Zugleich erleben die literarischen Kleingattungen mit ihren meist galanten Inhalten hier eine erste Hochblüte, inspiriert insbesondere von Voiture, ›l'âme du rond‹. Trotz seiner gesellschaftlichen Dominanz gelingt es der Marquise, ihren Salon aus allen politischen Querelen herauszuhalten.[35]

Großes Ansehen genießt auch der **Salon der Marquise de Sablé**, die selbst im Hôtel de Rambouillet verkehrt. Doch ihr Salon ist weniger mondän und galant. Nach der Fronde wendet die Marquise sich dem Jansenismus zu und lanciert die Mode der Maximen, in denen sie den Triebfedern des menschlichen Herzens nachspürt. Mme de La Fayette, La Rochefoucauld und Pascal zählen zu den angesehensten Gästen ihres Salons, der Keimzelle des moralistischen Schrifttums. Der Einfluss der Marquise auf La Rochefoucauld und die Seelenanalyse der *Princesse de Clèves* der Mme de La Fayette ist beträchtlich, und auch Pascal verdankt ihr einige seiner *Pensées*.[36]

Madeleine de Scudéry und ihr Kreis treten ab etwa 1648 die Nachfolge des Hôtel de Rambouillet an. Die ›samedis‹ der Sapho – so der selbst gewählte Dichtername Madeleines – entwickeln sich schnell zu einem Treffpunkt der literarischen Elite, darunter zahlreiche Mitglieder der Académie française. Der Ruhm Saphos gründet auf ihren Romanzyklen, dem zehnbändigen *Artamène ou Le Grand Cyrus* (1649–53) und der ebenfalls zehnbändigen *Clélie, histoire romaine* (1654–60).[37] Als pseudohistorische Fortsetzungsromane bieten sie idealisierte Abenteuer edelmütiger Krieger, in deren breit entfalteten Porträts und Heldentaten sich die Salongesellschaft wiedererkennt: in den Protagonisten des *Grand Cyrus* die des Hôtel de Rambouillet, dessen politisches Leitbild nach dem Tode Richelieus der Große Condé darstellt – die Figur des Cyrus ist das Porträt des Großen Condé; in denen der *Clélie* die der ›samedis‹ Saphos selbst. *Le Grand Cyrus* und *Clélie* sind Schlüsselromane, ›romans à clés‹: In der Romanfiktion durchleben die Salongesellschaft und ein breites Lesepublikum jene Heldentaten, welche die soziale Wirklichkeit ihnen verwehrt. Bedenkt man, dass beide Romanzyklen der Herzogin von Longueville gewidmet sind, der Schwester des Großen Condé, einer der Ikonen der Fronde, dass ferner Band 10 der *Clélie* eine deutliche Hofkritik enthält und unter dem Namen Valterre Fouquets Prachtschloss in Vaux-le-Vicomte beschreibt, so treten die aus der Perspektive der Monarchie oppositionellen, ja geradezu subversiven Dimensionen dieser Romane unmittelbar zu Tage.[38]

Über die hier genannten Salons hinaus unterhalten vor allem Vertreter der königlichen Familie und des Hochadels eigene Höfe, die in offener Konkurrenz zum Königshaus stehen. So insbesondere **Gaston d'Orléans**, Bruder Ludwigs XIII., eine schillernde und faszinierende Persönlichkeit: ein notorischer Libertin und einer der gebildetsten Geister seiner Zeit, Sammler von Büchern, Münzen, Medaillen und Antiquitäten, feinsinniger Kunstmäzen und passionierter Theaterfreund, der u.a. Tristan L'Hermite, Corneille und Molière fördert. Außerdem ist er in unzählige Komplotte gegen Richelieu und das Königshaus verwickelt.[39]

Oder der **Herzog von Montmorency**, der einem der ältesten französischen Adelsgeschlechter entstammt. Er fördert Théophile de Viau und gewährt ihm auf seinem Schloss in Chantilly Asyl. Als er sich mit Gaston d'Orléans gegen Richelieu verbündet und militärisch unterliegt, bezahlt er seine Unbotmäßigkeit mit der öffentlichen Hinrichtung. Schließlich der **Prinz von Conti**, nach dem König und dem Großen Condé die dritthöchste Persönlichkeit des Königreiches: Als Gouverneur des Languedoc fördert er Molière während seiner schwierigen Wanderjahre nachhaltig, indem er ihm den Zugang zu den subventionsträchtigen Generalständen des Languedoc eröffnet. Nach seiner Bekehrung führt Conti ein bigottes Leben und mutiert zu einem der heftigsten Feinde Molières und des Theaters.[40]

Das einflussreichste künstlerische Zentrum nach dem Hôtel de Rambouillet ist zweifellos der Hof, den **Nicolas Fouquet** ab etwa der Mitte der 1650er Jahre bis zu seinem Sturz in Vaux-le-Vicomte unterhält. Wie bereits erwähnt beschäftigt Fouquet für die Errichtung seines Schlosses die Elite der Künstler Frankreichs, die später in Versailles tätig sein werden. Ist Versailles ihr Meisterwerk, so ist Vaux-le-Vicomte ein ebenbürtiges Gesellenstück.[41] Um Fouquet, dem Mlle de Scudéry im zehnten Band der *Clélie* ein hyperbolisches Porträt widmet,[42] kreist eine ganze Plejade wichtiger Autoren: Thomas und Pierre Corneille, Scarron, Pellisson, Donneau de Visé, Madeleine de Scudéry, Molière und La Fontaine, um nur die bekanntesten zu nennen. In unterschiedlicher Weise werden sie von Fouquet gefördert. La Fontaine ist ihm geradezu freundschaftlich verbunden; scherzhaft widmet er ihm als Dank für die gewährte materielle Unterstützung die ›pension poétique‹ seiner für den einflussreichen Finanzminister verfassten Gedichte. Und für die feierliche Einweihung des Schlosses am 17. August 1661 schreibt Molière seine erste Ballettkomödie und eröffnet damit eine neue Phase seines Theaters.

Trotz der herausragenden Stellung Fouquets als Finanzminister Mazarins ist **Vaux-le-Vicomte ein herrschaftsfreier Raum**, an dem die Mitglieder des Hofes gleichberechtigt miteinander verkehren. Nach Fouquets Sturz setzen sich insbesondere Mlle de Scudéry, Pellisson und La Fontaine – vergeblich, wie man weiß – für ihn ein. Wie eng die Beziehungen insbesondere La Fontaines zu Fouquet sind, bezeugen die Elegie *Aux nymphes de Vaux* und die *Ode au Roi*, die der Dichter anlässlich der Verhaftung seines Freundes und Gönners verfasst. Es gilt heute als gesichert, dass der Sturz Fouquets und dessen Folgen für La Fontaine der Anlass waren, sich der Fabel als seiner bevorzugten Gattung zuzuwenden; denn sie ermöglicht ihm ›le dire sans dire‹, das heißt den in die Tiergattung verfremdeten Ausdruck dessen, was unverhüllt nicht gesagt werden kann.[43]

Einen wichtigen Einfluss auf La Fontaine wird später der Salon der **Madame de La Sablière** ausüben, der in den 1670er Jahren regste Salon von Paris. Die schöne, charmante, intelligente Iris – so der ihr von La Fontaine verliehene Dichtername – interessiert sich für Mathematik, Physik, Astronomie, Medizin und die Philosophie Gassendis. Dementsprechend bunt gemischt ist die Gesellschaft, die sich in ihrem Salon einfindet. La Fontaine widmet seiner Gönnerin, die ihn zwei Jahrzehnte in ihrem Hôtel beherbergt, eine seiner schönsten Fabeln und zwei längere Versgedichte, darunter den ›Discours‹ *Sur l'âme des animaux*, geradezu ein Exposé der epikureischen Philosophie. Die vielfältigen Anregungen, die er in diesem Kreis erfährt, prägen seine zweite Fabelsammlung von 1678 in hohem Maß. Aufgrund seiner (natur-)wissenschaftlichen, freigeistigen und frühaufklärerischen Prägung verweist der Salon der

Madame de La Sablière – ebenso wie La Fontaines Fabeln von 1678 – schon deutlich ins 18. Jahrhundert.[44]

In der Frühaufklärung des beginnenden 18. Jahrhunderts fest verankert ist schließlich der Salon der **Marquise de Lambert**, der von 1710 bis 1733 das literarische Leben der Zeit maßgeblich beeinflusst. Fontenelle, Houdar de la Motte, Montesquieu, Marivaux, der Maler Watteau und andere mehr zählen zu den Gästen ihrer berühmten ›mardis‹ und ›mercredis‹, zu denen eingeladen zu werden eine große Ehre darstellt. Ihr Salon, in dem die Kunst der Konversation hoch im Kurs steht, ist eine Art Sprungbrett in die Académie française. Man diskutiert über literarische Neuerscheinungen, Fragen der Lebensführung, die Stellung der Frau in der Gesellschaft und über Kindererziehung. Die Marquise ist selbst Autorin von *Réflexions sur la femme* (1730), in denen sie selbstbewusst die soziale Situation der Frau hinterfragt; in ihren *Avis d'une mère à sa fille* und *Avis d'une mère à son fils* (1728) plädiert sie für eine gleichberechtigte Erziehung der Geschlechter. Sie sieht ihren Salon in der direkten Nachfolge des Hôtel de Rambouillet: »Madame de Lambert avait conscience de tenir un rôle semblable [...] à celui qu'avait joué près d'un siècle plus tôt à l'hôtel de Rambouillet la belle Arthénice.«[45]

Mit dem Salon der Marquise de Lambert schließt sich der Kreis. Die Schwerpunkte des kulturellen Lebens, die in der ersten Hälfte des 17. Jahrhunderts dezentralisiert sind und nicht am Königshof liegen, verlagern sich nach einer Phase der Zentralisierung, die mit Richelieu einsetzt und nach dem Regierungsantritt Ludwigs XIV. forciert weitergeführt wird, wieder in die Salons zurück. Wie nach 1682 und erst recht in der Endphase von Versailles die politische Macht Ludwigs XIV. zusehends schwindet und neue politische und gesellschaftliche Zentren sich in Paris herausbilden, schwinden auch Ansehen und Einfluss jener Institutionen, die Colbert nach der Machtübernahme Ludwigs XIV. ins Leben gerufen hatte. Sein Tod 1683 markiert hier ebenso wie der Umzug des Hofes nach Versailles eine Epochenschwelle. Die Salons der Madame de La Sablière und der Marquise de Lambert stehen in etwa am Beginn und Ende dieser Phase.

2.2 Zur Situation der Frau – ›La France: paradis des femmes‹?

Die im vorangehenden Kapitel vorgestellten Salons illustrieren die herausragende Stellung und den Einfluss, welche die Frauen sich in der Gesellschaft des 17. Jahrhunderts erworben haben. Dies ist jedoch nur eine Seite der Medaille; die Kehrseite zeigt, dass die seit dem Mittelalter schwelende **›querelle des femmes‹** keineswegs entschieden ist. In diesem **Geschlechterstreit** wird die Frau unter Rückbezug auf den biblischen Schöpfungsmythos je nach Bedarf mit sophistischen Argumenten dem Mann untergeordnet, gleichgestellt oder gar übergeordnet, mehrheitlich jedoch als minderwertiges, hinterhältiges, des Denkens unfähiges Wesen diskreditiert. Das misogyne *Alphabet de l'imperfection et malice des femmes* (1617) von Jacques Olivier steht exemplarisch für diese Tendenz.[46] Kein Wunder also, dass die jungen Mädchen und Frauen juristisch und finanziell unter der Obhut des Vaters – oder später des Ehemannes – stehen. Dies geht so weit, dass ein Vater seine Tochter, ist sie mit fünfundzwanzig noch nicht verheiratet, ins Kloster abschieben kann: Die **väterliche Autorität ist absolut** – eine Situation, aus der sich großenteils die Aktualität von Molières Theater herleitet. Doch die ›querelle des femmes‹ wird im Verlauf des Jahrhunderts an Brisanz verlieren und die Bildung der Frauen in den Vordergrund treten.

Durch das von den Jesuiten, Oratorianern und Jansenisten organisierte Schulwesen steht den Frauen zwar grundsätzlich der Zugang zu den Bildungsgütern offen, doch faktisch bleibt er ihnen im Allgemeinen verwehrt: Ihre **Ausbildung** erfolgt geschlechter- und rollenspezifisch in der Familie oder im Kloster. Linda Timmermans hat in *L'accès des femmes à la culture* (1993) den langsamen und beschwerlichen Zugang der Frauen zu den Bildungsinstitutionen detailliert beschrieben. Das epochentypische **Frauenideal** entwirft François de Grenaille in seinem an Farets ›honnêteté‹-Konzept sich ausrichtenden Traktat *L'honnête fille* (1639). Sie ist die jugendliche Variante einer den Normen der ›bienséance‹ angepassten, auf individuelle Bedürfnisse weitgehend verzichtenden ›honnête femme‹. Noch 1687 kann Fénelon in seiner einflussreichen pädagogischen Schrift *De l'éducation des filles* die spezifischen Aufgaben der Frau sinngemäß folgendermaßen resümieren: ›une maison à règler, un mari à rendre heureux, des enfants à bien élever‹. In Mlle de Scudérys *Clélie* klagt eine Protagonistin in bitteren Worten über

> l'esclavage qu'imposent aux femmes la coutume et la bienséance »parce que dès que la raison commence de nous faire discerner les choses, on nous dit qu'il faut s'assujettir à l'usage«, lequel veut que les femmes soient sévères, retenues, ignorantes et surtout dénuées de passions, »car il ne nous est pas permis de rien aimer ni de rien haïr«.[47]

Einen herausgehobenen Stand genießen allein die zahlreichen **Witwen**, die häufig aufgrund großer Altersunterschiede bei Eheschließung ihren Mann frühzeitig verloren haben. »Je suis veuve, Dieu merci. Je ne dépends de personne que de moi-même«, ruft Mme Patin in Dancourts bitterer Sittenkomödie *Le chevalier à la mode* (1687) aus. Das ›siècle classique‹ zählt eine Fülle von Witwen – Jeanne de Chantal, Mme de Sévigné, Mme de La Sablière, Mme de Guyon, Mme d'Aulnoy, Anna von Österreich, um nur einige herauszugreifen –, die in unterschiedlicher Weise ihre Zeit geprägt haben. Selbstverständlich gelten auch für sie, wie Grenailles *L'honnête veuve* (1640) zeigt, die Gebote der Schicklichkeit, die Célimène jedoch, die kokette 21-jährige Witwe aus Molières *Misanthrope*, souverän missachtet: eine Grundvoraussetzung für das frivole Spiel, das sie mit ihren Liebhabern treibt. Gerade der Status der Witwe, die nach dem Tod ihres Ehemannes durchaus auch dessen Geschäft fortführen kann, zeigt, dass die Abhängigkeit, in der die Frau im Allgemeinen gehalten wird, strategisch begründet ist: Sie dient dem Erhalt und der Stärkung der Familie, die wie die Monarchie nur von einer mit uneingeschränkter Autorität ausgestatteten Persönlichkeit geführt werden kann, bei deren Ausscheiden einer Régence ähnliche Umstände eintreten.[48]

Die bisher skizzierte Situation ändert sich spürbar in der zweiten Jahrhunderthälfte. Die in der Schäferdichtung, z.B. der *Astrée*, vollzogene neuplatonisch begründete **Idealisierung der Frau** und ihre theologisch begründete Aufwertung als Hüterin der Ordnung im Zuge der ›réforme catholique‹ tragen nun ebenso Früchte wie die gynophilen Schriften einiger engagierter Autoren/innen. Schon Marie de Gournay fordert in *Égalité des hommes et des femmes* (1622) die Gleichstellung der Geschlechter. Mit der Streitschrift *Le grief des dames* (1626) erwirbt sie sich den Ruf einer furchtlosen ›Frauenrechtlerin‹. Madeleine de Scudéry verfasst Porträtsammlungen von Heroinen des Altertums, *Les femmes illustres* (1642/44), die vorbildhaft tragische Situationen gemeistert haben. Im Bilde der griechischen Dichterin Sappho entwirft sie das Selbstporträt einer sich ihres Wertes (›prix‹) bewussten, emanzipierten ›précieuse‹ und leitet daraus geradezu **feministische Forderungen** ab: das Recht auf Bildung und weibliche Selbstbestimmung, Kritik an der Ehe als Institution, das Konzept einer auf ›amitié tendre‹ gegründeten Beziehung der Geschlechter. Wenig später stellt der Jesuitenpater Pierre Le Moyne in *La gallerie des femmes fortes* (1647) Idealbilder weiblicher Tugendheldinnen vor. Marguerite Buffet antizipiert in dem komparatistischen *Traité sur les éloges des illustres savantes anciennes et modernes* (1668) bereits Aspekte des späteren ›querelle des anciens et des modernes‹, und François Poullain de la Barre leitet in seinen Traktaten *De l'égalité des deux sexes* (1673) und *De l'éducation des dames* (1675) aus der Gleichheit der Geschlechter die Forderung nach gleichen Bildungschancen ab – allesamt Anliegen, denen Molière bereits in *L'école des femmes* (1663) und *Les femmes savantes* (1672) breite Resonanz verschafft hatte.[49]

Von Bedeutung für das sich ab 1660 entscheidend **wandelnde Frauenbild** und ein entsprechendes weibliches Selbstverständnis sind zwei Faktoren. Zunächst der wachsende **Einfluss der kartesianischen Philosophie**. Da entsprechend Descartes' zentraler These der ›bon sens‹ allen Menschen gleichmäßig zuteil wird – also auch den Frauen – sind diese den Männern diesbezüglich gleichgestellt. »L'esprit n'a point de sexe«, stellt der stark von Descartes beeinflusste Poullain de La Barre programmatisch fest und folgert daraus

> que les femmes considérées selon les principes de la saine philosophie, sont autant capables que les hommes de toutes sortes de connaissances [...]: enseigner dans une chaire l'éloquence ou la médecine en qualité de professeur, haranguer devant les juges en qualité d'avocat, être assise sur un tribunal pour y rendre la justice à la tête d'un Parlement, conduire une armée, livrer bataille, et parler devant les Républiques ou les princes comme chef d'une ambassade. J'avoue que cet usage nous surprendrait, mais ce ne serait que par la raison de la nouveauté.[50]

Je weiter das Jahrhundert fortschreitet, desto stärker werden die Frauen aus diesem Argument Nutzen ziehen und sich insbesondere in der ›querelle des anciens et des modernes‹ auf die Seite der ›modernes‹ schlagen, die in Descartes einen der Garanten ihrer Überlegenheit sehen.

Der zweite wichtige Faktor für das wachsende weibliche Selbstbewusstsein ist die Tatsache, dass Maria von Medici und Anna von Österreich lange Jahre hindurch als ›**Regentinnen**‹ das Schicksal Frankreichs bestimmt haben; sie sind das Vorbild zahlreicher gynophiler Traktate, die beispielhafte, den Männern in allen Belangen ebenbürtige ›femmes fortes‹ aus Mythos und Geschichte präsentieren. Und waren in der Fronde nicht die Herzogin von Montpensier, Grande Mademoiselle und ›tumultueuse cousine de Louis XIV‹, ebenso wie die Herzogin von Longueville, die Schwester des Großen Condé und Geliebte La Rochefoucaulds, als Heerführerinnen leibhaftig in Erscheinung getreten? Nach der Fronde schließlich trägt die Grande Mademoiselle entscheidend zur Mode des literarischen Porträts bei, und die Herzogin von Longueville verhilft Port-Royal zu Glanz und Ansehen.

Insgesamt erlangen die **Frauen im kulturellen Leben** des ›siècle classique‹ eine Bedeutung wie nie zuvor: In den Salons sind sie Schiedsrichterinnen des guten Geschmacks; am Hof des jungen Ludwigs XIV. inspiriert und fördert Mme de Montespan als Maitresse des Königs die großen Autoren des ›classicisme Louis XIV‹. Die Zahl der **schreibenden Frauen** ist beeindruckend: Einige von ihnen zählen, wie Mme de La Fayette und Mme de Sévigné, unangefochten zu den ›grands auteurs‹. Das gilt mit Einschränkung auch für Mlle de Scudéry; andere haben sich in der jüngeren Forschung einen festen Platz erobert, wie Marie de Gournay, Mme de Villedieu und Mme d'Aulnoy. Zu den schreibenden Frauen gehört nicht zuletzt auch ›Madame l'étrangère‹, das heißt Liselotte von der Pfalz, ›la princesse Palatine‹. Nach dem Tod der Henriette von England wird sie die zweite Frau Philipps von Orléans, dem Bruder Ludwigs XIV. Zwar ist ihr Einfluss am Hof unbedeutend; ihre etwa 90.000 auf Deutsch geschriebenen Briefe sind jedoch ein einzigartiges (kultur-)historisches Zeugnis der Spätzeit des ›grand siècle‹ und vor allem von dessen Kehrseiten.[51] Freigeistige Autorinnen wie Ninon de Lenclos, »la courtisane du Grand Siècle [...] qui apprenait [à ses amants] la manière jolie de faire l'amour«, runden das breite Spektrum weiblichen Schreibens im klassischen Jahrhundert ab.[52]

Neben diesen schreibenden Frauen sollte man ihre literarisch vermittelten ›Abbilder‹ nicht vergessen: Das faszinierende Porträt der Mme de La Sablière im *Discours à Mme de La Sablière*, den La Fontaine anlässlich seiner Aufnahme in die Académie française verliest; das ebenso faszinierende Porträt der Mme de Montespan, das derselbe von ihr in der Widmung seiner zweiten Fabelsammlung entwirft; weiter das der jung verstorbenen Henriette von England, der Schwägerin Ludwigs XIV., das Bossuet in seiner Totenrede zeichnet.[53]

Zweifellos ist es unzulässig, den an den hier genannten weiblichen Ausnahmeerscheinungen exemplifizierten Emanzipationsprozess zu verallgemeinern; und doch ergibt sich in der Zusammenschau mit dem vorherigen Kapitel

> que le XVIIe siècle a été dans son ensemble pour les femmes une période d'épanouissement. C'est de cette époque que date l'expression ›maîtresse du logis‹ qui a précédé notre moderne ›maîtresse de maison‹; c'est alors aussi qu'on se mit à traiter la France de ›paradis des femmes‹.[54]

Insbesondere Agnès aus Molières *École des femmes* erscheint wie der Prototyp eines für das ›siècle classique‹ charakteristischen Emanzipationsprozesses: Zu Beginn des Stückes der Sprache kaum mächtig, hält sie an dessen Ende die Fäden der Intrige in der Hand und verwirklicht sich als freies, autonomes Wesen.[55]

2.3 »Gouverner, c'est faire croire« – Regieren heißt manipulieren

Nach Mazarins Tod beschließt Ludwig, allein zu regieren und den Hof sowie seine Person zum Mittelpunkt des politischen, literarischen und künstlerischen Lebens zu machen. Der unermüdliche Initiator aller diesbezüglichen Aktivitäten wird ›le grand Colbert‹ sein, sein ›Superminister‹, der in kurzer Zeit alle wichtigen Kompetenzen in seiner Person vereint. Colberts vorrangiges Ziel ist es, den Ruhm des jungen Königs zu mehren und zu festigen. ›**La gloire du Roi**‹ wird damit zum Fluchtpunkt einer generalstabsmäßig geplanten und zielstrebig umgesetzten Kulturpolitik, die sich von **drei Maximen** leiten lässt: dem Gottesgnadentum der französischen Monarchie; der Lehre von den zwei Körpern des Königs; der Überlegenheit des Transzendenten und des Mythos über die Wirklichkeit bzw. des Scheins über das Sein. Daraus resultiert eine Strategie der Machtausübung, die auf dem Primat des Scheins beruht: »gouverner, c'est faire croire«.[56]

Ludwig – und mit ihm die überwältigende Mehrheit der Franzosen – ist zutiefst von der Vorstellung durchdrungen, der rechtmäßige Repräsentant einer auf die Kapetinger und den Heiligen Ludwig zurückgehenden ›monarchie de droit divin‹ zu sein, die ihre Macht unmittelbar von Gott herleitet und sich theologisch durch einen Vers aus dem *Römerbrief* des Apostels Paulus legitimiert: »Il n'est pas de pouvoir qui ne vienne de Dieu« (13, 1). Ludwigs politische und religiöse Erziehung hatte ganz im Zeichen eines solchen **Gottesgnadentums der Monarchie** gestanden. Daraus erwachsen ihm nicht nur – sehr konkret – wundertätige Kräfte, etwa wenn er nach seiner Salbung zum König in Reims zweitausend Skrofulösen mit den Worten »Le Roi te touche, Dieu te guérit« die Hand auflegt, eine Praxis, die auf der mittelalterlichen Vorstellung eines wundertätigen Königs – ›roi thaumaturge‹ – beruht, die er Zeit seines Lebens beibehält und besonders an hohen kirchlichen Feiertagen ausübt.[57] Daraus resultieren auch die unzähligen Vergleiche mit dem Sonnengott Apoll, mit Jupiter, Alexander, Augustus und anderen mehr, die darauf zielen, Ereignisse des privaten und öffentlichen Lebens, der Kriegsführung, der Politik und des Regierungsstils durch mythische Vergleiche zu überhöhen und zu legitimieren.

Ermöglicht wird der Transfer der Wirklichkeit in den Mythos durch die **Lehre von den zwei Körpern des Königs**, dem irdischen und dem göttlichen. Als Mensch ist Ludwig zwar durchaus physischen Bedingungen unterworfen, kann also angefasst werden usw., zugleich aber ist er die konkrete Verkörperung der göttlichen Weltordnung. In der Formel »Le Roi te touche, Dieu te guérit« kommt die daraus sich ergebende Identität von König und Gott geradezu programmatisch zum Ausdruck.

Gleiches gilt für die **Überhöhung des Königs durch den Mythos**:

> Wird ein Herrscher [...] etwa als Herkules dargestellt, dann war das viel mehr als eine Metapher, die besagt, dass er stark ist oder gar, dass er die Probleme seines Königreichs ebenso mühelos lösen wird wie Herkules seine Aufgaben löste [...] Der Herrscher wurde in einer Weise mit Herkules identifiziert, als würde sich die Aura des Halbgottes auf ihn übertragen. Diese Analogien wurden nicht als menschliche Konstruktionen betrachtet, sondern als objektiv gegebene Parallelen, als Realität.[58]

Als ›**Roi-soleil**‹, der das Weltall mit Licht erfüllt, betrachtet Ludwig sich als »informé de tout, écoutant [ses] moindres sujets«, deren Zustimmung ihm als Voraussetzung für eine Realisierung seiner Politik erscheint. Zugleich ist er zutiefst davon überzeugt, »que rien ne [fait] de si grands effets en si peu de temps que la réputation du prince«. Die Vorstellung, dass die Macht der Herrschenden wesentlich auf der ›réputation‹ beruht, die sie in der Öffentlichkeit genießen, also dem Schein, geht auf Machiavellis Maxime ›**gouverner, c'est faire croire**‹ zurück und ist Allgemeingut der Zeit. Sie findet sich auch in zahlreichen Passagen der *Mémoires* Ludwigs wieder, etwa wenn es dort heißt: »La réputation fait souvent elle seule plus que les armées les plus puissantes. Tous les conquérants ont plus avancé par leur nom que par leur épée.« An anderer Stelle bemüht Ludwig die Schauspielmetapher: Das kunstvolle **Schauspiel seiner Politik** solle den eigenen Untertanen und dem Ausland einen überwältigenden Eindruck »de magnificence, de puissance, de richesse et de grandeur« vermitteln; durch das »spectacle«, so schreibt er, »nous tenons l'esprit et le cœur [de nos sujets] quelquefois plus fortement peut-être, que par les récompenses et les bienfaits.«[59] Im Geiste eines solchen die Macht des Scheins nutzenden, manipulierenden ›spectacle‹ wird Colbert in den kommenden zwei Jahrzehnten die

Kulturpolitik der jungen Monarchie zur größeren ›gloire‹ seines Königs – und zu seinem eigenen Nutzen – organisieren.

2.4 Die Petite Académie – Schaltzentrale der Kulturpolitik

Die von Colbert ins Auge gefassten Maßnahmen sind vielfältig, letztendlich aber nur einem Ziel untergeordnet: aus Paris im Sinn der *translatio*-Idee ›la nouvelle Rome‹ zu machen, den prachtvollen Mittelpunkt eines weltbeherrschenden Reiches. »Der Topos der *Nouvelle Rome* [...] umschreibt den Anspruch auf die Nachfolge Roms durch Paris und hatte eine weitreichende Tradition.«[60] An oberster Stelle steht daher der **Ausbau des Louvre** zum »plus bel édifice du monde, digne s'il se peut, de la grandeur et de la magnificence du prince qui le doit habiter«. Das heißt konkret: Abriss der Ostfront, die durch eine prachtvolle Fassade ersetzt werden soll; Erweiterung des Innenhofes, der ›cour carrée‹, und Anbindung der Anlage an die Tuilerien; hinzu kommt die Errichtung von Triumphbögen, Obelisken und Pyramiden, die Prägung von Medaillen zur Verherrlichung der Großtaten des Königs und eine aktive Propaganda gegenüber dem Ausland; und schließlich sollen Dichter und Geschichtsschreiber zum Ruhm des jungen Königs tätig werden. Ein wichtiges Ziel dieser Initiativen ist es zugleich, die künstlerisch Aktiven aus der Abhängigkeit der ›financiers‹ im Stile Fouquets oder privater Salons zu lösen und um den König zu scharen. Statt eine Vielfalt oft heterogener künstlerischer Aktivitäten zu fördern oder doch wenigstens zu dulden, bemüht Colbert sich um die **Vereinheitlichung des künstlerischen Lebens**, das nunmehr ganz im Dienst des neuen Herrschers stehen soll.

Im Februar 1663 versammelt Colbert vier Personen um sich, die ihn fortan in allen künstlerischen Angelegenheiten beraten sollen. Weil diese auch der Académie française angehören, konstituiert der Kreis sich als **Petite Académie**. Wichtigstes Mitglied ist **Jean Chapelain**, Gründungsmitglied der Académie française, ein gelehrter Literat mit Urteilsvermögen und Geschmack, eine ›Graue Eminenz‹ und ›premier commis de la littérature‹ (Sainte-Beuve), »celui qui a le plus d'autorité parmi les gens de lettres. Entre 1640 et 1665 environ, c'est lui qui est le vrai *régent du Parnasse*.«[61] Auf seinen Vorschlag ernennt Colbert **Charles Perrault** zum Sekretär der Petite Académie, eine Funktion, in der dieser sich bald das Vertrauen des Ministers verdient, der ihn 1668 zum ›Premier commis des bâtiments du Roi‹ befördert. Chapelain und Perrault sind damit Colberts wichtigste Berater. Der König nimmt lebhaften Anteil an der Arbeit der Petite Académie, die sich zwei Mal wöchentlich in Colberts Privatbibliothek trifft; später wird er ihr einen Raum im Louvre zuweisen. Doch nicht allein seine Ehrerweisungen sind groß, auch seine Einflussnahme und Kontrolle.

Die **Aufgaben der Petite Académie** sind vielfältig. In der Aufbruchstimmung des ›nouveau règne‹ hat sie darauf zu achten, dass die unzähligen Gebäude, Statuen, Bilder und Medaillen, die in ganz Frankreich zum Ruhm des jungen Königs entstehen, den antiken Vorbildern entsprechen, mythologisch also ›korrekt‹ sind, und muss sie gegebenenfalls mit entsprechenden Legenden versehen. Darüber hinaus obliegt ihr die Aufsicht über die **Feste am Hof** ebenso wie über die Opernlibretti Quinaults. Vor allem aber gehört die **ikonographische Ausstattung des Schlosses und der Gärten von Versailles** zu ihren zentralen Aufgaben.[62]

Des Weiteren betraut Ludwig sie mit einem Projekt, das ihm besonders am Herzen liegt, der Darstellung seiner eigenen **Großtaten in Medaillenform**. Daraus gehen über dreihundert Medaillen hervor, die sich zu einer repräsentativen *Histoire du roi Louis le Grand par les médailles* zusammenfügen. Die Arbeit an dieser prestigehaltigen ›**histoire métallique**‹ trägt der Akademie den – nicht offiziellen – Namen einer Académie des médailles ein. 1685 zählt sie acht Mitglieder, darunter Racine und Boileau; 1701 schließlich erhöht Ludwig die Zahl ihrer Mitglieder auf vierzig und erhebt sie als Académie royale des inscriptions et médailles in den Rang einer staatlichen Institution, bevor sie ein Jahr nach seinem Tod in Académie des inscriptions et belles lettres umbenannt wird. Im Laufe ihrer langen Geschichte hat die Petite Académie sich zur wichtigsten **Organisations- und Kontrollinstanz der gesamten künstlerischen Produktion** der Epoche entwickelt und das der Nachwelt übermittelte Bild Ludwigs XIV. entscheidend geprägt:

> Cette compagnie se vit confier par le Roi »la chose du monde qui lui est la plus précieuse qui est sa gloire«, et l'organisation de la vie intellectuelle dont devait dépendre l'immortalité de son règne.[63]

2.5 Das Herrscherlob und die literarischen Gattungen

Insbesondere die Literatur soll sich in den Dienst der jungen Monarchie stellen, ist sie doch »de toutes les choses durables [...] celle qui se défend le plus de l'injure du temps, lorsqu'une bonne main s'en mêle.«[64] Dass **Chapelain** mit dieser ›guten Hand‹ zuallererst sich selbst meint, kann kaum bezweifelt werden, denn seit der ›querelle du *Cid*‹ fühlt er sich als **maßgebliche kritische Autorität**. Seine eigenen literarischen Fähigkeiten versucht er mit *La pucelle* unter Beweis zu stellen, einem Epos über die Jungfrau von Orléans, mit dem er einen Beitrag zur nationalen Geschichte leisten möchte und an dem er dreißig Jahre arbeitet. Als 1656 die ersten zwölf Bücher erscheinen, tragen sie ihm den Spott nahezu aller Dichterkollegen ein; später wird Chapelain zur Zielscheibe heftiger Angriffe Boileaus. Als Ependichter ist er schließlich derart diskreditiert, dass er auf die geplante zwölfbändige Fortsetzung der *Pucelle* verzichtet.

Die Diskussion um die **Neubelebung des Epos** als der höchsten literarischen Gattung ist eine der heftigsten dichtungstheoretischen Kontroversen des 17. Jahrhunderts, die auch nach dem Scheitern der *Pucelle* nicht verstummt.[65] Denn Ludwigs Ehrgeiz, der Alexander und Augustus seiner Zeit zu sein, das heißt unter einer *translatio studii*-Perspektive ernsthaft mit Athen und Rom zu konkurrieren, kann nur durch ein repräsentatives Epos im Stil von Vergils *Aeneis* befriedigt werden. Andererseits kann das Epos entsprechend den immanenten Gesetzen der Gattung nur vergangene, räumlich und zeitlich distanzierte Ereignisse darstellen. Daher empfiehlt Chapelain **lyrische Kleingattungen** wie Ode, Stanze und Sonett zur Verherrlichung einzelner Großtaten des Königs. Schon 1633 hatte er selbst zum Ruhm Richelieus eine Ode geschrieben. Und zwischen 1633 und 1635 waren mehrere Lyrikanthologien erschienen, in denen namhafte Autoren Großtaten Ludwigs XIII. und Richelieus besungen und auf diese Weise eine Art ›histoire poétique‹ begründet hatten.[66]

Auftragsgemäß werden daher während der langen Regierungszeit Ludwigs XIV., insbesondere in den ersten Jahren, zahlreiche Dichter immer wieder zur Feder greifen, um in panegyrischen Versen wichtige – und nichtige – Ereignisse zu besingen, ohne dass jedoch, ähnlich der ›histoire métallique‹, eine ›histoire poétique‹, also eine literarische Gesamtdarstellung zustande kommt. Zumindest zwei Beispiele seien genannt: Charles Perrault verfasst Oden auf den Abschluss des Pyrenäenfriedens und auf Ludwigs Hochzeit mit Maria-Theresia, die nicht ohne Einfluss auf seine Ernennung zum Sekretär der Petite Académie und seine spätere Karriere sind; und Racine macht Colbert und den König durch eine *Ode sur la convalescence du Roi* auf sich aufmerksam, die er zunächst Chapelain vorlegt und nach dessen Ratschlägen überarbeitet.[67]

Diese Art von **Herrscherlob auf Bestellung** zeigt exemplarisch der *Poème sur le siècle de Louis le Grand*, den Perrault 1687 anlässlich der Genesung des Königs von einer Erkrankung verfasst und mit dem er die epochale ›querelle des anciens et des modernes‹ auslöst; und 1692 besingt Boileau als königlicher Historiograph in einer *Ode sur la prise de Namur* ›auftragsgemäß‹ eine der letzten kriegerischen Großtaten des Königs, deren glücklichen Ausgang Ludwig allein sich selbst zuschreibt. Doch der panegyrische Wert der Ode ist alsbald obsolet, denn schon 1695 wird Namur von den Niederländern zurückerobert; insbesondere aber ist die Ode nicht so sehr Herrscherlob als vielmehr eine polemische Replik Boileaus in der ›querelle‹ an seinen Widersacher Charles Perrault, um ihm die Überlegenheit der ›anciens‹ im Bereich der Lyrik sinnfällig zu demonstrieren.[68]

Angesichts des Scheiterns einer ›histoire poétique‹ bleibt noch die **Geschichtsschreibung in Prosa**, von der Chapelain allerdings nicht viel hält, da sie seit dreitausend Jahren kaum Gescheites hervorgebracht habe, woraus er kurzerhand folgert: »Mieux vaut écrire directement des panégyriques.«[69] Zwar entwickelt sich im 17. Jahrhundert im Umfeld der Congrégation de Saint-Maur eine um gelehrte Darstellung historischer Ereignisse bemühte Geschichtsschreibung, die in den Arbeiten von François Eudes de Mézeray zu beachtlichen Ergebnissen kommt; doch für eine das Herrscherhaus und die Großtaten eines Monarchen verherrlichende Darstellung ist der ›**historiographe du Roi**‹ verantwortlich, ein Amt, das bereits seit dem 15. Jahrhundert existiert. Es ist schlecht bezahlt und von der Gunst des Königs abhängig, bei Missfallen wird sein Inhaber des Amtes enthoben oder verliert finanzielle Vergünstigungen, ein Schicksal, das den unbotmäßigen Mézeray ereilt: 1664 war er auf Vorschlag Chapelains zum ›historiographe du Roi‹ ernannt worden; 1668 legt er einen *Abrégé chronologique de l'histoire de France* vor, der Colbert jedoch missfällt, weil Mézeray dessen Steuerpolitik kritisiert.

1670 ernennt Ludwig Paul Pellisson zu seinem Historiographen; doch da dieser in der Ungunst der Mme de Montespan steht, verliert auch er sein Amt, das Boileau und Racine sich ab 1677 teilen. Beide erhalten hohe Vergütungen und die unvorstellbare Summe von 12.000 Livres für ihre Ausrüstung; denn sie müssen den König nunmehr auch auf seinen Kriegszügen begleiten. Während Mézerays *Abrégé* und Pellissons *Histoire de Louis XIV* – mit einer episch breiten Darstellung der ›passage du Rhin‹ – erhalten sind,[70] fallen Boileaus und Racines Aufzeichnungen 1726 einem Brand zum Opfer; sie wären ein aufschlussreiches Dokument für das Verhalten zweier großer Autoren der Hochklassik gewesen, die sich insbesondere in der Spätzeit nur sehr eingeschränkt mit der offiziellen Politik identifiziert haben. Voltaire hat sich für sein *Siècle de Louis XIV* daher nur an Pellisson orientiert, obwohl er ihn wie folgt charakterisiert: »plus capable de bien écrire que de ne pas flatter.« Hätte das auch für Boileau und Racine gegolten? Das Zitat beleuchtet schlaglichtartig das Dilemma der Institution des ›historiographe du Roi‹, die letztlich weder den Ruhm des Königs gemehrt noch zur Entwicklung der Geschichtsschreibung beigetragen hat.[71]

2.6 ›Pensions‹ und ›gratifications‹ – Stipendien und Vergütungen

Eine wichtige Frage, die die Petite Académie zu beantworten hat, betrifft den Personenkreis, der für die Verherrlichung der ›gloire du Roi‹ gewonnen werden soll, und die Mittel, diese Personen ›bei der Stange zu halten‹. Colbert und Chapelain wissen sehr wohl, dass Eifer und Enthusiasmus allein nicht ausreichen. Sie beschließen daher die Vergabe von ›pensions‹, das heißt jährlich zu zahlenden Stipendien oder Gratifikationen, die sich auf 800 bis 3.000 Livres belaufen und deren Höhe sich an den erbrachten Leistungen bemisst. Dichter, Geschichtsschreiber und Gelehrte aus Frankreich und ganz Europa sollen Nutznießer dieser Stipendien werden können. Auf der ersten Liste des Jahres 1663, die sechzig Namen umfasst, steht Chapelain mit 3.000 Livres an erster Stelle mit dem Vermerk: »Le plus grand poète qui ait jamais été, et du plus solide jugement«, gefolgt von Autoren, die heute entweder vergessen sind oder zu den Minores zählen. Von den großen Autoren erscheinen zunächst nur Corneille und Racine auf dieser Liste, die, ebenso wie die der folgenden Jahre, Anlass zu heftigen Auseinandersetzungen ist. 1667 und 1669 erreicht die Stipendiensumme mit 118.000 bzw. 108.000 Livres ihr Höchstmaß und nimmt ab 1674 infolge der Kosten des Hollandkrieges kontinuierlich ab; 1690 werden die Stipendien eingestellt.[72]

Wie schneiden die großen Autoren bei der Stipendienvergabe ab? **Corneille** erhält bis 1673 eine Vergütung von jährlich 2.000 Livres, die ihm ohne Begründung in dem Jahr entzogen wird, da er, beinahe siebzigjährig, sich vom Theater zurückzieht. Er beklagt sich über diese Maßnahme und gerät 1682, zwei Jahre vor seinem Tod, wieder in den Genuss der ›pension‹.

Molière empfängt jedes Jahr 1.000 Livres. Angesichts der zahlreichen finanziellen Vergünstigungen, die der König für Theateraufführungen in Versailles, Saint-Germain oder Chambord gewährt, ist dies zwar eine unbedeutende Summe, die jedoch kontinuierlich bezahlt wird. Der Grund ist wohl darin zu sehen, dass Molière wie kein anderer Autor den König mit seinem Theater ebenso kontinuierlich unterhält. Mit offiziellem Königslob ist er dagegen immer recht sparsam. Wie geschickt und diskret er dem König dafür dankt, dass er bereits im ersten Jahr auf der Liste der ›gratifiés‹ erscheint, kann man dem aus diesem Anlass verfassten *Remerciement au Roi* entnehmen.

Boileau findet sich ab 1665 mit 1.200 Livres auf der Liste der Stipendiaten; doch als er sich respektlos über Chapelain mokiert, wird er 1667 von ihr gestrichen. Dass er 1677 wieder unter den ›gratifiés‹ erscheint, verdankt er vor allem seiner Wandlung vom Satiriker zum systemkonformen Epistelschreiber, der in zwei geschickt schmeichelnden Versepisteln dem König seine Reverenz erweist, dann aber auch dem Tod Chapelains 1674.

Racine zählt dank der bereits erwähnten *Ode sur la convalescence du Roi* seit 1663 mit 600 Livres zu den königlichen Stipendiaten. Doch trotz einer Reihe ähnlicher Dichtungen steigt er nur langsam auf der Stufenleiter der gut besoldeten Pensionäre, bringt es 1667 auf 800 und 1669 auf 1.200 Livres. Dabei ist nicht sicher, ob dies als

Anerkennung für seine bis dahin erschienenen Tragödien anzusehen ist, insbesondere die dem König gewidmete heroisch-galante Tragödie *Alexandre le Grand*. Erst 1680 erhält Racine, inzwischen Königlicher Historiograph, 2.000 Livres.

La Fontaine schließlich erhält nie eine Vergütung, trotz der Widmung der ersten Fabelsammlung an den Grand Dauphin, trotz der Widmung der zweiten Fabelsammlung an Mme de Montespan, die einflussreiche, kunstsinnige Mätresse des Königs, trotz der Widmung des zwölften Fabelbuches an den Herzog von Burgund, den Enkel des Königs. Zweifellos ist er unter den großen Autoren der Klassik derjenige, in dessen Werk sich die meisten Schmeicheleien an die Adresse des Königs und der Mächtigen der Zeit finden, der zugleich aber auch wie keiner seiner Dichterkollegen durch subtil unterminierende Kritik Personen und Institutionen in Frage stellt.

2.7 Die Académie française und andere Akademien

Die Vergabe der Stipendien ist ohne Zweifel eines der wirksamsten Instrumente einer zunehmend auf **Gleichschaltung und Kontrolle** bedachten Kulturpolitik, und die unmittelbar Colbert unterstehende Petite Académie mit ihren vier Mitgliedern – zuzüglich dem Sekretär – ermöglicht eine effiziente Arbeit ohne große Reibungsverluste. Ganz anders dagegen die weniger ehrgeizige Académie française. Ihr jenes Ansehen zurückzugeben, das sie unter Richelieu besessen hatte, ist ein weiteres zentrales Ziel der colbertschen Kulturpolitik. Um die säumigen Mitglieder zu regelmäßiger Arbeit zu animieren, verordnet Colbert feste Arbeitszeiten und ›spendiert‹ eine Pendeluhr, die Huygens, ab 1664 als ›grand mathématicien, inventeur de l'horloge de la pendule‹ auf der Stipendiatenliste geführt, soeben erfunden hatte; sie soll das Zeit- (und Leistungs-) empfinden der Mitglieder sensibilisieren. 1672 übernimmt Ludwig XIV. die Schirmherrschaft über die Akademie und weist ihr im Louvre einen prachtvollen Tagungsort zu, was zugleich eine bessere Kontrolle ermöglicht. 1673 schließlich führt Colbert das System der ›Anwesenheitsmarken‹ – ›jetons‹ – ein: Jede pünktliche Anwesenheit aller vierzig Mitglieder wird mit einem ›jeton‹ belohnt; sind Punkt drei Uhr nachmittags, dem von Colbert festgesetzten Zeitpunkt des Sitzungsbeginns, nicht alle Mitglieder präsent, können die Anwesenden den Betrag der Abwesenden unter sich aufteilen.

Die am Beispiel der Académie française gezeigten Maßnahmen sind lediglich eher pittoreske Elemente einer staatlich gelenkten Kulturpolitik, deren oberstes Ziel die Gleichschaltung aller künstlerischen Manifestationen ist. Die unmittelbare Folge ist die **Gründung zahlreicher anderer Akademien**: der Académie de danse (1661), der Académie royale de peinture et de sculpture, die, 1648 gegründet, 1662 reorganisiert wird, der Académie des sciences (1666), der Académie d'architecture (1671) sowie schließlich der Académie de musique (1672). Nach Colberts Vorstellungen sollten diese Akademien zu einer – besser zu kontrollierenden – Académie universelle vereinigt werden, wozu es jedoch nie gekommen ist. Bei der Gründung der genannten Akademien kann Colbert auf schon vorhandene korporative Vereinigungen zurückgreifen, die er zu wirksamen, überschaubar organisierten Institutionen ausbaut. Oberstes Ziel aller Maßnahmen ist es, Organisationsformen zu schaffen, in denen eine staatliche Einflussnahme uneingeschränkt möglich ist.

Dies sei an zwei Beispielen erläutert: Im Rahmen der **Reorganisation der Académie de peinture et de sculpture** ergeht schon im November 1662 ein Erlass, der es allen Privatpersonen verbietet, »de tenir académie et de poser modèle«. Im Februar 1663 werden alle im königlichen Dienst stehenden Maler und Bildhauer gezwungen, der Akademie beizutreten, wenn sie ihre künstlerische Tätigkeit weiterhin ausüben wollen. Initiator und Nutznießer dieser Machtkonzentration ist der geniale Charles Le Brun, der schon in Vaux-le-Vicomte tätig war. 1662 wird er auf Initiative Colberts zum ›premier peintre du Roi‹ und 1663 auf Lebenszeit zum ›recteur principal‹ der Kunstakademie ernannt. »On peut dire que, jusqu'à la mort de Le Brun en 1690, l'histoire même de l'Académie se confond avec lui.«[73] Das Gesamtkunstwerk Versailles ist sein künstlerisches Vermächtnis, das sich allein der unbeschränkten, geradezu diktatorialen Machtfülle verdankt, mit der er ausgestattet ist.[74]

Die **Privilegien der Musikakademie** sind wesentlich restriktiver formuliert als die der Kunstakademie. Ihre Gründung geht auf die Intrigen des florentinischen Musikers und Komponisten **Jean-Baptiste Lully gegen Molière** zurück. Lully kommt 1646 nach Frankreich und kann schon 1653 die Gunst Ludwigs XIV. erwerben, der eine gute musikalische Ausbildung erhalten hat und ein ausgezeichneter Tänzer ist. 1661 wird Lully zum ›Surintendant de la musique du Roi‹ ernannt. Von da an arbeitet er auch mit Molière zusammen an den für königliche Festlichkeiten bestimmten Hofballetten und Ballettkomödien. Die Zahl der am königlichen Hof beschäftigten Musiker beläuft sich zu diesem Zeitpunkt auf etwa 120. Als Lully im März 1672 das Königliche Privileg zur Eröffnung der Musikakademie erhält, fällt damit die gesamte musikalische Aufführungspraxis in seinen Zuständigkeitsbereich. Molière darf fortan nur noch zwei Sänger und sechs Instrumentalisten, jedoch keine Tänzer und kein Orchester mehr verwenden. Für Paris und letztlich für den Rest des Landes bedeuten diese Verordnungen das Ende aller musikalischen Darbietungen. Die Initiative zu dieser rigorosen Reglementierung geht vom König aus, der sich ab Beginn der 1670er Jahre, seit er selbst nicht mehr als Tänzer auf der Bühne auftreten kann, zunehmend der **Oper** zuwendet. Wenn Molière gegen Ende seines Lebens in der Gunst Ludwigs XIV. sinkt und die Oper einen solchen Aufschwung nimmt, dass Racine sich genötigt sieht, seine späten Tragödien *Esther* (1689) und *Athalie* (1691) musikalisch zu untermalen, so ist dies letztlich das zweifelhafte Verdienst Lullys, der Ludwig XIV. widerspruchslos zu Diensten steht.

> La musique du XVIIe siècle n'est donc pas, en France, celle des artistes de tout un pays, comme elle l'est en Italie, mais celle d'un microcosme: la cour de France. En somme, une expression comme une autre de la monarchie absolue. [...] On conçoit que [...] les contemporains aient conçu de grands complexes vis-à-vis de l'Italie qui exerce sur eux une action ambiguë et contradictoire que l'on pourrait qualifier de fascination / répulsion.[75]

Die musikgeschichtlich so auffällige Verarmung Frankreichs im Vergleich zu Italien und Deutschland ist daher nicht so sehr die Folge einer geringeren musikalischen Begabung der Franzosen als vielmehr der dirigistischen Eingriffe einer **zentralistischen Kulturpolitik**, die streng hierarchisch organisiert war:

> Ganz oben an der Spitze stand der König, der zuweilen persönlich intervenierte [...] Gleich unter Ludwig stand Colbert, der trotz anderweitiger Verpflichtungen Wert darauf legte, alle Fäden in der Hand zu behalten. Dann kamen Colberts Leute, besonders drei: Chapelain beriet ihn in Fragen der Literatur, Le Brun in Sachen Malerei und Bildhauerei und Charles Perrault in Sachen Architektur. Für die Musik, einschließlich Ballett und Oper, war Colbert nicht zuständig. Dieser Bereich unterstand Lully.[76]

2.8 Die Buchzensur und das ›privilège du Roi‹

Als Mittel der Gleichschaltung dient auch die Buchzensur. Sie hat eine lange, bis in die Zeit der Erfindung des Buchdrucks zurückreichende kirchliche Tradition; denn schließlich musste die Kirche zuallererst die Verbreitung reformatorischer oder anderweitig als subversiv erachteter Schriften verhindern. Der Prozess gegen Théophile de Viau 1623 hatte gezeigt, wie gnadenlos die Kirche in solchen Fällen ihre Ziele verfolgt. Die während des gesamten ›siècle classique‹ in unterschiedlicher Form allgegenwärtige Buchzensur ist somit die verschärfte **Fortsetzung einer theologischen Zensur** aus der Zeit der Religionskriege. Bereits 1627 verbietet Richelieu durch Erlass »de composer, traiter et disputer des propositions concernant le pouvoir et l'autorité souveraine de Sa Majesté, à peine d'être puni comme séditieux et perturbateur de l'ordre public«.[77]

Zunehmend prägen Kompetenzstreitigkeiten zwischen weltlicher und geistlicher Macht die Situation bis in die 1660er Jahre. Hauptstreitpunkt ist die Ernennung jener Zensoren, die darüber entscheiden, ob ein Buch für den Druck freigegeben wird – und also das dafür notwendige ›privilège du Roi‹ erhält – oder nicht. Die Frage wird erst 1666 mit der Entmachtung der kirchlichen Zensoren und deren Ersatz durch vier vom Kanzler Séguier ernannte weltliche Zensoren geklärt. **Pierre Séguier**, eine der Schlüsselfiguren der Epoche, Kanzler unter Ludwig XIII. und Ludwig XIV., federführend in den Prozessen gegen Cinq-Mars und Fouquet, ein leidenschaftlicher Bibliophiler und Besitzer einer prachtvollen Bibliothek, spielt seit Mitte der 1630er Jahre eine entscheidende Rolle im Kampf um die Organisation eines **staatlich kontrollierten Buchmarktes**. Seine Ziele: die Konzentration der Buchproduktion auf Paris und, zwecks besserer Kontrolle, auf eine überschaubare Zahl von 36 Druckereien; die Förderung der von Richelieu gegründeten Imprimerie royale, um die Druckqualität zu steigern; die sorgfältige Prüfung des Manuskriptes, das nichts Subversives gegen die Kirche oder den König enthalten darf; die Hinterlegung eines gedruckten Exemplars, um es gegebenenfalls mit dem Manuskript vergleichen zu können.

Der Vorgang zur **Erlangung eines ›privilège du Roi‹** ist in allen Schritten genau festgelegt: Der Autor legt das Manuskript seines Buches einem königlichen Beamten vor, der auf der Titelseite den Namen des Zensors einträgt, dem das Buch zur Prüfung vorgelegt wird; dieser leitet seinen Bericht mitsamt dem Manuskript an einen königlichen Buchhalter zurück, der die Druckerlaubnis formuliert, die der Kanzler in einem nächsten Schritt bestätigt; schließlich bestimmt dieser die Dauer der Druckerlaubnis auf in der Regel fünf bis zehn Jahre; das Manuskript verbleibt in der Kanzlei, und schließlich hinterlegt der Autor ein gedrucktes Exemplar. Dieses ausgeklügelte System ermöglicht in der Tat eine umfassende Kontrolle, ist aber zeitraubend und begünstigt die ortsansässigen Pariser Buchhändler gegenüber denen in der Provinz. Die noch heute zu beobachtende auffällige **Konzentration des französischen Verlagswesens auf Paris** geht auf diese Maßnahmen der 1660er Jahre zurück.

Will ein Autor die aufwändige Prozedur umgehen, bleibt ihm nur die **klandestine Veröffentlichung** in der Provinz oder im Ausland, wie im Falle von Boileaus frühen *Satires* (Rouen, 1666) oder von Molières *Dom Juan* (Amsterdam, 1683). Sonst ergeht es ihm wie Descartes, dessen Werk 1633 auf den Index gesetzt wird und daher in Frankreich nicht gedruckt werden kann. Oder wie seinem Schüler Nicolas Malebranche, dessen Hauptwerk *La recherche de la vérité* zwar 1674 erscheinen kann, dann aber bis 1694 keine weitere Druckerlaubnis erhält. Geradezu exemplarisch ist 1665 der Fall des Bussy-Rabutin, eines Vetters der Mme de Sévigné, der mit seiner *Histoire amoureuse des Gaules* eine Skandalchronik der ersten Regierungsjahre Ludwigs XIV. verfasst, in der die zeitgenössischen Protagonisten trotz Pseudonymen leicht erkennbar sind. Die unautorisierte Veröffentlichung in den Niederlanden trägt Bussy-Rabutin zunächst eine Haft in der Bastille, anschließend eine langjährige Verbannung auf sein Schloss in Burgund ein. Erinnert sei in diesem Zusammenhang an das Schicksal des 1662 durch Verbrennung hingerichteten Dichters Claude le Petit, die der verantwortliche Richter in einem Brief an Séguier folgendermaßen kommentiert: »Cette punition contiendra la licence effrénée des impies et la témérité des imprimeurs.«[78]

2.9 Presse und Pressezensur – die ›Erfindung‹ des Journalismus

Auch die Presse kann sich dirigistischen Eingriffen nicht entziehen. Als ihr Gründungsvater gilt **Théophraste Renaudot** – zu Unrecht, denn die Presse wurde lange vor ihm in den Niederlanden und in Deutschland ›erfunden‹. Er ist in Loudun, einer Hochburg der Protestanten, geboren, studiert Medizin und lässt sich nach seiner Konversion zum Katholizismus in Paris nieder. 1630 eröffnet er ein Bureau d'adresses et de placement, eine Art Umschlagplatz für Annoncen und Geldanlagen, wo gleichzeitig auch Arbeitslose aus Gründen der leichteren staatlichen Kontrolle sich registrieren lassen müssen. Das Bureau d'adresses, in dem regelmäßig öffentliche Vorträge zu aktuellen sozialen Fragen gehalten werden und dem bald ein Pfandhaus angeschlossen wird, entwickelt sich zu einer wichtigen sozialen Institution. Aus ›fliegenden Blättern‹, mittels derer Renaudot seine Anzeigen verbreitet, geht 1631 ***La Gazette*** hervor, eine **Wochenzeitung** von zunächst vier, später acht Seiten, die über aktuelle politische Ereignisse berichtet, ein quasi offizielles Staatsorgan: »Louis XIII s'est assuré le monopole de la Gazette, surveillant la rédaction de la plus petite information. Pour être sûr d'être bien compris, il lui arrivait d'écrire lui-même les articles.« Der Erfolg ist immens. Nach Richelieus Tod wird die *Gazette* Mazarin unterstellt, dem Renaudot während der Fronde nach Saint-Germain folgt. Als Renaudot stirbt, führen seine Söhne das Unternehmen weiter.

Als erster französischer Journalist mit ausgeprägtem intellektuellen Profil bewegt Renaudot sich auf unsicherem Terrain. Seine Situation als eines am Hof ›akkreditierten Journalisten‹ ist der eines königlichen Historiographen vergleichbar und ebenso prekär: Die Verquickung beider Ämter mit der Macht ist unbestreitbar, und offensichtlich war Renaudot sich der damit verbundenen Gefahren und der daraus resultierenden Zwitterstellung bewusst:

> Il lui fallait admettre, dans le royaume de Louis XIV, de ne pas tout dire. Par sa pratique, comme par sa position dans un champ professionnel encore mal délimité, le gazetier restait à mi-chemin entre le serviteur du Roi et le journaliste.[79]

Und doch ist aufgrund der Fülle unterschiedlicher Informationen, wie eine neuere Studie zeigt, der Beitrag der *Gazette* für die Entwicklung einer freien Presse kaum hoch genug einzuschätzen:

> En répandant massivement de l'information, la Gazette libère aussi une force dont le degré d'autonomie la fait partiellement échapper au contrôle de ses auteurs [...] Guère

> compatible, dans le fond, avec l'absolutisme de droit divin, la Gazette ne pouvait que susciter l'envie d'une presse libre de ses commentaires, et préparer le terrain à l'épanouissement journalistique du XVIIIe siècle.[80]

Renaudots *Gazette* wird bis 1915, mit einer Unterbrechung von 1792 bis 1815, als *Gazette de France* monarchistisches Ideengut verbreiten. Der 1925 von Journalisten und Schriftstellern gegründete Literaturpreis ›Prix Renaudot‹ ehrt sein Andenken als des ersten um Wahrheitsfindung bemühten französischen Journalisten.

Renaudot ruft Konkurrenten und Nachahmer auf den Plan, die ihm aber nicht das Wasser reichen können, insofern sie seinen journalistischen Impuls nach politischer Information in Richtung eines mondänen Salonblattes – ›carnet mondain‹ – abschwächen.[81] So **Jean Loret** mit der ab 1652 erscheinenden ***Muse historique***, die wöchentlich einer adeligen Adressatin die wichtigsten Ereignisse aus Politik, Literatur und Gesellschaft – Hochzeiten, Todesfälle etc. – in gereimten Achtsilbern aufbereitet und dabei neben vielem Klatsch auch literaturgeschichtlich interessante Informationen übermittelt.

Wichtiger ist der ***Mercure galant*** des **Donneau de Visé**, der ab 1672 im Dreimonatsrhythmus erscheint. Er berichtet entsprechend dem Attribut seines Titels über alles, was insbesondere den Frauen in den Salons Gesprächstoff bieten kann: Informationen aus der höheren Gesellschaft und dem Theater, und erstmals wird auch die Mode zum Thema. Seine wahre Domäne sind Klatschgeschichten. Vor allem aber versäumt Donneau de Visé es nicht, positiv vom Hof zu berichten und Ludwig XIV. zu schmeicheln, was zur Folge hat, dass seine Gratifikationen von 6.000 Livres im Jahre 1684 auf 15.000 Livres im Jahr 1697 steigen, während sie im Allgemeinen längst gesenkt werden. Die große Stunde des *Mercure galant* schlägt in der ›querelle des anciens et des modernes‹ durch seine Parteinahme zugunsten der ›modernes‹. Der Erfolg seines ab 1677 monatlich erscheinenden *Nouveau Mercure galant* und die Gratifikationen machen Donneau de Visé zu einem der wohlhabendsten Autoren seiner Zeit.[82]

Solange die neuen Presseorgane sich wie Renaudots *Gazette* politisch systemkonform verhalten oder als ›Salonblätter‹ bzw. ›Klatschgazetten‹ galant-mondäne Themen abhandeln, ist ihre Existenz nicht gefährdet. Sobald jedoch in **wissenschaftlichen Zeitschriften** wie dem *Journal des savants* Fragen diskutiert werden, deren politische Implikationen manifest sind, sieht der Staat sich zur Intervention veranlasst. Ab 1680 zirkulieren in Frankreich zahlreiche in den Niederlanden gedruckte Zeitungen, die geheim herumgereicht werden. Bayle wird daher die brisanten Beiträge seiner *Nouvelles de la République des lettres*, der einflussreichsten Gelehrtenzeitschrift der Zeit, erst im niederländischen ›Refuge‹ veröffentlichen können.

2.10 Zwischen Macht und Markt – zum Status des Schriftstellers mit einem Exkurs zur Geldwirtschaft

Die vorangehenden Ausführungen veranschaulichen, dass die Monarchie ab etwa 1660 eine geradezu vollständige Kontrolle über die gesamte künstlerische, insbesondere die literarische Produktion der Epoche ausübt – das zwingende Ergebnis einer prozesshaften Entwicklung. Mit Richelieu beginnend, erreicht diese Kontrolle zwischen 1660 und 1680 einen Höhepunkt, um nach dem Rückzug namhafter Autoren aus der Literatur und der Flucht einflussreicher Jansenisten in die protestantischen

Niederlande andere Formen anzunehmen. Insgesamt aber entsteht etwa zwischen 1630 und 1680 – von der Periode der Fronde abgesehen – ein relativ einheitliches und stabiles literarisches System, dessen Fluchtpunkte einerseits die Monarchie des Sonnenkönigs, andererseits aber eine sensibilisierte Öffentlichkeit sind, und in dem die Schriftsteller relativ präzis beschreibbare Positionen einnehmen.

Die große Mehrzahl der Autoren der Epoche entstammt dem Bürgertum und verfügt daher über eine solide Bildung. Von wenigen Ausnahmen wie Guez de Balzac und Boileau abgesehen, leben sie jedoch in bescheidenen, ja ärmlichen Verhältnissen. Noch 1666 zeichnet Boileau in seiner *Satire I* das realitätsnahe Bild eines am Rande der Gesellschaft lebenden ›**poète crotté**‹. Nur in den Salons, im Umkreis eines adeligen Mäzens oder aber am Hof finden die Autoren das soziale Netz, das ihnen ein gewisses Maß an materieller Unabhängigkeit und zugleich Freiheit für ihr Schaffen garantiert. Dieser Tatsache ist bei jeder Beschäftigung mit der Literatur der Zeit Rechnung zu tragen, weshalb auch den jeweiligen Biographien der Autoren große Bedeutung zukommt.

Alain Viala hat in *Naissance de l'écrivain* (1985) detailliert die **Laufbahnen zahlreicher Schriftsteller** untersucht und dabei zwei Strategien unterschieden, mittels derer ein Autor reüssieren kann: eine Strategie des mühsam erarbeiteten Erfolgs – ›**stratégie de la réussite**‹ – , die er auch als ›cursus honorum‹ bezeichnet, und eine Strategie des bahnbrechenden Erfolgs – ›**stratégie du succès**‹. Musterbeispiel eines ›**cursus honorum**‹ ist die Karriere Chapelains: Geduldig und zielstrebig arbeitet er sich von Richelieu über Mazarin, Colbert und Ludwig XIV. zu einer einflussreichen Position empor, ohne sich dabei durch allzu große Anpassung oder gar Unterwürfigkeit zu diskreditieren, wie seine Stellungnahme in der ›querelle du *Cid*‹ zeigt. Durch seine Tätigkeit in der Petite Académie übt er etwa bei der Vergabe der Gratifikationen maßgeblichen Einfluss aus. Gleichzeitig aber ist sein regelkonformes literarisches Werk – die panegyrischen Oden auf Richelieu und das großartig angekündigte ›Jahrhundertepos‹ *La pucelle* – eine riesige Enttäuschung. Wie Chapelain versuchen unzählige Autoren, sich sozial zu etablieren, indem sie sich literarisch den herkömmlichen Regeln unterwerfen, sich den Institutionen anpassen und bemüht sind, im Umfeld mächtiger Mäzene ein soziales Auskommen zu finden. Auf diese Weise üben sie zugleich eine systemstabilisierende Wirkung aus.

Diesem ›cursus honorum‹ der großen Schar angepasster ›littérateurs‹ stellt Viala den Wagemut – ›**audace**‹ – von Autoren wie Corneille gegenüber – »peu nombreux, une quinzaine« – , welche die sakrosankten literarischen Regeln nicht respektieren, außerhalb der Institutionen Erfolg suchen, sich direkt an ein literarisch kompetentes Publikum wenden und damit reüssieren. Instinktiv hat Richelieu die Bedeutung dieser Autoren erkannt und versucht, sie, wie im Falle Corneilles, für die Ideologie der sich etablierenden Monarchie einzuspannen. Die Kulturpolitik der Petite Académie verfolgt letzten Endes kein anderes Ziel. Angesichts dieser strukturellen Zwänge bleibt den Autoren im **Spannungsfeld zwischen Anpassung und Authentizität**, zwischen Selbstverleugnung und Selbstbehauptung nur das Verhalten eines Chamäleons, das sich äußerlich wie innerlich schnell und geschmeidig den jeweiligen Erfordernissen anpasst. Möglicherweise ist der auf der Karriereleiter erfolgreichste Autor des ›siècle classique‹, Jean Racine, auch das geschickteste Chamäleon; unter dem Titel *Racine. La stratégie du caméléon* (1990) hat Viala ihm eine Biographie gewidmet.[83]

An drei Beispielen sei das Dilemma, in dem die Autoren sich befinden, näher erläutert. Der selbstbewusste Theaterautor **Corneille** ist schon von früh an darum bemüht, sein Werk dem Erfolg entsprechend zu vermarkten; doch handelt er sich damit, wie die ›querelle du *Cid*‹ zeigt, vor allem Spott, Verachtung und heftige Feindschaften ein. Zugleich aber ist die ›querelle‹ der Kristallisationspunkt eines neuen mondänen Publikums, welches ein literarisches Werk nicht mehr nach den gelehrten Kategorien der Regeltreue beurteilt, sondern entsprechend den Kriterien des Gefallens. Der Erfolg beim Publikum verleiht dem Autor, in diesem Fall Corneille in seinem spannungsgeladenen Verhältnis zu Richelieu, Selbstbewusstsein sowie ein hohes Maß an Autorität und verschafft ihm zugleich – auch materiell – eine gewisse **Autonomie**.

Komplexer ist das **Beispiel Molières**. Nach dem Bankrott des 1643 von ihm gegründeten Illustre Théâtre wird er kurzfristig inhaftiert und bricht 1645 zu seinen ›Lehr- und Wanderjahren‹ auf, die ihn dreizehn Jahre lang quer durch Frankreich führen. In Paris waren die Förderung durch Gaston d'Orléans und die Publikumsresonanz offensichtlich nicht groß genug, um den Bankrott des Illustre Théâtre abzuwenden. Wenn Molière während seines Aufenthaltes in der Provinz zu Reichtum gelangt, verdankt er dies vor allem der Förderung des Prinzen von Conti. Nach seiner Rückkehr nach Paris 1658 gründet sich sein materieller Wohlstand in hohem Maß auf seine Freundschaft zu Ludwig XIV. und die daraus resultierenden Dienstleistungen. Zugleich profitiert er von der Gunst eines zunehmend sachverständigen Pariser Theaterpublikums, das für den Besuch seiner Stücke Eintritt bezahlt. Die Einnahmen werden zwischen den Schauspielern aufgeteilt, wobei der Autor einen zusätzlichen Anteil erhält. Gerade im Fall Molières liefert das »Registre« von La Grange, das über alle Aufführungen genauestens Buch führt, detaillierte Informationen über Einnahmen und Ausgaben seiner Truppe und zeigt, wie er unter fast schon **modernen Marktbedingungen** arbeitet, wie Angebot und Nachfrage eines großstädtischen Publikums die materielle Situation seiner Truppe bestimmen – und er daher letztlich auch nur bedingt von der Gunst Ludwigs XIV. abhängig ist. Sein zweites Standbein ist also der Publikumserfolg.[84]

La Fontaine dagegen erzielt mit seinen Werken nur sehr sporadisch Einnahmen, und auch sein Amt ›Maître des eaux et forêts‹ verschafft ihm keine hinreichende materielle Sicherheit. Am Hof Fouquets verbringt er zunächst ein sorgloses Pensionärsdasein, um nach dessen Sturz ein umso kärgeres Leben zu führen. 1673 nimmt Mme de La Sablière ihn für zwanzig Jahre in ihrem Haus auf; nach ihrem Tod findet er schließlich bei der protestantischen Bankiersfamilie d'Herwarth bis zu seinem Lebensende Unterkunft. Dass er sich angesichts dieser materiellen Abhängigkeiten in seinem Werk eine völlige Unabhängigkeit hat bewahren können, ist erstaunlich.

Exemplarisch spiegelt sich in den Biographien dieser Autoren ein komplexes System von **Abhängigkeiten und individueller Freiheit**, das insgesamt die Situation der Schriftsteller dieser Epoche kennzeichnet; ihr Werk ist im weitesten Sinn Ausdruck ihrer Lebensumstände, die, wie könnte es anders sein, auch im ›siècle classique‹ entscheidend vom Geld bestimmt werden.[85]

> Dans la France du XVIIe siècle, la vie quotidienne et les grands moments de l'existence publique des individus sont scandés par une confrontation permanente avec l'argent,

schreibt Daniel Dessert, der große Spezialist der **Geldwirtschaft** des 17. Jahrhunderts. Entsprechend häufig ist das Thema in der Literatur vertreten, und es genügt, in diesem Zusammenhang an Molières *Avare* (1668) und *Bourgeois gentilhomme* (1670) zu erinnern, an La Bruyères satirische Porträts von Finanzpächtern – ›partisans‹ – in dem »Des biens de fortune« überschriebenen Kapitel seiner *Caractères* (1688) oder an Jean-François Regnards *Le légataire universel* (1709), ein turbulentes Spiel um Liebe, Geld und Tod, das sich stark an Molières *Malade imaginaire* (1673) anlehnt. Im Mittelpunkt dieses Kapitels soll jedoch nicht das Geld als Thema der Literatur stehen, sondern das praktische Leben betreffende Aspekte.[86]

Die Basis aller Geldwirtschaft sind aus Gold, Silber und Kupfer gefertigte Münzen, deren Wert in ›livre‹ gezählt wird:

> En effet, si les prix sont libellés en livres tournois (et en sols et deniers pour ses sous-multiples), il n'existe pas de pièces qui y correspondent. Cette livre, à l'origine une livre-poids d'argent, n'est qu'une unité de compte qui n'a aucune matérialisation réelle [...] Ne circulent dans le royaume que divers types d'espèces (louis d'or, écus d'argent ou billons de cuivre) frappés aux armes et coins du roi mais qui ne portent aucune marque de valeur nominale, et dont le cours est fixé selon la volonté du prince.[87]

Allerdings ist die ›volonté du prince‹ von den Weltmarktpreisen abhängig, die entsprechend den Einfuhren von Gold und Silber aus Amerika großen Schwankungen unterworfen sind. Der Begriff ›livre tournois‹ erklärt sich aus der Tatsache, dass die königlichen Münzen ursprünglich in Tours geprägt werden. Der **Wert einer Gold- oder Silbermünze** bemisst sich nach dem Reinheitsgrad des Metalls und nach der Menge des für eine Münze verwendeten Edelmetalls. Dies sind für einen Écu d'or 3,39 und für einen Louis d'or 6,79 Gramm Gold, für einen Louis bzw. Écu d'argent 27,19 Gramm Silber. Die Hoheit über das Prägerecht der Münzen liegt beim König; die Prägung selbst unterliegt einer strengen Aufsicht durch die Monarchie. Gold- und Silbermünzen sind das Zahlmittel der gehobenen Gesellschaft von ›la cour et la ville‹; die Mehrheit der Landbevölkerung hingegen – immerhin 90 Prozent der Gesamtbevölkerung – bezahlt mit kleinen, aus einer Legierung aus Silber – meist etwa 50 Prozent – und Kupfer bzw. Zinn bestehenden Münzen, dem ›monnaie de billon‹, dessen geläufigste Einheit der ›double‹ bzw. ›double tournois‹ ist. Sehr zum Unbehagen der Zentralregierung verfügen zahlreiche Adelige in den Provinzen oder an den Grenzen des Reiches über die Prägehoheit dieses minderwertigen Geldes, woraus in der Jahrhundertmitte ein »grave désordre des monnaies« resultiert, der inflationär wirkt und gegen den die Monarchie restriktive Maßnahmen ergreift. Es gibt Münzen zu einem Louis d'or, der zehn bis zwölf Livres entspricht, einer Pistole (zehn Livres), einem Écu (drei Livres), einem Sou, einem Liard (drei Denier) und einem Denier. Macht und Reichtum der Monarchie bemessen sich an der Menge der Münzen in ihren Tresoren.[88]

Die **Kaufkraft des Geldes** sowie die Lebenshaltungskosten im 17. Jahrhundert lassen sich nur annähernd bestimmen; einige Anhaltspunkte liefern Informationen zu Einkünften und Preisen.[89] So erhält ein einfacher Priester als Pfründe von seiner Gemeinde 200 bis 300 Livres, das Gehalt eines Druckergesellen beläuft sich auf 500 Livres, das eines königlichen Historiographen auf 800 bis 1.500 Livres und das Einkommen eines Notars oder Anwalts am Pariser Gericht auf 2.000 Livres, jeweils pro Jahr gerechnet. Als Erzbischof von Cambrai verfügt Fénelon über 100.000 Livres jährliche Einnahmen und der Kardinal de Retz als Verwalter der Abtei von Saint-Denis über 120.000 Livres. Die Tochter der Mme de Sévigné erhält eine Mitgift von 300.000 Livres. Derartigen Einnahmen stehen auf der Ausgabenseite folgende **Kosten** gegenüber: 1678 kosten ein Pfund Fleisch fünf Sous und ein Fass Wein – 660 Liter – in Béziers während des ganzen Jahrhunderts 29 Livres; für den Kauf eines einfachen Bettes sind dreißig Livres zu entrichten, für eine luxuriöse Bettstatt zweihundert oder mehr; die Pension in einem Pariser Luxushotel beträgt 1664 sechzig Livres monatlich; und will ein Adeliger am Hof Karriere machen, so beläuft sich der dafür notwendige Aufwand 1678 auf wenigstens 12.000 Livres. Kostspielig ist auch der Kauf von Ämtern. So kostet das relativ unbedeutende Amt eines ›conseiller au Parlement de Paris‹ 1597 schon 11.000 Livres, 1606 sind es 36.000 Livres und 1616 bereits 60.000 Livres, die bis 1635 auf 120.000 Livres ansteigen; allerdings ist innerhalb dieser vierzig Jahre eine Inflationsrate von 40 Prozent in Rechnung zu stellen.

Wie stellt sich vor diesem Hintergrund die **Situation der Schriftsteller** dar? »Pour faire socialement bonne figure, il fallait près de 3.000 livres par an au milieu du siècle, un peu plus de 4.000 à la fin«;[90] doch nur wenige Autoren erreichen ein solches Einkommen, das sich aus zwei Quellen speist: den von der Regierung verteilten ›pensions‹ und den Autorenrechten. Die im Verlauf des ›siècle classique‹ sich vollziehende Emanzipation der Schriftsteller von mäzenatenhaften Strukturen ist eng gebunden an das sich etablierende System der **Autorenrechte – ›droits d'auteurs‹** –, für das vor allem Corneille sich stark einsetzt. Die entsprechenden Gewinnanteile liegen bei sechs bis acht Prozent des Verkaufspreises und hängen zudem von Art und Umfang des Werkes – Roman, Theaterstück, Lyrik – und dem Bekanntheitsgrad des jeweiligen Autors ab. An der Spitze der Beliebtheitsskala stehen Romane und Theaterstücke. Einige Zahlen: D'Urfé erhält für den dritten Teil der *Astrée* 1.000 Livres und Scarron die gleiche Summe für den zweiten Teil des *Roman comique*, La Fontaine für *Psyché* 1.500 und Chapelain für *La pucelle* 2.000 Livres. Ein bereits aufgeführtes Theaterstück bringt zwischen 150 und 300 Livres ein, Erfolgsstücke bekannter Autoren lassen die Preise nach oben schnellen: Für *Sganarelle ou Le cocu imaginaire* erhält Molière 1.500 und Corneille für *Attila* und *Tite et Bérénice* die Rekordsumme von je 2.000 Livres; zusätzlich erhalten die Autoren seit 1653 für die Aufführungen ihrer Stücke ein Zwölftel der Einnahmen.

Vielfach bringt auch die **Widmung eines Theaterstückes oder Romans** zusätzliche Einnahmen, die sich um 1670 auf etwa 300 Livres belaufen. Auf dem Höhepunkt seiner Karriere hat auf diese Weise Molière direkte Einkünfte von mehr als 2.000 Livres jährlich, Corneille etwa 1.800 und Racine 1.500 Livres. Hinzuzurechnen sind in allen Fällen die königlichen **›pensions‹**. ›Spitzenverdiener‹ sind demgegenüber Zeitungsverleger wie Denis de Sallo (*Journal des savants*) und Donneau de Visé (*Mercure Galant*) mit Jahreseinkommen von 6.000 bzw. 12.000 Livres, die ›pensions‹ nicht mit eingerechnet. Versucht man, auf der Basis dieses zugegebenermaßen unvollständigen Zahlenmaterials die finanzielle Situation der Schriftsteller mit derjenigen anderer Berufsgruppen zu vergleichen, so ergibt sich nach Viala folgendes Bild:

> Rapportés au niveau de vie du temps, les revenus de librairie placent les plumitifs besogneux au même plan que les cochers et les laquais; les auteurs de succès moyen au même rang que l'élite ouvrière; les auteurs à succès rejoignent les précepteurs, les secrétaires, les huissiers et dépassent les traitements de professeurs et historiographes.[91]

Resümierend lässt sich sagen: Die Literatur der Epoche ist Ausdruck eines komplexen gesellschaftlichen Systems, in dem die Autoren mehrheitlich darauf angewiesen sind, in mäzenatenhaften Strukturen zu arbeiten, die ihnen zwar materielle Sicherheit gewähren, zugleich aber auch ihre künstlerische und intellektuelle Freiheit einschränken. Marktähnliche Strukturen, die es erlauben, von den Einkünften der literarischen Tätigkeit zu leben, sind zwar in der Entwicklung begriffen und im Theaterwesen relativ weit fortgeschritten, werden jedoch erst im 18. Jahrhundert endgültig kodifiziert. Die Mehrheit der Autoren und selbst die, die – wie Molière – eine größtmögliche materielle Unabhängigkeit erlangt haben, erfreuen sich letztlich doch nur einer höchst prekären, immer relativen Autonomie.

3. Das Verhaltensideal der ›honnêteté‹ – die anthropologische Normierung

Das gesellschaftliche Verhaltensideal des 17. Jahrhunderts ist das der ›honnêteté‹ und sein Repräsentant der ›**honnête homme**‹. Allerdings ist eine eindeutige Definition des einen wie des anderen nicht möglich, verbirgt sich doch hinter diesen schillernden Begriffen die komplexe Entwicklungsgeschichte eines idealtypischen gesellschaftlichen Verhaltens innerhalb eines langen, bewegten historischen Zeitraums.

3.1 Faret und die bürgerliche Variante der ›honnêteté‹

Nicolas Faret geht in einem Handbuch mit dem programmatischen Titel *L'honnête homme ou L'art de plaire à la cour* (1630) die Thematik systematisch an.[92] Er übersetzt über weite Strecken das *Libro del cortegiano* (1528) des Italieners Baldassare Castiglione, in dem dieser das Bild eines perfekten Höflings entworfen hatte. Im Gefolge der französischen *Cortegiano*-Rezeption entsteht ab dem Beginn des 17. Jahrhunderts eine Reihe von Traktaten, die als Reaktion auf die rauen Umgangsformen am Hof Heinrichs IV. das Porträt eines ›parfait courtisan‹ entwerfen. Faret, Sohn eines Schuhmachers aus der Provinz, der schnell das Vertrauen adeliger Kreise sowie Richelieus gewinnt und zu den Gründungsmitgliedern der Académie française zählen wird, greift die Diskussion auf und verdichtet sie zu einem logisch-diskursiven Traktat, der praktische **Ratschläge für den sozialen Aufstieg am Hof** gibt.

Wie bei Castiglione ist auch bei Faret der ›honnête homme‹ grundsätzlich **adeliger Herkunft**: Er kennt sich mit Waffen aus, kann aber auch Instrumente spielen und tanzen, beherrscht gesellige Umgangsformen, ist aufmerksam und galant den Damen gegenüber und seinem Fürsten treu ergeben. Darüber hinaus trägt er deutlich **bürgerliche Züge**: Er ist arbeitsam, um das Wohl der Familie besorgt, praktiziert eine solide Frömmigkeit; Pflicht und Tugend rangieren in seiner Werteskala an vorderer Stelle. Farets Folgerung lautet daher »Je ne distingue point [...] Honneste Homme de l'homme de bien.« Der Satz resümiert den Bedeutungswandel, der sich bereits in Farets Traktat und seiner Vorlage andeutet: vom Höfling – ›cortegiano‹ – zum ›honnête homme‹, weil ja um 1630 der Hof als solcher nicht existiert. Zugleich zeigt er die starke bürgerlich-moralische Prägung seines ›honnêteté‹-Konzeptes, die sich auch in der äußeren Form des Traktats niederschlägt. Der Autor versieht seine pädagogisch zu begreifenden ›règles‹, ›préceptes‹ und ›exemples‹ der besseren Übersicht wegen mit Überschriften und fasst sie zu Themengruppen zusammen: »Tableau de la cour«, »De la naissance«, »De la disposition du corps« usw.[93]

Farets Traktat erklärt sich aus der Biographie seines Autors und der Situation des Bürgertums seiner Zeit; sein Zielpublikum ist primär jenes Bürgertum, dem er selbst entstammt und dem sich aufgrund der Ämterkäuflichkeit die Möglichkeit des sozialen Aufstiegs bietet, eines Aufstiegs durch Anpassung, durch ›plaire‹. Farets ›honnête homme‹-Entwurf entspricht einer Ethik des Arrivierens, der propagierte Wertekanon ist **Ausdruck einer bürgerlichen Aufsteigermentalität**. Die außerordentliche Wirkung seines Traktats – zehn Neuauflagen zwischen 1631 und 1664 – zeigt sich zum Beispiel in den Schriften des Polygraphen François de Grenaille, der in wenigen Jahren mit Büchern wie *L'honnête fille*, *L'honnête mariage*, *L'honnête veuve*, *L'honnête garçon* Erfolge feiert, allesamt Erziehungsbücher, die sich an der ›honnêteté‹-Konzeption Farets inspirieren und diese systematisch weiterentwickeln.[94]

Im **Salon der Marquise de Rambouillet** wandelt sich Farets ›honnêteté‹-Ideal von einem bürgerlich moralischen zu einem ständeübergreifend ästhetischen. Es erhält einen spielerischen Charakter, wird **ästhetisch geläutert** und nahezu **zweckfrei**; seine Funktion besteht nunmehr in der gleichmäßigen Ausbildung des Individuums zu einer in sich ruhenden, ausgeglichenen, geistreichen, zuvorkommenden, dem Anderen gegenüber offenen, ›geselligen‹ Persönlichkeit. Aufgrund der ständeübergreifenden sozialen Konstellation der ›Chambre bleue‹ enthält es zugleich eine starke soziale Komponente: Es ist in gleicher Weise auf das Glück des Einzelnen wie auf das der Gemeinschaft hin orientiert. Der Salon der Marquise zeigt die herausragende Rolle, welche die Salons im Allgemeinen bei der Herausarbeitung des ›honnêteté‹-Ideals spielen, das sie gleichzeitig durch das der ›honnête femme‹ erweitern.

3.2 Chevalier de Méré – »l'honnêteté: la quintessence de toutes les vertus«

Eine Fülle von Autor/innen hat vom Hôtel de Rambouillet über die ›samedis‹ der Mlle de Scudéry bis an die Schwelle der 1660er Jahre an der Verfeinerung des Konzeptes der ›honnêteté‹ gefeilt und es den Bedürfnissen der Zeitläufte angepasst. Der wichtigste unter ihnen ist der adelige Antoine Gombaud, Chevalier de Méré, der in seinem langen Leben Zeuge der Peripetien ist, denen die ›honnêteté‹ unterliegt und darüber selbst zu ihrem bedeutendsten Theoretiker wird. Er bekleidet kein öffentliches Amt, steht aber mit allen wichtigen Salons und Persönlichkeiten in Kontakt, insbesondere mit Balzac, mit dem er 25 Jahre lang Korrespondenz führt, und mit Pascal, den er zur ›honnêteté‹ bekehrt haben will. Er gilt als der Prototyp eines ›honnête homme‹; sein erstes Werk, *Les conversations*, publiziert er erst 1668, also mit 61 Jahren; knapp ein Jahrzehnt später folgen mit *Des agréments* (1676), *De l'esprit* (1677) und *De la conversation* (1677) essayartige Abhandlungen sowie zwei Bände *Lettres* (1682) mit über zweihundert Briefen; einige wichtige Texte werden postum publiziert.[95] In diesem auf langer Beobachtung beruhenden Textkorpus entwickelt Méré eine **Theorie der ›honnêteté‹**, wie sie für die Jahre **1660 bis 1680** verbindlich und charakteristisch ist, jedoch nirgends explizit als handliche Formel definiert wird. Nur so viel ist für Méré klar: Die ›honnêteté‹ ist – wie seine eigene Zugehörigkeit zum Adel – das Geschenk einer gütigen Natur, das der Beschenkte sich aber zugleich durch eigene Leistung verdienen muss:

> J'ai quelquefois vu disputer, si cette qualité si rare vient principalement d'une heureuse naissance, ou d'une excellente éducation; et je crois, que pour l'acquérir en perfection, il est nécessaire que **la nature** y contribue, et que **l'art**, comme partout ailleurs, achève ce qu'elle a commencé: Il faut que le cœur soit noble, et l'esprit docile, et les mettre ensuite dans les bonnes voies.[96]

Die ›honnêteté‹ ist also das **Ergebnis einer strengen Selbstdisziplin.** Ihr Repräsentant lässt sich einfacher durch das definieren, was er nicht ist und auf keinen Fall sein darf, als durch seine positiven Eigenschaften. Als Antipode eines Pedanten rühmt der ›honnête homme‹ sich zuallererst, über keinerlei spezielle Kenntnisse zu verfügen; er ist vielmehr ein **universal interessierter Dilettant**, dessen Bildungsideal man mit Pascal wie folgt beschreiben kann: »Il est bien plus beau de savoir quelque chose de tout que de savoir tout d'une chose; cette universalité est la plus belle.« Jede Form von Spezialistentum lehnt der ›honnête homme‹ ab, und wenn es unumgänglich ist, Fachthemen zu behandeln, so soll dies mit jener urbanen Eleganz geschehen, welche die *Lettres provinciales* auszeichnet, in denen Pascal kontroverse theologische Positionen witzig und pointiert allgemeinverständlich darstellt. Sein intellektueller Zugang zu den Dingen erfolgt nicht rational oder aufgrund der Kenntnis von Regeln, sondern subjektiv und spontan durch das Gefallen, das er an einer Person oder Sache findet; einen argumentativ klar aufgebauten Traktat – wie etwa Farets *L'honnête homme* – weiß er nicht zu schätzen.

Diesen Eigenschaften passt Méré sich durch die Wahl offener, unsystematischer Gattungen an: des geselligen Gesprächs und des Briefes. Denn der ›honnête homme‹ erfährt seine Bildung nicht durch das Studium oder die Lektüre wissenschaftlicher Texte; die wahre Schule der ›honnêteté‹ ist ›**le commerce du monde**‹, das heißt der gesellige Umgang mit solchen Personen, denen bereits der Ruf der ›honnêteté‹ vorausgeht. Dieser ›commerce‹ vollzieht sich vorzugsweise im Medium des Gesprächs. Die **weltläufige, urbane Konversation** zu beherrschen, ist eines der krönenden Merkmale der ›honnêteté‹.[97] Erworben wird sie in erster Linie durch die Beobachtung seiner selbst und anderer. Wichtig für den ›honnête homme‹ ist insbesondere die Selbsteinschätzung, das ›**se connaître**‹, also zu wissen, welchen Platz er in der gesellschaftlichen Hierarchie einnimmt; nichts ist verhängnisvoller als eine Fehleinschätzung seiner selbst. Darum spricht der ›honnête homme‹ nie von sich und seinen Fähigkeiten. »Le vrai honnête homme est celui qui ne se pique de rien«, heißt es bei La Rochefoucauld. Vielmehr passt er sich den Situationen an, kommt seinen Gesprächspartnern durch die Rücknahme der eigenen Meinung zuvor, ordnet sich in das Schickliche ein, macht sich die ›bienséances‹ zu eigen und möchte – insbesondere den Damen – gefallen.

Wie schon bei Faret erweist sich auch bei Méré das ›**plaire**‹ **als zentrale Kategorie.** Doch während es bei jenem dem sozialen Aufstieg diente, ist es bei diesem das Synonym für ein **bedingungsloses Sich-Anpassen an eine anonyme Höfische Gesellschaft,** wie sie sich in den 1660er Jahren herausbildet und in der ihr Repräsentant jetzt konturenlos auf- und untergeht. Eine solche ›honnêteté‹ betrachtet Méré als einen zeitlos-universalen Wert, als die Quintessenz aller irdischen Tugenden:

> Si quelqu'un me demandait en quoi consiste l'honnêteté, je dirais que ce n'est autre chose que d'exceller en tout ce qui regarde les agréments et les bienséances de la vie [...]

> Elle est universelle, et ses manières sont de toutes les Cours depuis un bout de la Terre jusqu'à l'autre [...] Je ne comprends rien sous le Ciel au dessus de l'honnêteté; c'est **la quintessence de toutes les vertus.**[98]

Doch Méré geht noch weiter. Als Anhänger Epikurs ist die ›honnêteté‹ für ihn nicht allein ein immanentes hedonistisches Glücksversprechen; in einem späten Text setzt er sie mit **christlicher Glückseligkeit** – ›félicité‹ – gleich und fährt fort: »L'honnêteté n'est pas inutile au salut, elle y contribue extrêmement [...] C'est un moyen bien assuré pour être heureux dans cette vie et dans l'autre.« Und an anderer Stelle heißt es geradezu maximenförmig: »C'est l'honnêteté parfaite et consommée, qui nous peut rendre heureux en cette vie, et dans l'autre.«[99] Mit dieser christlichen Vereinnahmung der ›honnêteté‹ entspricht Méré dem zunehmend bigotter werdenden Geist der 1680er Jahre. Zweifellos verfolgt er mit seinen Schriften pädagogische Ziele, doch haben sie eher deskriptiven Wert. Auf dem machtpolitischen und kulturellen Höhepunkt des 17. Jahrhunderts ziehen sie Bilanz und beschreiben einen gänzlich vergesellschafteten Menschentypus, der sich als **domestiziertes Individuum** nahtlos in die Höfische Gesellschaft einfügt. Individuelle Merkmale sind ihm abhanden gekommen; ethisch-moralische Werte zeichnen ihn nicht aus. Ein fast schon gewissenloses, zwanghaftes Angepasstsein gerät ihm zur zweiten Natur.

Mérés aristokratisch-mondäne, eher ästhetische als ethische Variante der ›honnêteté‹ findet sich in unterschiedlicher Ausprägung in zahlreichen Protagonisten der Literatur der Epoche wieder. Zwei kurze **Beispiele** mögen die Problematik des ›se connaître‹ als des wichtigsten Merkmals des ›honnête homme‹ sinnfällig machen. Zunächst **La Fontaines Fabel *Le chêne et le roseau*** (I 22). Während die Eiche sich im aufkommenden Sturm ihren angeborenen Stolz bewahrt, dabei aber umgestürzt wird, passt das Schilfrohr sich an und überlebt. »Je plie, et ne romps pas« lautet seine Weisheit; es erkennt die eigene Schwäche und verhält sich dementsprechend; die Eiche hingegen ›se méconnaît‹, überschätzt ihre Möglichkeiten und wird Opfer ihrer eigenen Fehleinschätzung. Sodann die konträren Liebesauffassungen in **Molières *Misanthrope***: auf der einen Seite die ungebändigte, absolute Liebe des ›homme d'honneur‹ Alceste, Repräsentant eines veralteten feudalen Wertesystems, der daher bei Célimène, seiner Angebeteten, scheitert; und im Gegensatz dazu die den geltenden Normen angepasste Liebe des ›honnête homme‹ Philinte zu Eliante und umgekehrt, eine durch ›Kenntnis der Lage‹ domestizierte, erfüllte, letztlich aber austauschbare Liebe, denn jeder der beiden Partner hätte ebenso gut einen anderen ehelichen können. Insbesondere Molières *Misanthrope* zeigt schon 1666 die Aporien, in die eine aus angepassten ›honnêtes gens‹ sich bildende Höfische Gesellschaft führt. Aufschlussreich sowohl für La Fontaines Fabel als auch für Molières Komödie ist die Tatsache, dass die scheiternden Protagonisten textimmanent mit unübersehbaren Zeichen der Sympathie ausgestattet sind – ein Akt der diskreten Anklage an die Höfische Gesellschaft, die Authentizität mit Ausschluss und Tod bestraft.[100]

3.3 Die Krise der ›honnêteté‹ – der Auftritt des ›habile homme‹

Die hier sich zeigende Krise hat in den späten Schriften Mérés die **Entwicklung eines neuen Gesellschaftstypus** zur Folge, des ›habile homme‹, dessen Verhaltensstrategien Méré folgendermaßen beschreibt:

> On a **grand besoin d'adresse et de prudence** pour se conduire toujours en habile homme; car il se présente quelquefois tant d'égards, et les choses sont si douteuses, qu'on ne sait à quoi se déterminer [...] Ce grand soin de balancer tant d'intérêts, et d'observer tant de vues dans toutes les circonstances, donne ordinairement plus de peine que les fautes qu'on fait.[101]

Die Attribute des ›habile homme‹ sind sämtlich negativ: Vor lauter Rücksichtnahme droht er handlungsunfähig zu werden; das Abwägen widerstreitender Interessen macht ihm schmerzhaft die Ausweglosigkeit seiner Situation bewusst. Eigenes Handeln erfordert daher ein Höchstmaß an Geschicklichkeit und Umsicht. Die immer mit der ›honnêteté‹ verbundene Schicklichkeit – ›bienséance‹ – ist hier zu ›adresse‹ – *Ge*schicklichkeit – mutiert, die sich mit ›prudence‹ paart. Die Lexika der Zeit verweisen auf die vorwiegend positive Semantik von ›prudence‹ / ›prudent‹; Furetière gibt zum Adjektiv jedoch nur *einen* literarischen Beleg: »Il faut être prudent comme le serpent, & simple comme la colombe, dit l'Evangile.« Das Zitat zeigt, welch negativer Konnotationen das Wort fähig ist.

Der Kontext des Zitats von Méré verweist auf den **Hof als den Ort angepassten Verhaltens** *par excellence*. In dem Maß, wie der ›honnête homme‹ und erst recht der ›habile homme‹ den mehr oder minder hohen Grad der eigenen Anpassung durchschaut, setzt er auch bei seinesgleichen dasselbe Maß an Anpassung, ja Verstellung voraus. Aus dieser Einsicht resultiert die Fülle des **moralistischen Schrifttums**, dessen Autoren es sich zur Aufgabe machen, die Hypokrisie zu entlarven, indem sie die Diskrepanz zwischen angepasstem gesellschaftlichen Verhalten, dem Schein – ›paraître‹ –, und dem natürlichen Sein – ›être‹ – aufzeigen.

Dies ist auch ein wesentlicher Aspekt im Werk des Moralisten **La Bruyère**. Die gesellschaftliche Kulisse seiner *Caractères* ist der Hof von Versailles mit seiner erstarrten Etikette. Mehrfach beklagt La Bruyère den **Fassadencharakter der ›honnêteté‹**, hinter deren ›dehors‹ und ›simple superficie‹ sich ›une sève maligne et corrompue‹ verberge. Der ›habile homme‹ hat für ihn längst den ›honnête homme‹ abgelöst. In einem berühmten Fragment von 1692 beklagt er dessen Verschwinden und definiert den ›habile homme‹ als ein allein seinen materiellen Interessen verpflichtetes Wesen:

> La distance qu'il y a de l'honnête homme à l'habile homme s'affaiblit de jour à autre, et est sur le point de disparaître. – L'habile homme est celui qui cache ses passions, qui entend ses intérêts, qui y sacrifie beaucoup de choses, qui a su acquérir du bien ou en conserver. – L'honnête homme est celui qui ne vole pas sur les grands chemins, et qui ne tue personne, dont les vices enfin ne sont pas scandaleux.[102]

Wie kein anderer Schriftsteller geißelt La Bruyère, der Soziologe unter den Moralisten, die Auswüchse der Spätzeit Ludwigs XIV. und spricht dem ›honnête homme‹ den letzten Rest an moralischer Substanz ab. An die Stelle einer wertlos gewordenen ›honnêteté‹ ist für ihn längt der **bürgerliche ›mérite personnel‹** – so der Titel des zweiten Kapitels der *Caractères* – getreten. Etwa gleichzeitig zu seiner Kritik wandelt sich in den **frühaufklärerischen Zirkeln** der Jahre 1680 bis 1720 der ›honnête homme‹ zum **›bel esprit‹**. In Abwendung von dem in Sklerose erstarrenden Versailler Hof konstituiert sich in den aufblühenden Pariser Salons eine freigeistige, lebenshungrige Gesellschaft, als deren brillantester Vertreter Fontenelle gelten darf: Boileaus Intimsfeind. Die Zeiten sind leichter, oberflächlicher geworden oder werden doch zumindest derart empfunden; als neuer Idealtyp tritt der Schöngeist auf den Plan:

> On craint trop l'effort et l'on tombe dans la légèreté; la raison s'épuise dans la virtuosité; le monde se contente d'une apparence de culture qui n'est qu'une ignorance fardée. Fontenelle échappera à ces excès grâce à son contact avec les savants. Beaucoup n'auront pas ce privilège. Le nouveau siècle voguera vers d'autres destins.[103]

Das hat zur Folge, dass mit der Konsolidierung des Bürgertums auch die ›honnêteté‹ sich den veränderten Zeitläuften anpasst. In ihrer bürgerlichen, Sein und Schein miteinander aussöhnenden Variante bezeichnet sie im 18. Jahrhundert und weit darüber hinaus die Quintessenz scheinbar zeitloser zivilisatorischer Werte, die so zeitlos sind, wie das Bürgertum sich selbst begreift – eine Entwicklung, die der hellsichtige Moralist Saint-Évremond bereits vorausgesehen hatte. Der so verstandene ›honnête homme‹ erfüllt schon für ihn »tous ses devoirs: il est bon sujet, bon mari, bon père, bon ami, bon citoyen, bon maître; il est indulgent, humain, secourable et sensible aux autres.«[104]

4. Zur Problematik der ›doctrine classique‹

Zu dem, was der Begriff der klassischen Literatur Frankreichs heute beinhaltet, ist in Kapitel I »Begriff und Wirklichkeit der Klassik« alles Wesentliche gesagt worden. So wie das ›siècle classique‹ und seine ›klassische‹ Literatur bis in die 1930er Jahre hinein als ein homogenes kulturelles Phänomen verstanden wurden – Stichwort: Boileau als ›législateur du Parnasse‹ und Inspirator einer ›société des quatre amis‹ –, galt die ›doctrine classique‹ als das verbindliche Regelwerk. Der Begriff hatte sich im Gefolge von Brays *La formation de la doctrine classique* (1927) zur Bezeichnung eines als homogen und streng systematisch postulierten Regelwerkes eingebürgert, das sich ab etwa 1620 herausgebildet habe und dem sich nach 1660 die Meisterwerke der großen Autoren verdankten. Bray stellt diese ›doctrine classique‹ in einen großen Traditionszusammenhang, der mit Aristoteles' Schrift *Von der Dichtkunst* (›peri poiētikēs‹) beginnt. Diese wird, nachdem sie im Mittelalter eine zweitrangige Rolle gespielt hatte, 1481 ins Lateinische übersetzt, 1508 im griechischen Original in Venedig gedruckt und ab der Jahrhundertmitte mehrfach kommentiert, insbesondere von den italienischen Humanisten Julius Cäsar Scaliger (*Poetices libri septem*, 1561) und Lodovico Castelvetro (*Poetica d'Aristotele vulgarizzata*, 1576), die beide die Poetik des römischen Dichters Horaz, die *Epistula ad Pisones*, ergänzend bzw. kommentierend einbeziehen. Die genannten Poetiken und ihre Kommentare dienen den französischen Dichtungstheoretikern der Renaissance – Peletier du Mans, Du Bellay, Ronsard, Vauquelin de La Fresnaye – sodann als Basis zur progressiven Kodifizierung des von Bray als ›doctrine classique‹ bezeichneten Regelwerks, das hinsichtlich seiner Herausbildung und literarischen Umsetzung ein homogenes Ganzes bilde und in Boileaus *Art poétique* eine repräsentative Synthese erfahre:

> Toute cette époque à ce point de vue fait bloc. De 1620 à 1680 les théoriciens et les critiques sont à peu près unanimes autour d'un corps d'idées littéraires, que nous appelons la doctrine classique. Boileau ne l'a point inventée. Il l'a reçue déjà constituée de ses devanciers [...] Il n'y a rien ajouté, que la forme du vers [...] Répétons-le, au point de vue de la doctrine, le siècle fait bloc.[105]

4.1 Die ›tabula rasa‹ einer Doktrin – ›des classicismes‹

Diese von Bray apodiktisch und mit Verve vertretene These hat sich in der akademischen Lehre und im schulischen Unterricht als erstaunlich resistent erwiesen, ist aber letztendlich in ähnlicher Weise ein **Mythos** wie die Vorstellung einer homogenen ›école de 1660‹ und einer ›société des quatre amis‹:

> Pendant trois siècles, on a présenté Aristote, Horace et les Anciens comme la source de nos chefs-d'œuvre classiques et l'application des règles comme la cause de leur qualité. Cela permettait des exposés clairs et rationnels.[106]

Brays *Formation* ist der Prototyp eines solchen ›exposé clair et rationnel‹. Der bleibende Wert der Monographie besteht in ihrer Materialfülle: Sie ist eine Fundgrube dichtungstheoretischer, nach übergeordneten (poetologischen) Gesichtspunkten systematisierter Zitate. Leider beschränkt Bray seine Untersuchungen auf die Versdichtung, das heißt auf jene Gattungen, »qui chez les anciens étaient écrits en vers«, und dabei insbesondere auf die hohen Gattungen Epos und Theater. Er vertritt damit einen schon zu seiner Zeit und erst recht heute obsolet gewordenen Literaturbegriff, der alle Prosagattungen, also Roman, Novelle, Brief, Memoirenliteratur, moralistisches und religiöses Schrifttum, von volkstümlicher Literatur ganz zu schweigen, von vornherein ausschließt; und selbst die Lyrik spielt nur eine untergeordnete Rolle. In der literarischen Wirklichkeit hat indes jede Gattung ihre eigene Geschichte und Theorie entwickelt. Zugleich konstruiert Bray eine poetologische Kohärenz und literarische Kontinuität der Epoche, die der literarhistorischen Wirklichkeit in keiner Weise entspricht.

An die Stelle der Lehre von einer vermeintlich homogenen ›doctrine classique‹ und einer konsequent zu den ›großen klassischen Werken‹ sich entwickelnden Literatur ist inzwischen längst eine differenzierte Sicht auf die **Vielfalt poetologischer Positionen** getreten, die auf höherer Ebene die komplexe Einheit der Epoche stiften; ›*la* doctrine classique‹ ist definitiv von **›*les* poétiques du classicisme‹** abgelöst worden.[107] Marksteine in der Geschichte dieses Paradigmenwechsels sind die Arbeiten von Borgerhoff, *The Freedom of French Classism* (1950), Brody, *Boileau and Longinus* (1958) und das 1974 anlässlich des 300. Jahrestages des Erscheinens von Boileaus *Art poétique* abgehaltene Kolloquium *Critique et création littéraires en France au XVIIe siècle.*[108] In den Folgejahren ist das bereits stark beschädigte Bild einer vermeintlich harmonischen Klassik weiter differenziert worden. Einen wichtigen, weiterführenden Schritt hat jüngst Roger Zuber mit seiner Monographie *Les émerveillements de la raison* (1997) getan. Sie ist eine ›tabula rasa‹ der Klassikkonzeption, insofern der Autor zeigt,

> que **le classicisme en tant que tel n'existe pas**, et que seules existent des *postures classiques* [...], qu'il n'y a pas *un seul* classicisme, qu'il n'y en a pas non plus *deux* – les ›règles‹, d'une part; le ›goût‹, de l'autre – , [mais] **des classicismes au pluriel.**

Und resümierend stellt Alain Viala an anderer Stelle lakonisch fest,

> que toutes les constructions sur une prétendue unité du classicisme [se] trouvent dynamitées et que celui-ci exige alors d'être repensé comme **une réalité ambivalente, instable et conflictuelle.**[109]

4.2 Der Barock – »le mot ne fait plus guère recette«

4.2.1 Forschungslage

In gleicher Weise prekär wie der Klassikbegriff ist der des Barock. Durch sein erfolgreiches Buch *La littérature de l'âge baroque en France* (1953) hatte Jean Rousset diesen der Kunstgeschichte entlehnten Begriff in die französische Literaturwissenschaft eingeführt. Für die im Titel seiner Studie als ›âge baroque‹ bezeichnete Epoche setzt er die Zeit von etwa 1580 bis 1670 an. 1961 ergänzt er seine Studie durch eine umfangreiche, nach Themen geordnete *Anthologie de la poésie baroque française*. Auf die Vorläufer Roussets in der Barockdiskussion, insbesondere Marcel Raymond (1897–1971) und Raymond Lebègue (1895–1984), sei hier nur *en passant* hingewiesen. Bezeichnend für die Diskussion ist, dass sie im Ausland ihren Ursprung genommen hat: Raymond und Rousset sind Vertreter der ›École de Genève‹. Bereits im Erscheinungsjahr von Roussets Buch widmet die Zeitschrift *XVIIe siècle* der Barockproblematik eine Nummer mit dem programmatischen Titel »Du baroque au classicisme«.[110] Damit beginnt eine kontroverse, oft leidenschaftlich geführte **Diskussion um einen Barock in Frankreich**, die inzwischen, ein halbes Jahrhundert nach Erscheinen von Roussets Studie, mit der gebührenden Distanz betrachtet werden kann.[111]

In *La littérature de l'âge baroque en France* stellt Rousset eine bis dahin weitgehend unbekannte Literatur vor, welche die Welt als ein ›univers en mouvement‹ begreift, also die Unbeständigkeit und Wandelbarkeit, **das Flüchtige, Doppeldeutige und Trügerische** ihrer Erscheinungen, ihre **Vergänglichkeit** und den Tod in den Mittelpunkt stellt. ›Inconstance‹, ›métamorphose‹, ›ambiguïté‹, ›fuite‹, ›déguisement‹ und ›trompe-l'œil‹ sind daher die Begriffe, die diese Literatur in thematischer Hinsicht charakterisieren. Ihre herausragenden stilistischen Darstellungsmittel sind die Antithese, die Hyperbel und die überraschende, rationaler Kontrolle sich entziehende Metapher bzw. sogenannte Metaphernketten, ›métaphores filées‹. Es ist die Literatur überwiegend kleinerer Autoren, die sich dem Mainstream der literarischen Entwicklung entziehen. In der *Anthologie* dokumentiert Rousset seine These durch eine nach entsprechenden Gesichtspunkten geordnete Gedichtauswahl, die gänzlich neue Aspekte der Literatur der Epoche ans Tageslicht befördert und noch heute eine faszinierende Lektüre bietet.

Die französische Literaturwissenschaft sah sich durch Roussets Publikationen mit einem literarischen Phänomen konfrontiert, dessen Existenz sie bis dahin beharrlich verdrängt hatte und das sie nunmehr aufs höchste verunsicherte. Denn die von Rousset vorgestellten Texte widersprechen in eklatanter Weise fast allen Prämissen einer ›doctrine classique‹ und drohten, ein geradezu **sakrosanktes Epochenverständnis in Frage zu stellen.** In größerem Zusammenhang betrachtet, bedeuteten Roussets Arbeiten für die französische Literatur(-wissenschaft) die Rehabilitierung einer Bewegung, die im übrigen Europa, insbesondere in Italien, Spanien und Deutschland, bedeutende eigenständige Kunstwerke hervorgebracht hatte, die aber in Frankreich aufgrund ihrer **irrationalen Implikationen** an das nationale Selbstverständnis rührte und deren Relevanz daher ostentativ geleugnet wurde:

> Aucune des histoires de notre littérature n'emploie le mot ›baroque‹; cent ouvrages et cent discours répètent à l'envi que le Français est cartésien et met au-dessus de tout la clarté et la raison,

hatte schon 1942 Lebègue festgestellt und gefordert: »Il faut réagir contre l'incuriosité des Français à l'égard de l'esprit baroque.«[112] Roussets Arbeiten sind die ersten programmatischen Reaktionen auf den von Lebègue beklagten Missstand. Die bange Frage, ob es tatsächlich ›une littérature baroque française‹, gebe, musste also positiv beantwortet werden. Doch wen konnte das ernsthaft verwundern? Hatte nicht einer der größten italienischen Barockdichter, Giambattista Marino, viele Jahre in Paris verbracht und Erfolge gefeiert? Dort war 1623 auch sein Hauptwerk, das hochbarocke, 42.000 Verse umfassende Epos *Adone* erschienen, für das Chapelain eine Vorrede, einen seiner wichtigen kunsttheoretischen Traktate, geschrieben hatte.[113]

4.2.2 Begriffsbestimmung

Das im 17. Jahrhundert erstmals nachweisbare französische Adjektiv ›baroque‹ leitet sich aus dem portugiesischen ›barocco‹ ab, wo es eine unregelmäßige Perle bezeichnet. In diesem Sinn definiert Furetière es als »terme de joüaillier, qui ne se dit de perles qui ne sont pas parfaitement rondes«. Im heutigen französischen Sprachgebrauch ist es vielfach synonym zu ›bizarre‹, ›choquant‹, ›étrange‹, ›excentrique‹, ›inattendu‹ (Petit Robert). In der zweiten Hälfte des 19. Jahrhunderts bürgert sich ›barock‹ als kunsthistorischer Terminus zur Bezeichnung stilistischer Eigenheiten der Architektur des 17. und 18. Jahrhunderts ein und entwickelt sich unter dem Einfluss des Kunsthistorikers Heinrich Wölfflin (*Renaissance und Barock*, 1888; *Kunstgeschichtliche Grundbegriffe*, 1915) und des Kunstphilosophen Eugenio d'Ors (*Les idées et les formes*, 1928) zu einer **unhistorischen ästhetischen Kategorie** weiter, und zwar **in Komplementärfunktion zu einer als ebenso zeitlos verstandenen Klassik**.

Konkret gesprochen heißt das: Das klassische Werk zeichnet sich durch Harmonie, Klarheit des Aufbaus und Funktionalität der Teile in Bezug auf das Ganze aus; es spiegelt das Wesen der Erscheinungen und wird als rational einsichtig empfunden. Demgegenüber blendet der Barock durch die Fülle der Erscheinungen, erfreut sich – oder stört sich zumindest nicht – an der Dysfunktionalität des Details, an der Ungleichgewichtigkeit der Teile und deren mangelnder Verknüpfung, insistiert auf dem Gegensatz zwischen Sein und Schein und erschließt sich vorrangig durch das Gefühl. Statt einer das ganze Werk auf seinen verschiedenen Ebenen bestimmenden ›unité‹ charakterisieren Begriffe wie ›multiplicité‹, ›diversité‹ und ›variété‹ das barocke Kunstwerk. Der klassischen Geste der Vereinfachung und Reduzierung auf das Wesentliche, der Litotes, steht die barocke Geste des Unerwarteten, des Überschwangs und der Übersteigerung, die Hyperbel und die Metapher, gegenüber.

Die Eigentümlichkeit einer Begriffsbestimmung des französischen Barock besteht darin, dass – in Ermangelung einer der Epoche entstammenden Barockpoetik – die entsprechenden **Definitionen meist in Abgrenzung zur Klassik** erfolgen und sie daher zumindest implizit die Dichotomie zu dieser in sich tragen. So schreibt etwa Lebègue:

> Est baroque le goût de la *liberté* en littérature: le dédain des règles, de la mesure, des bienséances, de la séparation des genres. Est baroque ce qui est *irrationnel*: les jeux intellectuels d'où sont absentes la logique et la raison, le goût des charmes de la nature, celui du mystère et du surnaturel, et enfin l'élan émotif et passionnel.[114]

Die auf den ersten Blick negativ belegten, weil an einer klassischen Ästhetik gemessenen Kategorien ›liberté‹, ›dédain des règles‹, ›irrationnel‹, ›jeux intellectuels‹, ›absence de logique et de raison‹ erhalten im Kontext von Lebègues Polemik gegen die französische ›incuriosité‹ in Sachen Barock eindeutig positive Konnotationen. Der bei ihm noch indirekt formulierte Gegensatz zur Klassik mündet später in folgende ungleich eindeutigere Oppositionen:

> L'esthétique classique de la mesure, de l'ordre, de la clarté et de l'harmonie s'oppose à la réalité baroque, caractérisée par le hasard [...], les contradictions, le désordre et l'instabilité, l'irrationnel, la thématique de l'être et du paraître, et du monde à l'envers. L'abondance des objets, l'hyperbole, la désintégration du tableau d'ensemble, le désordre structurel éclatent en dissonances, ruptures, enchevêtrements.[115]

Doch auch hier gilt: Was auf semantischer Ebene wie eine eindeutige Opposition erscheint – ›ordre‹ *vs.* ›désordre‹ etc. –, ist auf ästhetischer Ebene wertneutral und damit gleichberechtigt. Barock und Klassik bilden demnach einander dialektisch zugeordnete, fast schon ontologische Kategorien:

> Le baroque est plutôt un pôle dans un champ de forces dont l'autre pôle est le classicisme, qui lui tient lieu de contraire et de norme de référence.[116]

Pointiert formuliert heißt das nichts anderes, als **dass der Klassik der Barock als Kehrseite innewohnt** und umgekehrt, dass das eine dem anderen also substantiell zugehört und beide gleichwertig sind. Ein in dieser Weise definierter Barockbegriff hat indes jeden konkreten Erkenntniswert eingebüßt. Was in Bezug auf den Klassikbegriff bereits dargestellt wurde, gilt in gleicher Weise für den Barockbegriff: Er ist zu einer Art **Übereinkunftsbezeichnung für eine komplexe und widerspruchsvolle historische Epoche** geworden und besitzt allenfalls noch die Funktion einer Arbeitshypothese. Chauveau erkennt ihm eine solche, freilich eingeschränkte ›valeur opératoire‹ zu, um im gleichen Atemzug festzustellen: »Dans les ouvrages de critique les plus récents, le mot ne fait plus guère recette.«[117]

4.2.3 Die Barockdiskussion – ein ›Sturm im Wasserglas‹?

Am entschiedensten hat Rousset selbst sich von dem Begriff verabschiedet. Bereits 1968 stellte er – sich – die Frage: »L'introduction de la nouvelle catégorie [du baroque] a-t-elle porté quelque fruit?« Das Ergebnis sieht er positiv in der Entdeckung bis dahin unbekannter oder vernachlässigter Autoren, in der intensiven Lektüre ihrer Werke, der Entdeckung neuer Themen und Formen, wodurch das literarische Bild der Epoche entscheidend bereichert worden sei.[118] Der Epoche? Hat es tatsächlich ein **autonomes ›âge baroque‹** gegeben, wie der Titel seiner Studie es suggeriert? In *Dernier regard sur le baroque* distanziert Rousset sich definitiv auch von dieser These, um auf das Theater bezogen festzustellen, dass um 1670

> deux pôles antithétiques de la création théâtrale – disons une fois encore, faute de mieux, le baroque et le classique – vivent et prospèrent non pas successivement mais simultanément goûtés par le même public à la cour et à la ville. Ainsi craquent et se desserrent les cadres rigides qui organisent traditionnellement la culture de ce siècle. Et c'est bien dans ce sens que vont les synthèses les plus récentes.[119]

War die hier skizzierte Barockdiskussion letztendlich also nichts anderes als ein Sturm im Wasserglas? Mitnichten! Unbestreitbar nämlich ist »la fonction heuristique que la notion de Baroque a exercé pour une meilleure connaissance de la littérature française du XVIIe siècle.«[120] Der viel strapazierte Begriff hat sich als eine Kategorie erwiesen, die mittels seiner scheinbar negativen Charakteristika – ›désordre‹, ›irrationnel‹ etc. – die **Neuerschließung von Autoren und Texten** ermöglicht hat, die zuvor aus ästhetischen, letztlich aber ideologischen Gründen ins literarische Abseits gedrängt worden waren; er hat den Blick geschärft für Themen, Formen und Strukturen, hat neue Zuordnungen ermöglicht und die Sicht auf ein scheinbar monolithisches ›siècle classique‹ grundlegend verändert. Um sich dessen zu vergewissern, genügt ein Blick in die Arbeiten von Floeck, Gibert und Serroy, um nur sie zu nennen. Doch es tut sich noch ein weites Feld auf:

> Le domaine baroque littéraire se présente donc comme un immense chantier qui a déjà révélé de nombreux trésors, mais dont l'exploration est loin de s'achever [...] Le baroque a plus fait pour faire éclater aux yeux la richesse et la diversité d'un siècle que pour en esquisser une nouvelle interprétation unitaire; et c'est sans doute tant mieux.[121]

Der größte Gewinn der Diskussion um den französischen Barock besteht indes darin, dass nicht länger ein unbefriedigend definierter Barockbegriff für ein unpräzis definiertes ›âge baroque‹ in Anspruch genommen wird, das mit Vorliebe in der ersten Jahrhunderthälfte angesiedelt wäre und, wie die Zeitschrift *XVIIe siècle* es 1953 suggerierte, geläutert in die Klassik einmündet. Vielmehr ist Barock in dem oben definierten Sinn als **dialektische Kehrseite der Klassik** »non pas successivement mais simultanément« (Rousset) sozusagen als Dauerphänomen in der Literatur des ›siècle classique‹ präsent.

Um sich davon zu überzeugen, genügt ein Blick auf das Theater Molières, sofern man es nicht auf einige wenige Komödien wie den *Tartuffe* oder den *Misanthrope* beschränkt. Über diese klassischen Komödien hinaus verfasst Molière nämlich im Auftrag Ludwigs XIV. zahlreiche barocke Hofballette und Ballettkomödien, die den Beweis liefern, dass er sich mühelos je nach Auftraggeber bzw. Zielpublikum sowohl der klassischen als auch der barocken Klaviatur bedienen konnte. Am auffälligsten zeigt sich dies anlässlich der Festlichkeiten in Versailles, Saint-Germain und Chambord, die er im königlichen Auftrag organisiert. Denn die zu diesen Anlässen verfassten Stücke werden häufig im Freien aufgeführt, beziehen Wasserspiele und Feuerwerk ein und enthalten zahlreiche Abend- und Nachtszenen, die durch Fackeln erhellt werden, wodurch es zu einer engen Verbindung von Kunst und Natur kommt, zu einer Synthese gegensätzlicher Prinzipien in einer übergeordneten ästhetischen Einheit:

> Les fêtes de cour, auxquelles contribuent la plupart des écrivains et des artistes, Molière en tête, sont, au temps de Louis XIV, le refuge le plus éclatant d'une certaine esthétique baroque.[122]

Das unübertroffene Muster eines solchen **hochbarocken Totaltheaters** liefert Molière 1671 mit der ›tragédie-ballet‹ *Psyché*. Das Stück entsteht aus der Zusammenarbeit mit Corneille, Quinault und Lully und ist mit 82 Aufführungen in achtzehn Monaten ein beispielloser Erfolg, weitaus größer als etwa der des *Misanthrope*. Die verschwenderische Pracht der Kulissen, die von vierzig Instrumentalisten vorgetragene Musik

Lullys, die Fülle der Tänzer und Sänger und nicht zuletzt der Einsatz einer aufwändigen Bühnenmaschinerie tragen in gleicher Weise zu diesem Erfolg bei.

4.2.4 Französischer Barock – ein Dauerphänomen

Es besteht heute kein Zweifel mehr daran, dass Molière sowohl ein klassischer als auch ein barocker Bühnenautor ist; und ebenso unbestritten ist, dass das ›siècle classique‹ in gleicher Weise ein ›siècle baroque‹ ist, was ein Blick auf die Geschichte des Theaters der 1620er und 1630er Jahre und die Entwicklung der Oper ab 1670 zeigt.[123]

Indes zeichnet sich französischer Barock, ob in Literatur, Bildender Kunst oder Architektur, gegenüber dem Barock der Nachbarländer durch eine Art **rationaler Mäßigung** aus. Dies sei an zwei Beispielen erläutert, zunächst dem **Streit um die Metapher**. Der mit Malherbe einsetzende Kampf um die Klarheit der französischen Sprache hat unter anderem auch die Absage an eine ›barocke‹ Metaphernseligkeit zur Folge. Das wohl bekannteste Beispiel ist die Überarbeitung, die Malherbe seinem hochbarocken, auf eine italienische Vorlage zurückgreifenden Gedicht »Les larmes de Saint-Pierre« (1587) angedeihen lässt; für eine Neuausgabe 1607 streicht er kurzerhand mehrere Strophen und tilgt damit einen Großteil der barocken Bilder, Antithesen, Hyperbeln und Metaphern im Sinne einer mäßigenden ›raison‹.[124] Die Metapher nämlich, und insbesondere die Metaphernkette – »quand elle est trop continuée« – , entzieht sich den Kategorien von ›raison‹ und ›clarté‹:

> La métaphore est une petite similitude, un abrégé de similitude; il faut qu'elle passe vite, il ne faut pas s'y arrêter; quand elle est trop continuée, elle est vicieuse et dégénère en énigme.[125]

Das zweite, wichtigere Beispiel ist der **Streit um die Neugestaltung des Louvre**. Mit besonderer päpstlicher Erlaubnis kann der italienische ›Stararchitekt‹ Gian Lorenzo Bernini, obwohl als Bildhauer und leitender Architekt für die Fertigstellung des Petersdoms unersetzlich, 1665 nach Paris reisen, um dort seinen schon von Rom aus eingereichten Entwurf für die Ostfassade des Louvre persönlich zu präsentieren. Als er nach etwa fünf Monaten oft lebhafter Kontroversen mit dem König, Colbert und französischen Architekten und nach der Vorlage zweier weiterer, gemäßigterer Entwürfe die Rückreise antritt, ist der Grundstein für seinen dritten Entwurf, den Ludwig XIV. in höchsten Tönen gelobt hatte, gelegt. Doch nach Berninis Abreise siecht das Projekt vor sich hin, bis Colbert ihm 1667 offiziell eine Absage erteilt. War eine mangelnde Funktionalität des Entwurfs der Grund für die Absage? Oder zu hohe Kosten angesichts des drohenden Hollandkrieges? Oder hatte Ludwig XIV. sich zwischenzeitlich endgültig für Versailles entschieden? Oder obsiegten nicht letztlich die klassischen Vorstellungen französischer Architekten über Berninis barocken Entwurf, wobei der angenommene dritte der am wenigsten barocke war.[126] Wie in allen derartigen Fällen gibt es auch hier keine Monokausalität. Man geht aber sicher nicht fehl, in Malherbes Überarbeitung der »Larmes de Saint-Pierre« und der Absage an Berninis Fassadenentwürfe auch einen **latenten Anti-Italianismus** zu sehen,

> [qui] a joué sûrement un grand rôle dans la méfiance envers le baroque. Il s'appuie sur le désir des Français, nourri à la fois par la **vitalité du gallicanisme**, et par le **nationa-**

Der erste (oben) und zweite Entwurf Berninis für die Ostfassade des Louvre, bereits 1664/65 von Rom nach Paris vorausgeschickt, hätten, um wirken zu können, den Abriss des Stadtviertels um die noch heute erhaltene Kirche Saint-Germain-l'Auxerrois erfordert. Die später realisierte, eher langweilig-monotone Fassade von Claude Perrault (unten) bedarf zu ihrer Wirkung keines größeren Raumes (aus: Erben, Paris und Rom, *2004, S. 67 u. 97).*

> **lisme culturel** qui caractérise la politique des rois, depuis François Ier jusqu'à Louis XIV, d'affirmer [...] la suprématie de leur langue et de leur civilisation en Europe.

Realisiert wurde jedenfalls die noch heute existierende monumental-monotone Fassade von Claude Perrault, dem älteren Bruder von Charles Perrault, der – als Mitglied der Petite Académie – 1668 zum ›Premier commis des bâtiments du Roi‹ ernannt worden war.

Ist diese Fassade nun klassisch oder barock? Darüber lässt sich letztlich ebenso trefflich streiten wie über die Frage, ob denn nun das Schloss von Versailles mitsamt seiner Gärten – in der Erscheinungsform des 17. Jahrhunderts, die sich z.T. grundlegend von der heutigen unterscheidet – klassisch sei oder barock.[127]

Dem latenten Anti-Italianismus, dem das ›siècle classique‹ insgesamt huldigt, wird Boileau gleichsam *post festum* in programmatischen Versen seines *Art poétique* Ausdruck verleihen:

> Évitons ces excès; laissons à l'Italie
> De tous ces faux brillants l'éclatante folie.
> Tout doit tendre au bon sens: mais pour y parvenir,
> Le chemin est glissant et pénible à tenir;
> Pour peu qu'on s'en écarte, aussitôt l'on se noie.
> La raison pour marcher n'a souvent qu'une voie. (I 43–48)

Das Beispiel der Barockdiskussion und die Durchsetzung eines ›französischen Barock‹ veranschaulichen exemplarisch die Autonomiebestrebungen der französischen Monarchie und ihre Abgrenzung gegenüber dem Einfluss Italiens. Politisch bedeuten bereits 1617 die Ermordung Concinis, des Günstlings der Maria von Medici, und die Exilierung der Regentin nach Blois einen Akt der Befreiung von dem übermächtigen italienischen Einfluss; kulturpolitisch erlangt die Ablehnung von Berninis Entwurf der Ostfassade des Louvre 1667 Symbolcharakter für einen nun endgültig vollzogenen Paradigmenwechsel. Die ›excès‹ und ›éclatante folie des faux brillants‹ des italienischen Barock werden durch französischen ›bon sens‹ und ›raison‹ definitiv in die Schranken gewiesen und damit zugleich die idealistische Vorstellung einer *translatio studii et imperii* definitiv in kulturpolitische Wirklichkeit umgesetzt.[128]

Um dem definitorischen Dilemma zwischen ›baroque‹ und ›classicisme‹ zumindest für den Bereich der Literatur ein Ende zu bereiten, hat Fumaroli angesichts der wichtigen Rolle der Rhetorik den Vorschlag gemacht, die problematischen Begriffe durch das der antiken Rhetorik entlehnte komplementäre Begriffspaar ›**asianisme**‹ und ›**atticisme**‹ zu ersetzen, beides Termini, deren sich die Autoren des 16. und 17. Jahrhunderts zur Kennzeichnung stilistischer Eigenheiten auch zu bedienen pflegten:

> Il semble plus simple et plus naturel d'emprunter sa terminologie à la tradition rhétorique vivifiée par l'humanisme du XVIe siècle, et de retraduire ›baroque‹ par *asianisme*, ›classicisme‹ par *atticisme*. On dispose ainsi d'instruments d'analyse familiers aux lettrés du XVIe et du XVIIe siècle (ce qui n'est pas le cas de ›baroque‹ et ›classicisme‹, introduits après coup).

In zahlreichen neueren Arbeiten wird Fumarolis Vorschlag bereits befolgt; ob er sich durchsetzen kann, bleibt abzuwarten.[129]

4.3 Periodisierungsprobleme

Mit der ›Dynamitisierung‹ (Viala) des Klassikbegriffs und der Liquidierung eines autonomen ›âge baroque‹ ist zugleich auch die seit Jahrhunderten überlieferte Sicht des ›siècle classique‹ grundsätzlich erschüttert; das betrifft insbesondere die zentrale Frage der Periodisierung. Ein seit den Anfängen der wissenschaftlich fundierten Literaturgeschichtsschreibung vorzugsweise praktiziertes Schema gliederte das klassische Jahrhundert meist in drei Epochen:

- ca. 1620–1660: eine **Vorklassik** im Sinn einer Vorbereitungsphase;
- ca. 1660–1680/85: eine **Hochklassik**, welche die Meisterwerke der großen Autoren hervorbringt;
- ab ca. 1680/85: eine **Nachklassik**, die in das aufklärerische 18. Jahrhundert führt.

Die in Frankreich besonders lebendige Tradition der nationalen Literaturgeschichtsschreibung hat dieses **dreigliedrige Klassikmodell**, das auch Brays *Formation* zugrunde liegt, vielfach variiert und differenziert, doch selbst in neueren Darstellungen scheint es immer noch strukturbildend durch. Da jedoch die komplementären Konzepte von Klassik und Barock sich nicht länger als tragfähig erweisen, verzichten einige neuere Literaturgeschichten auf die traditionelle Einteilung in Jahrhunderte – *Le seizième siècle, Le dix-septième siècle, Le dix-huitième siècle* etc. – und lassen damit das ›siècle classique‹ praktisch verschwinden. In einer der jüngsten Gesamtdarstellungen der französischen Literatur mit dem programmatischen Titel *A New History of French Literature,* der bezeichnenderweise in der französischen Übersetzung zu *De la littérature française* ›entschärft‹ wurde, führt dies sogar zur Dekonstruktion aller herkömmlichen Periodisierungsschemata und, da keine Klassik mehr das 17. Jahrhundert als ›grand siècle‹ über alle anderen erhebt, in letzter Konsequenz zur Nivellierung der Epochen der französischen Literatur.[130]

Der Zusammenbruch der bisherigen Ordnungskategorien stellt den historisch orientierten Literaturwissenschaftler vor kaum überwindbare Schwierigkeiten. Denn um der Klarheit und didaktischen Effizienz seiner Darstellung willen ist er genötigt, sich bestimmter Begriffe zu bedienen, Zuordnungen zu treffen und Periodisierungen vorzunehmen, von deren nur eingeschränkter Gültigkeit er selbst zuallererst überzeugt ist. »Périodiser, mais c'est un contresens et une impossibilité!« ruft Jean Rohou zu Beginn eines der ›périodisation de l'âge classique‹ gewidmeten Bandes aus, um im gleichen Atemzug festzustellen »que les périodisations rendent les faits pensables, [que] les catégories restent indispensables pour l'élaboration d'une connaissance explicative, pour la transmission des informations«.[131] Unter diesem Vorbehalt werden im Folgenden die wichtigsten **Etappen in der Entwicklung poetologischer Konzepte** skizziert, die das ›siècle classique‹ charakterisieren. Da sich ihre Periodisierung jedoch weder rein literaturimmanent noch ausschließlich in Abhängigkeit von historischen Großereignissen vollzieht, sondern in der dialektischen Interdependenz unterschiedlicher Ebenen, müssen neben literarischen auch politische, gesellschaftliche, institutionelle und allgemein ästhetische Einflussfaktoren berücksichtigt werden. Das wiederum hat zur Folge, dass nur wenige punktuelle Daten genannt werden, sondern stattdessen allenfalls ›Annäherungsdaten‹, die sich aus der Zusammenschau unterschiedlicher Ebenen ergeben.

4.4 Periodisierungsvorschläge – »rendre les choses pensables«

4.4.1 *1605–1628* – der neue Primat der Vernunft

Wann auch immer man das politische 17. Jahrhundert beginnen lässt – 1594 oder 1598 –, in literarischer Perspektive verkünden wichtige Ereignisse des ersten Jahrzehnts einen **verheißungsvollen Neubeginn**. Zunächst 1605 die Ernennung Malherbes zum offiziellen Hofdichter Heinrichs IV., eine Position, die er bis zu seinem Tod 1628 innehaben wird. Von 1607 bis 1627 erscheint Honoré d'Urfés Schäferroman *Astrée*, der auf mehreren tausend Seiten die nach harten Prüfungen ins Happy-End mündende Liebe Céladons zur Schäferin Astrée schildert. 1609 veröffentlicht François de Sales die *Introduction à la vie dévote*, in der er sich zum Wortführer einer heiteren, weltzugewandten Frömmigkeit macht. Und 1607 eröffnet die Marquise de Rambouillet ihren Salon.

Die genannten Personen und ihre Werke stehen für wichtige **ästhetische Konzepte**: Malherbes Lyrik für eine klare, verständliche Sprache, eine rational kontrollierte Anordnung von Vers und Strophe, eine harmonische Ausgeglichenheit des Gedichts; *Astrée* für eine psychologische Durchdringung der handelnden Personen und einen raffinierten, verfeinerten Geschmack im Umgang der Protagonisten miteinander; de Sales *Introduction* für eine weltoffene, gefällige Darstellung moraltheologischer Fragen; das Hôtel de Rambouillet für die Verfeinerung der Umgangsformen.

So wie die Ermordung Heinrichs IV. auf der politischen Ebene die Entwicklung der Monarchie nicht aufhalten oder gar verhindern kann, vermag sie auch in der Literatur die durch die genannten Werke initiierten Prozesse nicht zu beeinträchtigen. Im Gegenteil; da diese Werke – jedes für sich ein zeitüberdauerndes Meisterwerk – immer wieder neu aufgelegt werden, üben sie einen nachhaltigen Einfluss aus und wirken stil- und normbildend. Schon die 1624 erscheinenden Briefe Balzacs verdanken ihre Klarheit und nüchterne Ausgewogenheit dem Vorbild Malherbes; was dieser für die Lyrik bewirkt, überträgt Balzac in die (Brief-)Prosa. Als Hofpoet passt Malherbe sich dem ›goût du Louvre‹ an, der unter Heinrich IV. die große – rhetorische – Geste missbilligt; in gleicher Weise führt Balzac den hohen Redestil seiner lateinischen Vorbilder auf die mittlere Stillage der privaten, vertraulichen Briefgattung zurück. Der **Primat der Vernunft** und der **Wille zu gefallen**, eine neue **›esthétique de la douceur‹** (Fumaroli), der es nach den Kriegswehen darum geht, die Gemüter zu beruhigen, sind die leitenden ästhetischen Kategorien, welche die Literatur dieser ersten Phase des 17. Jahrhunderts bestimmen, die man bis etwa 1628 ansetzen kann.

Der Ordnung in der Literatur entspricht in der Philosophie das Streben nach einer **Legitimierung des Erkenntnisaktes** und einer rational begründeten Erfahrung der Welt, wie Descartes es erstmals 1628 in den *Règles pour la direction de l'esprit* formuliert. Auch der 1623–1625 stattfindende Prozess gegen Théophile de Viau, in dessen Verlauf Balzac dem Libertinage und seinem Freund Théophile den Rücken kehrt, darf als Ausdruck des Willens gewertet werden, eine **öffentliche moralische Ordnung** herzustellen. Und schließlich sei daran erinnert, dass Richelieu 1624 in den ›Conseil du Roi‹ eintritt und je länger, desto entschiedener zusammen mit Ludwig XIII. die Richtlinien der Politik bestimmt: eine Politik der Staatsräson, der Ordnung, der Unterwerfung aller Oppositionen und zugleich des kulturellen Prestiges zum Ruhm Frankreichs, die Hand in Hand geht mit einer gezielten materiellen Förderung all jener Künstler, die bereit sind, sich den ehrgeizigen Plänen des Kardinals unterzuordnen.

4.4.2 *1628–1642* – ›le classicisme Richelieu‹

Eine zweite Phase der literarischen Entwicklung kann man von 1628 bis zum Tod Richelieus und Ludwigs XIII. ansetzen. Insbesondere der Tod Richelieus im Dezember 1642 wird als Befreiung von einer Tyrannei empfunden. Der Kardinal zählt heute mit Ludwig XIV. und Napoleon zu den Politikern, die am entschiedensten die Entwicklung der französischen Literatur beeinflusst haben, insbesondere die des Theaters, der öffentlichsten unter den literarischen Gattungen.

Das **Theater** soll in Richelieus Augen eine **Schule der ›honnêteté‹** sein. Doch gerade diese Forderung wird nach Ansicht der Kritiker in Corneilles *Cid* (1637) in flagranter Weise verletzt. Die an dem Stück sich entzündende ›querelle‹ ist eine der heftigsten ›Schlachten‹, die sich Anhänger und Gegner eines Theaterstückes in Frankreich je geliefert haben, vergleichbar allein mit der ›bataille d'*Hernani*‹ (1830) und den Auseinandersetzungen um Alfred Jarrys *Ubu roi* (1896). Corneilles erfolgreichem Stück wird vorgeworfen, nicht nur die Regeln der drei Einheiten zu verletzen, sondern insbesondere die der Wahrscheinlichkeit und der Schicklichkeit: Die in Rodrigue, den Mörder ihres Vaters, verliebte Chimène sei ›impudique‹ und eine ›fille dénaturée‹; ›vatermörderisch‹ – ›parricide‹– binde sie »sa main à celle qui dégoutte encore du sang de son père«.[132]

Mit der ›querelle du *Cid*‹ beginnt der **Kampf um ein regelkonformes Theater**. Schon 1630 hatte Chapelain in seiner *Lettre sur la règle des vingt-quatre heures* die Anwendung der Regeln des Aristoteles und des Horaz gefordert. Daher erteilt Richelieu ihm den Auftrag, eine Stellungnahme der Académie française zum *Cid* zu erarbeiten, *Les sentiments de l'Académie française sur la tragi-comédie du Cid*, die jedoch nicht so kritisch ausfällt, wie Richelieu dies gewünscht hatte. Welch hohe zivilisatorische Funktion der Kardinal dem Theater beimisst, zeigt sich auch daran, dass er um 1635 eine ›Société des cinq auteurs‹ ins Leben ruft, der zeitweilig sogar Corneille angehört und die Stücke abfassen soll, deren Handlungsschemata der Kardinal höchstpersönlich vorgibt. Seinen hohen moralischen Vorstellungen entsprechend soll vor allem die Tragödie eine **Ethik des individuellen Glücksverzichts zugunsten des Staates** propagieren. Als unmittelbare Folge dieser Auseinandersetzungen wird Corneille mit seinen beiden nachfolgenden Stücken, *Horace* (1640) und *Cinna* (1642), Tragödien vorlegen, welche die Regeln minutiös befolgen und darüber hinaus in der Figur des **›héros cornélien‹** den hohen moralischen Erwartungen des Kardinals entsprechen. Und schließlich wird er 1660 auch den *Cid* zu einer regelmäßigen Tragödie umschreiben.[133]

Angesichts des immensen Einflusses Richelieus auf das kulturelle Leben der skizzierten Epoche, insbesondere auf das Theater, hat sich der von Couton geprägte Begriff eines **›classicisme Richelieu‹** eingebürgert. Für Zuber sind Guez de Balzac, Descartes und vor allem Corneille dessen wichtigste Repräsentanten, umgeben von einer stattlichen Zahl »d'écrivains notables, mais plus modestes«. Der Begriff ›classicisme Richelieu‹ verbinde die Vorstellung ästhetischer Vollkommenheit mit einem Namen, »qui symbolise l'énergie, les tempêtes et les drames«. Rohou ist politisch expliziter und bezieht zugleich anthropologische Überlegungen ein:

> Cette époque de lutte pour ou contre la construction d'un ordre nouveau traite souvent de sujets politiques (surtout dans la tragédie) ou philosophiques, dans une perspective héroïque ou même épique. Car elle a confiance en l'homme et ambitionne de transformer le monde, de maîtriser les révoltes des Grands ou des passions, de remporter la guerre patriotique ou d'abattre la tyrannie. La littérature est devenue esthétique, mais elle **n'a pas encore renoncé à être politique.**[134]

Der letzte Satz des Zitats verweist bereits auf den ›classicisme‹ der 1660er Jahre, den man parallel zum ›classicisme Richelieu‹ als ›classicisme Louis XIV‹ bezeichnen könnte. Doch ist nicht so sehr der Begriff entscheidend als vielmehr die Tatsache, dass zwei historisch deutlich voneinander abgegrenzte Perioden in ästhetischer Hinsicht offensichtlich viele Gemeinsamkeiten aufweisen, nämlich insbesondere ein hohes Maß an ›**Regelmäßigkeit**‹; im Unterschied zum ›classicisme Richelieu‹ verzichtet jedoch der ›classicisme‹ der 1660er Jahre weitgehend darauf, **politische Themen** unmittelbar anzusprechen. Doch ist ein solcher Verzicht selbst wiederum als ein Politikum zu werten. Denn letzten Endes spielt sich das gesamte künstlerische Leben des hier zur Periodisierung anstehenden Jahrhunderts bis in die 1680er Jahre, metaphorisch gesprochen, in einem goldenen Käfig ab, in dem die künstlerische Elite ein Leben ›von Gottes Gnaden‹ fristet, in den sie sich aber mehr oder minder bereitwillig, widerspenstig oder auch resigniert einsperren lässt. Zwischen dem ersten und zweiten ›classicisme‹ aber liegt eine janushafte Periode, die einerseits, politisch aufmüpfig, der Vernunft, den Regeln und der Ordnung eine Absage erteilt, andererseits aber, durch den Ausgang der Fronde desillusioniert, ein moralisches und ästhetisches Wertesystem erarbeitet, das einer Verfeinerung durch den ›classicisme Louis XIV‹ den Weg bereiten wird.

4.4.3 *1642–1656* – Im Umfeld der Fronde: Burleske und Galanterie

Das nach dem Tod Richelieus und Ludwigs XIII. eintretende Machtvakuum wird zunächst durch Anna von Österreich und Mazarin nur unzureichend ausgefüllt, was schließlich zur Fronde führt. Entsprechend seiner politischen Zweiteilung zeigt der Zeitraum zwischen etwa 1642 und 1656 auch **literarisch zwei Gesichter**: In einer ersten Phase – bis zur Niederschlagung der Fronde – dominiert die Burleske; doch bereits ab etwa 1650 entwickelt sich ein mit den Begriffen ›galant‹ bzw. ›galanterie‹ bezeichnetes ästhetisches und ethisches Ideal, das die gesellschaftlichen Umgangsformen und die Literatur in gleicher Weise prägt.

So sind zunächst die 1640er Jahre die **Blütezeit der burlesken Dichtung** mit Paul Scarron als ihrem wichtigsten Vertreter. Sein Hauptwerk, *Le Virgile travesti* (1648–52), ist eine elf Bücher umfassende Parodie auf Vergils *Äneis*. Scarron macht darin die edlen Helden Vergils zu kleinbürgerlichen Materialisten und würdigt so die erhabene Welt des Epos zur Farce herab. Die zeitliche Nähe der burlesken Dichtung zur Fronde legt den Schluss nahe, dass die Degradierung der antiken Götter und Heroen bei Scarron **satirischen Zwecken** dient und den Hof lächerlich machen soll. Nicht zufällig bedienen sich die unter dem Begriff *Mazarinades* zusammengefassten Pamphlete, die während der Fronde gegen Mazarin verfasst werden, des gleichen burlesken Stils. Und Scarron gilt als der Verfasser der heftigsten von ihnen:

> Le burlesque est une fantaisie. Mais qui, chez Scarron, n'est pas innocente. Jeu de l'esprit, pied-de-nez irrévérencieux, inversion qui est aussi subversion d'un ordre – et l'on sait que le burlesque a fleuri sous la Fronde.

Deren Niederschlagung bedeutet daher literarisch auch das **Ende der ›frondeurhaften‹ polemischen Burleske.**[135]

Schon vor dem Ende der Fronde aber zeichnet sich eine **Neuorientierung** ab, die bis vor wenigen Jahren durch den Begriff der ›préciosité‹ charakterisiert wurde, an deren Stelle heute jedoch der der **›galanterie‹** getreten ist. Molières einaktige Prosakomödie *Les précieuses ridicules* (1659) ist bestens geeignet, die Problematik und Bedeutung dieses Wandels zu illustrieren. Ganzen Forschergenerationen diente der Begriff ›préciosité‹ zur Bezeichnung einer gesellschaftlichen und literarischen Mode, die ab 1652 das öffentliche Leben maßgeblich geprägt haben soll, bis Molière ihr durch sein Stück ein Ende bereitet habe. Die neuere Forschung dagegen vertritt seit einigen Jahren die These, dass es ***das*** **Preziösentum**, wie es in unzähligen Monographien und gelehrten Abhandlungen dargestellt worden ist, als historisch und sozial identifizierbare kulturelle Bewegung nicht gegeben hat, weder ein ›wahres‹ noch ein ›falsches‹, weder ein ›ernsthaftes‹ noch ein ›lächerliches‹ Preziösentum. Eine minutiöse Untersuchung der Begriffe ›précieux‹, ›précieuse‹, ›préciosité‹ hat laut Roger Duchêne, dem letzten Molièrebiographen, ergeben

> qu'au moment où Molière lance le mot, ou du moins le popularise, celles qu'on a appelées précieuses sont non seulement peu nombreuses, mais insaisissables, trop diverses, trop éparses dans l'espace et dans le temps pour qu'on puisse les présenter comme un groupe cohérent, ayant une attitude et des idées communes.[136]

In der Monographie *Les précieuses ou Comment l'esprit vint aux femmes* (2001) versetzt Duchêne dem Preziösentum als einer literatur- bzw. kulturgeschichtlich identifizierbaren Bewegung den endgültigen Todesstoß; alle im Zusammenhang mit den *Précieuses ridicules* relevanten Texte finden sich hier erstmals versammelt und erlauben ein lückenloses Studium des sich neu ergebenden Sachverhalts: Das Preziösentum der Literatur- und Kulturgeschichte ist sozusagen das postume Produkt der spektakulären Reaktionen, die Molières Stück hervorruft, sowie der Imitationen meist zweitrangiger Autoren und der Geschäftstüchtigkeit einiger Verleger, die allesamt von Molières Erfolg profitieren möchten. Wenn aber die Protagonisten des Stückes letztlich »imaginaires« sind und der Gegenstand des Stückes ein »sujet chimérique«, worin besteht dann sein satirischer Charakter?[137] Die Beantwortung dieser Frage führt zur ›galanterie‹.

Auffällig an Molières Satire ist nämlich, dass das Adjektiv ›précieux‹ in ihr nur zwei Mal vorkommt, ›galant‹ dagegen dreizehn Mal, das Stück also kritisch auf eine ›galanterie ridicule‹ zielt. Hat es vorher oder parallel zu dieser auch eine ernst zu nehmende ›galanterie‹ gegeben? Wie das Theater Corneilles zeigt, ›stirbt‹ mit dem Ende der Fronde auch der ›héros cornélien‹. In der Tat ziehen sich nach deren Niederschlagung wichtige Repräsentanten der Hocharistokratie und des Parlamentsbürgertums aus dem politischen Leben zurück, um in häufig von adeligen Frauen geleiteten Salons den politischen und militärischen Funktionsverlust durch das Streben nach Verfeinerung der Umgangsformen zu kompensieren. Daraus entsteht ein **ästhetischer und ethischer Kodex der Galanterie**, der, wie das Ideal der ›honnêteté‹, durchaus standesübergreifend und zugleich auch ›feministisch‹ ist, indem er den Frauen eine starke gesellschaftliche

Rolle zubilligt. Ihren Mangel an schulischer Ausbildung gleichen diese durch eine gepflegte Geselligkeit aus, in der Konversation und Gesellschaftsspiel eine wichtige Rolle einnehmen.

In den 1650er Jahren wird der Salon der Madeleine de Scudéry ein Zentrum einer derart verstandenen Galanterie sein. Als unmittelbare literarische Folge ergibt sich die gattungsübergreifende Dominanz der **Liebesthematik**. Ursprünglich auf die Lyrik beschränkt, entwickelt sie sich in den Romanen der Mlle de Scudéry zu einer hoch differenzierten Liebespsychologie, gleitet in mondänen lyrischen Kleingattungen jedoch auch in Spitzfindigkeiten und Schwülstigkeiten ab. Ebenso charakteristisch ist die Entwicklung eines ›mittleren‹, natürlichen, umgangssprachlichen Stils, eines **›style médiocre, naïf, familier‹**, der es ermöglicht, komplexe Sachverhalte allgemein- und das heißt auch den Frauen verständlich und zugleich gefällig darzustellen. Diese nämlich seien ›naturellement‹ ausgestattet mit einer »délicatesse d'esprit qui n'est pas commune aux hommes« und hegten einen wahrhaften »dégoût pour tout ce qui est obscur, languissant, contraint, embarrassé«.[138]

Die politischen und gesellschaftlichen Umwälzungen nach der Niederschlagung der Fronde lösen einen Sozialisierungsschub aus, der eine Anpassung an die neuen Machtstrukturen und damit auch neue Werte und Verhaltensformen erfordert: statt heroischer Werte nunmehr die Kunst der Selbstkontrolle und der Anpassung, ja der Selbstverleugnung mittels des ›plaire‹. Die bisher dominierende *Ästhetik* des ›plaire‹ wird zu einer alle Lebensbereiche umfassenden **Anpassungs*ethik* des ›plaire‹**, wie der ›honnête homme‹ sie auf dem Höhepunkt der Regierung Ludwigs XIV. praktiziert.

Alles dies – und vieles mehr, wie z.B. die implizite Forderung nach einer Emanzipation der Frau – wird durch den Begriff der ›galanterie‹ abgedeckt. Drei Autoren kommt das Verdienst zu, diese ›galanterie‹ literarisch umgesetzt und theoretisch reflektiert zu haben: Vincent Voiture, Jean-François Sarasin und Paul Pellisson. Lange Zeit als vermeintliche Minores der Literaturgeschichte angesehen, hat ihre Bedeutung in den letzten Jahren in dem Maße zugenommen, wie die ›préciosité‹ von der ›galanterie‹ abgelöst worden ist.

Paul Pellisson, dessen katalysatorische Funktion im Literaturbetrieb der Zeit meist unterschätzt wird, hat in seiner bewegten Biographie alle Höhen und Tiefen durchschritten: Historiograph der Académie française, Sekretär Fouquets und nach dessen Sturz sechs Jahre in der Bastille inhaftiert, von Ludwig XIV. begnadigt und mit wichtigen Ämtern betraut, darunter dem des ›historiographe du Roi‹. Er verfasst mit dem *Discours sur les Œuvres de Monsieur Sarasin* (1656) eines der wichtigsten poetologischen Dokumente der Epoche; denn diese der postumen Veröffentlichung der Werke Sarasins vorangestellte Vorrede beschreibt bereits die wichtigsten Elemente jener Ästhetik, welche die Meisterwerke der 1660er bis 1670er Jahre auszeichnen wird:

> Examinant les divers aspects de l'œuvre de cet écrivain disparu prématurément, Pellisson fait l'éloge du ›style médiocre‹, qui sait aussi bien atteindre au registre soutenu en évitant toute emphase qu'au registre bas et plaisant sans vulgarité. Cette écriture galante est donc apte à l'agrément et à la variété et correspond au goût d'un milieu mondain et cultivé, soucieux d'élégance et de distinction. Art recherché mais se donnant pour naturel, affectant les dehors de la spontanéité, cette esthétique fait la première place non pas aux préceptes d'école, mais au jugement des ›honnêtes gens‹.[139]

Eine gleiche Vorläuferfunktion wie Pellisson wird auch **Voiture** und **Sarasin** zuerkannt. So werden etwa Voitures *Œuvres* seit ihrer Erstpublikation 1650 bis 1703 26 Mal neu herausgegeben. Und auch der Einfluss Sarasins ist hoch einzuschätzen, insbesondere auf den frühen La Fontaine, der als Hofdichter Fouquets ein umfangreiches galantes Werk schafft und in seinen *Contes et nouvelles* der ›galanterie‹ zeitlebens treu bleiben wird. Galanterie ist bei La Fontaine und seinen Vorläufern allerdings vorrangig an die dominierende Liebesthematik gebunden. Wie allgegenwärtig und dominierend die ›galanterie‹ ist, bezeugt auch der Beginn der *Princesse de Clèves* der Mme de la Fayette: »La magnificence et la galanterie n'ont jamais paru en France avec tant d'éclat que dans les dernières années du règne de Henri second.« Auf der Folie Heinrichs II. beschreibt der Roman den Hof Ludwigs XIV. in den 1670er Jahren.[140]

Was Pellisson, Voiture und Sarazin noch fehlt, ist die mit dem Konzept der ›galanterie‹ verbundene Anwendung eines ›**style médiocre**‹, eines ›mittleren Stils‹, auf aktuelle gesellschaftliche Probleme. Die Gelegenheit bietet sich 1656 anlässlich der Auseinandersetzungen zwischen Jesuiten und Jansenisten um die Gnadenfrage. Die Empörung Pascals und einer um ihn sich scharenden Gruppe von Jansenisten über die skandalöse Praxis der Jesuiten hinsichtlich der Gnadenfrage veranlasst ihn zur Abfassung der ***Lettres à un provincial***. Mit diesem Briefroman *avant la lettre*, der einem Publikum von ›honnêtes gens‹ eines der schwierigsten theologischen Probleme mit Witz, Anmut und Ironie verständlich und gefällig darstellt, versucht er dessen Zustimmung zu erlangen. Die *Provinciales* sind die erste literarische Umsetzung der Ästhetik der ›galanterie‹, nun nicht mehr bezogen auf eine nur individuelle Liebesleidenschaft, sondern auf eine der brennendsten gesellschaftlichen Krisen der Zeit. Sie werden vielfach auch als »la première œuvre classique«, als »un des grands textes de la littérature satirique en France« angesehen, die bereits aufgrund der Briefform »la veine ›philosophique‹ du siècle suivant, les *Lettres persanes* en particulier« ankündigen. »C'est que la forme épistolaire joue, dans notre chef-d'œuvre, un rôle capital [...] Pascal la manie avec une souplesse remarquable.«[141]

Kaum drei Jahre später versucht Molière mit seinen *Précieuses ridicules* letztlich nichts anderes. Über den – natürlich vorrangig erstrebten – Publikumserfolg hinaus verfolgt er durchaus auch ernsthafte Absichten. Indem seine Farce die mondänen literarischen Kleingattungen mit ihren meist galanten Inhalten und prätentiösen, doch unverbindlichen formalen wie sprachlichen Spielereien der Lächerlichkeit preisgibt, diskreditiert sie zugleich das hinter ihnen sich offenbarende gesellschaftliche Verhalten. Sie denunziert eine **Unverbindlichkeit von Literatur und Sprache**, die sich in spitzfindiger, geistreicher Geselligkeit selbst genügt und sich damit aus dem größeren gesellschaftlichen Zusammenhang aussondert.[142] Die Machtergreifung Ludwigs XIV., sein Verlangen nach Ruhm und nationaler Größe sowie eine ehrgeizige Kulturpolitik werden eine Abwendung von den kleinen lyrischen Gattungen und – wie schon zu Richelieus Zeiten – eine Bevorzugung der großen Gattungen, insbesondere des Theaters, zur Folge haben.

4.4.4 *1658–1682* – ›le classicisme Louis XIV‹

Wann man die früher gern als **Hochklassik** bezeichnete Periode beginnen und enden lässt, ist ebenso umstritten und von der Perspektive abhängig wie jede andere hier vorgeschlagene Periodisierung auch. Als Orientierungspunkte seien zunächst einige politische Daten genannt: der Pyrenäenfrieden 1659, die Heirat Ludwigs XIV. mit Maria Theresia von Spanien 1660 sowie sein Regierungsantritt 1661. Sie sind zwar wichtige Etappen auf dem Wege zur Festigung der Monarchie, literarhistorisch indes nur indirekt relevant. Das Gleiche gilt für den Friedensschluss von Nijmwegen 1679, das Erscheinen des halleyschen Kometen 1680, den Tod Colberts 1682 und den der Königin 1683 und letzten Endes sogar für die Aufhebung des Ediktes von Nantes. Die mit diesen Daten verbundenen Ereignisse wirken nämlich in keinem Fall monokausal auf die literarische Entwicklung ein, und doch vollzieht diese sich nicht unabhängig von ihnen.

Allgemeinstes Kennzeichen der Literatur der Zeitspanne zwischen 1658 und 1682 (Umzug des Hofes nach Versailles) ist die zunehmende Ausrichtung des gesamten literarischen und kulturellen Lebens auf die **›gloire‹ des jungen Königs**, die mit der Gründung der Petite Académie zum Programm erhoben wird. Damit erhält die Literaturproduktion einen das gesellschaftliche Leben in allen seinen Aspekten berührenden, positiv wie negativ prägenden Mittelpunkt. Pascals *Provinciales* hatten bereits ein gesamtgesellschaftlich relevantes theologisches Problem aufgegriffen.

Auch Molières *Précieuses ridicules* nehmen über das vordergründig Farcenhafte hinaus gesellschaftliche Auswüchse ins Visier. Damit kommt dem Stück eine Schlüsselrolle zu; es steht am Anfang einer Schriftstellerkarriere, die prototypisch Ausmaß und Form der Anziehungskraft zeigt, die von Ludwig XIV. auf das gesamte literarische Leben ausgeht. Der **Entwicklung des molièreschen Theaters** liegt ein **Dreiphasenmodell** zugrunde, das *mutatis mutandis* repräsentativ ist für eine Binnenperiodisierung dieser zentralen Periode des ›siècle classique‹, wobei die zeitlichen Grenzen sich häufig überlagern. Nach dreizehn Lehr- und Wanderjahren lässt Molière sich 1658 in Paris nieder und spielt erstmals vor dem König. Auf eine erste Phase der **Annäherung an das Normensystem der jungen Monarchie** und der Identifikation mit diesem bis 1662 – Dezember 1662: *L'école des femmes* – folgt bis etwa 1670 die Periode seines **politisch engagierten Theaters**, in dem er sich insbesondere in *Tartuffe*, *Dom Juan* und *Le misanthrope* in kontroverse gesellschaftliche Themen einmischt, um im Februar 1669 nach fünf Jahren heftiger Auseinandersetzungen mit der endlich erlaubten Aufführung des *Tartuffe* den größten Erfolg seiner Karriere feiern zu können. Spätestens ab 1671 aber wird er sich, mehr oder minder resigniert, mit *Psyché* in Richtung eines **unpolitischen und unkritischen Musiktheaters** orientieren, das auf geradem Weg zu der von Lully repräsentierten Oper führt.

Blickt man über Molière hinaus, gleichen diese Phasen einem Prozess, der von einer progressiven **Identifikation** mit der Monarchie über die **Integration** und die **Sublimation** schließlich in die **Resignation** führt, die ihrerseits in eine ostentative und spektakuläre (Selbst-)Inszenierung des Systems übergeht. Der einheitliche Nenner dieser drei Phasen ist die **Omnipräsenz Ludwigs XIV.** Ob dieser nun direkt oder indirekt wahrnehmbar, das Verhältnis zu ihm unterwürfig, anbiedernd, aufrichtig bewundernd oder gar verdeckt kritisch ist, so gilt metaphorisch die geradezu christologische Formel: »**Tous les yeux sont attachés sur lui seul.**«[143] Dabei ist der Gestus der Hinwendung in allen Fällen eine Ethik und Ästhetik des ›plaire‹; denn kritische Stimmen gibt es kaum oder höchstens, unterschiedlich motiviert, in den ersten Jahren. Grundsätzliche Kritik aber, die das System in Frage stellt, bleibt einer späteren Phase vorbehalten. Dies sei am Beispiel einiger großer Autoren stichwortartig erläutert.

Schon im Vorgriff auf die neue, dem Theater zugestandene gesellschaftliche Funktion veröffentlicht der Abbé d'Aubignac 1657 seine bereits von Richelieu angeregte Studie *La pratique du théâtre*, die wichtigste theatertheoretische Schrift der Epoche. Und Corneille publiziert 1660 *Trois discours sur le poème dramatique*, die vorrangig von der Tragödie und den Regeln der drei Einheiten handeln. Die genannten Schriften sind ein Indiz für die folgenreiche **Wiederbelebung der Regeldiskussion**, wie sie in der ›querelle‹ um Molières *École des femmes* (1662) lebhaft aufflammen wird. Ohne d'Aubignacs *Pratique* ist auch Racines Theater nicht vorstellbar; und Corneille steckt mit seinen *Discours* die Positionen seines eigenen Spätwerkes ab, das formal wie inhaltlich den geänderten Zeiten Rechnung tragen wird.

Wenn **Boileau** 1674 im *Art poétique* die Regeln der Tragödie darlegt, wird er Anregungen d'Aubignacs aufnehmen. Zu Beginn seiner Karriere steht er jedoch in deutlicher Opposition zur Regierung und riskiert mit seinen 1666 als Raubdruck veröffentlichten *Satires* buchstäblich Kopf und Kragen. Schnell vollzieht er daher einen Wechsel von der regimekritischen Satire zur systemkonformen Versepistel, um bald literarisch-poetologisch als Autor des *Art poétique* und politisch als ›historiographe du Roi‹ zu einem systemstabilisierenden Faktor zu werden.

Der ehrgeizige **Racine** sucht schon früh die Nähe des Hofes und beginnt damit eine steile Erfolgskarriere. In seinen weltlichen Tragödien legt er von *Andromaque* (1666) bis *Phèdre* (1677) die zerstörerischen Mechanismen der Höfischen Gesellschaft frei, um durch eine Ästhetik des ›plaire‹ und ›toucher‹ die Affekte der Zuschauer zu läutern. Als er nach seiner Tätigkeit als Historiograph Ludwigs XIV. 1689 zum Theater zurückkehrt, schließt er sich mit *Esther* und *Athalie* der Entwicklung zum Musiktheater an, so dass diese ›tragédies bibliques‹ durch die Einbeziehung von Musik und Chor sowie das Eingreifen transzendenter Mächte zu spektakulären Operndramen werden.

La Fontaine ist der freiwillig-unfreiwillige Außenseiter unter den großen Autoren der Zeit. Als Freund Fouquets steht er von Beginn an auf der falschen Seite. Auch die Widmungen seiner Fabelsammlungen an den Grand Dauphin (1668), an die einflussreiche Mme de Montespan (1678) und den Herzog von Burgund, den Enkel Ludwigs XIV. (1693), können daran nichts ändern. Eine raffinierte Ästhetik der ›diversité‹ vermag trotz des Zaubers, der von ihr ausgeht, die in zahlreichen Fabeln artikulierte latente Kritik an Auswüchsen des Systems kaum zu überdecken.

Auch der einflussreiche Hofprediger **Bossuet** steht anfänglich dem Hof kritisch gegenüber, tadelt während der ›années de la famine‹ die Prachtentfaltung des Hofes und die libertinistischen Auswüchse des königlichen Privatlebens, macht sich dementsprechend als Sprachrohr des ›parti dévot‹ beim König unbeliebt und erhält ein dreieinhalbjähriges Predigtverbot am Hof. Doch schon 1670 markiert seine Ernennung zum Prinzenerzieher seine inzwischen erfolgte Eingliederung in das System, die mit einer kirchenpolitischen Kehrtwende Hand in Hand geht: Von einem kompromisslosen Anhänger des Ultramontanismus, also einer starken zentralistischen römischen Kirche, wird er zum glühenden Verfechter des Gallikanismus. Die den genannten Personen gewährten Gratifikationen und übertragenen Ämter sind ein getreuer Gradmesser ihrer Einbindung in das System.

In literarhistorischer Perspektive endet die hier umrissene Periode 1678/79 mit der Veröffentlichung der zweiten Fabelsammlung La Fontaines und der *Princesse de Clèves* der Madame de La Fayette, den beiden letzten unbestrittenen Meisterwerken des ›classicisme Louis XIV‹. Boileau und Racine hatten sich 1677 als ›historiographes du Roi‹ von der Literatur zurückgezogen. Molière war bereits 1673 gestorben. Schon 1666 hatte er Alceste, den Protagonisten seines *Misanthrope*, an den Widersprüchen der Höfischen Gesellschaft scheitern lassen. Der am Ende des Stücks in die Einsamkeit flüchtende Alceste ist ein Doppelgänger Molières, der sich hier bereits von einem gesellschaftlich engagierten Theater verabschiedet. *Le misanthrope* ist ein bitteres satirisches Porträt der **Aporien der Höfischen Gesellschaft** im ersten Jahrzehnt der Regierungszeit Ludwigs XIV., und es ist verständlich, dass der König das Stück nie hat sehen wollen.

Ähnlich ergeht es 1674 **Corneille** mit *Suréna*. In diesem späten Meisterwerk, einem großartigen Schwanengesang, ist der Protagonist Suréna nicht bereit, seine ›gloire‹ und innere Freiheit der Allmacht eines absoluten Königs zu opfern, und sucht freiwillig den Tod. Damit bestätigt der ›héros cornélien‹ seinen inzwischen längst unzeitgemäß gewordenen Status durch einen Akt der Selbstauslöschung. Als Ludwig XIV. im Oktober 1676 sechs Stücke Corneilles *en suite* in Versailles aufführen lässt, gehört *Suréna* nicht dazu. Sein gleichnamiger Protagonist hat **Mme de La Fayette** bei der Ausgestaltung der Figur der Prinzessin von Cleve nachhaltig beeinflusst.[144] 1678 veröffentlicht **La Rochefoucauld** die Ausgabe letzter Hand seiner *Maximes*, ein Werk, an dem er seit 1658 arbeitet und das nun seine endgültige und auch pessimistischste Form erhält. Wie Molière 1666 mit dem *Misanthrope*, wie Corneille 1674 mit *Suréna*, so vollziehen 1678/79 auch La Fontaine – in »Le songe d'un habitant du Mogol« (XI 4) und anderen Fabeln – sowie Madame de La Fayette in *La princesse de Clèves* den **Rückzug aus einer Gesellschaft**, in der sie zum Scheitern verurteilt sind: allesamt Akte einer Sublimation, die allein im ästhetischen Schein die Konflikte aufzuheben vermag, die in der Realität nicht mehr lösbar sind. Boileau und Racine dagegen wählen die Flucht in die Karriere eines letztlich bedeutungslosen ›historiographe du Roi‹.

Wie auch immer man es betrachtet: 1679 endet definitiv jene literarische Periode, die wir in Ermangelung eines besseren Begriffs als ›classicisme Louis XIV‹ bezeichnen. Dieses Ende wird durch literarische Meisterwerke bezeugt, die sich ab 1666 zunehmend kritisch von dem distanzieren, was zugleich die Bedingung ihrer Möglichkeit ist. Der ›classicisme Louis XIV‹, so war gesagt worden, zeichne sich im Vergleich zum ›classicisme Richelieu‹ der 1620er Jahre durch einen auffälligen **Verzicht auf das Politische** aus. Das ist natürlich nur bedingt richtig. Denn auch die durch die historische Situation aufgezwungene politische Abstinenz und das ästhetisch überhöhte Leiden an ihr sind letzten Endes in gleicher Weise politisch wie der Versuch des ›héros cornélien‹, gestaltend in den Lauf der Geschichte einzugreifen. Der eher passive Held des ›classicisme Louis XIV‹ wird die Energien, die er nicht mehr in politisch verantwortliches Handeln umsetzen kann, in die Analyse seiner seelischen Befindlichkeit umleiten. Aus der Reduktion der äußeren Handlungsmöglichkeiten resultiert als eigentliche Handlung die Analyse des Innenlebens der Protagonisten.

Mit dem **1679** literarisch deutlich markierten **Epochenende** stimmt auch überein, dass bereits ab 1668, dem Jahr des Friedensschlusses von Aachen, das Bild des Sonnenkönigs in Kunst und Literatur Schatten aufzuweisen beginnt und durch den lang sich hinziehenden Hollandkrieg 1672–78 nachhaltig verdunkelt wird.[145] Der

Umzug des Hofes nach Versailles vertieft 1682 eine bereits deutlich markierte Zäsur und besiegelt das Ende eines glanzvollen ›siècle classique‹, dem ein eher moroses, krisengeschütteltes ›fin de siècle‹ folgt, das nach neuen Wegen aus seinen Krisen sucht.

4.5 Ästhetische Grundbegriffe

Auch wenn die hier vorgestellten Perioden der literarischen Entwicklung des 17. Jahrhunderts nicht durch eine kohärente ›doctrine classique‹ zusammengehalten werden, zeigen doch die zahlreichen, insbesondere am Theater sich entzündenden zeitgenössischen Fehden – z.B. die ›querelle‹ um Corneilles *Cid*, diejenigen um Molières *École des femmes* und den *Tartuffe*, die um Racines *Phèdre* – durchaus das **Vorhandensein von Regeln und Normen**, deren Verletzung entsprechend getadelt wird. In der Tat gibt es einen durchgängigen Konsens hinsichtlich einiger ästhetischer Grundbegriffe, die das literarische Erscheinungsbild der Epoche bestimmen. Die wichtigsten seien im Folgenden am Beispiel des Theaters als der öffentlichsten und also auch am heftigsten diskutierten Gattung dargestellt. Dabei wird sich zeigen, dass gewisse Übereinstimmungen insbesondere in den hier als ›classicisme Richelieu‹ und ›classicisme Louis XIV‹ bezeichneten Phasen bestehen. Ihre ideologischen Unterschiede wurden bereits dargestellt; auf die ästhetischen wird im Folgenden eingegangen.

Erörtert, empfohlen und in gewisser Weise kodifiziert werden diese ästhetischen Grundbegriffe im Wesentlichen in Chapelains *Lettre ou discours à Monsieur Favereau* (1621), in seiner *Lettre sur la règle des vingt-quatre heures* (1630) und seinen *Sentiments de l'Académie française sur la tragi-comédie du ›Cid‹* (1638), in der *Apologie du théâtre* (1639) des Georges de Scudéry und *La poétique* (1640) des Jules de La Mesnardière, vor allem aber in *La pratique du théâtre* (1657) des Abbé d'Aubignac, einer Bilanz der theatertheoretischen Diskussion der ersten Jahrhunderthälfte. Die *Réflexions sur la poétique de ce temps* des Père Rapin und Boileaus *Art poétique*, beide 1674 erschienen, haben eher beschreibenden und resümierenden als normativen Charakter. Denn schon um 1640 herrscht unter den Literaturtheoretikern **Einstimmigkeit über die Grundsätze** eines solchen ästhetischen Korpus, an dessen Herausarbeitung Richelieu und die Académie française entscheidenden Anteil haben. Die Schriftsteller ihrerseits setzen sich mit den gegen sie erhobenen Vorwürfen im Rahmen der entsprechenden ›querelles‹ auseinander: Molière in der Pamphletkomödie *La critique de ›L'école des femmes‹* und den »Trois placets« des *Tartuffe*, Racine in den Vorworten und Widmungsbriefen seiner Tragödien, und am ausführlichsten Corneille in den *Trois discours sur le poème dramatique* (1660) und den *Examens* zur ersten Gesamtausgabe seines Theaters (1660), in denen er seine Stücke in Hinsicht auf ihre Regelkonformität untersucht.[146]

4.5.1 Die vernunftgeleitete Nachahmung der Natur

Entsprechend seiner lateinischen Bezeichnung als ›*ars* poetica‹ wird das Befolgen der kodifizierten Regeln als eine handwerkliche Disziplin betrachtet, die erlernbar ist und letztlich nur ein Ziel verfolgt: die vernunftgeleitete Nachahmung der Antike und der Natur. Damit sind die wichtigsten Begriffe genannt. Das Postulat der Nachahmung,

›imitatio‹, nimmt den Zentralbegriff der aristotelischen Poetik, ›mimesis‹, wieder auf. Doch während für Aristoteles das Ziel der Dichtung in der Mimesis der Natur liegt, schließt das Postulat der Nachahmung bei den französischen Theoretikern die als mustergültig erachteten Werke der ›anciens‹ mit ein: Sie sind das erste Vorbild der Nachahmung, wenngleich nicht mehr im engen Sinn der Anverwandlung des antiken Modells, wie die humanistisch geprägten Autoren des 16. Jahrhunderts sie praktizierten; vielmehr wird die **›imitatio‹** jetzt als eine **›aemulatio‹** verstanden, als ein Wetteifern mit dem Ziel, die antike Vorlage zu überbieten. Und was die Nachahmung der Natur betrifft, so hatte sie schon für Aristoteles nicht in der naturgetreuen Abbildung einer banalen Alltagswirklichkeit bestanden. Ihm folgend meint auch **›nature‹** im poetologischen Kontext der Epoche eine stilisierte, ja **idealisierte zeitenthobene Wirklichkeit**.

Der Naturbegriff wird von zwei eng miteinander verknüpften Begriffen bedingt, dem der Wahrscheinlichkeit, ›vraisemblance‹, und dem der Schicklichkeit, ›bienséance‹. ›Vraisemblance‹ und ›bienséance‹ sind die gleichsam ontologischen Voraussetzungen aller Wirklichkeitsdarstellung. Dabei steht die **›vraisemblance‹** in Opposition zu ›vrai‹ und ›vérité‹, die als untergeordnete, weil der Realität zu sehr verhaftete Kategorien diskreditiert werden. Die Darstellung der Wirklichkeit nach dem Grundsatz der ›vraisemblance‹ meint das **Überschreiten des Einzelfalls in Richtung auf das dahinter stehende Urbild**, auf die »principes universels des choses où il n'entre rien de matériel et de singulier qui les corrompe«. Denn »la vérité ne fait les choses que comme elles sont; et la vraisemblance les fait comme elles doivent être. La vérité est presque toujours défectueuse.«[147] Schon d'Aubignac hatte festgestellt:

> C'est une maxime générale que le *vrai* n'est pas le sujet du théâtre [...] Il n'y a donc que le *vraisemblable* qui puisse raisonnablement fonder, soutenir et terminer un poème dramatique.[148]

Und als dessen gelehriger Schüler erklärt Racine in der Vorrede zu *Bérénice* apodiktisch: »Il n'y a que le vraisemblable qui touche dans la tragédie.«

Geradezu dialektisch mit der ›vraisemblance‹ verknüpft ist die **›bienséance‹**. Die ›Karriere‹ des Begriffs beginnt mit der ›querelle du *Cid*‹; denn der Auftritt des Don Rodrigue im Hause seiner Geliebten Chimène, deren Vater er kurz zuvor im Duell getötet hatte, wird von einigen Kritikern als eine Verletzung der ›bienséance‹, als ›unschicklich‹ empfunden. Parallel zur Entwicklung des ›honnête homme‹ entwickelt der Begriff sich in den 1670er Jahren zu *der* zentralen ästhetischen Kategorie. Die von späteren Kommentatoren vollzogene Unterscheidung in ›bienséances externes‹ und ›bienséances internes‹ ist von Beginn an in dem Begriff angelegt, denn er meint sowohl historische Treue bei der Darstellung eines Gegenstandes oder einer Handlung, also Lokalkolorit (›bienséances externes‹), als auch ein schickliches Verhalten in Übereinstimmung mit den Normen der ›honnêteté‹ (›bienséances internes‹). Der bereits zitierte Père Rapin bezeichnet die Regel der ›bienséance‹ daher als »la plus essentielle« und fährt fort:

> Sans elle les autres règles de la poésie sont fausses: parce qu'elle est le fondement le plus solide de cette vraisemblance qui est essentielle à cet art.[149]

Angesichts des öffentlichen Charakters des Theaters mahnt Boileau daher auch eine genaue Beachtung dieser Regel an:

> L'étroite bienséance y veut être gardée. (*Art poétique*, III 123)

Im Mittelpunkt aller kunsttheoretischen Erörterungen aber steht die **Nachahmung der Natur.**[150] Schon zu Beginn seiner Karriere fordert La Fontaine: »Et maintenant ne quittons pas / La nature d'un seul pas.« Und Molière bezeichnet im Zusammenhang der ›querelle‹ um die *Ecole des femmes* das ›peindre d'après nature‹ als die Hauptaufgabe der Komödie. Boileau wird später kategorisch postulieren: »Que la nature donc soit votre étude unique« und »Jamais de la nature il ne faut s'écarter.«[151]

Natur meint in allen diesen Formulierungen indes in keinem Fall eine äußere, landschaftliche Natur, sondern immer nur eine ›**nature humaine**‹. Der äußeren Natur wird allenfalls die Funktion eines Dekors zugebilligt; ihre bevorzugte Erscheinungsform ist die rational gebändigte der Parkanlagen von Versailles oder anderer Gärten *à la française*. Der Naturbegriff der Epoche ist also primär eine **anthropologische Kategorie**; er bezeichnet einen fest umrissenen Fundus menschlicher Typen und Verhaltensweisen. Damit beschränkt sich das Studium der Natur auf eine Soziologie der Lebensumstände (›les mœurs‹) und eine Psychologie des menschlichen Herzens (›le cœur humain‹), bei der alle ›abîmes‹, das heißt alles, was die ›bienséances‹ verletzen könnte, ausgeklammert werden:

> La grande règle de traiter les mœurs, est de les copier sur la nature et sur tout, de **bien étudier le cœur de l'homme**, pour en savoir distinguer tous les mouvements. C'est ce qu'on ne sait point: le cœur humain est un abîme d'une profondeur où la sonde ne peut aller; c'est un mystère impénétrable aux plus éclairés: on s'y méprend toujours, quelque habile qu'on soit.[152]

Die menschliche Natur, anthropologisch in dem gleichen Maße angepasst, wie es in soziologischer Perspektive der ›honnête homme‹ ist, wird also als eine **domestizierte Natur** und als ebenso zeitlos und geschichtsenthoben betrachtet. Zuber beschreibt die daraus resultierende Ästhetik folgendermaßen:

> Il ne s'agit de reproduire ni les folies du primitif, ni les horreurs de la nature, ni les aberrations du cœur humain: une nature assagie, un homme universel sont à la base de toute poésie possible.[153]

4.5.2 ›La raison‹ und die Regeln der drei Einheiten

Als Richtschnur aller Theorie und dichterischen Praxis, als gleichsam metaphysischer Schlussstein galt lange Zeit die ›raison‹. Als zeitlos und stets mit sich selbst identisch sehen einige Theoretiker in ihr *das* universale Prinzip schlechthin. In diesem Sinn spricht schon Chapelain von einer ›souveraine raison‹. Bray bezeichnete sie als »la pièce maîtresse de l'édifice« und folgerte: »Le classicisme, c'est la doctrine de la raison [...] C'est peut-être avant tout **le culte de la *souveraine raison*.**« Diese Auffassung hatte in Frankreich eine lange, auf Lanson zurückgehende Tradition, erfüllt jedoch eher ideologische Wunschträume – Frankreich aufgrund seines kartesianisch-rational geprägten ›classicisme‹ eine wesensmäßig rational geprägte (und darum den anderen überlegene) Nation – und ist in dieser apodiktischen Form nicht haltbar. Denn die ›raison‹, welche die Theoretiker empfehlen und deren die Autoren sich bedienen, kann weder mit einer abstrakten kartesianischen ›raison‹ identifiziert werden noch stellt sie eine autonome metaphysische Instanz dar. Eine solche abstrakte ›raison raisonnante‹

drohte, die Macht der dichterischen Inspiration abzutöten, welche sie andererseits durchaus kontrollieren und bändigen soll. Sie steht also vielmehr einem **subjekt- und situationsbezogenen ›bon sens‹** nahe, der sich den Gegebenheiten anpasst, ohne dabei auf rationale Verbindlichkeit zu verzichten:

> La raison s'apparente au jugement sain, à l'absence de parti pris [...] Très souvent, la raison, c'est d'être soi-même [...] La raison, c'est d'avoir raison.[154]

Das gilt letztendlich auch für die **Regeln der drei Einheiten** – des Ortes, der Zeit, der Handlung –, die insbesondere das Theater erfordert. Aristoteles hatte nur ›la règle des vingt-quatre heures‹ (Chapelain) postuliert; die beiden anderen sind ›systemimmanente‹ Weiterentwicklungen der Theoretiker des 17. Jahrhunderts. Dabei ist die Einheit des Ortes selbst Corneille im *Cid* noch unbekannt; sie resultiert jedoch aus der Forderung nach ›vraisemblance‹: Dem Zuschauer einer Tragödie ist keine Handlung als wahrscheinlich zuzumuten, die an weit voneinander entfernten Orten spielt. Die Regel der Einheit der Handlung hatte sich schon früh im 17. Jahrhundert durchgesetzt; d'Aubignac ergänzt sie durch die Forderung, die Handlung erst möglichst kurz vor Ausbruch der Krise beginnen zu lassen. Den Theoretikern geht es bei diesen Regeln weniger um die Durchsetzung technischer Aspekte; vielmehr trägt die Einhaltung der Regeln zur **Konzentration der Konflikte** bei und erlaubt als eigentliche Handlung die differenzierte Analyse des Innenlebens der Protagonisten.

4.5.3 ›L'utilité‹ – »la vraie fin de la poésie«

Fluchtpunkt aller kunsttheoretischen Erörterungen ist indes die Frage nach der Zielsetzung bzw. der gesellschaftlichen Funktion der Kunst insgesamt. Dabei gehen alle diesbezüglichen Überlegungen von der horazischen Feststellung aus, der Dichter wolle entweder nützen oder erfreuen – »**aut *prodesse* volunt aut *delectare* poetae**« –, eine Formulierung, die der Autor in der Weise ergänzt, dass er die Synthese der alternativen Zielsetzungen als die gelungenste Form künstlerischer Aktivität preist: »omne tulit punctum, qui miscuit utile dulci«. Derjenige Künstler also habe den Preis gewonnen, der das Nützliche mit dem Angenehmen verbinde.[155] Das daraus sich herleitende komplementäre Begriffspaar **›plaire et instruire‹** durchzieht daher die Theoriedebatte des ganzen Jahrhunderts. Schon 1623 stellt Chapelain fest: »La fin de la poésie [est] l'utilité, bien que procurée par le moyen du plaisir.« Hier wird das ›plaire‹ als Mittel zur Erreichung des ›instruire‹ eindeutig festgelegt, die Aussage also als das Wesentliche der Dichtung bestimmt, dem sich das Ästhetische unterordnet. Chapelain präzisiert das funktionale Wechselverhältnis von Inhalt und Form, wenn er fortfährt:

> Il est certain que la vraie fin de la poésie est l'utilité, consistant en cette purgation [des passions], mais qui ne s'obtient que par le seul plaisir [...]; de façon que sans plaisir il n'y a point de poésie, et que plus le plaisir se rencontre en elle, plus elle est poésie, et mieux acquiert-on son but qui est l'utilité.[156]

Indem Chapelain den **gesellschaftlichen Nutzen** als die vornehmste Aufgabe der Kunst bezeichnet, zeigt sich zugleich, in welch hohem Maß die ihr zugrunde gelegte Poetik dem Neuplatonismus der Renaissance verpflichtet ist. Wie dieser nämlich in der

Wirklichkeit nur das unvollkommene Abbild einer höheren Ideenwelt sieht, stellen auch die hier skizzierten ästhetischen Grundbegriffe das durch ›vraisemblance‹, ›bienséance‹ und ›raison‹ bedingte wahre Sein der Dinge, ihre ›nature‹, dar, die prinzipiell als ›belle nature‹ verstanden wird. Je mehr ihre Darstellung gefällt, umso höher ist ihr erzieherischer Wert.

4.5.4 »Cet agrément inexplicable« – das Ende der Regelpoetik

Die hier dargestellten Grundbegriffe und Regeln sind nirgends als verbindliches Regelwerk kodifiziert worden. Allerdings entsprechen sie im Wesentlichen den Vorstellungen, die in der Académie française hinsichtlich eines **an der Vernunft orientierten Schönheitsideals** diskutiert werden. Doch bekanntlich wird die in Auftrag gegebene Poetik nie erscheinen. Es verhält sich daher mit den Grundbegriffen und Regeln ähnlich wie mit Vaugelas' *Remarques sur la langue française*: Sie beruhen auf Beobachtung, haben beschreibenden und empfehlenden Charakter, sind nützliche, aber keineswegs verbindliche Ratschläge. Eine solche Erkenntnis, die nach Brays *Formation de la doctrine classique* allzu gern in Vergessenheit gerät, kann nicht deutlich genug betont werden. Wie selbstverständlich sie Chapelain bereits war, möge folgendes Zitat verdeutlichen, mit dem er die oft kleinliche Kritik der *Sentiments de l'Académie française sur la tragi-comédie du Cid* beschließt:

> Avec tout cela nous concluons qu'encore que selon la doctrine d'Aristote le sujet du *Cid* soit défectueux, que le dénouement n'en soit pas louable, qu'il soit chargé d'épisodes inutiles, que la bienséance n'y soit pas observée partout, non plus que la bonne disposition du théâtre, et qu'il y ait beaucoup de vers et de façons de parler impures: néanmoins la naïveté et la véhémence de ses passions, l'élévation et la délicatesse de plusieurs de ses pensées, et **cet agrément inexplicable qui se mêle dans tous ces défauts**, lui donnent un notable avantage sur le commun des poèmes qui ont paru sur la scène française jusqu'à présent.[157]

Das Zitat bestätigt, dass, zumindest für Chapelain, die Kriterien für die Qualität eines (literarischen) Kunstwerks nicht allein die Regeln sind, also das, was rational vermittelt werden kann und daher auch einer entsprechenden Kritik unterliegt; vielmehr sind es **irrationale Werte**, die der Autor geradezu klimaxförmig anordnet: natürliche heftige Leidenschaften, großherzige und zugleich einfühlsame Gedanken und vor allem ›cet agrément inexpliquable‹, das keiner rationalen Legitimation bedarf, das die ›Regelverstöße‹ für gering erachtet und sich seines Urteils sicher ist. Doch Chapelain steht mit seinem Urteil nicht allein. Auch Balzac hatte sich, von Richelieu in der ›querelle du *Cid*‹ zur Stellungnahme aufgefordert, auf die Seite Corneilles geschlagen und ironisch festgestellt »[que] c'est quelque chose de plus d'avoir satisfait tout un royaume que d'avoir fait une pièce régulière«. Sein Brief ist eine leidenschaftliche Absage »à la souveraine raison« und die in ihrem Namen geforderte »régularité«: Balzac vergleicht den Verfasser des *Cid* mit einem Zauberer, »[qui] a violé les règles de l'art«, weil er über ein Geheimnis verfüge, »qui a mieux réussi que l'art même«. Es ist daher konsequent, wenn er das **›plaire‹ zur obersten ästhetischen Kategorie** erhebt und apodiktisch feststellt:

> Il y a des beautés parfaites qui sont effacées par d'autres beautés, qui ont plus d'agrément et moins de perfection. Et parce que l'acquis n'est pas si noble que le naturel, ni

> le travail des hommes que les dons du Ciel, on pourrait encore dire que savoir l'art de plaire ne vaut pas tant que savoir plaire sans art.[158]

Die Zitate von Chapelain und Balzac machen im Grunde jede Regeldiskussion überflüssig, denn ausdrücklich erkennen sie ein **Schönheitsideal** ***jenseits*** **der Vernunft und ihrer Regeln** an. Dass es sich indes in der literarischen Wirklichkeit zunächst anders verhält, zeigen die oben aufgeführten ›querelles‹ und die daraus resultierenden Reaktionen der Schriftsteller. Allerdings ergeben sich in deren Gefolge sehr bald radikale Umwertungen, insbesondere im Zusammenhang mit Molières *École des femmes*. Was die ›querelle du *Cid*‹ für den ›classicisme Richelieu‹ bedeutet, ist die ›querelle de *›L'école des femmes‹*‹ für den ›classicisme Louis XIV‹. In dem aus diesem Anlass geschriebenen apologetischen Einakter *La critique de ›L'École des femmes‹* antwortet Molière auf die gegen ihn erhobenen Vorwürfe. Hier findet sich *in nuce* explizit jene **Geschmacksästhetik** formuliert, welche die großen Werke des ›classicisme Louis XIV‹ bestimmen wird und die um die Schlüsselwörter ›goût‹, ›bon sens‹ und ›plaire‹ kreist. Zielpunkt dieser neuen Geschmacksästhetik ist ein breit gefächertes **Publikum**. Zunächst **das ›einfache Volk‹**, das stehend im Parterre der Aufführung beiwohnt und mit ›bon sens‹ urteilt, das heißt

> par la bonne façon d'en juger, qui est de se laisser prendre aux choses, et de n'avoir ni prévention aveugle, ni complaisance affectée, ni délicatesse ridicule.

Das ›se laisser prendre aux choses‹, das spontane ›plaisir‹ also ist das oberste, gleichsam ständeübergreifende Kriterium für die Qualität eines Stückes. Der wahre Prüfstein aber ist das **Urteil des Hofes:**

> la grande épreuve de toutes vos comédies, c'est le jugement de la cour; que c'est son goût qu'il faut étudier pour trouver l'art de réussir; qu'il n'y a point de lieu où les décisions soient si justes; et que [...] du simple bon sens naturel et du commerce de tout le beau monde, on s'y fait une manière d'esprit, qui sans comparaison juge plus finement des choses que tout le savoir enrouillé des pédants.

Das ›eingerostete Wissen der Pedanten‹, also die herkömmlichen Regeln, sei längst überflüssig geworden und durch ›bon sens‹ sowie durch eine neue Regel ersetzt worden, die er als die Regel aller Regeln preist:

> Je voudrais bien savoir si **la grande règle de toutes les règles n'est pas de plaire** [...] Laissons-nous aller de bonne foi aux choses qui nous prennent par les entrailles et ne cherchons point de raisonnements pour nous empêcher d'avoir du plaisir.[159]

Die Radikalität, mit der Molière hier, ungleich entschiedener als Corneille, Chapelain und Balzac im Umfeld der ›querelle du *Cid*‹, irrationalen Kriterien das Wort redet, einem Urteil sozusagen ›aus dem Bauch heraus‹, ist ganz und gar überraschend. Dennoch schließt diese Verabsolutierung des Prinzips des ›plaire‹ dessen Einbindung in die utilitaristische Zielsetzung des ›instruire‹ aller Dichtung keineswegs aus, wie die »Préface« und die »Placets« zum *Tartuffe* hinlänglich bezeugen. Mit seinem Plädoyer gegen die Regeln, gegen ›prévention aveugle‹, ›complaisance affectée‹ und ›délicatesse ridicule‹ gibt er zugleich die Richtung an, in die sich die Theoriediskussion entwickeln wird: hin zu einer größeren Freiheit gegenüber jeder Form von rational definierten Regeln. Neue Kategorien sollen gerade jenen ›genialen‹ Überschuss erfassen, der ein großes literarisches Werk auszeichnet und der rational nicht erklärbar ist. La Fontaine und Racine werden Molière auf diesem Weg folgen.

4.5.5 ›Le goût du siècle‹ – die neue Geschmacksästhetik

In die Gruppe dieser rational kaum fassbaren Begriffe gehört zunächst der des ›**goût**‹; er weist bereits eine lange und verwickelte Geschichte auf, bis er sich ab etwa 1650 als zentrale poetologische Kategorie etabliert. Er wird als ›**instinct de la raison**‹ definiert, das heißt als ein spontanes Urteil, das sich jeder Regel widersetzt, gleichzeitig die Vernunft jedoch billigt; ›goût‹ wird durch Erziehung und den gesellschaftlichen Umgang, den ›commerce de tout le beau monde‹, erworben; er ist die Instanz, auf die sowohl das einfache Volk im Parterre des Theaters als auch der Hof ihr Urteil gründen; er bedarf ebenso wenig einer Rechtfertigung des in seinem Namen gefällten Urteils wie das ›aus dem Bauch heraus‹ sich legitimierende ›plaire‹, ist soziologisch aber doch vorrangig Ausweis gehobener gesellschaftlicher Schichten. ›Goût‹ erweist sich insbesondere bei der Bewertung nicht kanonisierter Gattungen wie Fabel, Brief, moralistisches Schrifttum und Konversation als geeignetes Kriterium eines angemessenen Urteils. Handelt es sich indes um Werke, die sich durch Erhabenheit, Feierlichkeit und Prunk auszeichnen, wie z.B. Racines *Athalie*, so ist der ›grand goût‹ das erforderliche Kriterium.[160]

Am Beispiel der *Athalie* erläutert Boileau einen weiteren wichtigen Begriff der zeitgenössischen Ästhetik, den des **Sublimen.** Der Begriff löst eine lebhafte Diskussion aus, als Boileau 1674 der Erstausgabe seines *Art poétique* unter dem Titel *Traité du sublime* die Übersetzung des lateinischen Traktats *De sublimitate* eines als Pseudo-Longinus bezeichneten Rhetors aus dem 1. Jahrhundert n. Chr. anfügt. Bereits Balzac hatte unter Bezug auf den Traktat des Pseudo-Longinus ›le sublime‹ als eine wirkungsmächtige Figur der Rhetorik beschrieben; mit Boileau wird sie zu einer ästhetischen Kategorie, die es ermöglicht, **Augenblicke und Ereignisse von besonderem Pathos und hoher Leidenschaftlichkeit** mit ergreifender **Einfachheit** zu beschreiben. In seinen »Réflexions«, die er dem *Traité du sublime* folgen lässt, zitiert Boileau die Bibel, Homer, Corneille und andere zur Illustration eines solchen ›sublime‹, das er definiert als

> une certaine force de discours, propre à élever et à ravir l'âme, et qui provient ou de la grandeur de la pensée et de la noblesse du sentiment, ou de la magnificence des paroles, ou du tour harmonieux, vif et animé de l'expression; c'est-à-dire d'une de ces choses regardées séparément, ou ce qui fait le parfait sublime, de ces trois choses jointes ensemble.

Alle in dem Zitat verwendeten Begriffe entziehen sich einer rationalen Definition. Die zahlreichen Beispiele, mit denen Boileau seine These erläutert, dienen dem Nachweis, dass große, erhabene, eben ›sublime‹ Kunst sich zu allen Zeiten über die Regeln erhebt und eigenen Gesetzen folgt.[161]

Das gleiche gilt für zwei weitere zentrale Kategorien, die der ›grâce‹ und des ›je ne sais quoi‹. Dabei ist ›**grâce**‹, Anmut, der absolute Gegenpol jeglicher auf Regeln sich berufenden Ordnung oder Regelmäßigkeit und daher eher in den kleinen lyrischen Gattungen als in der regelmäßigen Tragödie oder Hohen Komödie zu finden. ›Grâce‹ ist in ganz besonderer Weise an die Individualität des jeweiligen Künstlers gebunden, der entweder über Anmut verfügt und anmutig schreiben kann oder nicht; sie lässt sich weder durch Arbeit – ›le travail des hommes‹ – noch die Befolgung von Regeln erwerben, sondern ist schlicht und einfach ein ›don du ciel‹ (Balzac).

Im Vergleich zu ›grâce‹ artikuliert der viel diskutierte Begriff des **›je ne sais quoi‹** explizit das Scheitern aller rationalen Definitionsbemühungen. Bouhours widmet ihm einen seiner *Entretiens d'Ariste et d'Eugène* und diskutiert ihn am Beispiel der Gefühle, der Liebe, Freundschaft, Sympathie und Antipathie, um abschließend die Frage aufzuwerfen, ob denn die von Jansenisten und Jesuiten kontrovers diskutierte göttliche Gnade letztlich nicht auch ein ›je ne sais quoi‹ sei! Auch für ihn besitzt das im Französischen zu einer festen Wendung gewordene ›un certain je ne sais quoi‹ keinerlei konkreten Erkenntnisgewinn, sondern umschreibt ein Phänomen, das er mit den Begriffen ›charmes secrets‹ und ›grâces fines et cachées‹ benennt, ohne dass am Ende klar wird, worin es bestehe und wie es funktioniere. Es ist jenes ›unbestimmte Etwas‹, das im Deutschen durch das Adverb ›irgendwie‹ ausgedrückt wird, das sich zwar dem rationalen Zugriff entzieht, die Sache aber oder die Person, auf die es sich bezieht, in den meisten Fällen›irgendwie faszinierend‹ erscheinen lässt.[162]

Das wichtigste poetologische Unterscheidungsmerkmal zwischen dem ›classicisme Richelieu‹ und dem ›classicisme Louis XIV‹ ist das **Vordringen irrationaler Kategorien**, die durchaus bereits im Umfeld des ›classicisme Richelieu‹ diskutiert worden sind, jedoch längst nicht die uneingeschränkte Anerkennung erfahren haben wie in der Periode des ›classicisme Louis XIV‹. Bezeichnenderweise sind sämtliche hier abschließend vorgestellten Begriffe fester Bestandteil von Boileaus *Art poétique*, der insofern keineswegs das rein kartesianisch-rational geprägte Regelwerk ist, als das er im Gefolge Lansons immer wieder hingestellt wurde. »*L'art poétique* est l'expression d'un goût, beaucoup plus que la formulation d'une doctrine.«[163] Zwar hat Boileau dem Handwerklichen des Dichterberufs, der geduldigen Arbeit, eine große Bedeutung zugemessen – »Hâtez-vous lentement, et, sans perdre courage, / Vingt fois sur le métier remettez votre ouvrage. / Polissez-le sans cesse et le repolissez; / Ajoutez quelquefois, et souvent effacez!« (I 171 ff.); andererseits steht er, wie die ersten Verse des *Art poétique* bezeugen, fest in der Tradition der platonischen Inspirationslehre, der zufolge ein Autor, »S'il ne sent point du Ciel l'influence secrète, / Si son astre en naissant ne l'a formé poète« (I 3 f.), sich vergebens bemüht, die Kunst des Verseschmiedens zu erlernen. Schon lange vor der Abfassung des *Art poétique* bekennt Boileau sich zu jener zentralen Kategorie des ›je ne sais quoi‹, der **ästhetischen Quintessenz des ›classicisme Louis XIV‹**:

> C'est ce je ne sais quoi qui nous charme et sans lequel la beauté même n'aurait ni grâce ni beauté.[164]

Dieses irrationale Moment des ›classicisme Louis XIV‹ geht schon früh, thematisch wie stilistisch, eine Synthese mit der kaum weniger irrationalen ›galanterie‹ ein. Thematisch zeigt sich dies an der herausragenden Rolle, welche die Liebe spielen wird, vorzugsweise die **›galante Liebe‹**, deren unübertroffenes literarisches Vorbild das immer wieder aufgelegte Werk Voitures ist. La Fontaine eifert ihm in seinen *Contes et nouvelles* und insbesondere in seinem Prosa-Versroman *Les amours de Psyché et de Cupidon* (1669) nach, der ein Lieblingsthema Ludwigs XIV. behandelt – der göttliche Liebhaber und die ihm wehrlos ausgelieferte liebende Frau – und 1671 als ›tragédie-ballet‹ zum Bühnenerfolg wird. Daneben steht die leidenschaftliche, scheiternde Liebe in Racines Tragödien. Liebe ist hier nicht mehr Vorwand zur Darstellung heroischer Themen und Verhaltensmuster, wie Corneille sie – auf Richelieus Betreiben – gestaltete, sondern die in Unordnung, Leiden und Untergang führende Liebe, die in all ihren Stadien subtil analysiert wird. Bevor Racine diese Form der Liebe zum zentralen Thema seiner Tragödien erhebt, widmet er Ludwig XIV. die ›tragédie galante‹ *Alexandre le Grand* (1665).

Was das Stilverhalten der Autoren der Epoche betrifft, so stehen sie alle unter dem **Diktat des ›plaire‹**, das Molière zu ›la grande règle de toutes les règles‹ erhoben hatte. Daher möchte auch Racine ›plaire et toucher‹, und La Fontaine bekennt in der »Préface« zu *Les amours de Psyché* freimütig:

> Mon principal but est toujours de plaire: pour en venir là, je considère **le goût du siècle**. Or, après plusieurs expériences, il m'a semblé que ce goût **se porte au galant et à la plaisanterie**: non que l'on méprise les passions; bien loin de cela, quand on ne les trouve pas dans un roman, dans un poème, dans une pièce de théâtre, on se plaint de leur absence; mais dans un conte comme celui-ci [*Psyché*] [...], il a fallu badiner depuis le commencement jusqu'à la fin; il a fallu chercher du galant et de la plaisanterie. Quand il ne l'aurait pas fallu, mon inclination m'y portait, et peut-être y suis-je tombé en beaucoup d'endroits contre la raison et la bienséance.

Weiter als La Fontaine in diesem Auszug kann kein Autor der Epoche in der **Relativierung der Regeln** gehen. Dabei formuliert er hier nur den Konsens unter den Autoren seiner Zeit. Seine Ausführungen sind ein Plädoyer für einen einheitlichen ›mittleren‹ ›galanten‹ Stil, nicht allein innerhalb eines Werkes, sondern in der Literatur überhaupt. Eine Stilmischung, das heißt die Vermengung des Heroischen – ›quelque chose d'héroïque‹ – mit dem Galanten – ›quelque chose de galant‹ –, wie Racine sie noch in *Alexandre le Grand* praktiziert, sei nicht mehr erlaubt: »D'employer l'un en un endroit, et l'autre en un autre, il n'est pas permis: **l'uniformité de style** est la règle la plus étroite que nous ayons«, schreibt er in der »Préface« zu *Les amours de Psyché*. Und im Vorwort der 1. Fabelsammlung betont er die Notwendigkeit, die bekannten Stoffe durch stilistische Kunstgriffe zu erneuern, »qui en relevassent le goût«:

> C'est ce qu'on demande aujourd'hui: on veut de la nouveauté et de la gaieté. Je n'appelle pas gaieté ce qui excite le rire; mais un certain charme, un air agréable qu'on peut donner à toutes sortes de sujets, même les plus sérieux.

Man geht nicht fehl, in diesem Satz das stilistische Glaubensbekenntnis der Autoren des ›classicisme Louis XIV‹ zu sehen.

VI. Die Krise des Humanismus, der Religion und des Absolutismus

1. Die Spätzeit des ›siècle classique‹ – ›la *Frühaufklärung* française‹

Zahlreiche in den vorhergehenden Kapiteln bereits kommentierte Ereignisse markieren einen deutlichen **Epochenwandel**: der Rückzug mehrerer Autoren aus der Literatur um 1678/79, der Frieden von Nijmwegen 1679, der Umzug des Hofes nach Versailles 1682, der Tod Colberts 1682 und Maria-Theresias 1683, die Aufhebung des Ediktes von Nantes 1685, nicht endenwollende Kriege (der Pfälzische und der Spanische Erbfolgekrieg), Naturkatastrophen und Hungersnöte, Wirtschaftskrisen und ›Reformstau‹ (Boisguillebert, Vauban), Reduzierung der Gratifikationen, allgemeine Sklerose des Systems nach 1684, neu aufflammende Konflikte mit dem Papst (*Unigenitus*) und die Auseinandersetzungen mit Fénelon um den Quietismus. Zwar veröffentlichen einige der großen Autoren des ›classicisme Louis XIV‹ auch weiterhin wichtige Werke: Racine die ›tragédies bibliques‹ *Esther* (1689) und *Athalie* (1691); La Fontaine das 12. Buch seiner *Fables* (1693); Boileau die *Ode sur la prise de Namur* (1693) sowie die *Épîtres X* bis *XII* und die *Satires X* und *XI* (1698); doch atmen diese Schriften einen anderen Geist als ihre vorangehenden Werke. Das gilt im Besonderen für La Bruyères *Les caractères* (1688–1694) und Fénelons utopischen Erziehungsroman *Les aventures de Télémaque* (1699).

Wie heterogen die genannten Werke – sowohl jedes für sich als auch untereinander – formal und inhaltlich sind, so knüpfen sie doch allesamt in unterschiedlicher Weise an die griechisch-römische Tradition an und werden deshalb gern als **nachklassisch** bezeichnet. Daneben entsteht jedoch eine in Form und Zielsetzung neue, **vor- oder frühaufklärerische Literatur**, die sich kritisch, ja polemisch in aktuelle tagespolitische Probleme einmischt und zum Teil aus dem Ausland nach Frankreich eingeschleust wird: die Schriften des im Londoner Exil lebenden Saint-Évremond, die des in den Niederlanden tätigen protestantischen ›réfugié‹ Pierre Bayle und die Fontenelles, des – neben Boileau und Perrault – wichtigsten Protagonisten der ›querelle des anciens et des modernes‹.

Die Eingrenzung des hier zur Diskussion stehenden Zeitraums, der Spätzeit des ›siècle classique‹, ist wiederum prekär. Paul Hazard hat den nicht nur Frankreich betreffenden **Strukturwandel** dieser Jahre in seinem epochalen Buch *La crise de la conscience européenne* (1935) dargestellt; er setzt die **Krisenzeit** von 1680 bis 1715 an und beschreibt den sich vollziehenden Wandel folgendermaßen: »La majorité des Français pensait comme Bossuet; tout d'un coup, les Français pensent comme Voltaire: c'est une révolution.« Doch ist ›Revolution‹ zur Kennzeichnung der Veränderungen dieser Jahre unangemessen: Eine Revolution erschüttert die Strukturen einer Gesellschaft in ihrer Gesamtheit, wovon in Bezug auf den genannten Zeitraum nicht die Rede sein kann. Denn entsprechend dem Titel seiner Studie stellt Hazard ›nur‹ jene Krise dar, die den intellektuellen Überbau – ›la conscience‹ – erfasst. Andererseits erfasst ›Krise‹ den janushaften Charakter der Epoche bestens, impliziert der Begriff doch die Vorstellung einer kritischen Prüfung des Überlieferten in Hinsicht auf seine Zukunftsfähigkeit oder, allgemeiner, diejenige von **Niedergang und Neubeginn**.

Noémie Hepp (1990) dagegen bezeichnet den annähernd gleichen Zeitraum einseitig als »L'arrière-saison. 1685–1715«, setzt also den Akzent eher traditionell auf die Vorstellung einer ›Nachklassik‹.[1]

Neue Wege beschreitet dagegen René Pomeau (1971), wenn er 1680 und 1720 als Eckdaten dieser Epoche vorschlägt: eine mentalitätsgeschichtlich begründete Periodisierung.[2] Denn als 1680 der halleysche Komet erscheint, wird dies von der Masse der Bevölkerung christlich-eschatologisch interpretiert als »signe céleste, qui répand la terreur«, als Vorbote des bald hereinbrechenden Jüngsten Gerichts. Als 1719 wiederum ein Komet angekündigt wird, dann aber nicht erscheint, reagiert die Bevölkerung rational und ›aufgeklärt‹: Die zahlreichen Schriften von Bayle, Fontenelle, Donneau de Visé und anderen mehr, die nach 1680 das Phänomen der Planeten von ihrem eschatologischen Überbau befreit, das heißt naturwissenschaftlich aufgearbeitet und allgemein verständlich dargestellt hatten, zeigen Wirkung. Pomeau spricht in diesem Zusammenhang von »la *Frühaufklärung* française« und interpretiert dementsprechend die Epoche in doppelter Perspektive zum einen als »la crise de l'entre-deux-siècles«, zum anderen aber auch als »ouverture«. Nur eine solche Sicht kann der Epoche gerecht werden, wobei es zweitrangig ist, ob man sie nun ereignisgeschichtlich um 1715 oder mentalitätsgeschichtlich um 1720 enden lässt. Die Spätzeit des ›siècle classique‹ ist nämlich keine ›Übergangsperiode‹ im herkömmlichen Sinn, in der also die ›Klassik‹ zu einer minderwertigen ›Nachklassik‹ wird und das Neue sich erst am fernen Horizont abzeichnet. **›Nachklassisches‹ und ›Modernes‹** halten sich vielmehr auf gleichem Qualitätsniveau die Waage. Diesen janusartigen Charakter der Epoche verkörpert exemplarisch die ›querelle des anciens et des modernes‹.

2. ›La querelle des anciens et des modernes‹

Die ›querelle des anciens et des modernes‹ ist eine mit großer Heftigkeit ausgetragene Auseinandersetzung zwischen Vertretern einer rückwärts gewandten **Traditionsgläubigkeit** und denen eines zukunftsorientierten **Fortschrittsdenkens**, ein Konflikt, der im Kern bereits das gesamte Jahrhundert hindurch immer wieder aufflammt und mit einigen Unterbrechungen den künstlerisch-ästhetischen, historisch-philologischen und vor allem den naturwissenschaftlichen Diskurs bis zum Tod Ludwigs XIV. prägen wird.

2.1 Ausbruch und Verlauf – Boileau *contra* Perrault

Ausgelöst wird die ›querelle‹ am 27. Januar 1687 durch Charles Perrault, der in der Académie française sein Versgedicht *Le siècle de Louis le Grand* verliest, in dem er das Zeitalter Ludwigs XIV. als nicht mehr überbietbaren zivilisatorischen Höhepunkt feiert. Es sei allein den Goldenen Zeitaltern des Perikles, des Augustus und des Mediceerpapstes Leo X. vergleichbar und diesen doch zugleich überlegen, so dass der Glanz der eigenen Epoche die vergangenen Goldenen Zeitalter verblassen lasse. Hier die programmatischen Anfangsverse:

> La belle Antiquité fut toujours vénérable,
> Mais je ne crus jamais qu'elle fût adorable.
> Je vois les Anciens sans ployer les genoux,
> Ils sont grands, il est vrai, mais hommes comme nous;
> Et l'on peut comparer sans craindre d'être injuste
> Le siècle de LOUIS au beau siècle d'Auguste.

Boileau wähnt sich während der Lektüre in einem Irrenhaus: »dans l'hôpital des fous«. Er und Perrault werden die Hauptkontrahenten der durch persönliche Eitelkeiten und Animositäten noch zusätzlich geschürten ›querelle‹ sein: Boileau reagiert zunächst in heftigen Epigrammen sowie in der »Contre les femmes« betitelten *Satire X* (1694), da sich die Frauen im Gefolge des *Mercure galant* auf die Seite der ›modernes‹ schlagen; auch seine *Réflexions sur le sublime* des Pseudo-Longinus 1694 sind noch als eine Stellungnahme zu werten. La Fontaine, Racine und La Bruyère ergreifen ebenfalls in teils heftigen polemischen Schriften Partei für die ›anciens‹.

Als Antwort entwirft Perrault die monumentalen vierbändigen *Parallèles des anciens et des modernes en ce qui regarde les arts et les sciences* (1688–1697), in denen er jeweils einem ›ancien‹ einen Repräsentanten der ›modernes‹ gegenüberstellt, um dessen Überlegenheit zu demonstrieren. Von 1696 bis 1700 vervollständigt er die *Parallèles* durch hundert Porträts der *Hommes illustres qui ont paru en France en ce siècle*, ein wahres *Who is who* der künstlerischen und intellektuellen Elite des ›grand siècle‹ insgesamt. Aufgenommen werden in die Galerie der *Hommes illustres* nur Franzosen, soweit sie bereits verstorben sind.

Für Perrault gelangen nicht allein die **Wissenschaften**, sondern ebenso die **Künste** dank der ständig wachsenden Erfahrung der Menschheit zu immer höherer Vollendung, was der ›immuable nature‹ zu verdanken sei, »puisque la nature est toujours la même et qu'elle ne s'est point affaiblie par la suite des temps«. Das Zitat lässt bereits die Bedeutung erahnen, die der **Naturbegriff im 18. Jahrhundert** erlangen wird: Da die ›Mutter Natur‹ sich stets gleich bleibe, das praktische, technische und wissenschaftliche Wissen jedoch ständig anwächst, sei die jeweils spätere Zeit der vorangegangenen notwendig überlegen. Einer vergleichbaren Argumentation bedient sich Fontenelle, wenn er 1688 in seiner *Digression sur les anciens et les modernes* feststellt:

> La nature a entre les mains une certaine pâte qui est toujours la même, qu'elle tourne et retourne sans cesse en mille façons et dont elle forme les hommes, les animaux, les plantes.

Daraus resultiert auch für ihn das kontinuierliche **Anwachsen von Erfahrung und naturwissenschaftlich-technischem Wissen**, das er als **Fortschritt** definiert. Im kulturellen Bereich drücke sich die größere Erfahrung durch eine höhere Zahl von Regeln aus, deren geschickte Befolgung die entsprechende Überlegenheit der ›modernes‹ über die ›anciens‹ bezeuge; daher spricht Fontenelle sich entschieden gegen eine blinde Verehrung der ›anciens‹ aus:

> Il règne non seulement dans nos bons ouvrages de physique et de métaphysique, mais dans ceux de religion, de morale, de critique, une précision et une justesse qui jusqu'à présent n'avaient été guère connues. [...] Rien n'arrête tant le progrès des choses, rien ne borne tant les esprits, que l'admiration excessive des anciens.[3]

Mit derartigen häufig anzutreffenden Stellungnahmen sind die Positionen eindeutig markiert; der Graben zwischen ›anciens‹ und ›modernes‹ scheint unüberbrückbar. Doch 1694 versöhnt der Große Arnauld die beiden Streithähne Boileau und Perrault zumindest vordergründig miteinander; nichts desto weniger schwelt der Konflikt weiter, bis ihr Tod – Perrault 1703, Boileau 1711 – der ›querelle‹ ein natürliches Ende setzt.[4]

2.2 Die turbulente Vorgeschichte

Zweifellos könnte man versucht sein, die ›querelle‹ mit Montesquieu zu reduzieren auf eine »dispute bien vive où l'on se disait cordialement de part et d'autre des injures grossières«, in ihr also, pointiert formuliert, einen persönlich motivierten, im Grunde paradoxen Konflikt zwischen Boileau und Perrault zu sehen, in welchem die Protagonisten »étaient différemment du même avis«.[5] In Wahrheit ist sie jedoch Ausdruck einer seit Jahrzehnten schwelenden

> crise de civilisation qui, affectant tous les domaines de la vie intellectuelle, artistique et mondaine, clôt l'›ancien régime‹ de l'humanisme et ouvre la voie des Lumières.[6]

Insofern kann die ›querelle‹ nicht isoliert betrachtet werden. Sie ist vielmehr Endpunkt einer mit dem französischen Humanismus einsetzenden Entwicklung, in der auf der einen Seite die Antike sprachlich, literarisch und ethisch als ein für alle Zeiten vorbildhaftes und nachahmenswertes Modell zur Norm erhoben wird; auf der anderen Seite ist jedoch schon früh gegen eine solch starre Verbindlichkeit, ja **Diktatur antiker Modelle** aus unterschiedlicher Perspektive – im Namen eines persönlichen bzw. epochalen Selbstwertgefühls oder nationaler Eigenständigkeit – Einspruch erhoben worden.[7] So ist Du Bellay in der *Défense et illustration de la langue française* ebenso wie nach ihm Malherbe und Balzac im Kampf um eine autonome französische Kunstsprache einer der ersten ›modernes‹ der französischen Sprachgeschichte.

Literaturgeschichtlich relevant werden entsprechende Bestrebungen nach der Fronde in der sogenannten ›**querelle du merveilleux chrétien**‹ (1653–1674). Angesehene Autoren wie Georges de Scudéry, Jean Chapelain und Desmarets de Saint-Sorlin versuchen sich in Epos und Tragödie an Stoffen, die nicht der antiken Mythologie, sondern der Bibel oder der nationalen Geschichte entstammen. Ihr Ziel ist es, die antik-heidnischen Themen, das ›merveilleux payen‹, durch ein ›merveilleux chrétien‹ zu ersetzen, das der antiken Mythologie ebenso überlegen sei wie das Christentum der heidnischen Antike. Dabei wird das ›merveilleux chrétien‹ vorzugsweise an nationalgeschichtlichen Stoffen illustriert. So veröffentlicht etwa Georges de Scudéry bereits 1642 einen *Arminius* und 1654 das Epos *Alaric ou Rome vaincue*, das den Sieg des Westgotenkönigs über Rom verherrlicht. Von Chapelains *Pucelle* (1656) ist hier schon mehrfach gesprochen worden.

Der wichtigste Autor in diesem Kontext ist **Desmarets de Saint-Sorlin**. Im Mittelpunkt seines Epos *Clovis ou La France chrétienne* (1657) steht der Ahnherr der französischen Monarchie, dessen Leben dem jungen Ludwig als Vorbild dienen soll. 1673 versieht Desmarets das Epos mit einem Vorwort, in dem er sich gegen Homer und Vergil ausspricht, »pour prouver que les sujets chrétiens sont les seuls propres à la poésie héroïque«. 1674 publiziert er eine entsprechend programmatische *Défense* *du poème héroïque*. Sein biblisches Epos *Marie-Madeleine ou Le triomphe de la grâce* erscheint 1669. Zwar kann das ›merveilleux chrétien‹ sich nicht durchsetzen, zumal auch Boileau im *Art poétique* (III 193–208) sich dagegen – und damit indirekt gegen Desmarets – richtet. Doch bedeutet der Konflikt zweifellos eine Schwächung der ›anciens‹. Desmarets stirbt 1676; seine Position, aber auch seine Feindschaft gegen Boileau wird Perrault übernehmen.[8]

In der unmittelbar an die ›querelle du merveilleux chrétien‹ sich anschließenden **›querelle des inscriptions‹** (1673–1683) geht es um die Frage, ob die Inschriften offizieller Monumente – Triumphbögen, Statuen, aber auch Medaillen – auf Lateinisch oder Französisch abgefasst werden sollen. Konkret entzündet sich der Streit anlässlich der Errichtung eines Triumphbogens an der Porte Saint-Antoine. In der Académie française setzt der Hellenist François Charpentier sich mit der Schrift *Défense de la langue française pour l'inscription de l'Arc de Triomphe* (1676) vehement für das Französische ein; der Abbé Michel de Marolles, anerkannter Übersetzer von Vergil, Horaz und Lukrez, schließt sich ihm mit einer *Considération en faveur de la langue française* (1677) an, und um Donneau de Visé und den *Mercure galant* scharen sich die Frauen als Vertreter der ›modernes‹. Als Verfechter des Lateinischen steht Boileau auf verlorenem Posten. Die Inschriften für die Porte Saint-Martin werden letztendlich weder auf Französisch noch auf Latein abgefasst, da das Denkmal nie vollendet wird.

Als 1680 im Spiegelsaal des Schlosses von Versailles mehrere Bilder Le Bruns angebracht werden sollen, die Großtaten Ludwigs XIV. dargestellen, müssen diese mit Inschriften versehen werden. Im Namen der für solche Aufträge zuständigen Petite Académie plädiert Charpentier für eine **Abfassung auf Französisch**; andere Mitglieder der Akademie sprechen sich für das Lateinische aus. Schon vor dem Ausbruch der eigentlichen ›querelle‹ 1687 wütet hier also im Kleinen die ›querelle des inscriptions‹, die Charpentier durch eine die kontroversen Positionen klug abwägende Schrift, *Excellence de la langue française* (1683), zugunsten des Französischen entscheidet: Aufgrund seiner ›excellence‹ siegt das Französische in einem Bereich, der bisher ausschließlich dem Lateinischen vorbehalten war. Als Boileau 1685 selbst Mitglied der Petite Académie wird, setzt er sich in einem *Discours sur le style des inscriptions* für eine Überarbeitung der von Charpentier abgefassten Inschriften ein; deren ›enflûre insupportable‹ will er durch ein Französisch ersetzen, das sich der ›simplicité‹ des Lateinischen annähert. Das Ausmaß der Krise, in der die ›anciens‹ sich jetzt bereits befinden, erhellt auch die Tatsache, dass **Ludwig XIV.** auf den Gemälden Le Bruns **nicht mehr in mythologischer Gestalt** – als Alexander, Augustus oder Herkules – erscheint und somit also nicht mehr die antike Mythologie das Bild des Königs konstituiert; vielmehr tritt dieser als leibhaftiger König auf und repräsentiert in seiner Person die zeitgenössische Geschichte, um sie in einen Mythos zu verwandeln – wie etwa die ruhmreiche ›passage du Rhin‹.[9]

2.3 Feindliche Lager

Im Umfeld der eigentlichen ›querelle des anciens et des modernes‹ stehen sich bei ihrem Ausbruch 1687 zwei deutlich voneinander abgegrenzte Lager feindlich gegenüber. Zu den **›modernes‹** gehören vor allem kleinere, galante Autoren wie Benserade,

Quinault, La Motte, Thomas Corneille und Perrault, die fern der erstarrten Etikette des Versailler Hofes in den mondänen Pariser Salons verkehren und deren Sprachrohr der *Mercure galant* ist. Man bezeichnet sie daher auch als ›beaux esprits de Paris‹. Ihr **Kulturoptimismus** gründet sich auf die Machtentfaltung der Regierung Ludwigs XIV. und impliziert insofern notwendig die Bejahung einer absoluten Monarchie, auch die des zunehmend absolutistisch sich gebärdenden Louis le Grand. In ihren Schriften findet sich daher keinerlei Kritik, es sei denn an Institutionen wie den Akademien und der Kirche, und zwar in dem Maße, wie die Monarchie sie fördert und damit zugleich wissenschaftlichen Stillstand unterstützt. Da die Kritik der ›modernes‹ sich aber in diesen selbstgesteckten Grenzen hält, bleibt sie als Ganzes **systemkonform** – und muss es bleiben, da ihr Kulturoptimismus und ihre Fortschrittsgläubigkeit die Regierungsform der Monarchie Ludwigs XIV. zur Grundlage haben.

Anders die ›**anciens**‹. Dazu zählen in erster Linie Boileau, Racine, La Bruyère und insbesondere Bossuet, in gewissem Maß auch der immer schwer zu positionierende La Fontaine; hinzu kommen einflussreiche Kreise des Feudaladels und schließlich zahlreiche Sympathisanten des Jansenismus. In der Terminologie der Zeit werden sie ›gens de Versailles‹ genannt, eine irreführende Bezeichnung, denn **von der Monarchie Ludwigs XIV.** haben sie sich in dieser Spätphase großenteils längst **distanziert**. Dies gilt für den späten Boileau, der kaum noch einmal am Hof erscheint, wie für Racine, der sich innerlich wieder Port-Royal zuwendet; erst recht für den Feudaladel, der in zunehmender Machtrivalität zum Hof lebt, und insbesondere für die Sympathisanten des Jansenismus, die sich vorwiegend aus dem Amtsadel rekrutieren und in den Auswüchsen der absolutistischen Monarchie, deren Opfer sie schließlich werden, kein Element des Fortschritts erkennen können.

Vor diesem Hintergrund kommt der Rückwendung der ›anciens‹ zur antiken Literatur und ihrem Modellcharakter eine hohe politische Signalwirkung zu. Die **Antike wird zum politischen Idealbild** einer Epoche stilisiert, die sich durch die republikanischen Tugenden der antiken Polis auszeichnet. Daraus erklärt sich auch die Wichtigkeit des **Topos des Goldenen Zeitalters.** In Boileaus frühen Satiren spielt er eine wichtige Rolle, verschwindet dann in der angepassten literarischen Produktion seiner mittleren Schaffensperiode, um erst in den späten Satiren und Episteln wieder aufzutreten und als Antipode der gesellschaftlichen Leitbilder der zeitgenössischen mondänen Literatur zu fungieren; die Antike steht jetzt für Einfachheit und republikanische Nüchternheit gegen ›galanterie‹, ›mollesse‹ und ›luxe‹. Und auch für den Herrscher des Staates postuliert Boileau andere Qualitäten als die, die Ludwig auszeichnen. Exemplarisch fokussiert wird eine solche Kritik im Bild des utopischen Staates Salente, das Fénelon in *Les aventures de Télémaque* als Spiegelbild der Missstände der Spätzeit des Sonnenkönigs entwirft. Das literarische Modell der Antike bietet den ›anciens‹ Einsicht in eine staatspolitische Alternative und erschließt ihnen die Erkenntnis, dass staatliche Organisation auch anders – besser – möglich ist, als sie diese in der Realität erleben. Trotz ihrer engen ökonomischen Verflechtung mit der Monarchie stehen sie dieser also kritisch-skeptisch gegenüber und finden in der antiken Literatur eine moralische Legitimation ihrer politischen Oppositionshaltung.

2.4 Naturwissenschaften und Geschichte als ›Schlachtfeld‹

Stärker ausgeprägt noch als im literarisch-ästhetischen Bereich ist der Gegensatz zwischen ›anciens‹ und ›modernes‹ in den **Naturwissenschaften**, wobei die grundsätzlichen Positionen und Argumente identisch sind. Die umwälzende Wirkung der **Philosophie Descartes'** ist bereits dargestellt worden. In der ›querelle‹ wird er zu einem ständigen Bezugspunkt: Die Frauen danken ihm, dass er sie zu ›vernunftbegabten Wesen‹ erklärt hat; seine Forderung, »la philosophie spéculative, qu'on enseigne dans les écoles«, durch eine ›praktische‹, zukunftsorientierte zu ersetzen »et ainsi nous rendre comme maîtres et possesseurs de la nature«, erlaubt es, ihn als einen genuinen ›moderne‹ zu begreifen. Wie später in der eigentlichen ›querelle‹ ist bereits für Descartes **die Neuzeit dem Altertum überlegen**, weil sie über ein höheres Maß an praktischer Erfahrung verfüge, woraus er folgert

> [qu'il] n'y a pas lieu de s'incliner devant les Anciens à cause de leur antiquité, c'est nous plutôt qui devons être appelés les Anciens: Le monde est plus vieux maintenant qu'autrefois et nous avons une plus grande expérience des choses.

Pascal nimmt diesen Gedanken auf und vergleicht die Abfolge geschichtlicher Epochen mit dem Leben eines Menschen, der unsterblich ist und dessen Erfahrung mit zunehmendem Alter ständig wächst. Damit stellt er das Verhältnis von ›ancien‹ und ›moderne‹ auf den Kopf und begründet die Überlegenheit der ›modernes‹, die für ihn die wahren ›anciens‹ sind, folgendermaßen:

> L'homme est dans l'ignorance au premier âge de sa vie; mais il s'instruit sans cesse dans son progrès: car il tire avantage non seulement de sa propre expérience, mais encore de celle de ses prédécesseurs [...] Et comme il conserve ces connaissances, il peut aussi les augmenter facilement; de sorte que toute la suite des hommes, pendant le cours de tant de siècles, doit être considérée comme un même homme qui subsiste toujours et qui apprend continuellement [...] Ceux que nous appelons anciens étaient véritablement nouveaux en toutes choses, et formaient l'enfance des hommes proprement; et comme nous avons joint à leurs connaissances l'expérience des siècles qui les ont suivis, c'est en nous que l'on peut trouver cette antiquité que nous révérons dans les autres.[10]

Descartes und Pascal antizipieren hier nicht nur zentrale Positionen der späteren ›modernes‹; die Zitate enthalten zugleich geschichtsphilosophische Implikationen von großer Tragweite: **Geschichte** kann nämlich nicht länger heilsgeschichtlich oder zyklisch interpretiert werden, sondern ist ein in die Zukunft gerichteter **Prozess technisch-wissenschaftlichen Fortschritts**, der alle bisher scheinbar zeitlosen ästhetischen und moralischen Kategorien relativiert – einschließlich der einer ›monarchie de droit divin‹.

2.5 Ideologische Implikationen

Als im Januar 1687 die ›querelle des anciens et des modernes‹ ausbricht, sind die grundlegenden Positionen von deren Protagonisten längst bekannt und diskutiert; insbesondere die Vorstellung eines ›siècle de Louis le Grand‹, die bereits seit den 1630er Jahren von Desmarets im Zusammenhang mit der Kulturpolitik Richelieus und in Bezug auf Ludwig XIII. entwickelt worden ist.[11] Insofern enthält auch Perraults

Siècle de Louis le Grand kaum neue Elemente. Dennoch gewinnt die daraus hervorgehende ›querelle‹ epochale Bedeutung, und zwar vor allem aufgrund veränderter gesellschaftlicher Bedingungen: 1687 sind die zu Zeiten Ludwigs XIII. ungelösten inneren Konflikte der Monarchie beigelegt; durch die Aufhebung des Ediktes von Nantes ist – vordergründig zumindest – die religiöse Einheit Frankreichs hergestellt. Die Nation kann sich also in hohem Maße mit der Gestalt des Königs identifizieren; und dieser repräsentiert nicht zuletzt durch seine lange Regierungszeit diese Einheit in seiner Person. Insofern realisiert sich in Ludwig XIV. und in seiner Herrschaft ein seit einem halben Jahrhundert gehegter **Wunschtraum nationaler Größe**, der die Stilisierung des Herrschers zu Louis le Grand und die seiner Regierungszeit zu einem ›grand règne‹ jetzt endlich – und erstmals – in vollem Maße gerechtfertigt erscheinen lässt. Zugleich aber verbindet sich diese Euphorie bei einigen hellsichtigen Geistern mit einem mehr oder minder klaren Bewusstsein, dass dieses Regime seinen Höhepunkt längst überschritten hat. Und daraus wiederum resultieren die Auseinandersetzungen der ›querelle‹, die letztlich ideologisch begründet sind: Beide Parteien teilen zwar das Bewusstsein, am Höhepunkt der Geschichte angelangt zu sein, nehmen jedoch unterschiedliche Standortbestimmungen vor: Die ›anciens‹ prognostizieren einen **Niedergang**, die ›modernes‹ eine weitere **Progression.**

Aufgrund dieses ideologischen Konflikts erweist die ›querelle‹ sich innerhalb des engen Rahmens der Spätzeit Ludwigs XIV. als ein die gesamte Gesellschaft prägendes Ereignis. Hinter dem personalen Konflikt zwischen Boileau und Perrault offenbart sich die sehr viel grundlegendere Opposition gesellschaftlicher Gruppen und deren **differierender Welt- und Geschichtsbilder**. Für Boileau und die ›anciens‹ verbindet sich der Vorbildcharakter der antiken Kultur mit der humanistischen Überzeugung, dieses verehrungswürdige Altertum bilde den zeitlos gültigen Höhepunkt der menschlichen Entwicklung überhaupt. Daher steht auch **das Goldene Zeitalter** für die ›anciens‹ **am Anfang aller Zeiten.** Diese Überzeugung verbindet sich mit dem Konzept einer deszendierenden Geschichtsauffassung, die Geschichte nur noch als Niedergang der einstigen Größe Griechenlands und Roms begreift, ein Geschichtsverständnis, das allenfalls durch die zyklische Konzeption der ›translatio studii et imperii‹ zeitweilig überlagert wird.

Die Geschichtskonzeption Perraults und der ›modernes‹ dagegen wird maßgeblich von den Fortschritten in den Naturwissenschaften beeinflusst. Für sie steht die Antike erst am Anfang einer Entwicklung der Menschheitsgeschichte, deren Gegenwart sich dem unvoreingenommenen Beobachter als das Ergebnis von Fortschritten offenbart. **Das Goldene Zeitalter** kann hier allenfalls als **das ferne, utopische Ziel von Geschichte** aufleuchten. Die Repräsentationsfunktion des antiken – und großenteils auch des biblischen – Mythos hat sich für die ›modernes‹ längst erschöpft, wie Le Bruns Gemälde im Spiegelsaal von Versailles und der Streit um deren Inschriften bezeugen. Und auch die Figur des Königs selbst wird von dieser Krise erfasst: Während Ludwig XIV. in frühen Jahren anlässlich der symbolischen Heilung der Aussätzigen durch Handauflegen die traditionelle Formel sprach: »Le roi te touche, Dieu te guérit«, lautet sie nunmehr dem Zeitgeist angepasst: »Le roi te touche. Dieu te guérisse!« Die mystische Einheit des Körpers des Königs ist zerbrochen, nur der reale Körper hat den symbolischen überlebt. In Übereinstimmung damit vertreten die ›anciens‹ ein Weltbild, das die eigene Gegenwart im Horizont der Antike interpretiert; dem steht auf Seiten der ›modernes‹ die Erfahrung einer Wirklichkeit gegenüber, die das antike

– und vielfach auch christliche – Weltbild weit übersteigt und es in den Naturwissenschaften längst gesprengt hat.[12]

2.6 Nachwehen – ›la querelle homérique‹

Nach der eigentlichen, von Perrault ausgelösten ›querelle des anciens et des modernes‹ flackert sie schließlich 1713 als **›querelle homérique‹** ein letztes Mal heftig auf. Streitpunkt ist die von der Hellenistin Anne Dacier vorgelegte Übersetzung von Homers *Ilias* und *Odyssee*, eine umsichtige, ›gelehrte‹ Übersetzung in Prosa. Houdar de La Motte, Verfasser lyrischer und dramatischer Werke im Geist der Zeit, Freund der Marquise de Lambert und Fontenelles und seit 1710 Mitglied der Académie française, benutzt wiederum, des Griechischen selbst nicht mächtig, Daciers Prosaübersetzung als Vorlage für eine gekürzte, dem Zeitgeschmack angepasste ›elegante‹ *Ilias*-Übersetzung in Versform. Mit heiligem Zorn und einer für eine gebildete Dame erstaunlichen Grobheit antwortet Mme Dacier in der Streitschrift *Des causes de la décadence du goût*, die Houdard ein Jahr später mit den *Réflexions sur la critique* erwidert: ein **paradoxer Streit aus widersprüchlichen Positionen**; denn während die humanistisch gebildete Mme Dacier mit ihrer Prosaübersetzung implizit die Sache der ›modernes‹ vertritt, verficht La Motte in Theorie und Praxis die Position der ›anciens‹.[13]

Fénelon gelingt es, den Streit 1714 mit seiner in der Académie verlesenen Schrift *Réflexions sur la grammaire, la rhétorique, la poétique et l'histoire*, allgemein als *Lettre à l'Académie* zitiert, zu schlichten; er vertritt in diesem wichtigen dichtungstheoretischen Dokument eine vermittelnde Position, lobt die ›modernes‹ und macht doch aus seiner Bewunderung für die ›anciens‹ keinen Hehl. Insgesamt wird jedoch das **Prestige der ›anciens‹** durch die ›querelle homérique‹ **nachhaltig erschüttert**: Das Ansehen Homers ist auf Dauer beschädigt und das auf antik-heidnische Themen gegründete Versepos endgültig diskreditiert. Überleben kann die antik-heidnische Mythologie allenfalls noch in der Form des Prosaromans, wie Fénelon ihn unter Rückgriff auf eine Episode der *Odyssee* in seinem *Télémaque* bereits erfolgreich erprobt hatte. Daher ist er auch der ideale Vermittler in dieser letzten Phase der ›querelle‹.[14]

3. Die Zeitkritik der ›anciens‹

Hatte die kurze Phase des ›classicisme Louis XIV‹ eine Fülle von Meisterwerken hervorgebracht, so erscheinen nach dessen Ende bis zum Ausbruch der ›querelle‹ kaum noch Werke, die sich qualitativ annähernd mit den zuvor veröffentlichten vergleichen ließen. Ist das als Ausdruck einer natürlichen Altersmüdigkeit der Autoren zu werten oder als Niederschlag eines grundsätzlichen Wandels der Zeiten? In welch hohem Maß die Spätzeit Ludwigs XIV. eine **Epoche der Krisen** ist, haben wir bereits dargestellt. Zu den genannten Faktoren kommt im engeren Bereich der Literatur eine Verschärfung der Buchzensur hinzu, die nach 1683 eine Krise des Buchmarktes zur Folge hat: Der Anteil der ›Schönen Literatur‹ an der Buchproduktion fällt von 30 Prozent im Jahr 1660 auf 20 Prozent im Jahr 1685, während das religiöse Schrifttum im gleichen Zeitraum von 30 Prozent auf 40 Prozent ansteigt. Eine Zuspitzung erfährt die angespannte Lage schließlich durch massive Behinderungen des Theaters, das mehr als ein halbes Jahrhundert das ›Aushängeschild‹ der Monarchie gewesen war, das Ludwig XIV. ab 1691 jedoch kaum noch einmal eines Besuches für wert erachtet. Die ›querelle‹ um die ›moralité‹ des Theaters wird dieser Institution zusätzlich großen Schaden zufügen und sie ins Abseits drängen.

Selbstverständlich können derartige Veränderungen auch von den ›anciens‹ kaum übersehen werden. Insofern ist ihre nachlassende Produktivität durchaus als ein Reflex dieser Krisen zu werten. Außerdem hinterlässt die ›querelle‹, wie entschieden auch immer die ›anciens‹ sich zum literarischen Vorbildcharakter der Antike bekennen, in ihrem Werk tiefe Spuren. Das hat zunächst einen **radikalen Themenwechsel** zur Folge. Nicht mehr die Liebe als bevorzugtes Medium der Selbst- und Welterfahrung ist fortan das zentrale Thema der Literatur, sondern die Situation eines neuen, sich als autonom verstehenden Individuums in einem zunehmend problematisch empfundenen gesellschaftlichen System. Die ›anciens‹ thematisieren bevorzugt **aktuelle Probleme**, kritisieren Missstände, zeigen Krisen auf, wobei jedoch das System der Monarchie als Regierungsform von keinem in Frage gestellt wird. Zwar fühlen die Autoren sich auch weiterhin dem Gebot des ›plaire‹ verpflichtet; doch ist der Primat des Ästhetischen definitiv gebrochen zugunsten einer Kritik, welche die unlösbar erscheinenden gesellschaftlichen Spannungen und Konflikte nicht mehr im schönen Schein eines sich selbst genügenden Kunstwerks sublimiert oder auch einfach nur ästhetisch neutralisiert, sondern im Stil des ›jungen‹ Boileau ohne Beschönigung beim Namen nennt.[15]

3.1 La Bruyère – »contraint dans la satire«

Die Zeitkritik der ›anciens‹ kommt besonders eindringlich in La Bruyères *Les caractères de Théophraste traduits du grec, avec les caractères ou les mœurs de ce siècle* (1688) zum Ausdruck. Der Autor entstammt einfachen bürgerlichen Verhältnissen, absolviert ein Jurastudium und arbeitet zeitweilig als Anwalt; eine Erbschaft erlaubt ihm 1673 den Erwerb eines Amtes und erste schriftstellerische Tätigkeiten. Durch Vermittlung Bossuets wird er 1684 Hauslehrer und später Bibliothekar im Hause Condé; der Zugang zu diesen gesellschaftlichen Kreisen eröffnet ihm ein für einen Bürger ungewohntes Beobachtungsfeld. *Les caractères* sind das Ergebnis einer intensiven **Beobachtung aller gesellschaftlich relevanten Schichten seiner Zeit**. Der Titel des umfangreichen Werkes umschreibt die Zielsetzung des Autors: In Anlehnung an die *Charakterbilder* des griechischen Philosophen Theophrast entwirft La Bruyère das kritisch-satirische Porträt der Gesellschaft am Ausgang des ›grand siècle‹. *Les caractères* werden zum Bestseller, der bis 1696 in acht ständig erweiterten Auflagen erscheint.

La Bruyères **politische und ästhetische Anlehnung an die ›anciens‹** kommt in zwei programmatischen Texten zum Ausdruck: Zunächst im »Discours sur Théophraste«, der der Übersetzung von dessen *Charakterbildern* vorangestellt ist und in dem er das Idealbild eines republikanisch organisierten Athen entwirft; sodann im »Discours de réception« anlässlich seiner von den ›modernes‹ zuvor mehrfach verhinderten Wahl in die Académie française, einem Lobpreis La Fontaines, Boileaus,

Racines, des ›Kirchenvaters‹ Bossuet und Fénelons, in deren Werk er alle ästhetischen und moralischen Werte der Antike neu erstehen sieht. Als ›ancien‹ knüpft La Bruyère an Theophrast an, als Moralist stellt er sich zugleich in die Tradition La Rochefoucaulds und Pascals. Doch der ›amour propre‹ interessiert ihn ebenso wenig wie die Psychologie des ›honnête homme‹. La Bruyère ist der **Soziologe unter den Moralisten;** seine *Caractères* analysieren soziale Verhaltensweisen, sie wollen enthüllen und nicht sublimieren; das ›plaire‹ ist daher dem ›instruire‹ deutlich untergeordnet:

> On ne doit parler, on ne doit écrire que pour l'instruction; et s'il arrive que l'on plaise, il ne faut pas néanmoins s'en repentir, si cela sert à insinuer et à faire recevoir les vérités qui doivent instruire.[16]

Dieser kritische Blick ist die Summe unterschiedlicher Perspektiven: die eines trotz aller Kritik bedingungslosen Monarchisten; die eines orthodoxen Katholiken im Geiste Bossuets; und insbesondere die eines enttäuschten Bürgers und Intellektuellen, der sich nach der Zäsur von 1680/85 nicht entsprechend seinem moralischen Verdienst und intellektuellen Status gewürdigt sieht. Daher ist auch »Du mérite personnel« das persönlichste unter den sechzehn Kapiteln der *Caractères*.

Eines ihrer Leitthemen ist in der Tat das Missverhältnis zwischen persönlichem Verdienst und sozialem Erfolg: »l'étrange ›disproportion‹ que le plus ou moins de pièces de monnaie met entre les hommes« (VI 5). Diese ›disproportion‹ – einer der Schlüsselbegriffe der *Caractères*, der die Distanz zwischen Ideal und Wirklichkeit bemisst – ist der Ausgangspunkt für die **Satire einer aus den Fugen geratenen Gesellschaft,** ihrer Steuerpächter, Geldmakler und Spekulanten, ihres skrupellos sich bereichernden Aufsteigerbürgertums und seines übersteigerten Luxus. Doch Kritik trifft auch König, Hof und Feudalaristokratie, Klerus und Provinzadel und nicht zuletzt die ruinöse Kriegspolitik Ludwigs XIV.; in dem berühmten Fragment XI 128 bezieht La Bruyère selbst die wie Tiere dahinvegetierenden Landarbeiter in sein Gesellschaftspanorama ein. Möglicherweise wäre seine Kritik sogar sehr viel radikaler ausgefallen; doch dazu scheint ihm die Zeit noch nicht reif zu sein:

> Un homme né chrétien et Français se trouve contraint dans la satire; les grands sujets lui sont défendus: il les entame quelquefois, et se détourne ensuite sur de petites choses, qu'il relève par la beauté de son génie et de son style. (I 61)

Das Fragment beschreibt hellsichtig La Bruyères Dilemma und dessen Lösung. Ganz offensichtlich hält er eine weiterreichende Kritik an Personen und Institutionen seiner Zeit durchaus für gerechtfertigt, jedoch aus Gründen der Loyalität gegenüber Kirche und Staat für nicht realisierbar. In der Tat ist die Satire der *Caractères* gesamtgesellschaftlich repräsentativ und stellt vieles, auch zentrale Aspekte der Monarchie, in Frage, um sich indes gleich wieder weniger prekären Themen zuzuwenden oder aber sie stilistisch derart zu gestalten, dass **alles Prekäre ästhetisch neutralisiert** und somit sublimiert wird. Dies geschieht etwa in dem bekannten Fragment 29 des Kapitels X »Du souverain ou de la République«, in dem La Bruyère das Verhältnis des Monarchen zu seinem Volk im Bilde des Guten Hirten exemplifiziert, der sich rastlos für seine Herde einsetzt, um dann fortzufahren:

> Quels soins! quelle vigilance! quelle servitude! Quelle condition vous paraît la plus délicieuse et la plus libre, ou du berger ou des brebis? Le troupeau est-il fait pour le berger, ou le berger pour le troupeau? Image naïve des peuples et du prince qui les gouverne,

> s'il est bon prince. – Le faste et le luxe dans un souverain, c'est le berger habillé d'or et de pierreries, la houlette d'or en ses mains; son chien a un collier d'or, il est attaché avec une laisse d'or et de soie. Que sert tant d'or à son troupeau ou contre les loups?

Das Fragment wurde in der ›année de misère‹ 1692 in die 7. Auflage der *Caractères* eingefügt und zeigt konkret die Grenzen, die ein kritischer Autor wie La Bruyère nicht überschreiten kann. Nach der idyllischen Darstellung der Harmonie zwischen dem Hirten und seiner Herde ist es nur in der Frageform möglich, die utopische Vorstellung – ›image naïve‹ – eines interdependenten Verhältnisses zwischen Hirt und Herde zu entwerfen: ein unerhörtes, kühnes Wagnis. Denn der König ist nach Bossuets etwa gleichzeitig entstandener Staatslehre, wie er sie in *Politique tirée de l'Écriture sainte* entwickelt, absoluter Herrscher über Leben und Eigentum seiner Untertanen und die Vorstellung von deren Teilhabe an der Macht ein Akt der Gotteslästerung (›impiété‹). Um wie viel kühner muss der Schluss des Fragments anmuten, der in anschaulichen Details überflüssigen Luxus in das bukolische Idyll einführt, um in einer rhetorischen Frage dessen Nutzlosigkeit zu suggerieren.

Kaum weniger spektakulär sind die **formalen Neuerungen** der *Caractères*, die sich durch Begriffe wie Heterogenität, Diskontinuität und Offenheit charakterisieren. Das zeigt bereits die Entstehungsgeschichte des Werkes. Bei seiner Erstveröffentlichung umfasst es 420 Fragmente – ›remarques‹ – , die sich in dreifacher Form präsentieren: als pointierte **Maxime**, die eine Beobachtung oder einen Gedanken bündig komprimiert, als **Reflexion**, die, häufig durch eine Maxime eingeleitet, diese in ihren Folgerungen entfaltet, und als **Porträt**, das eine Person durch Anekdoten, Dialoge, Bilder und realistische Details anschaulich darstellt. In den verschiedenen Ausgaben wächst dieses Textkorpus auf über 1.100 Fragmente an, denen eine durchgängige, an Pascals *Pensées* sich anlehnende apologetische Argumentationsstruktur zwar durchaus Kohärenz verleiht: So stellen die Kapitel I bis XIV eine in innerweltlichen Zerstreuungen sich verlierende zeitgenössische Gesellschaft dar, deren Verhalten Pascal mit dem Begriff des ›divertissement‹ stigmatisiert hatte und das La Bruyère in den beiden letzten Kapiteln »De la chaire« und »Des esprits forts« mit einer christlich-jenseitigen Perspektive konfrontiert, um seine ›Eitelkeit‹ – ›vanitas‹ – bloßzulegen. Unter dieser Perspektive betrachtet aber erscheint weder die Abfolge der Kapitel I bis XIV noch die Anordnung der Fragmente innerhalb dieser Kapitel als argumentativ zwingend; Umstellungen sind in vielen Fällen denkbar.

Daher sind die *Caractères* letztendlich **ein offenes Werk**, das ihr Autor zeitlebens erweitert hat und dem er vermutlich, bei einem längeren Leben, weitere Fragmente hinzugefügt hätte. Als das umfassendste repräsentative Sittenbild der Spätzeit des Sonnenkönigs präsentieren sie sich jedoch nicht mehr im ›klassischen‹ Sinn als kohärent, homogen und geschlossen, sondern als additiv-enzyklopädisch und lassen sich aufgrund ihrer stilistischen und gedanklichen Disparität und Einzigartigkeit nur schwer erfassen. Wenngleich polemisch überspitzt, erfasst daher die Kritik des *Mercure galant* das Wesentliche und Neuartige des Werkes: Es sei »un amas de pièces détachées« und könne nur deshalb Buch genannt werden »parce qu'il a une couverture et qu'il est relié comme les autres livres«. Obwohl mit den ›modernes‹ sympathisierend, verkennt der Kritiker des *Mercure galant* jedoch ganz offensichtlich die Modernität der *Caractères*: Sie sind niemandem gewidmet, auch nicht dem König. Daher fehlt ihnen die vereinheitlichende Perspektive, wie auch auf ihnen nicht mehr der alles erfassende und richtende Blick eines gottähnlichen Monarchen lastet. Die fest gefügte

Welt des ›classicisme Louis XIV‹ ist längst **nicht mehr als Ganzes erfahrbar**, sondern hat sich in einzelne Facetten aufgelöst. Dem tragen die *Caractères* Rechnung. Trotz ihres durchaus noch enzyklopädischen Charakters huldigen sie einer zeittypischen Ästhetik der Kleinform – und antizipieren diese teilweise –, die zahlreiche weitere Werke der Spätzeit des Jahrhunderts prägt.[17]

3.2 Facetten der Monarchiekritik bei Racine

Während die *Caractères* sich ab 1688 zu einem Kultbuch der Epoche entwickeln, schreibt **Racine**, der sich zwischenzeitlich insgeheim wieder dem Jansenismus zugewendet hat, ›en secret‹ ein *Abrégé de l'histoire de Port-Royal* und kehrt mit seinen auf Bitten von Mme de Maintenon abgefassten **biblischen Tragödien** *Esther* (1689) und *Athalie* (1691) zum Theater zurück. Aufgrund des Perspektivenwechsels, den er mit ihnen im Vergleich zu seinem weltlichen Theater vornimmt, markieren die Tragödien einen Paradigmenwechsel in seiner Tragödienkonzeption: Der weltliche Herrscher blickt in ihnen nicht mehr, dem verborgenen Gott der Jansenisten vergleichbar, auf die Protagonisten herab, die ihm schutzlos ausgeliefert sind; er ist vielmehr selbst zum Spielball transzendenter Mächte geworden. Damit ist er zugleich auch innerweltlicher **Kritik** ausgeliefert, die sich in diesen ›tragédies bibliques‹ **in Form expliziter Ermahnungen, utopischer Fürstenspiegel oder auch höfischer Schmeichelei** äußert. Schon im Prolog zu ***Esther*** wendet sich die allegorische Figur der ›Piété‹ an Gott, um ihn über Ludwig XIV. folgendes wissen zu lassen:

> Lui seul, invariable et fondé sur la foi,
> Ne cherche, ne regarde et n'écoute que toi;
> Et bravant du démon l'impuissant artifice,
> De la religion soutient tout l'édifice. (V. 37–40)

Schmeichelei und Wunschbild in einem, bedienen sich die Verse einer herkömmlichen Topik zum Lob eines unerschütterlich (›invariable‹) im Glauben gegründeten christlichen Herrschers, der seine Religion gegen alle Angriffe verteidigt. Ist die Formulierung »braver du démon l'impuissant artifice« eine Anspielung auf die wenige Jahre zuvor erfolgte Aufhebung des Ediktes von Nantes? Oder auf die nie abreißenden Auseinandersetzungen mit dem Jansenismus? In diesem Fall fiele Racine allerdings seinen jansenistischen Glaubensbrüdern in den Rücken. Oder aber ein Vorgriff auf die bereits sich abzeichnenden Auseinandersetzungen mit Fénelon und dem Quietismus? In III 3 ist es dem Chor der jungen Israelitinnen vorbehalten, eine längere Abfolge von Ratschlägen vorzutragen. Darunter die folgende Strophe:

> J'admire un roi victorieux,
> Que sa valeur conduit triomphant en tous lieux;
> Mais un roi sage et qui hait l'injustice,
> Qui sous la loi du riche impérieux
> Ne souffre point que le pauvre gémisse,
> Est le plus beau présent des cieux. (V. 989–994)

Jeder einzelne Vers lässt trotz seines topischen Charakters die zeitgenössische Wirklichkeit durchschimmern: Einem siegreichen König, sprich Ludwig XIV., wird ein **weiser König**, dem soziale Gerechtigkeit am Herzen liegt, als höherwertig gegenüber gestellt; verdient der erste Bewunderung, so ist sein Gegenbild ›das schönste Geschenk des Himmels‹. Was in einem ersten Schritt als bewundernswert dargestellt wird – ›la valeur d'un roi victorieux‹ –, erweist sich aus theologischer Perspektive als zweitrangig. Vier gleichlautende Reime – ›victorieux‹ / ›en tous lieux‹ / ›impérieux‹ / ›cieux‹ – scheinen die Antithese zwischen einem ›roi victorieux‹ und dem ›roi sage‹ zunächst zu überspielen, heben sie aber durch das superlativische ›le plus beau présent des cieux‹ des Schlussverses abschließend deutlich hervor.

Komplexer sind in ***Athalie*** die Ratschläge, die der Hohepriester Joad dem jungen Joas kurz vor dessen Salbung zum König mit auf den Weg gibt, um ihn vor dem ›charme empoisonneur‹ der Macht zu warnen:

> De l'absolu pouvoir vous ignorez l'ivresse,
> Et des lâches flatteurs la voix enchanteresse.
> Bientôt ils vous diront que les plus saintes lois,
> Maîtresses du vil peuple, obéissent aux rois;
> Qu'un roi n'a d'autre frein que sa volonté même;
> Qu'il doit immoler tout à sa grandeur suprême;
> Qu'aux larmes, au travail, le peuple est condamné,
> Et d'un sceptre de fer veut être gouverné;
> Que, s'il n'est opprimé, tôt ou tard il opprime.
> Ainsi de piège en piège, et d'abîme en abîme,
> Corrompant de vos mœurs l'aimable pureté,
> Ils vous feront enfin haïr la vérité,
> Vous peindront la vertu sous une affreuse image.
> Hélas! ils ont des rois égaré le plus sage. (IV 3, 1389–1402)

Auch hier ist die einleitende Invektive gegen die ›lâches flatteurs‹ durchaus topisch; die folgenden sieben Verse stellen sodann im Umkehrverfahren eben jene Normen auf, denen der junge König sich verpflichten soll: Die Gesetze haben dem Nutzen des Volkes zu dienen; weder sein eigener Wille noch sein Ruhm dürfen Gesetz und Ziel seines Handelns sein, sondern **das Glück des Volkes**, das mit sanfter Hand geführt werden muss, damit von ihm nicht die Gefahr eines Aufruhrs ausgeht. **›Vérité‹ und ›vertu‹ als Leitschnur königlichen Handelns** lassen sich nur jenseits von Fallstricken und Hinterhalten – ›piège‹, ›abîme‹ – finden, mit denen die ›lâches flatteurs‹ versuchen, die ›aimable pureté des zukünftigen Herrschers zu korrumpieren. Doch selbst der weiseste aller Könige – gemeint ist Salomo –, ist getäuscht worden.

Die konkrete Aussage der Passage ist für einen heutigen Leser nur schwer fassbar. 1691 hat ein Vers wie »Que, s'il n'est opprimé, tôt ou tard il opprime« jedoch **höchste Aktualität:** Der aus England vertriebene Jakob II. hält sich seit der Glorious Revolution von 1688 am französischen Königshof auf; mit Hilfe französischer Truppen versucht er, seinen Thron zurückzuerobern, was 1690 mit einer Niederlage endet. Er hat bereits zwei Aufführungen von *Esther* besucht und ebenfalls an Proben zu *Athalie* teilgenommen. Es hat nicht an Versuchen gemangelt, *Athalie* vor diesem zeitgenössischen Hintergrund zu deuten. Insgesamt ist die Interpretation von Racines biblischen Tragödien in der Sekundärliteratur heftig umstritten; doch es besteht weitgehend Einigkeit darin, dass sie den Herrschenden überraschend häufig und intensiv Ratschläge zur Mäßigung ihres ›absolu pouvoir‹ und ihrer ›grandeur suprême‹ erteilen und sie zum Kampf gegen soziale Ungerechtigkeit auffordern. Unter Umständen ist dies auch ein Grund dafür, dass *Athalie* nach drei Probeaufführungen verboten wird.[18]

3.3 La Fontaine – subversives Spiel mit der Figur des Königs

La Fontaines 12. Buch der *Fables* erscheint im Herbst 1693; einzelne Fabeln hatte der Autor schon früher an unterschiedlichen Orten veröffentlicht; jetzt fasst er alle seit 1678 geschriebenen zusammen und rundet mit dem 12. Buch seine zuvor bereits publizierten elf Bücher ab. Auf die soziale Randstellung La Fontaines im Vergleich zu Molière, Racine und Boileau wurde bereits mehrfach hingewiesen. Seine Freundschaft zu Fouquet und **die respektlos-kritische Behandlung brisanter politischer Themen** in seinen ersten beiden Fabelsammlungen – Mängel der Justiz, die hierarchische Struktur der höfischen Gesellschaft, die Kriege, die Arroganz des Löwen, ›roi des animaux‹ – hatten zur Folge, dass er nie das Vertrauen Colberts oder gar des Königs gewinnen konnte. Schon in der frühen Fabel »Les membres et l'estomac« (III 2) plädiert er im Medium eines der ältesten Fabelstoffe der Menschheit für ein interdependentes Verhältnis aller Glieder des Staates, zeigt durch eine pointierte Kritik soziale Missstände auf und mahnt indirekt an die Pflichten des Königtums.

Das Thema lässt ihn zeitlebens nicht los,[19] und so verwundert es nicht, dass er es in seinem letzten Fabelbuch noch einmal aufgreift, um ihm in »**Le milan, le roi, et le chasseur**« (XII 12) eine höchst überraschende Wendung zu geben. Die 120 Verse umfassende Fabel erzählt in zwei Versionen die Geschichte eines Falkners, der einen Milan gefangen hat und die seltene Beute seinem König als Geschenk darbringen möchte. In der ersten Version nistet der Milan sich respektlos auf der Nase des Königs ein, krallt sich dort fest und ist durch noch so eifrige Bemühungen des Falkners kaum dazu zu bewegen, diesen Sitz zu verlassen. Der König reagiert, wie es sich für einen König ziemt; die Höflinge stimmen ein großes Jammergeschrei an. Als der Milan endlich davonfliegt, beweist der König Großmut und lässt den Falkner ungestraft von dannen ziehen. In der zweiten Version lässt der Milan sich nun mit gleicher Grausamkeit auf der Nase des Falkners nieder. König und Höflinge brechen in lautes Gelächter aus: »Wer hätte da auch *nicht* gelacht!« Die Fabel mündet in eine Apologie des Lachens, so als sei es La Fontaine vor allem darauf angekommen:

Qui n'eût ri? Quant à moi,
Je n'en eusse quitté ma part pour un empire.
Qu'un pape rie, en bonne foi
Je ne l'ose assurer ; mais je tiendrais un Roi
Bien malheureux, s'il n'osait rire :
C'est le plaisir des Dieux. (V. 106–111)

Doch wie so oft bei La Fontaine lenkt die Moralität, hier die Apologie des Lachens, von dem eigentlichen Anliegen ab: dem Vergleich der unterschiedlichen Reaktionen der Höflinge auf das gleiche Geschehen. Während sie in der ersten Version mit Wehklagen reagieren, brechen sie in der zweiten Version in lautes Gelächter aus. Daraus ergibt sich im Zusammenhang mit der Apologie des Lachens ein ungelöster Syllogismus: A.) Alle lachen über den Falkner. B.) Auch Könige und Götter hätten in einem solchen Fall gelacht. C.) Warum wird also in der ersten Version über den König *nicht* gelacht? Aus dem Vergleich der beiden Versionen ergibt sich daher, dass es durchaus angemessen gewesen wäre, auch in der ersten Version zu lachen, also über den König. Zum ersten und einzigen Mal in den Fabeln erscheint hier der **König als lächerliche Gestalt**. Die eigentliche Moral der Fabel, dass ein König sich in nichts von einem gewöhnlichen Menschen unterscheide, beruht auf der Einsicht in die Gleichheit biologischer Gegebenheiten: »Le nez royal fut pris pour un nez du commun« (V. 47).

In seiner letzten ›Königsfabel‹ treibt La Fontaine **mit der Figur des Königs ein perfides Spiel:** Eine scheinbare Huldigung des Königs ist in Wahrheit eine implizite, aber eindeutige **Verneinung seiner Sonderstellung.** Mittels einer biologistischen Argumentation wird der König mitsamt seiner ›Majesté souveraine‹ (V. 51) auf eine Stufe gestellt mit einem ›chasseur pauvre sire‹ (V. 104) und zusammen mit diesem der Lächerlichkeit preisgegeben. Aus Gründen des offensichtlichen zeitgeschichtlichen Bezuges ist La Fontaine bemüht, seine Kritik durch den Rekurs auf den legendären Fabelautor Pilpay abzumildern: »Pilpay fait près du Gange arriver l'aventure« (V. 75); er, La Fontaine, erzähle die Geschichte nur nach und schmücke sie rhetorisch aus. Doch die Quelle gibt es gar nicht, die Fabel verdankt sich gänzlich der Phantasie La Fontaines. Ein glücklicher Zufall will es, dass »Le milan, le roi, et le chasseur« in zwei Fassungen vorliegt: Eine nach La Fontaines Tod in den *Œuvres postumes* veröffentlichte gibt einen früheren Textzustand wieder als die von 1693. Die Analyse der Varianten der Erstfassung ermöglicht den Beweis, dass La Fontaine sich mit dem Rekurs auf eine nicht vorhandene Quelle einer seiner beliebten **Desorientierungsstrategien** bedient, deren bewusst irreführender Funktion er sich vollkommen bewusst ist. Der Impuls zur Abfassung der Fabel ist also nicht primär ästhetischer, sondern zeitkritisch-satirischer Natur.[20]

3.4 Boileau – das Ende einer ruhmreichen Karriere

Boileau, der streitbarste ›ancien‹, hatte sich 1694 zwar offiziell mit Perrault versöhnt – »Mais, en vérité, si la plaie est fermée, il reste encore une grande cicatrice«, so beschreibt ein Zeitgenosse Boileaus Zustand.[21] Als letzter Überlebender der Generation des ›classicisme Louis XIV‹ und zunehmend von Krankheiten geplagt, wird er Zeuge der ›années de misère‹ 1692–1694, des ›grand hiver‹ von 1709 und der daraus resultierenden Katastrophen sowie 1709–1711 der Zerstörung Port-Royals, mit dem er wie Racine im Alter zunehmend sympathisiert. **Die Missstände wecken seinen satirischen Geist erneut.** In zwei kämpferischen Texten **greift er die Jesuiten an,** deren Einfluss immer mächtiger wird: In der *Épître XII* »Sur l'amour de Dieu« (1696) macht er die von einigen jesuitischen Theologen vertretene These lächerlich, dass es für einen Christen nicht nötig sei, Gott zu lieben. Mittels einer absurden Beweisführung zeigt Boileau den Aberwitz einer solchen Behauptung auf: Er erfindet ein jesuitisches Jüngstes Gericht, in dem Gott diejenigen, die ihn geliebt haben, in die Hölle verdammt und die Übrigen in den Himmel aufnimmt. In der *Satire XII* »Sur l'équivoque« richtet sich der Angriff unmittelbar gegen die Zweideutigkeit der jesuitischen Kasuistik, deren ›Gewissensausrichtung‹ – ›direction d'intention‹ – zu einer ›morale relâchée‹ führe. An Beispielen illustriert Boileau die moralischen Perversionen eines »art de mentir tout haut en disant vrai tout bas« (V. 296). Die jesuitischen Befürworter solcher ›Zweideutigkeiten‹ bezeichnet er in einem einleitenden »Discours« als »misérables sophistes formés dans l'école du mensonge«.

In diesen beiden letzten Schriften knüpft Boileau inhaltlich unmittelbar an Pascals *Lettres provinciales* an und setzt dessen Kampf in einer veränderten politischen Situation mit neuen Mitteln fort. Sein Mut als Satiriker ist ungebrochen;

denn **die politischen Implikationen der theologischen Argumentation** dieser späten Schriften sind offenkundig: Ein politisches Regime, das sich den Jesuiten als Ratgeber anvertraut, verliert jede Glaubwürdigkeit. Es liegt auf der Hand, dass eine solch scharfe Kritik hart sanktioniert wird, insbesondere im Fall der *Satire XII*: Obwohl diese bereits 1706 abgeschlossen vorliegt, wird Boileau zu Lebzeiten dreimal die Druckerlaubnis verweigert; das Anfang 1711 endlich erteilte ›privilège‹ kann der Beichtvater Ludwigs XIV., Michel Le Tellier, im letzten Augenblick rückgängig machen.[22] Zwei Monate später stirbt Boileau. So erscheint die *Satire XII* erstmals 1716 in der postumen Ausgabe seiner *Œuvres complètes*. Sie ist das letzte Manifest eines unerschütterlich kämpferischen ›ancien‹, der, nachdem er sich in der ›querelle‹ für literarisch-ästhetische Fragen eingesetzt hatte, sich jetzt theologisch-moralisch engagiert. Letztendlich aber verbirgt sich hinter diesem doppelten Engagement eine immer gleiche **politische Oppositionshaltung** gegen Auswüchse des sich dem Ende zuneigenden ›siècle de Louis le Grand‹, die zunächst humanistisch, dann aber christlich-jansenistisch begründet ist:

> Combat contre les Modernes, combat contre les jésuites: deux combats perdus. – L'intérêt le plus sûr de cette *Satire XII* comme des dernières œuvres de Boileau, c'est d'être un témoignage des résistances qu'un certain nombre d'esprits tente alors d'opposer aux progrès de l'optimisme naturaliste de la jeune génération; c'est d'être enfin le testament spirituel de Boileau.[23]

3.5 Fénelon – die restaurative Utopie des *Télémaque*

Auf die theologische Bedeutung Fénelons für die Spätzeit des ›siècle classique‹ ist bereits in Kapitel III 6 verwiesen worden; in diesem Kapitel stehen seine politischen Schriften im Zentrum des Interesses. Vermutlich schon im Winter 1693, zu einem Zeitpunkt also, da Frankreich im Chaos zu versinken drohte, hatte Fénelon eine anonyme *Lettre à Louis XIV* verfasst. In dem Brief findet sich auch der für die Spätzeit charakteristische, vielzitierte Satz: »**La France entière n'est plus qu'un hôpital désolé et sans provision.**« Es ist nicht gesichert, ob Ludwig XIV. diesen Brief je gelesen hat; möglicherweise sollte er von Mme de Maintenon über dessen Inhalt informiert werden.[24] Schon ab etwa 1692 schreibt Fénelon als Prinzenerzieher für den zehnjährigen Herzog von Burgund den Roman *Les aventures de Télémaque* und projiziert damit auf seinen Zögling seine eigenen politischen Visionen; doch der Herzog von Burgund wird seinen Vater, den Großen Dauphin, nur um wenige Monate überleben. 1699 wird *Télémaque* unter dem Titel *Suite du quatrième livre de l'Odyssée d'Homère ou Les aventures de Télémaque fils d'Ulysse* gegen Fénelons Willen publiziert und erscheint anonym. *Télémaque* ist **Erziehungsroman und Fürstenspiegel** in einem: Frei an Homer anknüpfend, zeigt Fénelon Telemach auf der Suche nach seinem Vater Odysseus. Die Fahrt wird zu einer Initiationsreise, auf der die Göttin Athene ihrem Schutzbefohlenen Lehren in Politik, Recht, Moral, Geschichte, Wirtschaft, Theologie, Hygiene etc. erteilt, um ihn zu einem ›sage roi‹ und ›roi pacifique‹ zu erziehen. Zugleich prangert der Roman im Bild des utopischen Staates Salente Kriegspolitik, Machtmissbrauch, Justizwillkür, religiösen Fanatismus und übersteigerten Luxus seiner Zeit an.

Durch die Wahl des Stoffes ergreift Fénelon Partei für die ›anciens‹; indem er aber den antik-heidnischen Gegenstand in Prosa darstellt, also auf den für das Epos verbindlichen Vers verzichtet, steht er zugleich den ›modernes‹ nahe. *Télémaque* wird daher abwertend primär als ›une espèce de roman‹ eingestuft: »l'amour en était *le principal sujet*, et elle [l'œuvre de Fénelon] n'était pas digne d'un *prêtre.*« Dieser verharmlosenden Form von Rezeption steht jedoch das Urteil hellsichtiger Leser wie Bossuet und Bayle gegenüber: Für sie tritt die **politische Dimension des *Télémaque*** unmittelbar zutage, selbst wenn sie sie unterschiedlich bewerten: Bayle als zukunftsweisende, Bossuet als subversive Kritik. Sie sehen in dem Roman das, was er tatsächlich in erster Linie ist: eine Utopie, die im verklärenden Spiegel der Sitten fremder Völker ein Goldenes Zeitalter beschwört, das in dialektischer Umkehr die Missstände der Spätzeit des ›siècle de Louis le Grand‹ offenlegt. Allerdings ist Fénelons utopisches Salente von dem Idealbild einer republikanischen Polis, wie La Bruyère und Boileau sie im Mythos des Goldenen Zeitalters darstellen, weit entfernt.[25]

Fénelon präzisiert seine politischen Vorstellungen in verschiedenen Schriften: insbesondere in den *Tables de Chaulnes*, das heißt in detaillierten »Plans de gouvernement«, die er 1711 für den Herzog von Burgund entwirft, sowie in den wenig später konzipierten *Mémoires sur les mesures à prendre après la mort du duc de Bourgogne*. Die Zusammenschau der Staatsutopie des *Télémaque* mit dem in diesen Schriften entworfenen Reformprogramm verdeutlicht den **rückwärts gewandten Charakter der politischen Ideen Fénelons**, zielen sie doch in erster Linie darauf, die Stellung des Adels zu festigen und dessen verloren gegangenen Einfluss zurückzugewinnen. Die großenteils heftige und grundsätzliche Kritik des *Télémaque* hat daher nirgends die Monarchie als Staatsform im Visier, sondern möchte diese vielmehr in einer seit der Fronde für überwunden erachteten feudalen Ordnung wiederherstellen. Zukunftsweisend ist die Kritik allein deshalb, weil sie die Förderung der Landwirtschaft, wenngleich auf Kosten des Handel treibenden Bürgertums, propagiert und diesbezüglich Vorstellungen entwickelt, die die Physiokraten des 18. Jahrhunderts sich zu eigen machen werden. Das hat Naturbeschreibungen von außergewöhnlicher Lebendigkeit und Intensität zur Folge, die bereits Rousseau antizipieren. Trotz seines restaurativen politischen Programms ist *Télémaque* aufgrund seiner Kritik des Absolutismus, seiner Bevorzugung eines friedliebenden ›roi philosophe‹, seiner Verurteilung von Krieg und Luxus und der Verklärung einer ›natürlichen‹ Einfachheit bis in die Mitte des 19. Jahrhunderts das meist gelesene Buch des ›siècle classique‹.[26]

4. Charles Perrault und Mme d'Aulnoy – die Modegattung des ›conte de fées‹

Charles Perrault sind wir bereits in unterschiedlichen Zusammenhängen begegnet: als Mitglied der Petite Académie und Vertrauter Colberts sowie als Wortführer der ›modernes‹; außerdem war er involviert in die Gestaltung der Ostfassade des Louvre. Seinen Ruhm jedoch verdankt er der nicht kanonisierten Gattung des ›conte de fées‹, die in den 1690er Jahren in den weiblichen Salons in Mode kommt: »Notre siècle est devenu bien enfant sur les livres: il lui faut des contes, des fables, des romans, et des historiettes.« Perrault kommt diesem Bedürfnis in doppelter Weise nach: 1694 mit einer Sammlung von drei bereits früher veröffentlichten ›contes en vers‹ und

1697 mit seinen *Histoires ou Contes du temps passé*, die auf dem Titelbild den heute gebräuchlichen Titel *Contes de ma mère l'Oye* tragen. Mme d'Aulnoy hatte bereits 1690 die Mode durch ein in einen Roman eingefügtes Märchen lanciert, bevor sie 1697 und 1698 jeweils vier Bände *Contes des fées* sowie *Contes nouveaux ou Les fées à la mode* publiziert. Zahlreiche andere Autorinnen versuchen in ihrem Gefolge, den Erfolg der ›fées à la mode‹ für sich nutzbar zu machen.

Die Forschung hat sich diesen Märchen und ihren Autor/innen erst spät zugewendet, hielt man sie doch, zumindest im Falle Perraults, für einfache literarische Ausformungen mündlich überlieferter **Volksmärchen**, die kurze erbauliche Geschichten mit geringem ästhetischen Anspruch erzählen. Noch dazu hatte Perrault sie unter dem Namen seines Sohnes veröffentlicht, weil er als ›académicien‹ nicht selbst die Verantwortung für diese ›Ammenmärchen‹ übernehmen wollte, die zu erzählen seit Jahrhunderten Frauensache war. Dem gegenüber verfolgen die **Kunstmärchen** der Mme d'Aulnoy deutlich literarische Ziele und erfordern aufgrund ihrer komplexen Erzählstruktur sowie der kunstvollen Sprach- und Stilbehandlung vom Leser größte Aufmerksamkeit. Möglicherweise aufgrund der bizarren Biographie der Autorin – »frömmelnde Dame von vormals liederlichem Lebenswandel«, »virago sans scrupules« etc. – , dann aber auch, weil ihre *Contes* herkömmlicher klassischer Ästhetik entschieden zuwiderlaufen, ist Mme d'Aulnoy lange Zeit von der Forschung vernachlässigt worden; erst der ›tricentenaire‹ der Erstveröffentlichung ihrer *Contes* ist »Anlass zu einem regelrechten Feenmärchen-Revival, von dem auch Mme d'Aulnoy profitiert«.[27]

Perraults ›contes en vers‹ von 1694 – *Grisélidis, Peau d'âne* und *Les souhaits ridicules* – stehen in einer **langen literarischen Tradition**; unter Verwendung freier Versformen gestaltet Perrault bekannte Themen kunstvoll neu. Anders liegt der Fall bei den Prosamärchen von 1697: Über die Frage, ob Perrault sich hier an einem mündlich überlieferten Fundus inspiriert oder aber auf schriftliche italienische Vorlagen zurückgreift, ist viel, aber ergebnislos debattiert worden. Unbestritten ist jedoch, dass er – erstmals und nachhaltig – altbekannte **Märchenstoffe literaturfähig** macht, welche u.a. die Brüder Grimm später in ihre Märchensammlungen aufnehmen werden. Darunter die Prosamärchen *Le petit chaperon rouge* (Rotkäppchen), *La barbe bleue* (Blaubart), *Le chat botté* (Der gestiefelte Kater), *Cendrillon* (Aschenputtel), *La belle au bois dormant* (Dornröschen), *Le petit poucet* (Däumling). Die Sammlung der *Histoires ou Contes du temps passé* wird mit elf Auflagen in sechs Jahren zu einem Erfolgsschlager und hat heute eine Gesamtauflage erreicht, die höher ist als die aller anderen klassischen Autoren insgesamt.

Die *Contes du temps passé / Contes de ma mère l'Oye* eignen sich bestens als Kinderlektüre. Perrault ordnet seine Geschichten gut strukturiert und handlungslogisch an und bedient sich einer mitunter altertümelnden Sprache und lautmalerischer Ausdrücke, um seinen Texten die gattungstypische Naivität zu verleihen. Aus Rücksicht auf die Kinder und aus Gründen der ›bienséance‹ verzichtet er auf grausame Details, beschließt aber andererseits die Märchen nicht mit einer eigens an die Kinder gerichteten Moral. In der Widmung an die zwanzigjährige Charlotte von Orléans, einer Tochter der Liselotte von der Pfalz, verweist er dagegen auf **eine implizit enthaltene Moral** der Märchen, »qui renferment tous une morale très sensée, et qui se découvre plus ou moins, selon le degré de pénétration de ceux qui les lisent«. Seine *Contes* haben daher **zwei Adressaten**: Über die **Kinder** hinaus wenden sie sich an das mondäne Lesepublikum der **weiblichen Salons**, an das der Autor zusätzlich jeweils eine die *Contes* beschließende ›moralité‹ in Versform richtet. Diese ›zweite Moral‹ besteht etwa im Fall von *Le petit chaperon rouge* darin, dass »ces loups doucereux«, die den jungen Damen bis in ihre Alkoven nachsteigen, »de tous les loups sont les plus dangereux«. Indem Perrault fünf seiner acht Prosamärchen sogar zwei ›moralités en vers‹ folgen lässt, führt er zugleich ein starkes parodistisches Element in die volkstümlichen Stoffe ein. Denn die Protagonisten des traditionellen Volksmärchens und ihre Probleme dienen ihm lediglich als Medium für die **Vermittlung einer ›aufgeklärten‹, bürgerlich-christlichen Moral**, deren Pfeiler Arbeit, Familie, Kontrolle der Leidenschaften und Einordnung in etablierte Hierarchien sind: »[Nos vieux] contes tendent tous à faire voir l'avantage qu'il y a d'être honnête, patient, avisé, laborieux, obéissant« (»Préface«).

Dieser moralische Anspruch begründet nach Perrault die Überlegenheit des modernen Märchens gegenüber den ›unmoralischen‹ Erzählungen der Antike; die Tatsache, dass ihr Zielpublikum die weiblichen Salons sind, ist ein weiteres Indiz ihrer ›modernité‹. Perraults *Contes du temps passé* erhellen damit einen wichtigen, allerdings paradoxen Aspekt der ›querelle‹: Wie bereits erwähnt, sind die Frauen entschiedene Anhängerinnen der ›modernes‹; daher greift Boileau sie in seiner *Satire X* »Contre les femmes« auch derart heftig an, dass Perrault sich veranlasst sieht, sie in einer *Apologie des femmes* (1694) in Schutz zu nehmen. Schon 1691 hatte er in *Grisélidis* das christlich überhöhte Idealbild einer tugendhaft zur Selbstaufgabe bereiten Frau entworfen, deren herausragende Eigenschaften eben jene Attribute sind, die Perrault in der »Préface« als grundlegende moralische Werte herausgestellt hatte: Als ›honnête‹, ›patiente‹, ›laborieuse‹ und ›obéissante‹ verkörpert die Figur der Grisélidis jedoch **ein restauratives, erbauliches Wertesystem**, das zwar in Einklang steht mit dem bigotten Klima der Spätzeit des ›siècle classique‹, dem Selbstverständnis aufgeklärter Frauen aber in nichts entspricht.[28]

Eben diesen emanzipatorischen Aspekt zeigen die **Märchen der Mme d'Aulnoy**; nicht zufällig verkehrt sie im Salon der Marquise de Lambert. Im Gegensatz zu Perrault gesteht sie ihren weiblichen Protagonisten ein ungleich höheres Maß an Autonomie zu und eröffnet ihnen in den acht Bänden ihrer *Contes des fées* einen Handlungsspielraum, der vor allem von den zahlreichen Feenfiguren oft märchenhaft-utopisch über das hinaus ausgeweitet wird, was in der konkreten gesellschaftlichen Wirklichkeit möglich erscheint: Nicht nur die freie Gattenwahl, sondern die Frau als aktiv Werbende, die sich ihrem Geliebten erklärt, oder auch die Geschlechtermetamorphose, die der Frau bisher unbekannte Erfahrungen ermöglicht. Daher sind die *Contes des fées* auch als ›**weibliche Glücksdichtung**‹ (Baader) bezeichnet worden.

Darüber hinaus enthalten viele Märchen eine weitergehende **politische Dimension**: Sie kritisieren die zerstörerischen Intrigen der höfischen Gesellschaft, indem sie die Willkür unfähiger ›rois-père‹ und ruhmsüchtiger ›rois-berger‹ anprangern. In der Wahl raffinierter stilistischer Mittel zum Ausdruck einer solchen Kritik steht Mme d'Aulnoy Racine, La Fontaine und La Bruyère in nichts nach. Die Autorin ist wie La Fontaine, mit dem sie vieles verbindet – die gesellschaftliche Randstellung, die Wahl einer indirekten Redeform –, unerschöpflich in der Erfindung weiterer subtiler **Desorientierungsstrategien**: Dazu gehört, neben der Wahl des Märchens als bevorzugte Ausdrucksform, insbesondere die vorrangige Verwendung einer autonomen, subjektiv geprägten Märchenmythologie; wenn sie sich auf Götter und Heroen der

Antike bezieht, geschieht dies meist in abwertender Intention. Da sie sich darüber hinaus über die klassischen Kategorien der ›vraisemblance‹, ›bienséance‹ und der drei Einheiten wie selbstverständlich hinwegsetzt, kann es nicht verwundern, dass ihre *Contes des fées* nach großem anfänglichen Erfolg Ende des 18. Jahrhunderts für etwa zweihundert Jahre in Vergessenheit geraten und sich erst ab dem letzten Drittel des 20. Jahrhunderts neuer Aufmerksamkeit erfreuen. Diese schwierigen und auf den ersten Blick verwirrenden Texte vermitteln auf dem Hintergrund einer intensiven, vielfach psychoanalytisch orientierten Lektüre ein **ernüchterndes Bild des ›grand siècle finissant‹**, in ihrer kritischen Sicht und gesellschaftlichen Repräsentativität La Bruyères *Caractères* durchaus vergleichbar. Die gattungsmäßige Randstellung des Märchens erlaubt es Mme d'Aulnoy,

> de secouer prudemment les valeurs et les normes d'une société en crise. Fenêtres ouvertes sur l'imaginaire féminin d'une époque, ses œuvres badines et alertes jouent d'une manière ambiguë avec la tradition littéraire. Habile en l'art de satisfaire ingénument quelques fantasmes subversifs, la conteuse nouvelliste s'abrite sous le prestigieux manteau d'une mythologie qu'elle malmène et détourne. Ainsi s'inscrit-elle résolument du côté des novateurs dans le grand débat opposant partisans des Anciens et défenseurs des Modernes.[29]

5. Neues Denken, neue Formen – Saint-Évremond, Bayle, Fontenelle

Trotz grundsätzlich unterschiedlicher Biographien verbinden die in der Kapitelüberschrift genannten Autoren viele Gemeinsamkeiten: Lange vor der ›querelle‹ praktizieren sie ein neues Denken, das überlieferte Wahrheiten in Frage stellt, und bedienen sich dabei vorzugsweise neuer Formen, die nicht – oder zumindest nicht primär – zu den humanistisch tradierten Gattungen gehören. Die kleine Form des ›entretien‹, ›dialogue‹ oder ›commentaire‹, der ›pensée‹, ›histoire‹, ›conversation‹ oder ›relation‹ oder auch die des direkten Pamphlets ermöglicht einfacher und unauffälliger die Infragestellung, den Zweifel, ja die Subversion sogenannter ewiger Wahrheiten, noch dazu, wenn sie sich in scheinbar sakrosankten Formen präsentieren oder von entsprechenden Institutionen – Monarchie, Kirche – vertreten werden. Saint-Évremond und Bayle verbindet darüber hinaus ein **Emigrantenschicksal**, bezeichnend für die Kehrseite des ›grand siècle‹: Schon ab 1660 etabliert sich in London eine Kolonie hochrangiger politischer Flüchtlinge, darunter Saint-Évremond. Die Aufhebung des Edikts von Nantes forciert die Flucht von dem Regime missliebigen Personen in das tolerantere Ausland. Vor allem die ›réfugiés‹, die wie Pierre Bayle in die protestantischen Niederlande auswandern, verfassen eine umfangreiche satirisch-polemische **›littérature du refuge‹**, in der sie Toleranz und Gewissensfreiheit fordern. Indirekt trägt die Monarchie daher zur Herausbildung einer intellektuellen und politischen Opposition im Ausland bei, deren Einfluss auf Frankreich beträchtlich ist.

5.1 Vorbild Nordeuropa

Die wissenschaftlichen Errungenschaften Harveys, Huygens' und Newtons, Descartes' lange Aufenthalte in den Niederlanden, das Ansehen der Royal Society in London sowie das Vorbild der Christina von Schweden veranschaulichen auf unterschiedliche Weise, in welch hohem Maß **Einflüsse aus Nordeuropa** schon ab den 1630er Jahren auf Frankreich einwirken. Italien und Spanien büßen damit ihren Vorbildcharakter zugunsten von Ländern ein, die liberaler organisiert sind und in denen republikanische Strukturen (wie in den Niederlanden) oder eine kriselnde Monarchie (wie in England) **ein freieres, von theologischer und politischer Bevormundung emanzipiertes Denken** ermöglichen. Dieser während des gesamten ›siècle classique‹ sich vollziehende **Paradigmenwechsel** hat zur Folge, dass in der zweiten Jahrhunderthälfte, insbesondere nach der Aufhebung des Edikts von Nantes, das aus den Niederlanden und England nach Frankreich einströmende Gedankengut die Strukturen des politischen und wissenschaftlichen Denkens nachhaltig beeinflusst.

Begleitet wird dieser Paradigmenwechsel in **England** von großenteils spektakulären politischen Ereignissen, angefangen 1625 mit der Hochzeit der Henriette von Frankreich, der Tochter Heinrichs IV., mit Karl I. von England – Henriette will Karl zum Katholizismus bekehren, was zur Puritan Revolution (1642–49) führt, in deren Gefolge Karl hingerichtet wird – bis zum Sturz Jakobs II. und seiner Flucht nach Frankreich im Gefolge der Glorious Revolution (1688–89). Parallel dazu stellen **die republikanischen Niederlande** nahezu während des gesamten ›siècle classique‹ einen Gegner dar, den Frankreich niemals endgültig bezwingen wird. Ausgerechnet deren Statthalter, Wilhelm III. von Oranien, Enkel Karls I. mütterlicherseits, wird 1689 Maria II. (Stuart), die Tochter Jakobs II., heiraten, seinen Schwiegervater zur Flucht nach Frankreich zwingen und schließlich die ›Bill of Rights‹ akzeptieren, die England den Weg zu einer Konstitutionellen Monarchie eröffnet. Als Wilhelm III. von England ist er einer der Antreiber der antifranzösischen europäischen Koalitionen.[30]

Vor diesem Hintergrund sind die Schriften von Hobbes, Locke, Grotius, Spinoza und Leibniz zu sehen, die, jede auf ihre Art, **die auf dem Prinzip des Gottesgnadentums gegründete französische Monarchie in Frage stellen**. Bossuet hatte deren Grundsätze ab 1678 in *La politique tirée des propres paroles de l'Écriture Sainte* für die Erziehung des Dauphins sowohl in pädagogischer als auch in polemischer Absicht entwickelt; 1693 überarbeitet er seinen Entwurf, der jedoch erst 1709 postum erscheint: ein unzeitgemäßes Manifest einer von innen und außen bedrohten Monarchie.

> La *Politique*, fondée uniquement sur les textes sacrés [...], s'inscrit contre les courants dominants de la pensée politique étrangère, et tout d'abord contre la vieille idée d'un contrat comme origine et fondement de la société civile, commune aux écrivains étrangers favorables à la monarchie absolue (Grotius et Hobbes) et à ses adversaires de tendance démocratique (Spinoza) ou libérale (Locke).[31]

Laingui hat das System der französischen Monarchie, wie es sich auf seinem Höhepunkt um 1678 im Spiegel von Bossuets *Politique* darstellt, detailliert beschrieben. In Kurzporträts der im Zitat genannten Gelehrten zeigt er zugleich, wie sich hier aus unterschiedlichen philosophischen und (natur-)wissenschaftlichen Perspektiven ein neues kritisches Gedankengut artikuliert und ein Aufbruch der Wissenschaften stattfindet, gegen den die zunehmend von Erstarrung bedrohte französische Monarchie sich allerdings weitgehend verschließt. Ein facettenreiches Bild diesbezüglich bietet Martin Schneiders Studie *Das Weltbild des 17. Jahrhunderts*; auch er misst den im obigen Zitat genannten ausländischen Autoren besondere Bedeutung zu; sie sind für ihn »**die neuen Systemschöpfer** [...], die das Neue des Zeitalters dokumentieren«.[32]

Welches Schicksal Descartes – auch er zweifellos ein ›Systemschöpfer‹ – in Frankreich zuteil geworden ist, wurde bereits detailliert dargestellt. Die **Rezeption** des Werkes der anderen ›neuen Systemschöpfer‹ verläuft ähnlich: Hobbes *Léviathan* (1651) etwa löst bei seinem Erscheinen einen Skandal aus; der Autor wird als »l'affreux, l'horrible M. Hobbes« beschimpft. Dabei ist auch der *Léviathan* zweifellos eine Apologie des Absolutismus, wenngleich nicht im Sinn des Gottesgnadentums der französischen Monarchie. Denn während Bossuet die absolute Macht des Königs aus der gottgewollten Hierarchie menschlicher Ordnungen herleitet, ist sie für Hobbes begründet in der Übereinkunft gleichberechtigter Individuen, die ihrem Herrscher, einem ›sterblichen Gott‹, die Machtausübung per Vertrag für eine begrenzte Zeit übertragen. 1702 wird sein gesamtes Werk auf den Index gesetzt. Auch die von Spinoza in seinem *Tractatus theologico-politicus* (1670) und dem *Tractatus politicus* (postum 1677) entwickelten freiheitlich-demokratischen Ideen lösen bei ihrem Erscheinen einen Skandal aus. Und Lockes berühmte *Epistola de tolerantia* erscheint 1688 zunächst anonym auf Latein und wird erst nachträglich ins Englische übersetzt. Die von 1679 bis 1698 sich erstreckende, vermutlich vom Papst in Auftrag gegebene Korrespondenz schließlich zwischen Bossuet und Leibniz hinsichtlich einer Zusammenführung der katholischen und protestantischen Kirchen kommt aufgrund beiderseitiger dogmatischer Verhärtung zu keinem Abschluss.[33]

Diese knappen Hinweise verdeutlichen, wie entschieden die französische Monarchie sich gegen alles zur Wehr setzt, was Kritik an ihren Institutionen artikulieren oder gar sie in Frage stellen könnte. Angesichts der engen dynastischen Beziehungen, die England und Frankreich miteinander verbinden, angesichts insbesondere der Tatsache, dass beide Monarchien im gleichen Zeitraum sich gänzlich unterschiedlich entwickeln – Frankreich zu einer immer stärkeren inneren Verkrustung, England zu einer Konstitutionellen Monarchie –, ist erwähnenswert, dass bereits ab den 1660er Jahren sich **in London eine Kolonie von Exilanten** herausbildet, die Frankreich aus unterschiedlichen politischen Gründen verlassen mussten. Zu den bekanntesten Exilanten zählen die Nichten Mazarins sowie Saint-Évremond. La Fontaine hat lange Jahre mit Saint-Évremond und seinem ›englischen‹ Freundeskreis in Briefwechsel gestanden und nach dem Tod seiner Gönnerin Mme de La Sablière 1693 eine Einladung erhalten »de se retirer en Angleterre«. In Anbetracht seiner intellektuellen und ideologischen Außenseiterposition wäre eine Übersiedlung nach London konsequent gewesen; doch alte Bäume verpflanzt man nicht, und La Fontaine hat Reisen aus philosophischer Überzeugung immer abgelehnt, da der Mensch auch auf Reisen seinen Sorgen nicht entkommen könne. In seinen Fabeln aber spielt England eine wichtige Rolle. Die diesbezüglich schönste ist »**Un animal dans la lune**« (VII 17). Sie feiert Karl I. als Friedensfürsten, während Frankreich wieder einmal Krieg führt, den Zweiten Krieg gegen die Niederlande (1672–78); Karl dagegen schenke seinem Land Frieden, so dass sich Wissenschaften und Künste frei entfalten können. Im Zentrum der Fabel steht daher eine pathetische Apostrophe an das ›glückliche englische Volk‹, das Tätigkeiten nachgehen kann, die den Franzosen verwehrt bleiben:

Peuple heureux! Quand pourront les François
Se donner, comme vous, entiers à ces emplois? (V. 54/55).[34]

5.2 Exilliteratur – Saint-Évremond und Bayle

Exemplarisch für ein Exilantenschicksal ist der Fall des dem normannischen Adel entstammenden **Saint-Évremond**, eines ehemaligen Jesuitenschülers. Schon 1661 muss er wegen heftiger Kritik an Mazarin – in einer von der Geheimpolizei aufgefangenen *Lettre sur la paix* – über Holland ins englische Exil flüchten, wo er bis zu seinem Tod am englischen Königshof verkehrt. Als Libertin und Schüler Gassendis ist er mit Ninon de Lenclos und La Fontaine befreundet und träumt politisch von der ›guten alten Zeit‹ vor der Fronde; seine mehrheitlich vor 1675 verfassten Schriften zirkulieren in den Salons und erscheinen ab 1684 als *Œuvres mêlées* in Buchform. Auf der Basis eines skeptischen Relativismus und gelassen-heiteren Materialismus erörtert Saint-Évremond in ihnen Fragen der Religion, Moral, Literatur, Geschichte und Politik. So entlarvt er in der religionskritischen *Conversation du maréchal d'Hocquincourt avec le Père Canaye* (um 1669) jesuitische Kasuistik als Mittel der Machtausübung und plädiert in *Sur la religion* (1684) für **Toleranz in Glaubensfragen**. Als Historiker entwickelt er in den unvollendet gebliebenen *Réflexions sur les divers génies du peuple romain dans les différents temps de la république* (um 1666–69) auf der Basis der Klimatheorie eine Montesquieu antizipierende Geschichtsphilosophie, die Staatsformen – also auch den Absolutismus – als das Ergebnis geschichtlicher und sozialer Prozesse begreift. Vermutlich schon vor der ›querelle‹ verurteilt er in *Du merveilleux qui se trouve dans les poèmes des anciens* die Grausamkeit der homerischen Götter und fordert eine dem Geschmack der Zeit angepasste Kunst. Und immer wieder verteidigt er, wie in *Sur les plaisirs* (1656) und dem Ninon de Lenclos gewidmeten Essai *Sur la morale d'Épicure* (1685), eine epikureische **Philosophie der irdischen Glückserfüllung**, des ›plaisir‹.[35]

Einer der einflussreichsten holländischen ›réfugiés‹ ist **Pierre Bayle**. Einer südfranzösischen Pastorenfamilie entstammend, konvertiert er 1669 zum Katholizismus, kehrt jedoch 1670 zum Protestantismus zurück. Als ›relaps‹ geächtet, ist er zunächst als Hauslehrer in der Schweiz tätig und danach an der Protestantischen Akademie von Sedan, bis diese von Ludwig XIV. geschlossen wird. Seit 1681 im Exil, unterrichtet er in Rotterdam Philosophie und Geschichte. Der Tod seines ältesten Bruders, der sich geweigert hatte, dem Protestantismus abzuschwören, veranlasst ihn 1686 zur Abfassung des Pamphlets *Ce que c'est que la France sous le règne de Louis le Grand*. Bayle ist ein **Außenseiter der französischen Monarchie** und wirft einen entsprechend kritisch-distanzierten Blick auf die turbulenten Zeitläufte. Sein umfangreiches Werk ist ganz dem **Kampf gegen Aberglauben, Vorurteil und Ignoranz** verschrieben.[36]

So bereits 1682 die *Lettre sur la comète*, in der er den im Gefolge des halleyschen Kometen weit verbreiteten Aberglauben geißelt und ihm ein auf Tatsachen sich gründendes Denken entgegenstellt. Aufgrund ihres Erfolges erscheint 1683 eine überarbeitete Auflage unter dem Titel *Pensées diverses sur la comète*, erweitert durch moralphilosophische Exkurse, z.B. über das Verhältnis von Atheismus und Moral. Ihr Grundtenor ist, dass der »athéisme ne conduit pas nécessairement à la corruption des mœurs« und dass eine »société d'athées se ferait des lois de bienséance et d'honneur«.

Implizit enthalten solche Formulierungen bereits die Forderung nach einer grundsätzlichen **Trennung von christlichem Glauben und weltlicher Moral** und antizipieren damit die erst zweihundert Jahre später sich vollziehende Trennung von Kirche und Staat. Von 1684 bis 1687 gibt Bayle die *Nouvelles de la république des lettres* heraus, ein monatlich erscheinendes Rezensionsorgan, das aus protestantischer Sicht Neuerscheinungen zu Philosophie, Theologie, Geschichte und Naturwissenschaften einer kritischen Prüfung unterzieht. Sie bedeuten den Beginn eines kritischen literarischen Journalismus und machen Bayle europaweit bekannt; auch in Frankreich sind die *Nouvelles*, obwohl offiziell verboten, ein großer Erfolg.[37]

Bayles wichtigstes Werk jedoch ist der ***Dictionnaire historique et critique*** (1695–1697). Bereits 1692 hatte er ein *Projet de dictionnaire* veröffentlicht, in dessen Vorrede er den Wunsch äußert, »de compiler le plus gros recueil qu'il me sera possible des fautes qui se rencontrent dans les dictionnaires«.[38] Negatives Vorbild ist der mit zahlreichen Fehlern behaftete *Grand dictionnaire historique* (1674) des Abbé Louis Moréri. Was Bayle anstrebt, ist nicht die Zusammenschau einer Epoche, sondern, gleichsam als Vorstufe, **die gesicherte Kenntnis berühmter Persönlichkeiten** der Vergangenheit und Gegenwart. Was wissen wir verbindlich etwa über Homers Achill, König David oder Erasmus von Rotterdam? Als der *Dictionnaire* 1695 in zwei Bänden erscheint, beschreibt Bayle dessen Organisation in der »Préface« wie folgt:

> J'ai divisé ma composition en deux parties; l'une est purement historique, un narré succinct des faits; l'autre est un grand commentaire, un mélange de preuves et de discussions où je fais entrer la censure de plusieurs fautes, et quelquefois même une tirade de réflexions philosophiques.

Über die Organisation der einzelnen Artikel hinaus beschreibt das Zitat präzis Bayles **skeptische Methode**. Danach besteht das eigentliche Korpus des *Dictionnaire* aus zweihundert Artikeln zu Persönlichkeiten der Mythologie und der Bibel, der Philosophie, Theologie, Geschichte, Literatur und Religionsgeschichte – darunter auch zahlreiche Häretiker –, welche **die Summe des zu Bayles Zeit anerkannten Wissens** enthalten: ›un narré succinct des faits‹. Den alphabetisch angeordneten Artikeln folgen umfangreiche Anmerkungen, in denen Bayle grundsätzlich alles zusammenträgt, was im Lauf der Geschichte zu der entsprechenden Person geschrieben wurde – ›un grand commentaire‹, der oft länger ist als der Artikel selbst. In diesen Anmerkungen korrigiert Bayle zwar durchaus auch Fehler, mit Vorliebe aber stellt er sich widersprechende Fakten und gegensätzliche Lehrmeinungen kommentarlos einander gegenüber, um auf diese Weise den Widerspruch zwischen überliefertem, vielfach auf Aberglauben sich gründendem Wissen und moderner historischer, naturwissenschaftlicher oder empirisch gewonnener Erkenntnis aufzuzeigen. Diese an Montaigne und Descartes sich inspirierende skeptische Methode führt über den Widerspruch der Fakten zum Zweifel an deren Wahrheit, die einer Prüfung durch die kritische Vernunft standhalten muss. Indirekt appelliert Bayle mit seiner Darstellungsweise an einen skeptischen, **für mündig erachteten Leser**, aus den manifesten Widersprüchen selbst die notwendigen Folgerungen zu ziehen. Der Erfolg des *Dictionnaire* ist derart, dass Bayle 1701 die zweite Auflage um mehr als die Hälfte der Artikel erweitert; er erlangt schnell eine breite europäische Resonanz – elf Auflagen bis 1820 – und wird zu einem Lieblingsbuch der aufgeklärten Eliten und zum wichtigsten Vorläufer der *Encyclopédie*.[39]

Als Skeptiker ist Bayle davon überzeugt, dass der Mensch in den der Vernunft zugängigen Bereichen zwar zu einer gewissen, wenngleich immer prekären objektiven Erkenntnis gelangen kann, diese sich jedoch gegebenenfalls einer erneuten skeptischen Überprüfung unterwerfen muss. Ebenso überzeugt ist Bayle andererseits davon, dass kein Mensch in metaphysischen Fragen jemals im Besitz einer unfehlbaren Wahrheit sein kann, woraus sich für ihn die Forderung nach Toleranz ergibt. In dem kurz nach der Aufhebung des Ediktes von Nantes geschriebenen *Commentaire philosophique sur ces paroles de Jésus-Christ: »Contrains-les d'entrer«* entwickelt er daher ein Toleranzkonzept, das die christlichen Konfessionen und die anderen Weltreligionen als gleichwertig erachtet, und leitet daraus die **Forderung nach Gewissensfreiheit und Toleranz** ab, die er ausdrücklich auch für erklärte Atheisten einfordert. Denn der Glaube falle ausschließlich in den Zuständigkeitsbereich des individuellen Gewissens, weshalb der Staat in Glaubensfragen auch keine Autorität besitze. Hierin liegt zweifellos Bayles wahre Bedeutung: Inmitten eines von Intoleranz und Kriegen heimgesuchten Europa ein auf der Freiheit des Individuums beruhendes Toleranzkonzept entwickelt zu haben, das ihn zu einem wichtigen »précurseur de la philosophie des Lumières« macht.[40]

5.3 Fontenelle – Schöngeist und Frühaufklärer

Als Vorläufer der Aufklärung ist auch Fontenelle anzusehen, dessen Biographie allerdings den genauen Gegenpol zu derjenigen Bayles bildet: ein Schöngeist im wahrsten Sinn des Wortes. Als Neffe Corneilles ist er davon überzeugt, dass die Literatur ihm gleichsam in den Schoß falle. Er verfasst Komödien, Tragödien und Opern, ist Mitarbeiter des *Mercure galant* und **Mittelpunkt der mondänen Salons**, insbesondere dem der Marquise de Lambert. Bei Ausbruch der ›querelle‹ sind seine wichtigsten philosophischen Schriften bereits erschienen. 1691 wird er in die Académie française und 1697 in die Académie des sciences gewählt, deren ständiger Sekretär er von 1699 bis 1740 ist. La Bruyère hat in Kap. 5, 75 – »De la société et de la conversation« – seiner *Caractères* ein bissiges Porträt von ihm gezeichnet.

Als engagierten Wortführer der ›modernes‹ und Gegenspieler Boileaus und La Bruyères in der ›querelle‹ haben wir Fontenelle bereits kennen gelernt. Er beherrscht die hohe Kunst, wissenschaftliche Erkenntnisse in leicht verständlicher, anschaulicher Sprache zu vermitteln. Er ist im positiven Sinn ein **Meister der Vulgarisation.** In den *Nouveaux dialogues des morts* (1683) stellt er im Stil der *Totengespräche* (um 166 n. Chr.)des griechischen Schriftstellers Lukian Vertreter verschiedener Länder, Nationen und Epochen gegenüber, um die zu allen Zeiten gleiche ›sottise‹ der Menschen bloßzulegen. Die *Nouveaux dialogues*, die im Plauderton unter anderen Homer und Äsop, Karl V. und Erasmus, Sokrates und Montaigne, Seneca und Scarron präsentieren, erzielen in fünf Monaten drei Auflagen; sie entkleiden zahlreiche ›anciens‹ ihrer erhabenen Aura und markieren mit ihrer Kritik an Mythen, Orakeln, Aberglauben und Betrug im Namen der Religion Fontenelles **Übergang vom ›mondänen‹ zum ›engagierten‹ Schriftsteller.**

Die sechs *Entretiens sur la pluralité des mondes* (1686), an denen er seit 1683 arbeitet, vermitteln im Gespräch zwischen einer Marquise und einem Mann vor abendlicher Parkkulisse die Grundlagen der kartesianischen Astrologie und gipfeln in der ketzerischen These, dass möglicherweise auch auf anderen Planeten vernunftbegabte Wesen existieren. Wie beiläufig prophezeit Fontenelle schließlich einen ›art de voler‹ und stellt Reisen auf den Mond in Aussicht. Die Provokation der *Entretiens* liegt in der ›mit leichter Hand‹ vorgenommenen **Erschütterung des geo- und anthropozentrischen christlichen Weltbildes.**

Die rokokohaft anmutende Abbildung »Le philosophe et la marquise observant la voûte céleste« verweist auf den spielerisch-mondänen Charakter von Fontenelles Aufklärungsphilosophie. Sie ziert die Ausgabe der Entretiens *von 1727.*

Die anonym publizierte *Histoire des oracles* (1686) ist eine witzige Untersuchung von Orakeln, Weissagungen und Glaubenssätzen des Altertums, die als gezielte Mystifikation, ja als Betrug entlarvt werden und nur dazu dienen, die Macht von Priestern und Politikern zu sichern. Fontenelle greift hier in größerer Systematik Gedanken auf, die er schon in den *Dialogues des morts* erörtert hatte. Mit *De l'origine des fables* (1724) erweitert er diese Perspektive, indem er ganze Mythologien – ›fables‹ – als ausgeklügelte Scharlatanerie heidnischer Priester aufdeckt. In beiden Schriften sind Wunder, Aberglauben, Orakel und Mythen der Antike trotz gegenteiliger Beteuerungen nur Vorwand zur Kritik der ›Mythologie der Neuzeit‹, eben des Christentums.

De l'origine des fables stammt aus einer Phase seines Lebens, in der Fontenelle nach dem Eintritt in die Akademien seine aufklärerische schriftstellerische Tätigkeit längst eingestellt hatte. Ist er »un penseur *mort jeune*«? *De l'origine des fables* zeigt trotz der Integration des Autors in das System und einer großen Identifikation mit diesem eine Kontinuität aufklärerischen Denkens, die Fontenelle ganz offensichtlich vor Selbstentfremdung bewahrt:

> Pourtant, sur ses contemporains [...] Fontenelle avait agi plus qu'il ne semble, par la voie de l'insinuation, caractéristique des époques de transition. Il n'a jamais eu l'audace de se déclarer ouvertement, comme le feront Voltaire, Diderot, Rousseau. Il n'a eu à subir ni la prison ni l'exil. Il est resté un personnage officiel, respectant toutes les convenances. Mais ses écrits introduisaient, sans bruit, **un esprit destructeur de la tradition.**[41]

Was Pomeau hier als charakteristisch für Fontenelle herausstellt – die Meinungsäußerung ›par la voie de l'insinuation‹ und nicht mittels eines ›se déclarer ouvertement‹ – ist die bevorzugte zeit- und regimetypische Ausdrucksform aller in diesem Kapitel vorgestellten Autoren, mit Ausnahme Boileaus. Alle haben auf die Verschlüsselung ihrer Aussagen viel Aufmerksamkeit verwandt und eine **raffinierte Kunst des ›dire sans dire‹** entwickelt. Dieser kommen insbesondere die kleinen dialogisch gestalteten Gattungen entgegen, die sich bei Autoren und Publikum großer Beliebtheit erfreuen. Ohne alle Texte noch einmal Revue passieren zu lassen, sei daran erinnert, dass nicht nur Fontenelle, sondern auch Fénelon nicht allein *Dialogues sur l'éloquence*, sondern für seinen Schützling, den Herzog von Burgund, ebenfalls *Dialogues des morts* geschrieben hat. Auch Perraults *Parallèles* sind in Dialogform abgefasst; Bayles *Dictionnaire* appelliert ebenfalls deutlich an die Aufmerksamkeit seiner Leser; und bereits 1678 praktiziert La Fontaine in seiner zweiten Fabelsammlung in Bezug auf tagespolitisch und wissenschaftlich aktuelle Themen die Kunst eines kritischen ›dire sans dire‹: auch er schon jetzt ein ›précurseur des Lumières‹. Zweifellos aber ist Fontenelle der unbestrittene Meister dieser Dialogform, die im Wechselspiel gegensätzlicher Meinungen den Leser einbezieht und zur selbständigen Meinungsbildung auffordert. Da, wo Voltaire, Diderot und Rousseau offen Kritik äußern werden, eröffnet die **Appellstruktur** der vielfach dialogisch gestalteten Texte der hier vorgestellten Autoren einen ›zweiten‹ Dialog, der ›sans bruit‹ in die gleiche Richtung weist.[42]

VII. Formen und Themen der Literatur

1. Formen der Literatur

1.1 Verwirrender Formenreichtum

Den Formenreichtum der Literatur des ›siècle classique‹ zu beschreiben, bereitet zunächst methodische Schwierigkeiten, setzt dies doch eine Klärung des Literaturbegriffs an sich voraus. Der Literaturbegriff des 17. Jahrhunderts ist restriktiv und orientiert sich am überlieferten Gattungssystem, das heißt an den Poetiken des Aristoteles und des Horaz; somit existiert ein geschlossenes, hierarchisch gestuftes System offiziell anerkannter Gattungen und Untergattungen, welche jeweils strengen Regeln unterworfen sind.

Unterschieden wird zunächst nach dem Kriterium der **Gebundenheit der Sprache**: Die in Versform auftretende Dichtung rangiert grundsätzlich höher als die Prosagattungen, sofern diese in den geläufigen Poetiken überhaupt erwähnt werden; innerhalb der Dichtung nehmen das Epos und die Tragödie, unterschieden nach Epochen, die oberen Plätze ein; ihnen folgt die hohe Gesellschaftskomödie. Unterhalb dieser Gattungen findet sich die Lyrik mit ihren vielen kleinen Formen. Ein getreuer Spiegel einer solchen Gattungshierarchie ist Boileaus *Art poétique*: Den hohen Gattungen Tragödie, Epos und Komödie – in dieser Reihenfolge – widmet der Autor im dritten Gesang 428 Verse; die Farce erntet heftige Kritik; die Lyrik und ihre Untergattungen müssen sich im zweiten Gesang mit 204 Versen begnügen; Prosagattungen werden nicht erwähnt, der Roman nur beiläufig.

Boileaus Auswahl und Anordnung der Gattungen zeigen, wie sehr Gattungs- und Gesellschaftshierarchie einander entsprechen: Denn **Themen und Motive** von Epos und Tragödie entstammen vorrangig der politischen Geschichte oder der antiken Mythologie; sie bedienen sich einer hohen Stillage. Die Komödie zeigt bürgerliche Protagonisten, deren Liebesaffären – ohne politische Implikationen – meist glücklich enden; die Darstellung erfolgt im mittleren Stil der Umgangssprache. In der Farce schließlich dominiert das Volk; sie bedient sich eines niederen, ›volkstümlichen‹ Stils. Da diesen Gattungen Handlungen entsprechend ihrer Stilhöhe zugeordnet werden, die nur von einem entsprechenden Personenkreis ausgeführt werden können, sind sie der Ständeklausel unterworfen, deren Einhaltung der ›bienséance interne‹ unterliegt. Die literarischen Gattungen erfüllen daher eine **soziale Funktion**, haben einen ›Sitz im Leben‹. Die zahlreichen literarischen Fehden – ›querelles‹ – , die das Jahrhundert prägen, sind ein Indiz für die Heftigkeit, mit der um die Respektierung dieses Systems gerungen wird.

Die geläufigen Poetiken vermitteln jedoch ein verzerrtes Bild der literarischen Wirklichkeit des ›siècle classique‹. Fritz Nies hat für das 17. Jahrhundert eine Fülle kleiner, nicht kanonisierter Gattungen nachgewiesen und Boileau vorgeworfen, in seinem *Art poétique* bezüglich der lyrischen Gattungen eine höchst eigenwillige Auswahl getroffen zu haben.[1] Erst recht stellt sich aus heutiger Sicht und auf der Basis eines nicht normativen, weiten Literaturbegriffs die Literatur des 17. Jahrhunderts gänzlich anders dar. Selbstverständlich sind etwa die Briefe der Mme de Sévigné, die ›sermons‹ und ›oraisons funèbres‹ der Kanzelredner, die literarischen Porträts und die Fülle der in den Salons gepflegten lyrischen Kleingattungen dem literarischen Erbe der Epoche zuzurechnen. Die Mehrzahl besitzt eine mehr oder minder explizit ausformulierte Poetik.[2]

Ein weiteres Merkmal der Literatur des 17. Jahrhunderts ist die Existenz auffälliger **Mischformen**. Geht man von der Tatsache aus, dass es lange und kurze literarische Formen gibt, so haben die langen – der Roman, das Epos, die fünfaktige Tragödie und Komödie – eine autonome Existenz; kurze Texte hingegen – Gedicht, Brief, Maxime, Porträt – werden selten einzeln veröffentlicht, sondern erscheinen häufig in Sammelbänden – *Recueils de poésies, de lettres, de portraits* etc. – oder aber als integraler Bestandteil größerer Werke. So sind etwa die Romane der Mlle de Scudéry mit unzähligen Porträts zeitgenössischer Persönlichkeiten durchsetzt, und die achtbändige *Astrée* enthält eine Fülle formal und inhaltlich unterschiedlicher Gedichte: ›Stances‹, ›Sonnets‹, ›Plaintes‹, ›Chansons‹, ›Madrigaux‹, ›Lettres et Réponses‹ etc. La Fontaine mischt in *Le songe de Vaux* und *Les amours de Psyché et de Cupidon* unterschiedliche lyrische Formen unter die vorherrschende Prosa. Und auch Molière bedient sich dieses Verfahrens, besonders auffällig im *Misanthrope*: Bereits in der Expositionsszene I 2 präsentiert Oronte ein selbstverfasstes Sonett, das einen heftigen Streit mit Alceste auslöst; in II 4, der ›scène à portraits‹, karikiert Célimène mehrere Mitglieder der mondänen Gesellschaft in satirischen Kurzporträts, und in der Schlussszene unterbrechen öffentlich verlesene Prosabriefe den Versrhythmus dieser hohen, in paarweise gereimten Alexandrinern abgefassten Gesellschaftskomödie. Das auffälligste Beispiel einer solchen Formenmischung sind La Bruyères *Caractères*, in denen der Autor die kurze Maxime mit der längeren Reflexion sowie insbesondere dem kunstvoll ausgearbeiteten literarischen Porträt immer wieder überraschend vermischt.

Die Literatur des ›siècle classique‹ präsentiert sich dem heutigen Leser also in einem kaum überschaubaren Formenreichtum, der sich keineswegs allein einer klassischen Gattungstrennung verdankt, sondern ebenso dem Willen, sich über diese hinwegzusetzen, neue Formen zu entwickeln und frei mit ihnen zu spielen. Wenn nun all diese Formen ihren ›Sitz im Leben‹ haben und das Gattungssystem sich kongruent zum sozialen System entwickelt, dann wird im Spiegel der Literatur nur allzu deutlich, wie stark bereits die auf der Monarchie sich gründende gesellschaftliche Hierarchie untergraben wird. Angesichts der Fülle des Materials können im Folgenden nur Schwerpunkte gesetzt werden.

1.2 Ein Goldenes Zeitalter der Lyrik

1.2.1 Formen und Inhalte

Nach der Hochblüte zur Zeit der Pléiade erlebt die Lyrik während der ersten Hälfte des 17. Jahrhunderts ein zweites Goldenes Zeitalter. Dabei grenzt sie sich formal innerhalb der Dichtung des ›siècle classique‹ von der kontinuierlich fließenden Form des Epos durch ihren strophischen Aufbau ab.[3] Die Fülle ihrer Gattungen lässt sich nach **drei Kriterien** etwa folgendermaßen systematisieren:

1. Zunächst entsprechend ihrer **Herkunft**. So ist etwa die Ode eng verknüpft mit dem Griechen Pindar, dem immer wieder beschworenen Ahnherren aller Odendichter, doch ebenso mit dem Römer Horaz, der sich als Lyriker im ›siècle classique‹ großer Beliebtheit erfreut;[4] die kunstvolle Ballade geht auf ein altfranzösisches Tanzlied zurück, das im 14. Jahrhundert seine für das 17. Jahrhundert gültige Form erhält; und die am häufigsten verwendete lyrische Kleinform, das Sonett, stammt aus Italien.

2. Ein zweites **Kriterium** ist **inhaltlicher Art**. So dient die aus der lateinischen Literatur übernommene Elegie der Liebesklage; das ursprünglich italienische Madrigal dagegen besingt Liebessehnsucht und Liebesglück, die Jouissance eine erfüllte Liebe. Die Ode schließlich ist den festlichen Ereignissen des öffentlichen und privaten Lebens vorbehalten.

3. Damit wird ein drittes Kriterium sichtbar: die **Unterteilung in hohe und niedere Lyrik**, in ›grand‹ und ›petit lyrisme‹. Einen **Sonderfall** stellt die **Ode** dar, die sich entsprechend der behandelten Themen als ›hohe‹ oder ›niedere‹ Ode ausgibt, aufgrund ihrer anspruchsvollen Form jedoch immer dem ›grand lyrisme‹ zuzurechnen ist. Diese hohe Lyrik dient in erster Linie der Verherrlichung herausragender **Ereignisse des öffentlichen Lebens**. So etwa Malherbes Ode »Au Roi Henry le Grand, sur la prise de Marseille« (1596) anlässlich der Eroberung der von Spanien besetzten Hafenstadt, die als Nachschubbasis für die Sicherung der ›étreinte espagnole‹ diente, oder Boileaus bereits mehrfach genannte »Ode sur la prise de Namur« (1693). In den Bereich der hohen Lyrik fällt auch die öffentliche Totenklage, die christlich oder stoisch begründeten Trost – ›consolation‹ – spenden soll und deren berühmtestes Beispiel Malherbes »Consolation à Monsieur du Périer« (1607) ist. All diese Texte sind von besoldeten Hofdichtern verfasste ›poésie d'apparat‹, die sakrosankte Formen eher mit Formeln als mit Leben füllt, die aber aus der Lyrik der Epoche nicht wegzudenken ist.

Die ›niedere‹ Ode dagegen besingt Ereignisse oder **Befindlichkeiten des privaten Lebens** wie etwa »La solitude« (1618) des Malherbe-Schülers Saint-Amant oder die zahlreichen Oden, in denen Théophile de Viau die Natur, Tages- oder Jahreszeiten, tatsächliche oder imaginierte Liebesfreuden besingt, zum Beispiel in »La solitude«, »Contre l'hiver«, »Le matin« oder »À Philis«. Eine Sonderstellung nimmt die zweistrophige Ode »Un corbeau devant moi croasse« ein, in der Théophile den Topos der Verkehrten Welt albtraumartig zuspitzt.[5] **Malherbe** und **Théophile de Viau** sind die unbestrittenen Meister der Lyrik des beginnenden Jahrhunderts: Die Lyrik des ›libertin‹ Théophile ist stark subjektiv geprägt. Malherbe dagegen ist Hofdichter und seine Dichtung entsprechend systemkonform; in Mainard, Racan und Saint-Amant findet er Schüler, die sein Werk fortsetzen, ohne jedoch die großen Formen ausfüllen zu können oder gar zu wollen, um sich höfischen Zwängen zu entziehen.

Einen weiteren **Sonderfall** stellt das **Sonett** dar, die anspruchsvollste und – wenn gelungen – vollkommenste, in jedem Fall beliebteste Gedichtform:

> Un sonnet sans défaut vaut seul un long poème.
> Mais en vain mille auteurs y pensent arriver. (Boileau, *Art poétique* II 94 f.)

Das Sonett ist grundsätzlich inhaltsneutral und daher aufgrund der Themen, die es behandelt, dem ›grand‹ oder ›petit lyrisme‹ zuzuordnen; sein beliebtestes Thema ist entsprechend seiner Herkunft aus dem italienischen Petrarkismus die Liebe in ihren vielfältigen Erscheinungsformen; es kann daher durchaus auch ›pornographische‹

Inhalte thematisieren, wie wiederum Malherbe und insbesondere die libertinistischen Schriftsteller zeigen.

Der **Formenreichtum des ›petit lyrisme‹** ist unübersichtlich. Der ›Sitz im Leben‹ der zahlreichen dieser Lyrik zuzuordnenden Kleingattungen sind vorzugsweise die Salons. Hier trifft sich die mondäne, meist aristokratische Gesellschaft, um ihre Verdrängung aus der Politik durch eine Verfeinerung der Umgangsformen, aber auch die Flucht in spitzfindige und unverbindliche Frivolitäten auszugleichen. Bevorzugt werden das häufig nur zwei Verse umfassende pointierte **Epigramm**, das aus einer Strophe bestehende **Madrigal**, das mit vorgegebenen Reimen arbeitende (Endreim-) **Sonett**, die komplizierten Formen des **Rondeau** und der **Ballade** und schließlich die in altertümelnden Sprachformen abgefassten ›vers en vieux langage‹. Zentrales Thema ist die Liebe, sowohl in spielerisch platonischer Idealisierung als auch in frivol realistischer Darstellung. Unangefochtener Meister dieser Lyrik, die das unbedeutendste Ereignis des Salonlebens zum zentralen Thema erheben kann, ist der ›Spaßvogel‹ Vincent Voiture, der trotz bürgerlicher Herkunft beliebteste Schriftsteller des Hôtel de Rambouillet. Seine Dichtung ist leicht, witzig, geistreich und galant und erfüllt alle Anforderungen der ›honnêteté‹. Wie sein Dichterfreund Jean-François Sarasin in *Pompe funèbre* (1649) ebenso witzig übertreibend beschreibt, hüllt sich bei seinem Tod der Parnass in Trauer.[6]

1.2.2 Lyrik im Sog der Monarchie

Das fortwährende Interesse an galanter ›**Unterhaltungslyrik**‹ bezeugen bis weit in die zweite Jahrhunderthälfte hinein zahlreiche *Recueils de poésies galantes*. Der letztlich beschränkte Formenhaushalt dieser Lyrik aber und das Kreisen um die stets gleichen Themen führen zugleich zu ihrer parodistischen Aushöhlung. Dies zeigt Molière an zwei Beispielen: Zunächst in *Les précieuses ridicules* an dem einstrophigen Impromptu, dessen Reime vorgegeben sind; es ist daher, wie Cathos, eine der lächerlichen Preziösen, feststellt, »justement la pierre de touche de l'esprit«. Mascarille, der sich als »diablement fort sur les impromptus« rühmt, schlägt ihr umgehend eines vor:

> Oh! oh! Je n'y prenais pas garde:
> Tandis que, sans songer à mal, je vous regarde,
> Votre œil en tapinois me dérobe mon cœur.
> Au voleur, au voleur, au voleur, au voleur! (Sz. 9)

Cathos quittiert diesen Geistesblitz mit einem begeisterten »Ah mon dieu, voilà qui est poussé dans le dernier galant!« Das andere Beispiel ist die Sonettszene im *Misanthrope*, in der Oronte ein von ihm selbst verfasstes galant-schwülstiges Sonett mit großem deklamatorischen Aufwand vorträgt und sich eine kräftige Abfuhr von Alceste, dem Menschenfeind, einhandelt, der dem Sonett ein schlichtes Volkslied entgegenstellt, eines der schönsten Liebesgedichte des ›siècle classique‹.

Man mag darüber streiten, ob die Lyrik in der zweiten Jahrhunderthälfte an der **Parodie ihrer eigenen Themen und Verfahren** scheitert oder ob der **Sog der Monarchie** so stark ist, dass er den Ausdruck subjektiver Befindlichkeiten nicht mehr gestattet – fest steht, dass sie nur noch eine Randexistenz führt, sieht man einmal von **La Fontaine** ab. Ihm gelingt es, die ursprünglich unpoetische, der Rhetorik zugeordnete

Fabel in seiner **zweiten Fabelsammlung** in den Bereich der Lyrik zu überführen und an die Tradition anzuknüpfen, die Saint-Amant und Théophile mit ihren Oden »À la solitude« für das Jahrhundert begründet hatten. Das Lob einer solchen »solitude, où je trouve une douceur secrète« in »Le songe d'un habitant du Mogol« (XI 4, 22) impliziert nämlich die definitive Absage an die Exzesse der Höfischen Gesellschaft auf dem Höhepunkt der Monarchie Ludwigs XIV. »Le songe d'un habitant du Mogol« und einige andere Fabeln der zweiten Sammlung sind reine Bekenntnislyrik *avant la lettre*. Lyrik kann also im ›siècle classique‹ durchaus mehr sein als Herrscherlob im Medium der großen Ode oder Gesellschaftsspiel im Wettkampf der Kleingattungen, nämlich **Ausdruck der Selbstbehauptung des Individuums** in Abgrenzung gegen einen alles absorbierenden Staat. Aufgrund seiner vollkommenen Verskunst verleihen die Zeitgenossen La Fontaine den Titel eines ›roi des vers‹; Chauveau bezeichnet sein Werk als »la quintessence de la poésie française« und Biyidi sieht in ihm »le pur génie du vers français«.[7]

1.2.3 Satiren, Episteln, ›Contes et nouvelles‹

Neben den hier skizzierten lyrischen Kleinformen existieren andere Versgattungen, die sich großer Beliebtheit erfreuen, so insbesondere die **Verssatire**. **Mathurin Régnier** ist zu Beginn des Jahrhunderts mit siebzehn *Satires* (1598–1612) ihr wichtigster Vertreter. Er beschreibt in ihnen gesellschaftliche Auswüchse seiner Zeit und polemisiert gegen den wachsenden Einfluss Malherbes. Sein Meisterwerk ist die *Satire XIII* über die Kupplerin Macette, eine Studie der Heuchelei, in ihrer Schärfe Molières *Tartuffe* vergleichbar, der sich an ihr inspiriert hat.[8] Kämpferisch engagiert ist auch **Boileau**, der sich in seinen zwölf *Satires* zu Beginn und gegen Ende seiner Karriere mit scharfer Polemik in öffentliche Missstände einmischt.[9] Seine ***Épîtres en vers*** (1669–1698) sind an hochstehende Persönlichkeiten – drei sogar an den König – gerichtet; hier zeigt sich der in den aristokratischen Salons verkehrende ›angepasste‹ Boileau, der Colberts Friedenspolitik preist (*Épître I*) oder des Königs kriegerische Erfolge feiert (*Épître IV*), aber auch moralphilosophische, kunsttheoretische und theologische Fragen erörtert. In Boileaus an hohe Persönlichkeiten gerichteten Versepisteln erlangt eine literarische Gattung Öffentlichkeit und politischen Anspruch, die bereits auf eine lange mondäne – private und spielerische – Tradition zurückblicken kann und der auch schon La Fontaine am Hof Fouquets Tribut gezollt hatte.[10] Nicht zuletzt sind der Versdichtung auch **La Fontaines** etwa siebzig ***Contes et nouvelles*** (1665–1674) zuzurechnen, Meisterwerke der erotischen Literatur, in denen er mittels eines raffinierten ›dire sans dire‹ selbst gewagteste Szenen witzig-anmutig und gefällig darstellt und damit zugleich eine die gesellschaftlichen Strukturen gefährdende natürliche Triebhaftigkeit gesellschaftsfähig macht. 1694 versucht **Perrault**, mit einer Sammlung von drei ***Contes en vers***, darunter das berühmte »Peau d'âne«, an La Fontaines Erfolge anzuknüpfen, ehe er 1697 zum Prosamärchen übergeht.

1.3 Der Roman zwischen Evasion, Wirklichkeit, Utopie und Geschichte

Wer sich mit dem Roman des 17. Jahrhunderts befasst, sollte sich von allen Vorstellungen freimachen, die der Begriff heute impliziert. Da Aristoteles ihn in seiner *Poetik* nicht nennt, hat er zunächst **keinen festen Platz im Gattungsgefüge**. Seine Vertreter berufen sich auf den antiken Abenteuerroman und den Ritterroman im Stil des *Amadís de Gaula* (1508) des Spaniers Rodríguez de Montalvo, der 1540–1548 ins Französische übersetzt wird und dessen Fortsetzungen das Publikum faszinieren.[11] Vorbild ist ebenso der italienische und spanische Hirtenroman, insbesondere die *Diana* des Montemayor. In ihrer Nachfolge macht der Roman des ›siècle classique‹ erstaunliche **inhaltliche und formale Wandlungen** durch, wird ein scheinbar realitätsflüchtiger Schäferroman oder ein heroisch-galanter Ritterroman und dient zugleich der Parodie dieser Modelle, indem er als ›roman comique‹ zeitgenössische soziale Wirklichkeit darstellt; er kann diese aber auch zugunsten des utopischen Gegenentwurfs einer besseren Welt hinter sich lassen, um sich unter der Gattungsbezeichnung ›histoire‹ der Darstellung wahrer, durch die Geschichte beglaubigter Begebenheiten zu verschreiben. Formal entwickelt er sich von einem mit beliebig vielen, oft nicht enden wollenden Episoden ausgestatteten ›Schubladenroman‹ – ›roman à tiroirs‹ – zu einer geradezu den dramatischen Regeln der drei Einheiten unterworfenen Erzählung, deren Intrige nicht mehr als ein Jahr umfassen darf und sich in einem historisch verifizierbaren Rahmen abspielen muss. Diese Entwicklung der ambivalenten Gattung Roman wird von einer lebhaften Theoriediskussion begleitet, deren Reichtum erst allmählich zutage tritt.[12]

1.3.1 Der heroisch-galante Ritterroman

Eröffnet wird das Jahrhundert mit ***Astrée*** (1607–27) von Honoré d'Urfé, einem Schäferroman, welcher der Friedenssehnsucht einer der Religionskriege überdrüssigen Generation unmittelbaren Ausdruck verleiht, hinter dessen Idylle die Strukturen der sich herausbildenden Höfischen Gesellschaft sich indes deutlich abzeichnen. Unmittelbar von *Astrée* beeinflusst sind zunächst zahlreiche heroisch-galante Ritterromane, deren Handlung meist in fernen Ländern und Zeiten spielt. Um die Liebe edler Damen zu erringen, bewähren ihre Helden sich in unwahrscheinlichen Abenteuern, welche die prosaische Gegenwart ihnen verwehrt. Gombervilles fünf Bände umfassender *Polexandre* (1619–37) ist charakteristisch für diese Art von **Evasionsliteratur**.[13]

Den Höhepunkt der Gattung bilden die beiden je zehnbändigen **Romanzyklen der Mlle de Scudéry**: Während *Le grand Cyrus* (1649–53) im Persien des 5. vorchristlichen Jahrhunderts spielt, ist *Clélie* (1654–60) im republikanischen Rom angesiedelt. Ungeachtet der großenteils unwahrscheinlichen Handlung scheinen in ihren Personen und Episoden die moralischen und ästhetischen Normen der eigenen Zeit durch. Die eigentliche Bedeutung dieser Romane liegt jedoch in der psychologischen Durchdringung der Personen sowie der Vergeistigung und Verfeinerung der Beziehung der Geschlechter zueinander, wie die berühmte »Carte du pays de Tendre« der *Clélie* sie illustriert.

1.3.2 Die ›histoire comique‹ als Sittenroman

In Abgrenzung zu den idealistischen Pastoral- und Ritterromanen bilden sich gleichzeitig die als Antiromane konzipierten ›romans comiques‹ heraus. Strukturell ähneln sie häufig den kritisierten Modellen; der Bruch findet vielmehr auf inhaltlicher und stilistischer Ebene statt: Sie verspotten die Unwahrscheinlichkeiten der Hirten- und Ritterwelt mit Hilfe von Parodie, Satire und Burleske und ersetzen sie durch lebenspralle, volkstümliche Geschichten, deren Protagonisten dem Bürgertum und dem niederen Adel entstammen. Damit werden bisher im Roman nicht vertretene soziale Schichten literaturfähig. Der erste bedeutende Vertreter dieses Romantyps ist der Libertin Charles Sorel, ein Freund Viaus. Der Titel seines ersten großen Romans, *La vraie histoire comique de Francion* (1623), ist bereits Programm: Es handelt sich um eine ›realistische‹, der Darstellung der sozialen Wirklichkeit verpflichtete Geschichte im mittleren, das heißt ›komischen‹ Stil. Francion, der adelige Held, lernt auf einer Initiationsreise alle relevanten gesellschaftlichen Kreise und ihre Lebensgewohnheiten kennen. Francion ist daher der erste Sittenroman der französischen Literatur: ein bizarres Panoptikum der Gesellschaft der Zeit Ludwigs XIII., in dem kritische Töne vorherrschen.[14] Den ›histoires comiques‹ zuzuordnen ist auch *Le page disgracié* (1643) von Tristan L'Hermite; er ist klarer aufgebaut und weniger freizügig als der *Francion*, was sich bereits durch den späteren Abfassungszeitpunkt erklärt. Neu ist die Darstellung aus der Perspektive eines Ich-Erzählers, eines jungen Weltenbummlers aus dem verarmten Provinzadel. Über ein allgemeines Sittengemälde hinaus gibt der Roman einen Einblick in die prekäre Situation des Provinzadels, der nicht erst bei Molière Gegenstand der Satire wird.[15]

Das Meisterwerk der Gattung ist **Scarrons *Roman comique*** (1651–57). In die Haupthandlung seines Romans, die das bunte Leben einer durch die Provinz ziehenden Schauspieltruppe schildert, sind mehrere autonome Nebenhandlungen eingewoben. Der Roman mutet daher auf den ersten Blick heterogen an, zumal auch die Kontinuität stiftende Figur eines Protagonisten fehlt, der die unterschiedlichen Elemente zusammenhält. In Wahrheit aber kombiniert Scarron bewusst verschiedene Tonlagen des Ernsten und Phantastischen, des Komischen und Pathetischen, um das authentische **Abbild einer widersprüchlichen Welt** zu geben. Das Neuartige des *Roman comique* besteht in der Omnipräsenz eines Erzählers, der die Handlung unterbricht, die Aufmerksamkeit des Lesers auf komische Szenen richtet, Verhalten und Charakter der Personen beurteilt, sich Abschweifungen erlaubt, die Titel der Kapitel ironisiert und deren Länge tadelt. Dieser spielerische Umgang mit den Erzählkonventionen deutet bereits eine ironische Distanz gegenüber dem Akt des Erzählens an. Der Widerspruch zwischen dem Erzählen einer Geschichte und ihrer gleichzeitigen Infragestellung verweist bereits auf eine **Krise des ›roman comique‹**, die der letzte Roman dieser Gattung, Antoine Furetières *Roman bourgeois* (1666), endgültig offenbart. Indem Furetière ein satirisches Zerrbild des Pariser Bürgertums entwirft und gleichzeitig Scarrons Ironisierung der Erzählkonventionen noch überbietet, zerstört er eine Darstellungsform, die erstmals die Möglichkeit geboten hätte, das Bürgertum entsprechend seiner wachsenden Bedeutung im Staat literaturfähig zu machen.[16]

Heftiger und kategorischer als die Satire des ›roman comique‹ fällt die **Kritik im utopischen Roman** aus. Sein genialer Vertreter ist der Libertin **Cyrano de Bergerac**, ein Schüler Gassendis und Freund Tristan L'Hermites, Scarrons und Molières. Neben Theaterstücken schreibt er zwei Romane, *Les états et empires de la lune* (1657) und *Les états et empires du soleil* (1662), die postum erscheinen und wahrscheinlich zensurbedingte Kürzungen und Verstümmelungen aufweisen. Als Anhänger Epikurs verficht Cyrano das kopernikanische Weltbild; in seinen Romanen schildert er die Entwicklung mehrstöckiger Raketen, die die Reise zu bewohnten Planeten ermöglichen. Deren vorbildliche Gesellschaftsordnung dient ihm dazu, soziale Missstände seiner Zeit aufzuzeigen und eigene Lösungen vorzuschlagen. Durch seinen lebhaften Stil macht er einem größeren Publikum die komplexen Thesen der libertinistischen Philosophie zugänglich. Seine beliebtesten Stilmittel, die Zuspitzung der Argumentation zum Paradox und die geographische Verfremdung, antizipieren bereits die Verfahren des utopischen Romans der Aufklärung.[17]

1.3.3 Der neue Roman – ›les petites histoires‹

Wie auch in anderen Bereichen bedeuten die 1660er Jahre eine Wende in der Romanästhetik, welche bereits begrifflich offenkundig wird: Der Roman ist nun ›histoire‹, ›mémoire‹ oder auch ›petit roman‹. Zwar spielt seine Handlung weiterhin vorzugsweise im höfischen Milieu und bleibt die Liebe das zentrale Thema, doch ist der **größere Wirklichkeitsbezug** unübersehbar. Ziel dieses neuen Romans ist die Darstellung wahrer, durch die Geschichte beglaubigter Begebenheiten. Mit diesem Ziel verbindet sich zugleich die Forderung nach **Kürze und Klarheit** der Darstellung. Im Rückblick schreibt der erst vor kurzem wiederentdeckte Romantheoretiker und Kunstkritiker Du Plaisir 1683:

> Les petites histoires ont entièrement détruit les grands romans. Cet avantage n'est l'effet d'aucun caprice. Il est fondé sur la raison, et je ne pourrais assez m'étonner de ce que les fables à dix et douze volumes aient si longtemps régné en France, si je ne savais que c'est depuis peu seulement que l'on a inventé les nouvelles. Cette dernière espèce est principalement très convenable à l'humeur prompte et vive de notre nation.[18]

Einen wichtigen Schritt in diese Richtung geht Segrais mit seinen *Nouvelles françaises* (1656), sechs Erzählungen, die in einem verifizierbaren historischen Rahmen spielen. **Differenzierte Analysen der Gefühle** und eine klare Handlungsführung heben diese Erzählungen, von denen drei in der unmittelbaren Gegenwart spielen, deutlich von früherer Erzählliteratur ab.[19] Noch näher an der Wirklichkeit ist die *Histoire amoureuse des Gaules* (1665) von Bussy-Rabutin, einem Vetter der Mme de Sévigné. Es ist die Skandalchronik des französischen Hofes, in der die zeitgenössischen Vorbilder trotz der Pseudonyme leicht erkennbar sind. Mit ihren satirischen Porträts, Anekdoten und oft zynisch ausgebreiteten Sittenschilderungen ist die *Histoire amoureuse* das in ihrer Zeit viel bewunderte Meisterwerk einer unmittelbar Roman gewordenen Geschichte.[20] Legitimiert durch die Nähe zur Geschichte ist auch das Werk des Abbé de Saint-Réal. 1672 publiziert er die ›nouvelle historique‹ *Dom Carlos*, in der er die tragische Liebe des spanischen Infanten zu Elisabeth von Frankreich darstellt, die schließlich die Frau seines Vaters wird. Auch *La conjuration des Espagnols contre la République de Venise* (1674) ist der Geschichte entlehnt. In beiden Romanen bemüht sich Saint-Réal um die **gewissenhafte Rekonstruktion dramatischer Momente der Vergangenheit**. Die Wirkung seiner Romane auf Autoren wie Mme de La Fayette,

Voltaire und Stendhal ist groß; noch Schiller findet bei ihm die Vorlage zu seinem *Dom Karlos*.[21]

Gemeinsames Kennzeichen der im Folgenden dargestellten Romane ist über die Legitimation der Romanfiktion durch die Geschichte oder die zeitgenössische Realität hinaus ein **jansenistisches Verständnis der Liebe** als einer blinden, unheilvollen Leidenschaft. Das gilt für die *Mémoires de la vie de Henriette-Sylvie de Molière* (1671–74) und *Les désordres de l'amour* (1675) der **Mme de Villedieu**, für *La princesse de Montpensier* (1662) und *La princesse de Clèves* (1678) der **Mme de La Fayette** und schließlich für die *Lettres portugaises traduites en français* (1669) des Grafen von **Guilleragues**, einen der größten Bucherfolge des Jahrhunderts, der als **Briefroman** eine Tradition über Montesquieu zu Rousseau und Choderlos de Laclos eröffnet. Sie alle sind grundsätzlich in einem historisch-sozial identifizierbaren Rahmen auf das Liebesdrama weniger Personen konzentriert, das meist in der Katastrophe endet. Die Nähe zur Geschichte wird auch durch den häufigen Gebrauch des Begriffes ›mémoire‹ signalisiert: Mme de Villedieu bedient sich seiner für ihre Biographie der ›Henriette Sylvie de Molière‹, einer fiktiven Autobiographie, die im Übrigen nichts mit Molière zu tun hat; dabei kompensiert sie die Reduzierung der äußeren Handlung durch eine zunehmend verfeinerte Analyse der inneren Befindlichkeiten, ein Verfahren, das Mme de La Fayette in *La princesse de Clèves* zur Meisterschaft entwickeln wird. Deren *Histoire de Madame Henriette d'Angleterre* besitzt ebenso wie ihre *Mémoires de la cour de France pour les années 1688 et 1689* den Charakter eines authentischen historischen Dokumentes und ist zugleich eine differenzierte psychologische Studie der Henriette von England, der Schwägerin Ludwigs XIV. Um den historisch-dokumentarischen Charakter der *Princesse de Clèves* hervorzuheben, hatte Mme de La Fayette ihren Roman ursprünglich als ›mémoires‹ bezeichnet. Er besitzt letztlich keine Handlung; das auf ein Minimum reduzierte äußere Geschehen ist in erster Linie Anlass zur Analyse seiner Voraussetzungen und Folgen. Daraus resultiert ein neuartiges Raffinement der seelischen Durchdringung innerhalb der Gattung Roman. Von *La princesse de Clèves* leitet sich daher eine **Tradition des psychologischen Romans** ab, dessen wichtigste Vertreter Stendhal, Proust, Cocteau und Radiguet sein werden.[22]

Wie eng schließlich Romanproduktion und die Reflexion über die sprunghaft sich entwickelnde Gattung einander durchdringen, erhellt die Tatsache, dass der Buchausgabe von Mme de La Fayettes ›histoire espagnole‹ *Zaïde* (1669), die zur Zeit der Reconquista Granadas spielt, Pierre-Daniel **Huets *Traité de l'origine des romans*** vorangestellt ist. Er enthält eine Gattungsgeschichte des Romans und bezeugt exemplarisch dessen Aufwertung. Huet definiert den zu einer autonomen ›modernen‹ Gattung sich entwickelnden Roman als »des fictions d'aventures amoureuses, écrites en prose avec art, pour le plaisir et l'instruction des lecteurs«. Vor allem auf den Aspekt des ›instruire‹ mittels des ›plaire‹ legt er, in Übereinstimmung mit der herrschenden Ästhetik der Epoche, großen Wert und hebt damit den Roman auf das Niveau der anerkannten kanonisierten Gattungen.[23]

1.4 Mondäne Gattungen

Neben dem Roman existieren andere, vor allem kurze Prosagattungen wie ›historiette‹, Porträt, Maxime, Brief, die meist in Sammlungen – ›recueils‹ – erscheinen. Ihre Qualifikation als ›mondän‹ verweist zugleich auf ihren Lebensraum, die mondänen Salons des Hochadels; ihre Autoren sind meist miteinander befreundet, diskutieren ihre Werke untereinander, schreiben sie mitunter sogar gemeinsam: Mme de Sévigné, Mme de La Fayette, La Rochefoucauld, Retz:

> un groupe restreint soudé par des amitiés – ou inimitiés – anciennes, et dont les membres avaient beaucoup de choses en commun: de grandes déceptions, l'appartenance à des partis vaincus (la Fronde, les amis de Fouquet), une santé souvent médiocre, une pensée jansénisante.[24]

1.4.1 Die ›historiette‹ und das literarische Porträt

Die bei diesen Autoren beliebten Kleingattungen gehorchen einer je eigenen Poetik, deren gemeinsame Merkmale ›**négligence**‹ und ›**diversité**‹ sind. So etwa die anekdotenhaft angereicherten ***Historiettes*** **des Tallemant des Réaux**, eine Sammlung von etwa 350 Kurzbiographien über Persönlichkeiten unterschiedlichster sozialer Provenienz – von Jodelet über die Marquise de Rambouillet und Corneille zu Ludwig XIII.; ohne jedes System vermengen sie Anekdoten, Vertraulichkeiten und Klatsch und sind doch gleichzeitig eine wichtige Informationsquelle »sur l'époque de Richelieu et de Mazarin – d'une justesse et d'une richesse tout à fait exceptionnelles«.[25]

Die Tradition des **literarischen Porträts** reicht bis in die antike Geschichtsschreibung zurück. Ein wichtiger Platz in seiner Entwicklung gebührt Anne-Marie-Louise d'Orléans, als Tochter des Gaston d'Orléans La Grande Mademoiselle genannt, ›la tumultueuse cousine de Louis XIV‹. Ihre für die Emanzipationsgeschichte der Frau wichtigen *Mémoires* sind eine interessante Autobiographie einer der faszinierenden Frauengestalten des ›siècle classique‹, die als Adelige sich ihrer literarischen Aktivitäten nicht schämt. Mit der ihr gewidmeten *Galerie des portraits* (1659) zahlreicher Damen und Herren ihres Hofes, darunter ein Autoporträt der Grande Mademoiselle und einige andere aus ihrer Hand, erhält die in den Salons geführte Diskussion um das literarische Porträt neue Impulse. Bereits Mlle de Scudéry hatte ihre Romane mit zahlreichen Porträts angereichert, hinter deren Fiktion sich viele ihrer Zeitgenossen verbergen. In den meisten Fällen sind es idealisierte Porträts, die den Menschen nicht nur äußerlich, sondern vor allem als geistig-moralisches und soziales Wesen abbilden möchten. Die Porträts der *Galerie* hingegen, insbesondere auch das Autoporträt der Grande Mademoiselle, sind ›realistisch‹, benennen durchaus körperliche Mängel und sind in der Erforschung der geistig-seelischen Dimension eindringlicher als die der Mlle de Scudéry.[26] Das Porträt, ob **idealisiert, realistisch oder satirisch**, hat von nun an seinen festen Platz in den unterschiedlichsten Gattungen: z.B. in den *Mémoires* des Kardinal de Retz, den ›oraisons funèbres‹ Bossuets, den Romanen der Mme de La Fayette und Mme de Villedieu, in Molières Komödien, insbesondere dem ***Misanthrope*** mit der berühmten ›scène à portraits‹ (II 4), und vor allem in den *Caractères* La Bruyères.[27]

1.4.2 Die Maxime

Kaum weniger verbreitet als das Porträt ist die Maxime, auch sie antiken Ursprungs. Sie wird der aphoristischen Literatur zugerechnet, die in unterschiedlichen Kurzformen allgemeine Wahrheiten bzw. Lebensweisheiten formuliert, die inhaltlich pointiert und stilistisch effektvoll herausgearbeitet werden, um den Leser zu überraschen und zu einer Stellungnahme zu bewegen. Als ›maxima regula‹ besitzt die Maxime zunächst normativen Charakter, ist Richtschnur der Lebensführung. Als solche verwendet noch Molière sie in seiner *Ecole des femmes*: In der zentralen Szene III 2 muss die naive Agnès ihrem Ziehvater und künftigen Möchtegerngemahl Arnolphe »Les maximes du mariage ou Les devoirs de la femme mariée« vorlesen, was dieser mit einem »Je vous expliquerai ce que cela veut dire« kommentiert. Die provokante Parodie der Ehemaximen des Heiligen Gregor von Nazianz war einer der Gründe für die heftige ›querelle‹ um das Stück.[28]

Als mondäne Salongattung hat die Maxime bei den repräsentativen Vertretern des ›siècle classique‹ diesen präskriptiven Charakter jedoch längst verloren, sie schreibt nicht mehr *vor*, sondern *be*schreibt und komprimiert auf kleinstem Raum ein Maximum an Erfahrung, wobei die sprachliche Verknappung der Intensivierung der Aussage dient. Im Blick auf diese Praxis definiert André Gide die Maxime daher als die Kunst des »**exprimer le plus en disant le moins**«. Als ihr wichtigster Vertreter gilt **La Rochefoucauld**; seine *Réflexions ou sentences et Maximes morales* erscheinen von 1665 bis 1678 in fünf überarbeiteten und erweiterten Auflagen. In den ersten Auflagen praktiziert er auch die zur reflektierenden Form ausgearbeitete Sentenz; die Ausgabe von 1678 umfasst 504 Fragmente – fast ausschließlich Maximen. Sie zeigt, wie sehr La Rochefoucauld sich mit dieser Gattung identifiziert, die ihn schnell berühmt macht. Ihr Ursprung liegt in einer Art Gesellschaftsspiel: Im Salon der Marquise de Sablé vertreiben die Mitglieder sich die Zeit damit, Maximen zu formulieren, die in prägnanter Form das Wesen des Menschen und sein Verhalten in der Gesellschaft erfassen. Es ist einleuchtend, dass sich unter solchen Prämissen La Rochefoucaulds Werk nicht zu einem logisch argumentierenden Traktat oder ›discours‹ zusammenfügen kann. Die einzelnen Fragmente nehmen den Menschen nie als Totalität in den Blick, sondern immer nur einzelne Aspekte: auffällige Verhaltensweisen, zur Schau gestellte Werte; sie sind, im Gefolge von Descartes' Analysen in den *Passions de l'âme*, Ausdruck einer neuen Psychologie, die sich für das Funktionieren der psychischen Mechanismen interessiert, und verlangen aufgrund ihrer inhaltlichen und formalen Pointierung vom Leser eine aufmerksame Lektüre. Daraus ergibt sich vielfach kein eindeutiger Sinn; das Ergebnis der Lektüre kann vielmehr doppeldeutig sein oder rätselhaft bleiben und sich erst durch das Umfeld anderer Maximen erschließen.

Eine derart ›undurchsichtige‹ Darstellung des Menschen im literarischen Medium der Maxime entspricht dem Pessimismus eines Menschen- und Weltbildes, das bei La Rochefoucauld, und stärker noch bei der Marquise de Sablé, jansenistisch geprägt ist. Es wäre indes unangemessen, La Rochefoucaulds *Maximes* allein unter dieser pessimistischen Perspektive zu betrachten und ihren **›mondänen‹ Spielcharakter** zu unterschätzen:

> Les *Maximes* ont un aspect ludique indéniable qui invite à ne pas les lire avec un esprit de sérieux pesant. Mais les réduire au simple plaisir du jeu mondain ou littéraire, c'est

> sans doute mutiler la portée de l'œuvre et du jeu même auquel l'auteur se livre avec son lecteur.[29]

Durch La Rochefoucauld ist die Maxime zu einer literarischen Modegattung geworden und, ähnlich wie das Porträt, in andere literarische Formen eingedrungen. Als konstantes Strukturelement findet die beschreibende Maxime sich in den zeitgenössischen Romanen von Saint-Réal, Bussy-Rabutin, Guilleragues, Mmes de La Fayette und Villedieu als Ausgangs- oder Zielpunkt von Personenbeschreibungen oder reflektierenden Passagen. Auch für La Bruyère ist sie in seinen *Caractères* ein beliebtes Ausdrucksmittel, das entweder sich selbst genügt oder aber den Ausgangspunkt längerer Sentenzen darstellt.[30]

1.4.3 Der Brief – eine unendliche Geschichte

Kaum überschaubar ist die Briefliteratur des ›siècle classique‹. Obwohl nicht dem klassischen Literaturkanon zugehörig, ist der Brief fester Bestandteil des privaten, gesellschaftlichen und wissenschaftlichen Lebens. In Kapitel IV 3 wurde darauf hingewiesen, in welch hohem Maß der Brief in der ›république des lettres‹ dem Austausch von Erfahrungen und Entdeckungen dient. Doch neben der gelehrten Korrespondenz gibt es die ›correspondance familière‹. In beiden Fällen handelt es sich einerseits um die pragmatische Nutzung des Briefes als Mittel der Alltagskommunikation; zugleich aber kommt dem Brief als ›Ersatz‹ für die höherwertige, jedoch nicht mögliche Konversation der **Status eines Kunstgegenstandes** zu. Mit Guez de Balzac als dem ersten wichtigen ›épistolier‹ des ›siècle classique‹ wird der Brief endgültig zu einem für die Veröffentlichung bestimmten Kunstobjekt und erlangt damit auf lange Zeit einen für die Entwicklung der französischen Prosa normbildenden Status. Auf Balzac folgt Vincent Voiture als Meister des galanten, das heißt scherzhaft-witzig-geistreichen Briefes. Mlle de Scudéry schließlich unterscheidet in *Clélie*

> les lettres de bienséance (remerciements, condoléances, etc.), les lettres galantes, qui demandent surtout de l'esprit, et les lettres amoureuses, qui demandent surtout du sentiment [...] **La diversité des registres et des tons** dans l'échange épistolaire montre la vanité des efforts tentés par les théoriciens pour codifier une forme d'écriture que définit d'abord sa liberté.[31]

Den Höhepunkt der Briefliteratur des ›siècle classique‹ stellen die rund 1.400 erhaltenen **Briefe der Mme de Sévigné** dar. Anlass dieser immensen Briefproduktion ist die Trennung der Autorin von ihrer Tochter, die 1671 nach ihrer Heirat in die Provence übersiedelt. Als Chronik aller größeren und kleineren Ereignisse von ›la cour et la ville‹ kommt den Briefen eine unschätzbare Bedeutung zu. Ob es sich um den Fouquetprozess handelt, die Hinrichtung der Giftmischerin Brinvilliers, den Selbstmord des Meisterkochs Vatel, der sich anlässlich der Bewirtung des König aus Verzweiflung über die verspätete Anlieferung frischer Fische das Leben nimmt, den ruhmreichen Tod Turennes auf dem Schlachtfeld oder die Kriegszüge des Königs: Mme de Sévigné berichtet über alle Begebenheiten mit geradezu journalistischer Pünktlichkeit und ohne stilistische Prätentionen. Die intime Beziehung zu ihrer Tochter als der Hauptadressatin der Briefe macht diese Korrespondenz zu einem gefühlsbeladenen Dialog, der umso lebendiger ist, als er die mündliche Kommunikation ersetzen muss. Zugleich entsteht auf diese Weise ein Tagebuch, in das alles Einlass findet, was die Autorin bewegt: die Schönheit der Natur, literarische und ästhetische Vorlieben und Abneigungen, Meditationen über die Vergänglichkeit der Zeit, über Krankheit, Alter und Tod. Die Faszination ihrer Briefe und ihre wichtigste Neuerung besteht indes in ihrem Stil, ihrer **Ästhetik der ›nonchalance‹ und ›naïveté‹**; Mme de Sévigné selbst bezeichnet ihn als ›style négligé‹. Er ist wie die ›diversité‹ der Fabeln La Fontaines Ausdruck einer oppositionellen Ästhetik, die sich entschieden abgrenzt von der Imponier- und Repräsentationskunst des Schlosses von Versailles oder der Kolonnade des Louvre. Daher besitzt auch kaum ein Brief eine thematische oder stilistische Einheit; Porträts, Landschaftsbeschreibungen, Meditationen, Dialoge, Berichte – alles fügt sich, ohne je pathetisch oder geziert zu klingen, auf einer mittleren Stillage zu einer harmonischen und natürlichen Einheit zusammen.[32]

Abschließend sei daran erinnert, dass schon in d'Urfés *Astrée* die Liebenden »semblent passer plus de temps à s'écrire qu'à garder les moutons«, dass Guilleragues in *Lettres portugaises* seine portugiesische Nonne ihre Liebesklage in Briefen artikulieren lässt und damit der Briefroman einen ersten Höhepunkt erreicht, dass viele Dramenautoren des ›siècle classique‹, darunter Molière im *Misanthrope*, sich des Briefes als eines wichtigen, Spannung erzeugenden dramaturgischen Mittels bedienen und nicht zuletzt der Brief in der erzählenden Prosa geradezu ein Eigenleben entfaltet: der Brief – eine unendliche Geschichte.[33]

2. Themen der Literatur

Der Themenreichtum der Literatur des ›siècle classique‹ ist ebenso groß wie der der Formen, so dass diesbezüglich wiederum nur einige Akzente gesetzt werden können.

2.1 Ästhetische Autoreflexion

Eines der herausragenden Merkmale der Literatur des 17. Jahrhunderts ist ihr hoher Grad an Selbstreflexion hinsichtlich ihrer eigenen Erscheinungsformen, ihrer Zielsetzung und Funktionsweise. **Zahlreiche ›querelles‹** – z.B. die ›querelle de *L'école des femmes*‹, die ›querelle du *Tartuffe*‹ sowie die der *Phèdre* bzw. die grundsätzliche ›querelle du théâtre‹ der 1690er Jahre – bezeugen, mit welcher Leidenschaft die Literatur betreffende Fragen oft über lange Zeiträume hinweg diskutiert werden.

Hinzu kommen **Abhandlungen**, häufig aus der Feder der Autoren selbst oder von Literaturtheoretikern abgefasst; darunter etwa *La pratique du théâtre* (1657) des Abbé d'Aubignac, Corneilles »Examens« seiner 1660 herausgegebenen Theaterstücke, die *Entretiens d'Ariste et d'Eugène* (1671) des Père Bouhours, Daniel Huets *Traité de l'origine des romans* (1672), die *Réflexions sur la poétique d'Aristote* (1674) des Père Rapin, Boileaus *Art poétique* und *Traité du sublime* (1674) oder schließlich Fénelons *Lettre à l'Académie* (1713/14). All diese Schriften lösen lebhafte Reaktionen aus und wirken nachhaltig.

Darüber hinaus ist die **Kunstreflexion** großenteils integraler **Bestandteil der Literatur** selbst. So etwa in Molières einaktigen Prosakomödien *La critique de ›L'école des femmes‹* und *L'impromptu de Versailles* (beide 1663) im Zusammenhang der gleichnamigen ›querelle‹. Außerdem verfasst Molière zur Verteidigung seines Freundes Mignard das Versepos *La gloire du Val-de-Grâce* (1669), in dem er zwei Malweisen einander gegenüberstellt: die langsame, immer wieder Korrekturen gestattende Ölmalerei und die Freskenmalerei, welche die schnelle Anwendung einer sicher beherrschten Technik verlangt. Durch den Vergleich dieser Techniken der Malerei reflektiert Molière eigene literarische Produktionsformen: die für Festlichkeiten Ludwigs XIV. oft unter extremem Zeitdruck entstandenen Ballettkomödien und die langsam erarbeiteten großen Komödien wie etwa *Le misanthrope*.[34] Ähnlich La Fontaine: In dem unvollendet gebliebenen *Le songe de Vaux* beschreibt er Fouquets Schloss und lässt in einem Intermezzo die Allegorien der Architektur, Malerei, Gartenkunst und Dichtung um einen Preis wetteifern. Zu Beginn von *Les amours de Psyché et de Cupidon* (1669) lustwandeln vier Freunde, hinter denen man lange – fälschlicherweise – die ›société des quatre amis‹ gesehen hat, durch die Gärten von Versailles und erörtern kunsttheoretische Fragen. In dem Eröffnungskapitel »Des ouvrages de l'esprit« der *Caractères* (1688) nimmt La Bruyère eine differenzierte poetologische Selbstbestimmung vor. Der Kunsttheoretiker André Félibien schließlich beschreibt detailliert die barocken Festlichkeiten in den Parkanlagen von Versailles und ermöglicht so, etwa am Beispiel der Uraufführung von Molières *George Dandin* sowie einer Aufführung seines *Malade imaginaire* dortselbst, wichtige Einblicke in die Praxis der Theateraufführungen.[35] Und ist nicht Ludwig XIV. selbst Autor einer Monographie über die Gärten von Versailles, in der er sein Lebenswerk kommentiert? »On serait tenté de dire que jamais, avant le temps de Valéry et de Giraudoux, littérature n'eut une telle conscience d'elle-même, ne se mit si volontiers en abyme et ne s'affirma à ce point comme art et comme ouvrage de l'esprit.«[36]

Einer solch intensiven Selbstreflexion auf Seiten der Autoren und Kritiker entspricht auf Seiten des Publikums die **Freude an der Entschlüsselung raffinierter rhetorischer und stilistischer Verfahren**. Der gemäß den Regeln der Rhetorik kunstvolle Aufbau der Expositionsszenen, Tiraden, Monologe und Dialoge im Theater, der Erzählungen, Beschreibungen, Porträts, Gefühlsentwicklungen der Liebenden in den Romanen, der pathetischen Ansprachen der Zuhörer in den Predigten und Leichenreden der Kanzelredner erfordert vom zeitgenössischen Publikum wie vom heutigen Leser eine intensive Mitarbeit.

Dies gilt insbesondere für die bewusst komplizierten, Spannung erzeugenden Intrigen im Roman und im Theater. »Rien ne doit tant régner au théâtre que la **suspension**: parce que le principal plaisir qu'on y prend, est la **surprise**«, fordert der Père Rapin,[37], in Übereinstimmung übrigens mit Boileau:

> L'esprit ne se sent point plus vivement touché
> Que lorsqu'en un sujet d'intrigue enveloppé,
> D'un secret tout à coup la vérité connue
> Change tout, donne à tout une face imprévue. (*Art poétique* III 57–60)

Eine entsprechend komplexe Handlung findet sich etwa in den heroischen Romanen der ersten Jahrhunderthälfte einschließlich derer der Mlle de Scudéry; und auch die vordergründig einfache Intrige von *La princesse de Clèves* der Madame de La Fayette ist durch ihre eingelagerten Episoden letztlich kaum weniger kompliziert. Dies gilt gleichermaßen für das Theater. So zeichnen sich die Stücke von Alexandre Hardy durch eine Häufung von Intrigen aus, und Corneille gestaltet in seiner ›Monstertragödie‹ *Rodogune* bereits die Exposition derart verwirrend, dass er zur Darlegung der Ausgangsposition zweier langer Tiraden bedarf. Erst recht aber gilt die Forderung nach einer **komplexen, intrigenreichen Handlung** für die ganz auf das ›plaisir‹ des Publikums ausgerichtete Gattung der Komödie: Corneille, Rotrou, Scarron, Cyrano de Bergerac und Molière sind Meister in der Gestaltung höchst komplizierter Handlungen, deren ›Entwirrung‹ der gespannten Aufmerksamkeit des Zuschauers bedarf. In Molières Komödien konkretisiert dieses Phänomen sich in dem viel diskutierten Problem der Komödienschlüsse.[38]

2.2 »Pourquoi toujours des bergers?« – Arkadien als Fluchtort

»Pourquoi toujours des bergers? On ne voit que cela partout«, fragt Monsieur Jourdain in Molières *Le bourgeois gentilhomme*. In der Tat ist die Omnipräsenz der Hirtenwelt in der Literatur des ›siècle classique‹ auf den ersten Blick überraschend. Das Thema hat eine lange Tradition: Von den *Idyllen* des Griechen Theokrit über die *Bukolika* (~42 bis~39) des Römers Vergil zur Vers-Prosadichtung *Arcadia* (1504) des Italieners Sannazaro und den Schäferspielen *Aminta* (1573) des Torquato Tasso und *Il pastor fido* (1590) des Giovanni Battista Guarini spannt sich ein großer Bogen. Vorbildhaft für Frankreich ist vor allem der Schäferroman *Diana* (1559) des Spaniers Jorge de Montemayor. Die **Faszination der Hirtendichtung** ist so groß, dass die Thematik praktisch in allen Gattungen anzutreffen ist: im Roman, der Dichtung, dem Theater, der Oper, selbst der Moralistik. Um sie kristallisieren sich andere Mythen: etwa der des Goldenen Zeitalters und einer auf Liebe, Gerechtigkeit, Frieden, Schönheit und Harmonie gegründeten utopischen Gesellschaft. Der griechische Ursprung der Pastoraldichtung hat zur Folge, dass ihre Protagonisten auch in Frankreich griechische Namen tragen, wenngleich die an ihnen exemplifizierten Probleme zeitgenössisch sind.

Das Thema ist multifunktional; denn es bietet die Möglichkeit der **Wirklichkeitsflucht** in ein fernes, idealisiertes Arkadien, das die Mängel der Gegenwart kompensiert. Dadurch hat es zugleich den **Charakter einer Utopie**, insofern die Hirtenwelt als Gegenpol einer korrupten Gegenwart konzipiert wird. Das bekannteste Beispiel ist **Honoré d'Urfées Schäferroman *Astrée*** (1607–1627), der auf mehreren tausend Seiten die nach harten Prüfungen ins Happy-End mündende Liebe Céladons zur Schäferin Astrée schildert. D'Urfé widmet den ersten Teil des Romans Heinrich IV., dem Friedensfürsten: Heinrich habe Astrée, die sich in den Kriegswirren von der Erde zurückgezogen habe, »rappelé du Ciel sur la terre pour le bonheur des hommes«; die Rückkehr der ›bergère‹ Astrée, »enfant que la paix fait naître«, eröffne ein neues ›âge d'or‹. Doch nur vordergründig entwirft der Roman ein solches Goldenes Zeitalter; tatsächlich fungiert die Welt der Hirten nämlich als ein getreuer Spiegel der gesellschaftlichen Ordnung, wie sie sich während der langen Abfassungszeit des Romans in Frankreich immer deutlicher abzeichnet: Oberster Herrscher der Hirtenwelt ist der allmächtige Liebesgott; unter ihm lebt eine hierarchisch geordnete Gesellschaft, die sich an einen überschaubaren Ort zurückzieht, um ein Leben des Müßiggangs zu führen. Ihr Glück findet sie in der Identifikation mit den Liebesnormen, die zugleich Normen des gesellschaftlichen Zusammenlebens sind; persönliches Glück kann also nur noch durch das Befolgen überindividueller Gesetze erlangt werden und bringt wachsende Selbstentfremdung mit sich. Darin liegt auch das Scheitern des in der Liebe flatterhaften Hylas begründet, der als einziger nicht bereit ist, seine Freiheit gesellschaftlichen Zwängen unterzuordnen. La Fontaine sieht nicht in Céladon, sondern in dem unangepassten Hylas den ›véritable héros‹ dieser sehr zeittypischen Utopie. Bis zu Fénelons *Télémaque* ist *Astrée* der erfolgreichste Roman des Jahrhunderts und hat insbesondere die zeitgleich entstandene ›pastorale dramatique‹ von Racan und Mairet stark beeinflusst.[39]

Mit der Darstellung der Hirtenwelt gehen **idealisierte Naturbeschreibungen** einher, die vielfach den Anforderungen des **Topos eines ›locus amoenus‹** entsprechen: Es handelt sich um eine stilisierte paradiesische Natur, die immer wieder zum Gegenpol des Lebens am Hofe werden wird, ein Ort, an den der Weise, auf Ruhm und Reichtümer verzichtend, sich zur Meditation zurückzieht und zugleich als Landarbeiter ein bescheidenes, doch glückliches Leben führt. So spielt die Handlung der *Astrée* an den Ufern des Lignon im Forez, einem lieblichen Tal des Zentralmassivs; die Schilderung eines idyllisch anmutenden Landlebens inmitten einer idealisierten Landschaft nimmt breiten Raum ein. Théophile de Viau besingt in seiner Lyrik eine harmonische ›nature amie‹, die mitunter bereits mit einem ›pointillisme impressionniste‹ gezeichnet ist und in der der Mensch sich geborgen fühlen darf;[40] Racan erlebt sie als Ort der Zuflucht und apostrophiert sie mit einem Oxymoron als »Agréables déserts, séjours de l'innocence, / Où, loin des vanités de la magnificence, / Commence mon repos et finit mon tourment«.[41] Alceste, der Protagonist aus Molières *Misanthrope*, wird sich, angewidert von der Gesellschaft, in ein solches ›désert‹ zurückziehen und La Fontaine schließlich einem ebensolchen ›désert‹ in zwei seiner tiefsinnigsten Fabeln ein Denkmal setzen.[42]

Die Protagonisten der Fabeln La Fontaines befinden sich ebenso wie der Menschenfeind Alceste auf symbolischer Ebene in einer Situation der Ausweglosigkeit, wie sie die Höfische Gesellschaft auf dem Höhepunkt der Monarchie Ludwigs XIV. kennzeichnet. Mehrheitlich jedoch sind die **Fluchtorte der klassischen Literatur** von Repräsentanten der Hirtendichtung bevölkert. So etwa in einigen Prologen und Zwischenspielen der Ballettkomödien Molières und insbesondere in den zahlreichen ›pastorales en musique‹, die sich ab 1650 großer Beliebtheit erfreuen. Als deren bekannteste gilt *Pomone* von Pierre Perrin und Robert Cambert, »le premier opéra français qui ait paru sur le théâtre« (Saint-Évremond), mit der am 3. März 1671 die neu gegründete Académie de musique eingeweiht wird.[43] Molière hatte schon in Vorahnung dieses Ereignisses Monsieur Jourdain die einleitend zitierten despektierlichen Äußerungen in den Mund gelegt. Die Uraufführung des *Bourgeois gentilhomme* findet am 14. Oktober 1670 statt; Dreh- und Angelpunkt des Stückes ist die ›cérémonie turque‹, eine prunkvolle Einkleidungsszene mit Gesang und Tanz, in der Jourdain die Würde eines ›Mamamouchi‹ verliehen wird. In bewusster **Abwendung von der Hirtendichtung** erschließt Molière damit der Literatur den **Orient als neue Thematik**; mit Antoine Gallands Übersetzung der *Mille et une nuits* (1704) wird dieser Paradigmenwechsel endgültig vollzogen: An die Stelle der von der Antike inspirierten ›bergerie‹ als Ort der Evasion und des Korrektivs tritt die bis dahin unbekannte Feen- und Märchenwelt des ›conte oriental‹ sowie ein damit verbundener Exotismus, der in Montesquieus *Lettres persanes* (1721) einen ersten Höhepunkt erleben wird. An diesem Paradigmenwechsel vermag auch Fontenelles Wiederbelebungsversuch der Ekloge, eines dramatisierten Hirtengedichts, nichts mehr zu ändern.[44]

2.3 »De l'homme« – Versuche einer historischen Anthropologie

Das bei weitem umfassendste Kapitel der *Caractères* La Bruyères trägt den Titel »De l'homme«. Insofern ist einer apodiktischen Feststellung wie »La littérature française du XVIIe siècle parle avant tout de l'homme« (Truchet) durchaus zuzustimmen. Dieser Diskurs über den Menschen vollzieht sich in doppelter Weise: explizit in jenem Schrifttum, das als Moralistik bezeichnet wird, implizit überall dort, wo der Mensch Gegenstand der Literatur ist.

2.3.1 Die Moralistik – eine beschreibende Menschenkunde

Der deutsche Begriff ›Moralistik‹ findet im Französischen keine Entsprechung, die Personenbezeichnung ›le moraliste‹ dagegen hat sich im Gefolge der deutschen Forschung im Sinn eines beschreibenden, keinesfalls jedoch wertenden **Beobachters menschlicher Verhaltensweisen** durchgesetzt. Eine entscheidende Etappe in diesem Rezeptionsprozess stellt van Delfts Studie *Le moraliste classique* (1982) dar. Entsprechend der deutschen, wesentlich von Fritz Schalk und Hugo Friedrich begründeten moralistischen Forschungstradition ist auch der französische ›moraliste‹ kein Moralprediger, sondern ein Beobachter, ein ›Menschenprüfer‹ (Nietzsche), der *be*urteilt, nicht aber *ver*urteilt.[45] Alles moralistische Schrifttum kreist letztlich um die Frage nach dem Wesen des Menschen; Moralistik ist insofern eine **auf Literatur sich gründende Anthropologie**. Die Fülle und der Reichtum einer solchen Literatur im ›siècle classique‹ erklären sich aus den Zwängen der Anpassung, ja Verstellung des Menschen in der hierarchisierten Höfischen Gesellschaft. Aus derartig strukturierten Gesellschaftsformen stammen denn auch die Vorbilder, denen die französischen Moralisten des 17. Jahrhunderts nacheifern: Niccolò Machiavelli mit seinem *Principe* (1532), Francesco Guicciardini mit den *Ricordi* (1528–30), Baltasar Gracián mit seinem *Oráculo manual y arte de prudencia* (1647); in Frankreich ist Montaigne aufgrund der eindringlichen Selbstanalyse in seinen *Essais* der immer wieder beschworene Ahnherr einer solchen Moralistik. In der Nachfolge dieser Autoren sind Pascals *Pensées*, La Rochefoucaulds *Réflexions ou sentences et Maximes morales* und La Bruyères *Caractères* der Moralistik zuzuordnen. Die klarste **Definition** stammt wohl immer noch von Hugo Friedrich, der Moralisten bezeichnet als

> Geister, die auf die Frage, was der Mensch sei, antworten durch Betrachten und Beschreiben aller Erscheinungsweisen des Menschen in seelischer, sittlicher, sittengeschichtlicher, gesellschaftlicher, politischer Hinsicht, jeweils nach den Verschiedenheiten der Räume und Zeiten – und die eigentlich keine Antwort auf die Frage geben, sondern sie [...] immer wieder neu stellen als die unbeantwortete Frage schlechthin. [...] Vor allem aber sieht die Moralistik [...] von ethischer Bewertung und Bevormundung ab. Sie ist keine Morallehre.[46]

Im Sinne dieser Definition sind **Pascals *Pensées*** die auf genauer Beobachtung beruhende Beschreibung des ›honnête homme‹ seiner Zeit, der seine gesellschaftliche Funktionslosigkeit durch Zerstreuung – ›divertissement‹ – zu kompensieren sucht. Doch gewinnt Pascals Analyse eine geradezu ontologische Dimension: Sein Mensch ist ein zwischen Extremen zerrissenes Wesen, dessen ›grandeur et misère‹ er in der Metapher eines ›roseau pensant‹, eines ›denkenden Schilfrohres‹, zusammenfasst: Krankheit und Tod unterworfen, nimmt er zwischen dem Makrokosmos des Universums und dem Mikrokosmos der Atome eine unbefriedigende Mittelstellung ein; obwohl mit Vernunft ausgestattet, ist ihm die Erkenntnis gültiger Wahrheiten versagt; moralisch schließlich wird er, ›ni ange, ni bête‹, zwischen Gut und Böse hin- und hergerissen und vermag die Abgründe seiner Natur nicht zu überwinden. Pascals moralistische Analyse ist jedoch kein Selbstzweck, sie soll vielmehr den Menschen durch die Erkenntnis der Krise seiner Existenz öffnen für eine Erfahrung der Transzendenz.

Auch für **La Rochefoucauld** ist der an die neue politische Situation angepasste ›honnête homme‹ Gegenstand der Beobachtung, nun aber im Sinne einer **erbarmungslosen Entlarvungspsychologie**. La Rochefoucauld sieht in seinen *Maximes* und *Réflexions diverses* den Menschen durch zwei Wesenszüge bestimmt: ›amour propre‹ und ›hypocrisie‹. Der primäre Impuls des menschlichen Handelns ist für ihn die Eigenliebe, die als alles beherrschender Lebenstrieb auch vermeintlichen Tugenden zugrunde liegt. Liebe, Freundschaft, Treue, Tapferkeit, Opferbereitschaft, Güte sind daher nichts anderes als die täuschende Außenseite eines allgegenwärtigen Selbsterhaltungstriebes, der jedoch in der hierarchischen Höfischen Gesellschaft sorgfältig verborgen werden muss und dadurch die Heuchelei hervorbringt. Als Motto stellt La Rochefoucauld seinem Buch daher die Maxime voran: »Les vertus ne sont le plus souvent que des vices déguisés.« Das **›n'être le plus souvent que‹** ist das häufig auftretende sprachliche Signal einer solchen Reduktionspsychologie, die naiven Schein oder bewusste Heuchelei als solche entlarvt und den Egoismus als Triebfeder menschlichen Handelns bloßlegt.

La Bruyère widmet sich mit seinen *Caractères ou Les mœurs de ce siècle* einer vorrangig beschreibenden Menschenkunde; der Untertitel verweist auf den lateinischen Ursprung des Begriffes: Die Aufgabe des Moralisten besteht auch für La Bruyère darin, auf der Basis genauer Beobachtungen die Lebensumstände – ›mores‹ – des Menschen darzustellen; ›observer les hommes‹, ›peindre les hommes en général‹ sind die dafür verwendeten Schlüsselbegriffe. Daher ordnet er sich in eine moralistische Tradition ein, die von der Spruchweisheit der Bibel über Theophrast zu Pascal und La Rochefoucauld reicht.[47]

2.3.2 Der zeitenthobene ›homo classicus‹ im Spiegel der neueren Forschung

In La Bruyères Formulierung ›peindre les hommes en général‹ kommt eine Grundintention der hier vorgestellten Moralisten zum Ausdruck: am Beispiel des von ihnen ›gezeichneten‹ Menschen eine Art zeitenthobenen ›homo classicus‹ darzustellen, wenngleich La Bruyère selbst durch die Berücksichtigung konkreter sozialer und geschichtlicher Bedingungen – eben der ›mœurs de ce siècle‹ – bereits soziologische Überlegungen in seine Menschenanalyse einbezieht. Von der tendenziell ahistorischen, statischen Anthropologie der Moralisten und ihrer älteren Exegeten hebt sich ein **dynamisches Menschenbild** ab, wie die **neuere Forschung** es dort vermittelt, wo sie das konkrete historische Individuum in das Zentrum des Interesses stellt.[48]

Paul Bénichou kommt das Verdienst zu, in seiner Studie ***Morales du Grand siècle*** (1948) erstmals verschiedene Phasen einer solchen historischen Anthropologie des 17. Jahrhunderts entworfen zu haben. Dabei unterscheidet er **drei Menschenbilder**, denen drei unterschiedliche ›morales‹ entsprechen: ›**le héros cornélien**‹, Repräsentant einer ›morale héroïque‹, der seine eigene Größe zu verwirklichen sucht und gestaltend in die Geschichte eingreift; ›**le héros démoli**‹ des Jansenismus, Vertreter einer ›morale chrétienne rigoureuse‹, welche die menschliche Existenz aus der Perspektive eines fernen, verborgenen Gottes für nichtig erachtet; und schließlich **der Bürger**, der illusionslos und ohne Furcht ›une morale mondaine‹ vertritt, die dem Menschen zwar Größe abspricht, ohne ihm jedoch das Selbstvertrauen zu nehmen. Zur Illustrierung dieser unterschiedlichen ›morales‹ analysiert Bénichou das Werk von Corneille, Pascal und Molière.[49]

Eine umfassende, differenzierte Beschreibung des ›homo classicus‹ und seiner Attribute innerhalb eines begrenzten Zeitraums gibt Michel Bouvier im ersten Teil seiner monumentalen Studie *La morale classique* (1999), in der er sich auf Texte zwischen 1659 und 1688 beschränkt.[50] Eine das gesamte Jahrhundert umfassende Darstellung hat dagegen Jean Rohou unter dem Titel *Le XVIIe siècle, une révolution de la condition humaine* (2002) vorgelegt, eine im besten Sinn historisch-soziologische Studie, welche die Entwicklung des Menschenbildes der Epoche unter Berücksichtigung »de l'économie, de la politique, de la philosophie, de la vie sociale, religieuse, artistique, littéraire« in einen weiten europäischen Rahmen einordnet und auf der Basis eines umfangreichen literarischen Textkorpus beschreibt.[51] Rohou stellt diese Entwicklung als einen unaufhaltsamen **Emanzipationsprozess** dar, der in England und den Niederlanden – »nations commerçantes où se produit dès cette époque une première révolution libérale« – sehr viel schneller verlaufen sei als in Frankreich, »pays dominé par une monarchie absolue, une élite fière de ne pas travailler, un catholicisme traditionaliste«. Ausgangs- und Endpunkt dieses Prozesses markieren zwei literarische Meisterwerke:

> *Don Quichotte* (1605–1615) souligne l'inadaptation des anciennes valeurs, de l'héroïsme chevaleresque, de l'amour courtois, de la vision allégorique, dans un monde déjà désenchanté. *Robinson Crusoé* (1719) exalte la domination de la nature et la construction d'une vie heureuse par l'entreprise individuelle rationnellement organisée.[52]

Zwischen diesen hoch symbolischen Eckdaten siedelt Rohou die anthropologische Entwicklung des ›siècle classique‹ an. Während Truchet diese summarisch charakterisiert als »le grand passage de l'humanisme et de la confiance en l'homme, qui régnaient sous Louis XIII, à une vision de l'homme assombrie qui fut celle du jansénisme, mais pas seulement du jansénisme«[53], bietet Rohous chronologisch angelegte Studie detaillierte Analysen wichtiger Autoren des gesamten Jahrhunderts. Das Ergebnis ist eine über Bénichou weit hinausgehende, auf einer differenzierten Periodisierung des ›siècle classique‹ basierende Darstellung der ›condition humaine‹ im Spiegel einer Fülle von Autoren. Von einer als unerschütterlich und für alle Menschen verbindlich erklärten göttlichen Ordnung führt ein schwieriger Emanzipationsprozess den Menschen sukzessive dahin, sein **persönliches Interesse und irdisches Glück als vor-**

rangige Lebensziele zu erkennen und schließlich sogar die Religion dem persönlichen Gewissen unterzuordnen.

So findet selbst ein Autor wie La Fontaine, dessen anthropologischer Pessimismus sich darin äußert, dass er den Menschen – entsprechend dem hobbesschen Dictum *homo homini lupus* – vorwiegend im Tiergewand darstellt, in seinen späteren Fabeln durchaus optimistische Töne. Etwa wenn er in »Le marchand, le gentilhomme, le pâtre et le fils de roi« (X 15), deren Protagonisten sich in einer ausweglosen Lage befinden, ausgerechnet den Hirten den der Situation angemessenen, das heißt die manuelle Arbeit preisenden Ratschlag erteilen lässt und ›esprit‹ und ›raison‹ zur Richtschnur des Handelns erhebt:

> »Travaillons! C'est de quoi nous mener jusqu'à Rome.«
> Un pâtre ainsi parler! Ainsi parler? Croit-on
> Que le Ciel n'ait donné qu'aux têtes couronnées
> De l'esprit et de la raison? (V. 18–21)

Als neue positive gesellschaftliche Norm propagiert die Fabel ein der Gemeinschaft verpflichtetes bürgerliches Arbeitsethos und stellt dabei gleichsam *en passant* die sakrosankte Sozialstruktur des ›siècle classique‹ auf den Kopf – ein geradezu revolutionärer Beitrag zur ›anthropologie classique‹.[54] Die Fabel ist ein signifikantes, wenngleich beliebiges Beispiel dafür, dass auch dort, wo die Literatur des ›siècle classique‹ nicht explizit vom Menschen spricht, dieser doch immer im Mittelpunkt des Interesses steht. Seine vielfältig vermittelten literarischen Erscheinungsformen bedürfen dabei immer einer sorgfältigen Analyse und weithin praktizierte Zuordnungen zu verallgemeinernden Kategorien wie ›confiance en l'homme‹, ›vision tragique‹ oder ›negative Anthropologie‹ umsichtiger Differenzierungen.[55]

2.4 »Amour est un étrange maître« – Allgegenwart der Liebe

So allgegenwärtig wie der Mensch in der Literatur des 17. Jahrhunderts ist auch das Attribut, das ihn in hervorragender Weise auszeichnet: die Liebe. Wie in keiner Epoche zuvor illustriert die Literatur des ›siècle classique‹ zahllose Formen und Erscheinungsweisen dieses menschlichen Urphänomens: von der körperlich naturhaften Liebe der Libertins über die arkadisch-idealistisch verbrämte der Hirten der *Astrée* zur bürgerlich gesitteten ›amour honnête‹ der Komödien Corneilles und der pathetisch-patriotisch exaltierten in seinen Tragödien; von der in die eheliche Erfüllung mündenden Liebe der ›jeunes amoureux‹ der Komödien Molières zur leidenschaftlich-zerstörerischen der Tragödien Racines und der *Princesse de Clèves* der Mme de La Fayette sowie der Denunziation der ›désordres de l'amour‹ in den Erzählungen der Mme de Villedieu; von der kodifizierten Liebe der Romane der Mlle de Scudéry zur galanten Liebe der Opern Quinaults.[56]

Zu Beginn des Jahrhunderts finden sich die konträren Darstellungen der Libertins einerseits, die in der epikureisch-materialistischen Tradition die **Liebe als naturgegeben bejahen** und mitunter auch vor einer ›pornographischen‹ Gestaltung des Themas nicht zurückschrecken, und der utopischen *Astrée* andererseits, einem wahren Brevier der **gesitteten, vielfach platonisch sublimierten Liebe**, die oft erst nach langen Umwegen zur Erfüllung gelangt. Zugleich aber ermöglicht die Hirtendichtung mittels der Verkleidung – ›travestissement‹ – die Überschreitung elementarer Tabus und stellt, wie etwa in den *Bergeries* Racans, durchaus auch Homosexualität und Inzest dar. Und auch Malherbe ist nicht etwa nur der offizielle Hofdichter Heinrichs IV., sondern ein auf Erfüllung drängender Liebesdichter und Verfasser ästhetisch hochstehender ›pornographischer‹ Lyrik.[57] Zur Bedeutung der Liebesthematik und ihrer Darstellung im Theater Corneilles und Racines ist an anderer Stelle bereits Wesentliches gesagt worden. Vor allem Racine und Madame de La Fayette zeigen ein jansenistisches Verständnis von **Liebe als eine blinde, unheilvolle Leidenschaft**, eine Macht, die in Vereinsamung, Chaos und Tod führt. Dies gilt in gleicher Weise für *Les désordres de l'amour* (1675) der Madame de Villedieu, drei in den Religionskriegen spielende Erzählungen, in denen Unbeständigkeit, Verblendung und Hassliebe die Protagonisten ins Unglück stürzen.[58] Molière dagegen, als Schüler Gassendis Epikur nahestehend, findet die vermutlich menschlichste Lösung dieses heiklen Themas: Im Happy-End der Komödie erlangt der anarchische Liebestrieb in der Institution der Ehe Erfüllung und Sublimation. Dies zeigt die Figur der Agnès in *L'école des femmes* (1662) durch ihre schlagfertige Antwort auf die Vorhaltungen ihres Ziehvaters und Möchtegerngatten Arnolphe, der ihre spontane Liebe zu Horace tadelt:

Arnolphe: Mais il fallait chasser cet amoureux désir.
Agnès: Le moyen de chasser ce qui fait du plaisir? (V. 1526 f.)

Die **epikureischen Grundwerte ›plaisir‹ und ›désir‹**, hier im Endreim programmatisch miteinander verbunden, finden in der **harmonischen ehelichen Liebe** von Agnès und Horace ihre dauerhafte Erfüllung. Dass eine solche Lösung erreichbar ist, hält jedoch schon Mlle de Scudéry weder für möglich noch für erstrebenswert. Daher nimmt sie von ›amour‹ sowohl als Begriff wie als Sache Abstand, um beides durch ›tendre‹ zu ersetzen. Auf diese Weise schafft sie ein ritualisiertes Beziehungsgeflecht der Geschlechter, das auf ›inclination‹, ›estime‹ und ›reconnaissance‹ beruht und der Vergeistigung und Verfeinerung des Umgangs dienen soll. Der große Erfolg von *Clélie* (1654–60) und der **»Carte du pays de Tendre«** zeigt, in welch hohem Maß eine solche intellektuell ›gefilterte‹ Liebeskonzeption ganz offensichtlich der Vorstellung weiter gesellschaftlicher Kreise entspricht.

Die »Carte du pays de Tendre« präludiert einer vorwiegend skeptischen bis **pessimistischen Einschätzung des Phänomens Liebe** in der zweiten Jahrhunderthälfte; die wenigen glücklich erfüllten Liebesmomente enden meist in der Katastrophe – oder im listig arrangierten Vollzug der körperlichen Liebe. La Fontaine zeigt beides in Vollendung. Zunächst in der Neugestaltung antiker Liebesmythen: So durchleben in dem elegischen Kleinepos *Adonis* Venus und Adonis alle Höhen einer platonischen Liebe und des vollkommenen Glücks und können doch Trennung, Leid und Adonis' Tod nicht verhindern. In dem Vers-Prosaroman *Les amours de Psyché et de Cupidon* zerbricht eine reine, erfüllte Liebe an Psyches Verlangen, das Geheimnis der Liebe, das heißt die personale Identität Cupidos, aufzudecken. La Fontaine gibt in diesen 1669 publizierten Meisterwerken zwei der bekanntesten antiken Liebesmythen eine für das ›siècle classique‹ gültige Form. Doch bereits zuvor und vor allem später veröffentlicht er mehrere Sammlungen sehr freizügiger *Contes*, die hinsichtlich der körperlichen Liebe zwar alles sagen und zeigen, ohne es jedoch explizit auszusprechen und darzustellen: ein gezielter Akt der **Entmystifizierung einer platonisch gefärbten Liebeskonzeption**, der die Spannbreite des Themas sinnfällig macht. Als ›pourceau d'Épicure‹ steht er der Leidenschaft skeptisch gegenüber, der er zum einen die leichte, flüchtige Liebe vorzieht, vor allem aber die Freundschaft:

Amour est un étrange maître.
Heureux qui peut ne le connaître
Que par récits, lui ni ses coups![59]

Eine vergleichbare Skepsis bestimmt die Darstellung anderer Heroen der Liebe. So etwa die des Dom Juan der gleichnamigen Komödie Molières, eines skrupellosen »grand scélérat«, »épouseur à toutes mains« und »grand seigneur méchant homme« (I 1), den sein Autor in einer spektakulären Höllenfahrt bestraft und zugleich zum Mythos erhebt. Ähnlich auch die junge Witwe Célimène, die mit dem ›misanthrope‹ Alceste und vier weiteren Liebhabern gleichzeitig ein leichtfertiges Spiel treibt und daran scheitert. In den ›galanten‹ Opern Quinaults ist das die Liebe bedrohende dramatische Hindernis derart gering, dass es leicht umgangen werden kann; Liebe ist zu einem Zeitvertreib, einem ›divertissement‹, geworden. Die heftigsten Angriffe stammen daher auch aus dem Lager der Jansenisten; so in dem Pascal zugeschriebenen *Discours sur les passions* und den *Maximes* La Rochefoucaulds, in denen Liebe mit einer Geistererscheinung verglichen wird: »Il est du véritable amour comme de l'apparition des esprits: tout le monde en parle, mais peu de gens en ont vu.«[60]

Ob glücklich oder tragisch endend, ob platonisch überhöht oder epikureisch ausgelebt, ob ritualisiert oder galant verflacht, ob letztlich pure Einbildung und also inexistent – in allen Fällen bereichert das Thema der Liebe die Literatur im Sinne einer differenzierten psychologischen Zeichnung der Charaktere.

2.5 Die Religion – ein weites Feld

Vom Reichtum der religiösen Literatur des 17. Jahrhunderts wurde in Kapitel III bereits ausführlich gesprochen; es kann daher hier genügen, einige Besonderheiten dieser Literatur herauszustellen. Ihren ersten Höhepunkt erlebt diese christlich geprägte Literatur des ›siècle classique‹ im Umfeld der ›réforme catholique‹ mit **François de Sales**, der in *Introduction à la vie dévote* (1609) eine **heitere Frömmigkeit** propagiert, die sich mit einer weltoffenen Lebensführung verbinden lasse: »une douce piété au milieu des ondes amères de ce siècle« (»Préface«). Die Protagonistin des Romans, Philotée, erlangt ihr (Seelen-)Heil, indem sie inmitten der Gesellschaft die geistlichen Tugenden der reformierten Frauenklöster verwirklicht. Zusammen mit der Figur der Astrée eröffnet sie die reiche Frauenliteratur des 17. Jahrhunderts – wobei jedoch der diametral entgegengesetzte Frauentypus, den etwa die korrupte, heuchlerische Kupplerin Macette aus Régniers *Satire XIII* verkörpert, nicht vergessen werden darf.

Von missionarischem Ehrgeiz getrieben ist auch François de Sales' Freund und Schüler **Jean-Pierre Camus.** In seinen mehr als dreißig Romanen – er bezeichnet sie als ›antiromans‹, weil sie sich gegen die Mode der Schäfer-, Liebes- und Ritterromane richten – inszeniert er **spannende Unterhaltung zum Zweck christlicher Erbauung.**[61]

Die Fülle der Autoren und die Qualität ihrer Werke machen es unmöglich, ihre formale und thematische Vielfalt hier angemessen zu würdigen; denn nicht allein die großen Autoren müssten noch genannt werden – **Pascal, Bossuet, Fénelon** –, sondern auch die zahlreichen Kanzelredner, etwa Bourdaloue, Fléchier und Massillon als die wichtigsten neben Bossuet; durch ihre Predigten – ›sermons‹ – und Totenreden – ›oraisons funèbres‹ – haben sie entscheidend zur Entwicklung einer stark rhetorisch geprägten, hochstehenden Kunstprosa beigetragen.[62] In deren Nachfolge, wenngleich mit grundsätzlich anderen Intentionen, steht noch La Bruyère in den abschließenden Kapiteln »De la chaire« und »Des esprits forts« seiner *Caractères*.

Den größten Anteil an der christlichen Prägung der Literatur des ›siècle classique‹ hat der **Jansenismus**, ohne dessen Einfluss wichtige Werke der Epoche mit ihrer fortwährenden analytischen Selbstinspektion und dem daraus resultierenden pessimistischen Menschenbild nicht vorstellbar wären:

> Sans revenir sur Pascal, janséniste militant, ou sur Mme de Sévigné et Boileau, si jansénisants, comment situer la pensée de La Rochefoucauld et de Mme de La Fayette, sans se référer à Port-Royal, dont leurs œuvres reflètent au moins l'anthropologie, si ce n'est […] la spiritualité? Et comment oublier la formation […] de Racine, même si, en toute rigueur théologique, il est difficile de déceler en son théâtre une dogmatique janséniste?[63]

Bedenkt man die hier nur skizzierte starke theologische Durchdringung weiter Bereiche der Literatur der Epoche, so überrascht die Tatsache, dass es dem – je länger umso stärker – katholisch geprägten Frankreich nicht gelungen ist, den antik-heidnischen Mythos literarisch in einen christlichen zu integrieren oder gar ihn gänzlich zu absorbieren. Dantes *Divina commedia* (1307–21) bietet schon früh den Beleg dafür, dass ein solches Unternehmen auf höchstem Niveau gelingen kann; 1667 erscheint Miltons *Paradise Lost*, ein Meisterwerk der englischen Literatur der Zeit, das den christlichen Mythos des Sündenfalls und der Vertreibung des Menschen aus dem Paradies darstellt. Die Literatur des ›siècle classique‹ hingegen hat kein vergleichbares Werk aufzubieten; die verzweifelten Versuche Chapelains, Desmarets' de Saint-Sorlin und einiger anderer, **ein christlich-national fundiertes Epos** zu schaffen, scheitern kläglich. Die Gründe dafür liegen auf der Hand: Aus Furcht vor literarisch-ästhetischen Abweichungen von der ›reinen katholischen Lehre‹ findet die Kirche sich nicht bereit, das ›merveilleux chrétien‹ zu fördern; und da den Jansenisten alle Schöne Literatur grundsätzlich suspekt ist, endet die ›querelle du merveilleux chrétien‹ mit dem Sieg des ›merveilleux païen‹, für das insbesondere Boileau – ein ›ancien‹ und Sympathisant von Port-Royal – sich vehement einsetzt:

> De la foi d'un chrétien les mystères terribles
> D'ornements égayés ne sont point susceptibles. (*Art poétique* III 199 f.)

Angesichts einer derart kategorischen Verurteilung der christlichen Mythologie ist die geringe Zahl der Werke, die sie zum Thema haben, kaum verwunderlich. Bezeichnenderweise handelt es sich um die **Märtyrerdramen** Corneilles und Rotrous, *Polyeucte* (1642) und *Le véritable Saint Genest* (1645), sowie die biblischen Tragödien *Esther* (1689) und *Athalie* (1691) von Racine – allesamt Theaterstücke also, in denen die Monarchie in ihrer Aufbau- und ihrer Krisenphase eine ihr genehme Opferideologie zu propagieren versucht.

2.6 »On a fort politiqué« – Literatur und Politik

»Je reviens de chez Madame de La Fayette [...] On a fort politiqué«, schreibt Mme de Sévigné an ihre Tochter, und auch bei Bossuet finden sich ähnliche Formulierungen.[64] Littré definiert das in den Lexika des 17. Jahrhunderts nicht verzeichnete Verb ›politiquer‹ als »raisonner sur les affaires politiques«. In einer Epoche, in der das gesamte **literarische Leben im Bann des Königshofes** steht – vom Hofdichter Malherbe, der die Großtaten Heinrichs IV. besingt, bis zu Fénelons gegen das Regime Ludwigs XIV. gerichteten Staatsutopie in *Les aventures de Télémaque* –, bleibt der Literatur letztendlich keine andere Möglichkeit als die eines fortwährenden ›Räsonierens über politische Angelegenheiten‹ ihrer eigenen Zeit.

Grundsätzlich ist die von der Politik in Dienst genommene und alimentierte Kunst den Mächtigen gegenüber positiv eingestimmt und ergießt sich spontan in **Herrscherlob.** Dasjenige Heinrichs IV., Richelieus und des jungen Ludwigs XIV. dürfte in den meisten Fällen der inneren Überzeugung der Autoren entsprechen; Kritik wird erst in der Spätzeit des Regimes laut und auch dann nur in stark verklausulierter Form. Eine Form der **Kritik** äußert sich bevorzugt im übersteigerten, meist unverdienten Herrscherlob, das bis zur Schmeichelei gehen kann; strategisch soll es dem Adressaten als Anreiz dienen, dem in der Lobrede enthaltenen Ideal nachzueifern. So in Boileaus an Ludwig XIV. gerichteter *Épître I* und dem idealisierten Porträt Ludwigs XIV., mit dem La Bruyère das Kapitel »Du souverain ou de la république« seiner *Caractères* beschließt: Die ›admirables vertus‹, die er seinem Herrscher beilegt, seien nur selten in einer Person vereinigt; »il faut que trop de choses concourent à la fois, l'esprit, le cœur, les dehors, le tempérament«; sollte aber ein Monarch tatsächlich all diese Eigenschaften in sich vereinen, verdiene er den Beinamen eines ›Grand‹. ›Louis le Grand‹ wird in dem Fragment nicht namentlich genannt, doch alle nur erdenklichen positiven Qualitäten eines idealen Herrschers werden auf den Protagonisten projiziert.

Ebenso politisch wie La Bruyère ist La Fontaine; einerseits enthalten seine *Fabeln* eine differenzierte, subtile Kritik der Politik Ludwigs XIV.; andererseits ist der Fabeldichter zugleich ein raffinierter Schmeichler des Königs. In der Moral der Fabel »Les obsèques de la lionne« (VIII 14), einer besonders kritischen Hoffabel, enthüllt er eine hoch reflektierte Strategie des Königlobs: Eigentlich müsse die Kritik der Fabel den über den Tod der Löwin trauernden Löwen mit Empörung erfüllen; doch kunstvoll in Lob und Schmeicheleien verpackt, werde sie zu einem unwiderstehlichen Köder und der Kritiker damit zum Freund des Kritisierten:

> Amusez les rois par des songes,
> Flattez-les, payez-les d'agréables mensonges:
> Quelque indignation dont leur cœur soit rempli,
> Ils goberont l'appât, vous serez leur ami. (V. 52–55)

Eine solche Strategie des Königslobes bzw. der indirekten, ästhetisch vermittelten Kritik ist Bestandteil zeittypischer **Desorientierungsstrategien.** Die zur bevorzugten Ausdrucksform erwählte Fabelgattung ermöglicht La Fontaine, etwa in »La génisse, la chèvre et la brebis en société avec le lion« (I 6), in »Le loup et l'agneau« (I 10) oder auch in »Les animaux malades de la peste« (VII 1), das ›dire sans dire‹, das heißt die Darstellung ungeheuerlicher Grausamkeiten und rechtlicher Willkür, die durch den Rückgriff auf Äsop oder Phädrus entschärft werden können.

Nicht anders verhalten sich die Dramenautoren. Von der politischen Brisanz des Arkadienmythos – und damit verbunden der ›pastorale dramatique‹ – wurde bereits gesprochen. Vor allem aber die Tragödien von Théophile de Viau, Hardy, Mairet, Rotrou, Tristan L'Hermite, Cyrano de Bergerac und Corneille stellen, im biblischen oder antiken Gewand nur vordergründig verfremdet, zeitgenössische Probleme dar und üben durch das Scheitern ihrer Protagonisten großenteils heftige Kritik an aktuellen Missständen. Dabei besitzen insbesondere römische Vorlagen ein hohes kritisches Potential, gilt die geheime Vorliebe der gebildeteten Schichten, aller Sympathie für die Monarchie zum Trotz, doch der römischen Republik zu Zeiten Ciceros. Dass die Autoren selbst ihre Tätigkeit in diesem allegorisierenden Sinn verstehen, bekundet Corneille in einem Brief an Ludwig XIV.: Die verschiedenen Helden der Antike, die er in seinem Theater darstelle, zeigten jeweils einzelne Aspekte des Porträts des Königs: »Sèment ton grand portrait par pièces détachées«. Die hier explizit ausgesprochene **Interferenz zwischen Mythos bzw. Geschichte und zeitgenössischer Aktualität** fordert regelrecht zur politischen Lektüre der entsprechenden Texte auf.[65]

Einen verlässlichen Überblick über die **Vielfalt der behandelten Themen** bietet das Inhaltsverzeichnis der *Caractères* La Bruyères: ein alle gesellschaftlichen Bereiche umfassendes Kaleidoskop, in dem nicht allein genuin politische Themen wie »La société«, »La cour et la ville«, »Les grands«, »Le souverain et la république« in kritischer Perspektive dargestellt, sondern auch scheinbar private Themen wie »Le mérite personnel«, »Les femmes«, »Le cœur«, »La mode« in einem größeren gesellschaftspolitischen Zusammenhang gesehen werden. Im engeren Sinn politisch ist das Problem der nicht enden wollenden **Kriege** unter Ludwig XIV., des Ruhmes, den sie einigen verschaffen, und der unsinnigen Opfer, die sie verursachen. La Fontaine resümiert die daraus resultierenden Spannungen in dem provozierenden Vers »Grande est la gloire, ainsi que la tuerie«; an anderer Stelle bezeichnet er den Krieg ebenso zwiespältig als »Une pernicieuse et maudite science, / Fille du Styx, et mère des héros«.[66] Ein weiteres zentrales Thema ist das des Hofes und seiner nivellierenden und entwürdigenden Auswirkungen auf das Individuum. Schon Mathurin Régnier schildert in seiner *Satire III* (1598) die **Gefahren des Hoflebens** und verteidigt in der *Satire IX* (1606) sein Recht auf Unabhängigkeit und die Freiheit der Kunst, in heftiger Opposition übrigens zum Hofdichter Malherbe. Bis zu La Bruyère und Saint-Simon zieht sich das Thema als Konstante durch die Literatur. In seiner zweiten Fabelsammlung gibt La Fontaine ihm die für die Epoche repräsentative Ausformung: Der entsprechend den physischen Kräften seiner Mitglieder hierarchisch gestufte Mikrokosmos der Tierwelt ist ein getreuer Spiegel des Makrokosmos der Höfischen Gesellschaft, in dem das Gesetz der Anpassung herrscht und die Menschen wie Marionetten reagieren:

> Je définis la cour un pays où les gens
> Tristes, gais, prêts à tout, à tout indifférents
> Sont ce qu'il plaît au Prince, ou, s'ils ne peuvent l'être,
> Tâchent au moins de le paraître,
> Peuple caméléon, peuple singe du maître.
> On dirait qu'un esprit anime mille corps ;
> C'est bien là que les gens sont de simples ressorts. (VIII 14, 17–23)[67]

Darüber hinaus gehören zu den immer wieder erörterten Problemen naturgemäß auch jene Fragen, die das **Verhältnis von Individuum und Staat** sowie das der idealen Staatsform betreffen:

> une méditation sans cesse reprise sur l'essence même de l'ordre politique. Au cœur de cette réflexion [...] le problème de la Raison d'État, et la quête de la royauté idéale, à travers mille images de souverains réels et mythiques.[68]

Unter den großen Autoren sind es vorrangig Corneille, La Fontaine und La Bruyère, die mehr oder minder direkt politische Themen ansprechen. Zwar stellt kein Autor der Epoche die Regierungsform der Monarchie grundsätzlich in Frage, doch sprechen sie sich mittels ausgeklügelter Vorsichtsmaßnahmen – ›stratégies de désorientation‹ – für ein wechselseitiges Abhängigkeitsverhältnis zwischen dem König und seinen Untertanen aus. So insbesondere La Fontaine in der Fabel »Les membres et l'estomac« (III 2), in der er einen der ältesten Fabelstoffe der Welt aufgreift und durch die Parabel der gegenseitigen Abhängigkeit des Magens und der Gliedmaßen für eine **Interdependenz aller Glieder des Staates** plädiert.[69] Ähnlich argumentiert La Bruyère, wenn er das Idealbild einer Monarchie am Beispiel der Fürsorge des Hirten zu seiner Herde – und umgekehrt – illustriert. Und auch die unten im Rahmen einer ›Fallstudie‹ vorgestellten Theaterstücke kreisen letztendlich um die »à travers mille images de souverains réels et mythiques« aufgeworfene Frage der Stellung des Individuums im Staat.[70]

3. ›L'œil du maître‹ – der Sonderstatus des Theaters

In keiner Epoche der französischen Literatur hat das Theater sich einer ähnlich intensiven Förderung durch staatliche Institutionen erfreuen können wie im ›grand siècle‹. Die Gründe hierfür sind sowohl gattungsstruktureller wie ideologischer Art: Dass das Theater unter den herkömmlichen literarischen Gattungen den höchsten Anspruch auf **gesellschaftliche Repräsentanz** erheben kann, ist unbestritten; denn im Gegensatz zur Lyrik und Epik zeigt es konkret handelnde Menschen, die sich an ein leibhaftig anwesendes Publikum wenden und dieses zur Identifikation mit der dargestellten Handlung auffordern. Zudem bringt das Theater von jeher **Ordnungskonflikte** zur Anschauung. Auch das Theater des ›siècle classique‹ repräsentiert, ja feiert Ordnungen und macht zugleich deren Gefährdung sinnfällig; dabei werden jene Kräfte, welche die herrschende Ordnung in Frage stellen, stören oder gefährden, als gesellschaftliche Außenseiter diskreditiert und schließlich entweder vernichtet, neutralisiert oder der Lächerlichkeit preisgegeben. Durch die propagierten Lösungen wirkt ein solches Theater auf die gesellschaftlichen Antagonismen ein und entwirft zugleich in die Zukunft weisende Modelle. Der **Bezugspunkt** der im Theater des ›grand siècle‹ obsiegenden Ordnung ist in allen Fällen die oft erst in brutalen Machtkämpfen sich durchsetzende **Monarchie**.

3.1 Institutionelle Rahmenbedingungen

Das 1998 erschienene *Dictionnaire analytique des œuvres théâtrales françaises du XVIIe siècle* hat etwa 150 der mehr als 1.000 während des 17. Jahrhunderts publizierten Theaterstücke einer detaillierten strukturellen Analyse unterzogen: eine faszinierende Demonstration der **Vielfalt des Theaters**, die einmal mehr zeigt, wie problematisch die vor allem in vielen Interpretationsbänden praktizierte Beschränkung auf die immer gleichen Stücke der großen Autoren Corneille, Molière und Racine ist. Denn auch deren Werk ist in sich viel heterogener, als die Schul- und Aufführungstradition es vermuten lässt. Die Theaterproduktion insgesamt ist von solcher Vielfalt und Kühnheit, dass die Epochen des ›classicisme Richelieu‹ und des ›classicisme Louis XIV‹ eher die Ausnahmen innerhalb eines Jahrhunderts sind, das Ausgelassenheit und Freiheit den Vorzug gibt vor den Zwängen der Regeltreue.[71]

Die Blütezeiten des Theaters um 1640 und 1660/70 erklären sich durch die ihm nun zugewiesene gesellschaftspolitische Bedeutung. Die **Theaterleidenschaft Richelieus und Ludwigs XIV.** liegt wohl nicht zuletzt darin begründet, dass sie sich seiner hohen Repräsentations- und Ordnungsfunktion voll bewusst waren. Mittels des Theaters ruht nämlich ›des Herrn Auge‹ – ›l'œil du maître‹ – ordnungsstiftend auf seinen Untertanen.

Ab Ende 1634 ergreift Richelieu eine Reihe von **Maßnahmen**, die noch das Theater unter Ludwig XIV. prägen werden: Die ***Sentiments de l'Académie française sur la tragi-comédie du Cid***, unter Richelieus wachsamem Auge im Zusammenhang der gleichnamigen ›querelle‹ entstanden, sind der erste theaterkritische Essai der französischen Literatur, der die nachfolgende Dramenproduktion nachhaltig beeinflusst. Das gleiche gilt für die ebenfalls von ihm angeregte ***Pratique du théâtre*** (1657) des **Abbé d'Aubignac**, ohne die Racines Theater kaum denkbar ist. Um selbst konkret Einfluss auf die Theaterproduktion auszuüben, gründet Richelieu eine ›**Societé des cinq auteurs**‹, der zeitweilig auch Corneille angehört; ihr unterbreitet er selbst erarbeitete Dramenentwürfe, welche die Autoren in wirksame Stücke umsetzen sollen. In seinem Palais, dem heutigen Palais-Royal, lässt er das größte und prachtvollste Theater des damaligen Paris errichten, das **Théâtre du Palais-Cardinal**, das 1641 mit der eigens für diesen Zweck in Auftrag gegebenen ›tragi-comédie‹ *Mirame* von Desmarets de Saint-Sorlin eingeweiht wird.

Die folgenreichste Maßnahme des Kardinals aber ist der von ihm maßgeblich beeinflusste **Erlass Ludwigs XIII.** vom 16. April 1641: Er hebt die bislang massive soziale Diskriminierung der Schauspieler auf, sofern diese auf die Darstellung von ›actions malhonnêtes‹ und den Gebrauch von ›paroles lascives ou à double entente‹ verzichten, welche die ›honnêteté publique‹ verletzen könnten. Damit wird dem Theater eine hohe moralische und politische Aufgabe zugewiesen: Als Repräsentationsort einer ›honnêteté publique‹ ist es zugleich eine ›Schule der Nation‹, Instrument einer staatlich sanktionierten (Ordnungs-)Ideologie. Eine derartige **Aufwertung des Theaters** hat Auswirkungen auch auf den sozialen Status der Schauspieler. Zur Zeit Molières erfreuen sie sich aufgrund regelmäßiger Einkünfte durchaus einer gesicherten Existenz, befleißigen sich einer bürgerlichen Lebensführung, sind verheiratet, lassen ihre Kinder taufen und sind auf dem Totenbett um den Erhalt christlicher Sterbesakramente bemüht. Die durch Richelieu initiierte Rehabilitierung der Institution des Theaters findet schließlich in einem Erlass des Jahres 1668 einen Abschluss, demzufolge selbst ein Adeliger den Beruf eines Schauspielers ausüben darf, ohne seine Privilegien zu verlieren.[72]

Hand in Hand mit diesen Entwicklungen ändert sich auch die **Publikumsstruktur**. Aufschluss darüber geben die Eintrittspreise, die sich von 1630 bis 1660 verdreifachen. Rekrutierten die Zuschauer der Wanderbühnen sich noch aus einem eher ungebildeten Provinzpublikum, kristallisiert sich etwa ab der Jahrhundertmitte ein sozial und bildungsmäßig höher stehendes Publikum aus Amtsadel und (Groß-) Bürgertum heraus, das auf der Bühne und in den Seitenlogen Platz nimmt; hier sitzen auch die Frauen. Das sozial gemischte, ›einfache‹ Publikum folgt der Aufführung stehend im kostengünstigeren Parterre. Entscheidenden Anteil an diesem Wandel hat wiederum der bereits erwähnte Erlass Richelieus: Er soll nicht nur die in den Logen und auf der Bühne sitzende gehobene Gesellschaft vor dem Parterrepublikum schützen, sondern vor allem dessen bürgerlichen Teil vor der ›canaille‹ und den ›filous‹, das heißt den Pagen, Lakaien und lärmenden Soldaten, unter denen es immer wieder zu Schlägereien kommt.

Parallel zu diesen Entwicklungen stabilisieren sich auch die institutionellen Rahmenbedingungen des Theaters. Unter Heinrich IV. gibt es in Paris keine feste Theatertruppe; das Schauspiel ist Angelegenheit der in der Provinz herumreisenden Wandertruppen, die Gastspiele in Paris bieten. Erst ab 1630 verfügt Paris über zwei **feste Bühnen**: Zunächst das **Hôtel de Bourgogne**, das von einer Truppe von Farcenspielern unter der Leitung von Gros-Guillaume bespielt wird. Vom König gefördert, darf sie sich ›troupe royale‹ nennen. Ihre Mitglieder, die ›grands comédiens‹, sind zunächst auf die Farce spezialisiert; später kommt die Tragödie hinzu; das Hôtel de Bourgogne ist daher auch das Theater Racines. In Konkurrenz zu ihm steht das von dem Schauspieler Mondory geleitete **Théâtre du Marais**, das sich in einem Ballspielhaus (›jeu de paume‹) des gleichnamigen Stadtviertels niederlässt. Neben Farcen führt es Stücke zeitgenössischer Autoren auf; hier feiert Corneille seine großen Triumphe. Bereits ab 1639 gibt es darüber hinaus in Paris eine fest ansässige italienische Truppe, der Mazarin 1653 den **Petit-Bourbon** zuweist, einen nahe dem Louvre gelegenen Ballsaal. Die ›comédiens italiens‹ spielen in ihrer Sprache Stücke im Stil der Commedia dell'arte. Als Molière nach dreizehn Lehr- und Wanderjahren 1658 mit seiner Truppe nach Paris zurückkehrt und den König durch sein Spiel begeistert, darf er sich mit den Italienern den Petit-Bourbon teilen. Philipp von Orléans, der Bruder des Königs, gewährt Molières Truppe seine Protektion; daher nennt sie sich auch ›troupe de Monsieur‹. Abwechselnd bespielen die beiden Truppen von 1661 bis 1673 das zum **Théâtre du Palais-Royal** umgebaute Theater Richelieus im Palais-Cardinal. Von der Ankunft Molières in Paris bis zu seinem Tod 1673 wetteifern also vier feste Truppen um die Gunst des Pariser Publikums. Durch einträgliche ›visites‹ am königlichen Hof und in den Schlössern des Adels bedienen sie – vor allem die Truppe Molières – die Theaterbegeisterung des jungen Ludwig XIV. und des Adels. Es ist die glanzvollste Epoche des Theaters im Verlauf dieses langen, ohnehin schon theaterbegeisterten ›siècle classique‹.

1673 findet diese Hochblüte ein jähes Ende. Dem ›Gründungsboom‹ der Ära Richelieu entspricht ein ebenso intensiver **Konzentrationsprozess in Form institutioneller Veränderungen**, die den Lebensraum des Theaters zunehmend einschränken. Wenige Monate nach Molières Tod fusioniert der Rest seiner Truppe auf Anordnung Colberts mit dem Théâtre du Marais und übersiedelt in ein Ballspielhaus in der Rue Guénégaud; als **Théâtre Guénégaud** wird es die Tradition Molières fortsetzen, während das Hôtel de Bourgogne die racinesche Tragödie pflegt. Auf königlichen Erlass erfolgt 1680 der Zusammenschluss dieser beiden noch verbliebenen Bühnen zur **Comédie-Française**, die das Monopol für französischsprachige Stücke erhält. Was sich aus heutiger Perspektive als Gründungsakt einer ruhmreichen Theaterinstitution darstellt, entspringt in Wahrheit dem Willen zur Konzentration und Kontrolle des geistigen Lebens, der in der Spätzeit Ludwigs XIV. immer unverhüllter zutage tritt. Dies zeigt 1697 schließlich die **Ausweisung der ›comédiens italiens‹**, die durch *La fausse prude*, ein satirisches Stück, dessen Titelfigur angeblich auf Mme de Maintenon zielt, in Ungnade fallen und erst nach dem Tod Ludwigs XIV. wieder nach Paris zurückkehren (dürfen).[73]

Parallel zu diesem Konzentrationsprozess entwickeln sich zwei zukunftsweisende Gattungen: die Oper und das ›Théâtre de la foire‹. Schon 1672 hatte der intrigante florentische Musiker Jean-Baptiste Lully die Leitung der 1669 gegründeten Académie royale de musique übernommen und damit Molière großen Schaden zugefügt. Bis zu seinem Tod 1687 wird er dreizehn **Opern** schreiben, davon elf nach einem Libretto von Quinault, die dem **Selbstbespiegelungs- und Evasionsbedürfnis des Regimes** in dieser Spätzeit in hohem Maß entgegenkommen:

> Par leurs sujets: un prologue en l'honneur du roi, puis une idylle galante et féerique, sur un thème mythologique ou romanesque célèbre. Et aussi par leur splendeur spectaculaire: musique et danse, machines et décors. Tout est célébration – que n'encombrent ni les critiques de Molière, ni le tragique de Racine, ni aucun moralisme.

Saint-Évremond kommentiert denn auch die Begeisterung für die Oper ironisch mit den Worten: »Une sottise chargée de musique, de danse, de machines, de décorations, est une sottise magnifique, mais toujours sottise«.[74] Unterlaufen wird dieser Konzentrationsprozess dagegen von den ›**Théâtres de la foire**‹, die sich in den ersten zwei Jahrzehnten des 18. Jahrhunderts erfolgreich auf den großen Pariser Messen von Saint-Germain und Saint-Laurent etablieren und in denen sich unüberhörbar, wenn auch nicht auf inhaltlicher, so doch auf künstlerisch-ästhetischer Ebene, der **Protest gegen Monopolismus und Absolutismus** artikuliert.[75]

3.2 Formenvielfalt in der ersten Jahrhunderthälfte

Die dreibändige Anthologie *Théâtre du XVIIe siècle* (Bibl.) stellt 56 Stücke von dreißig Autoren vor, wobei Corneille, Molière und Racine unberücksichtigt bleiben. Sie vermittelt einen repräsentativen Einblick in die beeindruckende Vielfalt der Formen und Themen dieses Theaters, das auch ohne die großen Autoren den Ruhm des 17. Jahrhunderts sicherstellen könnte. Die Mehrheit der in der Anthologie vorgestellten Stücke wird im oben genannten *Dictionnaire analytique* einer entsprechenden Analyse unterzogen, was den Zugang zu den nicht immer einfachen Stücken erheblich erleichtert. In der ersten Jahrhunderthälfte bis zur Fronde – und nur dieser Zeitraum kann hier betrachtet werden – reicht das formale Spektrum der Theaterproduktion von der Farce über die Pastorale und die Tragikomödie bis zur Komödie und Tragödie.

Die **Farce** knüpft an einheimische Traditionen an. Das aus dem Lateinischen stammende Wort (von *farcire* – ›füllen‹) wird in Frankreich seit dem Ende des 14. Jahrhunderts als literarischer Gattungsbegriff verwendet und bezeichnet eine kurze einaktige, in Achtsilbern abgefasste komische Einlage in einem ernsten Stück meist geistlichen Inhalts. Ihre Handlung besteht im Allgemeinen in einem Streich, der einer lächerlichen Figur gespielt wird; bevorzugtes Thema ist die possenhafte Darstellung von Alltags- und Ehekonflikten. Die niedere Gattung der Farce ist bei allen Publikumsschichten beliebt, etwa 150 Farcen zählt man allein für das ›siècle classique‹; zu dessen Beginn erlebt sie mit Schauspielern wie Gaultier-Garguille, Gros-Guillaume und Turlupin einen Höhepunkt, bis die Theaterreformen Richelieus sie in Misskredit bringen.[76]

Aus Italien übernimmt das französische Theater das dramatisierte Hirtengedicht, die **Pastorale**. Ihre Kennzeichen sind ein idealisierter ländlicher Rahmen, die Intervention von Göttern und Zauberwesen sowie der Triumph eines ›amour vertueux‹ über eine als niedrig eingeschätzte körperliche Liebe. Dabei bleibt in der Pastorale trotz ihres bukolischen Charakters und ihrer Evasionsfunktion das reale Landleben immer transparent. Ihre wichtigsten Vertreter sind der Malherbe-Schüler **Racan** mit seinen *Bergeries* (1620) sowie **Jean Mairet** mit *Sylvie* (1626) und *Silvanire* (1629); beide Autoren inspirieren sich an d'Urfés erfolgreichem Schäferroman *Astrée*. Die ›pastorale dramatique‹ ist eine unregelmäßige ›moderne‹ Gattung; allerdings macht Mairet sich bereits in der Vorrede zu *Silvanire* zum Fürsprecher der drei Einheiten.[77]

Die dominierende Theatergattung der 1630er und 1640er Jahre ist die **Tragikomödie**. Ihr Kennzeichen ist die Verstrickung von Göttern, Königen und adligen Helden in komische und persönliche Konflikte. Nach einer turbulenten Handlung voller unwahrscheinlicher Intrigen, in der sich die Protagonisten durch großherzige Gesinnung – ›générosité‹ – und edelmütige Leidenschaften auszeichnen, mündet sie in ein Happy-End. Ihr erster Vertreter ist **Alexandre Hardy**. In seinen Tragikomödien bevorzugt er intrigenreiche Sujets häufig jenseits aller ›vraisemblance‹ und schaltet immer frei mit Raum und Zeit. **Corneille** wird mit *Clitandre* (1631) und vor allem *Le Cid* (1637) die Tragikomödie zu einem Abschluss führen: Ihr nur seiner persönlichen ›honneur‹ und ›gloire‹ verpflichteter autonomer Protagonist wird spätestens nach der Fronde unzeitgemäß, da er eines gesellschaftlichen Pendants in der Wirklichkeit entbehrt.

Neben diesen ›unregelmäßigen‹, nicht kanonisierten Theatergattungen entwickeln sich die aus der Antike überlieferten Gattungen der Tragödie und **hohen Komödie**. Auch hier ist Corneille mit sieben Komödien zwischen 1629 und 1643 der große Vollender; sie spielen im bürgerlichen Milieu und reflektieren bereits jene ›honnêteté‹, welche die Traktate der Zeit als gesellschaftliche Norm empfehlen und die Richelieu als ›honnêteté publique‹ zu einer ›Schule der Nation‹ erheben möchte. Besondere Beachtung verdienen *Les visionnaires* (1637) von Desmarets de Saint-Sorlin, dessen Protagonisten sämtlich von Wahnvorstellungen – ›visions‹ – verfolgt werden, also verrückt sind und unter diesem Vorbehalt Kritik äußern, für die sie nicht verantwortlich gemacht werden können. Molière hat sich in *Les femmes savantes* an Desmarets' Komödie inspiriert. Zu nennen ist auch Mairets turbulente **Verwechslungskomödie** *Les galanteries du duc d'Ossonne vice-roi de Naples* (1632), ein kühnes Stück mit mehreren freizügigen Szenen, deren letzte zum Ehebruch einlädt. Daneben Cyranos **Typenkomödie** *Le pédant joué* (1654), die Satire einer in Rhetorik erstarrten Sprache und eines großsprecherisch zur Schau gestellten überholten Schulwissens, an der wiederum Molière in zwei Szenen seiner turbulenten *Fourberies de Scapin* (1671) anknüpft. Oder schließlich Scarrons **burleske Komödien** über den gefräßigen und feigen Diener Jodelet: *Jodelet ou Le maître valet* (1643) und *Le Jodelet duelliste* (1652) sind für den Schauspieler gleichen Namens geschrieben und haben großen Erfolg beim Publikum.

Ebenso bemerkenswert ist die **Tragödienproduktion der Epoche**. So dramatisiert Théophile de Viau in *Les amours tragiques de Pyrame et Thisbé* (1621) die von

Ovid bekannte Liebesgeschichte; schon zu diesem Zeitpunkt ist er um die Einheit von Raum und Zeit bemüht. Seine kompromisslose Darstellung einer Liebesleidenschaft, die an den Ansprüchen eines absoluten Königs scheitert und pathetisch Jugend, Liebe und Tod verklärt, beeindruckt seine Zeitgenossen stark und ist auch heute noch in hohem Maße bühnenwirksam. Ein wichtiger Tragödienautor ist auch Alexandre Hardy, in dessen Stücken der Mensch sein Schicksal ohne göttlichen Beistand selbst gestaltet. Jenseits aller ›bienséances‹ verbindet Hardy Gewalttätigkeiten wie Morde und Vergewaltigungen zu einem aktionsreichen Theater von großer Bühnenwirksamkeit. Der bereits im Zusammenhang der Pastorale erwähnte Jean Mairet verfasst mit *Sophonisbe* (1634) die erste regelmäßige französische Tragödie. Den **Siegeszug der Regeltragödie** leitet Tristan L'Hermite mit *La Marianne* (1637) ein: Indem er die Konflikte der Personen – die Hassliebe und Eifersucht des Herodes, der seine unschuldige Frau Marianne in den Tod treibt und selbst im Wahnsinn endet – ganz nach innen verlagert, schafft er ein erstes Meisterwerk der Liebespsychologie. Ebenso wichtig ist sein heute wiederentdecktes Politdrama *La mort de Sénèque* (1645), das die – angesichts der zahlreichen Attentatsversuche auf Richelieu und Mazarin – aktuelle Frage des Tyrannenmordes behandelt. Diese Thematik verbindet es mit Cyranos *La mort d'Agrippine* (1653), das den gescheiterten Mordversuch der Agrippina an Kaiser Tiberius zeigt, wegen zweier gotteslästerlicher Szenen aber verboten wird. Jean Rotrou schließlich, Mitglied der ›société des cinq auteurs‹, schreibt ab 1632 für das Hôtel de Bourgogne und beeinflusst die Entwicklung von Tragikomödie, Komödie und Tragödie in hohem Maß. Sein bekanntestes Stück ist das **Märtyrerdrama** *Le véritable Saint Genest* (1645), ein barockes Spiel um Schein und Sein, Fiktion und Wirklichkeit und zugleich Theater im Theater: In ihm identifiziert sich der Hauptdarsteller eines Märtyrerstückes derart mit seiner Rolle, dass er sich zum Christentum bekennt und den Märtyrertod stirbt.

Die hier summarisch vorgestellten Minores des Theaters der ersten Jahrhunderthälfte treten erst in jüngerer Zeit aus dem Schatten der großen Autoren heraus. Ihr Theater könnte den Ruhm einer ganzen Epoche begründen, insbesondere die Tragödie mit ihren im Guten wie im Bösen immer authentischen Helden, die nicht so sehr an metaphysischen Konflikten scheitern als an konkreten politischen Machtstrukturen. Es ist ein aktuelles Theater, das aber schon in seiner eigenen Zeit Mühe hat, sich gegenüber dem der großen Autoren zu behaupten und erst recht im Verlauf der Rezeptionsgeschichte in Vergessenheit gerät.[78]

3.3 Theater zwischen Affirmation und Subversion – drei Fallstudien

Abschließend sei der Wandel der gesellschaftlichen Funktion des Theaters im Spiegel einiger ausgewählter Stücke der großen Autoren aufgezeigt. Chronologisch umspannt ihr Werk den Zeitraum von etwa 1630 bis 1690; zugleich illustriert es in funktionaler Perspektive die Spannung zwischen Instrumentalisierung und Subversion der Institution Theater.

3.3.1 Corneille – eine Ethik des Verzichts im Dienste des Staates

Corneille begründet mit seinen bürgerlichen Komödien die **moderne französische Gesellschaftskomödie** mit dem Hauptthema der Liebe. Er bereichert die traditionelle Darstellungsform durch eine komplexe Intrige, in der meist fünf Personen miteinander in Konflikt geraten: zwei junge Mädchen, drei junge Männer, von denen einer eliminiert werden muss. Eine solche Personenkonstellation ermöglicht die Entfaltung einer **subtilen Liebespsychologie**. Alleiniger Antrieb der Protagonisten ist ihr hohes persönliches Selbstwertgefühl, ihre ›gloire‹, deren Erlangung für sie die höchste Form der Selbstverwirklichung bedeutet. Einige Protagonisten dieser Komödien verweisen bereits auf den typischen ›héros cornélien‹ der späteren Tragödien. So insbesondere die junge Lyse aus *L'illusion comique* (1636), Corneilles bekanntester Komödie: In einem Akt der Selbstverwirklichung verzichtet sie zugunsten ihrer Herrin Isabelle auf den geliebten Clindor und heiratet einen ungeliebten Mann. Lyses Verzicht ist eine das Mitgefühl der Zuschauer erregende Handlung, mit der sie ihren individuellen Glücksanspruch höheren Interessen opfert. Richelieu fordert Corneille auf, eine derartige Ethik des Verzichts in der höheren Form der Tragödie in den Dienst des Staates zu stellen. Also verbindet Corneille von nun an die Liebesthematik mit **politischen Fragestellungen**. Die großen Dramen der Folgejahre, *Le Cid* (1637), *Horace* (1640) und *Cinna* (1642), handeln daher von der Auseinandersetzung des Individuums mit einem sich zunehmend absolutistisch gebärdenden Staat.[79]

Ihre Zuspitzung erfährt diese Problematik in *Horace*. Es ist Corneilles erste Tragödie, in der er sich streng den Anforderungen der Einheit von Raum, Zeit und Handlung unterwirft. Dieser formalen Konzentration entspricht die gehaltliche Strenge des Stücks. Es schildert eine Episode aus dem Krieg zwischen Rom und Alba Longa: Drei Kuriatier aus Alba und drei Horatier aus Rom, deren Schwester Camille mit einem Kuriatier verheiratet ist, sollen stellvertretend im Zweikampf den Krieg entscheiden. Als bereits zwei Horatier gefallen sind, flieht der dritte, um die ihn verfolgenden Feinde zu trennen und sie im Einzelkampf zu töten. Siegreich nach Rom zurückgekehrt, erschlägt er Camille, weil sie ihn als Mörder ihres Verlobten verflucht.

Wie nirgends sonst lässt Corneille in *Horace* den **Absolutheitsanspruch des Staates** auf Kosten des individuellen Glücks triumphieren. Den Gipfelpunkt seines Selbstwertgefühls, seine höchste ›gloire‹, erlebt Horace in jenem Augenblick, da seine ›erschöpfte Geduld‹ »à la raison fait place« und er seiner Schwester mit dem Fluch »Va dedans les Enfers plaindre ton Curiace!« (IV 5, V. 1319 f.) den Todesstoß versetzt. Die ›raison‹, der Horace nach einigem Schwanken nachgibt, ist nichts anderes als die durch Richelieu verkörperte Staatsraison, die hier, allen Gesetzen der Menschlichkeit hohnsprechend, in einer pathetischen Geste triumphiert. Als Dank für seine Verdienste um das Vaterland spricht der König Horace abschließend von der Anklage des Schwestermordes frei und legitimiert damit einen doppelten Akt der Freiheitsberaubung: zunächst, werkimmanent, die bedingungslose Unterwerfung des Individuums unter die Machtansprüche eines menschenverachtenden Staates; sodann, auf institutioneller Ebene, die definitive Funktionalisierung des Theaters im Dienste des Absolutismus. *Horace* ist Richelieu gewidmet und stellt innerhalb von Corneilles Schaffen einen Extremfall dar, auf den schon zeitgenössische Kritiker mit Unverständnis reagiert haben. Sie werfen Corneille vor, er habe aus Gründen der historischen Wahrheit die Gesetze der ›bienséance‹ – Mord auf der Bühne – und, durch den innerfamiliären Mord, zugleich die der Menschlichkeit verletzt. In seinem Widmungsbrief feiert Corneille Richelieu als die Quelle aller staatspolitischen und ästhetischen Weisheit und bedient sich dabei indirekt der Metapher von ›des Herrn Auge‹; der Brief zeigt exemplarisch, wie sehr die staatliche Kontrolle zu einer **bedingungslosen Indienstnahme des Theaters** für die Zwecke eines absolutistischen Regimes führen kann.

3.3.2 Molière – Absage an ein engagiertes Theater

Die Entwicklung von Molières Theater war bereits im Zusammenhang der Periodisierungsproblematik des ›siècle classique‹ dargestellt worden. Zur Verdeutlichung von Molières Position im Spannungsfeld **zwischen Instrumentalisierung und Subversion** des Theaters sei hier ein Blick geworfen auf zwei der drei großen politischen Stücke seiner mittleren Schaffensphase, *Tartuffe* und *Le misanthrope*, und hier insbesondere auf die Schlussszenen. Die des ***Tartuffe*** (1664–1669) ist in besonderer Weise spannungsgeladen. Während das Stück bis in die letzte Szene den Eindruck vermittelt, als würde der Bösewicht triumphieren und die Komödie tragisch enden, bewirkt die dramaturgisch unvorbereitete und also zufällig wirkende Intervention eines Polizeioffiziers das glückliche Ende. Als Stellvertreter des Königs, der aus Gattungsgründen in der Komödie nicht auftreten darf, preist er in einer langen Tirade die geradezu gottgleiche Allgegenwart und Gerechtigkeit eines »prince ennemi de la fraude«, der nur für den Zeitraum der Komödienhandlung den Machenschaften seiner Feinde freien Lauf lasse, damit diese sich umso eindeutiger selbst entlarven und die Strafe umso exemplarischer ausfallen könne. Sein dramaturgisch scheinbar zufälliges Eingreifen *in extremis* ist insofern die notwendige Wiederherstellung einer im Grunde nie in Frage gestellten Ordnung: Hierin liegt eine von Molière dankbar vollzogene Geste der (Selbst-)Instrumentalisierung seines Theaters gegenüber Ludwig XIV., der im sechsjährigen Kampf um den *Tartuffe* auf seiner Seite gestanden hat und dem er schließlich dessen Aufführung verdankt. Das Happy-End des *Tartuffe* ist aus diesem Blickwinkel also Ausdruck realer Machtverhältnisse und ein Akt der **Glorifizierung der bestehenden absolutistischen Ordnung**.

Die Schlussszene des ***Misanthrope*** (1666) ist ähnlich einzigartig wie die des *Tartuffe*. Statt wie üblich alle im komödiantischen Happy-End miteinander versöhnten Protagonisten gemeinsam zu präsentieren, endet das Stück mit einer leeren Bühne. Denn der ›Menschenfeind‹ Alceste will sich in die Einsamkeit zurückziehen. Seine Geliebte, Célimène, hat ihn betrogen; einen Prozess, in dem das Recht auf seiner Seite stand, hat er verloren; alle vermeintlichen Freunde haben ihn verraten, sein Aufrichtigkeitsfanatismus verschafft ihm nur Feinde. Daher sucht er einen Ort fern der menschlichen Gesellschaft, an dem er hofft, seinen Vorstellungen entsprechend frei leben zu können: Er verlässt die Bühne. Sein Freund Philinte, der ›raisonneur‹ des Stückes und als ›honnête homme‹ Repräsentant der geltenden Normen, eilt ihm nach, um ihn umzustimmen. Alceste hingegen ist ›homme d'honneur‹ und gehört aufgrund seiner Wertvorstellungen der Generation der Väter an.

In Alcestes Konflikt mit Philinte und den anderen Figuren des Stückes konzentriert Molière die unaufhebbaren **Widersprüche der Höfischen Gesellschaft**, wie sie im ersten Jahrzehnt der Herrschaft Ludwigs XIV. entsteht. Die unter Richelieu begonnene Politik der Entmachtung des Hochadels hatte in den wenigen Jahren von Ludwigs persönlicher Herrschaft dessen Domestizierung zum Hofadel besiegelt. Molière erkennt zwar einerseits diesen Prozess der Herausbildung neuer zeitgemäßer gesellschaftlicher Normen an; daher ridikülisiert er auch Alceste, weil dieser sich der Anpassung an diese Normen verweigert. Andererseits aber lässt er Alceste den **Verlust an Authentizität** und Individualität kritisieren, der diesem Prozess der ›Verhofung‹ notwendig innewohnt. Daraus resultierende Anpassungsexzesse werden insbesondere am Beispiel mehrerer Vertreter des niederen Adels lächerlich gemacht. In Alceste stellt Molière ihnen ein Wertebewusstsein entgegen, das sich gewiss noch aus der verklärenden Erinnerung an den ›bon vieux temps‹ legitimiert, zugleich aber auch in die Zukunft weist. Beides dient einer radikalen Infragestellung der als inauthentisch empfundenen Welt der Höfischen Gesellschaft, an deren Aporien Alceste letztendlich scheitert; daher eignet ihm auch ein hohes Maß an Tragik. Es gibt also gewissermaßen zwei Alcestes: einen lächerlichen, der veralteten Wertvorstellungen anhängt und diese krankhaft rechthaberisch verteidigt; und gleichzeitig einen tragischen, der die nivellierenden Folgen der Domestizierung des Hofadels schonungslos aufzeigt und selbst im Scheitern sich noch künftiger Siege sicher zu sein scheint. So verstanden ist das Stück ein bitteres satirisches Porträt voll subversiver Sprengkraft. Daraus erklärt sich auch, warum es nie am Hof aufgeführt wurde.

Darüber hinaus repräsentiert der am Ende in die Einsamkeit flüchtende Alceste zugleich auch den Komödienautor Molière und die leere Bühne als pathetische szenische Metapher seine Absage an ein gesellschaftlich engagiertes Theater, das er schon jetzt an den Zwängen des Konformismus scheitern sieht. Insofern ist *Le misanthrope* bereits 1666, auf dem glanzvollen Höhepunkt der Macht des Sonnenkönigs, ein doppelbödiges, auf der Nahtstelle von Affirmation und Subversion angesiedeltes Theaterstück.

3.3.3 Racine – die Umkehr der Machtstrukturen

Racines Theater kennt nur ein Thema, **die alles zerstörende Leidenschaft**, und nur eine Form, die regelmäßige fünfaktige Tragödie in paarweise gereimten Alexandrinern. Seine erste Schaffensperiode umfasst ziemlich genau jenen oben als ›classicisme Louis XIV‹ bezeichneten Zeitraum; sie beginnt 1664, als sich die Höfische Gesellschaft bereits voll herausgebildet hat, und endet 1677, zu einem Zeitpunkt, da Ludwig XIV. den Zenit seiner Herrschaft schon überschritten hat. Wie keine andere Theaterästhetik der Epoche ist diejenige Racines affektbezogen; sie möchte ›plaire‹ und ›toucher‹, richtet sich daher nicht so sehr an den Intellekt der Zuschauer als vielmehr an ihre Gefühle. Nur oberflächlich verhüllen Mythos und Geschichte in Racines Stücken der ersten Phase das zeitgenössische Modell der Höfischen Gesellschaft. Die Protagonisten – Könige, Fürsten, Feldherren, die großen Liebenden – sind zerrissen zwischen gesellschaftlicher Verantwortung und individuellem Liebesverlangen. Denn auf ihnen lastet eine allmächtige Fatalität, die sich in der bedrohlichen Präsenz der Götter äußert. Alle Protagonisten fühlen sich daher schuldig und sehen sich schutzlos einem beobachtenden Blick ausgeliefert. In historischer Perspektive ist es derjenige Ludwigs XIV., des allmächtigen Sonnengottes, in theologischer der eines ebenso allmächtigen, doch verborgenen antik-heidnischen bzw. christlich-jansenistischen Gottes, dessen dunkle

Entschlüsse den Figuren jegliche Entscheidungsfreiheit nehmen. Mit Racine betritt **der passive Held** die literarische Bühne, seinen Protagonisten bleibt keine andere Alternative als die des gnadenlosen Konkurrenzkampfes und der Selbstvernichtung. Indem er dies zum alleinigen Thema macht, vollzieht Racine zugleich einen Akt der Instrumentalisierung des Theaters, auf dem das ›Auge des Herrn‹ nunmehr mit Wohlgefallen ruhen kann.

Ganz anders verhält es sich mit den späten **biblischen Tragödien** ***Esther*** (1689) und ***Athalie*** (1691), die Racine auf Bitten der Madame de Maintenon für das Mädchenpensionat Saint-Cyr schreibt. Um sich dem Zeitgeschmack anzupassen, stattet er sie mit musikalisch unterlegten Chören aus: Angepasst wie immer, möchte er am Erfolg der Oper partizipieren. Die Interpretation dieser Tragödien ist umstritten, doch schon Zeitgenossen sehen in ihnen Schlüsseldramen, in denen Racine Missstände am Hofe geißelt, dem König in Form eines Fürstenspiegels Ratschläge erteilt, ja offen für die verfolgten Jansenisten eintritt. Die neuere Racinekritik unterstellt dem Autor allerdings eher ein systemkonformes Verhalten.

Unbestreitbar ist indes der Perspektivenwechsel, den Racine vornimmt. Denn die in diesen Tragödien auftretenden Herrscher sind nicht einmal mehr passive Subjekte des Handelns, sondern Objekte, ja Spielbälle sie transzendierender Mächte. Nicht sie richten mehr ihren alles beherrschenden Blick auf das selbstzerstörerische Spiel ihrer Untertanen; vielmehr sind sie selbst machtlos dem Blick, ja dem ganz konkreten Eingreifen eines verborgenen Gottes ausgeliefert. So ist die Handlungsabfolge in *Athalie* eine ununterbrochene Kette von Wundern, die im Tod der Titelheldin und der Vernichtung ihres Heeres gipfelt. Zerrissen zwischen Resignation und Bewunderung stellt Athalie fest: »Impitoyable Dieu, toi seul a tout conduit« (V 7, 1774). In spektakulären Peripetien erfolgt eine **radikale Umkehr der Machtstrukturen**. Der tatsächliche, ausschließliche Herrscher dieser späten Stücke ist ein alttestamentarischer Gott, dessen unergründliche Entscheidungen die Geschicke des Einzelnen ebenso bestimmen wie die ganzer Völker, ja der Menschheit insgesamt. Ein geschlossenes **jansenistisches Menschen- und Weltbild** prägt daher die Struktur dieser Tragödien auf allen ihren Ebenen.

Esther wird nur wenige Male in Saint-Cyr gespielt; *Athalie* kommt über drei Probeaufführungen nicht hinaus. Die Gründe dieses Misserfolgs liegen zum einen gewiss in der 1694 ausbrechenden ›**querelle du théâtre**‹, die sich wesentlich an Racines Stücken entzündet und das Theater als Ort christlicher Unterweisung in Frage stellt. Vor allem Bossuet verurteilt in *Maximes et réflexions sur la comédie* (1694) das Theater auf schärfste.[80] Entscheidender aber dürfte die in den Stücken selbst angelegte Mehrdeutigkeit sein, die unterschiedliche Interpretationen geradezu herausfordert. Vermutlich hat Racine, dem Viala die Eigenschaften eines ›caméléon machiavélique‹ zuspricht, mit *Esther* und *Athalie* bewusst **die ersten offenen Dramen** des 17. Jahrhunderts geschrieben – ›offen‹ im heutigen literaturtheoretischen Sinn des Wortes, da die Stücke mehrere Lektüren ermöglichen, zumindest aber auf zwei Ebenen gelesen werden können und sollen: auf einer prinzipiell systemkonformen einerseits, einer gezielt subversiven andererseits. Der subversive Charakter von *Esther* und *Athalie* liegt in der **totalen Verneinung menschlicher Autonomie**, die im Namen einer theologisch begründeten Ideologie, des Jansenismus, letztlich auch vor ›Louis le Grand‹ nicht Halt macht. Um der widerspenstigen Jansenisten endgültig Herr zu werden, werden 1709 die letzten Nonnen aus Port-Royal vertrieben und 1711 die Mauern des Klosters geschleift; Racine war bereits 1699 gestorben. Seine letzten Dramen sind ein Paradebeispiel für die in der Spätzeit des Regimes möglichen gesellschaftlichen Funktionen des Theaters: die einer Instrumentalisierung im Dienste des Regimes und zugleich die einer radikalen Infragestellung der bestehenden Machstrukturen.[81]

3.4 Das Theater – ein Politikum

In der Zusammenschau mit der zuvor skizzierten Entwicklung der Theaterinstitutionen zeigt ein Blick auf ausgewählte Stücke der großen Autoren den eminent politischen Charakter der gern als autonom dargestellten Geschichte des Theaters. Vom optimistischen Glauben Richelieus, in der Aufbauphase der Monarchie das Theater als Schule der ›honnêteté‹ politischen Zielsetzungen dienstbar zu machen, bis zur Einsicht in die Gefahr, die von ihm ausgehen kann, spannt sich ein großer Bogen. Auf dessen Zenit macht das wohl abgründigste Stück des großen Molière, *Le misanthrope*, in einmalig anschaulicher Weise die Möglichkeiten sinnfällig, über die das Theater in Zeiten einer absoluten Monarchie verfügt: die seiner eigenen **Instrumentalisierung** ebenso wie die der subtilen bis radikalen **Subversion.**

VIII. Statt einer *conclusio*

Am Ende dieses langen Parcours durch das ›siècle classique‹ kann nicht das Ziel stehen, ›le long XVIIe siècle‹ in der Vielfalt seiner Epochen und Erscheinungen auf griffige Formeln und simplifizierende Begriffe zu reduzieren. Im einleitenden Kapitel wurde bereits darauf hingewiesen, dass seine **Einheit in der Vielfalt** zu sehen ist, dass ›diversité‹ es ebenso charakterisiert wie ›cohérence‹, wobei letztere insbesondere durch ›le long règne de Louis XIV‹ garantiert wird – zumindest in dynastischer Perspektive. Doch auch das ›siècle de Louis le Grand‹ hat sich unter den vielfältigen Blickwinkeln, unter denen es hier betrachtet wurde, als eine eher heterogene Einheit innerhalb des 17. Jahrhunderts präsentiert. Auf die scheinbar zentrale Frage: »Grand roi? Grand règne? Grand siècle?« hatte Goubert aus historiographischer Sicht lapidar geantwortet: »Prononcer la sentence n'appartient pas à l'historien. Il doit seulement signaler que

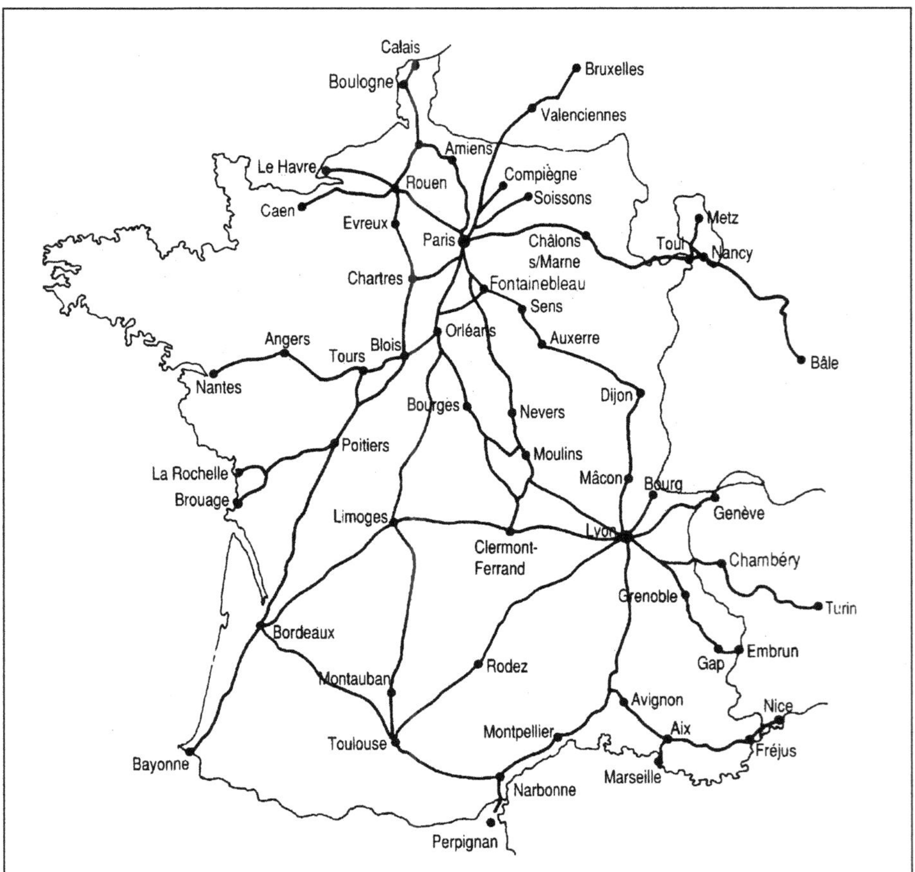

(Post-)Straßennetz von 1632 und 1701 (aus: Truchet, Le XVIIe siècle, *1992).*

ni le monarque ni le royaume n'étaient les mêmes en 1661, 1688, 1715.«[1] Nichts anderes als dies konnte hier in der Fokussierung auf wesentliche Aspekte gezeigt werden. Gerade darin liegt die übergreifende Erkenntnis, die aus der Zusammenschau der vielen Facetten des 17. Jahrhunderts resultiert: dass das lange, vermeintlich einheitliche ›siècle classique‹ sich **in ständigem Wandel** befindet.

Die **›diversité‹ und ›cohérence‹** des ›siècle classique‹ resultieren gleichermaßen aus den ideologischen, sozialen und ästhetischen Konflikten, die während des 17. Jahrhunderts oft bis zum Zerreißen ausgetragen werden, wobei sich durchaus die Frage stellt, welcher Kampf denn eigentlich brutaler geführt wird: der innerkirchliche ›Bruderkrieg‹ zwischen Jesuiten und Jansenisten oder die ideologisch zugespitzte Auseinandersetzung zwischen den Vertretern der ›réforme catholique‹ und den ›libertins‹. Das mächtigste Kohärenzprinzip ist zweifellos der Wille zur Errichtung einer starken französischen Monarchie, die sich schließlich mit Ludwig XIV. 1660 glanzvoll etabliert, jedoch um 1680, spätestens aber bei Ausbruch der ›querelle des anciens et des modernes‹ ihren Höhepunkt bereits überschritten hat und sich in zunehmendem Maß Anfeindungen ausgesetzt sieht.

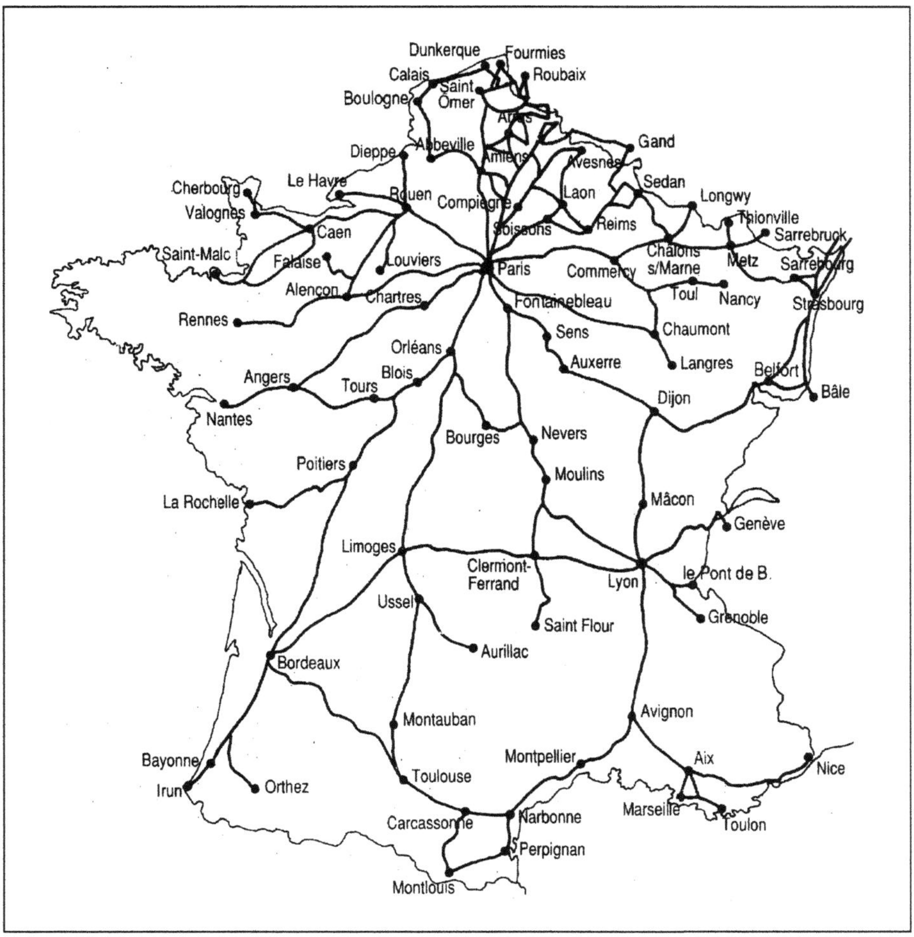

Jenseits dieser und zahlreicher anderer ›querelles‹ vollzieht sich indes – eher widerstrebend – eine grundsätzliche, hier mehrfach als **Paradigmenwechsel** bezeichnete Neuorientierung. Gemeint ist die Tatsache, dass die politisch-kulturelle Ausrichtung Frankreichs, die spätestens seit der Eheschließung Heinrichs II. mit Katharina von Medici auf Italien und über Italien hinaus auf die griechisch-römische Antike fokussiert war – eine ›**antike Südorientierung**‹ –, mit der Eheschließung Karls I. von England mit Henriette von Frankreich, der Tochter Heinrichs IV., und der späteren Hochzeit von deren Tochter Henriette von England mit dem Herzog von Orléans, dem Bruder Ludwigs XIV., in eine ›**moderne Nordorientierung**‹ umschlägt. Die Auseinandersetzungen um die Ostfassade des Louvre und ein in diesem Zusammenhang deutlich zutage tretender **Antiitalianismus** sind der Kristallisationspunkt dieses Paradigmenwechsels, der sich als das wichtigste prägende Kennzeichen des ›siècle classique‹ erweist. Während die französische Monarchie nach der Niederschlagung der Fronde in der Spätzeit Ludwigs XIV. in Verkrustung erstarrt, eröffnet die englische nach brutalen Auseinandersetzungen (1649 Hinrichtung Karls I.) den Weg zu einer konstitutionellen Monarchie. Gleichzeitig sind die politischen Beziehungen Frankreichs zu England aufgrund häufig gegenläufiger politischer Interessen und Allianzen in den verschiedenen Kriegen gespannt.[2]

Das **Verhältnis Frankreichs zu den Niederlanden** ist dagegen von kommerziellem Neid und Hass auf die republikanischen Traditionen geprägt. Doch selbst der Zweite Hollandkrieg vermag die verhassten »marchands de fromage« nicht in die Knie zu zwingen. Im Gegenteil: Bei vielen einflussreichen Persönlichkeiten von Descartes bis Bayle genießt Holland das ganze Jahrhundert hindurch den Ruf der Freiheitsliebe und Toleranz. Denn die Universität Leyden etwa hat den Aristotelismus der Pariser Universität längst hinter sich gelassen; und Descartes kennt neben Amsterdam keine Stadt, »où l'on puisse jouir d'une liberté aussi entière, où l'on puisse dormir avec moins d'inquiétude«.[3] Erst recht nach der Aufhebung des Ediktes von Nantes erweist Holland sich als Ort des ›**refuge**‹, das mit seinen freiheitlichen, antifranzösischen Schriften Frankreich überschwemmt.

Die somit eher unbewusst in einer Abwehrhaltung begründete ›Nordorientierung‹ Frankreichs hat in weiterer Perspektive 1726/27 Voltaires Flucht nach London und den Entwurf seiner späteren *Lettres philosophiques* zur Folge, eine ›Reportage‹ über das moderne England und zugleich eine theoretische Grundlegung der französischen Aufklärung, die nach ihrer Publikation 1734 in Frankreich sofort zu einem Haftbefehl gegen ihren Autor führt.

Wie grundlegend und unumkehrbar die hier skizzierten Entwicklungen sind, veranschaulicht auf einer gänzlich anderen Ebene die Entwicklung des französischen (Post-)Straßennetzes. Während dieses um 1630 zwei annähernd gleichwertige Zentren besitzt – Lyon, im 16. Jahrhundert noch als »second œil de France« und »Schnittpunkt der Kulturen« gefeiert, *und* Paris –, zeigt die entsprechende Karte von 1702 die eindeutige Verlagerung in den Norden zugunsten von Paris. Ein scheinbar nebensächliches, in Wahrheit jedoch außerordentlich aussagekräftiges Detail bestätigt hier sinnfällig den entscheidenden **Strukturwandel**, den Frankreich auch in politischer und kultureller Perspektive vollzieht.

Abkürzungen

DAR	Dictionnaire de l'Ancien Régime
DDS	Dictionnaire de spiritualité
DEL	Dictionnaire européen des Lumières
DGS	Dictionnaire du Grand Siècle
DLF	Dictionnaire des lettres françaises. Le XVIIè siècle
DLitF	Dictionnaire de littérature française du XVIIe siècle
DLLF	Dictionnaire des littératures de langue française
DPR	Dictionnaire de Port-Royal
FM	Le Français moderne
GEF	Les Grands Écrivains de la France
LTF	Les Textes Français
MPhL	Metzler Philosophen Lexikon
PFSCL	Papers on French Seventeenth-Century-Literature
PU	Presses Universitaires
RHLF	Revue d'histoire littéraire de la France
RSH	Revue des Sciences Humaines
RZLG	Romanistische Zeitschrift für Literaturgeschichte
TLF	Textes Littéraires Français
STFM	Société des Textes Français Modernes
ZRPh	Zeitschrift für Romanische Philologie

Anmerkungen

I. Begriff und Wirklichkeit der Klassik

Die mit ›Bibl.‹ ausgewiesenen Titel in den Anmerkungen verweisen auf Teil *A.) Autoren / Texte* der Bibliographie; die kursiv gesetzten Zahlen auf Teil *B.) Geschichte des 17. Jahrhunderts* und Teil *C.) Literaturgeschichte* der durchnummerierten Bibliographie.
Mit Abkürzungssiglen versehene Angaben erscheinen ohne Nummerierung, auch wenn die Titel, wie beispielsweise das *Dictionnaire du Grand Siècle*, in der Bibliographie aufgeführt werden.

1 Vgl. Roger Zuber, Art. »classicisme« und Georges Matoré, Art. »classique«, in *DGS*; ferner Jochen Schlobach / Carsten Zelle, Art. »Classicisme; classicismes«, in *DEL*.
2 Zu Brunetière und Lanson vgl. Grimm / Hausmann / Miething, *313*, S. 65 und 113 ff.; ferner Compagnon, *92*.
3 Das Werk (*388*) ist bis in die jüngste Zeit immer wieder neu aufgelegt worden; zu Bray vgl. Jacques Mercaton, »René Bray: l'homme et l'œuvre«, in *Études de lettres* 7, 1964, S. 204–209.
4 Peyres Studie (*411*) ist mehrfach erweitert und überarbeitet worden.
5 Aulus Gellius, *Noctes atticae*, VI 17, 1 und XIX 8, 15, in Aulus Gellius, *Die attischen Nächte*. Übersetzt und mit Anmerkungen versehen von Fritz Weiss, 2 Bde., Leipzig, Fues 1875, Reprint Darmstadt, WBG 1981; ebd., Bd. 1, S. 352, Bd. 2, S. 451.
6 Der genaue Titel von Sébillets *Art poétique* lautet: *Art poétique françois. Pour l'instruction des jeunes studieus & encor peu avancéz en la Poésie Françoise*. Éd. critique avec une introd. et des notes publiée par Félix Gaiffe. Nouv. édition mise à jour par Francis Goyet, Paris, Nizet ^{3}1988; ebd., I 3, S. 26.
7 Vgl. Jean Demeure, »L'introuvable société des quatre amis«, in *RHLF* 36, 1929, S. 161–180, 321–336; Antoine Adam, »L'école de 1660: histoire ou légende?«, in *Revue d'histoire de la philosophie et d'histoire générale de la civilisation* 7, 1939, S. 214–250; die Zitate ebd., S. 215, 250.
8 Charles Perrault, *Le siècle de Louis le Grand*, in ders., *Parallèles des Anciens et des Modernes* (Bibl.), S. 165–171.
9 Charles Perrault, *Parallèles des Anciens et des Modernes* (Bibl.); Plutarque, *Les vies des hommes illustres*. Traduction de Jacques Amyot. Texte établi et annoté par Gérard Walter, 2 Bde., Paris, Gallimard (Pléiade) 1951.
10 Charles Perrault, *Les hommes illustres qui ont paru en France pendant ce siècle. Avec leur portrait au naturel* (Bibl.). Für einen Großteil der im Folgenden noch zu behandelnden Persönlichkeiten des 17. Jahrhunderts bietet die in der Bibliographie angegebene Ausgabe mit ihren kritischen Anmerkungen eine wahre Fundgrube.
11 Vgl. zum Folgenden ausführlicher Jürgen von Stackelberg, »Voltaire und die französische Klassik«, in Nies / Stierle, *410*, S. 419–439.
12 Voltaire, *Le Temple du goût*. Ed. critique par Élie Carcassonne, Genf / Lille, Droz / Giard (TLF) ^{2}1953; Zitate S. 104 f.
13 Vgl. *Art poétique* III 391–400.
14 Vgl. Grimm, *351*.
15 *Le Temple du goût*, wie A.12, S. 118.
16 Voltaire, *Le siècle de Louis XIV*. In ders., *Œuvres historiques de Voltaire* (Bibl.), S. 603–1220; vgl. auch ders., *Le siècle de Louis XIV*. Hg. Von A. Adam (Bibl.), »Chronologie et préface« ebd. Bd. 1, S. 5–29
17 Vgl. François Bluche, Art. »Voltaire«, in *DGS*.
18 Vgl. Alain Niderst, »Les sens du mot ›siècle‹ dans la langue classique«, in *FM* 39, 1971, S. 207–219.
19 In der Ausgabe der *Œuvres historiques de Voltaire* (wie. A. 16) S. 1133–1214; in der Ausgabe von A. Adam, Bd. 2, S. 191–289; ihnen folgen S. 291–300 die »Artistes célèbres: Musiciens, peintres, sculpteurs, architectes, graveurs«.

20 Voltaire, *Œuvres*. Hg. von M. Beuchot, 72 Bde., Paris, Lefèvre / Firmin Didot 1829–1840; *Commentaires sur Corneille*, Bd. 35 / 36, Paris 1829.

21 Brief vom 10. 4. 1761 an Monsieur Charles Pinot Duclos, in Voltaire, *Correspondance*. Éd. Theodore Bestermann, Paris, Gallimard (Pléiade) 1980, Bd.. 6, S. 340 f.

22 *Connaissances des beautés...*, in Voltaire, *Œuvres*, wie A. 20, Bd. 39, Paris 1830, S. 151.

23 Vgl. Compagnon, *92*. Als Fallstudie sei verwiesen auf Ralph Albanese, *Molière à l'école républicaine. De la critique universitaire aux manuels scolaires (1870–1914)*. Saragota (Calif.) 1992; vgl. ferner Martine Jey, »Les classiques de l'ère Ferry: les auteurs dans les programmes scolaires au tournant du siècle«, in Viala, *423*, S. 237–247.

24 Vgl. Émile Magne, *Bibliographie générale des œuvres de Nicolas Boileau-Despréaux*. 2 Bde., Paris, Giraud-Badin 1928/29.

25 Vgl. Borgherhoff, *387*, und Brody, *391*.

26 Zu Mornet vgl. Grimm / Hausmann / Miething, *313*, S. 120–124.

27 Zu einer genaueren Kenntnis Adams vgl. Pierre-Georges Castex, »In memoriam Antoine Adam (1899–1980)«, in *RHLF* 81, 1981, S. 497–500; zu einer Bewertung des Bildes, das Adams *Histoire* vom 17. Jahrhundert vermittelt, und zu dessen heutiger Akzeptanz vgl. Jean Mesnard, »Préface à la troisième édition«, in Adam, *303*, ^{3}1997, S. VII–XXIV.

28 Vgl. J. Grimm, »Zum Status der Literaturwissenschaft in einer romanistischen Kulturwissenschaft. Versuch einer Standortbestimmung«, in Wolf Dietrich / Ulrich Hoinkes (Hg.), *Studien zur französischen und spanischen Sprache und Literatur am Beginn des 3. Jahrtausends*. Festschrift zum 65. Geburtstag von Horst Geckeler. Münster, Nodus 2000, S. 11–24; der Artikel analysiert den quantitativen und qualitativen literaturhistorischen Anteil in den (kultur-)historisch konzipierten Arbeiten von Bluche, *10*, und Truchet, *326*.

II. Elemente der politischen und sozialen Geschichte

1 Die Begriffe ›le long XVIIe siècle‹ und ›le long règne‹ sind in der französischen Historiographie geläufige Begriffe zur Bezeichnung wichtiger Besonderheiten dieses Jahrhunderts; vgl. Pierre Goubert, »Un long règne«, in *38*, S. 224–281.

2 Vgl. André Corvisier, »La France dans l'Europe et dans le monde«, in Truchet, *326*, S. 46–53.

3 Vgl. Mager, *51*, Teil 1, Kap. I 1+2: »Raum und Verkehr«, »Bevölkerung 1630–1830«, S. 17–43; Jacques Dupâquier, *La population française aux XVIIe et XVIIIe siècles*. Paris, PUF (Que sais-je?) 1979; ders. (Hg.), *Histoire de la population française*. Bd. 2: *De la Renaissance à 1789*, Paris, PUF 1988; Goubert / Roche, *40*, Bd. 2: *Culture et Société: Naître, vivre et mourir*, S. 101–178; François Lebrun, »Les crises démographiques en France aux XVIIe et XVIIIe siècles«, in *Annales ESC* 35, 1980, S. 205–234. – Allein der Spanische Erfolgekrieg hat circa 1.250.000 Tote gekostet; vgl. Cornette, *20*, S. 540; dort auch eine Übersicht über die Kriegstoten des 17. Jahrhunderts, eines ›siècle de fer‹.

4 Vgl. Mager, *51*, Teil 1, Kap. V 2: »Autonome herrschaftliche Institutionen«, S. 120–134; Jean-Maris Constant, »Structures et étapes du pouvoir«, in Truchet, *326*, S. 16–25; André Laingui, »La justice«, ebd., S. 136–145; Jean-Louis Harouel, Art. »Parlement de Paris« und »Parlements«, in *DGS*.

5 Vgl. Hausmann, *121*, S. 77–79: »Die ständische *Dreigliederung*«.

6 Vgl. Pierre Blet, Art. »Clergé«, in *DGS*, sowie ders., *171*; ferner René Rémond, »La fille aînée de l'Église«, in Pierre Nora (Hg.), *Les lieux de mémoire*. III 3 *De l'archive à l'emblème*. Paris, Gallimard 1992, S. 540–581.

7 Vgl. Jean-François Solnon, Art. »Préséances«, in *DGS*.

8 Vgl. Pierre Blet, Art. »Assemblées du clergé«, in *DGS*, sowie ders., *171*; ferner Abel Poitrineau, Art. »Don gratuit«, in *DGS*.

9 Vgl. François Bluche, Art. »Ordres (Les trois)«, in *DGS*, sowie ders., »Les ordres et la prétendue société d'ordres«, in *11*, S. 74–76; Loyseaus *Traité* liegt in einer neueren, umfangreich kommentierten englischen Übersetzung vor: *A Treatise of Orders und Plain Dignities*. Edited and translated by Howell A. Lloyd, Cambrigde, University Press 1994.

10 Bluche, in ders., *11*, S. 203.

11 Vgl. Petitfils, *295*, S. 51.

12 François Bluche, Art. »Dérogeance«, in *DGS*; ders., *11*, S 186.

13 Ders., ebd., S. 56.
14 Vgl. Cornette, *19*, S. 154–158: »Octobre 1614 – février 1615 – Les derniers États généraux, avant ceux de 1789«.
15 Vgl. Abel Poitrineau, Art. »Travail«, in *DGS*.
16 Vgl. Mandrou, *52*; Roland Mousnier, »Problèmes de méthode dans l'étude des structures sociales des XVIe, XVIIe, XVIIIe siècles«, in ders., *63*, S. 12–26; ders. (Hg.), »La mobilité sociale au XVIIe siècle«, in *XVIIe siècle* 31, 1979, S. 3–77; George Huppert, *Bourgeois et gentilshommes. La réussite sociale en France au XVIe siècle*. Paris, Flammarion 1983.
17 Petitfils, *297*, S. 55.
18 Vgl. die »Conclusion«, S. 73–77, der in A. 16 genannten Sondernummer von *XVIIe siècle*.
19 Bluche, *11*, S. 84.
20 Jean-Pierre Camus, *La pieuse Julie, histoire parisienne*. Paris 1625, S. 11, zitiert nach Jean Jacquart, »France urbaine et France rurale«, in Truchet, *326*, S. 107.
21 Zitat Jacquart, ebd.; eine Städtekarte Frankreichs im 17. Jahrhundert ebd., S. 102; vgl. auch Bernard Vogler, Art. »Villes«, in *DGS*; dort ebenfalls eine Städtekarte Frankreichs sowie eine Karte der wichtigsten europäischen Städte um 1700.
22 Vgl. Hausmann, *122*, S. 57–60: »Lyon als Schnittpunkt der Kulturen«; Zitat »second œil de France« ebd., S. 57; ferner Jean-Pierre Gutton, Art. »Lyon et lyonnais«, in *DGS*, sowie Claude Royon (Hg.), *Lyon, l'humaniste*. Paris, Éditions Autrement 2004, Kap. 3, S. 59–96: »Renaissance et XVIIe siècle: pour un temps, une capitale de l'Occident«. – Zu Rouen vgl. Jean-Pierre Bardet, Art. »Rouen«, in *DGS*; die Zitate zu Rouen ebd. – Zu Marseille vgl. Christian Huetz de Lemps, Art. »Marseille«, in *DGS*, sowie Roger Duchêne / Jean Contrucci, *Marseille. 2.600 ans d'histoire*. Paris, Fayard 1998.
23 Vgl. Jean-Pierre Cléro (Hg.), *Les Pascal à Rouen 1640–1648*. Rouen, PU Rouen 2001.
24 Zitat Jacquart, wie A. 20, ebd., S. 109.
25 Die Bibliothèque nationale de France und das Musée des Beaux-Arts de Tours haben Bosse anlässlich seines vierhundertsten Geburtstages eine Ausstellung gewidmet; vgl. Sophie Join-Lambert / Maxime Préaud, *Abraham Bosse savant graveur. Tours, vers 1604–1676, Paris*. Paris / Tours 2004; vgl. ferner Marianne Le Blanc, *D'acide et d'encre. Abraham Bosse (1604?–1676) et son siècle en perspectives*. Paris, CNRS Éditions 2004; das Zitat ebd., vierte Umschlagseite.
26 Beide Zitate Jacquart, ebd., S. 111
27 La Bruyère, *Les caractères*, »De la ville«, 21.
28 Zitat Jacquart, ebd., S. 113; vgl. Goubert / Roche, *40*, Bd. 1, 1: »La société«, S. 29–185, sowie Goubert, *37*.
29 Le Roy Ladurie, *48*, Bd. 1, S. 8 ff.
30 Vgl. Jean-Marie Constant, Art. »Ligue«, in *DGS*, sowie ders., *18*.
31 Bernard Barbiche, *Sully*. Paris, Albin Michel 1978; ders, Art. »Sully«, in *DGS*; Carré, *272*; Jean-Pierre Babelon (Hg.), *Sully tel qu'en lui-même*. Paris, Ministère de L'Économie 2004.
32 Vgl. Francois Bluche, Art. »Paulette«, in *DGS*; Mousnier, *62*.
33 Vgl. Jean-Marie Constant, Art. »Ravaillac«, in *DGS*; ferner Mousnier, *63*, sowie Pierre Chevallier, *Les régicides. Clément, Ravaillac, Damiens*. Paris, Fayard 1989.
34 Vgl. Abel Poitrineau, Art. »Poule au pot (La)«, in *DGS*.
35 Zu weiteren Details der Legendenbildung um ›le bon roi Henri‹ vgl. Biet, *265*. – Heinrich Manns Roman besteht aus zwei Teilen, *Die Jugend des Königs Henri Quatre* und *Die Vollendung des Königs Henri Quatre*, die 1935, Amsterdam, Querido-Verlag, und 1938, Kiew, Staatsverlag der Nationalen Minderheiten der UdSSR und New York, Longmans & Green, erschienen sind.
36 Vgl. François Bluche, Art. »Bâtards royaux«, in *DGS*. Stammbäume der Bastarde Heinrichs IV. und Ludwigs XIV. in *Le siècle de Louis XIV* (Bibl.), S. 834. – Der Begriff des ›vert galant‹ bezeichnet ursprünglich einen »bandit qui se postait dans les bois pour attaquer les passants«; im übertragenen Sinn bezeichnet es einen »homme très hardi et entreprenant avec les femmes«; ›surnom de Henri IV‹, in *Trésor de la langue française*, s. v. ›galant‹.
37 Jean-Pierre Babelon, *Henri IV*. Paris, Fayard 1982, ^{2}1997; ders., Art. »Henri IV«, in *DGS*; Biet, *265*; Joël Cornette, »Le règne de Henri IV, jusqu'à la signature de l'édit de Nantes (1589–1598)« und »Le règne de Henri IV, de la fin des troubles de religion à l'assassinat du roi (1599–1610)«, in *19*, S. 5–128; Garrisson, *281*; Ernst Hinrichs, »Heinrich IV. und die Begründung der absoluten Monarchie«, in *43*, S. 164–171.

38 Vgl. Carmona, *271*; Bertière, *264*; Sigrid Ruby, »Maria von Medici (1573–1642)«, in Zimmermann / Böhm, *457*, S. 143–156; Muhlstein, *448*.

39 Madeleine Foisil, Art. »Richelieu«, in *DGS*; Tapié, *67*; Bluche, *268*; Hildesheimer, *284*.

40 Zitate Chevallier, *274*, Klappentext, und ders., Art. »Louis XIII«, in *DGS*; vgl. ferner Joël Cornette, »Le règne de Louis XIII: le temps des ›malcontents‹ (1610–1623)«, »Le règne de Louis XIII: durcissement intérieur et raison d'État (1624–1634)« und »Le règne de Louis XIII, de la guerre à la mort du roi: l'État absolu (1635–1643)«, in *19*, S. 129–322; Ernst Hinrichs, »Das Frankreich Richelieus und Mazarins«, in *43*, S. 171–185; Tapié, *67*.

41 Zitat Cornette, *19*, S. 324; vgl. ferner Goubert, *283*, Kap. I 1: »Portrait d'un ambitieux«, S. 17–66; Dulong, *281*, Kap.. III: »La montée au pouvoir«, S. 38–60.

42 Vgl. zu diesem viel diskutierten Aspekt den alle Positionen abwägenden Artikel von Pierre Goubert, »Anne d'Autriche et Giulio Mazzarino: jusqu'où?«, in *39*, S. 348–351.

43 Vgl. Jouhaud, *124*; Carrier, *14*, *86* und *87*.

44 Vgl. zu Condé, Gaston d'Orléans, Turenne, der Grande Mademoiselle und der Herzogin von Longueville die in der Bibliographie unter der Rubrik »Biographien und Monographien historischer Persönlichkeiten«, *262–301*, aufgeführten Titel. – Als herausragender Heerführer, der 1643 den glanzvollen Sieg von Rocroi über die Spanier erringt, sich in den Wirren der Fronde als politischer Gegenspieler Ludwigs XIV. auf die Seite der Spanier schlägt und 1653 Rocroi für sie zurückerobert, im Pyrenäenfrieden rehabilitiert wird und 1668 als Heerführer Ludwigs XIV. die Franche-Comté erobert, um nach seinem Rückzug auf das Schloss von Chantilly als kunstverständiger Mäzen u.a. Molière, Racine und Boileau zu fördern, verdient der Große Condé besondere Aufmerksamkeit. Vgl. Malo, *288*, Pujo, *299*, Béguin, *262*.

45 Zitat Goubert, *283*, S. 11–12; vgl. auch ders., *38*, S. 162–163; ferner Joël Cornette, »Les premières années du règne de Louis XIV: la Régence et les prémices de la Fronde (1643–1648)« und »Les ›guerres domestiques‹ de la Fronde (1648–1652/1653)«, in *19*, S. 323–426, sowie Méthivier, *57*.

46 Loménie de Brienne, *Mémoires*, zit. nach Cornette, *20*, S. 84.

47 Vgl. zu Fouquet die maßgebliche Biographie von Dessert, *276*, sowie ders., *26*; ferner Goubert, *36*, Kap. IV »Les deux *coups de maître* de 1661«, S. 95–106, sowie ders., »Fouquet en son temps«, in *39*, S. 334–337.

48 Zitat in Louis XIV, *50*, S. 71; vgl. auch Goubert, *36*, Kap. VII »Le grand roi et les autres«, S. 133–145; ferner Petitfils, *297*, S. 347–351.

49 Goubert, *36*, S. 51; alle Belege einschließlich des Bossuet-Zitats in Cornette, *20*, S. 83–108.

50 Goubert, *38*, S. 203–204; vgl. auch Goubert, »L'image du roi d'Ernest Lavisse à Jean-Christian Petitfils«, in *39*, S. 352–356, sowie seine »Préface« zu Petitfils, *297*, S. 9–12.

51 Vgl. Burke, *83*.

52 Ludwig XIV., 50, S. *228*.

53 Ders., *50*, S. 136.

54 Den ›entrées royales‹ in Paris und in die Städte der Provinz kam als sichtbare Zeichen der Inbesitznahme hohe symbolische Bedeutung zu; vgl. Wagner / Vaillancourt, *166*; ebd., S. 47–60 eine Dokumentation der »Entrées du roi Louis XIV et de la famille royale de 1648 à 1660«; die ›entrée‹ von 1660 haben auch Racine in »La nymphe de la Seine à la reine«, OC (Pléiade), S. 40–46 und 891–893, sowie La Fontaine in »Relation de l'entrée de la reine«, *OD*, S. 509–512 und 891–893, besungen; ihr Vorbild ist Malherbes Ode auf die ›entrée‹ der Maria von Medici in Frankreich, »À la reine sur sa bienvenue en France«, in *Œuvres poétiques* (Bibl.), Bd. 1, S. 80–87; Bd. 2, S. 26–32.

55 Petitfils, *297*, S. 64 f.

56 Vgl. Dulong, *32*; Mazarin hat sein vor allem durch ›trafics‹ und ›voleries‹ (Dulong) zustande gekommenes Vermögen testamentarisch Ludwig XIV. vermacht, dieser verzichtet jedoch aus Diskretion auf die Annahme, lässt es aber inventarisieren und ordnet 1666 an, dass die in Colberts Besitz befindlichen Rechnungen des Kardinals verbrannt werden.

57 Vgl. Meyer, *289*, S. 325; Dessert, *28*; vgl. insbesondere das Kapitel »Le lobby Colbert«, S. 85–96; ebd., S. 86: »En un mot, [Colbert] a édifié le plus puissant, le plus complet, le plus redoutable lobby qu'ait jamais connue La France d'Ancien Régime«; vgl. ferner Bayard, 2, sowie dies., Art. »Financiers«, »Fiscalité direct / indirecte«, in *DGS*; ferner dies., »Un instrument de l'absolutisme et ses limites: Les finances de l'État classique«, in Méchoulan / Cornette, *140*, S. 201–219; Joël Cornette, »Les années 1630: dictature fiscale et raison d'État«, in *21*, ^{2}1994, S. 196–210.

58 Petitfils, *297*, S. 65.
59 Murat, *292*, S. 102.
60 Dessert, *26*, S. 125.
61 Goubert, *35*, ³1982, S. 144 ff.
62 Vgl. Michel Cotte, *Le canal du Midi. »Merveille de l'Europe«*, Paris, Belin-Herscher 2003.
63 Michel Le Moël, Art. »La Reynie«, in *DGS*.
64 Vgl. François Bluche, Art. »Colbertisme« und Jean Meyer, Art. »Mercantilisme«, in *DGS*.
65 Vgl. Jean Meyer, »Les marines«, in Truchet, *326*, S. 65–73; Dessert, *27*; Michel Morineau, »La marine française de commerce de Colbert à Seignelay«, in Méchoulan / Cornette, *140*, S. 239–259; Vergé-Franceschi / Rieth, *69*.
66 Vgl. Philippe Guignet, »Théories et pratiques de l'État mercantiliste«, in Truchet, *326*, S. 75–85.
67 Vgl. zu dieser ›lutte des clans‹ Petitfils, *297*, Kap. IX »Le pouvoir et les clans«, S. 217–247; die Stammbäume der Familie Colbert – Le Tellier in Meyer, *289*, S. 68–69, 74–75, sowie in *Le siècle de Louis XIV* (Bibl.), S. 831 ff.
68 Zum Begriff des ›petit âge Colbert‹ vgl. Cornette, *20*, S. 265.
69 In *Le siècle de Louis XIV* vgl. insbesondere Kap. XXIX: »Gouvernement intérieur« und Kap. XXX: »Finances et règlements«: »Si l'on compare l'administration de Colbert à toutes les administrations précédentes, la postérité chérira cet homme dont le peuple insensé voulut déchirer le corps après sa mort«; in *Œuvres historiques* (Bibl.), S. 983.
70 Zitat Goubert in *35*, ³1982, S 178.
71 Zitat Dessert, *28*, S. 95–96; zum ›Mythos‹ Colbert vgl. Goubert, *35*, ³1982, S. 146–151; Méthivier, *56*, S. 348–353; Petitfils, *297*, S. 248–249.
72 Zitate Cornette, *20*, S. 265; vgl. Petitfils, *297*, »La grande illusion«, S. 402–404, sowie André Corvisier, »Louis XIV et la guerre. De la politique de grandeur à la défense nationale«, in Méchoulan / Cornette, *140*, S. 261–280.
73 Vgl. François Bluche, Art. »Vauban«, in *DGS* mit Abbildung; zur ›ceinture de fer‹ vgl. Cornette, *20*, S. 266–268. Lothringen (1766), Savoyen (1860) und das Herzogtum Nizza (1860) sind erst später zu Frankreich gekommen. – Vgl. zum europäischen Kriegskontext Louis André, *Louis XIV et l'Europe*. Paris, Albin Michel 1950; eine Karte Frankreichs mit den Zugewinnen durch die Friedensverträge in Dinfreville, *278*, S. 534–535; Eugène Weber, »L'Hexagone«, in Pierre Nora (Hg.), *Les lieux de mémoire*. La Nation**. Paris, Gallimard 1986, S. 96–116.
74 Petitfils, *297*, S. 62.
75 Vgl. Parent, *293*; *Vauban, sa vie, son œuvre*, Saint-Léger-Vauban, Association des amis de la Maison Vauban 1990; Pujo, *298*; Blanchard, *265*; Ferrier-Caverivière, »Louis XIV et les économistes«, in *108*, S. 259–287; Petitfils, 297, S. 543–549. – *Le projet d'une dîme royale* in Eugène Daire (Hg.) *Économistes financiers du XVIIIe siècle*. Paris 1851, Genf, Slatkine Reprints 1971, S. 33–148; eine »Notice historique sur la vie et les travaux du maréchal Vauban« des Herausgebers dortselbst, S. 9–32.
76 Vgl. Vallot / Daquin / Fagon, *300*; die Leibärzte Ludwigs XIV. beschreiben in ihrem *Journal* detailliert alle »incommodités et misères physiques« Ludwigs XIV. von 1647 bis 1711: »fièvres, migraines, embarras digestifs, selles, vents, cicatrices, cauchemars, mauvaise haleine, taenia, une gourmandise maladive, une goutte qui finira par se transformer en gangrène, et bien sûr la fameuse opération de cette fistule venue saper le fondement de l'incarnation monarchique«; vierte Umschlagseite.
77 Vgl. Petitfils, *296*.
78 Vgl. Petitfils, *295*; Decker, *275*.
79 Vgl. Louis André, *Michel Le Tellier et Louvois*. Paris 1942, Genf, Slatkine Reprints 1974; André Corvisier, Louvois. Paris, Fayard 1983; André Richardt, *Louvois le bras armé de Louis XIV*. Paris, Tallandier 1998.
80 Vgl. Goubert, *38*, Kap. VIII »Les belles saisons du grand règne (1661–1688)« und Kap. IX »L'automne du grand siècle (1689–1715)« mit entsprechender Untergliederung in den beiden Kapiteln; ferner ders., »Un long règne«, in *39*, S. 224–281.
81 Petitfils, *297*, S. 515 und 519.
82 Gaiffe, *34*.
83 Vgl. Jürgen Grimm, »›...et la terre chemine‹. La Fontaine – précurseur des Lumières«, in *353*, Bd. 2, S. 165–180.

84 Eine erschöpfende Bibliographie zum Thema in Petitfils, *295*, S. 313; vgl. ders., *297*, S. 449–457; Robert Mandrou, *Magistrats et sorciers en France au XVIIe siècle. Une analyse de psychologie historique*. Paris, Plon 1968, ²1979; Georges Mongrédien, *Madame de Montespan et l'Affaire des poisons*. Paris, Hachette 1953; Murat, *292*, Kap. IV, 4: »L'affaire des poisons«, S. 395–414.
85 Mandrou, *54*; Bercé, *5* und *81*; Yardeni, *72*.
86 Le Roy Ladurie, *47*.
87 Lachiver, *44*; umfangreiches Dokumentationsmaterial dortselbst, S. 457–528.
88 Zu dieser ›révolte du Boulonnais‹, im heutigen Departement Pas-de-Calais nahe Boulogne-sur-Mer gelegen, vgl. Goubert, *36*, Kap. VI: »La désobéissance et le bâton«, S. 117–131.
89 Petitfils, *297*, S. 388; zum Kontext ebd., S. 386–390; vgl. ferner Mousnier, *61*, S. 123–156 zu den Aufständen in der Bretagne; Bercé, *5*; Christine Lamarre, »L'ordre public«, in Truchet, *326*, S. 116–125; ebd., S. 124 Auszüge aus den Briefen der Mme de Sévigné; vgl. auch André Laingui, »Justice pénale, police et répressions au grand siècle«, in Méchoulan / Cornette, *140*, S. 221–237.
90 Abel Poitrineau, Art. »Boisguillebert«, in *DGS*; vgl. Boris Donné, Art. »Boisguillebert«, in *DLF: XVIIe siècle*; Ferrier-Caverivière, »Louis XIV et les économistes«, in *108*, S. 259–287; Petitfils, *297*, S. 543–549; Gilbert Faccarello, *Aux origines de l'économie politique libérale: Pierre de Boisguilbert* (sic). Paris, Anthropos 1986. – *Le détail de la France und Factum de la France* in Eugène Daire (Hg.), *Économistes financiers du XVIIIe siècle*. Paris 1851, Genf, Slatkine Reprints 1971, S. 163–247 und S. 248–322; eine »Notice historique sur la vie et les travaux de Boisguillebert« des Herausgebers ebd., S. 151–161.
91 Goubert, *37*.
92 Vgl. Grimm, *352*, S. 275–281.
93 Die genannten Gemälde sind abgebildet in Jacques Truchet, *326*, S. 100, 110 und 216; zu den Gebrüdern Le Nain vgl. Jean-Pierre Cuzin, Art. »Le Nain (Les frères)«, in *DGS*.
94 Vgl. Mandrou, *55*, mit einer wissenschaftsgeschichtlich wichtigen »Préface« von Philippe Joutard; Marc Soriano, »La culture populaire au XVIIe siècle«, in *302*, Bd. 3, S. 93–107; Abel Poitrineau, Art. »Bibliothèque bleue«, in *DGS*; Delcourt / Parinet, *99*; Chartier, *89*, Kap. 2: »Verlegerstrategie und volkstümliche Lektüre zwischen 1530 und 1660«, S. 55–90; Andries / Bollème, *73*.
95 Méthivier, »Versailles, phare du royaume«, in *56*, S. 298–301; Simone Hoog, *132*, sowie dies., Art. »Jardins«, in *DGS*; Edouard Pommier, »Versailles, l'image du souverain«, und Hélène Himelfarb, »Versailles, fonctions et légendes«, in Pierre Nora (Hg.), *Les lieux de mémoire: La nation***. Paris, Gallimard 1986, S. 193–234 und 235–292; Louis XIV, *132*; Néraudau, *149*; Sabatier, *159*; Beaussant, *79*. – Aus der umfangreichen ›schönen‹ Literatur zu Versailles seien genannt Béatrix Saule, *Versailles triomphant. Une journée de Louis XIV*. Paris, Flammarion 1996; Vincent Maroteaux, *Versailles le Roi son Domaine*. Paris, Picard 2000.
96 Zitiert nach Murat, *292*, S. 168.
97 Das Konzept von Norbert Elias, *Die höfische Gesellschaft* (*106*), ist von Le Roy Ladurie einer heftigen Kritik unterzogen worden, was die Qualität und Funktionalität des Begriffes indes nicht tangiert; vgl. »Sur Norbert Elias«, in *49*, S. 515–520 und S. 583–586.
98 Vgl. Apostolidès, *74*, sowie Stollberg-Rilinger, *163*, S. 24 ff. und S. 84 ff.
99 Saint-Simons *Mémoires* sind zwischen 1739 und 1750 entstanden und umfassen den Zeitraum von 1691 bis 1723, also die Spätzeit Ludwigs XIV. und die Régence; sie wurden erstmals 1879 bis 1928 in 41 Bänden publiziert und liegen heute in acht Pléiadebänden vor.
100 Vgl. Petitfils, *297*, Kap. XVIII: »Le système de cour«, S. 424–457; Emmanuel Le Roy Ladurie, »Auprès du Roi, la Cour«, in *Annales ESC*, 38, 1983, S. 21–41; Le Roy Ladurie / Fitou, *49*; ebd., S. 195 eine Darstellung des ›système de la Cour‹ in Form eines Sonnensystems; Jacques Revel, »La Cour«, in Pierre Nora (Hg.), *Les lieux de mémoire. Les France, 2. Traditions*. Paris, Gallimard 1992, S. 128–193. – Zu La Fontaine vgl. Grimm, »›Quel Louvre! Un vrai charnier!‹. La représentation de la société de cour dans les Fables de La Fontaine«, in *353*, Bd. 1, S. 109–120.
101 Louis XIV, *50*, S. 134.
102 ›Abenddämmerung‹ als Übersetzung von ›crépuscule‹, mit dem zahlreiche Historiker die letzten Regierungsjahre Ludwigs XIV. charakterisieren.
103 Vgl. Frantz Funck-Brentano, *La Régence*. Paris, Tallandier 1931; Claire-Éliane Engel, *Le régent*. Paris, Hachette 1969.
104 Zitiert nach Cornette, *20*, S. 552.

III. Religiöses Schrifttum und die Einheit von Staat und Kirche

1 Bremonds *Histoire littéraire du sentiment religieux (174)* liegt in einem Reprint vor.
2 Calvet, *176*.
3 Vgl. François Bluche, Art. »Sainteté« und Raymond Darricau, Art. »Saints«, in *DGS*.
4 Vgl. Bremond, *174*, Bd. 1, S. XVI: »Je n'aime pas beaucoup ce mot de Contre-Réforme, pour la simple raison que le mouvement qu'on appelle ainsi a commencé bien avant Luther.« Lucien Febvre greift 1929 das Problem in einem grundlegenden Aufsatz auf: »Une question mal posée: Les origines de la réforme française et les problèmes des causes de la réforme«, in ders., *Au cœur religieux du XVI*e *siècle*, Paris, SEVPEN 1957, S. 3–70; vgl. François Bluche, Art. »Contre-Réforme«, und Christian-Philippe Chanut, Art. »Réforme catholique«, in *DGS*.
5 Taveneaux, *214*, Bd. 1, S. 8–15; Bd. 2, S. 523–525; Michel Feuillas, Art. »Concile de Trente«, und François Bluche, Art. »Concile de Trente (Prestige et leçons du)«, in *DGS*; Tallon, *212*.
6 Bluche spricht in *11*, Kap. 27 »Le Trône et l'Autel«, S. 68–71 von einer ›complicité séculaire‹ (S. 69).
7 Méthivier, *56*, S. 329.
8 Vgl. Pierre Blet, Art. »Gallicanisme« und »Régale«, in *DGS*; Elisabeth Labrousse / Robert Sauzet, »L'Église gallicane«, in Lebrun, *197*, S. 515–537.
9 Taveneaux, *214*, Bd. 1, S. 17–27; Ernst Hinrichs, »Die Religionskriege«, in *42*, S. 148–163; Joël Cornette, »Le règne de Henri IV, jusqu'à la signature de l'édit de Nantes (1589–1598)«, in *19*, S. 5–72; Marc Venard, »Les Églises dans la tourmente«, in Lebrun, *197*, S. 283–319. – Der Text des Edikts von Nantes ist abgedruckt in Mousnier, *63*, S. 294–334.
10 Vgl. den inständigen »Discours d'Henri IV au Parlement pour en obtenir l'enregistrement de l'Edit de Nantes« vom 7. Januar 1599 in Mousnier, *63*, S. 334–337.
11 Pierre Deyon, in Duby, *29*, S. 410, Hervorhebung J. Gr.
12 Vgl. Liliane Crété, *La Rochelle au temps du Grand Siège 1627–1628*. Paris, Perrin 2001.
13 Vgl. Janine Garrisson, »L'étouffement à petites goulées, 1657–1682« und »Il n'y aura plus qu'une seule religion en son royaume..., 1682–1685«, in *188*, S. 119–262.
14 Vgl. Pujo, *299*; Béguin, *262*; Bérenger, *263*, Kap. 4, 2: »La religion de Turenne«, S. 445–470. Vor allem die ›Bekehrung‹ des Großen Condé als eines einflussreichen Repräsentanten des hugenottischen Zweiges der Bourbonen erregt Aufsehen.
15 Zitiert nach Cornette, *20*, S. 330.
16 Der Grundsatz ›Une foi, une loi, un roi‹ wurde von dem Dichter Pierre Gringoire (um 1475–nach 1538) formuliert; vgl. auch oben S. 61 das Zitat von Pierre Deyon: ›Un sceptre, une foi‹.
17 Vgl. Eckart Birnstiel (Hg.), *La Diaspora des Huguenots. Les réfugiés protestants de France et leur dispersion dans le monde (XVI*e*–XVIII*e *siècles)*. Paris, Champion 2001; dort S. 149–199 eine erschöpfende Bibliographie zum ›Refuge‹ in der Diaspora.
18 Vgl. André Ducasse, *La guerre des Camisars. La résistance huguenote sous Louis XIV*. Paris, Hachette 1962, ^{2}1978.
19 Schon auf seiner Flucht aus Ägypten durchquert das auserwählte Volk der Juden die Wüste sowie das Rote Meer und wird von Gott vor seinen Verfolgern gerettet; Johannes der Täufer predigt in der Wüste und verkündet die Ankunft Christi; vgl. Daniel Ligou / Philippe Joutard, »Les déserts (1685–1800)«, in *201*, S. 189–262; Hubert Bost, »Le désert des Huguenots: une poétique de l'épreuve«, in *RSH*, 258, 2, 2000: *Le Désert, l'espace et l'esprit*, S. 177–206.
20 Elisabeth Labrousse in *194*, S. 224, Hervorhebung J. Gr.; vgl. auch Daniel Ligou, »La peau de chagrin (1598–1685)«, in Mandrou, *201*, S. 117–150; Magdelaine / von Thadden, *200*; Petitfils, *297*, Kap. XIX: »Le drame huguenot«, S. 458–487; Cottret, *183*; Yardeni, *215*.
21 Vgl. Georges Viard, Art. »Charles Borromée«, in *DGS*.
22 Eine repräsentative Auswahl seiner Werke in *Œuvres* (Bibl.); vgl. ferner Bremond, *174*, Bd. 1, S. 68–127; Calvet, *176*, S. 21–67; Mellinghoff-Bourgerie, *366*; Jean Lesaulnier, Art. »François de Sales«, in *DPR*.
23 Bremond, *174*, Bd. 1, S. 149–186; Alain Viala, Art. »Camus, Jean-Pierre«, in *DLLF*, und Georges Viard, Art. »Camus, Jean-Pierre«, in *DGS*.
24 Vgl. Bremond, »Saint François de Sales, les origines et les tendances de l'humanisme dévot«, in *174*, Bd. 1, S. 1–17; Zitat S. 17.
25 Labrousse / Sauzet, in Lebrun, *197*, S. 351.

26 Bremond, *174*, Bd. 3, S. 3–154; Calvet, *176*, S. 73–82; Jean Dagens, *Bérulle et les origines de la restauration catholique (1575–1611)*. Paris, Desclée-de Brouwer 1952; Stéphane-Marie Morgain, *La théologie politique de Pierre de Bérulle (1598–1629)*. Préface par Robert Descimon, Paris, Publisud 2001. – Zur Diskussion um Bérulles ›Antihumanismus‹ vgl. Henri Gouhier, »Note sur l'antihumanisme à propos de Bérulle«, in *Dieu vivant*, 23, 1953, S. 145–150, sowie Taveneaux, *214*, Bd. 2, S. 410. Vgl. ferner Michel Dupuy, Art. »Bérulle«, in *DGS*, und Jean Lesaulnier, Art. »Bérulle«, in *DPR*. – Bérulles *Œuvres complètes* werden vom Oratoire de Jésus bei den Editions du Cerf herausgegeben.

27 Zitate Taveneaux, in *214*, Bd. 1, S. 225, und Dominique Descotes, Art. »Vincent de Paul«, in *DLF: XVII*[e] *siècle*; vgl. ferner Bremond, *174*, Bd. 3, S. 222–257; Calvet, *176*, S. 114–127; Coste, *182*.

28 Vgl. Joseph Bergin, *Cardinal de La Rochefoucauld. Leadership and Reform in the French Church*. New Haven / London, Yale University Press 1987; André Dodin, Art. »La Rochefoucauld (François de)«, in *DDS*.

29 Vgl. Raymond Darricau, Art. »Solminihac«, in *DDS*; Georges Viard, Art. »Solminihac (Le bienheureux Alain de)«, in *DGS*. Zum Zusammenhang insgesamt vgl. Elisabeth Labrousse / Robert Sauzet, »L'offensive catholique et l'invasion mystique« sowie »La réforme pastorale: le clergé séculier, les réguliers«, in Lebrun, *197*, S. 323–367 und 369–415.

30 Bernard Dompnier, »L'institution ecclésiale«, in Truchet, *326*, S. 191.

31 Vgl. Elisabeth Labrousse / Robert Sauzet, »La lente mise en place de la réforme tridentine (1598–1661)«, in Lebrun, *197*, S. 321–473.

32 Vgl. Gérard Michaux, Art. »Ordres religieux«, in *DGS*.

33 Bremond, *174*, Bd. 3, S. 156–221; Georges Viard, Art. »Oratoire de France«, in *DGS*. – Zu Malebranche vgl. Philippe Raynaud, Art. »Malebranche«, in *DGS*, sowie Antony McKenna, Art. »Malebranche«, in *DPR* und Ulrich Prill, Art. »Malebranche«, in *MPhL*; die Abhandlung *De la recherche de la vérité* in Malebranche, *Œuvres* (Bibl.), Bd. 1.

34 Jeanne de Chantal wird 1751 selig und 1767 heilig gesprochen.

35 Bremond, *174*, Bd. 2, S. 537–584; Duvignacq-Glessgen, *187*; Raymond Darricau, Art. »Œuvres de miséricorde«, in *DGS*.

36 Vgl. Yves-Marie Bercé, Art. »Marillac«, in *DGS*.

37 Vgl. Grimm, *351*, S. 20 f., 88 f., 91 ff.

38 Vgl. Tallon, *211*; Jean-Pierre Gutton, *Dévots et société au XVII*[e] *siècle. Construire le ciel sur la terre*, Paris, Belin 2004.

39 Vgl. Gilles Cusson, Art. »Ignace de Loyola (saint)«, und Augustin Devaux, Art. »Molina«, in *DDS*.

40 Vgl. Dominique Lanni, *Le rêve siamois du Roi Soleil. Récits d'une fièvre exotique à la cour du Très-Chrétien*. Paris, Cosmopole 2001; Dominique Deslandres, *Croire et faire croire. Les missions françaises au XVII*[e] *siècle (1600–1650)*, Paris, Fayard 2003.

41 Vgl. François Lebrun / Marc Venard / Jean Quéniart, *de Gutenberg aux Lumières*, Bd. 2 der *Histoire générale de l'enseignement et de l'éducation en France*. Hg. von Louis-Henri Parias, Paris, Nouvelle librairie de France 1981; Marie-Madeleine Compère, *Du collège au lycée (1500–1850)*. Paris, Gallimard 1985; Luce Giard, »Le système éducatif des jésuites à l'époque de Descartes«, in *La formation de Descartes*. Actes du Colloque Universitaire de La Flèche, La Flèche 1997, S. 199–225; Stéphane van Damme, »Le collège, la cité et les livres: stratégies éducatives jésuites et culture imprimée à Lyon (1640–1730)«, in *Litt. classiques* 37, 1999, S. 169–183; Marc Fumaroli, »Les jésuites et la pédagogie de la parole«, in *111*, S. 69–79.

42 Zitate von Michel Pernot, Art. »Confesseurs du Roi«, in *DGS*; die »Remontrances du Parlement à Henri IV sur le rétablissement des jésuites et réponse du Roi« vom 24. Dez. 1603 in Mousnier, *63*, S. 338–343.

43 Zu diesen zentralen Figuren von Port-Royal vgl. Henri Schmitz du Moulin, Art. »Jansénius«, und Jean Lesaulnier, Art. »Arnauld, Jacqueline, dite la Mère Angélique«, in *DPR*.

44 Zu Saint-Cyran vgl. das breit angelegte Porträt bei Bremond, *174*, Bd. 4, S. 36–175; ferner René Taveneaux, Art. »Saint-Cyran«, in *DGS*, sowie Herbert Ernst Brekle / Hans Jürgen Höller / Brigitte Asbach-Schnitker, »Jean Duvergier de Hauranne«, in Ueberweg, *259*, Bd. 2. 2, S. 483–496, und Frédéric Delforge, Art »Saint-Cyran«, in *DPR*; dort auch S. 1057 ein Verzeichnis der »Solitaires de Port-Royal«.

45 Vgl. Thomas M. Lennon, »Arnauld and Scepticisme: *Questions de fait* and *Questions de droit*«, in Kremer, *193*, S. 51–63.

46 René Taveneaux, Art. »Arnauld (Antoine)«, in *DGS*.
47 Vgl. Antoine Adam, *169*, S. 164–184; Jean Lesaulnier, »La *Fréquente communion* d'Antoine Arnauld: Genèse d'une œuvre«, in *177*, S. 61–81.
48 Vgl. Kimiyo Koyonagi, »L'affaire Arnauld (février 1655 – fin janvier 1656)«, in *DPR*, S. 1065–1086.
49 Vgl. François Bluche, Art. »Paix de l'Église«, in *DGS*, und Lebigre, *445*.
50 Le père Michel Le Tellier (1643–1719) ist nicht verwandt mit der mächtigen Dynastie der Le Tellier, aus der sich Ludwigs XIV. berühmter Kriegsminister rekrutierte; vgl. zu deren Stammbaum Kap. II, A. 67. Zu der zwiespältigen Figur des Père Michel Le Tellier, der nach Ludwigs Tod ins Exil geschickt wurde, vgl. Lucien Ceyssens, Art. »Le Tellier (Le père Michel)«, in *DGS*; die Qualifizierung Le Telliers als ›personnage tyrannique‹ ebd.
51 Vgl. Jean Mesnard, »Introduction I: Port-Royal: Culture et société«, in *DPR*, S. 15–31.
52 Vgl. Frédéric Delforge, *Les Petites Écoles de Port-Royal 1637–1660*. Paris, Éditions du Cerf 1985; ders. / Antony McKenna, »Les Petites Écoles de Port-Royal. Liste des professeurs et des élèves des Petites Écoles de Port-Royal«, in *DPR*, S. 1065–1086.
53 Joseph Beaude, »Du *Discours de la méthode* à *La logique de Port-Royal*, selon Adrien Baillet«, in *177*, S. 229–232; Hélène Bouchilloux, »L'usage de la logique selon Arnauld«, ebd., S. 233–243; Jean-Claude Pariente, »Les termes singuliers dans la *Logique* de Port-Royal«, ebd., S. 245–257; Jean-Claude Pariente (Hg.), *Antoine Arnauld, Philosophie du langage et de la connaissance*. Paris, Vrin 1995; Muriel Bourgeois, »Bien penser dans la culture mondaine: La *Logique* de Port-Royal«, in Mazouer, *409*, S. 117–128; Jean-Louis Gardies, »La *Logique de Port-Royal*: Esquisse d'un bilan«, in *Revue des Sciences philosophiques et théologiques*, 84, 2000, S. 83–92.
54 Vgl. Tony Gheeraert, »La poésie à Port-Royal: le chant de la grâce«, in Mazouer, *409*, S. 321–331; ders., *Le chant de la grâce: Port-Royal et la poésie d'Arnauld d'Andilly à Racine*. Paris, Champion 2003.
55 Vgl. Jean Mesnard, »Port-Royal foyer de culture«, in *143*, S. 245–302; Philippe Sellier, »Vers un nouveau ›Port-Royal‹. Bilan d'un quart de siècle (1969–1994)«, in *French Studies in Southern Africa* 23, 1994, S. 10–28; ferner ders., *209*, sowie »Introduction II: Port-Royal: Littérature et théologie«, in *DPR*, S. 33–38. – Zu den ›kleineren‹ Persönlichkeiten des Jansenismus – Antoine Le Maître, Pierre Nicole, Claude Lancelot – vgl. Herbert Ernst Brekle / Hans Jürgen Höller / Brigitte Asbach-Schnitker, »Der Jansenismus und das Kloster Port-Royal«, in Ueberweg, *259*, Bd. 2. 2, S. 483–528, sowie die entsprechenden Artikel in *DPR*.
56 René Taveneaux, in Art. »Arnauld (Antoine)«, in *DGS*; zum Großen Arnauld vgl. über die in der Bibliographie angeführten Arbeiten von Kremer, *193*, und Sedgwick, *208*, hinaus Herbert Ernst Brekle / Hans Jürgen Höller / Brigitte Asbach-Schnitker, »Antoine Arnauld«, in Ueberweg, *259*, Bd. 2. 2, S. 509–520, sowie Frédéric Delforge, Art. »Arnauld (famille)«, in *DGS*, und Jean Lesaulnier, Art. »Arnauld, Antoine, dit le Grand Arnauld«, in *DPR*. – Ein Stammbaum der Familie Arnauld in *Le siecle de Louis XIV*. Éd. A. Niderst (Bibl.), S. 850.
57 Cognet, *180*, S. 122.
58 Sainte-Beuve, *Port-Royal*. 3 Bde., hg. von Maxime Leroy, Paris, Gallimard (Pléiade) 1953–55; vgl. dazu *Pour ou contre Sainte-Beuve: Le »Port-Royal«*, in Chroniques de Port-Royal, 42, 1993, Paris, Bibliothèque Mazarine; ferner Taveneaux, *213*; Herbert Ernst Brekle / Hans Jürgen Höller / Brigitte Asbach-Schnitker, »Der Jansenismus und das Kloster Port-Royal«, in Ueberweg, *259*, Bd. 2. 2, S. 475–528; Hildesheimer, *191*.
59 Die *Dialogues sur l'éloquence, et sur celle de la chaire en particulier* in Fénelon, *Œuvres* (Bibl.), Bd. 1, S. 1–87; *De l'éducation des filles*, ebd., S. 89–171.
60 Zu einer differenzierteren Definition des Quietismus sowie der Vorgeschichte der Bewegung und der ›querelle‹ in Frankreich vgl. »Notice«, in Fénelon, *Œuvres* (Bibl.), Bd. 1, S. 1530–1545; eine detaillierte Darstellung der »querelle du quiétisme (1685–1699)« in Le Brun, *195*, S. 439–695.
61 Zu Mme de Guyon und dem Quietismus vgl. einführend Jacques Le Brun, Art. »Guyon (Jeanne-Marie Bouvier de la Motte, dame)«, und Art. »Quiétisme«, in *DGS*; ferner ders., »Fénelon« und »Madame Guyon«, in Ueberweg, *259*, Bd. 2. 2, S. 859–872, sowie Monique Cottret, Art. »Quiétisme«, in *DAR*; Fénelons *Explication des maximes des saints* in ders., *Œuvres* (Bibl.), Bd. 1, S. 999–1095.
62 Vgl. Jacques Le Brun, »La condamnation des *Maximes* et la publication du *Télémaque* au jour le jour«, in Cuche / Le Brun, *184*, S. 125–136.

63 Für eine weiterführende Beschäftigung vgl. Schmittlein, *207*; Cognet, *179*; Armogathe, *170*; Marie-Louise Gondal, *Madame Guyon (1648–1717). Un nouveau visage.* Paris, Beauchesne 1989.

64 Brief vom 21. Mai 1687, in *Correspondance*. Éd. Charles Urbain / Eugène Lévesque, Paris, Hachette (GEF), 1910, Bd. 3, S. 372–373.

65 Zu ›combat perdu‹ s. S. 192; La Bruyères Qualifizierung Bossuets als eines ›père de l'Église‹ in *Discours de réception à l'Académie* (1693). – Der *Discours sur l'histoire universelle* in Bossuet, *Œuvres* (Bibl.), S. 657–1027. – Die »Oraisons funèbres« zu Henriette von England und dem Großen Condé sowie der »Sermon sur la mort« ebd., S. 83–105, 191–218 und 1073–1085; vgl. ebenfalls Jacques Truchet (Hg.), *Oraisons funèbres*. Paris, Garnier 1961, ²1998, Gallimard (folio classique) 2004. – Zu den »Sermons« insgesamt vgl. Anne Régent / Nicolas Laurent, *Sermons* de Bossuet, *Le carême du Louvre*, Neuilly, Atlande 2002; *Litt. classiques* 46, 2002: Bossuet, *Le carême du Louvre (1662)*. – Zu *Politique tirée des propres paroles de l'Écriture sainte* vgl. die kritische Ausgabe von Jacques Le Brun, Genf, Droz 1967. – Zu den *Maximes et réflexions sur la comédie* vgl. s. Kap VII. 3.3.3 sowie Anm. 80. – Aus der kaum überschaubaren Literatur zu Bossuet seien genannt: Alain Lanavère, Art. »Bossuet«, in *DLLF*; Jean-Pierre Landry, Art. »Bossuet«, in *DGS*, sowie Thérèse Goyet, Art. »Bossuet«, in *DPR*; Jacques Truchet, *La prédication de Bossuet. Étude des thèmes*. Paris, Éditions du Cerf 1960; ders., *Politique de Bossuet*. Textes choisis, Paris, Armand Colin 1966; Jean Meyer, *Bossuet*. Paris, Plon 1993; Couton, *94*; Le Brun, *195* und *196*; Minois, *202*.

IV. Philosophie und Wissenschaften unter den Zwängen von Staat und Kirche

1 Vgl Lachèvre, *237*; die Auflistung aller Titel bei Pintard, *249*, »Bibliographie«, S. 706, Nr. 1412–1422, sowie bei Saba, *252*, S. 344–345.

2 Zitat in *237*, Bd. 1, »Préface«, S. XIII–XIV.

3 In *237*, Bd. 13, S. 375–394 setzt Lachèvre sich mit zeitgenössischen Kritikern auseinander.

4 Pintard, *249*; alle Zitate verweisen auf die Ausgabe ²1983, die mit ›passim‹ gekennzeichneten Anmerkungen verweisen auf das Register dieses Nachdrucks.

5 Vgl. Pintard, *249*, S. VII: »[...] son œuvre monumentale [celle de M. Frédéric Lachèvre], aussi admirable par la richesse de la documentation que déconcertante par la rude simplicité de l'exégèse [...]«.

6 Der Titel von Pintards Buch begrenzt den ›libertinage érudit‹ bekanntlich auf »la première moitié du XVIIe siècle«; zum Zusammenhang vgl. die »Conclusion«, *249*, S. 565–576.

7 Zu einer genaueren Kenntnis Pintards vgl. Roger Zuber, »*In memoriam* René Pintard (1903–2002)«, in *XVIIe siècle* 54, 2002, S. 387–391.

8 Zu einer genaueren Kenntnis Adams vgl. Pierre-Georges Castex, »*In memoriam* Antoine Adam (1899–1980)«, in *RHLF* 81, 1981, S. 497–500.

9 Der Doppelband trägt den Titel *Le libertinage devant le Parlement de Paris. Le procès du poète Théophile de Viau (11 juillet 1623 – Ier septembre 1625)*.

10 Zu seinem Verhältnis zu Lachèvre schreibt Adam: »Dans le cours de notre travail, nous contredisons souvent M. Lachèvre, et parfois, avouons-le, de façon assez vive. Cela n'enlève rien à l'admiration que nous inspire (*sic.*) ses travaux«, in *216*, S. 7; Lachèvre hat seinerseits in einer Besprechung mit dem Titel »Théophile de Viau, auteur de Francion?«, in *Bulletin du bibliophile*, 1937, S. 198–204, Adams Monographie geradezu ›verrissen‹. – Zur Rezeption Théophiles als eine der Schlüsselfiguren der Bewegung des ›libertinage‹ vgl. Saba, *253* und *254*.

11 Adam, *303*, Domat, Bd. 3, S. 47; zu einer Einschätzung des Bildes, das Adams *Histoire* vom 17. Jh. vermittelt, und zu dessen heutiger Akzeptanz vgl. Jean Mesnard, »Préface à la troisième édition«, in Adam, *303*, ³1997, S. VII–XXIV.

12 Eine nahezu vollständige, mit einem analytischen Themenverzeichnis versehene Bibliographie enthält Zoli, *261*. Vgl. auch Schneider, *160*, der jedoch nur die Literatur bis etwa 1970 berücksichtigt; die zweite Auflage ist ein unveränderter Nachdruck der ersten.

13 Charles-Daubert, *223*, »Liste des principaux thèmes du libertinage érudit«, S. 113.f.; »Interdépendance des thèmes«, S. 115; Charles-Daubert benennt 31 Themen, die sie drei Kapiteln zuordnet: Kap. 1: »L'attitude intellectuelle des libertins«, Kap. 2: »La morale indépendante du sage«, Kap. 3: »Critique antithéologique et critique des fondements du pouvoir«; vgl. auch dies., »Le ›libertinage érudit‹: problèmes de définition«, in McKenna / Moreau, *242*, Bd. 1, S. 11–25.

14 »Introduction«, Bd. 1, S. IX–LXX; »Chronologie«, S. LXXI–LXXXVI; die Zeittafel reicht von »1543: Copernic, *De revolutionibus*« bis »1757: Mort de Fontenelle«.

15 Minois gibt dem dritten Teil seiner monumentalen Monographie *Histoire de l'athéisme (244)* den Titel »D'une crise de conscience à l'autre (1600–1730)« und begrenzt das ›Grand siècle‹ durch zwei Krisenzeiten: Kap. 7: »La première crise de la conscience européenne: les sceptiques libertins (1600–1640)« und Kap. 9: »La deuxième crise de la conscience européenne: raison et athéisme (1690 –vers 1730)«; das mittlere Kapitel trägt den Titel »L'envers incrédule du Grand Siècle (1640–1690)«. – Jean-Robert Armogathe überschreibt das Vorwort zu Gregory, *231*, wie folgt: »La première crise de la conscience européenne« und setzt die Krise von 1580 bis 1620 an.

16 Die Publikationen des G.R.I.H.L. können im Internet unter der folgenden Anschrift abgerufen werden: http://www.ehess.fr/centres/grihl/DebatCritique/LibrePensee/Libertinage0. Für den größeren ideengeschichtlichen Zusammenhang vgl. Gregory, *231*, Kap. 1: »Le libertinisme dans la première moitié du XVIIe siècle«, S. 13–61, sowie Minois, *244*, Kap. 7: »La première crise de la conscience européenne: les sceptiques libertins (1600–1640)«, S. 181–214.

17 Die Zitate nach Godard de Donville, *230*, S. 119, 193, 265, 267, 293.

18 François Garasse, *La doctrine curieuse des beaux esprits de ce temps* (Bibl.), S. 38 und 709; vgl. ferner Adam, *216*, S. 33–50; die hier angeführten Zitate ebd., S. 41 und 44; längere Auszüge auch in Lachèvre, *237*, Bd. 1, S. 147–187.

19 Vgl. Godard de Donville, *230*; ein Resümee ihrer Thesen in »L'invention du ›libertin‹ en 1623 et ses conséquences sur la lecture des textes«, in McKenna / Moerau, *242*, Bd 6, S. 7–17.

20 Zu Chapelle, Des Barreaux und Saint-Amant vgl. Pintard, *249*, passim; zu Blot, Des Barreaux, Chapelle und »Les quatrains du déiste« vgl. Adam, *216*; zu Barreaux vgl. Marie-Françoise Baverel-Croissant, *La vie et les œuvres complètes de Jacques Vallée Des Barreaux (1599–1673)*. Paris, Champion 2001, sowie dies., »Une personnalité contestée: Des Barreaux«, in *RHLF* 100, 2000, S.1285–1295. – Textauszüge aller genannten Autoren und weiterführende Informationen in *Les libertins du XVIIe siècle* (Bibl.), Bd. 2; ebd. auch »Les quatrains du déiste«, S. 1329–1344, sowie eine Auswahl aus *Le cabinet satyrique* und *Le parnasse des poètes satyriques*, S. 1277–1310, den beiden repräsentativen Anthologien der ›poésie libertine‹ der Zeit. – *Le bordel des muses* von Claude Le Petit in Lachèvre, *237*, Bd. 6: *Les œuvres libertines de Claude Le Petit*. – Vgl. schließlich *Le parnasse des poètes satyriques* (Bibl.) sowie zum Themenkomplex insgesamt Sophie Houdard, »Vie de scandale et écriture de l'obscène: hypothèses sur le libertinage de mœurs au XVIIe siècle«, in *Tangence* 66, 2001, S. 48–66, und Jeanneret, *234*. Zu Saint-Amant vgl. die kritische kommentierte Ausgabe seiner *Œuvres* (Bibl.).

21 Die Systematisierung des ›libertinage‹ nach Adam, *216*; das Zitat ebd., S. 7; Adams Modell hat den Vorteil der Übersichtlichkeit; auch beim ›libertinage‹ handelt es sich, ähnlich wie bei der Periodisierung des ›siècle classique‹ darum, ›[de] rendre les choses pensables‹ (s. S. 157). – Vgl. zum Problem insgesamt Jean-Pierre Cavaillé, »Les libertins: l'envers du Grand siècle«, in McKenna / Moerau, *242*, Bd. 7, S. 291–319; ferner Stéphane van Damme, »Libertinage de mœurs / libertinage érudit. Le travail de la distinction«, ebd., Bd. 8, S. 161–179. – In Bezug auf den ›libertinage érudit‹ spricht Charles-Daubert, *223*, S. 10–20 von der »diversité déroutante de ce mouvement de penser«, deren Einheit »nulle part [...] et partout, dans aucune œuvre et dans toutes« liege. – Als resümierende Zusammenfassung empfehlenswert Gianni Paganini, »Bonheur, passions et intérêts: L'héritage des libertins«, in Méchoulan / Cornette, *140*, S. 71–92.

22 Vgl. Laurenti, *129*, »Thèmes épicuriens«, S. 29–211; zur kontroversen Interpretation von Molières *Dom Juan* und ihres gleichnamigen Protagonisten vgl. Grimm, *351*, S. 108–123; Charles-Daubert, *223*, S. 36–43; Prévot, *Libertins du XVIIe siècle* (Bibl.), Bd. 1, »Introduction« S. XLIII.

23 »Bene vixit, qui ...« findet sich bei Ovid, *Tristia*, III 4, 25 und geht auf Epikur, Fragm. 551 zurück, dessen lateinische Fassung »Ama nesciri« lautet: »Ziehe es vor, unbekannt zu bleiben«; »Intus ut...« ist nach Pintard, *249*, S. 109, die von dem Paduaner Philosophen Cesare Cremonini ausgegebene »audacieuse devise du libertinage prudent [...] un art de vivre, l'Introduction à la vie indévote, la recette de l'athéisme sans danger«.

24 Vgl. Antoine Coron, »›Ut prosint aliis‹. Jacques-Auguste de Thou et sa bibliothèque«, in Claude Jolly (Hg.), *Les bibliothèques sous l'Ancien Regime*. Paris 1988, S. 101–126.

25 Vgl. Pintard, *249*, passim; René Taton, »Die Akademien«, in Ueberweg, *259*, Bd. 2. 2, S. 593–601.

26 Das Zitat in Pintard, *249*, S. 87; zu Peiresc vgl. ebenfalls René Taton, »Die Akademien«, in Ueberweg, *259*, 2. 2, S. 593–601; ferner Peter N. Miller, *Peiresc's Europe. Learning and Virtue in the Seventeenth Century*. New Haven and London, Yale University Press 2000, sowie Jean-François Lhote / Danielle Joyal (Hg.), *Correspondance de Peiresc & Aleandro*. 2 Bde., Clermont-Ferrand, Adosa 1995.

27 Vgl. Pierre Costabel, Art. »Mersenne«, in *DGS*, sowie Dominique Descotes, Art. »Mersenne«, in *DLF: XVIIe siècle*; ferner Pierre Costabel, »Mersenne«, in Ueberweg, *259*, Bd. 2. 2, S. 637–647; Zitat »Sekretär.des gelehrten Europa« ebd., S. 641. – Mersennes wichtige Schrift *La vérité des sciences contre les sceptiques ou pyrrhoniens* (Bibl.), Apologie des Christentums und Streitschrift gegen die ›libertins‹ zugleich, enthält eine informative »Introduction« von Dominique Descottes, S. 7–106 – Vgl. zu Mersenne auch Jean-Marie Constant / Anne Fillon (Hg.), *1588–1988 Quatrième centenaire de la naissance de Marin Mersenne*. Actes du Colloque Scientifique International et Célébration Nationale, Le Mans 1994; René Taton, »Le P. Marin Mersenne et la communauté scientifique parisienne au XVIIè siècle«, ebd., S. 13–25:

28 Vgl. René Taton, »Die Akademien«, in Ueberweg, *259*, Bd. 2. 2, S. 593–621; Zitat »Forschungszentrum...« ebd., S. 603.

29 La Mothe Le Vayer, *Dialogues faits à l'imitation des Anciens* (Bibl.); zur Textgeschichte der *Dialogues* vgl. Pintard, *250*, S. 5–17; eine repräsentative Auswahl seiner ›petits traités sceptiques‹ in Salazar, La Mothe Le Vayer, *De la patrie et des étrangers* (Bibl.); dort auch unter dem Titel »Repères chronologiques«, S. 25–29, Hinweise zur Biographie.

30 Vgl. Giovanni Dotoli, »Montaigne et les libertins via Mlle de Gournay«, in *100*, Bd. 2, S. 47–79.

31 Charron, *De la sagesse* (Bibl.); vgl. zu Charron Gregory, *231*, Kap. 4: »*Le livre scandaleux* de Pierre Charron« und Kap. 5: »La sagesse sceptique de Pierre Charron«, S. 115–135 und 137–156.

32 Vgl. Frédéric Cossuta, *Le scepticisme*. Paris, PUF (*Que sais-je?*) 1994; »Le retour des sceptiques«, in *magazine littéraire* 394, 2001, S. 18–57, mit Bibliographie; ferner Moreau, *245*, Bd. 2 und Giocanti, *229*.

33 *Dialogues faits à l'imitation des anciens* (Bibl.), »Lettre de l'auteur«, S. 14.

34 »De la divinité«, in *Cinq autres dialogues du même auteur* (Bibl.), S. 303–352, Zitat S. 350; der Dialog in Auszügen auch in Adam, *216*, S. 123–136; vgl zum Kontext Salazar, *255*.

35 Prévot in *Libertins du XVIIe siècle* (Bibl.), Bd. 2, S. 1447 ff.

36 Vgl. zum Kontext Cavaillé, *222*, S. 178–181: »Bene vixit, qui bene latuit«; dort auch die Qualifizierung des Zitats als »devise libertine par excellence«; das Zitat von La Mothe Le Vayer aus »De la prudence«, in *Œuvres* (Bibl.), Bd. 2, S. 346. Vgl. ferner Michel Jeanneret, »La peur, le masque«, in *234*, S. 130–134, sowie Jean-Michel Gros, »Le masque du ›scepticisme chrétien‹ chez La Mothe Le Vayer«, in McKenna / Moerau, *242*, Bd. 5, S. 83–98.

37 Der *Petit discours chrétien sur l'immortalité de l'âme* in *Œuvres* (Bibl.), Bd. 1, S. 542–570; *De l'instruction de Monseigneur le Dauphin, au Cardinal Duc de Richelieu*, ebd., Bd. 1, S. 21–116; *De la vertu des païens* in *Libertins du XVIIe siècle* (Bibl.), Bd. 2, S. 1–215; Anmerkungen zu Autor und Text ebd., S. 1443–1490.

38 Zu La Mothe Le Vayer vgl. Pintard, *249*, S. 131–147 und passim; Adam, *303*, Bd. 1, S. 305–309 und ders., *216*, S. 121–139 mit Textauszügen; Roger Zuber, »Die humanistische Tradition«, in Ueberweg, *259*, Bd. 2. 1, S. 119–141; *Libertinage et philosophie*, *242*, Bd. 2; vgl. auch Françoise Charles-Daubert, »Le ›libertinage érudit‹ et le problème du conservatisme politique«, in Méchoulan, *139*, S. 181–202, sowie dies., *223*, S. 49–65; Sylvia Giocanti, »La Mothe Le Vayer: scepticisme libertin et pratique de la contrariété«, in Moreau, *245*, Bd. 2, S. 239–256; Jean-Pierre Cavaillé, »La Mothe Le Vayer, la main libertine«, in *222*, S. 141–197.

39 Die *Lettres* des Arztes und Epistoliers Guy Patin (1601–1672) dokumentieren chronikartig seine Zeit; eine Auswahl in *Libertins du XVIIe siècle* (Bibl.), Bd. 2, S. 405–538; zur Person und den Briefen ebd., S. 1553–1603. Als eingeschworener Gegner Richelieus und Mazarins, als Kritiker der Kirche und insbesondere der Jesuiten, als Feind der Sakramente und des Wunderglaubens, als Verteidiger der Temperamentenlehre (s. S. 103), schließlich als Freund von Naudé, Gassendi, La Mothe Le Vayer und Dauergast in der Académie putéane, verdiente er eine eigenständige Studie. – Zu Patin vgl. C.-A. Sainte-Beuve, *Causeries du Lundi*. Paris ^{2}1853, Bd. 8, S. 71–107; Pintard, *250*, S. 47–86; ders., *249*, passim; Hubert Carrier, Art. »Patin«, in *DGS*.

40 Zur ›Tetrade‹ siehe Pintard, *249*, S. 127 ff. und 296 ff.; vgl. ebd., S. 129–131 zu Elie Diodati, zu dem sich ansonsten kaum Informationen finden lassen; vgl. ferner S. Garcia, »Elie Diodati

(1576–1661), agent de la République de Genève à Paris«, in *Revue du Vieux Genève*, 1998, S. 7–15.

41 Vgl. Phillip Wolfe (Hg.), Gabriel Naudé, *Lettres de Gabriel Naudé à Jacques Dupuy (1632–1652)*. Edmonton / Alberta, Alta Press 1982.

42 Gabriel Naudé, *Advis pour dresser une bibliothèque* (Bibl.).

43 In *Œuvres* (Bibl.), Bd. 2, S. 372–375.

44 Vgl. Louis Desgraves, »La librairie de Montaigne«, in Claude Jolly (Hg.), *Les bibliothèques sous l'Ancien Regime*. Paris, Éd. du cercle de la Librairie 1988, S. 94–95, 97; vgl. auch oben A. 30 den Aufsatz von G. Dotoli.

45 Naudé, *Advis*, Nachdruck Leipzig (Bibl.), S. 21; vgl. Lorenzo Bianchi, »Per una bibliotheca libertina: G. Naudé e Ch. Sorel«, in ders., *Rinascimento e libertinismo. Studi su Gabriel Naudé*. Neapel 1996, S. 203–251; ebd., S. 253–270: »Catalogue des Livres qui sont en l'étude de G. Naudé à Paris«; vgl. auch Chartier, *90*, Kap. 4: »Bibliothèques sans murs«, S. 107–131.

46 Zitiert nach Lachèvre, *237*, Bd. 1, S. 163–165, Zitat S. 163; vgl. ferner Charles-Daubert, »La bibliothèque des libertins«, in *223*, S. 32–36.

47 *Considérations politiques sur les coups d'État* (Bibl.); Zitate und Beispiele ebd. in Kap. 3: »Avec quelles précautions et en quelles occasions on doit pratiquer les coups d'État«, S. 107–132.

48 Vgl. zu dem Traktat, der die abendländische Geschichte des Atheismus eröffnet, Winfried Schröder, »Le *De tribus impostoribus (De imposturis religionum)*. Sa date et son auteur«, in *La lettre clandestine*, 7, 1998, S. 15–40, sowie ders., *256*; vgl. ferner *Traité des trois imposteurs* et *L'esprit de Spinoza* (Bibl.); die von Charles-Daubert herausgegebene frz. Fassung wird vielfach Spinoza zugeschrieben.

49 Die *Apologie* in *Libertins du XVIIe siècle* (Bibl), Bd. 1, S. 137–380, Zitat S. 139.

50 Aus der überbordenden Literatur zu Naudé sei verwiesen auf das »Portrait littéraire« Sainte-Beuves, in *Œuvres*, Paris, Gallimard (Pléiade) 1951, Bd. 2, S. 466–509; ferner Pintard, *249*, S. 156–173; Adam, *303*, Bd. 1, S. 309–312; Roger Zuber, »Die humanistische Tradition«, in Ueberweg, *259*, Bd. 2. 1, S. 119–141; Hartmut Stenzel, »Widersprüche und Scheitern eines kritisch engagierten Schreibens in der Zeit der Fronde: Paul Scarron und Gabriel Naudé«, in *419*, S. 237–261; *Libertinage et philosophie*, *242*, Bd. 2; Robert Damien, *Bibliothèque et État. Naissance d'une raison politique dans la France du XVIIe siècle*. Paris, PUF 1995 und dazu Jérôme Delatour, »Enfin Naudé vint…«, in *Bibliothèque de l'École des Chartes* 155, 1997, S. 375–382; »Gabriel Naudé: La politique et les mythes de l'histoire de France«, in *corpus*. revue de philosophie 35, 1999 (Sondernummer); Lorenzo Bianchi, »Érudition, critique et histoire chez Gabriel Naudé (1600–1665)«, in Ralph Häfner (Hg.), *Philologie und Erkenntnis*. Tübingen, Niemeyer 2001, S. 35–55; Jean-Pierre Cavaillé, »Gabriel Naudé«, in *222*, S. 199–265.

51 Zur Textgeschichte vgl. Pintard, *250*, S. 32–46.

52 Lukrez' *De rerum natura* wird erstmals 1473 in Brescia herausgegeben; weitere Ausgaben folgen schnell: Verona 1486, Venedig 1495, 1500, 1515, Florenz 1512–1513; vgl. dazu Foucault, *227*, vor allem S. 198 ff.; die Publikationsdaten ebd., S. 199.

53 Titus Lucretius Carus, *De rerum natura / Welt aus Atomen*. Lateinisch und deutsch, übers. und eingeleitet von Karl Büchner, Zürich, Artemis 1956. Zu Epikur vgl. Klaus-Dieter Zacher, Art. »Epikur«, in *MPhL*.

54 Der dritte Teil seines *Philosophiae Epicuri syntagma – Traité de la philosophie d'Épicure* mit dem Titel *Ethica seu de moribus – L'éthique ou la morale*, zweisprachig in *Libertins du XVIIè siècle* (Bibl.), Bd. 1, S. 597–745; eine Einführung in Leben und Werk Gassendis, eine Bibliographie und Kommentare zum Text von Thierry Bedouelle ebd., S. 1419–1503; vgl. ferner Pierre Gassendi, *Vie et mœurs d'Épicure* (Bibl.).

55 Die *Exercitationes* liegen in folgender Übersetzung vor: *Dissertations en forme de paradoxes contre les Aristotéliciens*. Livres I et II, texte établi, traduit et annoté par Bernard Rochot, Paris, Vrin 1959; in der »Introduction«, S. VII–XIV, Informationen zur Text- und Publikationsgeschichte; das Zitat ist die Überschrift der sechsten und letzten *Dissertation* des zweiten Buches.

56 *Lettres de Peiresc*. Hg. von Tamizey de Larroque, Bd. 4, S. 249–250; zitiert nach Tullio Gregory, im Vorwort zu Pierre Gassendi, *Opera omnia*. Reprint Stuttgart 1964, S. XIX.

57 Zu Gassendi vgl. Gerhard Hess, *Pierre Gassend. Der französische Späthumanismus und das Problem von Wissen und Glauben*. Jena / Leipzig, Gronau 1939; Antoine Adam / Alexandre Koyré / Georges Mongrédien, / Bernard Rochot, *Pierre Gassendi. Sa vie et son Œuvre 1592–1655*.

Paris 1955; *Tricentenaire de Pierre Gassendi 1655–1955.* Actes du Congres, Paris, PUF 1957; Adam, *303*, Bd. 1, S. 312–318; Olivier Bloch, »Pierre Gassendi«, in Ueberweg, *259*, Bd. 2. 1, S. 201–230; Gregory, *231*, Kap. 6: »Perspectives sur Pierre Gassendi à l'occasion du IVe centenaire«, S. 157–189.

58 Zu Bernier vgl. Spink, *257*, S. 129–130; Thomas M. Lennon, »François Bernier«, in Ueberweg, *259*, Bd. 2. 1, S. 242–250; Jürgen Grimm, »La Fontaine, Lucrèce et l'épicurisme«, in *353*, Bd. 1, S. 67–83.

59 Vgl. Darmon, *224*; Laurenti, *129*.

60 Vgl. *La formation de Descartes.* Actes du Colloque Universitaire de La Flèche, La Flèche 1997; Antonella. Romano, »L'enseignement des mathématiques à La Flèche dans les années de formation de Descartes«, ebd., S. 75–103; Luce Giard, »Le système éducatif des jésuites à l'époque de Descartes«, ebd., S. 199–225.

61 Vgl. Klaas van Berkel, »Isaac Beeckmann«, in Ueberweg, *259*, Bd. 2. 2, S. 631–636.

62 Descartes' ›nuit de songes‹ vom 10. Nov. 1619 zeigt auffällige Parallelen zu Pascals ›nuit de feu‹ vom 23. Nov. 1654, in der ihm die unmittelbare Erfahrung Gottes zuteil wurde. Beide ›nuits‹ haben in gleicher Weise die Biographen und Interpreten angezogen. – Zu Descartes vgl. insbesondere Sophie Jama, *La nuit de songes de René Descartes.* Paris, Aubier 1998; ebd. S. 415–419 eine mehr als 75 Titel umfassende »Bibliographie des songes de Descartes«; vgl. ebenfalls *Les* Olympiques *de Descartes.* Études et textes réunis par Fernand Hallyn, Genf 1995.

63 Zu Christina von Schweden vgl. Pintard, *249*, S. 115–120; ferner die suggestive Monographie von Laure Wyss, *Weggehen ehe das Meer zufriert. Fragmente zu Königin Christina von Schweden.* Zürich, Limmat [4]1994; Jean-François de Raymond, *La reine et le philosophe. Descartes et Christine de Suède.* Paris, Lettres modernes 1993; Verena von der Heyden-Rynsch, *Christina von Schweden. Die rätselhafte Monarchin.* Weimar, Böhlau 2000; *Christina von Schweden.* Katalog der Ausstellung im Kulturgeschichtlichen Museum Osnabrück 23. November 1997 – 1. März 1998, Bramsche 1997.

64 Eine repräsentative Auswahl der Korrespondenz in Descartes, *Œuvres et lettres* (Bibl.), S. 903–1347.

65 Vgl. Leroy, *238*, Zitat S. 27; der Brief an Mersenne in *Œuvres et lettres* (Bibl.), S. 950–953, Zitat S. 951: »Le désir que j'ai de vivre en repos et de continuer la vie que j'ai commencée en prenant pour ma devise: *bene vixit, bene qui latuit«.*

66 In René Descartes, *Œuvres et lettres* (Bibl.), »Lettre de l'auteur à celui qui a traduit ce livre laquelle peut servir de préface«, S. 566.

67 In René Descartes, *Discours de la méthode.* Hg. von Étienne Gilson, Paris, Vrin 1970, [4]1999, »Sixième partie«, S. 125 ff.

68 Vgl. René Descartes, *Les passions de l'âme.* Introduction et notes par Geneviève Rodis-Lewis, Paris, Vrin 1994, [2]1999; ders., *Die Leidenschaften der Seele.* Hg. und übersetzt von Klaus Hammacher, Französisch – deutsch, Hamburg, Felix Meiner [2]1996, mit einer substantiellen Einleitung und Bibliographie von K. Hammacher, ebd., S. XV–XCVIII.

69 »L'influence de la philosophie cartésienne sur la littérature française« (1896) und »Le héros cornélien et le ›généreux‹ selon Descartes« (1895), in Gustave Lanson, *Essais de méthode de critique et d'histoire littéraire.* Hg. von Henri Peyre, Paris, Hachette 1965, S. 211–242 und 243–257.

70 La Fontaine, »Discours à Madame de La Sablière«, in *Fables*, 1678, 9. Buch, V. 54 ff. – Zu Molières differenzierter Haltung gegenüber Descartes vgl. Jean Molino, »›Les nœuds de la matière‹: L'unité des *Femmes savantes«*, in *XVIIe siècle* 113, 1976, S. 23–47; ferner Jean Serroy, »›Guenille si l'on veut...‹ Le corps dans les dernières comédies de Molière«, in *Litt. classiques*, Suppl. Jan. 1993, S. 89–105; Catherine Kintzler, »*Les femmes savantes* de Molière et la question des fonctions du savoir«, in *XVIIe siècle* 211, 2001, S. 243–256.

71 Die auf Descartes' Initiative verfassten »Objections« wurden zusammen mit den »Réponses« des Philosophen in der zweiten Auflage der *Méditations* publiziert; vgl. Descartes, *Œuvres et Lettres* (Bibl.), S. 335–547.

72 »Lettre sur la comédie de *L'imposteur«*, in Molière, *OC* (Bibl.), Bd. 1, S. 1147–1180, Zitat S. 1170; die Erstausgabe der »Lettre« ist unter dem Namen La Mothe Le Vayers erschienen; vgl. dazu die Ausgabe der »Lettre« von Robert McBride, Durham Modern Languages Series, French, Bd. 4, University of Durham 1994.

73 Aus der unüberschaubaren Sekundärliteratur zu Descartes seien hier lediglich genannt: Leroy, *238*; Cassirer, *221*; Geneviève Rodis-Lewis, »René Descartes«, in Ueberweg, *259*, Bd.2. 1, S. 273–348,

398–445; Bibliographie ebd., S. 446–471; dies., *251* und *252*; Dominik Perler, *René Descartes*, München, Beck 1998; Gregory, *231*, Kap. 10: »Dieu trompeur et malin génie«, S. 293–347; Thomas Wichmann, Art. »Descartes, René«, in *MPhL*.

74 Vgl. Ueberweg, *259*, Bd. 2. 2, S. 591–708; Michel Blay, »L'émergence d'une nouvelle science«, in Truchet, *326*, S. 245–252;

75 Vgl. Andreas Dorsel, Art. »Newton, Isaac«, und Wilhelm Schmidt-Biggemann, Art. »Pascal, Blaise«, in *MPhL*.

76 Vgl. Stollberg-Rilinger, *163*, Kap. 2.1: »Welt-Maschine und Mensch-Maschine in der frühneuzeitlichen Naturwissenschaft«, S. 23–35.

77 Vgl. über Koyré, *235*, hinaus René Taton, »Die Akademien«, in Ueberweg, *259*, Bd. 2. 2, S. 591–612; Robert Lenoble, *131*, Kap. 4: »La révolution mécaniste du XVIIe siècle. Galilée, Mersenne, Descartes et Pascal«, S. 309–337; Andrea Grewe, »Die neue Wissenschaft«, in *404*, S. 28–32, sowie insbesondere Mayaud, *243*.

78 Zu Harvey vgl. die »Préface« sowie die »Postface« von Hamburger / Gremk in Harvey, *De motu cordis* (Bibl.); die Autoren sehen Harvey »comme le Galilée de la physiologie moderne«; vgl. ferner Roger Rullière, Art. »Harvey«, in *DGS*; die Qualifizierung seiner Abhandlung als «livre révolutionnaire« ebd.

79 Vgl. Suzanne Débarbat, Art. »Halley«, in *DGS*.

80 Zu Huygens vgl. Pierre Costabel, »Christian Huygens«, in Ueberweg, *259*, Bd. 2. 2, S. 675–684; Georges Lochak, Art. »Huygens (Christiaan)«, in *DGS*; zur Bedeutung der Universität von Leyden vgl. François Bluche, Art. »Leyde (Leiden)«, in *DGS*.

81 Vgl. René Taton, »Die Akademien«, in Ueberweg, *259*, Bd. 2. 2, S. 612–621; zum »Journal des savants« ebd., S. 608; vgl. ferner Marc Martin, Art. »Journal des savants«, in *DGS*.

82 Vgl. Minois, *145*.

83 Zu Vanini vgl. Spink, *257*, S. 42–59; Jean-Pierre Cavaillé, »Jules-César Vanini: La langue arrachée«, in *222*, S. 39–140; Foucault, *227*.

84 Zitate in Cornette, *19*, S. 189 und *20*, S. 197.

85 Vgl. Boileau, »L'arrêt burlesque«, in ders., *OC* (Bibl.), S. 325–330, 1066–1070.

86 Grenet, *232*; Drévillon, *225*, sowie insbesondere Mayaud, *243*. Zu Kepler und Kopernikus vgl. Matthias Wörther, Art. »Kepler, Johannes«, und Art. »Kopernikus, Nikolaus«, in *MPhL*.

87 Zitat Prévot in *Libertins du XVIIe siècle* (Bibl.), Bd. 1, S. 1226; eine Auswahl aus dem *Parnasse des poètes satyriques* ebd., Bd. 2, S. 1296–1310; vgl. auch *Le parnasse des poètes satyriques* (Bibl.).

88 Zu Molé vgl. Hubert Carrier, Art. »Molé«, in *DGS*. – Der Prozess gegen Théophile de Viau ist dokumentiert bei Lachèvre, *237*, Bd. 1 und 2; s. oben A.. 9; vgl. ferner Adam, *217*, S. 333–404, sowie Prévot, »Théophile en procès«, in *Libertins du XVIIe siècle* (Bibl.), Bd. 1, S. 3–136, 1221–1287; Bibliographie ebd., S. 1245–1246.

89 Zitat in *237*, Bd. 1, »Préface«, S. XV–XVI.

90 Vgl. Lachèvre, *237*, Bd. 6: *Œuvres libertines de Claude Le Petit*; Jean Serroy, Art. »Le Petit, Claude«, in *DLF: XVIIe siècle*.

91 Vgl. Grimm, *351*, S. 72–82, 91–108, 108–123.

92 Zitat Adam, *217*, S. 404; zu Sorel vgl. Patrick Dandrey, »Sélection des variantes (1623–1626–1633)«, in ders. (Hg.), *Charles Sorel / Histoire comique de Francion*. Paris, Klincksieck 2000, S. 147–173; vgl. ebenfalls Wolfgang Matzat, »Charles Sorel, *Histoire comique de Francion* (1622–1633)«, in Baader, *304*, S. 39–66, sowie *Litt. classiques* 41, 2001: »Charles Sorel. *Histoire comique de Francion*«; Jole Morgante, »La réécriture de la première partie du *Francion*: techniques d'écriture libertine«, ebd., S. 13–30:

93 Vgl. Darmon, *224*, Laurenti, *129*.

V. Die Künste im Dienst der Monarchie

1 Vgl. zum Folgenden insgesamt Adam, »La langue«, in *304*, S. 79–91; Brunot, *393*; Alexis François, *Histoire de la langue française des origines à nos jours*. Bd. 1, Genf, Jullien 1959; Marie-Thérèse Hipp, Art. »Langue française«, in *DGS*; Peter Rickard, *Geschichte der französischen Sprache*. Tübingen, Narr 1977; Danielle Trudeau, *Les inventeurs du bon usage (1529–1647)*. Paris, Minuit 1992.

2 Zu Du Vairs Traktat vgl. Bibl.; zum Autor vgl. René Radouant, *Guillaume Du Vair. L'homme et l'orateur jusqu'à la fin des troubles de la Ligue (1556–1596)*. Paris, Société française d'Imprimerie 1907, Genf, Slatkine Reprints 1970; ferner Frank Lestringant, Art. »Vair, Guillaume du«, in *DLLF*, sowie Fumaroli, *110*, S. 492–520.

3 Malherbe, »Commentaire sur Desportes«, in *Œuvres* (GEF) (Bibl.), Bd. 4, S. 249–473; Ferdinand Brunot, *La doctrine de Malherbe d'après son Commentaire sur Desportes*. Paris, Picard 1891, Reprint Paris, Colin 1969, New York, Franklin 1971; vgl. auch Bernard Beugnot, Art. »Malherbe«, in *DLitF*.

4 Der Begriff und das Programm eines ›dégasconner la cour‹ wird nach Brunot, *393*, Bd. 3, 1, S. 4 Malherbe zugeschrieben, ohne dass es einen präzisen Beleg gäbe; ein solcher findet sich indirekt bei Balzac; vgl. S. 114 sowie Balzac, wie A. 11.

5 Racan, *Vie de Mr de Malherbe*, in Malherbe, *Œuvres* (GEF) (Bibl.), Bd. 1, S. LXI–LXXXVIII, Zitat S. LXXIX.

6 Vgl. Claus-Detlef Hagenberg, *Der unbekannte Malherbe. Untersuchungen zur Übersetzung des 33. Buches des Titus Livius*. Bonn, Romanistischer Verlag 1994.

7 Zitat Gilles Declercq in Art. »Malherbe«, in *DLLF*; vgl. ferner Francis Ponge, *Pour un Malherbe*. Paris, Gallimard 1965; zum Zusammenhang insgesamt vgl. A. 3: Brunot, *La doctrine de Malherbe*.

8 Die »Stances« in Voiture, *Poésies* (Bibl.), Bd. 1, S. 52–56; dort auch ausführlicher zum Topos der ›Vénus aux belles fesses‹, den die »Stances« aktualisieren.

9 Die von Valentin Conrart, dem Sekretär der Académie française, besorgte Ausgabe *Les Œuvres de Monsieur de Balzac* (Bibl.) ist bis heute die einzige Gesamtausgabe der Werke Balzacs. Zur Bibliographie Balzacs – Werke und Sekundärliteratur – vgl. Beugnot, *332*; zu Biographie und Werk vgl. Sutcliffe, *378*; Youssef, *385*, sowie ders., Art. »Guez de Balzac«, in *DLitF*; ferner Hartmut Stenzel, »Zwei paradigmatische Fälle im Spannungsfeld von Literatur und absolutistischer Politik: Jean-Louis Guez de Balzac und Jean Chapelain«, in *419*, S. 163–199; *Litt. classiques* 33, 1998: »Fortunes de Guez de Balzac«; Bernard Beugnot, »La leçon de Balzac«; ebd., S. 265–276:

10 Zu den Beziehungen zwischen Balzac und Richelieu vgl. Bibas / Butler (Hg.), *Les premières lettres de Guez de Balzac* (Bibl.), Bd. 1, S. 285–288; ferner Christian Jouhaud, »L'écrivain face au pouvoir: littérature et politique en France dans la première moitié du XVIIe siècle«, in *Bulletin de la Société d'histoire moderne et contemporaine*, 1–2, 1995, S. 85–103, sowie ders., *125*; ferner Stenzel, wie A. 9.

11 »Dissertations chrétiennes et morales« XIV, in *Œuvres* (Bibl.), Bd. 2, S. 368; Balzac bezeichnet im Folgenden Malherbe als »premier grammairien de France, qui prétend que tout ce qui parle, soit de sa juridiction«.

12 »Dissertation XI à Chapelain« mit dem Titel »Qu'il n'est pas possible d'écrire beaucoup & de bien écrire«, in *Œuvres* (Bibl.), Bd. 2, S. 636 f.

13 Zur Beziehung Descartes' zu Balzac vgl. Youssef, *385*, S. 85 f.

14 In Pellisson / d'Olivet, *152*, Bd. 1, S. 13; zur Institution der Académie française und ihrer Geschichte vgl. Oster, *150*; Caput, *85*; Philippe Brissaud, Art. »Académie française«, in *DGS*; Bernard Beugnot, Art. »Académies«, in *DLitF*.

15 Zitate in *Œuvres* (Bibl.), Bd. 1, S. 727–728.

16 Statut 24 der »Statuts et Règlements de L'Académie française«, in Pellisson / d'Olivet, *152*, Bd. 1, S. 489–497.

17 Alle Zitate ebd., Bd. 1, S. 21–28.

18 Zitat ebd., S. 23.

19 Zum biographischen Umfeld vgl. Combaz, *338*.

20 Alle Zitate in Vaugelas, *Remarques sur la langue françoise* (Bibl.), »Préface«, nicht paginiert; zum sprachgeschichtlichen Kontext vgl. Harald Weinrich, »Vaugelas und die Lehre vom guten Sprachgebrauch«, in *ZRPh* 76, 1960, S. 1–33.

21 Alain Viala, Art. »Vaugelas«, in *DLLF*; zum Verhältnis Vaugelas' zu Malherbe und zur Differenzierung ihrer Positionen vgl. Zygmunt Marzys, »Vaugelas, disciple de Malherbe?«, in *Les Fruits de la Saison. Mélanges de littérature des XVIe et XVIIe siècles offerts au professeur André Gendre*. Hg. von Philippe Terrier u.a., Genf, Droz 2000, S. 411–420.

22 Bouhours, »La langue française: Second entretien«, in *Les entretiens d'Ariste et d'Eugène* (Bibl.), S. 180 ff.

23 Bouhours, *Remarques nouvelles sur la langue françoise* und *Suite des remarques nouvelles sur la langue françoise* (Bibl.).
24 Bouhours, *Entretiens d'Ariste et d'Eugène* (Bibl.), S. 234.
25 Die genannten Werke in Bibl.
26 Marie-Thérèse Hipp, Art. »Langue française«, in *DGS*.
27 Zu Richelet vgl. Odile Biyidi, Art. »Richelet«, in *DLLF*; Zitate ebd.
28 Zu Furetière vgl. Döring, *343*; zum *Dictionnaire universel* ebd., S. 413–443; Georges Matoré, Art. »Furetière«, in *DGS*; Jean Serroy, Art. »Furetière«, in *DLitF*; *Litt. classiques* 47, 2003: »Le *Dictionnaire universel* de Furetière«.
29 Marie-Thérèse Hipp, Art. »Langue française«, in *DGS*.
30 Zu Thomas Corneille und seinem *Dictionnaire* (Bibl.) vgl. Gustave Reynier, *Thomas Corneille. Sa vie et son théâtre*. Paris 1892, Genf, Slatkine Reprints 1970, S. 99–102.
31 Vgl. Marie de Gournay, *Œuvres complètes* (Bibl.); die genannten Essais ebd., Bd. 1, S. 694–702 bzw. 1083–1200; vgl. ferner Fogel, *438*, sowie Renate Kroll, »Marie de Gournay (1565–1645)«, in Zimmermann / Böhm, *457*, S. 127–142.
32 Vgl. zu Régnier die immer noch maßgebliche Arbeit von Joseph Vianey, *Mathurin Régnier*. Paris, Hachette 1896; ferner Marcel Israel, Art. »Régnier«, in *DLLF*, sowie Robert Aulotte, Art. »Régnier, Mathurin«, in *DLitF*.
33 *Considérations sur l'éloquence françoise de ce temps au Cardinal Duc de Richelieu*, in La Mothe Le Vayer, *Œuvres* (Bibl.), Bd. 1, S. 263–296; die *Lettres touchant les nouvelles remarques sur la langue française* ebd., Bd. 2, S. 478–496; vgl. dazu Werner Thielemann, »Langage généreux ou docilité dogmatique? Der Streit um den *Bon usage* zwischen François de la Mothe le Vayer und Claude Favre de Vaugelas«, in Volker Fuchs (Hg.), *Von der Unklarheit des Wortes in die Klarheit des Bildes? Festschrift für Johannes Thiele*. Tübingen, Stauffenburg 1998, S. 249–269.
34 Emmanuel Bury, Art. »Salon«, in *DLF: XVIIe siècle*, Zitat ebd.; vgl. ferner Jean-Noël Pascal, Art. »Salons«, in *DEL*.
35 Vgl. Brigitte Level, Art. »Rambouillet, Hôtel de«, in *DGS*, Zitate ebd.; aus der ansonsten unüberschaubaren Literatur zum Hôtel de Rambouillet seien genannt Émile Magne, *Voiture et l'hôtel de Rambouillet*. 2 Bde., Paris, Emile-Paul 1929/30; Craveri, *95*, Kap. 3: »La Chambre bleue« und Kap. 4: »Vincent Voiture ou l'*âme du rond*«, S. 42–78.
36 Vgl. Marquise de Sablé, *Maximes / Maximen*. Hg. von Harald Wentzlaff-Eggebert (Bibl.) mit einer umfangreichen »Einleitung« S. 7–40; Jean Lafond, »Mme de Sablé et son salon«, in ders., *Images de La Rochefoucauld*. Paris, PUF 1984; S. 201–216; Craveri, *95*, Kap. 8: »La marquise de Sablé: le salon dans le couvent«, S. 109–147; Jean Lesaulnier, »Conversations littéraires et philosophiques dans le salon de Madame de Sablé«, in Daniel-Odon Hurel / Gérard Laudin (Hg.), *Académies et sociétés savantes en Europe (1650–1800)*. Paris, Champion 2000, S. 49–64.
37 Die genannten Werke in Bibl.; vgl. insbesondere die informative »Introduction« in der von Ch. Morlet-Chantalat hg. Ausgabe der *Clélie*, Bd. 1, S. 9–43.
38 Zur Einführung in Leben und Werk der Madeleine de Scudéry vgl. Niderst, *449*; Godenne, *442*; Denis / Spica, *430* sowie Delphine Denis, »Les samedis de Sapho: Figurations littéraires de la collectivité«, in Marchal, *135*, S. 107–115; Renate Baader, »Mademoiselle de Scudéry (1607–1701)«, in Zimmermann / Böhm, *457*, S. 157–171. – Zu Begriff und Problematik einer ›littérature à clé‹ vgl. *Litt. classiques* 54, 2005: »Lectures à clés«.
39 Vgl. Claude K. Abraham, *Gaston d'Orléans et sa cour: Etude littéraire*. Chapel Hill, University of North Carolina Press 1963; Edric Caldicott, »Gaston d'Orléans: Mécène et esprit curieux«, in Mousnier / Mesnard, *147*, S. 37–48; Bouyer, *269*, »Quatrième partie: Le collectionneur et le mécène«, S. 277–312; Dethan, *277*; Jean-Marie Constant, Art. »Gaston d'Orléans«, in *DGS*. – Ein Stammbaum des Hauses Orléans in *Le siècle de Louis XIV*. (Bibl.), S. 832. Siehe auch die Abb. S. 22.
40 Zu Conti vgl. Jean Dubu (Hg.), Armand de Bourbon, Prince de Conti, *Les devoirs des Grands* précédé de *La vie d'Armand de Bourbon, prince de Conti, 1629–1666*. Paris, Communication & Tradition 1998; zu Molières Verhältnis zu Gaston d'Orléans, Conti und dem Großen Condé vgl. Grimm, *351*. – Ein Stammbaum der Condé-Conti ebenfalls in *Le siècle de Louis XIV*. (Bibl.), S. 833. Siehe auch die Abb. S. 22.
41 Vgl. die Bildmonographie *Der barocke Garten* von Brix, *389*.
42 »Il est vray encore que la belle maison de l'illustre Cleonime sera le plus beau lieu de la terre quand il sera achevé. Pour Cleonime [...] je scay que c'est un homme d'un merite tout à fait

extraordinaire, dont la naissance est tres-noble, les employs les plus considerables [...], le cœur tout à fait grand, la vertu sublime, & la capacité infinie«, in *Clélie* (Bibl.), Bd. 10, S. 1088 f.

43 Vgl. Urbain-Victor Chatelain, *Le surintendant Nicolas Foucquet protecteur des lettres, des arts et des sciences*. Paris 1905, Genf, Slatkine Reprints 1971; Grell / Malettke, *118*; ferner Jacques Thullier, »Avec La Fontaine chez Foucquet: André Félibien à Vaux-le-Vicomte (1660–1661)«, in *Le Fablier*, Revue des Amis de Jean de La Fontaine, 11, 1999, S. 15–28; André Félibien, »Trois relations sur les magnificences de Vaux«, ebd., S. 29–51; Marie-Odile Sweetser, »Vaux et son goût: son exemplarité chez La Fontaine«, in Marchal, *135*, S. 173–188.

44 Zu Mme de La Sablière vgl. Vte Menjot d'Elbène, *Madame de La Sablière*. Paris, Plon 1923; Brigitte Level, Art. »La Sablière (Marguerite Hessein, dame de Rambouillet de)«, in *DGS*; ferner Fréderic Deloffre, »Madame de La Sablière et ses familiers«, in Marchal, *135*, S. 117–135; Craveri, *95*, Kap. 11: »Madame de La Sablière: l'absolu du sentiment«, S. 221–229. Zu der ihr gewidmeten Fabel »Le corbeau, la gazelle, la tortue, et le rat« (XII 15) vgl. Grimm, *352*, S. 238–247 sowie S. 378–383; der »Discours« liegt in folgender Ausgabe vor: *Discours à Madame de La Sablière sur l'âme des animaux*. Commentaire littéraire et philosophique par Henri Busson et Ferdinand Gohin, Paris, Droz 1938, [3]1967.

45 Die angeführten Werke der Marquise de Lambert in dies., *Œuvres*. Hg. von Robert Granderoute, Paris, Champion 1990; vgl. ansonsten Jacques Lavant, Art. »Lambert«, in *DGS*, Zitat ebd.; Bernardine Melchier-Bonnet, Art. »Lambert«, in *DLF: XVIIIe siècle*; Craveri, *95*, Kap. 14: »La marquise de Lambert: l'idéal de l'*honnête femme*«, S. 276–289.

46 Siehe Gisela Bock / Margarete Zimmermann, »Die Querelle des femmes in Europa. Eine begriffs- und forschungsgeschichtliche Einführung«, in *Querelles. Jahrbuch für Frauenforschung 1997*, S. 9–38; ferner Ian Maclean, »The Traditional *Querelle des Femmes* in the Seventeenth Century«, in *447*, S. 25–63; das *Alphabet de l'imperfection* erfährt bis 1648 achtzehn Auflagen; Jacques Olivier ist vermutlich ein Pseudonym für den Franziskanerpater Alexis Trousset.

47 Noémie Hepp, »Être femme au XVIIe siècle«, in Truchet, *326*, S. 166–177, Zitat S. 169; die Zitate der Mlle de Scudéry dortselbst aus *Clélie* (Bibl.), Bd. 2, S. 878 und 881. Zu François de Grenaille vgl. Jean Mesnard, »*Honnête homme* et *Honnête femme* au XVIIe siècle«, in Richmond / Veneson, *452*, S. 15–46; dass. aktualisiert in *143*, S.142–159.

48 Vgl. Pellegrin / Winn, *451*; Beauvalet-Boutouyrie, *428*; Jean-Pierre Poussou, Art. »Famille«, in *DGS*.

49 Ein Verzeichnis aller für die ›querelle des femmes‹ im ›siècle classique‹ relevanten Texte in Albistur / Armogathe, *424*, S. 112–123 sowie S. 134–135. – Marie de Gournay, *Égalite des hommes et des femmes*, in dies., *OC* (Bibl.), Bd. 1, S. 962–988; vgl. auch dies., *Fragments d'un ›Discours féminin‹*. Textes établis, présentés et commentés par Elyane Dezon-Jones, Paris, Corti 1988 sowie Fogel, *438*. – Zu Madeleine de Scudéry, *Les femmes illustres* vgl. Bibl.. – Zu Marguerite Buffets *Traité* vgl. Isabelle Ducharme, »Une formule discursive au féminin: Marguerite Buffet et la *Querelle des femmes*«, in *PFSCL* 30, 2003, S. 131–155. – Zu Pierre Le Moyne sowie zum Themenkomplex insgesamt vgl. Baumgärtel / Neysters, *427*.

50 Poullain de La Barre, *De l'égalité des deux sexes* (Bibl.), S. 59 ff.; vgl. zu diesem Autor Odile Biyidi, Art. »Poullain de la Barre, François«, in *DLLF*.

51 Vgl. Paas, *450*; Van der Cruysse, *301*; Duchêne, *432*; ferner Jean Meyer, Art. »Madame Palatine«, in *DGS*.

52 Vgl. Duchêne, *435*; die Erstauflage des Buches trägt den Untertitel »La courtisane du Grand Siècle«, die zweite »...ou la manière jolie de faire l'amour«; vgl. ferner Louise Godard de Donville, Art. »Lenclos«, in *DGS*. Ninon wird ein Theaterstück, *La coquette vengée*, zugesprochen; außerdem sind einige Briefe überliefert, u.a. an Saint-Évremond; vgl. Emile Colombey (Hg.), *Correspondance authentique de Ninon de Lenclos suivie de ›La coquette vengée‹*. Paris 1886, Genf, Slatkine Reprints 1968.

53 Vgl. zu dieser außergewöhnlichen Frau Duchêne, *431*, sowie Évelyne Lever, Art. »Madame«, in *DGS*; vgl. auch ihr zeitgenössisches Porträt durch Mme de La Fayette in *Histoire de Madame Henriette d'Angleterrre* (Bibl.).

54 Noémie Hepp, »Être femme au XVIIe siècle«, in Truchet, *326*, S. 177; vgl. auch dies., Art. »Femme (condition de la)«, in *DGS*, sowie insbesondere Lougee, *446*, und Maclean, *447*; der Begriff ›le paradis des femmes‹ findet sich, auf Frankreich bzw. Paris bezogen, erstmals in *Catéchisme des courtisans ou les questions de la cour* (1668), zitiert als Motto bei Lougee: »Qu'est-ce qu'une femme? / Un singe raisonnable. / Qu'est-ce que le mariage? / Une loge des martirs vivans. / Qu'est-ce que Paris? / Le Paradis des femmes, / le pourgatoire des hommes / et l'enfer des chevaux.«

55 Zu mehreren der hier aufgeführten Frauen – Marie de Gournay, Maria von Medici, Mlle de Scudéry, Mme de Sévigné, La Grande Mademoiselle, Mme d'Aulnoy – vgl. Zimmermann / Böhm, *457*, mit weiterführenden Bibliographien; vgl. darüber hinaus die Monographien von Duchêne, *433–437*, zu Mme de Sévigné, Mme de La Fayette, Ninon de Lenclos, den ›Précieuses‹ sowie der Situation der Frauen insgesamt; ferner Garapon, *441*; Bouyer, *429*; Muhlstein, *448*.

56 Vgl. Thuau, *68*, S. 166–178; André Laingui, »Les doctrines politiques« und Nicole Ferrier-Caverivière, »Opinion publique et propagande«, in Truchet, *326*, S. 27–35 und S. 87–95; François Bluche, Art. »Droit divin« und »Monarchie absolue«, in *DGS*; Ernst H. Kantorowicz, *Die zwei Körper des Königs. Eine Studie zur politischen Theologie des Mittelalters*. München, dtv 1990, ^{2}1994; Burke, *83*, Kap. 4: »La construction du système«, S. 59–68, sowie insbesondere Duccini, *104*: Im Zentrum des Buches stehen Theorie und Praxis eines »manipuler l'opinion publique«, welche die Autorin am Beispiel von etwa 180 Illustrationen aufzeigt.

57 Vgl. François Bluche, Art. »Écrouelles«, in *DGS*; Petitfils, *297*, S.118–122; nach Burke, *83*, dt. Übers., S. 159 und 189, hat Ludwig XIV. zwischen 1654 und 1715 rund 330.000 Menschen ›die Hand aufgelegt‹.

58 Burke, *83*, S. 155.

59 Alle Zitate in Ludwig XIV., *50*, S. 49 ff., 228, 134.

60 Erben, *107*, hat diesen *translatio*-Ehrgeiz umfassend dokumentiert; vgl. S. 45 ff., Zitat ebd.

61 Zu Chapelain vgl. die immer noch wichtige Arbeit von Collas, *337*; ferner Adam, in *303*, Bd. 2, S. 156–162; Emmanuel Bury, Art. »Chapelain«, in *DLF: XVIIe siècle*, Zitat ebd.; Jean-Pierre Chauveau, Art. »Chapelain«, in *DGS*; Roger Zuber, »Chapelain et les *règles*«, in Mesnard, *319*, S. 114–118; ferner Stenzel (wie A. 9) und Jouhaud, *125*, sowie Jürgen Grimm, »Colbert, Chapelain et le bonhomme Jean«, in *Le Fablier*, Revue des Amis de Jean de La Fontaine, 16, 2005, S. 39–44.

62 Vgl. Philippe Brissaud, Art. »Académie des inscriptions (Petite académie ou)«, in *DGS*.

63 Vgl. Sylvie de Turckhein-Pey, Art. »Histoire métallique«, in *DGS*, Zitat ebd.; ferner Burke, *83*, Appendice I: »Les médailles de Louis XIV«, S. 209–211.

64 Brief Chapelains an Colbert vom 18. Nov. 1662 in *Lettres de Jean Chapelain* (Bibl.), Bd. 2, S. 272–277, Zitat S. 273.

65 Vgl. Krüger, *408*; zu Chapelain ebd., S. 105–111.

66 Zu Chapelains Ode auf Richelieu vgl. Collas, *337*, S. 111–115; zu den Lyrikanthologien vgl. Adam, *303*, Bd. 1, S. 238 und 333–334.

67 Zu Perraults Oden vgl. Soriano, *162*, S. 111–119; zu Racine vgl. *OC* (Bibl.), Bd. 1, S. 46–50 und 1222–1224.

68 Vgl. François Bluche, Art. »Namur«, in *DGS*; Cornette, *20*, S. 397–398; die *Ode sur la prise de Namur* in Boileau, *OC* (Bibl.), S. 230–234.

69 Ebenfalls in dem Brief an Colbert vom 18. Nov. 1662, wie A. 64.

70 François Eudes de Mézeray, *Abrégé chronologique de l'histoire de France*. 3 Bde., Paris 1668, mehrfach wiederaufgelegt; die beste Neuauflage ist die von 1775 in 14 Bde.; Paul Pellisson-Fontanier, *Histoire de Louis XIV*, 3 Bde., Paris 1749; die Darstellung der ›passage du Rhin‹ ausführlicher in ders., *Campagne de Louis XIV*. Paris, Meslier 1730, S. 6–9.

71 Vgl. Bernard Grosperrin, Art. »Historiens et historiographes«, in *DGS*, Zitat Voltaire ebd.; ders., Art. »Mézeray« und »Pellisson-Fontanier«, in *DGS*; Jean Serroy, Art. »Mézeray«, in *DLF: XVIIe siècle*; Alain Viala, Art. »Pellisson-Fontanier«, in *DLLF*. – Christian Jouhaud, »Historien du temps présent et pouvoir politique», in ders., *125*, S. 151–250; *Litt. classiques* 30, 1997: »L'Histoire au XVIIe siècle«; Dinah Ribard, »Racine historiographe et le genre de la *Vie*«, in Canova-Green / Viala, *335*, S. 207–223.

72 Ein Verzeichnis der »Gratifications faites par Louis XIV aux savants et hommes de lettres français et étrangers« für die Jahre 1664 bis 1683 in Pierre Clément (Hg.), *Lettres, instructions et mémoires de Colbert*. Bd. 5, Paris, Imprimerie Impériale 1868, Nendeln / Liechtenstein, Kraus Reprint 1979, S. 466–498; der Herausgeber verweist ausdrücklich auf die ›grandes différences‹ in den Quellenangaben, auf die er sich stützt.

73 Vgl. Jacques Foucart, Art. »Académie de peinture et de sculpture«, in *DGS*, Zitat ebd.; ferner Sylvain Laveissière, »La peinture«, in Truchet, *326*, S. 365–373.

74 Claire Constans, Art. »Le Brun«, in *DGS*.

75 Georgie Durosoir, »La musique«, in Truchet, *326*, S. 385–391, Zitat S. 385; dies., »La musique dans la liturgie du pouvoir«, in Méchoulan / Cornette, *140*, S. 295–301.

76 Burke, *83*, S. 78.
77 Zitiert nach Adam, *304*, S. 16.
78 Henri-Jean Martin, »Statut du livre et de l'écrivain«, in Truchet, *326*, S. 262–269; ebd. S. 266 die Reproduktion des prachtvollen Bildes »Der Kanzler Séguier beim Einzug Ludwigs XIV. in Paris im Jahre 1660« von Le Brun aus dem Louvre. Vgl. ferner Henri-Jean Martin, Art. »Librairie«, Louis Trenard, Art. »Censure« und Jean-Marie Constant, Art. »Séguier«, in *DGS*; das abschließende Zitat in Adam, *303*, Bd. 3, S. 46. – Zum Kontext insgesamt Martin, *137* und *138*.
79 Zitat Marc Martin in Art. »Gazette, gazetiers«, in *DGS*; vgl. ders., Art. »Renaudot«, ebd., sowie Alain Viala, Art. »Renaudot«, in *DLLF*. Das vorangehende Zitat in Rossel, *66*, S. 4; vgl. »La presse au dix-septième siècle«, ebd. S. 9–40; ferner Hubert Carrier, »Journalisme et politique au XVIIe siècle: Théophraste Renaudot pendant la Fronde«, in *Le livre et l'historien. Etudes offertes en l'honneur du professeur Henri-Jean Martin*. Hg. von Frédéric Barbier u.a., Genf, Droz 1997, S. 421–437.
80 Vgl. Haffemayer, *120*, S. 767.
81 Vgl. zum Folgenden Noémi Hepp, »Culture savante et culture mondaine; le rôle de la presse«, in Mesnard, *319*, S. 326–330, sowie Alain Couprie, Art. »République des lettres«, in *DGS*.
82 Zu Loret vgl. Georges Matoré, Art. »Loret«, in *DGS* sowie Philippe Hourcade, Art. »Muse historique«, in *DLF: XVIIe siècle*. Das Standardwerk zu Donneau de Visé bleibt Mélèze, *141*; vgl. ferner Vincent, *167*, sowie dies., *Anthologie des nouvelles du Mercure Galant (1672–1710)*. Texte établi, présenté et annoté par Monique Vincent, Paris, Klincksieck (STFM) 1996; ferner Giovanni Dotoli, »Le *Mercue galant* de Donneau de Visé«, in *100*, Bd. 1, S. 227–307. – Die umfassendste Synthese zum *Mercure Galant* stellt die nach Redaktionsschluss dieser Arbeit erschienene Monographie von Monique Vincent dar: *Le Mercure Galant. Présentation de la première revue féminine d'information et de culture, 1672–1710*. Paris, Champion 2005.
83 Vgl. Susanne Rossat-Mignod, »Situation matérielle et sociale des écrivains«, in *301*, Bd. 3, S. 85–91 und Bd. 4, S. 61–65; Chantal Grell, »La condition sociale de l'homme des lettres«, in dies., *117*, S. 176–183; Bernard Tocanne, »La condition des écrivains«, in Mesnard, *319*, S. 220– 222; Béatrice Didier, Art. »Écrivain, Écrivains«, in *DAR*, sowie Viala, *166* und *383*; das Zitat »peu nombreux, une quinzaine« in *166*, S. 217.
84 Vgl. Charles Varlet de la Grange, *Extrait des receptes et des affaires de la comédie depuis Pasques de l'année 1659 (Registre 1659–1685)*. Hg. von Sylvie Chevalley, Genf, Minkoff 1972. Vgl. zu La Grange und seinem *Registre*, Grimm, *351*, S. 27 ff.
85 Zu Corneille und der Bedeutung der ›querelle du *Cid*‹ vgl. Stenzel, *419*, S. 199–224, sowie die monumentale Studie von Civardi, *336*; zum Problem der Konstituierung eines ›neuen Publikums‹ im Umfeld der ›querelle du *Cid*‹ vgl. Merlin, *142*, S. 153–236; zur materiellen Situation Molières vgl. Grimm, *351*, ^{2}2002, S. 11–49 und zu La Fontaine ders., *352*, S. 407–445.
86 Das Zitat in Daniel Dessert, »L'argent et la mobilité sociale«, in Truchet, *326*, S. 146–155; zur dominierenden Rolle des Geldes im Theater vgl. Gerhardi, *113*.
87 Dessert, *25*, S. 31.
88 Vgl. Daniel Dessert, »La monnaie métallique comme instrument de paiement«, in *25*, S. 27–41; ferner Jean-Pierre Poussou, Art. »Métaux précieux« und Guy Antonetti, Art. »Monnaie«, in *DGS*, sowie Jean Rohou, Art. »Monnaies« und »Prix«, in *324*, S. 366–367.
89 Vgl. zum Folgenden den in A. 88 zitierten Artikel »Prix« von Rohou sowie Alain Viala, »Vivre de ses droits d'auteur?«, in *166*, S. 103–122.
90 Viala, *166*, S. 113.
91 Viala, *166*, S. 113; vgl. ferner Poirson, *156*. Antoine Schnapper stellt in *Le métier de peintre au Grand Siècle*. Paris, Gallimard 2004 die materiellen und institutionellen Bedingungen dar, unter denen die Malerei des ›Grand Siècle‹ und der Status der Maler sich derart entwickeln, dass letztere gegen Ende des Jahrhunderts als ›artistes‹ anerkannt werden und ihre Gemälde zu Spekulationsobjekten werden können.
92 Nicolas Faret, *L'honnête homme ou l'Art de plaire à la cour* (Bibl.) mit einer umfassenden »Introduction«. Als Gesamtdarstellung immer noch unverzichtbar Magendie, *133*. Zu Faret vgl. Emmanuel Bury, Art.«Faret«, in *DLF: XVIIe siècle* und Alain Viala, Art. »Faret«, in *DLLF*; ferner Roger Zuber, »Die Theorie der Honnêteté«, in Ueberweg, *259*, 2. 1, S. 154–166; Alain Couprie, »La cour et l'idéal de l'honnêteté«, in Truchet, *326*, S. 178–187; Volker Kapp, »Attizismus und Honnêteté in Farets ›L'honnête homme ou l'art de plaire à la cour‹. Rhetorik im Dienste frühabsolutistischer Politik«, in *RZLG* 12, 1989, S. 102–116; Bury, *84*, sowie ders., Art. »Honnêteté«, in *DLF: XVIIe siècle*.

93 Das Zitat »Je ne distingue point« unter der Überschrift »Que tout homme de bien est obligé de suivre la cour« in dem Kapitel »De la vie de la cour«, in Faret, wie A. 92, S. 33–41, Zitat S. 39.

94 Die genannten Titel sind zwischen 1639 und 1642 erschienen; zu Grenaille vgl. die Neuausgabe *L'honnête fille* (Bibl.) mit einer informativen »Présentation«, S. 7–115.

95 Méré, *Œuvres complètes du Chevalier de Méré* (Bibl.) mit einer informativen »Introduction« Bd. 1, S. IX–LXIX; vgl. ferner Emmanuel Bury, Art. »Méré«, in *DLF: XVIIe siècle*; Louise Godard de Donville, Art. »Méré«, in *DGS*.

96 »De la vraie honnêteté« (postum), in *OC* (Bibl.), Bd. 3, S. 70; Hervorhebung J. Gr.

97 Vgl. hierzu »Le commerce du monde« und »Suite du Commerce du monde« (postum), in *OC* (Bibl.), Bd. 3, S. 139–174; Strosetzki, *164*; Craveri, *95*, Kap. 17: »Le plaisir de la parole«, S. 351–365.

98 »De la vraie honnêteté« und »Suite de la vraie honnêteté« (beide postum), in *OC* (Bibl.), Bd. 3, S. 69–84 und S. 85–102, Zitate S. 70, 93, 71; Hervorhebung J. Gr.

99 »Suite de la vraie honnêteté«, wie A. 98, S. 99, 101; »De l'esprit« (1677), in *OC* (Bibl.), Bd. 2, S. 55–95, Zitat S. 93.

100 Zur Komplexität der Texte ausführlicher Grimm, *352*, S. 281 f. sowie *351*, S. 123–138.

101 »Suite du Commerce du monde«, wie A. 97, S. 173.

102 La Bruyère, *Les caractères* (Bibl.), »Des grands« 25: ›dehors‹, ›superficie‹; »Des jugements« 55: ›habile homme‹ vs. ›honnête homme‹.

103 Emmanuel Bury, Art. »Honnêteté«, in *DLF: XVIIe siècle*.

104 Saint-Évremond, »Description de l'honnête homme«, in ders., *Œuvres mêlées* [Partie 6] *Pensées sur l'honnêteté*, Paris, Barbin s.d. [1670–1683], S. 8.

105 Bray, *388*, S. 363.

106 Rohou, *412*, S. 20.

107 Vgl. Kibédy Varga, *406*.

108 Borgerhoff, *387*; Brody, *391*; Fumaroli, *401*: der »Index des termes de critique et de rhétorique«, S. 473–477, macht das Buch zu einem unverzichtbaren Arbeitsinstrument.

109 Zitat Zuber in *422*, S. 20, 302, 303 sowie vierte Umschlagseite; Kursivierung im Text durch Zuber; Zitat Viala in »Qui t'a fait *minor*? Galanterie et classicisme«, in *Litt. classiques*, 31, 1997: »Les *minores*«; ebd., S. 115–134; Zitat S. 134. – Aus der Fülle der Arbeiten zum Thema, die einen eigenen Forschungsbericht verdienten, seien stellvertretend genannt: Forestier / Néraudau, *399*; Viala, *423*; Blanc, *386*; Rohou, *412*; Horville, *405*.

110 Rousset, *413* und *414*; »Du baroque au classicisme«, in *XVIIe siècle* 17–18, 1953, S. 249–318.

111 Aus der uferlosen Literatur zum Thema seien folgende, die Debatte gleichsam resümierende Arbeiten genannt: Floeck, *398*, in der frz. Übersetzung S. 7–18 eine wichtige »Préface à la traduction française«; Claude Mignot, Art. »Baroque« und Jean-Pierre Chauveau, Art. »Baroque littéraire«, in *DGS*; Rousset, *415*; Gibert, *403*; Souiller, *417*, mit Bibliographie S. 343–365; Jean-Pierre Chauveau, »La France et le Baroque«, ebd., S. 143–152; Serroy, *416*; Cecilia Rizza, »Baroque: Une notion heuristique pour la littérature française«, in Luc Fraisse (Hg.), *L'histoire littéraire: ses méthodes et ses résultats. Mélanges offerts à Madeleine Bertaud*. Genf, Droz 2001, S. 131–141.

112 Raymond Lebègue, »Le théâtre baroque en France« (1942), in ders. (Hg.), *Études sur le théâtre français*. Bd. 1: »Moyen Age, Renaissance, Baroque«, Paris, Nizet 1977, Zitat S. 342.

113 Es handelt sich um die *Lettre ou discours à Monsieur Favereau*, auch zitiert als *Préface à l'Adonis*, in Jean Chapelain, *Opuscules critiques* (Bibl.), S. 71–111.

114 Lebègue, wie A. 112, S. 342 f.

115 Marlies Kronegger, »Introduction au Baroque«, in Souiller, *417*, S. 17–22, Zitat S. 19.

116 Claude-Gilbert Dubois, »Le Baroque. Essais de définition«, in Souiller, *417*, S. 23–40, Zitat S. 39.

117 Jean-Pierre Chauveau, Art. »Baroque littéraire«, in *DGS*; der Begriff ›Übereinkunftsbezeichnung‹ nach Floeck, *398*, S. 16.

118 Jean Rousset, *L'intérieur et l'extérieur. Essais sur la poésie et sur le théâtre au XVIIe siècle*. Paris, José Corti 1968; »Introduction«, ebd., S. 7–9.

119 Rousset, *415*, S. 28; als ›synthèses les plus récentes‹ verweist Rousset in der Anmerkung zum Zitat auf Mesnard, *319*, und Truchet, *326*.

120 Cecilia Rizza, »Baroque: Une notion heuristique pour la littérature française du XVIIe siècle«, wie A. 111, S. 139.

121 Die Arbeiten von Floeck, Gibert und Serroy aufgeführt in A. 111; Zitat Jean-Pierre Chauveau, Art. »Baroque littéraire«, in *DGS*.

122 Jean-Pierre Chauveau, »La France et le Baroque«, wie A. 111, S. 149.

123 Zur Problematik eines barocken *und* klassischen Molière vgl. Grimm, *351*, S. 85–91, 173 f.

124 Vgl. Malherbe, »Les larmes de Saint-Pierre«, in *Œuvres poétiques* (Bibl.), Bd. 1, S. 173–186 und Bd. 2, S. 90–97 sowie in *Œuvres* (Pléiade), S. 7–17 und 770–775.

125 Vgl. zum Kontext Jean Rousset, »La querelle de la métaphore«, in ders., *L'intérieur et l'extérieur*, wie A. 118, S. 57–71; ebd., S. 60 auch das Zitat des Dichters und Kardinals Jacques Davy Du Perron (1556–1618).

126 Vgl. zu dieser entscheidenden Etappe der Entwicklung des französischen ›classicisme‹ Erben, *107*, Kap. 2: »Die Berufung von Gian Lorenzo Bernini nach Frankreich«, S. 51–135; dort auch die Abbildungen von Berninis Entwürfen für die Ostfassade des Louvre.

127 Zitat Jean-Pierre Chauveau, »La France et le Baroque«, wie A. 111, S. 147; zu Berninis Entwürfen zum Louvre, vgl. Tapié, »Le voyage du Bernin à Paris«, in *420*, (1980), S. 225–253; Soriano, *162*, S.132–150; Charles Avery / David Finn, *Bernini*. München, Hirmer Verlag 1998, S. 237–249; insbesondere Erben, *107*, Kap. 2: »Die Berufung von Gian Lorenzo Bernini nach Frankreich«, S. 51–135.

128 Vgl. Erben, *107*, Kap. 1. 4: »Monarchische Restauration der Künste und Rom-Paragone nach 1661«, S. 37–49.

129 Marc Fumaroli, »Baroque et classicisme«, in ders., *L'école du silence. Le sentiment des images au XVIIe siècle*. Paris, Flammarion 1994, S. 343–365, Zitat S. 343; vgl. ferner Roger Zuber, »Atticisme et classicisme«, in Fumaroli, *401*, S. 375–387; dass. ebenfalls in Zuber, *422*, S. 139–149.

130 Zur Periodisierungsproblematik insgesamt vgl. Rohou, *325*; ferner Emmanuel Bury, »Frontières du classicisme«, ebd., S. 217–236, und Jürgen Grimm, »Quand s'arrête le siècle de Louis XIV?«, S. 237–248; hier auch zu Hollier, *A new History of French Literature (314)*. Vgl. schließlich Jürgen Grimm, »Theorie und Praxis der literarhistorischen Periodisierung«, in *RZLG* 8, 1984, S. 124–140.

131 Jean Rohou, »Plaidoyer pour une périodisation critique«, in *325*, S. 5–12, Zitat S. 6 f.; vgl. zum Folgenden auch Jacques Truchet, »Périodes et courants littéraires«, in *326*, S. 279–288.

132 Die Dokumentation der ›querelle du *Cid*‹ in Georges Couton (Hg.), *Corneille*, *OC* (Bibl.), Bd. 1, S. 779–829; ebd. auch die Zitate aus Scudérys *Observations sur le Cid*; zum Verlauf der ›querelle‹ und zur Geschichte der Überarbeitungen des Stücks vgl. ebd., S. 1456–1470; vgl. ferner Gasté, *347*, sowie insbesondere Civardi, *336*.

133 Vgl. Couton, *93*.

134 Zitate Zuber in Mesnard, *319*, S. 154; Zitat Rohou in *412*, S. 28.

135 Paul Scarron, *Le Virgile travesti* (Bibl.); Jean Rohou, »Le burlesque et les avatars de l'écriture discordante (1635–1655)«, in *Burlesque et formes parodiques dans la littérature et les arts*. Biblio 17, 33–34, *PFSCL*, Paris / Seattle / Tübingen 1987, S. 349–365; Giovanni Dotoli, »Pour une définition du burlesque«, in *Australian Journal of French Studies* 33, 1996, S. 330–348; Jean Serroy, »L'incipit du *Virgile travesti* ou les règles du je«, in Dominique Bertrand (Hg.), *Poétiques du burlesque*, Paris, Champion 1998, S. 311–321, Zitat ebd., S. 319; Nédélec, *367*.

136 Roger Duchêne, »Le Nouveau Dictionnaire des Précieuses«, in *PFSCL* 50, 1999, S. 91–109, Zitat S. 108.

137 Duchêne, *344*, »Des Précieuses *chimériques*«, ebd., S. 224–231, Zitat S. 224.

138 Chevalier de Méré, »Première conversation«, in *OC* (Bibl.), Bd. 1, S. 17 f., zitiert nach Rohou, *412*, S. 29.

139 Pellissons *Discours* in Bibl.; Alain Viala, »Introduction: De la galanterie comme stratégie littéraire«, ebd., S. 13–46. – Zu Pellisson vgl. Alain Viala, Art. »Pellisson-Fontanier«, in *DLLF*, das Zitat ebd.; Emmanuel Bury, Art. »Pellisson-Fontanier«, in *DLF: XVIIe siècle* sowie Bernard Grosperrin, Art. »Pellisson-Fontanier«, in *DGS*. – Von den zahlreichen Arbeiten Vialas zur ›galanterie‹ sei insbesondere genannt: »›Qui t'a fait minor?‹ Galanterie et classicisme«, wie A. 109; vgl. ferner Pelous, *369*; Denis, *340* und *341*; vgl. auch dies. (Hg.), Madeleine de Scudéry, *»De l'air galant« et autres conversations* (Bibl.), »Introduction«, S. 9–28.

140 Vgl. Génetiot, *349*, sowie ders., »Les hommes illustres exclus du Panthéon: les poètes mondains et galants (Voiture, Sarasin, Benserade)«, in *423*, S. 215–235; vgl. ebenfalls Alain Viala, Art. »Sarazin« und »Voiture«, in *DLLF*; Jean-Pierre Chauveau, Art. »Sarasin« und Brigitte Leven, Art. »Voiture«, in *DGS*, sowie Roger Duchêne, Art. »Voiture«, in *DLitF*. – Mit dem zitierten Satz eröffnet Mme de La Fayette ihren Roman *La princesse de Clèves*.

141 Roger Zuber, in Mesnard, *319*, S. 196; vgl. auch Jürgen Grimm, »Parler avec vérité – parler avec discrétion. Pascals polemischer Stil in den *Lettres Provinciales*. Problematik einer christlichen Polemik; Rechtfertigung der Polemik«, in *ZFSL*, 79, 1969, S. 121-153; Hartmut Stenzel, »Blaise Pascal, *Les provinciales* (1656–1657)«, in Baader, *305*, S. 113–144.

142 Zu Molières *Précieuses ridicules* vgl. Grimm, *351*, S. 58–65.

143 Ludwig XIV. , in *50*, S. 58.

144 Vgl. Georges Forestier, *Essai de génétique théâtrale. Corneille à l'œuvre*. Paris, Klincksieck 1996; »Ouverture: genèse d'une tragédie«, ebd., S. 31–59.

145 Vgl. Ferrier-Caverivière, *108*, S. 120 ff.

146 Chapelains *Lettre ou discours à Monsieur Favereau*, die *Lettre sur la règle des vingt-quatre heures* und *Les sentiments de l'Académie française touchant les observations faites sur la tragi-comédie du ›Cid‹* in *Opuscules critiques* (Bibl.), S. 71–111, 113–126 und 153–197. Zu den zitierten Texten von d'Aubignac, La Mesnardière und Scudéry vgl. Bibl. – Zu allen im Folgenden skizzierten Begriffen findet sich ausführliches Belegmaterial in Bray, *388*; vgl. ferner Roger Zuber, »Chapelain et les *règles*«, in Mesnard, *319*, S. 114–118.

147 Rapin, *Les réflexions sur la poétique de ce temps* (Bibl.), S. 41; zu Rapin vgl. Georges Matoré, Art. »Rapin (Le P. René)«, in *DGS*.

148 Aubignac, *La pratique du théâtre* (Bibl.), S. 123 und 126, Kursivierung im Text.

149 Rapin, wie A. 147, S. 66.

150 Aus der überbordenden Literatur zum Thema vgl. Lenoble, *131*; Tocanne, *165*; *Litt. classiques* 17, 1992: »L'idée de nature au début du XVIIe siècle«; ferner Georges Matoré, Art. »Nature (Sentiment de la)«, in *DGS*.

151 La Fontaine, »Lettre à Maucroix / Relation d'une fête donnée à Vaux«, in *OD* (Bibl.), S. 522–527, Zitat S. 526; Molière, *Critique de ›L'école des femmes‹*, Sz. 6; Boileau, *Art poétique*, III 359 und 414.

152 Rapin, wie A. 147, S. 43 f.

153 Roger Zuber, »Chapelain et les *règles*«, wie A. 146, S. 116.

154 Zitat Bray, in *388*, S. 114 und 139; das abschließende Zitat Roger Zuber, »Chapelain et les *règles*«, wie A. 146, S. 116.

155 Horaz, *Epistula ad Pisones / De arte poetica*, Vers 333 und 343.

156 *Lettre ou discours à Monsieur Favereau*, wie A. 146, S. 95 und 97.

157 In *Opuscules critiques* (Bibl.), wie A. 146, S. 196 f.

158 *Lettre de M. de Balzac à M. de Scudéry sur ses Observations du Cid*, in Gasté, *347*, S. 452–456, Zitat S. 453 f.

159 Sämtliche Zitate in *La critique de ›L'école des femmes‹*, Szene 5 und 6.

160 Vgl. Chantalat, *395*; Georges Matoré, Art. »Goût«, in *DGS*.

161 Der *Traité du sublime* mitsamt den »Réflexions sur Longin« in Boileau, *OC* (Bibl.), S. 333–440 sowie 493–563; Zitat S. 562 f. Vgl. Georges Matoré, Art. »Sublime«, in *DGS* und Emmanuel Bury, Art. »Sublime«, in *DLF: XVIIe siècle*; ferner Hache, *355*.

162 Dominique Bouhours, *Les entretiens d'Ariste et d'Eugène* (Bibl.); »Le je ne sais quoi: Cinquième entretien«, ebd., S. 271–297, mit Kommentar und Bibliographie, das Zitat ebd., S. 293; vgl. des weiteren Erich Köhler, »Le je ne sais quoi. Ein Kapitel aus der Begriffsgeschichte des Unbegreiflichen«, in *RJB* 6, 1953/54, S. 21–59; dass. in ders., *Esprit und arkadische Freiheit*. Frankfurt, Athenaeum 1966, S. 230–286; Marc Fumaroli, »Rhétorique d'école et rhétorique adulte: la réception européenne du *Traité du sublime* aux XVIe et XVIIe siècles«, in *RHLF* 86, 1986, S. 33–51; dass. in ders., *Héros et orateurs. Rhétorique et dramaturgie cornéliennes*. Paris, Droz 1990, S. 377–398; François Bluche, Art. »Je ne sais quoi«, in *DGS*; Bernard Tocanne, Art. »Bouhours«, in *DLitF*.

163 Bernard Tocanne, »La critique«, in Mesnard, *319*, S. 222–229, Zitat S. 227.

164 Boileau, »Dissertation sur Joconde«, in ders., *OC* (Bibl.), S. 309–324, Zitat S. 316; zur Frage der Autorschaft der »Dissertation« ebd., S. 1063 ff.; zum *Art poétique* vgl. die umfassend kommentierte Ausgabe von August Buck, München, W. Fink Verlag 1970; zur Neubewertung Boileaus und des *Art poétique* vgl. die diesem Autor gewidmeten Kapitel in Zuber, *422*, S. 197–295.

VI. Die Krise des Humanismus, der Religion und der Monarchie

1 Hazard, *123*, Zitat in »Préface« S. V; zur wissenschaftsgeschichtlichen Bedeutung des Buches vgl. Jean Mesnard, »*La crise de la conscience européenne*: un maître livre à l'épreuve du temps«, in *143*, S. 620–635; vgl. ferner Noémi Hepp in Mesnard, *319*, S. 307–425.

2 Pomeau, *321*; die folgenden Zitate ebd., S. 7 und 19; zu Periodisierungsfragen vgl. A. 130 und 131 des vorhergehenden Kapitels »Kunst im Dienst...«.

3 Perrault, *Parallèles des Anciens et des Modernes* (Bibl.), S. 323; Fontenelle, *Digression sur les anciens et les modernes*, in *La Querelle des Anciens et des Modernes* (Bibl.), S. 294–313, Zitate ebd., S. 296, 302, 312. Das *Siècle de Louis le Grand* liegt in einem fotomechanischen Nachdruck in *Parallèles* (Bibl.), S. 165–171 vor; besser zugänglich in *La Querelle des Anciens et des Modernes* (Bibl.), S. 256–273. Die *Hommes illustres* liegen in einer mustergültigen Neuausgabe (Bibl.) vor.

4 Über die Standardtitel zur ›querelle‹ hinaus – Kortum, *126*; Krauss / Kortum, *128*; Godard de Donville, *115* – vgl. Alain Lanavère, Art. »Querelle des anciens et des modernes«, in *DLLF*, mit tabellarischer Darstellung der ›querelle‹ und umfangreicher Bibliographie; Isabelle Landy-Houillon, Art. »Anciens et modernes«, in *DGS*, sowie Noémie Hepp, »La querelle des anciens et des modernes«, in Mesnard, *319*, S. 387–393; zu den persönlichen Implikationen der ›querelle‹ und dem Verhältnis Boileaus zu Perrault und umgekehrt, vgl. Soriano, *162*, S. 237–288.

5 Zitat Montesquieu in *Lettres persanes*, Brief 36; Zitat Boileau in »À. M. Perrault, de l'Académie françoise«, in *OC* (Bibl.), S. 568–574, Zitat S. 573.

6 Isabelle Landy-Houillon, Art. »Anciens et modernes«, in *DGS*.

7 Zur Vorgeschichte der ›querelle‹ und ihren europäischen Auswirkungen vgl. Marc Fumaroli, »Les abeilles et les araignées« und Jean-Robert Armogathe, »Une ancienne querelle«, in *La Querelle des Anciens et des Modernes* (Bibl.), S. 7–271 und 801–849.

8 Desmarets de Saint-Sorlin, *La défense du poème héroïque* und *Clovis ou La France chrétienne* (Bibl.); der »Discours pour prouver que les sujets chrétiens sont les seuls propres à la poésie héroïque« ebd., S. 717–745; vgl. Louise Godard de Donville, Art. »Desmarets de Saint-Sorlin«, in *DGS*; Gilles Banderier (Hg.), Desmarets de Saint-Sorlin, *Marie-Madeleine ou Le triomphe de la grâce*. Grenoble, Jérôme Millon 2001, mit einer »Introduction« S. 7–33 und einer Bibliographie S. 211–219; Marc Fumaroli, »Une carrière de publiciste ›moderne‹: Jean Desmarets de Saint-Sorlin«, in »Les abeilles et les araignées«, wie A. 7, S. 105–129.

9 François Charpentier, *De l'excellence de la langue française* (Bibl.); Boileaus *Discours sur le style des inscriptions* in *OC* (Bibl.), S. 611–612.

10 Das mehrfach Descartes zugeschriebene Zitat ist apokryph; Zitat Pascal in »Préface pour le traité du vide« (1647), in *OC* (Bibl.), S. 533–534.

11 Vgl. Gaston Hall, »*Le siècle de Louis le Grand*: l'évolution d'une idée«, in Godard de Donville, *115*, S. 43–52.

12 Alain Niderst, »Les gens de Paris et *les gens de Versailles*«, in Godard de Donville, *115*, S. 159–169.

13 Vgl. Noémie Hepp, Art. »Dacier (Anne Le Fèvre, Mme)«, in *DGS*; ihre Streitschrift liegt in einem Reprint (Bibl.) vor; ihr Ehegatte André Dacier ist seit 1694 Mitglied der Petite Académie sowie der Académie française und seit 1713 deren Secrétaire perpétuel und als solcher der Adressat von Fénelons *Lettre à l'Académie*.

14 Fénelons *Lettre à l'Académie* (Bibl). auch in ders., *Œuvres* (Bibl.), Bd. 2, S. 1135–1237 mit Kommentar und Bibliographie S. 1723–1766. Zu Houdar de la Motte vgl. Pomeau, *321*, S. 88–90, sowie Pierre Fortassier, Art. »La Motte-Houdar (Antoine Houdar de la Motte, dit)«, in *DGS*.

15 Entsprechend seinem Motto in *Satire I 52*: »J 'appelle un chat un chat et Rollet un fripon«. Rollet war ein schlecht beleumundeter Staatsanwalt; »C'est un Rollet« ist synonym zu »C'est un fripon indigne«.

16 Aus »Les Caractères ou Les mœurs de ce siècle«, dem gleichnamigen Vorwort der *Caractères*.

17 La Bruyère, *Œuvres complètes* (Bibl.); die Kritik des *Mercure galant* ebd., Bd. 3, S. 192–195, Zitat S. 193. – Die Arbeiten von Etienne Allaire, *La Bruyère dans la maison de Condé*. 2 Bde., Paris 1886, Genf, Slatkine Reprints 1970, und Maurice Lange, *La Bruyère critique des conditions et des institutions sociales*. Paris 1909; Genf, Slatkine Reprints 1970, bleiben Klassiker jeder Beschäftigung mit dem Autor. Vgl. ferner Pomeau, *321*, S. 131–146; Nicole Ferrier-Caverivière, »Le moraliste La Bruyère juge de Louis XIV«, in *108*, S. 241–258; Noémie Hepp, »La Bruyère«,

in Mesnard, *319*, S. 405–414; Jean-Pierre Landry (Hg.), *La Bruyère.* Journée d'études consacrée aux *Caractères*, Université de Lyon le 23 novembre 1996, *PFSCL* 25, 1998, S. 11–106; Ulrich Schulz-Buschhaus, »Apologie und Kritik des Absolutismus bei La Bruyère«, in Barbara Bauer / Wolfgang G. Müller (Hg.), *Staatstheoretische Diskurse im Spiegel der Nationalliteraturen von 1500 bis 1800.* Wolfenbütteler Forschungen Bd. 79, Wiesbaden, Harrossowitz Verlag 1998, S. 213–231; Dominique Bertrand, *Les Caractères de La Bruyère.* Paris, Gallimard 2002; Wolfgang Matzat, »Die menschliche Komödie in La Bruyères *Caractères*«, in Birgit Tappert / Willi Jung (Hg.), *Heitere Mimesis. Festschrift für Willi Hirdt zum 65. Geburtstag.* Tübingen / Basel, Francke Verlag 2003, S. 413–429.

18 Zum Kontext insgesamt vgl. Noémie Hepp, »La vieillesse des grands maîtres«, in Mesnard, *319*, S. 330–339. Zu einer ›interprétation jacobite‹ der *Athalie* vgl. Jean Orcibal, *Le genèse d'Esther et d'Athalie.* Paris, Vrin 1950, S. 74–85; zur ›Frage der kontroversen Deutungen der biblischen Tragödien vgl. Raymond Picard, *La carrière de Jean Racine.* Paris, Gallimard 1956, S. 393–433; eine informative Zusammenfassung aller mit den Stücken verbundenen Fragen in Jean Rohou (Hg.), Racine. *Théâtre complet* (Bibl.); ders., »Notice *d'Esther*« und »*Notice d'Athalie*«, ebd., S. 1084–1138. – Vgl. auch Bernard et Monique Cottret, »Jacques II, le roi faiseur de miracles«, in Méchoulan / Cornette, *140*, S. 281–294.

19 Vgl. Jürgen Grimm, »›Nous revînmes au Roi; l'on y revient toujours‹. Le roi et la monarchie dans les *Fables* de La Fontaine«, in *RZLG* 17, 1993, S. 40–55; dass. in ders., *353*, Bd. 1, S. 213–229.

20 Ders., »Stratégies de désorientation dans les *Fables* de La Fontaine«, »Le livre XII des *Fables* de La Fontaine – somme d'une vie, somme d'un *siècle*?« und »›Malgré Jupiter même et les temps orageux‹. – Pour une réévaluation du livre XII des *Fables*«, in *353*, Bd. 1, S. 92–108, 140–150 und 213–229.

21 Der Literaturkritiker Jean-Baptiste Dubos, gen. Abbé Dubos, in einem Brief an Bayle, zitiert nach Boileau, *OC* (Bibl.), S. XXXIX.

22 Michel Le Tellier (1643–1715) ist nicht verwandt mit der mächtigen Dynastie der Le Tellier de Louvois (s. Kap. II. 6.5); Le Tellier wird nach dem Tod des Père de La Chaize auf Wunsch Ludwigs XIV. zu dessen Beichtvater ernannt. Vgl. zu diesem einflussreichen und umtriebigen ›personnage tyrannique‹, der in hohem Maß für die Zerstörung von Port-Royal. verantwortlich ist, den informativen Artikel »Le Tellier (Le père Michel)« von Lucien Ceyssens in *DGS.*

23 Françoise Escal, in Boileau, *OC* (Bibl.), S. 946; vgl. auch Pomeau, *321*, S. 76–79.

24 Fénelon, *Lettre à Louis XIV.* Avec une préface de Henri Guillemin, Neuchâtel, Ides et Calendes 1961; die Ausgabe enthält einen Nachdruck der handschriftlichen Fassung des Briefes; Zitat S. 66; die *Lettre* ebenfalls in Fénelon, *Œuvres* (Bibl.), Bd. 1, S. 541–551, mit wichtigen Erläuterungen S. 1409–1414.

25 Fénelon, *Les aventures de Télémaque*, in *Œuvres* (Bibl.), Bd. 2, S. 1–326; »Notice, notes et variantes« S. 1241–1488; Zitat S. 1248 f., die Hervorhebungen im Original.

26 Die *Tables de Chaulnes*, die *Mémoires sur les mesures à prendre après la mort du Duc de Bourgogne* und andere politische Schriften in Fénelon, *Écrits et Lettres politiques.* Hg. von Charles Urbain, Paris 1920, Genf / Paris, Slatkine Reprints 1981. – Zu Fénelon vgl. Alain Lanavère, Art. »Fénelon« in *DLLF* mit umfangreicher Bibl.; Pomeau, *321*, S. 159–178; Nicole Ferrier-Caverivière, »Louis XIV d'après le mystique Fénelon«, in *108*, S. 288–305; Kapp, 358; Charles Dédéyan, *Télémaque ou La liberté de l'esprit.* Paris, Nizet 1991.

27 Das Zitat »Notre siècle est devenu...« von Dubos in einem Brief an Bayle vom 1. März 1697, zitiert nach Pomeau, *321*, S. 110. Die von Dubos stigmatisierte Märchenmode dokumentiert anschaulich der Sammelband L'Héritier / Bernard / La Force / Durand / D'Auneuil, *Contes* (Bibl.). – Zur Perrault-Forschung vgl. Claire-Lise Malarte, *Perrault à travers la critique depuis 1960.* Bibliographie annotée. Biblio 17–47, *PFSCL*, Paris / Seattle / Tübingen 1989. – Zu Mme d'Aulnoy vgl. Philippe Hourcade / Jean Serroy, Art. »Aulnoy«, in *DLF*: *XVIIe siècle*; das Zitat ›virago sans scrupules‹ ebd.; ferner Böhm, *333*, mit Forschungsbericht S. 9–22; Zitate zu Mme d'Aulnoy ebd., S. 12 ff.; dies., »Marie-Catherine d'Aulnoy (1650/51–1705)«, in Zimmermann / Böhm, *457*, S. 223–231; vgl. ferner Marie-Agnès Thirard, »La réception des contes de fées de Madame d'Aulnoy ou l'histoire d'un malentendu«, in *PFSCL* 30, 2003, 58, S. 167–195.

28 Unter den zahlreichen Ausgaben der Märchen sei empfohlen: Perrault, *Contes.* Hg. von. G. Rouger (Bibl.) mit »Introduction«, »Sommaire biographique«, »Bibliographie« und »Glossaire«; ferner *Contes.* Hg. von. R. Zuber (Bibl.), mit »Introduction«, S. 11–59; diese »Introduction« unter

dem Titel »Les *Contes* de Perrault et leurs voix merveilleuses« auch in *422*, S. 261–295. – Zur Forschungsliteratur vgl. die »Bibliographie annotée« von Cl.-L. Malerte in A. 27; Soriano, *376*; vgl. ferner *Charles Perrault* in *Europe* 739–740, 1990, sowie Jean Perrot (Hg.), *Tricentenaire Charles Perrault. Les grands contes du XVIIe siècle et leur fortune littéraire*. Paris, In Press Éditions 1998.

29 Die Märchen der Mme d'Aulnoy liegen in zwei Ausgaben (Bibl.) vor. Vgl. zur Autorin Renate Baader, »Mme d'Aulnoy und das feminine Salonmärchen«, in *425*, S. 226–277; ebd. S. 267 auch der Begriff ›weibliche Glücksdichtung‹; Anne Defrance, *Les contes de fées et les nouvelles de Madame d'Aulnoy (1690–1698)*. Paris, Droz 1998; das abschließende Zitat ebd., vierte Umschlagseite; vgl. ferner »Catherine d'Aulnoy, le renouveau des contes«, in *Tricentenaire Charles Perrault* (wie A. 28), S. 125–180: ebd. Beiträge von J. Barchilon, Ph. Hourcade, M. Manson, M. Slater und M.-A. Thirard; vgl. ferner Jasmin, *357*.

30 Christophe Smith / Elfrieda Dubois (Hg.), *France et Grande-Bretagne de la chute de Charles Ier à celle de Jacques II (1649–1688)*. Actes d'Oxford, Society for Seventeenth-Century French Studies 1990. Ein Stammbaum der Stuarts in *Le siècle de Louis XIV.* (Bibl.), S. 835.

31 André Laingui, »Les doctrines politiques«, in Truchet, *326*, S. 27–35, Zitat S. 31.

32 Schneider, *161*, S. 14.

33 Vgl. Émilienne Naert, Art. »Hobbes«, »Leibniz«, »Locke« sowie Jean Brun, Art. »Spinoza« in *DGS*; ferner Thomas Schneider, Art. »Hobbes« und »Locke«, Wilhelm Schmidt-Biggemann, Art. »Leibniz« und Ulrich Prill, Art.»Spinoza«, in *MPhL*, sowie Schneider, *161*, passim. – Zur Kontroverse zwischen Bossuet und Leibniz vgl. Jacques Lebrun, »La notion d'hérésie à la fin du XVIIe siècle: La controverse Leibniz – Bossuet«, in ders., *La jouissance et le trouble. Recherches sur la littérature chrétienne de l'âge classique*. Genf, Droz 2004, S. 137–160.

34 Léon Petit hat dem Kreis der frz. Exilanten in England eine Monographie (*153*) gewidmet. La Fontaines Briefwechsel mit seinen ›amis d'Angleterre‹ in *OD* (Bibl.), S. 662–678 und 1001–1011, Zitat S. 1002; die erhaltenen Briefe, darunter einer an Saint-Évremond, S. 673–678, datieren sämtlich aus dem Jahr 1687; zu La Fontaines ›tentation de l'Angleterre‹ vgl. ausführlich Petit, *153*, S. 303–340; zu »Un animal dans la lune«vgl. Grimm, *352*, S. 329–333.

35 Sämtliche hier zitierten Texte in Saint-Évremond, *Textes choisis* (Bibl.); die ca. zweihundert erhaltenen Briefe des Autors, darunter elf an Ninon de Lenclos sowie je ein Brief an La Fontaine und Mme d'Aulnoy, in *Lettres* (Bibl.); eine repräsentative Auswahl der Briefe und ›Petits traités‹ auch in *Libertins du XVIIe siècle* (Bibl.), Bd. 2, S. 649–763 und S. 1651–1711. – Zu Saint-Évremond vgl. Roger Zuber, Art. »Saint-Évremond«, in *DGS*; Philippe Hourcade, Art. »Saint-Évremond«, in *DLF: XVIIe siècle*; Bernard Tocanne, Art. »Saint Évremond, Charles de«, in *DLitF*, sowie Jaspers, *233* und Guellouz, *354*.

36 Vgl. das Standardwerk von Labrousse, *236*, sowie Mori, *246* mit einer »Bibliographie des Études bayliennes au XXe siècle«, S. 359–396.

37 Bayle, *Pensées diverses* (Bibl.); die *Pensées diverses sur la comète* auch in *Libertins du XVIIe siècle* (Bibl.), Bd. 2, S. 765–1187 und 1711–1795; die *Nouvelles de la république des lettres* in Pierre Bayle, *Œuvres diverses*. Hg. von E. Labrousse (Bibl.), Bd. 1; einen guten Einstieg in Bayles Werk ermöglicht die Ausgabe der *Œuvres diverses* von A. Niderst (Bibl.).

38 Vgl. Alain Deligne, »Pierre Bayle als Républicain des Lettres. Über das Projekt seines kritischen Wörterbuches (1692)«, in Martin Fontius / Werner Schneiders (Hg.), *Die Philosophie und die Belles Lettres*. Berlin, Akademie Verlag 1997, S. 83–101.

39 Vgl. Pierre Bayle. *Témoin et conscience de son temps*. Hg. von. A. McKenna (Bibl.); Pierre Bayle, *Pour une histoire critique de la philosophie*. Hg. J.-M. Gros (Bibl.); *Pierre Bayle, Historisches und kritisches Wörterbuch*. Hg. G. Gawlick / L. Kreimendahl (Bibl.), mit umfassender »Einleitung« und Bibliographie.

40 Zitat Émilienne Naert, Art. »Tolérance«, in *DGS* ; vgl. zu Bayle auch Pomeau, *321*, S. 179–196; Noémie Hepp, »La remise en question du savoir«, in Mesnard, *319*, S. 357–361; Fréderic Delforge, Art. »Bayle«, in *DGS*, sowie Stricker, *258*.

41 Beide Zitate Pomeau in *321*, S. 197 und 214.

42 Alle hier behandelten Texte von Fontenelle – zumindest in repräsentativen Auszügen – in *Textes choisis*. Hg. von M. Roelens (Bibl.); die *Entretiens sur la pluralité des mondes* auch in *Libertins du XVIIe siècle* (Bibl.), Bd. 2, S. 1187–1273 und 1795–1835; vgl. ferner *Œuvres complètes*. Hg. von A. Niderst (Bibl.). – Zu Fontenelle vgl. Krauss, *127*; Niderst, *247*; Pomeau, *321*, S. 197–214; Noémie Hepp, »Fontenelle«, in Mesnard, *319*, S. 414–421; Émilienne Naert, Art. »Fontenelle«,

in *DGS*; Andreas Gipper, »Fontenelle und die *Entretiens sur la pluralité des mondes*«, in ders., *Wunderbare Wissenschaft. Literarische Strategien naturwissenschaftlicher Vulgarisierung in Frankreich*. München, W. Fink Verlag 2002; auf dem Umschlag des Bandes die Abbildung »Le philosophe et la marquise observant la voûte céleste« aus der Ausgabe der *Entretiens* von 1727. – Zu La Fontaine als Vorläufer der Aufklärung vgl. Jürgen Grimm, »›... et la terre chemine‹. La Fontaine – précurseur des Lumières«, in *353*, Bd. 2, S. 165–180.

VII. Formen und Themen der Literatur

1 Fritz Nies, *Genres mineurs. Texte zur Theorie und Geschichte nicht kanonisierter Literatur (vom 16. Jahrhundert bis zur Gegenwart)*. München, Fink 1978; ders., »Le Français, né malin, forma le vaudeville und Gattungen zuhauf, die uns Boileau verschwieg«, in ders. / Stierle, *407*, S. 325–342.

2 Vgl. Nies, *368*, sowie die Polemik, die sich anlässlich der französischen Übersetzung des Buches ergab; siehe dazu Roger Duchêne, »Un horizon qui se perd dans l'infini. À propos de la traduction récente du livre de Fritz Nies *Les lettres de Madame de Sévigné*«, in *PFSCL* 30, 2003, S. 209–230, sowie Fritz Nies, »Roger Duchêne, un lecteur (pas?) comme les autres«, in *PFSCL* 31, 2004, S. 223–230.

3 Zur Lyrik des 17. Jahrhunderts vgl. Jean-Pierre Chauveau, »XVIIe siècle«, in *Anthologie de la poésie française* (Bibl.), Bd. 1, S. 849–1253 sowie 1427–1551, mit »Introduction« und einer umfassenden Anthologie mit bio-bibliographischen Hinweisen und Kommentaren zu den vorgestellten Autoren; ferner *La poésie française du premier 17e siècle* (Bibl.); zum Kontext dieses Kapitels vgl. auch Jacques Truchet, »L'éventail des genres«, in *326*, S. 289–297; ferner Biyidi, »Les formes«, in *307*, S. 107–134.

4 Boileaus »Discours sur l'ode« in ders., *OC* (Bibl.), S. 227–229, ist eine Huldigung an Pindar; zu Horaz vgl. Jean Marmier, *Horace en France, au dix-septième siècle*. Paris, PUF 1962.

5 Saint-Amants Ode »La solitude« in ders., *Œuvres* (Bibl.), Bd. 1, S. 33–48; zu Théophile de Viau vgl. ders., *OC* (Bibl.); die zitierten Texte sämtlich in Bd. 1; die Mehrzahl der genannten Texte kommentiert in *La poésie française du premier 17e siècle* (Bibl.).

6 Vgl. zu dieser Dichtung Génetiot, *348* und *349*.

7 Chauveau in *Anthologie de la poésie française* (Bibl.), Bd. 1, »Introduction«, S. 872; Biyidi, *307*, S.115: »La Fontaine, enfin, est le pur génie du vers français. Il en illustre tous les rythmes, toutes les subtilités de césure, toutes les combinaisons de versification et toutes les ressources de sonorités«; zu La Fontaine als Lyriker vgl. auch Jürgen Grimm, »›Ce qu'on n'a point au cœur, l'a-t-on dans ses écrits?‹ Fable et lyrisme personnel«, in *353*, Bd. 1, S. 230–244.

8 Zur Interpretation von Régniers *Satire XIII* vgl. *La poésie française du premier 17e siècle* (Bibl.), S. 165–179.

9 Um die Schärfe seiner Angriffe zu erfassen, sollten Boileaus frühe *Satires* in der von Adam herausgegebenen und kommentierten Fassung gelesen werden: Boileau, *Les premières satires de Boileau I–IX* (Bibl.).

10 Vgl. Tonolo, *379*, sowie Jürgen Grimm, »›Je m'écarte un peu trop‹. L'épître ›À M. Simon, de Troyes‹: épître, conte, satire«, und ders., »Les épîtres en vers de La Fontaine«, in *353*, Bd. 2, S. 26–43 und 44–63.

11 Vgl. Marie-Madeleine Fontaine, Art. »Amadis de Gaule«, in *DLLF*.

12 Vgl. Esmein, *345*; das knapp 950 Seiten umfassende Werk ist aufgrund seiner Materialfülle, Bibliographien und Register für jede weitere Beschäftigung mit dem Roman des 17. Jahrhunderts unverzichtbar. Zur Geschichte des Romans des 17. Jahrhunderts vgl. Frédéric Deloffre, *339*; Berger, *330*; Rieger, *371*; Lever, *365*; Berger, 331.

13 Zu Gomberville, *Polexandre* (Bibl.), vgl. Philip A. Wadsworth, *The Novels of Gomberville. A critical Study of ›Polexandre‹ and ›Cythérée‹*. New Haven, Yale Univ. Press 1942, ²1973; Séro Kevorkian, *Le thème de l'amour dans l'œuvre romanesque de Gomberville*. Paris, Klincksieck 1972.

14 Charles Sorel, *Histoire comique de Francion* (Bibl.).

15 Tristan L'Hermite, *Le page disgracié*. Hg. von Jacques Prévot, Paris, Gallimard (folio classique) 1994; dass. auch in *Libertins du XVIIe siècle* (Bibl.), Bd. 1, S. 381–583, mit »Notice«, »Bibliographie«, »Notes et variantes«, S. 1369–1419; zu Tristan L'Hermite vgl. ebenfalls die ab 1979

jährlich erscheinenden *Cahiers Tristan L'Hermite* sowie Jean-Pierre Chauveau, Art. »Tristan L'Hermite«, in *DLitF*.

16 Paul Scarron, *Œuvres* (Bibl.); ders., *Le roman comique*. Hg. von Jean Serroy, Paris, Gallimard (folio) 1985; vgl. dazu Charles Dédéyan, *Le roman comique de Scarron*. Paris, SEDES 1983. – Antoine Furetière, *Le roman bourgeois*. Hg. von Marine Roy-Garibal, Paris, Garnier-Flammarion 2001; Döring, *343*; Horst Weich, »Paul Scarron, *Le Roman comique* (1651/1657), und Antoine Furetière, *Le Roman bourgeois* (1666)«, in Baader, *305*, S. 67–111. – Robert Garapon, Art. »Scarron«, und Jean Serroy, Art. »Furetière«, in *DLitF*.

17 Im Gefolge des neu erwachten Interesses für den ›libertinage‹ erfreuen sich Cyrano de Bergerac und insbesondere seine Romane einer gesteigerten editorischen Aufmerksamkeit (s. Bibl.). Die heute meist unter dem Titel *L'autre monde* zusammengefassten Romane auch in *Libertins du XVIIe siècle* (Bibl.), Bd. 1, S. 901–1098, mit »Notice«, »Bibliographie«, »Notes et variantes«, S. 1541–1671. Der neueste Forschungsstand zu den Romanen in *Litt. classiques* 53, 2004: »Cyrano de Bergerac, *Les États et Empires de la Lune et du Soleil*«; vgl. auch Olivier Bloch, »Savinien de Cyrano Bergerac«, in Ueberweg, *259*, Bd. 2. 1, S. 232–242, sowie Darmon, *225*.

18 Umfassende Information über Du Plaisir und Nachdruck seiner Schriften in Esmein, *345*, S. 709–814; Zitat aus »Sentiments sur l'histoire«, ebd., S. 761. Vgl. auch in *Nouvelles galantes du XVIIe siècle* (Bibl.) die »Notice« von Marc Escola, S. 203–219, sowie die ›nouvelle galante‹ *La duchesse d'Estramène*, ebd., S. 220–289.

19 Segrais, *Les nouvelles françaises* (Bibl.); vgl. zum Autor Denise Godwin, *Les nouvelles françaises ou Les divertissements de la princesse Aurélie de Segrais. Une conception romanesque ambivalente*. Paris, Nizet 1983; *Nouvelles du XVIIe siècle* (Bibl.); zwei *Nouvelles françaises* mit »Notice« und »Bibliographie« ebd., S. 1280 ff.; Auszüge der *Nouvelles françaises* und deren Analyse in Esmein, *345*, S. 543–552.

20 Roger de Bussy-Rabutin, *Histoire amoureuse des Gaules*. Hg. von Jacqueline und Roger Duchêne, Paris, Gallimard (folio) 1993; dass. in *Libertins du XVIIe siècle* (Bibl.), Bd. 2, S. 541–642.

21 Saint-Réal, *Dom Carlos. La conjuration des espagnols contre la République de Venise* (Bibl.); dass. auch in *Nouvelles du XVIIe siècle* (Bibl.), S. 505–562, mit »Notice« und »Bibliographie«, S. 1459 ff.

22 Guilleragues, *Lettres portugaises* (Bibl.); vgl. dazu Jürgen von Stackelberg, »Die Liebesbriefe einer portugiesischen Nonne von Gabriel de Guilleragues«, in ders., *Späte Essays zur Literatur der Romanen*. Frankfurt a. M., Lang 2001, S. 67–85. – Marie-Catherine Hortense de Villedieu, *Mémoires de la vie de Henriette-Sylvie de Molière* und *Les désordres de l'amour* (Bibl.); weitere ausgewählte Texte sowie weiterführende Literatur zu Mme de Villedieu, Mme de La Fayette, Sorel, Segrais und andere in *Nouvelles du XVIIe siècle* (Bibl.), *Nouvelles galantes du XVIIe siècle* (Bibl.) sowie Sorel, *Nouvelles choisies* (Bibl.). – Mme de La Fayette, *Zaïde* und *La princesse de Clèves*, in *OC* (Bibl.); *Histoire de Madame Henriette d'Angleterre* (Bibl.); die *Princesse de Clèves* beschwört eine der heftigsten ›querelles‹ des ›siècle classique‹ herauf, jetzt umfassend dokumentiert in Esmein, *345*, S. 615–708. – Zum ›mémoire‹ vgl. Hipp, *356*; Marc Fumaroli, »Les mémoires du XVIIe siècle au carrefour des genres en prose«, in ders., *La diplomatie de l'esprit. De Montaigne à La Fontaine*, Paris, Hermann 1994, S. 183–215; Lesne, *364*; Kleber, *360*; Mechthild Albert, »Die weibliche Memorialistik des Grand Siècle. Ein Desiderat romanistischer Genderforschung«, in Wolf Dietrich / Ulrich Hoinkes (Hg.), *Romanistica se movet... Festgabe für Horst Geckeler zu seinem 65. Geburtstag*. Münster, Nodus 2000, S. 91–103; Weerdt-Pilorge, *384*.

23 Huets *Traité de l'origine des romans* in Esmein, *345*, S. 441–535; Zitat S. 442; eine eingehende Analyse des *Traité* und Bibliographie ebd., S. 357–440; zu Huet vgl. auch Suzanne Guellouz (Hg.), *Pierre-Daniel Huet (1630–1721)*. Biblio 17–83, *PFSCL*, Paris / Seattle / Tübingen 1994.

24 Truchet, »L'éventail des genres«, in *326*, S. 297

25 Tallemant des Réaux, *Les historiettes* (Bibl.); vgl. zu Tallemant Jean-Pierre Ryngaert, Art. »Tallemand des Réaux, Gédéon«, in *DLLF*; Hubert Carrier, Art. »Tallemant des Réaux«, in *DGS*; das Zitat ebd.; Roger Duchêne, Art. »Tallemant des Réaux, Gédéon«, in *DLitF*. – Die *Historiettes* wurden erstmals 1835 publiziert.

26 Zur historischen Situierung der Grande Mademoiselle vgl. Bouyer, *429*; zur Würdigung ihres Werkes vgl. Garapon, *440* und *441*, sowie Renate Baader, »La Grande Mademoiselle«, in Zimmermann / Böhm, *457*, S. 199–210; die ihr gewidmete *Galerie des portraits* unter Montpensier (Bibl.).

27 Zum literarischen Porträt vgl. Köhler, *361*; Plantié, *370*.

28 Vgl zu dieser ›querelle‹ Grimm, *351*, S. 78 ff.
29 Bernard Tocanne, in Mesnard, *319*, S. 283.
30 Vgl. La Rochefoucauld, *Maximes. Réflexions diverses* (Bibl.); umfassende bibliographische Hinweise ebd., S. 18–39. Vgl. ferner Dieter Steland, »La Rochefoucauld, *Maximes* (1665)«, in Baader, *305*, S. 145–171.
31 Vgl. Bernard Tocanne, »La lettre: Mme de Sévigné«, in Mesnard, *319*, S. 272–277, Zitat S. 274.
32 Vgl. Nies, wie A. 2; Roger Duchêne, *Naissances d'un écrivain: Madame de Sévigné*. Paris, Fayard 1996; ders., *Madame de Sévigné* (Bibl.). Vgl. auch Renate Baader, »Madame de Sévigné, *Correspondance* (1646–1696)«, in *305*, S. 207–239.
33 Vgl. Marie-Gabrielle Lallemand, »La lettre dans le théâtre au XVIIe siècle«, in Sancier, *374*, S. 67–78; dies., *La lettre dans le récit. Étude de l'œuvre de Mlle de Scudéry*. Biblio 17–*120*, Tübingen, Narr 2000; das Zitat zu *Astrée* ebd., S. 14. – Vgl. auch *Lettres de femmes* (Bibl.)
34 Molière, *OC* (Bibl.), Bd. 2, S. 1186–95 und 1524–31.
35 André Félibien, *Relation de la fête de Versailles* (1668); *Les divertissements de Versailles* (Bibl.); vgl. ferner Alexandra Skliar-Piguet, Art. »Félibien, sieur des Avaux et de Javersy«, in *DGS*.
36 Jacques Truchet, in »Les contenus de la littérature«, in *326*, S. 299–307, Zitat S. 307; vgl. zum Kontext dieses Kapitels auch Biyidi, »Les thèmes«, in *307*, S. 86–107.
37 René Rapin, *Les réflexions sur la poétique de ce temps* (Bibl.), S. 114.
38 Zur Frage der Komödienschlüsse in Molières Theater vgl. Grimm, *351*, S. 145–157 mit weiterführender Bibliographie.
39 Aus der Fülle der Literatur zur *Astrée* seien hier exemplarisch angeführt Jacques Ehrmann, *Un paradis désespéré. L'amour et l'illusion dans l'›Astrée‹*. Paris, PUF 1963; Eglal Henein, *La fontaine de la vérité d'amour ou Les promesses de bonheur dans ›L'Astrée‹ d'Honoré d'Urfé‹*. Paris, Klincksieck 1999; Marc Fumaroli, »Le retour d'Astrée«, in Mesnard, *319*, S. 46–64; vgl. auch Georges Molinié, ›Art. »Urfé, Honoré d'«, in *DLitF*.
40 Zitate nach Guido Saba, *254*, S. 77 und 79.
41 Racan, »Stances, À Tircis«, in ders., *Poésies* (Bibl.), Bd.1, S. 176–185.
42 Es handelt sich um »Le songe d'un habitant du Mogol« (XI 4) und »Le juge arbitre, l'hospitalier et le solitaire« (XII 29); als Synonyme zu ›désert‹ bedient La Fontaine sich in »Le songe d'un habitant du Mogol« der Begriffe ›la solitude‹ und ›la retraite‹; die Fabel XII 29 ist vermutlich seine letzte Fabel und gilt daher als sein ›Vermächtnis‹; zur Interpretation der Fabeln vgl. Grimm, *352*. – Alceste spricht in *Le misanthrope* V 4, 1763 von ›mon désert‹; Furetière definiert ›désert‹ als »jolie maison hors des grands chemins et éloignée du commerce du monde«, also eine Art Landschloss; ein Rückzug dorthin bedeutet für ein Mitglied der Hofgesellschaft den Abbruch aller Beziehungen.
43 Zur ›pastorale en musique‹ vgl. Georgie Durosoir, »L'opéra«, in Truchet, *326*, S. 393–401; das Zitat Saint-Évremonds ebd., S. 395.
44 Fontenelle, *Discours sur la nature de l'églogue* (1688), in ders., *OC* (Bibl.), Bd. 2, S. 381–409.
45 Wegweisend in diesem Zusammenhang die Anthologie von Fritz Schalk, *Die französischen Moralisten*. Wiesbaden, Dieterich 1938, [3]1952, und Friedrich, *346*; frz. Übersetzung 1968 mit mehrfachen Neuauflagen und erweiterter Bibliographie; eine Gesamtdarstellung in Stackelberg, *377*.
46 Friedrich, *346*, Kap. IV 8: »Moralistik«; Zitat ebd.
47 Die Zitate La Bruyères und die Darstellung des Traditionszusammenhangs seiner Moralistik in der »Préface« sowie in dem »Discours sur Théophraste«, die allen Ausgaben der *Caractères* vorangestellt sind; vgl. auch Jean Lafond, Art. »Moralistes«, in *DLitF*.
48 Einen Einblick in die aktuelle Diskussion vermitteln van Delft, *380*, sowie Bouvier, *334*; vgl. ferner Louis van Delft (Hg.), »Les moralistes. Nouvelles tendances de la recherche«, in *XVIIe siècle*, 51, 1999, und Emmanuel Bury, »Actualité des moralistes classiques. À propos de quelques publications récentes«, in *Information littéraire* 51, 1999, S. 48–52.
49 Bénichou, *329*.
50 Bouvier, *334*.
51 Rohou, *373*; Zitat S. 15 f.; das Buch enthält ausführliche Personen- und Sachregister, die eine leichte Orientierung ermöglichen.
52 Zitate in Rohou, *373*, S. 14–16 und 625.
53 Truchet, »Les contenus de la littérature«, in *326*, S. 303.

54 Vgl. Jürgen Grimm, »›Le sens et la raison y règlent toute chose‹. Contribution à une anthropologie des *Fables*«, in *353*, Bd. 1, S. 181–198.

55 Rohous vorwiegend negative anthropologische Sicht der Autoren der Jahre 1660 bis 1680 – Racine, Mme de La Fayette – hat zu einer heftigen Kontroverse geführt; vgl. Jean Emilina, »Peut-on imaginer un classicisme heureux?«, in *RHLF* 100, 2000, S. 1481–1501, und Rohous Antwort »L'anthropologie pessimiste des ›classiques‹: tentative de distinction et d'explication«, in *RHLF* 101, 2001, S. 1523–1550. Emilina stützt seine in Form einer rhetorischen Frage aufgestellte These auf eine Auswahl ›kleiner‹ Autoren und Texte der Jahre 1660–1680; Michel Bouvier kommt in *334*, wo er sich auf ›kleine‹ Moralisten der Jahre 1659–1688 stützt, zu ähnlichen Ergebnissen wie Emilina. Vgl. auch Karlheinz Stierle, »Die Modernität der französischen Klassik. Negative Anthropologie und funktionaler Stil«, in Nies / Stierle, *410*, S. 81–133.

56 Vgl. *Les visages de l'amour*. Actes du 13ème Colloque du CMR 17, Toulouse, 28–30 janvier 1983, Toulouse, Université de Toulouse-Le Mirail 1984.

57 Malherbe, *Œuvres poétiques*. Hg. von Fromilhague / Lebègue (Bibl.), Bd. 1, S. 270–273.

58 Villedieu, *Les désordres de l'amour* (Bibl.).

59 Zitat aus »Le lion amoureux«, *Fables* IV 1, 9–11; vgl. zum Kontext Jürgen Grimm, »L'amour sans corps ou l'art du ›dire sans dire‹ dans les *Contes et nouvelles* de La Fontaine«, in *353*, Bd. 2, S. 74–93.

60 La Rochefoucauld, *Maximes* (1678), Maxime 76; der Pascal zugeschriebene *Discours sur les passions* in ders., *OC* (Bibl.), S. 537–547; zur Frage der Verfasserschaft ebd., S. 536–537.

61 Zum christlich geprägten Roman des beginnenden 17. Jahrhunderts vgl. Sylvie Robic-de Baecque, »Romans et dévotion au XVIIe siècle«, in *Litt. classiques* 39, 2000, S. 29–49; Nancy Oddo, »L'invention du roman français au XVIIe siècle: littérature religieuse et matière romanesque«, in *XVIIe siècle* 54, 2002, S. 221–234. – François de Sales, *Œuvres* (Bibl.); das Zitat der »Préface« ebd., S. 24; zu François de Sales vgl. insbesondere Mellinghoff-Bourgerie, *366*; Legros, *363*. – Jean-Pierre Camus, *Les spectacles d'horreur* (Bibl.); ders., *L'amphithéâtre sanglant* (Bibl.), mit »Introduction« und Bibliographie S. 7–171; ders., *Divertissement historique* (Bibl.) (1632). Zu Camus vgl. Vernet, *382*; Robic-de Baecque, *372*; dies., »L'*Éloge des histoires dévotes*, ou l'apologétique romanesque de Jean-Pierre Camus«, in *Cahiers du dix-septième*, 7, 1997, S. 31–45 und »Romans et dévotion au XVIIe siècle«, in *Litt. classiques* 39, 2000, S. 29–49; Françoise Lavocat, »L'Histoire, l'Exemple et l'Autre dans les anti-romans de Jean-Pierre Camus«, in Edwige Keller / Thérèse Lassalle (Hg.), *Histoire et narrativité. L'Europe en représentation dans la littérature du XVIIe siècle*. Lyon, PU Lyon 1999, S. 13–30.

62 Vgl. Jean-Pierre Landry, Art. »Bourdaloue (Louis)«, »Fléchier (Esprit)« und »Massillon (Jean-Baptiste)«, in *DGS*; Massillon hat die Totenrede auf Ludwig XIV. gehalten.

63 Truchet, »Les contenus de la littérature«, in *326*, S. 305.

64 Mme de Sévigné, Brief vom 2. März 1689, in *Correspondance* (Bibl.), Bd. 3, S. 525; Bossuet, Brief vom 22. Februar 1674, in *Correspondance*. Hg. von Charles Urbain / Eugène Lévesque, Paris, Hachette (GEF), 1909, Kraus Reprint LTD, Vaduz 1965, Bd. 1, S. 310: »Mais c'est assez politiquer.«; Brief vom 22. August 1697, ebd., Bd. 8, S. 634: »On a bien politiqué sur vos lettres.«

65 Corneille, »Au Roi sur son retour de Flandre«, in *OC* (Bibl.), Bd. 3, S. 705–707, V. 56; zum weiteren Kontext einer allegorischen Lektüre von Texten des 17. Jahrhunderts vgl. Georges Couton, *Écritures codées. Essais sur l'allégorie au XVIIe siècle*. Paris, Aux amateurs de livres 1990.

66 Das erste Zitat in »Lettre à Monsieur de Turenne« (1674), in *OD* (Bibl.), S. 578; das zweite Zitat in »Discours à Madame de La Sablière«, Ende Buch IX, V. 132 f.; vgl. zum Kontext Jürgen Grimm, »›Grande est la gloire, ainsi que la tuerie‹. Guerre et rhétorique dans les *Fables* de La Fontaine«, in *353*, Bd. 1, S. 121–139.

67 Zur Tradition des Hofthemas und zu dessen Darstellung durch La Fontaine vgl. Jürgen Grimm, »›Quel Louvre! Un vrai charnier!‹ La représentation de la société de cour dans les *Fables* de La Fontaine«, in *353*, Bd. 1, S. 109–120.

68 Truchet, »Les contenus de la littérature«, in *326*, S. 307.

69 Vgl. Grimm, *351*, S. 292 ff.

70 Eine breite Darstellung aller politischen Themen findet sich im zweiten, »La société« überschriebenen Teil der Studie von Bouvier, *334*, S. 301–561.

71 Entsprechende Analysen in *Dictionnaire analytique des œuvres théâtrales françaises du XVIIe siècle* (*342*).

72 Vgl. Couton, *93*; zum Erlass von 1641 vgl. Jean Dubu, »La Déclaration royale du 16 avril 1641«, in *102*, S. 57–69; Simone de Reyff, »Triomphe de la comédie *réformée*«, in *158*, S. 39–48.

73 Zu diesen institutionellen Rahmenbedingungen vgl. Guy Boquet, Art. »Comédiens«, »Comédiens italiens« und »Troupes théâtrales«, in *DGS*; ferner Pierre Mélèse, *Le théâtre et le public à Paris sous Louis XIV (1659–1715)*. Paris, Droz 1934, Genf, Slatkine Reprints 1976; Jacqueline de Jomaron / Colette et Jacques Scherer, »L'œil du prince«, in Jacqueline de Jomaron (Hg.), *Le théâtre en France*. Bd. 1: *du Moyen-Âge à 1789*. Paris, Armand Colin 1988, S. 141–233; Manfred Brauneck, »Das französische Theaterwesen im 17. Jahrhundert«, in ders., *Die Welt als Bühne. Geschichte des europäischen Theaters*. Stuttgart / Weimar, Metzler, 1996, Bd. 2, S. 169–204; Jürgen Grimm, »Situation der Schauspieler und Theater« und »Das Publikum der *Hochklassik*«, in *351*, S. 34–44, mit weiterführender Bibliographie.

74 Zitat Rohou, in *412*, S. 45; das Zitat Saint-Évremonds in »Sur les opéras«, in *Œuvres en prose* (Bibl.), Bd. 3, S. 149–164, Zitat S. 151. – Zur Oper vgl. La Gorce, *362*; Georgie Durosoir, »L'opéra«, in Truchet, *326*, S. 393–401; Jacques Truchet, »Les arts du spectacle et le triomphe de la théâtralité«, ebd., S. 403–413; Beaussant, *78* und *79*; Kintzler, *359*; *Litt. classiques* 52, 2004: »Campistron et consorts: tragédie et opéra en France (1680–1733)«. – Die Libretti Quinaults in ders., *Livrets d'opéra*. Hg. von Buford Norman, 2 Bde., Toulouse, Société des Litt. Classiques 1999; dazu Buford Norman, *Touched by the Graces. The Libretti of Philippe Quinault in the Context of French Classicism*. Birmingham, Alabama, Summa Publications 2001.

75 Zum ›Théâtre de la Foire‹ vgl. Andrea Grewe, *Monde renversé – Théâtre renversé. Lesage und das Théâtre de la Foire*. Bonn, Romanistischer Verlag 1989.

76 Vgl. *Farces du Grand Siècle* (Bibl.); zu den vermeintlich kleinen Formen vgl. *Litt. classiques* 51, 2004: »Le théâtre au XVIIe siècle: pratiques du mineur«.

77 Vgl. Daniela Dalla Valle, Art. »Pastorale dramatique«, in *DLitF*.

78 Mit Ausnahme von Scarrons *Le Jodelet duelliste* liegen alle hier genannten Texte in den von Scherer / Truchet / Blanc herausgegebenen Pléiadebänden *Théâtre du XVIIe siècle* (Bibl.) in kritischen und kommentierten Ausgaben vor und sind Gegenstand des *Dictionnaire analytique* (*342*). – Paul Scarron, *Le Jodelet duelliste*. Hg. von Jonathan Carson, Genf, Droz (TLF) 2000.

79 Vgl. Couton, *93*, S. 66 ff.

80 Bossuets *Maximes et réflexions sur la comédie* sind die wütende Antwort auf die *Lettre d'un théologien illustre [...] pour savoir si la comédie peut être permise ou doit être défendue* (1694) des obskuren Père François Caffaro; Bossuets *Maximes* in *Œuvres complètes*. Hg. von F. Lachat, Bd. 27, Paris, Louis Vives 1864, S. 20–80; der Briefwechsel Bossuet / Caffaro ebd., S. 1–19. Der Brief des Père Caffaro sowie die *Maximes et réflexions sur la comédie* besser zugänglich in Charles Urbain / Eugène Lévesque, *L'église et le théâtre*. Paris, Grasset 1930. – Zur ›querelle du théâtre‹ vgl. auch Jean Dubu, »L'affaire Caffaro«, in *102*, S. 171–186; ferner Reyff, *158*, Kap. 3, »Les grandes controverses (1660–1700)«, S. 71–112, sowie Marc Fumaroli, »La querelle de la moralité du théâtre au XVIIe siècle«, in *111*, S. 81–93.

81 Viala, *383*; zum ›offenen‹ Charakter der biblischen Tragödien Racines vgl. auch Jürgen Grimm, »*Esther*, *Athalie* et le double échec de l'éducation théâtrale«, in *Autour de Françoise d'Aubigné, Marquise de Maintenon*. Hg. von Alain Niderst, 2 Bde., Paris, Champion 1999, Bd. 2, S. 447–455; ferner Canova-Green / Viala, *335*.

VIII. Statt einer *conclusio*

1 Alle hier verwendeten Begriffe bereits in Kap. I. 3.5 und II; zu Goubert vgl. Kap. II. 10.6.

2 Boileau gibt dieser Hassliebe schon in der frühen *Ode sur un bruit qui courut en 1656 que Cromwel et les anglois alloient faire la guerre à la France* lyrische Gestalt; in OC (Bibl.), S. 225 f.; Boileau hat die Ode später überarbeitet und 1671 und 1701 veröffentlicht.

3 Brief an Balzac vom 5. Mai 1631, in *Œuvres et lettres* (Bibl.) S. 941–943, Zitat S. 942.

Bibliographie

A. Autoren / Texte

B. Geschichte des 17. Jahrhunderts

C. Literaturgeschichte

A. Autoren / Texte

Anthologie de la poésie française. Bd. 1: *Moyen Âge, XVIe siècle, XVIIe siècle.* Textes choisis, prés. et annotés par Jean-Pierre Chauveau/Gérard Gros/Daniel Ménager, Paris, Gallimard (Pléiade) 2000.

Aubignac, François Hédelin, abbé d', *La pratique du théâtre.* Édité par Hélène Baby, Paris, Champion 2001.

Aulnoy, Marie Catherine d', *Contes.* 2 Bde. Bd. 1: *Les contes des fées.* Bd. 2: *Contes nouveaux ou Les fées à la mode.* »Introduction« par Jacques Barchilon; Texte établi et annoté par Philippe Hourcade, Paris, STFM (Éd. du tricentenaire) 1997-1998.

Aulnoy, Marie Catherine d', *Contes des fées* suivis des *Contes nouveaux ou Les fées à la mode.* Édition critique établie par Nadine Jasmin, Paris, Champion 2004.

Balzac, Jean Louis Guez de, *Les Œuvres de Monsieur de Balzac divisées en deux tomes.* Publ. par Valentin Conrart, Paris, L. Billaine 1665, Genf, Slatkine Reprints 1971.

Balzac, Jean Louis Guez de, *Les premières lettres de Guez de Balzac.* Éd. critique précédée d'une introduction par H. Bibas/Kathleen Theresa Butler, 2 Bde., Paris, Droz (STFM) 1933-34.

Bayle, Pierre, *Pensées diverses sur la comète.* Éd. critique avec une introd. et des notes publ. par A. Prat, 2 Bde., Paris, Droz (STFM) ²1939.

Bayle, Pierre, *Œuvres diverses.* Présentation avec une introd. par Elisabeth Labrousse, Hildesheim, Olms Reprint 1964 (Nachdruck der Ausgabe Den Haag 1727).

Bayle, Pierre, *Œuvres diverses.* Préface et notes par Alain Niderst, Paris, Éditions sociales 1971.

Pierre Bayle, *Témoin et conscience de son temps. Un choix d'articles du ›Dictionnaire historique et critique‹.* Présenté et éd. par Antony McKenna, Paris, Champion 2001.

Pierre Bayle, *Pour une histoire critique de la philosophie. Choix d'articles philosophiques du ›Dictionnaire historique et critique‹.* Introd. générale et présentation par Jean-Michel Gros, Paris, Champion 2001.

Bayle, Pierre, *Historisches und kritisches Wörterbuch. Eine Auswahl.* Hg. und übersetzt von Günter Gawlick/Lothar Kreimendahl, Darmstadt, WBG 2003.

Boileau, Nicolas, *Les premières satires de Boileau (I-IX).* Édition critique et commentaire par Antoine Adam, Lille, Bureaux de la Revue d'Histoire de la philosophie 1941, Genf, Slatkine Reprints 1970.

Boileau, Nicolas, *Œuvres complètes.* Introd. par Antoine Adam; édition établie et annotée par Françoise Escal, Paris, Gallimard (Pléiade) 1966.

Bossuet, Jacques Bénigne, *Œuvres*. Textes établis et annotés par l'abbé Velat et Yvonne Champailler, Paris, Gallimard (Pléiade) 1961.

Bouhours, Dominique, *Remarques nouvelles sur la langue françoise*. Paris 1675; *Suite des remarques nouvelles sur la langue françoise*. Paris 1687, 1 Bd., Genf, Slatkine Reprints 1973.

Bouhours, Dominique, *Les entretiens d'Ariste et d'Eugène*. Édition établie et commentée par Bernard Beugnot et Gilles Declercq, Paris, Champion 2003.

Buffet, Marguerite, *Traité sur les éloges des illustres savantes anciennes et modernes*. Paris, Jean Cusson 1668.

Camus, Jean-Pierre, *Les spectacles d'horreur*. Paris 1630, Genf, Slatkine Reprints 1973.

Camus, Jean-Pierre, *L'amphithéâtre sanglant*. Édité par Stéphan Ferrari, Paris, Champion 2001.

Camus, Jean-Pierre, *Divertissement historique* (1632). Texte établi, annoté et commenté par Constant Venesoen, Biblio 17-*132*, Tübingen, Narr 2002.

Chapelain, Jean, *Lettres de Jean Chapelain de l'Académie Française*. Publ. par Philippe Tamizey de Larroque, 2 Bde., Paris, Imprimerie Nationale 1880-83.

Chapelain, Jean, *Opuscules critiques*. Avec une introd. par Alfred Hunter, Paris, Droz 1936.

Charpentier, François, *De l'excellence de la langue françoise*. 2 Bde., Paris 1683, 1 Bd., Genf, Slatkine Reprints 1972; Nachdruck in 1 Bd.

Charron, Pierre, *Toutes les Œuvres revues, corrigées et augmentées*. Paris 1635, Genf, Slatkine Reprints 1970.

Charron, Pierre, *De la sagesse*. Texte revu par Barbara de Negroni, Paris, Fayard 1986.

Corneille, Pierre, *Œuvres complètes*. Textes établis, présentés et annotés par Georges Couton, 3 Bde., Paris, Gallimard (Pléiade) 1980-87.

Corneille, Thomas, *Le Dictionnaire des arts et des sciences*. 2 Bde., Paris 1694-95, Genf, Slatkine Reprints 1968.

Cyrano de Bergerac, Savinien de, *Œuvres complètes*. Édition critique, textes établis et commentés par Madeleine Alcover, Luciano Erba, Hubert Carrier et André Blanc, 3 Bde., Paris, Champion 2000-2001.

Cyrano de Bergerac, Savinien de, *L'autre monde*. Édition présentée, établie et annotée par Jacques Prévot, Paris, Gallimard 2004 (folio classique); darin *Les états et empires de la lune; Les états et empires du soleil*.

Cyrano de Bergerac, *Les états et empires de la lune et du soleil*. Édition critique. Textes établis et commentés par Madeleine Alcover, Paris, Champion 2004.

Dacier, Anne Lefèvre, *Des causes de la corruption du goust*. Paris 1714, Genf, Slatkine Reprints 1970.

Descartes, René, *Œuvres et lettres*. Textes présentés par André Bridoux, Paris, Gallimard (Pléiade) 1941.

Desmarets de Saint-Sorlin, Jean, *Clovis ou La France chrestienne*. Paris 1657, Reprint Louvain, Nauwelaerts 1972.

Desmarets de Saint-Sorlin, Jean, *La comparaison de la langue et de la poésie françoise* (1670); *La défense du poëme héroïque* (1674); *La défense de la poésie* (1675). Paris 1670-75, Genf, Slatkine Reprints 1972.

Desmarets de Saint-Sorlin, Jean, *Théâtre complet* (1636-1643). Textes établis, présentés et annotés par Claire Chaineaux avec un dossier iconographique de Catherine Guillot, Paris, Champion 2005.

Dictionnaire de l'Académie françoise, dédié au Roy. 2 Bde., Paris, 1694, Genf, Slatkine Reprints 1994 (Nachdruck der Ausgabe Paris 1718).

Du Vair, Guillaume, *De l'éloquence françoise*. Édition critique par René Radouant, Paris, (STFM) 1907, Genf, Slatkine Reprints 1970.

Farces du Grand Siècle. De Tabarin à Molière. Farces et petites comédies du XVIIe siècle. Introd., notices et notes par Charles Mazouer, Paris, Librairie Générale Française (Livre de poche) 1992.

Faret, Nicolas, *L'honnête homme ou l'Art de plaire à la court*. Publié par Maurice Magendie, Paris, 1925, Genf, Slatkine Reprints 1970.

Félibien, André, *Relation de la fête de Versailles* (1668); *Les divertissements de Versailles* (1674). Présentation par Martin Meade, Maisonneuve et Larose, Éditions Dédale 1994.

Fénelon, François, *Œuvres*. Édition établie par Jacques Le Brun, 2 Bde., Paris, Gallimard (Pléiade) 1983-1997.

Fénelon, François, *Lettre à l'Académie*. Édition critique par Ernesta Caldarini, Genf, Droz (TLF) 1970.

Fontenelle, Bernard Le Bovier de, *Textes choisis*. Introd. et notes par Maurice Roelens, Paris, Éditions sociales 1966.

Fontenelle, Bernard Le Bovier de, *Œuvres complètes*. Texte revu par Alain Niderst, 9 Bde., Paris, Fayard 1989-2001.

Furetière, Antoine, *Dictionaire* [sic] *universel contenant généralement tous les mots français tant vieux que modernes et les termes de toutes les sciences et des arts*. 3 Bde., La Haye/Rotterdam 1690, Genf, Slatkine Reprints 1970.

Garasse, François, *La doctrine curieuse des beaux esprits de ce temps*. Paris 1623, 2 Bde., Farnborough, Gregg International Publishers Reprint, 1971.

Gassendi, Pierre, *Vie et mœurs d'Épicure*. Traduction, introduction, annotations de Sylvie Taussig, Paris, Alive 2001.

Gomberville, Marin Le Roy de, *Polexandre*. Paris 1641, 5 Bde., Genf, Slatkine Reprints 1978.

Gournay, Marie de, *Œuvres complètes*. Édition critique sous la direction de Jean-Claude Arnould, 2 Bde., Paris, Champion 2002.

Grenaille, François, *L'honnête fille*. Édition critique établie, présentée et annotée avec variantes par Alain Vizier, Paris, Champion 2003.

Guilleragues, Gabriel-Joseph de La Vergne, comte de, *Lettres portugaises* suivies de »Guilleragues par lui-même«. Présentation de Frédéric Deloffre, Paris, Gallimard (folio) 1990.

Harvey, William, *De motu cordis – Des mouvements du cœur chez l'homme et les animaux – La circulation du sang*. Traduction, introduction et notes par Charles Richet (1869). Préface de Jean Hamburger, postface de Mirko D. Grmek, Paris, Bourgeois 1990.

Huet, Pierre-Daniel, *Traité de l'origine des romans*. Paris 1799, Genf, Slatkine Reprints 1970.

La Bruyère, Jean de, *Œuvres complètes*. Nouvelle édition par Gustave Servois, 3 Bde., Paris, Hachette (GEF)1865-1878.

La Bruyère, Jean de, *Les caractères*. Présentation et notes par Louis van Delft, Paris, Imprimerie Nationale 1998.

La Fayette, Marie-Madeleine Pioche de La Vergne de, *Œuvres complètes*. Texte établi, présenté et annoté par Roger Duchêne. Préface de Michel Déon, Paris, Éditions François Bourin 1990.

La Fayette, Marie-Madeleine Pioche de La Vergne de, *Histoire de Madame Henriette d'Angleterre* suivi de *Mémoires de la Cour de France pour les années 1688 et 1689*. Édition présentée et annotée par Gilbert Sigaux, Paris, Mercure de France 1965, ^{2}1988.

La Fontaine, Jean de, *Œuvres complètes*. Bd. 1: *Fables, contes et nouvelles*. Édition établie, présentée et annotée par Jean-Pierre Collinet, Paris, Gallimard (Pléiade) 1991.

La Fontaine, Jean de, *Œuvres diverses*. Texte établi et annoté par Pierre Clarac, Paris, Gallimard (Pléiade) 1942.

La Mesnardière, Jules de, *La poétique*. Paris 1640, Genf, Slatkine Reprints 1972.

La Mothe Le Vayer, François de, *Œuvres*. 14 Bde., Dresden 1756-1759, 2 Bde., Genf, Slatkine Reprints 1970.

La Mothe Le Vayer, François de, *Dialogues faits à l'imitation des anciens*. Texte revu par André Pessel, Paris, Fayard 1988.

La Mothe Le Vayer, François de, *De la patrie et des étrangers et autres petits traités sceptiques*. Édition présentée, établie et annotée par Philippe-Joseph Salazar, Paris, Desjonquères 2003.

La Rochefoucauld, François de, *Maximes. Réflexions diverses*. Édition de Jacques Truchet, revue par Marc Escola, Paris, Garnier (La Pochothèque) 2001.

Le Moyne, Pierre, *La gallerie des femmes fortes*. Paris 1647.

L'Héritier, Marie-Jeanne/Catherine Bernard/Charlotte-Rose de Caumont La Force/Catherine Durand/Louise de Bossigny, comtesse d'Auneuil, *Contes*. Édition établie par Raymonde Robert, Paris, Champion 2005.

Lettres de femmes. Textes inédits et oubliés du XVIe au XVIIIe siècle. Introd. par Élisabeth C. Goldsmith et Colette H. Winn, Paris, Champion 2005.

Libertins du XVIIe siècle. Édition établie, présentée et annotée par Jacques Prévot, 2 Bde., Paris, Gallimard (Pléiade), 1998-2004.

Malebranche, Nicolas de, *Œuvres*. Édition établie par Geneviève Rodis-Lewis avec la collaboration de Germain Malbreil. Index établis par Jean Letrouit, 2 Bde., Paris, Gallimard (Pléiade) 1979-1992.

Malherbe, François de, *Œuvres*. Recueillies et annotées par Ludovic Lalanne, 5 Bde., Paris, Hachette (GEF) 1862-69.

Malherbe, François de, *Œuvres poétiques*. Texte établi et présenté par René Fromilhague et Raymond Lebègue, 2 Bde., Paris, Société des Belles Lettres (TLF) 1968.
Malherbe, François de, *Œuvres*. Édition présentée, établie et annotée par Antoine Adam, Paris, Gallimard (Pléiade) 1971.
Ménage, Gilles, *Les origines de la langue françoise*. Paris, 1650, Genf, Slatkine Reprints 1972.
Ménage, Gilles, *Dictionnaire étymologique ou Origines de la langue françoise*. Paris 1694, 2 Bde., Genf, Slatkine Reprints 1973 (Nachdruck der zweibändigen Ausgabe Paris 1750).
Ménage, Gilles, *Observations sur la langue françoise*. Paris, 1675, Genf, Slatkine Reprints 1972.
Méré, Antoine Gombaud, chevalier de, *Œuvres complètes du Chevalier de Méré*. Texte établi et présenté par Charles H. Boudhors, 3 Bde., Paris, Roches (Les Textes Français) 1930.
Mersenne, Marin, *La vérité des sciences contre les sceptiques ou pyrrhoniens*. Édition et annotation par Dominique Descotes, Paris, Champion 2003.
Molière, *Œuvres complètes*. Textes établis, présentés et annotés par Georges Couton, 2 Bde., Paris, Gallimard (Pléiade) 1976.
Montpensier, Mademoiselle de, gen. La Grande Mademoiselle, *La galerie des portraits de Mademoiselle de Montpensier: recueil des portraits et éloges en vers et en prose des seigneurs et dames les plus illustres de France dédiés à Son Altesse Royale Mademoiselle*. Hg. von Édouard de Barthélemy, Paris, Didier 1860.
Naudé, Gabriel, *Advis pour dresser une bibliothèque*. Mit einem Nachwort von Horst Kunze, Leipzig, VEB 1963, Faksimilenachdruck der Ausgabe Paris 1627
Naudé, Gabriel, *Advis pour dresser une bibliothèque*. Reproduction de l'édition de 1644, précédée de »L'Advis, manifeste de la bibliothèque érudite« par Claude Jolly, Paris, ›Aux Amateurs de Livres‹ 1990.
Naudé, Gabriel, *Considérations politiques sur les coups d'État*. Notes, annexes et index par Frédérique Marin et Marie-Odile Perulli, précédé de »Pour une théorie baroque de l'action politique« par Louis Marin, Paris, Les éditions de Paris 1988.
Naudé, Gabriel, *Considérations politiques sur les coups d'État*. Avec une introduction et des notes par Françoise Charles-Daubert, Hildesheim, Olms 1993 (Nachdruck der Ausgabe Rom 1639).
Nouvelles du XVIIe *siècle*. Introd. par Jean Lafond, édition publiée sous la direction de Raymond Picard et de Jean Lafond, Paris, Gallimard (Pléiade) 1997.
Nouvelles galantes du XVIIe *siècle*. Présentation, notices et notes par Marc Escola, Paris, Flammarion 2004.
Le parnasse des poètes satyriques ou Dernier recueil des vers piquants & gaillards de notre temps. Édition établie et préfacée par Georges Bourgueil, Paris, Édition Passage du Nord/Ouest 2002.
Pascal, Blaise, *Œuvres complètes*. Texte établi et annoté par Jacques Chevalier, Paris, Gallimard (Pléiade) 1954. Nouvelle édition présentée, établie et annotée par Michel Le Guern, Paris, Gallimard (Pléiade) 1998.
Pellisson, Paul, *Discours sur les Œuvres de Monsieur Sarasin et autres textes*. In Alain Viala (Hg.), *L'esthétique galante*. Toulouse, Presses UTM 1989.
Perrault, Charles, *Parallèles des Anciens et des Modernes en ce qui regarde les Arts et les Sciences*. Mit einer einleitenden Abhandlung von Hans Robert Jauss und kunstgeschichtlichen Exkursen von Max Imdahl, München, Eidos Verlag 1964.
Perrault, Charles, *Les hommes illustres qui ont paru en France pendant ce siècle. Avec leurs portraits au naturel*. Texte établi, avec introd., notes, relevé de variantes, bibliographie et index par David J. Culpin, Biblio 17–142, Tübingen, Narr 2003.
Perrault, Charles, *Contes*. Textes établis avec introd., sommaire bibliogr. par Gilbert Rouger, Paris, Garnier 1967.
Perrault, Charles, *Contes*. Texte présenté et comm. par Roger Zuber, ill. de Roland Topor, 2 Bde., Paris, Imprimerie Nationale 1987.
La poésie française du premier 17e *siécle. Textes et contextes*. Édité par David Lee Rubin, Tübingen, Narr 1986.
Poullain de La Barre, François, *De l'égalité des deux sexes*. Paris, Fayard 1984
Poullain de La Barre, François, *De l'éducation des dames pour la conduite de l'esprit dans les sciences et dans les mœurs*. Paris 1679; présenté par Bernard Magné, Toulouse, Reprint Université de Toulouse Le Mirail, s.d. [1982].
La Querelle des Anciens et des Modernes: XVIIe*-XVIII*[e] *siècles*. Précédé de »Les abeilles et les araignées«, essai de Marc Fumaroli, suivi d'une postface de Jean-Robert Armogathe, édition établie et annotée par Anne-Marie Lecoq, Paris, Gallimard 2001.

Racan, Honorat de Bueil, *Poésies*. I. Édition critique par Louis Arnould, Paris, Hachette (STFM) 1930.
Racan, Honorat de Bueil, *Les bergeries (Poésies* II). Édition critique par Louis Arnould, Paris, Droz (STFM) 1937, [2]1991.
Racine, Jean, *Œuvres complètes*. Bd. 1: *Théâtre – Poésie*. Édition présentée, établie et annotée par Georges Forestier, Paris, Gallimard (Pléiade) 1999.
Racine, Jean, *Théâtre complet*. Édition de Jean Rohou avec la collaboration de Paul Fièvre, Paris, Librairie Générale Française (La Pochothèque) 1998.
Rapin, René, *Les réflexions sur la poétique de ce temps et sur les ouvrages des poètes anciens et modernes*. Paris 1674, édition critique par Elfrieda Theresa Dubois, Genf, Droz 1970.
Régnier, Mathurin, *Œuvres complètes*. Texte établi et annoté par Jean Plattard, Paris, Les Belles Lettres (LTF) 1930, [2]1954.
Retz, Jean-François Paul de Gondi, cardinal de, *Mémoires* précédés de *La conjuration du comte de Fiesque*. Texte établi, présenté et annoté par Simone Bertière, Paris, Garnier (La Pochothèque) 1998.
Richelet, Pierre, *Dictionnaire françois*. Genf 1680, Genf, Slatkine Reprints 1994.
Sablé, Madeleine de Souvré, marquise de, *Maximes / Maximen*. Hg. von Harald Wentzlaff-Eggebert, übers. von Kunibert Baumann u.a., Bamberg, Univ.-Bibliothek 1989 (Bamberger Editionen Bd. 3).
Saint-Amant, Marc-Antoine Girard, *Œuvres*. Édition critique publ. par Jacques Bailbé et Jean Lagny, 5 Bde., Paris, Didier/Champion (STFM) 1967-1979.
Saint-Évremond, Charles de Marguetel de Saint-Denis, *Textes choisis*. Introd. et notes par Alain Niderst, Paris, Éditions sociales 1970.
Saint-Évremond, Charles de Marguetel de Saint-Denis, *Lettres*. Textes publiés avec introd., notices et notes par René Ternois, 2 Bde., Paris, Nizet (STFM) 1967-68.
Saint-Réal, César de, *Don Carlos. La conjuration des espagnols contre la République de Venise*. Introd. et notes par Andrée Mansau, Genf, Droz (TLF) 1977.
Sales, François de, *Œuvres*. Préface et chronologie par André Ravier, textes prés. et annotés par André Ravier avec la collaboration de Roger Devos, Paris, Gallimard (Pléiade) 1986.
Scarron, Paul, *Œuvres*. 7 Bde., Paris 1786, Genf, Slatkine Reprints 1970.
Scarron, Paul, *Le Virgile travesti*. Texte, introduction générale, chronologie, notes, analyse des livres, bibliographie, index établis par Jean Serroy, Paris, Garnier-Bordas 1988.
Scudéry, Georges, *Apologie du théâtre*, Paris 1639.
Scudéry, Madeleine de, *Artamène ou Le Grand Cyrus*. 10 Bde., Paris 1656, Genf, Slatkine Reprints 1972.
Scudéry, Madeleine de, *Clélie, histoire romaine*. 10 Bde., Paris 1660, Genf, Slatkine Reprints 1973.
Scudéry, Madeleine de, *Clélie, histoire romaine*. Édition critique par Chantal Morlet-Chantalat, Paris, Champion 2001-2004 (4 Bde. erschienen).
Scudéry, Madeleine de, *Les femmes illustres ou Les harangues héroïques*. Préface de Claude Maignien, Paris, côté-femmes édition 1991.
Scudéry, Madeleine de, *»De l'air galant« et autres Conversations (1653-1684)*. Édition établie et commentée par Delphine Denis, Paris, Champion 1998.
Scudéry, Madeleine, *La promenade de Versailles*. Édition présentée par Marie-Gabrielle Lallemand, Paris, Champion 2002.
Segrais, Jean Regnault de, *Les nouvelles françaises ou Les divertissements de la princesse Aurélie*. 2 Bde., Paris 1656-57, 2 Bde., Genf, Slatkine Reprints 1981, avec une préface de René Godenne.
Sévigné, Marie de Rabutin-Chantal, *Correspondance*. Texte établi, présenté et annoté par Roger Duchêne, 3 Bde.,Paris, Gallimard (Pléiade) 1978-83.
Le siècle de Louis XIV. Anthologie des mémorialistes du siècle de Louis XIV. Édition par Alain Niderst, avec une préface par Alain Niderst et une chronologie par René et Suzanne Pillorget, Paris, Laffont 1997.
Sorel, Charles, *Histoire comique de Francion*. Édition de 1633, présentée par Fausta Garavini, établie par Anne Schoysman et annotée par Anna Lia Franchetti, Paris, Gallimard (folio classique) 1996.
Sorel, Charles, *Les nouvelles choisies où se trouvent divers incidents d'Amour et de Fortune*. Édition critique par Daniela Dalla Valle, Paris, Champion 2005.

Tallemant des Réaux, Gédéon, *Les historiettes.* Texte intégral établi et annoté par Antoine Adam, 2 Bde., Paris, Gallimard (Pléiade) 1960.
*Théâtre du XVII*e *siècle.* Textes choisis, établis, présentés et annotés par Jacques Scherer, Jacques Truchet, André Blanc, 3 Bde., Paris, Gallimard (Pléiade) 1975-1992.
Traité des trois imposteurs et *L'Esprit de Spinosa. Philosophie clandestine entre 1678 et 1768.* Textes présentés et édités par Françoise Charles-Daubert, Oxford, Voltaire Foundation 1999.
Tristan L'Hermite, *Œuvres complètes.* Publ. sous la direction de Jean-Pierre Chauveau, Roger Guichemerre et Jean Serroy, 5 Bde., Paris, Champion 1999-2002.
Urfé, Honoré d', *L'Astrée.* Publ. par Hugues Vaganay, 5 Bde., Lyon, Pierre Masson 1925-28, 5 Bde., Genf, Slatkine Reprints 1966.
Vaugelas, Claude Favre de, *Remarques sur la langue françoise.* Fac-similé de l'édition originale [Paris 1647], introduction, bibliographie, index par Jeanne Streicher, Paris, Droz 1934, Genf, Slatkine Reprints 2000.
Viau, Théophile de, *Œuvres complètes.* Édition établie, présentée et annotée par Guido Saba, 3 Bde., Paris, Champion 1999.
Villedieu, Marie-Catherine Hortense de, *Mémoires de la vie de Henriette-Sylvie de Molière.* Paris, Barbin 1702, fac-similé publié par Micheline Cuénin avec une introduction, Tours, Université François Rabelais 1977.
Villedieu, Marie-Catherine Hortense de, *Les désordres de l'amour.* Édition critique par Micheline Cuénin, Genf, Droz (TLF) 1970.
Voiture, Vincent, *Poésies.* Édition critique publiée par Henri Lafay, 2 Bde., Paris, Didier (STFM) 1971.
Voltaire, *Œuvres historiques de Voltaire.* Texte établi, annoté et présenté par René Pomeau, Paris, Gallimard (Pléiade) 1957.
Voltaire, *Le siècle de Louis XIV.* Chronologie et préface par Antoine Adam, 2 Bde., Paris, Garnier-Flammarion 1966.

B. Geschichte des 17. Jahrhunderts

a) Politische und Institutionengeschichte, Wirtschafts- und Sozialgeschichte

1 Asch, Ronald G./Heinz Duchhardt (Hg.), *Der Absolutismus – ein Mythos? Strukturwandel monarchischer Herrschaft in West- und Mitteleuropa (ca. 1550-1700).* Köln/Weimar/Wien, Böhlau 1996.
2 Bayard, Françoise, *Le monde des financiers au XVII*e *siècle.* Préface de Pierre Goubert, Paris, Flammarion 1988.
3 Bély, Lucien, *La France moderne. 1498-1789.* Paris, PUF 1994, ²2003.
4 Bély, Lucien (Hg.), *Dictionnaire de l'Ancien Régime.* Paris, PUF 1996.
5 Bercé, Yves-Marie, *Histoire des croquants.* Paris, Seuil 1986.
6 Bercé, Yves-Marie, *La naissance dramatique de l'absolutisme. 1598-1661.* Paris, Seuil 1992.
7 Blanquie, Christophe, *Les institutions de la France des Bourbons (1589-1789).* Paris, Belin 2003.
8 Bluche, François, *La vie quotidienne au temps de Louis XIV.* Paris, Hachette 1984.
9 Bluche, François, *Louis XIV vous parle.* Paris, Stock 1988.
10 Bluche, François (Hg.), *Dictionnaire du Grand Siècle.* Paris, Fayard 1990.
11 Bluche, François, *L'Ancien Régime. Institutions et société.* Paris, Fallois 1993.
12 Braudel, Fernand/Ernest Labrousse (Hg.), *Histoire économique et sociale de la France.* Bd. 2: *De 1660 à 1789.* Paris, PUF 1970.
13 Carmona, Michel, *La France de Richelieu.* Paris, Fayard 1984.
14 Carrier, Hubert, *La Fronde. Contestation démographique et misère paysanne. 52 mazarinades.* 2 Bde., Paris, EDHIS 1982.
15 Carrier, Hubert, *Le labyrinthe de l'État. Essai sur le débat politique en France au temps de la Fronde (1648-1653).* Paris, Champion 2004.
16 Castelot, André/Alain Decaux, *Histoire de la France et des Français au jour le jour.* Bd. 4: *Vers la monarchie absolue (1547-1643).* Bd. 5: *De l'âge classique au siècle des Lumières (1643-1764).* Paris, Perrin 1976.

17 Chaline, Olivier/François-Joseph Ruggiu (Hg.), »Louis XIV et la construction de l'État royal (1661-1672)«. Paris, Sedes 2000 (Sonderdruck aus *Histoire, économie et société* 19, 4, 2000, S. 451-620).
18 Constant, Jean-Marie, *La Ligue*. Paris, Fayard 1996.
19 Cornette, Joël, *Chronique de la France moderne*. Bd. 2: *De la Ligue à la Fronde*. Paris, Sedes 1995.
20 Cornette, Joël, *Chronique du règne de Louis XIV*. Paris, Sedes 1997.
21 Cornette, Joël, *Histoire de la France: L'affirmation de l'État absolu. 1515-1652*. Paris, Hachette 1993, ²1994, ⁴2003.
22 Da Vinha, Mathieu, *Les valets de chambre de Louis XIV*. Paris, Perrin 2004.
23 Delon, Michel (Hg.), *Dictionnaire européen des Lumières*. Paris, PUF 1997.
24 Descimon, Robert/Christian Jouhaud, *La France du premier XVIIᵉ siècle 1594-1661*. Paris, Belin 1996.
25 Dessert, Daniel, *Argent, pouvoir et société au Grand Siècle*. Paris, Fayard 1984.
26 Dessert, Daniel, *1661, Louis XIV prend le pouvoir. Naissance d'un mythe?* Brüssel, Complexe 1989, ²2000.
27 Dessert, Daniel, *La Royale. Vaisseaux et marins du Roi-Soleil*. Paris, Fayard 1996.
28 Dessert, Daniel, *Colbert ou le serpent venimeux* suivi de *Mémoires sur les affaires de finances de France pour servir à l'histoire*. Brüssel, Complexe 2000.
29 Duby, Georges (Hg.), *Histoire de la France des origines à nos jours*. Paris, Larousse 1970, ³2003.
30 Duchêne, Roger/Pierre Ronzeaud (Hg.), *La fronde en questions*. Actes du XVIIIᵉ colloque du CMR 17, Marseille/Cassis, janvier 1988, Aix-en-Provence 1989.
31 Duchhardt, Heinz, *Das Zeitalter des Absolutismus*. München, Oldenbourg 1989, ³1998.
32 Dulong, Claude, *La fortune de Mazarin*. Paris, Perrin 1990.
33 Foisil, Madeleine, *La vie quotidienne au temps de Louis XIII*. Paris, Hachette 1992.
34 Gaiffe, Félix, *L'envers du Grand Siècle. Étude historique et anecdotique*. Paris, Michel 1924.
35 Goubert, Pierre, *Louis XIV et vingt millions de Français*. Paris, Fayard 1966, ³1982, nouvelle édition augmentée.
36 Goubert, Pierre, *1661: L'avènement du Roi-Soleil*. Paris, Juilliard 1967, Hachette ²1996.
37 Goubert, Pierre, *La vie quotidienne des paysans français au XVIIᵉ siècle*. Paris, Hachette 1982.
38 Goubert, Pierre, *Initiation à l'histoire de la France*. Paris, Fayard-Tallandier 1984.
39 Goubert, Pierre, *Le siècle de Louis XIV. Études*. Paris, Fallois 1996.
40 Goubert, Pierre/Daniel Roche, *Les Français et l'Ancien Régime*. Bd. 1: *La société et l'État*. Bd. 2: *Culture et société*. Paris, Armand Colin 1984.
41 Grèce, Michel de, *Louis XIV. L'envers du soleil*. Paris, Orlan 1979.
42 Hinrichs, Ernst, *Ancien Régime und Revolution. Studien zur Verfassungsgeschichte Frankreichs zwischen 1589 und 1789*. Frankfurt a.M., Suhrkamp 1989.
43 Hinrichs, Ernst (Hg.), *Kleine Geschichte Frankreichs*. Stuttgart, Reclam 1994, ²2002.
44 Lachiver, Marcel, *Les années de misère. La famine au temps du Grand Roi. 1680-1720*. Paris, Fayard 1991.
45 Laplanche, François/Chantal Grell (Hg.), *La monarchie absolutiste et l'histoire en France. Théories du pouvoir, propagandes monarchiques et mythologies nationales*. Paris, PUF 1987.
46 Lebrun, François, *La vie conjugale sous l'Ancien Régime*. Paris, Armand Colin 1985, ⁴1998.
47 Le Roy Ladurie, Emmanuel, *Histoire du climat depuis l'an mil*. Paris, Flammarion 1967, ²1983 in 2 Bde.
48 Le Roy Ladurie, Emmanuel, *L'Ancien Régime. 1610-1770*. Paris, Hachette 1991, ²2000 in 2 Bde.
49 Le Roy Ladurie, Emmanuel, *Saint-Simon ou Le système de la Cour*. Avec la coll. de Jean-François Fitou, Paris, Fayard 1997.
50 Louis XIV, *Mémoires*. Nouv. éd. revue et corrigée par Jean Longnon, Paris, Tallandier 1978.
51 Mager, Wolfgang, *Frankreich vom Ancien Régime zur Moderne. Wirtschafts-, Gesellschafts- und politische Institutionengeschichte 1630-1830*. Stuttgart, Kohlhammer 1980.
52 Malettke, Klaus, *Opposition und Konspiration unter Ludwig XIV*. Göttingen, Vandenhoeck und Ruprecht 1976.
53 Malettke, Klaus, *Ludwig XIV. von Frankreich. Leben, Politik und Leistung*. Göttingen/Zürich, Muster-Schmidt 1994.

54 Mandrou, Robert, *Classes et luttes de classes en France au début du XVIIe siècle*. Messina/Florenz, Casa editrice G. d'Anna 1965.
55 Mandrou, Robert, *De la culture populaire aux 17e et 18e siècles*. Paris, Stock 1964, Imago [3]1999.
56 Méthivier, Hubert, *L'Ancien Régime en France XVIe-XVIIe-XVIIIe siècles*. Paris, PUF 1981.
57 Méthivier, Hubert, *La Fronde*. Paris, PUF 1984.
58 Meyer, Jean, *La France moderne, 1515-1789*. Paris, Fayard 1985; dt. Übers., *Frankreich im Zeitalter des Absolutismus. 1515-1789*. Stuttgart, DVA 1990.
59 Meyer, Jean, *La noblesse française à l'époque moderne (XVIe-XVIIIe siècles)*. Paris, PUF (*Que sais-je?*) 1991.
60 Mongrédien, Georges, u.a., *La France au temps de Louis XIV*. Paris, Hachette (Coll. Âges d'Or et Réalités) 1965.
61 Mousnier, Roland, *Fureurs paysannes. Les paysans dans les révoltes du XVIIe siècle*. Paris, Calman-Lévy 1967.
62 Mousnier, Roland, *La vénalité des offices sous Henri IV und Louis XIII*. Paris, PUF [2]1971.
63 Mousnier, Roland, *L'assassinat d'Henri IV: 14 mai 1610*. Paris, Gallimard 1964; dt. Übers., *Ein Königsmord in Frankreich – Die Ermordung Heinrichs IV*. Berlin, Propyläen 1970.
64 Mousnier, Roland, *La plume, la faucille et le marteau. Institutions et société en France du Moyen Âge à la Révolution*. Paris, PUF 1970.
65 Mousnier, Roland, *Les institutions de la France sous la monarchie absolue, 1598-1789*. Bd. 1: *Société et État*. Paris 1974, [3]1996. Bd. 2: *Les organes de l'État et la Société*. Paris, PUF 1980, [2]1992.
66 Rossel, André (Hg.), *Histoire de France à travers les journaux du temps passé*. Bd. 1: *Le faux grand siècle (1604-1715)*. Paris, À l'enseigne de l'arbre verdoyant 1982.
67 Tapié, Victor L., *La France de Louis XIII et de Richelieu*. Paris, Flammarion 1967.
68 Thuau, Étienne, *Raison d'État et pensée politique à l'époque de Richelieu*. Athen, Institut français 1966.
69 Vergé-Franceschi, Michel/Eric Rieth, *La France maritime au temps de Louis XIV*. Édition critique des deux Albums dits de Jouve et de l'Album de Colbert, Paris, Layeur 2001.
70 Walch, Agnès, *Le règne de Louis XIV*. Saint-Sulpice-les Feuilles, Saint-Sulpice Édition 2000.
71 Wenzler, Claude, *Mémento des rois de France. Histoire – Généalogie – Chronologie*. Rennes, Éditions Ouest-France 2003.
72 Yardeni, Myriam, *Utopie et révolte sous Louis XIV*. Paris, Nizet 1980.

b) Kultur- und Geistesgeschichte, Mentalitätsgeschichte

73 Andries, Lise/Geneviève Bollème, *La bibliothèque bleue. Littérature de colportage*. Paris, Laffont 2003.
74 Apostolidès, Jean-Marie, *Le roi-machine. Spectacle et politique au temps de Louis XIV*. Paris, Minuit 1981.
75 Apostolidès, Jean-Marie, *Le prince sacrifié. Théâtre et politique au temps de Louis XIV*. Paris, Minuit 1985.
76 Ariès, Philippe, *L'enfant et la vie familiale sous l'Ancien Régime*. Paris, Plon 1960, Seuil 1990; dt. Übers., *Geschichte der Kindheit*. München, Hanser 1975, dtv [15]2003.
77 Ariès, Philippe/Georges Duby (Hg.), *Histoire de la vie privée*. Bd. 3: Ariès, Philippe/Roger Chartier (Hg.), *De la Renaissance aux Lumières*. Paris, Seuil 1986, [3]1999; dt. Übers., *Geschichte des privaten Lebens*. Bd. 3: *Von der Renaissance zur Aufklärung*. Frankfurt a.M., Fischer 1991, [4]1994.
78 Beaussant, Philippe, *Lully ou Le musicien du Soleil*. Paris, Gallimard 1992.
79 Beaussant, Philippe, *Louis XIV artiste*. Paris, Payot 1999.
80 Benoit, Marcelle, *Les musiciens du Roi de France, 1661-1733. Étude sociale*. Paris, PUF (*Que sais-je?*) 1982.
81 Bercé, Yves-Marie, *Fête et révolte. Des mentalités populaires du XVIe au XVIIIe siècle*. Paris, Hachette 1976.
82 Bouvier, Michel, *La morale classique*. Paris, Champion 1999.
83 Burke, Peter, *The Fabrication of Louis XIV*. New Haven/London, Yale University Press 1992; dt. Übers., *Ludwig XIV. Die Inszenierung des Sonnenkönigs*. Berlin, Wagenbach 1993; frz. Übers., *Louis XIV. Les stratégies de la gloire*. Paris, Seuil 1995.

84 Bury, Emmanuel, *Littérature et politesse. L'invention de l'honnête homme 1580-1750*. Paris, PUF 1996.
85 Caput, Jean-Pol, *L'Académie française*. Paris, PUF (*Que sais-je?*) 1986.
86 Carrier, Hubert, *La presse de la Fronde (1648-1653): Les Mazarinades*. Bd. 1: *La conquête de l'opinion*. Bd. 2: *Les hommes du livre*. Genf, Droz 1989-1991.
87 Carrier, Hubert, *Les muses guerrières. Les mazarinades et la vie littéraire au milieu du XVIIe siècle*. Paris, Klincksieck 1996.
88 Chartier, Roger/Henri-Jean Martin (Hg.), *Histoire de l'édition française*. Bd. 2: *Le livre triomphant (1660-1830)*. Paris, Promodis 1984.
89 Chartier, Roger, *Lesewelten. Buch und Lektüre in der frühen Neuzeit*. Frankfurt a.M., Campus Verlag 1990.
90 Chartier, Roger, *Culture écrite et société. L'ordre des livres (XVIe-XVIIIe siècle)*. Paris, Albin Michel 1996.
91 Chautant, Gisèle, *Croyances et conduites magiques dans la France du XVIIe siècle d'après l'affaire des poisons*. Villeneuve d'Ascq, PU du Septentrion 2002.
92 Compagnon, Antoine, *La Troisième République des lettres. De Flaubert à Proust*. Paris, Seuil 1983.
93 Couton, Georges, *Richelieu et le théâtre*. Lyon, PU Lyon 1986.
94 Couton, Georges, *La chair et l'âme. Louis XIV entre ses maîtresses et Bossuet*. Grenoble, PU Grenoble 1995.
95 Craveri, Benedetta, *L'âge de la conversation*. Paris, Gallimard 2002.
96 Croix, Alain/Jean Quéniart, *De la Renaissance à l'aube des Lumières*. Paris, Seuil 1997.
97 Croix, Alain (Hg.), *Église, éducation, lumières...: histoires culturelles de la France (1500-1830)*. Rennes, PU Rennes 1999.
98 Dejean, Joan, *Ancients against Moderns. Culture Wars and the Making of a Fin de Siècle*. Chicago/London, University of Chicago Press 1997.
99 Delcourt, Thierry/Elisabeth Parinet (Hg.), *La bibliothèque bleue et les littératures de colportage*. Paris/Troyes, École des Chartes/La maison du boulanger 2000.
100 Dotoli, Giovanni, *Littérature et société en France au XVIIe siècle*. 3 Bde., Fasano/Paris, Schena/Nizet-Didier-PUF 1987-2001.
101 Drévillon, Hervé, *Introduction à l'histoire culturelle de l'Ancien Régime, XVIe- XVIIIe siècle*. Paris, Sedes 1997.
102 Dubu, Jean, *Les églises chrétiennes et le théâtre, 1550-1850*. Grenoble, PU Grenoble 1997.
103 Duby, Georges/Robert Mandrou, *Histoire de la civilisation française*. 2 Bde., Paris, Armand Colin 1958, ^11^1998.
104 Duccini, Hélène, *Faire voir, faire croire. L'opinion publique sous Louis XIII*. Seyssel, Champ-Vallon 2003.
105 Duchêne, Roger/Pierre Ronzeaud (Hg.), *Ordre et contestation au temps des classiques*. Actes du XXIe colloque du CMR 17, Marseille, juin 1991, 2 Bde., Biblio 17-73, Paris/Seattle/Tübingen 1992.
106 Elias, Norbert, *Die höfische Gesellschaft*. Neuwied, Luchterhand 1969, Suhrkamp ^7^1994; frz. Übers., *La société de cour*. Paris, Calmann-Lévy 1974, ^2^1985.
107 Erben, Dietrich, *Paris und Rom – Die staatlich gelenkten Kunstbeziehungen unter Ludwig XIV*. Studien aus dem Warburg-Haus, Bd. 9, Berlin, Akademie-Verlag 2004.
108 Ferrier-Caverivière, Nicole, *L'image de Louis XIV dans la littérature française de 1660 à 1715*. Paris, PUF 1981.
109 Francastel, Pierre, *La sculpture de Versailles. Essai sur les origines et l'évolution du goût français classique*. Paris, A. Morancé 1930.
110 Fumaroli, Marc, *L'âge de l'éloquence. Rhétorique et ›res literaria‹ de la Renaissance au seuil de l'époque classique*. Genf, Droz 1980, Paris, Albin Michel 1994.
111 Fumaroli, Marc, *Rome et Paris – Capitales de la République européenne des Lettres*. Avec une préface de Volker Kapp et une postface de Giovanni Pozzi, Hamburg, LIT 1999.
112 Funck-Brentano, Frantz, *Le drame des poisons*. Paris, Tallandier 1899, ^2^1977, avec une préface de Philippe Erlanger.
113 Gerhardi, Gerhard C., *Geld und Gesellschaft im Theater des Ancien Régime*. Heidelberg, Winter 1983.
114 Godard de Donville, Louise (Hg.), *De la mort de Colbert à la révocation de l'édit de Nantes: un monde nouveau?* Actes du XIVe colloque du CMR 17, Marseille 1984, Marseille 1985.

115 Godard de Donville, Louise (Hg.), *D'un siècle à l'autre: Anciens et modernes.* Actes du XVIe colloque du CMR 17, Marseille 1986, Marseille 1987.
116 Goulet, Anne-Madeleine, *Poésie, musique et sociabilité au XVIIe siècle. Les ›Livres d'airs de différents auteurs‹ publiés chez Ballard de 1658 à 1694.* Paris, Champion 2004.
117 Grell, Chantal, *Histoire intellectuelle et culturelle de la France du Grand Siècle (1654-1715).* Paris, Nathan 2000.
118 Grell, Chantal/Klaus Malettke (Hg.) *Les années Fouquet. Politique, société, vie artistique et culturelle dans les années 1650.* Münster, LIT 2001.
119 Haase, Erich, *Einführung in die Literatur des Refuge. Der Beitrag der französischen Protestanten zur Entwicklung analytischer Denkformen am Ende des 17. Jahrhunderts.* Berlin, Duncker & Humblot 1959.
120 Haffemayer, Stéphane, *L'information dans la France du XVIIe siècle. La Gazette de Renaudot de 1647 à 1663.* Paris, Champion 2002.
121 Hausmann, Frank-Rutger, *Französisches Mittelalter. Lehrbuch Romanistik.* Stuttgart, Metzler 1996.
122 Hausmann, Frank-Rutger, *Französische Renaissance. Lehrbuch Romanistik.* Stuttgart, Metzler 1997.
123 Hazard, Paul, *La crise de la conscience européenne (1680-1715).* Paris, Boivin 1934, Fayard 1989.
124 Jouhaud, Christian, *Mazarinades: la Fronde des mots.* Paris, Aubier 1985.
125 Jouhaud, Christian, *Les pouvoirs de la littérature. Histoire d'un paradoxe.* Paris, Gallimard 2000.
126 Kortum, Hans, *Charles Perrault und Nicolas Boileau. Der Antike-Streit im Zeitalter der klassischen französischen Literatur.* Berlin, Rütten und Loening 1966.
127 Krauss, Werner, *Fontenelle und die Aufklärung.* München, Fink 1969.
128 Krauss, Werner/Hans Kortum, *Antike und Moderne in der Literaturdiskussion des 18. Jahrhunderts.* Berlin, Akademie-Verlag 1966.
129 Laurenti, Jean-Noël, *Valeurs morales et religieuses sur la scène de l'Académie royale de musique (1669-1737).* Genf, Droz 2002.
130 Lebrave, Jean-Louis/Almuth Grésillon (Hg.), *Écrire aux XVIIe et XVIIIe siècles. Genèses de textes littéraires et philosophiques.* Paris, Éditions du CNRS 2000.
131 Lenoble, Robert, *Esquisse d'une histoire de l'idée de nature.* Paris, Albin Michel 1969.
132 Louis XIV, *Manière de montrer les jardins de Versailles.* Éd. par Simone Hoog, Paris, Éditions de la Réunion des Musées Nationaux 1982.
133 Magendie, Maurice, *La politesse mondaine et les théories de l'honnêteté, en France au XVIIe siècle, de 1600 à 1660.* 2 Bde., Paris, PUF 1925, Genf, Slatkine Reprints 1970.
134 Mandrou, Robert, *Magistrats et sorciers en France au XVIIe siècle.* Paris, Plon 1968.
135 Marchal, Roger (Hg.), *Vie des salons et activités littéraires, de Marguerite de Valois à Mme de Staël.* Nancy, PU Nancy 2001.
136 Maroteaux, Vincent, *Versailles. Le roi et son domaine.* Paris, Picard 2000.
137 Martin, Henri-Jean, *Livre, pouvoirs et société à Paris au XVIIe siècle (1598-1701).* 2 Bde., Genf, Droz 1969.
138 Martin, Henri-Jean, *Histoire et pouvoirs de l'écrit.* Paris, Perrin 1988.
139 Méchoulan, Henri (Hg.), *L'État baroque. 1610-1652. Regards sur la pensée politique de la France du premier XVIIe siècle.* Paris, Vrin 1985.
140 Méchoulan, Henri/Joël Cornette (Hg.), *L'État classique. 1652-1715. Regards sur la pensée politique de la France dans le second XVIIe siècle.* Paris, Vrin 1996.
141 Mélèze, Pierre, *Donneau de Visé. Fondateur du Mercure Galant.* Paris, Droz 1936.
142 Merlin, Hélène, *Public et littérature en France au XVIIe siècle.* Paris, Belles Lettres 1994.
143 Mesnard, Jean, *La culture du XVIIe siècle. Enquêtes et synthèses.* Paris, PUF 1992.
144 Milliot, Vincent, *Cultures, sensibilités et sociétés dans la France d'Ancien régime.* Paris, Nathan 1996.
145 Minois, Georges, *Censure et culture sous l'Ancien Régime.* Paris, Fayard 1995.
146 Mongrédien, Georges, *L'affaire Foucquet.* Paris, Hachette 1956.
147 Mousnier, Roland/Jean Mesnard (Hg.), *L'âge d'or du mécénat, 1598-1661.* Paris, Éditions du CNRS 1985.
148 Muchembled, Robert, *Société, cultures et mentalités dans la France moderne. XVIe-XVIIIe siècle.* Paris, Armand Colin 1990, ^{3}2001.

149 Néraudau, Jean-Pierre, *L'Olympe du Roi-Soleil. Mythologie et idéologie royale au Grand Siècle.* Paris, Belles Lettres 1986.
150 Oster, Daniel, *Histoire de l'Académie française.* Paris, Vialetay 1970.
151 Pavel, Thomas, *L'art de l'éloignement. Essai sur l'imagination classique.* Paris, Gallimard 1996.
152 Pellisson, Paul/d'Olivet, *Histoire de L'Académie française.* Avec une introduction, des éclaircissements et des notes par Charles L. Livet, 2 Bde., Paris 1858, Genf, Slatkine Reprints 1989.
153 Petit, Léon, *La Fontaine et Saint-Évremond ou La tentation de l'Angleterre.* Toulouse, Privat 1953.
154 Petitfils, Jean-Christian, *L'affaire des poisons. Alchimistes et sorciers sous Louis XIV.* Paris, Albin Michel 1977.
155 Pillorget, René/Suzanne Pillorget, *France baroque, France classique, 1589-1715.* Bd. 1: *Récit.* Bd. 2: *Dictionnaire, bibliographie générale, discographie, filmographie.* Paris, Bouquins 1996.
156 Poirson, Martial, *Art et argent en France au temps des Premiers Modernes (XVIIe-XVIIIe siècles).* Oxford, Voltaire Foundation 2004.
157 Ranum, Orest, *Paris in the Age of Absolutism: An Essay.* University Park, Pennsylvania State University Press 1968, ^{2}2002.
158 Reyff, Simone de, *L'Église et le théâtre. L'exemple de la France au XVIIe siècle.* Paris, Éditions du Cerf 1998.
159 Sabatier, Gérard, *Versailles ou la figure du roi.* Paris, Albin Michel 1999.
160 Schneider, Gerhard, *Der Libertin. Zur Geistes- und Sozialgeschichte des Bürgertums im 16. und 17. Jahrhundert.* Stuttgart, Metzler 1970, ^{2}2000.
161 Schneider, Martin, *Das Weltbild des 17. Jahrhunderts. Philosophisches Denken zwischen Reformation und Aufklärung.* Darmstadt, WBG 2004.
162 Soriano, Marc, *Le dossier Perrault.* Paris, Hachette 1972.
163 Stollberg-Rilinger, Barbara, *Der Staat als Maschine. Zur politischen Metaphorik des absoluten Fürstenstaates.* Berlin, Duncker und Humblot 1986.
164 Strosetzki, Christoph, *Konversation. Ein Kapitel gesellschaftlicher und literarischer Praxis im Frankreich des 17. Jahrhunderts.* Frankfurt a.M., Peter Lang 1978.
165 Tocanne, Bernard, *L'idée de nature en France dans la seconde moitié du XVIIe siècle.* Paris, Klincksieck 1978.
166 Viala, Alain, *Naissance de l'écrivain. Sociologie de la littérature à l'âge classique.* Paris, Minuit 1985.
167 Vincent, Monique, *Donneau de Visé et le Mercure galant.* 2 Bde., Paris, Aux amateurs de livres, 1987.
168 Wagner, Marie-France/Daniel Vaillancourt (Hg.), *Le Roi dans la ville. Anthologie des entrées royales dans les villes françaises de province (1615-1660).* Paris, Champion 2001.

c) Das religiöse Leben: Hugenotten, Jesuiten, Jansenisten, Quietismus

169 Adam, Antoine, *Du mysticisme à la révolte. Les jansénistes du XVIIe siècle.* Paris, Fayard 1968.
170 Armogathe, Jean-Robert, *Le quiétisme.* Paris, PUF (*Que sais-je?*) 1973.
171 Blet, Pierre, *Le clergé de France et la monarchie: Étude sur les assemblées générales du clergé de 1615 à 1666.* Préface de Victor L. Tapié. – Ders., *Les assemblées du clergé et Louis XIV de 1670 à 1693.* Rom, Univ. Gregoriana 1971-1972.
172 Blet, Pierre, *Le clergé de France: Louis XIV et le Saint Siège de 1695 à 1715.* Saint-Siége, Città del Vaticano 1989.
173 Bremond, Henri, *Apologie pour Fénelon.* Paris, Perrin 1910.
174 Bremond, Henri, *Histoire littéraire du sentiment religieux en France.* 12 Bde., Paris, Blou et Gay 1916-36, Paris, Armand Colin Reprint 1967.
175 Brian, Isabelle/Jean-Marie Le Gall, *La vie religieuse de France. XVIe-XVIIe siècle.* Paris, Sedes 1999.
176 Calvet, Jean, *La littérature religieuse de François de Sales à Fénelon.* Paris, De Gigord 1938, Del Duca ^{2}1956.
177 Chroniques de Port-Royal, 44, 1995, *Antoine Arnauld (1612-1694). Philosophe, écrivain, théologien.* Paris, Bibliothèque Mazarine 1995.
178 Cognet, Louis, *De la dévotion moderne à la spiritualité française.* Paris, Fayard 1958.

179 Cognet, Louis, *Crépuscule des mystiques. Bossuet-Fénelon.* Tournai, Desclée 1958.
180 Cognet, Louis, *Le jansénisme.* Paris, PUF (*Que sais-je?*) 1961, [4]1975.
181 Cognet, Louis, *La spiritualité moderne.* Bd. 1: *L'essor: 1500-1650.* Paris, Aubier 1966.
182 Coste, Pierre, *Le grand saint du grand siècle MONSIEUR VINCENT.* 3 Bde., Paris, Desclée 1932.
183 Cottret, Bernard, *1598 L'Édit de Nantes.* Paris, Perrin 1997.
184 Cuche, François-Xavier/Jacques Le Brun (Hg.), *Fénelon: Mystique et Politique (1699-1999).* Paris, Champion 2004.
185 Dompnier, Bernard, *Le venin de l'hérésie. Image du protestantisme et combat catholique au XVIIe siècle.* Paris, Centurion 1985.
186 Duchhardt, Heinz (Hg.), *Der Exodus der Hugenotten. Die Aufhebung des Edikts von Nantes 1685 als europäisches Ereignis.* Köln/Wien, Böhlau 1985.
187 Duvignacq-Glessgen, Marie-Ange, *L'Ordre de la Visitation à Paris aux XVIIe et XVIIIe siècles.* Paris, Éditions du Cerf 1994.
188 Garrisson, Janine, *L'édit de Nantes et sa révocation. Histoire d'une intolérance.* Paris, Seuil 1985.
189 Garrisson, Janine, *Les protestants au XVIe siècle.* Paris, Fayard 1988.
190 Gondal, Marie-Louise, *Madame de Guyon (1648-1717), un nouveau visage.* Paris, Beauchesne 1989.
191 Hildesheimer, Françoise, *Le jansénisme en France aux XVIIe et XVIIIe siècles.* Paris, Publisud 1991.
192 Kelly, John Norman Davidson, *Reclams Lexikon der Päpste.* Stuttgart, Reclam jun. 1988.
193 Kremer, Elmar J., *Interpreting Arnauld.* Toronto, University of Toronto Press 1996.
194 Labrousse, Elisabeth, *Essai sur la Révocation de l'édit de Nantes. »Une foi, une loi, un roi?«* Paris/Genf, Payot/Labor et Fides 1985, [2]1990.
195 Le Brun, Jacques, *La spiritualité de Bossuet.* Paris, Klincksieck 1972.
196 Le Brun, Jacques, *La spiritualité de Bossuet prédicateur.* Paris, Klincksieck 2002.
197 Lebrun, François (Hg.), *Du christianisme flamboyant à l'aube des Lumières.* In *Histoire de la France religieuse.* Éd. par Jacques Le Goff/René Rémond, Bd. 2, Paris, Seuil 1988.
198 Lebrun, François, *Etre chrétien en France sous l'Ancien Régime. 1516-1790.* Paris, Seuil 1996.
199 Lesaulnier, Jean/Antony McKenna (Hg.), *Dictionnaire de Port-Royal.* Paris, Champion 2004.
200 Magdelaine, Michelle/Rudolf von Thadden, *Le Refuge huguenot.* Paris, Armand Colin 1985; dt. Übers., *Die Hugenotten.* München, Beck 1985, [2]1986
201 Mandrou, Robert, u.a., *Histoire des protestants en France.* Toulouse, Privat 1977.
202 Minois, Georges, *Bossuet entre Dieu et le Soleil.* Paris, Perrin 2003.
203 Negroni, Barbara de, *Intolérances. Catholiques et protestants en France, 1560-1787.* Paris, Hachette 1996.
204 Orcibal, Jean, *Louis XIV et les protestants: la cabale des accomodeurs de religion; la caisse des conversions; la révocation de l'Edit de Nantes.* Paris, Vrin 1951.
205 Orcibal, Jean, *Saint-Cyran et le jansénisme.* Paris, Seuil 1961.
206 Quéniart, Jean, *La révocation de l'édit de Nantes.* Paris, Desclée de Brouwer 1985.
207 Schmittlein, Raymond, *L'aspect politique du différend Bossuet-Fénelon.* Baden-Baden, Éditions Art et Science 1954.
208 Sedgwick, Alexander, *The Travails of Conscience. The Arnauld Family and the Ancien Régime.* Cambridge (Mass.), Harvard University Press 1998.
209 Sellier, Philippe, *Port-Royal et la littérature.* Bd. 1: *Pascal.* Bd. 2: *Le siècle de saint Augustin, La Rochefoucauld, Mme de Lafayette, Sacy, Racine.* Paris, Champion 1999-2000.
210 Solé, Jacques, *Le débat entre protestants et catholiques français de 1598 à 1685, au temps de l'édit de Nantes.* 4 Bde., Paris, Aux Amateurs de Livres 1985.
211 Tallon, Alain, *La Compagnie du Saint-Sacrement (1629-1667). Spiritualité et société.* Paris, Éditions du Cerf 1990.
212 Tallon, Alain, *La France et le concile de Trente (1518-1563).* Rom, École française de Rome 1997.
213 Taveneaux, René, *Jansénisme et politique.* Paris, Armand Colin 1965.
214 Taveneaux, René, *Le catholicisme dans la France classique. 1610-1715.* 2 Bde., Paris, Sedes 1980.
215 Yardeni, Myriam, *Le refuge huguenot. Assimilation et culture.* Paris, Champion 2002.

d) Libertinage, Philosophie, Naturwissenschaften

216 Adam, Antoine, *Les libertins au XVIIe siècle*. Paris, Buchet-Chastel 1964, ²1986.
217 Adam, Antoine, *Théophile de Viau et la libre pensée française en 1620*. Paris, Droz 1936, Genf, Slatkine Reprints 1965.
218 Bianchi, Lorenzo, *Rinascimento e libertinismo. Studi su Gabriel Naudé*. Neapel, Bibliopolis 1996.
219 Busson, Henri, *La pensée religieuse française de Charron à Pascal*. Paris, Vrin 1933.
220 Busson, Henri, *La religion des classiques*. Paris, PUF 1948.
221 Cassirer, Ernst, *Descartes. Lehre – Persönlichkeit – Wirkung* (1939). Hg. von Rainer A. Bast, Hamburg, Felix Meiner 1995.
222 Cavaillé, Jean-Pierre, *Dis/simulations. Jules-César Vanini, François La Mothe Le Vayer, Gabriel Naudé, Louis Machon et Torquato Accetto. Religion, morale et politique au XVIIe siècle*. Paris, Champion 2002.
223 Charles-Daubert, Françoise, *Les libertins érudits en France au XVIIe siècle*. Paris, PUF 1998.
224 Darmon, Jean-Charles, *Philosophie épicurienne et littérature au XVIIe siècle. Études sur Gassendi, Cyrano de Bergerac, La Fontaine, Saint-Évremond*. Paris, PUF 1998.
225 Darmon, Jean-Charles, *Le songe libertin. Cyrano de Bergerac d'un monde à l'autre*. Paris, Klincksieck 2004.
226 Drévillon, Hervé, *Lire et écrire l'avenir. L'astrologie dans la France du Grand siècle (1610-1715)*. Seyssel, Champ Vallon 1996.
227 Foucault, Didier, *Un philosophe libertin dans l'Europe baroque. Giulio Cesare Vanini (1585-1619)*. Paris, Champion 2003.
228 Fraisse, Simone, *L'influence de Lucrèce en France au seizième siècle*. Paris, Nizet 1962.
229 Giocanti, Sylvia, *Penser l'irrésolution. Montaigne, Pascal, La Mothe Le Vayer. Trois itinéraires sceptiques*. Paris, Champion 2001.
230 Godard de Donville, Louise, *Le libertin des origines à 1665: Un produit des apologètes*. Biblio 17-*51*, Paris/Seattle/Tübingen 1989.
231 Gregory, Tullio, *Genèse de la raison classique de Charron à Descartes*. Paris, PUF 2000.
232 Grenet, Micheline, *La passion des astres au XVIIe siècle. De l'astrologie à l'astronomie*. Paris, Hachette 1994.
233 Jaspers, Michael, *Saint-Évremond als Vorläufer der Aufklärung*. Heidelberg, Winter 2002.
234 Jeanneret, Michel, *Éros rebelle. Littérature et dissidence à l'âge classique*. Paris, Seuil 2003.
235 Koyré, Alexandre, *From the closed World to the infinite Universe*. New York, Harper 1957; frz. Übers., *Du monde clos à l'univers infini*. Paris, PUF 1962, Gallimard ²1988; dt. Übers., *Von der geschlossenen Welt zum unendlichen Universum*. Frankfurt a.M., Suhrkamp 1969.
236 Labrousse, Élisabeth, *Pierre Bayle*. Bd. 1: *Du pays de Foix à la cité d'Érasme*. La Haye, M. Nijhoff 1963, ²1985. Bd. 2: *Hétérodoxie et rigorisme*. La Haye, M. Nijhoff 1964, aktualisiert ²1996.
237 Lachèvre, Frédéric, *Le libertinage au XVIIe siècle*. 11 Bde., Paris, Champion 1909-1929, 15 Bde., Genf, Slatkine Reprints 1968.
238 Leroy, Maxime, *Descartes le philosophe au masque*. 2 Bde., Paris, Rieder 1929.
239 »Les libertins – séduction et subversion«. *magazine littéraire* (Sondernummer) 371, 1998.
240 »Libertinage, littérature et philosophie au XVIIe siècle«. *XVIIe Siècle* (Sondernummer) 149, 1985.
241 »Littérature et philosophie au XVIIe siècle«. Études recueillies par Emmanuel Bury, *PFSCL* 25, 49, Tübingen, Narr 1998.
242 McKenna, Antony/Pierre-François Moreau (Hg.), *Libertinage et philosophie au XVIIe siècle-1*. Saint-Étienne 1996. – *Libertinage et philosophie au XVIIe siècle-2*: ›La Mothe Le Vayer et Naudé‹. Saint-Étienne 1997. – *Libertinage et philosophie au XVIIe siècle-3*: ›Le public et le privé‹. Saint-Étienne 1999. – *Libertinage et philosophie au XVIIe siècle-4*: ›Gassendi et les gassendistes‹ et ›Les passions libertines‹. Saint-Étienne 2000. – *Libertinage et philosophie au XVIIe siècle-5*: ›Les libertins et le masque: simulation et représentation‹. Saint-Étienne 2001. – *Libertinage et philosophie au XVIIe siècle-6*: ›Libertins et esprits forts du XVIIe siècle: quels modes de lecture?‹. Saint-Étienne 2002. – *Libertinage et philosophie au XVIIe siècle-7*: ›La résurgence des philosophies antiques‹. Saint-Étienne 2003. – *Libertinage et philosophie au XVIIe siècle-8*: ›Protestants, hérétiques, libertins‹. Saint-Étienne 2004. – *Libertinage et philosophie au XVIIe siècle-9*: ›Les libertins et la science‹, Saint-Étienne 2005.

243 Mayaud, Pierre-Noël, *Le conflit entre l'Astronomie Nouvelle et l'Écriture Sainte au XVIe et XVIIe siècles. Un moment de l'histoire des idées. Autour de l'affaire Galilée.* 5 Bde., Paris, Champion 2005.
244 Minois, Georges, *Histoire de l'athéisme. Les incroyants dans le monde occidental des origines à nos jours.* Paris, Fayard 1998.
245 Moreau, Pierre-François, *Le retour des philosophies à l'âge classique.* 2 Bde. Bd. 1: *Le stoïcisme au XVIe et au XVIIe siècle.* Bd. 2: *Le scepticisme au XVIe et au XVIIe siècle.* Paris, Albin Michel 1999, 2001.
246 Mori, Gianluca, *Bayle philosophe.* Paris, Champion 1999.
247 Niderst, Alain, *Fontenelle à la recherche de lui-même.* Paris, Nizet 1972.
248 Perrens, François-Tommy, *Les libertins en France au XVIIe siècle.* New York, Franklin 1896, Paris, Reprint L. Chailley 1973.
249 Pintard, René, *Le libertinage érudit dans la première moitié du XVIIe siècle.* 2 Bde., Paris, Boivin 1943, Genf, Slatkine Reprints 1983: Nouvelle édition augmentée d'un avant-propos et de notes et réflexions sur les problèmes de l'histoire du libertinage; Nachdruck 1995.
250 Pintard, René, *La Mothe Le Vayer – Gassendi – Guy Patin.* Paris, Boivin s.d. [1943].
251 Rodis-Lewis, Geneviève, *Descartes. Biographie.* Paris, Calman-Lévy 1995.
252 Rodis-Lewis, Geneviève, *Descartes et le rationalisme.* Paris, PUF (*Que sais-je?*) 1966, [7]1996.
253 Saba, Guido, *Fortunes et infortunes de Théophile de Viau. Histoire de la critique suivie d'une bibliographie.* Paris, Klincksieck 1997.
254 Saba, Guido, *Théophile de Viau: un poète rebelle.* Paris, PUF 1999.
255 Salazar, Philippe-Joseph, *›La Divine Sceptique‹. Éthique et rhétorique au 17e siècle. Autour de La Mothe Le Vayer.* Tübingen, Narr 2000.
256 Schröder, Winfried, *Ursprünge des Atheismus. Untersuchungen zur Metaphysik- und Religionskritik des 17. und 18. Jahrhunderts.* Stuttgart, Frommann-Holzboog 1998.
257 Spink, John Stephenson, *French free-thought from Gassendi to Voltaire.* London, University of London, Athlone Press 1960; frz. Übers., *La libre-pensée française de Gassendi à Voltaire.* Paris, Éditions sociales 1966.
258 Stricker, Nicola, *Die maskierte Theologie von Pierre Bayle.* Berlin/New York, de Gruyter 2003.
259 Ueberweg, Friedrich (Hg.), *Grundriss der Geschichte der Philosophie.*
Die Philosophie des 17. Jahrhunderts, 1. Bd. 1 und 2: *Allgemeine Themen. Iberische Halbinsel. Italien.* Hg. von Jean-Pierre Schobinger, Basel, Schwabe 1998.
Die Philosophie des 17. Jahrhunderts, 2. Bd. 1 und 2: *Frankreich und die Niederlande.* Hg. von Jean-Pierre Schobinger, Basel, Schwabe & Co. 1993.
260 Weil, Eric, *La philosophie de Pietro Pomponazzi. Pic de la Mirandole et la critique de l'astrologie.* Paris, Vrin 1985.
261 Zoli, Sergio, *L'Europa Libertina (sec. XVI-XVIII). Bibliografia generale.* Florenz, Nardini 1997.

e) Biographien und Monographien historischer Persönlichkeiten

262 Béguin, Katia, *Les princes de Condé. Rebelles, courtisans et mécènes dans la France du Grand Siècle.* Seyssel, Champ Vallon 1999.
263 Bérenger, Jean, *Turenne.* Paris, Fayard 1987.
264 Bertière, Simone, *Les reines de France au temps des Bourbons. Les deux régentes.* Paris, Fallois 1996.
265 Biet, Christian, *Henri IV. La vie. La légende.* Paris, Larousse 2001.
266 Blanchard, Anne, *Vauban.* Paris, Fayard 1996.
267 Bluche, François, *Louis XIV.* Paris, Fayard 1986.
268 Bluche, François, *Richelieu. Essai.* Paris, Perrin 2003.
269 Bouyer, Christian, *Gaston d'Orléans (1608-1660). Séducteur, frondeur et mécène.* Paris, Albin Michel 1999.
270 Bouyer, Christian, *Louis XIII. Le sceptre et la pourpre.* Paris, Tallandier 2001.
271 Carmona, Michel, *Marie de Médicis.* Paris, Fayard 1981.
272 Carré, Henri, *Sully.* Paris, Payot 1932, [3]1998.
273 Chandernagor, Françoise, *L'Allée du Roi. Souvenirs de Françoise d'Aubigné marquise de Maintenon épouse du Roi de France.* Paris, Juilliard 1981.

274 Chevallier, Pierre, *Louis XIII, roi cornélien*. Paris, Fayard 1979, ^{5}1997.
275 Decker, Michel de, *Madame de Montespan. La favorite du Roi-Soleil à son zénith*. Paris, Perrin 1985, ^{2}2000.
276 Dessert, Daniel, *Fouquet*. Paris, Fayard 1987.
277 Dethan, Georges, *La vie de Gaston d'Orléans*. Paris, Fallois 1992.
278 Dinfreville, Jacques, *Louis XIV. Les saisons d'un grand règne*. Paris, Albatros 1977.
279 Duchêne, Jacqueline, *Bussy-Rabutin*. Paris, Fayard 1992.
280 Dulong, Claude, *Anne d'Autriche, mère de Louis XIV*. Paris, Hachette 1980.
281 Dulong, Claude, *Mazarin*. Paris, Perrin 1999.
282 Garrisson, Janine, *Henri IV. Le roi de la paix*. Paris, Tallandier 2000.
283 Goubert, Pierre, *Mazarin*. Paris, Fayard 1990.
284 Hildesheimer, Françoise, *Richelieu*. Paris, Flammarion 2004.
285 Kleinman, Ruth, *Anne of Austria, Queen of France*. Columbus, Ohio State Univ. Press 1985; frz. Übers., *Anne d'Autriche*. Paris, Fayard 1993.
286 Labatut, Jean-Pierre, *Louis XIV. Roi de gloire*. Paris, Imprimerie Nationale 1984.
287 Le Moël, Michel, *La Grande Mademoiselle*. Paris, Éditions de Fallois 1994.
288 Malo, Henri, *Le Grand Condé*. Paris, Albin Michel 1937, Tallandier 1980.
289 Meyer, Jean, *Colbert*. Paris, Hachette 1983.
290 Mongrédien, Georges, *Colbert: 1619-1683*. Paris, Hachette 1963.
291 Mousnier, Roland, *L'homme rouge ou La vie du cardinal de Richelieu (1585-1642)*. Paris, Laffont, 1992.
292 Murat, Inès, *Colbert*. Paris, Fayard 1980.
293 Parent, Michel, *Vauban. Un encyclopédiste avant la lettre*. Paris, Berger-Levrault 1982.
294 Petitfils, Jean-Christian, *Le Régent*. Paris, Fayard 1986, ^{2}1990.
295 Petitfils, Jean-Christian, *Madame de Montespan*. Paris, Fayard 1988.
296 Petitfils, Jean-Christian, *Louise de La Vallière*. Paris, Perrin 1990, ^{2}2002.
297 Petitfils, Jean-Christian, *Louis XIV*. Paris, Perrin 1995.
298 Pujo, Bernard, *Vauban*. Paris, Albin Michel 1991.
299 Pujo, Bernard, *Le Grand Condé*. Paris, Albin Michel 1995.
300 Vallot, Antoine/Antoine Daquin/Guy Crescent Fagon, *Journal de santé de Louis XIV*. Éd. par Stanis Perez, Paris, Jérôme Millon ^{2}2004.
301 Van der Cruysse, Dirk, *Madame Palatine, princesse européenne*. Paris, Fayard 1988.

C. Literaturgeschichte

a) Bibliographien, Literaturgeschichten, Nachschlagewerke

302 Abraham, Pierre/Roland Desné (Hg.), *Histoire littéraire de la France*. Bd. 3: *1600-1660*. Bd. 4: *1660-1715*. Paris, Éditions sociales 1975.
303 Adam, Antoine, *Histoire de la littérature française au XVIIe siècle*. 5 Bde., Paris, Domat 1948-1957, Albin Michel ^{3}1997.
304 Adam, Antoine, *Littérature française. L'âge classique I 1624-1660*. Paris, Arthaud 1968.
305 Baader, Renate (Hg.), *17. Jahrhundert. Roman – Fabel – Maxime – Brief*. Tübingen, Stauffenburg 1999.
306 Beaumarchais, Jean-Pierre de/Daniel Couty/Alain Rey (Hg.), *Dictionnaire des écrivains de langue française*. 4 Bde., Paris, Bordas 1984, 2 Bde., Paris, Larousse ^{4}2001.
307 Biyidi, Odile, *XVIIe siècle*. Paris, Bordas 1988.
308 Cayrou, Gaston, *Le français classique*. Paris 1923. Nachdruck: *Dictionnaire du français classique. La langue du XVIIe siècle*. Paris, Librairie Générale Française (Livre de poche) 2000.
309 Clarac, Pierre, *Littérature française. L'âge classique II 1660-1680*. Paris, Arthaud 1969.
310 *Dictionnaire de spiritualité: ascétique et mystique; doctrine et histoire*. Fondé par Marcel Viller, 17 Bde., Paris, Beauchesne 1937-95.
311 Dubois, Jean/René Lagane, *Dictionnaire de la langue française classique*. Paris, Belin 1960.
312 Grente, Georges (Hg.), *Dictionnaire des lettres françaises. Le XVIIe siècle*. Paris, Fayard 1951, édition entièrement révisée, amendée et mise à jour sous la direction de Patrick Dandrey, Paris, Fayard (La Pochothèque) 1996.

313 Grimm, Jürgen/Frank-Rutger Hausmann/Christoph Miething, *Einführung in die französische Literaturwissenschaft*. Stuttgart, Metzler 1976, ^{4}1997.
314 Hollier, Denis (Hg.), *A new History of French Literature*. Harvard, University Press 1989; frz. Übers., *De la littérature française*. Paris, Bordas 1993.
315 Klapp, Otto, *Bibliographie der französischen Literaturwissenschaft*. Frankfurt a.M., Klostermann 1960 ff.
316 Köhler, Erich, *Vorlesungen zur Geschichte der französischen Literatur*. Hg. von Henning Krauß und Dietmar Rieger. Bd. 3: *Vorklassik*. Bd. 4: *Klassik I*. Bd. 5: *Klassik II*. Kohlhammer, Stuttgart 1983.
317 Krauß, Henning/Till R. Kuhnle/Hanspeter Plocher (Hg.), *17. Jahrhundert. Theater*. Tübingen, Stauffenburg 2003.
318 Lutz, Bernd (Hg.), *Metzler Philosophen Lexikon*. Stuttgart/Weimar, Metzler 1989, ^{3}2003.
319 Mesnard, Jean (Hg.), *Précis de littérature française du XVIIe siècle*. Paris, PUF 1990.
320 Morel, Jacques, *Littérature française / Poche*. Bd. 3: *De Montaigne à Corneille*. Paris, Arthaud 1986, nouvelle édition révisée 1991.
321 Pomeau, René, *Littérature française. L'âge classique III 1680-1720*. Paris, Arthaud 1971.
322 Pomeau, René/Jean Ehrard, *Littérature française / Poche*. Bd. 5: *De Fénelon à Voltaire*. Paris, Arthaud 1984.
323 *Revue d'Histoire littéraire de la France: Bibliographie de la littérature française (XVIe-XXe siècles)*. Paris 1986 ff.
324 Rohou, Jean, *Histoire de la littérature française du XVIIe siècle*. Paris, Nathan 1989, Rennes, PU Rennes ^{2}2001.
325 Rohou, Jean (Hg.), »La périodisation de l'âge classique«. *Litt. classiques* 34, 1998.
326 Truchet, Jacques (Hg.), *le XVIIe siècle. Diversité et cohérence*. Paris, Berger-Levrault 1992.
327 Zuber, Roger/Micheline Cuénin, *Littérature française*. Bd. 4: *Le classicisme. 1660-1680*. Paris, Arthaud 1984.
328 Zuber, Roger/Marc Fumaroli, *Dictionnaire de littérature française du XVIIe siècle*. Paris, PUF 2001.

b) Literarische Studien, Biographien und Monographien zu einzelnen Autoren

329 Bénichou, Paul, *Morales du Grand siècle*. Paris, Gallimard 1948, Gallimard (folio) 1988.
330 Berger, Günter, *Der komisch-satirische Roman und seine Leser. Poetik, Funktion und Rezeption einer niederen Gattung im Frankreich des 17. Jahrhunderts*. Heidelberg, Winter 1984.
331 Berger, Günter (Hg.), *Pour et contre le roman. Anthologie du discours théorique sur la fiction narrative en prose du XVIIe siècle*. Biblio 17-92, *PFSCL*, Paris/Seattle/Tübingen, 1996.
332 Beugnot, Bernard, *Guez de Balzac*. Bibliographie des Écrivains Français. Paris/Rom, Memini 2001.
333 Böhm, Roswitha, *Wunderbares Erzählen. Die Feenmärchen der Marie-Catherine d'Aulnoy*. Göttingen, Wallstein 2003.
334 Bouvier, Michel, *La morale classique*. Paris, Champion 1999.
335 Canova-Green, Marie-Claude/Alain Viala (Hg.), *Racine et l'Histoire*. Biblio 17-*155*, Tübingen, Narr 2004.
336 Civardi, Jean-Marc, *La querelle du ›Cid‹ (1637-1638)*. Paris, Champion 2004.
337 Collas, Georges, *Jean Chapelain 1595-1674*. Paris, Perrin 1912, Genf, Slatkine Reprints 1970.
338 Combaz, André, *Claude Favre de Vaugelas. Mousquetaire de la langue française*. Paris, Klincksieck 2000.
339 Deloffre, Fréderic, *La nouvelle en France à l'âge classique*. Paris, Didier 1967.
340 Denis, Delphine, *La muse galante. Poétique de la conversation dans l'œuvre de Madeleine de Scudéry*. Paris, Champion 1997.
341 Denis, Delphine, *Le Parnasse galant. Institution d'une catégorie littéraire au XVIIe siècle*. Paris, Champion 2001.
342 *Dictionnaire analytique des œuvres théâtrales françaises du XVIIe siècle*. Sous la direction de Marc Vuillermoz, Paris, Champion 1998.
343 Döring, Ulrich, *Antoine Furetière. Rezeption und Werk*. Frankfurt a.M., Peter Lang 1995.
344 Duchêne, Roger, *Molière*. Paris, Fayard 1998.

345 Esmein, Camille (Hg.), *Poétiques du roman. Scudéry, Huet, Du Plaisir et autres textes théoriques et critiques du XVIIe siècle sur le genre romanesque.* Paris, Champion 2004.
346 Friedrich, Hugo, *Montaigne.* Bern, A. Francke AG 1949, ^{3}1993.
347 Gasté, Armand (Hg.), *La querelle du Cid. Pièces et pamphlets publiés d'après les originaux.* Paris 1898, Hildesheim/New York, Reprint Olms 1974.
348 Génetiot, Alain, *Les genres lyriques mondains (1630-1660).* Genf, Droz 1990.
349 Génetiot, Alain, *Poétique du loisir mondain, de Voiture à La Fontaine.* Paris, Champion 1997.
350 Graap, Nicola, *Fénelon: Dialogues des morts composés pour l'éducation d'un prince. Studien zu Fénelons Totengesprächen im Traditionszusammenhang.* Münster, LIT 2001.
351 Grimm, Jürgen, *Molière.* Stuttgart, Metzler 1984, ^{2}2002; frz. Übers., *Molière en son temps.* Biblio 17-*75*, *PFSCL*, Paris/Seattle/Tübingen, 1993.
352 Grimm, Jürgen, *Jean de La Fontaine. Fabeln französisch/deutsch.* Ausgewählt, übersetzt und kommentiert, Stuttgart, Reclam 1987.
353 Grimm, Jürgen, *Le pouvoir des fables.* Études lafontainiennes I. *Le ›dire sans dire‹ et le dit.* Études lafontainiennes II. Biblio17-*85* und Biblio 17-*93*, Paris/Seattle/Tübingen 1994-1996.
354 Guellouz, Suzanne (Hg.), *Saint-Évremond au miroir du temps.* Biblio 17-*157*, Tübingen, Narr 2005.
355 Hache, Sophie, *La langue du ciel. Le sublime en France au XVIIe siècle.* Paris, Champion 2000.
356 Hipp, Marie-Thérèse, *Mythes et réalités. Enquête sur le roman et les mémoires (1660-1700).* Paris, Klincksieck 1976.
357 Jasmin, Nadine, *Naissance du conte féminin. Mots et merveilles: Les contes de fées de Madame d'Aulnoy (1690-1698).* Paris, Champion 2002.
358 Kapp, Volker, *Télémaque de Fénelon. La signification d'une œuvre littéraire à la fin du siècle classique.* Tübingen/Paris, Narr/Place 1982.
359 Kintzler, Catherine, *Théâtre et opéra à l'âge classique. Une familière étrangeté.* Paris, Fayard 2004.
360 Kleber, Hermann, *Die französischen Mémoires. Geschichte einer literarischen Gattung von den Anfängen bis zum Zeitalter Ludwigs XIV.* Berlin, Erich Schmidt 1999.
361 Köhler, Gisela Ruth, *Das literarische Porträt. Eine Untersuchung zur geschlossenen Personendarstellung in der französischen Erzählliteratur vom Mittelalter bis zum Ende des 19. Jahrhunderts.* Bonn, Romanistischer Verlag 1991.
362 La Gorce, Jérome de, *L'opéra à Paris au temps de Louis XIV.* Paris, Desjonquères 1992.
363 Legros, Philippe, *François de Sales – Une poétique de l'imaginaire.* Biblio 17-*151*, Tübingen, Narr 2004.
364 Lesne, Emmanuèle, *La poétique des mémoires (1650-1685).* Paris, Champion 1996.
365 Lever, Maurice, *Romanciers du Grand Siècle.* Paris, Fayard 1996.
366 Mellinghoff-Bourgerie, Viviane, *François de Sales (1567-1622). Un homme de lettres spirituelles.* Genf, Droz 1999.
367 Nédélec, Claudine, *Les états et empires du burlesque.* Paris, Champion 2004.
368 Nies, Fritz, *Gattungspoetik und Publikumsstruktur. Zur Geschichte der Sévignébriefe.* München, Fink 1972; frz. Übers., *Les lettres de Madame de Sévigné. Conventions du genre et sociologie des publics.* Paris, Champion 2001.
369 Pelous, Jean-Michel, *Amour précieux, amour galant (1654-1675). Essai sur la représentation de l'amour dans la littérature et la société mondaines.* Paris, Klincksieck 1980.
370 Plantié, Jacqueline, *La mode du portrait littéraire en France 1641-1681.* Paris, Champion 1994.
371 Rieger, Dietmar, *Die französische Erzählkunst des 17. Jahrhunderts.* Darmstadt, WBG 1985.
372 Robic-de Baecque, Sylvie, *Le salut par l'excès. Jean-Pierre Camus (1584-1652). La poétique d'un évêque romancier.* Paris, Champion 1999.
373 Rohou, Jean, *Le XVIIe siècle, une révolution de la condition humaine.* Paris, Seuil 2002.
374 Sancier, Anne (Hg.), *Les genres insérés.* Lyon, PU Lyon 1998.
375 Scherer, Jacques, *La dramaturgie classique en France.* Paris, Nizet 1950
376 Soriano, Marc, *Les contes de Perrault. Culture savante et traditions populaires.* Paris, Gallimard 1973.
377 Stackelberg, Jürgen von, *Französische Moralistik im europäischen Kontext.* Darmstadt, WBG 1982

378 Sutcliffe, Frank E., *Guez de Balzac et son temps. Littérature et politique*. Paris, Nizet 1959.
379 Tonolo, Sophie, *Divertissement et profondeur. L'épître en vers et la société mondaine en France de Tristan à Boileau*. Paris, Champion 2005.
380 van Delft, Louis, *Le moraliste classique. Essai de définition et de typologie*. Genf, Droz 1982.
381 van Delft, Louis, *Littérature et anthropologie. Nature humaine et caractère à l'âge classique*. Paris, PUF 1993.
382 Vernet, Max, *Jean-Pierre Camus: Théorie de la contre-littérature*. Paris, Nizet 1995.
383 Viala, Alain, *Racine. La stratégie du caméléon*. Paris, Seghers 1990.
384 Weerdt-Pilorge, Marie-Paule de (Hg.), *Mémoires des XVIIe et XVIIIe siècles: Nouvelles tendances de la recherche. Cahiers d'histoire culturelle* 13, 2003, Tours, Université François Rabelais 2003.
385 Youssef, Zobeidah, *Polémique et littérature chez Guez de Balzac*. Paris, Nizet 1992.

c) Barock, Klassik, ›classicisme‹

386 Blanc, René, *Lire le classicisme*. Paris, Dunot 1995.
387 Borgerhoff, Elbert Benton O., *The Freedom of French Classicism*. New York, Russel & Russel 1950, ²1968.
388 Bray, René, *La formation de la doctrine classique*. Paris, Hachette 1927, Nizet 1951.
389 Brix, Michael, *Der barocke Garten. André Le Nôtre in Vaux Le Vicomte*. Stuttgart, Arnoldsche 2004.
390 Brody, Jules (Hg.), *French Classicism. A Critical Miscellany*. New Jersey, Englewood Cliffs 1966.
391 Brody, Jules, *Boileau and Longinus*. Genf, Droz 1958.
392 Brody, Jules, *Lectures classiques*. Charlottesville, Rookwood Press 1996.
393 Brunot, Ferdinand, *Histoire de la langue française*. Bd. 3: *La formation de la langue classique (1600-1660)*. Bd. 4: *La langue classique (1660-1715)*. Paris, Armand Colin 1909, 1913, Reprint Armand Colin 1966.
394 Bury, Emmanuel, *Le classicisme. L'avènement du modèle littéraire français. 1660-1680*. Paris, Nathan 1993.
395 Chantalat, Claude, *A la recherche du goût classique*. Paris, Klincksieck 1992.
396 Chédozeau, Bernard, *Le baroque*. Paris, Nathan 1989.
397 Clément, Michèle, *Une poétique de crise: Poètes baroques et mystiques (1570-1660)*. Paris, Champion 1996.
398 Floeck, Wilfried, *Die Literaturästhetik des französischen Barock. Entstehung – Entwicklung – Auflösung*. Berlin, Erich Schmidt Verlag 1979; frz. Übers., *Esthétique de la diversité. Pour une histoire du baroque littéraire en France*. Biblio 17-43, Paris/Seattle/Tübingen, 1989.
399 Forestier, Georges/Jean-Pierre Néraudau (Hg.), *Un classicisme ou des classicismes?* Pau, PU Pau 1995.
400 Forestier, Georges, *Introduction à l'analyse des textes classiques. Éléments de rhétorique et de poétique du XVIIe siècle*. Paris, Nathan 1993.
401 Fumaroli, Marc (Hg.), *Critique et création littéraires en France au XVIIe siècle*. Paris, Éditions du CNRS 1977.
402 Génetiot, Alain, *Le classicisme*. Paris, PUF 2005.
403 Gibert, Bertrand, *Le baroque littéraire français*. Paris, Armand Colin 1997.
404 Grewe, Andrea, *Die französische Klassik*. Stuttgart, Klett 1998.
405 Horville, Robert, »Le classicisme, une notion encombrante?«, in *Studi di letteratura francese* 26, 2001, S. 93-104.
406 Kibédy Varga, Aron, *Les poétiques du classicisme*. Paris, Aux amateurs de livres 1990.
407 Kronegger, Marlies E. (Hg.), *Esthétique baroque et imagination créatrice*. Biblio 17-*110*, Tübingen, Narr 1998.
408 Krüger, Reinhard, *Zwischen Wunder und Wahrscheinlichkeit. Die Krise des französischen Versepos im 17. Jahrhundert*. Marburg, Hitzeroth 1986, Berlin, Weidler ²2003.
409 Mazouer, Charles (Hg.), *Recherches des jeunes dix-septiémistes*. Biblio 17-*121*, Tübingen, Narr 2000.
410 Nies, Fritz/Karlheinz Stierle (Hg.), *Französische Klassik. Theorie. Literatur. Malerei*. München, Fink 1985.

411 Peyre, Henri, *Qu'est-ce que le classicisme?* Paris, Nizet 1935, ³1964.
412 Rohou, Jean, *Le classicisme (1660-1700)*. Paris, Hachette 1996, Rennes, PU Rennes ²2004.
413 Rousset, Jean, *La littérature de l'âge baroque française. Circé et le paon.* Paris, José Corti 1953.
414 Rousset, Jean (Hg.), *Anthologie de la poésie baroque française.* 2 Bde., Paris, Armand Colin 1961.
415 Rousset, Jean, »Dernier regard sur le baroque. Petite autobiographie d'une aventure passée«. In *Littérature* 105, 1997, S. 113-121; dass. auch in ders., *Dernier regard sur le baroque.* Paris, José Corti 1998, S. 11-33.
416 Serroy, Jean (Hg.), *Poètes français de l'âge baroque. Anthologie (1571-1677).* Paris, Imprimerie Nationale 1999.
417 Souiller, Didier (Hg.), »Le Baroque en question(s)«. *Litt. classiques* 36, 1999.
418 Stackelberg, Jürgen von, *Die französische Klassik.* München, Fink (UTB) 1996.
419 Stenzel, Hartmut, *Die französische ›Klassik‹. Literarische Modernisierung und absolutistischer Staat.* Darmstadt, WBG 1995.
420 Tapié, Victor L., *Baroque et classicisme.* Paris, Plon 1957, Livre de poche, 1980, avec une préface de Marc Fumaroli.
421 *Travaux récents sur le XVIIe siècle.* Actes du VIIIe colloque du CMR 17, Marseille, janvier 1978, Marseille 1979.
422 Zuber, Roger, *Les émerveillements de la raison. Classicismes littéraires du XVIIe siècle français.* Préface de Georges Forestier, Paris, Klincksieck 1997.
423 Viala, Alain (Hg.), »Qu'est-ce qu'un classique?«. *Litt. classiques* 19, 1993.

d) Frauen, Situation der Frauen, Weibliche Salons

424 Albistur, Maïté/Daniel Armogathe, *Histoire du féminisme français du moyen âge à nos jours.* Paris, Éditions des femmes 1977.
425 Baader, Renate, *Dames de lettres. Autorinnen des preziösen, hocharistokratischen und ›modernen‹ Salons (1649-1698).* Stuttgart, Metzler 1986.
426 Bassani Pacht, Paola (Hg.), *Marie de Médicis. Un gouvernement par les arts.* Catalogue d'exposition, Paris, Somogy Éditions d'art 2003.
427 Baumgärtel, Bettina/Silvia Neysters (Hg.), *Die Galerie der Starken Frauen. Regentinnen, Amazonen, Salondamen.* München/Berlin, Klinkhardt und Biermann 1995.
428 Beauvalet-Boutouyrie, Scarlett, *Être veuve sous l'Ancien Régime.* Paris, Belin 2001.
429 Bouyer, Christian, *La Grande Mademoiselle. La tumultueuse cousine de Louis XIV.* Paris, Flammarion/Pygmalion 1986, ²2004.
430 Denis, Delphine/Anne-Elisabeth Spica (Hg.), *Madeleine de Scudéry: Une femme de lettres au XVIIe siècle.* Arras, Artois Presses Université 2002.
431 Duchêne, Jacqueline, *Henriette d'Angleterre, duchesse d'Orléans.* Paris, Fayard 1995
432 Duchêne, Jacqueline, *Madame l'étrangère. La princesse Palatine.* Paris, Lattès 2001.
433 Duchêne, Roger, *Mme de Sévigné ou La chance d'être femme.* Paris, Fayard 1982, ²1996, version revue 2002.
434 Duchêne, Roger, *Madame de La Fayette, la romancière aux cent bras.* Paris, Fayard 1988, ²2000.
435 Duchêne, Roger, *Ninon de Lenclos. La courtisane du Grand Siècle.* Paris, Fayard 1984, ²2000.
436 Duchêne, Roger, *Les précieuses ou Comment l'esprit vint aux femmes.* Paris, Fayard 2001.
437 Duchêne, Roger, *Être femme au temps de Louis XIV.* Paris, Perrin 2004.
438 Fogel, Michèle, *Marie de Gournay. Itinéraires d'une femme savante.* Paris, Fayard 2004.
439 Foisil, Madeleine, *Femmes de caractère au XVIIe siècle. 1600-1650.* Paris, Fallois 2004.
440 Garapon, Jean, *La Grande Mademoiselle. Une autobiographie dans le temps.* Genf, Droz 1989.
441 Garapon, Jean, *La culture d'une princesse. Écriture et autoportrait dans l'œuvre de la Grande Mademoiselle (1627-1693).* Paris, Champion 2003.
442 Godenne, René, *Les romans de Mademoiselle de Scudéry.* Genf, Droz 1983.
443 Godineau, Dominique, *Les femmes dans la société française. 16e–18e siècle.* Paris, Armand Colin 2003.

444 Hodgson, Richard G. (Hg.), *La femme au XVII*[e] *siècle*. Biblio 17-*138*, Tübingen, Narr 2002.
445 Lebigre, Arlette, *La duchesse de Longueville*. Paris, Perrin 2004.
446 Lougee, Carolyn, *Le paradis des femmes. Women, Salons and Social Stratification in Seventeenth-Century France*. Princeton, PUP 1976
447 Maclean, Ian, *Woman Triumphant. Feminism in French Literature (1610-1652)*. Oxford, Clarendon Press 1977.
448 Muhlstein, Anka, *Reines éphémères. Mères perpétuelles*. Paris, Albin Michel 2001; dt. Übers., *Königinnen auf Zeit. Katharina von Medici, Maria von Medici, Anna von Österreich*. Frankfurt a.M./Leipzig, Insel 2003.
449 Niderst, Alain, *Madeleine de Scudéry, Paul Pellisson et leur monde*. Paris, PUF 1976.
450 Paas, Sigrun (Hg.), *Liselotte von der Pfalz. Madame am Hofe des Sonnenkönigs*. Ausstellungskatalog, Heidelberg, Winter 1996.
451 Pellegrin, Nicole/Colette H. Winn (Hg.), *Veufs, veuves et veuvage dans la France d'Ancien Régime*. Paris, Champion 2003.
452 Richmond, Ian/Constant Veneson (Hg.), *Présences féminines. Littérature et société au XVII*[e] *siècle français*. Biblio 17-*36*, Paris/Seattle/Tübingen 1987.
453 Schiff, Mario, *La fille d'alliance de Montaigne Marie de Gournay*. Essai suivi de *L'égalité des hommes et des femmes* et du *Grief des dames* avec des variantes, des notes, des appendices et un portrait. Paris, Champion 1910, Genf, Slatkine Reprints 1978.
454 Timmermans, Linda, *L'accès des femmes à la culture (1598-1715)*. Paris, Champion 1993, [2]2005 (Champion Classiques), Bibliographie additionnelle, réalisée par Éliane Viennot. Travaux postérieurs à 1990.
455 Wetsel, David/Frédéric Canovas (Hg.), *Les femmes au Grand Siècle*. Biblio 17-*144*, Tübingen, Narr 2003.
456 Winn, Colette H. (Hg.), *Protestations et revendications féminines. Textes oubliés et inédits sur l'éducation féminine (XVI*[e]*-XVII*[e] *siècle)*. Paris, Champion 2002.
457 Zimmermann Margarete/Roswitha Böhm (Hg.), *Französische Frauen der Frühen Neuzeit. Dichterinnen, Malerinnen, Mäzeninnen*. Darmstadt, WBG 1999.

Wird eine Person oder Sache auf einer Seite einmal genannt, so erscheint in den Registern nur die Seitenzahl; der Zusatz *f.* erfolgt bei mehrfacher Nennung auf derselben Seite, *ff.* bei Mehrfachnennung auf zwei aufeinander folgenden Seiten; die durchgängige Behandlung auf mehreren Seiten wird durch einen Bindestrich signalisiert.

Personenregister

(Erstellt von Ina Siemen)

Sachregister

Den folgenden Begriffen liegt ein weitgefasstes Bedeutungsfeld zugrunde; sie schließen daher vielfach Wörter mit gleicher oder verwandter Bedeutung ein.

GPSR Compliance

The European Union's (EU) General Product Safety Regulation (GPSR) is a set of rules that requires consumer products to be safe and our obligations to ensure this.

If you have any concerns about our products, you can contact us on ProductSafety@springernature.com

In case Publisher is established outside the EU, the EU authorized representative is:

Springer Nature Customer Service Center GmbH
Europaplatz 3
69115 Heidelberg, Germany

Batch number: 10578188

Printed by Printforce, the Netherlands